国学新读本

史　通

李振宏 注说

河南大学出版社
·开封·

国学新读本编辑委员会

总策划　马小泉

主　编　李振宏

编　委　(以姓氏笔画为序)

马小泉　王　健　朱绍侯　刘小敏
李中华　李振宏　苏凤捷　何晓明
张云鹏　张富祥　宋会群　杨天宇
杨寄林　杨朝明　赵国华　郑慧生
姜建设　袁喜生　曹　峰　曹础基
曾振宇　戚良德　龚留柱　熊铁基

目　录

序 …………………………………… 李振宏（ 1 ）
《史通》通说 ……………………………………（ 1 ）

序 ………………………………………………（101）
内　篇 …………………………………………（103）
　六家第一 ……………………………………（103）
　二体第二 ……………………………………（118）
　载言第三 ……………………………………（123）
　本纪第四 ……………………………………（126）
　世家第五 ……………………………………（130）
　列传第六 ……………………………………（133）
　表历第七 ……………………………………（137）
　书志第八 ……………………………………（141）
　论赞第九 ……………………………………（162）
　序例第十 ……………………………………（166）
　题目第十一 …………………………………（170）
　断限第十二 …………………………………（174）

编次第十三 …………………………………（180）

称谓第十四 …………………………………（186）

采撰第十五 …………………………………（192）

载文第十六 …………………………………（199）

补注第十七 …………………………………（206）

因习第十八 …………………………………（211）

邑里第十九 …………………………………（216）

言语第二十 …………………………………（220）

浮词第二十一 ………………………………（228）

叙事第二十二 ………………………………（234）

品藻第二十三 ………………………………（249）

直书第二十四 ………………………………（254）

曲笔第二十五 ………………………………（257）

鉴识第二十六 ………………………………（263）

探赜第二十七 ………………………………（268）

摸拟第二十八 ………………………………（274）

书事第二十九 ………………………………（283）

人物第三十 …………………………………（290）

核才第三十一 ………………………………（295）

序传第三十二 ………………………………（299）

烦省第三十三 ………………………………（304）

杂述第三十四 ………………………………（309）

辨职第三十五 ………………………………（316）

自叙第三十六 ………………………………（321）

体统（亡）……………………………………（329）

纰缪(亡) …………………………………… (329)
弛张(亡) …………………………………… (329)

外 篇 ………………………………………… (330)
 史官建置第一 ……………………………… (330)
 古今正史第二 ……………………………… (344)
 疑古第三 …………………………………… (375)
 惑经第四 …………………………………… (389)
 申左第五 …………………………………… (402)
 点烦第六 …………………………………… (411)
 杂说上第七 ………………………………… (421)
 杂说中第八 ………………………………… (438)
 杂说下第九 ………………………………… (452)
 汉书五行志错误第十 ……………………… (468)
 五行志杂驳第十一 ………………………… (483)
 暗惑第十二 ………………………………… (493)
 忤时第十三 ………………………………… (506)

参考文献 ……………………………………… (516)

序

最近一些年来,一股"国学热"的思潮强劲涌动,在文化学界以至于整个社会上,引起了强烈反响。为什么在这样一个社会的大变革时代,在从传统社会向现代社会的转型期,最为传统的国学,却能引起国人的极大兴趣,这的确是一个值得思考和研究的问题。

"国学"作为一个学术文化概念,产生于近代。从渊源上讲,"国学"概念的产生,与"国粹"有些关联,并且是从对抗西学侵入的角度提出来的。今天,中华民族早已是一个独立于世界民族之林的自立自强的民族,全球经济一体化所带来的世界文化的汇合与交融,也早已是历史发展的必然趋势,而在这样的历史大势中,却会有"国学热"的产生,乍一看来,确有不可思议之处,但实际上,国学的当代走红,则与我们今天所处的历史时代有着一定的关系。

随着改革开放的迅速推进,随着市场经济的强劲发展,传统道德受到了强烈冲击,传统文化与现代文化观念的碰撞也日益强烈。于是,如何看待传统文化的问题,就严峻地提到了国人的面前。传统文化的出路何在,它从何而来,要走向何方,如何对之进行价值重估,一切关心文化问题、有着强烈历史责任感的人们,无不把关注的目光投向中国的传统学术。当然，也不排除一些对改革开放和市场经济所带来的冲击无法理解和接受，对现代经济发展对传统道德的亵渎强烈抗议的人们，自然而然地发出向传统文化复归而倡导国学的呼声。总之，不论是出于积极的思考，还是抱着一种向后看的心态，对国学的重视则成了最近十多年来一种普遍的文化选择。

于是，对待"国学热"就需要有一个分析的态度。对于任何一个民族的发展来说，传统文化都是其牢固的根基，是其一切历史的出发点，摒弃传统、甚至全盘否定传统文化，都是幼稚可笑的，不可取的。但一遇到问题就求助于传统，甚至一味狂热地提倡向传统复归，也是走不通的，过去那句常说的"倒退是没有出路的"话，虽说不是什么至理名言，却也还是有些道理的。这些年来，一些地方出现的中小学生甚至幼儿园小朋友的读经热，就是一种值得注意的倾向。国学，毕竟是一种学术，需要有一定的文化基础，有一定的分析批判能力，才能对之进行识读、鉴别而决定取舍。所以，严格地说，对于国学，尤其是经学，在当代中国，需要的是研究以及在此基础上的批判继承，而不是再像传统社会中那样采取唱诗班的方式，对青少年一代进行无分析的灌输。因此，如何弘扬传统文化，就是一个需要思考的问题。

正是基于以上考虑，为着弘扬优秀传统文化的需要，也为着对社会上盲目崇尚读经的风气有所引导，我们组织了这套"国学新读本"丛书，选择一些在中国传统文化中影响较大的国学典籍，对之进行简明扼要的注释，然后在读本前边，用较大篇幅解读该典籍的基本思想文化内涵，评述其在中国文化史上的地位和影响，并对如何阅读该典籍做出读书方法上的引导。通过这样一个较为翔实的导读内容，以批判分析的态度，给青年人的国学典籍阅读提供一个健康的思想导向。根据这样的宗旨，这套丛书，在大的结构上，每本都分为通说和简注两个部分,通说是导读性质,简注在于疏通文字,希望这样的安排,能够为青年朋友和一般社会读者提供一个国学入门的向导。果能如此,也就实现了撰著者和出版者的愿望。

国学所以是国学,就在于它是我们祖国优秀民族文化和民族精神的载体。在这些国学典籍中,包含着民族文化的基因,蕴藏着民族精神的范型。衷心期待这套丛书能够成为广大读者学习国学精华,体认民族精神,继承祖国优秀文化遗产的良师益友。

李振宏

2008 年 2 月 28 日

《史通》通说

一 刘知幾和《史通》

（一）刘知幾的史官经历

刘知幾是我国古代可以和左丘明、司马迁等并肩齐名的最伟大的历史学家之一。他倾毕生之力，为我们创造了中国古代史学的第一部史学理论巨著；而关于他的具体行事，则没有给我们留下多少可供铺陈的文字。现在所可以考知其行事的资料大概只有新旧《唐书》的两篇传记、《史通·自叙》篇以及区区几百字的《史通·原序》。这几篇文字，去其重复，大概也只能剩下一段千字短文①，由此去了解刘知幾的辉煌生平，也只能钩沉其一鳞半爪，难

---

① 《新唐书·刘知幾传》1800字，《旧唐书·刘知幾传》3000字，但除去刘知幾写给萧至忠的辞职书和给皇太子的建言文字，可供我们了解其行事的文字，大概也只剩下1200字。《史通·自叙》有2300字左右，如果删去论说性部分，叙其生平经历的文字也很寥寥。所以，现在可以看到的关于刘知幾的几篇材料，加在一起有8000字左右，但如果去其重复，删去论说，叙述其生平行事者，则不过千字矣。

免挂一漏万了。

1. 少年时代倾情于史学

刘知幾的家学渊源,可以从其祖父辈的传记中略知一二。刘知幾的从祖父刘胤之,《旧唐书·文苑列传》中有所记载:"刘胤之,徐州彭城人也。祖祎之,后魏临淮镇将。胤之少有学业,与隋信都丞孙万寿、宗正卿李百药为忘年之友。武德中,御史大夫杜淹表荐之,再迁信都令,甚存惠政。永徽初,累转著作郎、弘文馆学士,与国子祭酒令狐德棻、著作郎杨仁卿等,撰成国史及实录,奏上之,封阳城县男。寻以老,不堪著述,出为楚州刺史,卒。"看来,刘知幾的从祖父就是一个博学鸿儒,并与令狐德棻①一起撰修国史、实录,是一个有高深学养的史学家。

刘知幾的从父刘延祐,也颇有学养,进士及第,并曾出任过箕州刺史、安南都护。《旧唐书·文苑列传》记曰:"延祐,弱冠本州举进士,累补渭南尉。刀笔吏能,为畿邑当时之冠。司空李勣尝谓曰:'足下春秋甫尔,便擅大名,宜稍自贬抑,无为独出人右也。'后历右司郎中,检校司宾少卿,封薛县男……出为箕州刺史,转安南都护。"

刘知幾之父刘藏器,《旧唐书》谓其"有词学",擅名当时。《新唐书·刘延祐传》载其行事:"延祐从弟藏器,高宗时为侍御史。卫尉卿尉迟宝琳胁人为妾,藏器劾还之,宝琳私请帝止其还,凡再劾再止。藏器曰:'法为天下县衡,万民所共,陛下用舍徇情,法何所施?今宝琳私请,陛下从之;臣公劾,陛下亦从之。今日从,明日改,下何所遵?彼匹夫匹妇犹惮失信,况天子乎。'帝乃诏可,然内

---

① 令狐德棻(583~666),唐初名臣、历史学家。唐高祖时,任大丞相府记室、起居舍人、礼部侍郎、国子监祭酒、太常卿,弘文馆、崇贤馆学士等职。唐初奏请重修梁、陈、北齐、北周、隋诸朝正史,并受唐太宗之命,主持《周书》的编纂。

衔之,不悦也。稍迁比部员外郎。监察御史魏元忠称其贤,帝欲擢任为吏部侍郎,魏玄同沮曰:'彼守道不笃者,安用之?'遂出为宋州司马,卒。"从刘藏器的刚直不阿、犯颜直谏,我们可以看到刘知幾性格的影子。

刘知幾走上史学道路,一方面有其家学渊源,从祖父刘胤之的影响不能忽视;另一方面,大概也是其性情所致,他从小就对传统经学持有天生的抵触情绪,而对史学则可谓一见钟情。关于他少年时代的学习经历,《史通·自叙》中说:

> 予幼奉庭训,早游文学。年在纨绮,便受《古文尚书》。每苦其辞艰琐,难为讽读。虽屡逢捶挞,而其业不成。尝闻家君为诸兄讲《春秋左氏传》,每废《书》而听。逮讲毕,即为诸兄说之。因窃叹曰:"若使书皆如此,吾不复怠矣。"先君奇其意,于是始授以《左氏》,期年而讲诵都毕。于时年甫十有二矣。所讲虽未能深解,而大义略举。父兄欲令博观义疏,精此一经。辞以获麟已后,未见其事,乞且观余部,以广异闻。次又读《史》、《汉》、《三国志》。既欲知古今沿革,历数相承,于是触类而观,不假师训。自汉中兴已降,迄乎皇家实录,年十有七,而窥览略周。其所读书,多因假赁,虽部帙残缺,篇第有遗,至于叙事之纪纲,立言之梗概,亦粗知之矣。

由此可知,刘知幾少年时代便对经学不感兴趣,父亲教授《古文尚书》,虽督促严苛,"屡逢捶挞"也终不成器,及至听到父亲为其兄讲《左传》,则表现出极大的兴致,叹曰:如果所有的书都能写成像《左传》这样,我刘知幾也不会偷懒懈怠而受父亲之督笞了。父亲知道了刘知幾对《左传》的兴趣,便改变了对他的培养方向,放弃教授《古文尚书》而改授《左传》,大概用一年时间,将《左传》讲诵一遍。刘知幾这年才12岁,虽不能完全理解《左传》的深意,但也能粗知大概,"大义略举"。父亲还是不能放弃要其研治经学的培养目标,既然你对《左传》有兴趣,就将《左传》作为经学来治,让他博览《左传》义疏,以便成为专治《左传》的经学家。这同样是不符合刘知幾的性情的。《左传》之所以博得刘知幾的兴趣,不在于《左传》的经学特性,而在于其史学的特点。而《左传》记事由于传《春秋》的缘故,也大体上是止于获麟,对于哀公之后的事情则无从知晓。要增广见闻,就必须大量阅读其他历史著作。于是,刘知幾连续阅读了《史记》、《汉书》、《三国志》等史学名著;并广搜群书,触类而观,按图书性质类别,分类阅读,不需要借助师长的讲解便能理解。到刘知幾17岁的时候,自东汉以至当代,所有的史学著作,他几乎概览。从12岁到17岁,刘知幾的少年时代,就打下了坚实的史学基础,所有的史学典籍,其叙事之纲纪,立言之梗概,他都已经有所了解。

2. 获嘉主簿任上

刘知幾出身一个仕宦世家,父兄辈都是进士出身,他也不能免俗。根据其《自叙》,刘知幾在17岁以后,即违背自己的意愿,专心于仕进之道。大概用了三年时间,刘知幾就靠着优秀的天赋条件,在20岁那年"射策登朝",考中了进士,被授予获嘉县主簿之职。

县主簿,官阶九品,负责县衙的文书工作,亦可看做县衙幕僚之首,在王朝官吏队伍中是个很没有地位的小官,或者严格地说就不是官,而是吏,不过是县令的助手而已。进士出身而委以主簿,实在是没有什么可以称道或庆贺的。但对于刘知幾来说,却未必是什么坏事,或者说还正是这个大材小用成就了他的名山事业。一方面,他由此而进入仕宦行列,官虽小但也不失其体面;另一方面,县里主簿也落得清闲,可以有余暇博览群籍,以遂治史之愿。更使人想不到的是,在这个主簿任上,他一待就是19年。19年,对于人生来说可谓是极其漫长的一段时间,对于一个汲汲于升迁做官的人来说,更无异于坐牢般煎熬,而对于无欲无求专志于读书的刘知幾来说，却无疑是天赐良机，是一段极其宽裕的读书时间。《史通·自叙》谈及这段经历说：

> 洎年登弱冠，射策登朝，于是思有余闲，获遂本愿。旅游京洛，颇积岁年，公私借书，恣情披阅。至如一代之史，分为数家，其间杂记小书，又竞为异说，莫不钻研穿凿，尽其利害。加以自小观书，喜谈名理，其所悟者，皆得之襟腑，非由染习。故始在总角，读班、谢两《汉》，便怪《前书》不应有《古今人表》，《后书》宜为更始立纪。当时闻者，共责以为童子何知，而敢轻议前哲。于是报然自失，无辞以对。其后见《张衡》、《范晔集》，果以二史为非。其有暗合于古人者，盖不可胜纪。始知流俗之士，难与之言。凡有异同，蓄诸方寸。

这段话中的"恣情披阅"、"钻研穿凿"、"蓄诸方寸"等几个关键词，概括了刘知幾19年的为宦生涯。这19年间，他几乎阅览、钻研了所有可以看到的历史著作，并辨析异说，"尽其利害"，蓄积于方寸之间，为日后的修史和《史通》写作，打下了坚实的基础。

在获嘉县主簿任上，刘知幾留下的唯一政治足迹是在证圣元年（695年）的陈政事疏。是年春一月，武则天"令内外文武九品已上各上封事，极言正谏"①。刘知幾以积极的态度响应诏诰，连上两封奏章。第一次上表，主要是针对当时赦宥无度的弊端，提出一个"节赦"的主张，第二次又针对当时滥赐阶勋的弊端，提出赐阶勋应依据德才标准。《资治通鉴》卷二〇五载其事曰：

> 获嘉主簿彭城刘知幾表陈四事：其一，以为："皇业权舆，天地开辟，嗣君即位，黎元更始，则时藉非常之庆以申再造之恩。今六合清晏而赦令不息，近则一年再降，远则每岁无遗，至于违法悖礼之徒，无赖不仁之辈，编户则寇攘为业，当官则

---

① 《旧唐书·则天皇后本纪》。

赃贿是求。而元日之朝,指期天泽,重阳之节,伫降皇恩,如其忖度,咸果释免。或有名垂结正,罪将断决,窃行货贿,方便规求,故致稽延,毕沾宽宥。用使俗多顽悖,时罕廉隅,为善者不预恩光,作恶者独承徽倖。古语曰:'小人之幸,君子之不幸。'斯之谓也。望陛下而今而后,颇节于赦,使黎氓知禁,奸宄肃清。"其二,以为:"海内具僚九品以上,每岁逢赦,必赐阶勋,至于朝野宴集,公私聚会,绯服众于青衣,象板多于木笏;皆荣非德举,位罕才升,不知何者为妍蚩,何者为美恶。臣望自今以后,稍息私恩,使有善者逾效忠勤,无才者咸知勉励。"其三,以为:"陛下临朝践极,取士太广,六品以下职事清官,遂乃方之土芥,比之沙砾,若遂不加沙汰,臣恐有秽皇风。"其四,以为:"今之牧伯迁代太速,倏来忽往,蓬转萍流,既怀苟且之谋,何暇循良之政!望自今刺史非三岁以上不可迁官,仍明察功过,尤甄赏罚。"疏奏,太后颇嘉之。①

  从以上言辞之激切,分析之透彻,我们既可以感受到刘知幾忠于当时女皇朝廷的拳拳之心,也可以看到他富有强烈的政治责任感和敏锐的洞察力,具有政治家的才能和眼光。应该说,刘知幾的上疏切中时弊,对匡正当时有重要的参考价值,武则天也确实颇为欣赏。但无奈武则天诏"九品以上陈得失"之本意不过是"收人望"而已,并不是真的希望倾听天下百官的意见。所以,尽管刘知幾既切中时弊,又情真词切,而最终的结果则是"后嘉其直,不能用也"②。

  上疏不被重视,没有引起任何反应,对"是时官爵僭滥而法网

---

① 《资治通鉴》卷二〇五,中华书局1956年版,第6500~6501页。
② 《新唐书·刘子玄传》。

严密,士类竞为趋进,而多陷刑戮"①的现实没有任何改变,甚至愈演愈烈,这对刘知幾是个不小的打击,他在这一时期所写的《思慎赋》是个证明。赋曰:

> 赋形天地,受气阴阳,生乐死哀,进荣退辱,此人伦之大分也。然历观自古以迄于今,其有才位见称,功名取贵,非命者众,克全者寡。大则覆宗绝祀,埋没无遗;小则系狱下室,仅而获免。速者败不旋踵,宽者忧在子孙。至若保令名以没齿,传贻厥于后胤,求之历代,得十一于千百……争二城而相杀,期五鼎以就烹,献鱼炙以交铍,舞鸡鸣而伏锧,或幸灾乐祸,或甘死徇生,求而得之,又何怨也。降兹以外,有异于是,莫不重七尺于泰山,惜一毛于尺璧,徒恶其死而不知救死之有方,但惜其生而未识卫生之有术,何者?地居流俗之境,身当名利之路……行高于人,众必非之;官大于国,主必恶之……卧于积薪之上而不知火之将燃,巢于折苕之末而不悟风之已至……呜呼,自古所以多杀身亡族者,职由于此也。因斯而言,则知祸福无门,唯人自召;自贻伊戚,匪降于天。而谓之不幸未之闻也……世人罕能修身厉己,自求多福,方更越礼过度,坐致覆亡。此宣尼所以讥鲍庄子之智不如葵,而孙叔教警以螳螂伺蝉不知黄雀在后。余早游坟素,晚仕流俗,观古今之人物极矣,见吉凶之成败众矣。夫贵不如贱,动不如静,尝闻其语而未信其事,及身更之方觉斯言之征矣。加以守愚养拙,怯进勇退,每思才轻任重之诫,智小谋大之忧,观止足于居常,绝觊觎于不次,是以度身而衣,量腹而食,进受代耕之禄,退居负郭之田,庶几全父母之发肤,保先人之丘墓,一生之愿于斯足矣。②

---

① 《旧唐书·刘子玄传》。
② 《文苑英华》卷九十二,文渊阁四库全书本。

《思慎赋》所反映的思想倾向，和上疏中希望改变现实的急切与冲动是相当矛盾的，可见武则天的酷吏政治对刘知幾理想的伤害是何等严重，他几乎失去了改造现实的任何希望，"全父母之发肤，保先人之丘墓"，全生保命成了他的唯一愿望。这篇《思慎赋》受到了友人的称赞。《旧唐书·刘子玄传》载曰："证圣年，有制文武九品已上各言时政得失，知幾上表陈四事，词甚切直。是时官爵僭滥而法网严密，士类竞为趋进而多陷刑戮，知幾乃著《思慎赋》以刺时，且以见意。凤阁侍郎苏味道、李峤见而叹曰：'陆机《豪士》所不及也。'"时人认为，《思慎赋》的立意一为刺时，一为见意；其实也无所谓"刺时"，因为刘知幾所描述的官场之残酷，在他看来是"自古以迄于今"历来如此，非独时下也。而"见意"则是真，的确抒发了他的真实心理。刘知幾的后半生几乎不涉及政治，对官位毫无兴趣，而只沉迷于史学，在这篇《思慎赋》里已经有了答案。

3. 三入史馆

写作《思慎赋》四年之后，刘知幾的境况有了重大改变。武后圣历二年（699年），刘知幾被任命为定王府仓曹。根据《新唐书·百官志》："仓曹，参军事，掌禄廪、厨膳、出内、市易、畋渔、刍藁。"仓曹之职，与修史毫无关联，但奇怪的是，刘知幾转为仓曹之后所实际从事的工作，则是与徐坚、徐彦伯、张说等人，同修《三教珠英》。这段经历不见于新旧《唐书》的刘知幾本传，但见于其他传记。如《旧唐书·徐坚传》："坚又与给事中徐彦伯、定王府仓曹刘知幾、右补阙张说同修《三教珠英》。"

关于《三教珠英》的编撰，又见《新唐书·张行成传》附《张昌宗传》："圣历二年……后知丑声甚，思有以掩覆之，乃诏昌宗即禁中论著，引李峤、张说、宋之问、富嘉谟、徐彦伯等二十有六人撰《三教珠英》。"

《唐会要》卷三十六"修撰"条："圣历中，以上御览及《文思博要》等书，聚事多未周备，遂令张昌宗召李峤、阎朝隐、徐彦伯、薛曜、李尚隐、魏知古、于季子、王无兢、沈佺期、王适、徐坚、尹元凯、张说、马吉甫、元希声、李处正、高备、刘知幾、房元阳、宋之问、崔湜、常元旦、杨齐哲、富嘉谟、蒋凤等二十六人同撰。于旧书外更加佛、道二教，及亲属、姓名、方城（域）等部。"①

看来，刘知幾确实是在圣历初任了定王府仓曹之职，并确曾在仓曹任上参与了《三教珠英》的编撰，由此结识了他一生中最知己的朋友之一徐坚。参与《三教珠英》的编撰，表明此时的刘知幾已知名于朝野。《新唐书·徐彦伯传》云："武后撰《三教珠英》，取文辞士，皆天下选，而彦伯、李峤居首。"此说明参与《三教珠英》编撰的都是以文辞名世的闻人。《新唐书·刘子玄传》说："（知幾）与兄知柔俱以善文词知名。"可能，这个"知名"在刘知幾参与《三教珠英》编撰之前就已经形成。至于他何以能够"知名"则无史料可考。

武后大足元年，亦即武后长安元年（701年），《三教珠英》编就。翌年，刘知幾迁任著作佐郎，兼修国史。《史通·原序》云："长安二年，余以著作佐郎兼修国史，寻迁左史，于门下撰起居注。"这年刘知幾42岁，正式踏上了修史之路。

据《史通·原序》说："长安二年，余以著作佐郎兼修国史，寻迁左史，于门下撰起居注。会转中书舍人，暂停史任，俄兼领其职。今上即位，除著作郎、太子中允、率更令，其兼修史皆如故。又属大驾还京，以留后在东都。无几，驿征入京，专知史事，仍迁秘书少监。自惟历事二主，从宦两京，遍居司籍之曹，久处载言之职。昔马融三入东观，汉代称荣；张华再典史官，晋朝称美。嗟予小子，兼

---

① 《唐会要》卷三十六，文渊阁四库全书本。

而有之。"《史通·自叙》篇又明确讲道:"由是三为史臣,再入东观。"刘知幾自己说有三入史馆的经历,但这是在写《史通》时的说法,而其以后又有监修国史的经历,终其一生,就绝非是三入史馆了。

综合各种文献,刘知幾的修史经历大抵如下:

长安二年(702年),初入史馆,主要业绩是奉诏与李峤、朱敬则、徐彦伯、徐坚、吴兢等撰修唐史,成《唐书》80卷。见于以下记载:

《唐会要》卷六十三《史馆》上"修国史"条:"长安三年正月一日敕,宜令特进梁王三思与纳言李峤,正谏大夫朱敬则,司农少卿徐彦伯,凤阁舍人魏知古、崔融,司封郎中徐坚,左史刘知幾,直史馆吴兢等修《唐史》,采四方之志,成一家之言。长悬楷则,以贻劝诫。"

《史通·自叙》:"长安中,会奉诏预修《唐史》。"

《史通·古今正史》:"长安中,余与正谏大夫朱敬则、司封郎中徐坚、左拾遗吴兢,奉诏更撰《唐书》勒成八十卷。"

长安四年(704年),刘知幾擢拜凤阁舍人,暂停史职。之后的一年中,刘知幾做了一件于学术于家族都是功德无量的大事,即考订了刘氏家族的谱系,撰著《刘氏家史》15卷、《刘氏谱考》3卷。《唐会要》卷三十六《修撰门》"氏族"条载曰:"长安四年,凤阁舍人刘知幾撰《刘氏家史》十五卷、《谱考》三卷,推汉氏为陆终苗裔,非尧之后;彭城丛亭里诸刘,出自宣帝子楚孝王嚣曾孙司徒居巢侯刘恺之后,不承楚元王交。皆按据明白,正前人所误,虽为流俗所讥,学者服其该博。"大致相同的记载也见于《旧唐书·刘子玄传》:"知幾自负史才,常慨时无知己,乃委国史于著作郎吴兢,别撰《刘氏家史》十五卷、《谱考》三卷。推汉氏为陆终苗裔,非尧之后。彭城丛亭里诸刘,出自宣帝子楚孝王嚣曾孙司徒居巢侯刘恺之后,不承楚元王交。皆按据明白,正前代所误,虽为流俗所讥,学者服其该博。初,知幾每云若得受封,必以居巢为名,以绍司徒旧邑;后以修《则天实录》功,果封居巢县子。又乡人以知幾兄弟六人进士及第,文学知名,改其乡里为高阳乡居巢里。"两处记载的矛盾之处在于撰著的时间问题。《唐会要》所记明确是长安四年,而《旧唐书》所说在刘知幾罢史职、著《史通》之后,起码是在景龙二年(708年)之后。傅振伦先生的《刘知幾年谱》认定是长安四年。

神龙元年(705年)中宗即位,刘知幾任著作郎、太子中允、率更令等职,兼修国史。这大概就是二入史馆。再入史馆,刘知幾的主要业绩是和徐坚、吴兢等人重修《则天实录》。《史通·古今正史》篇云:"神龙元年又与坚、兢等重修《则天实录》,编为三十卷,夫旧史之坏,其乱如绳,错综艰难,期月('月'应为'年'。根据《唐会要》卷三十六及《旧唐书·魏元忠传》所载,编撰《则天实录》始于神龙元年,第二年成书)方毕。虽言无可择,事多遗恨,庶将来削稿,犹有凭焉。"

神龙元年,发生了一件大事。《旧唐书·中宗本纪》载:"十二月壬寅,则天皇太后崩。""二年春正月丙申,护则天灵驾还京。""天子西还",而时任著作郎并监修国史的刘知幾则没有随迁西京。《史通·忤时》篇云:"会天子还京师,朝廷愿从者众。予求番次,在大驾后发日,因逗留不去,守司东都。杜门却扫,凡经三载。或有谮予躬为史臣,不书国事而取乐丘园,私自著述者,由是驿召至京,令专执史笔。"《新唐书·刘子玄传》曰:"会天子西还,子玄自乞留东都,三年,或言子玄身史臣而私著述,驿召至京,领史事。迁秘书少监。"知幾在东都逗留三年被召回,从神龙二年起推算三年,应是景龙二年(708年)。他这次被召回之后专执史笔,恐怕就是第三次踏入史馆了。在逗留东都的三年中,他虽然没有被解除史职,但毕竟脱离了史馆的业务。由此看来,刘知幾所谓"三入史馆"就是指的长安二年(702年)、神龙元年(705年)和景龙二年(708年)。

第三次入史馆,对刘知幾来说,是件非常之不愉快的事。原因有以下几个方面:

其一,此次被召回本身,就是被人谗陷的结果,即上边的引文所说"或有潜予躬为史臣,不书国事而取乐丘园,私自著述"。由此被召,心情肯定是不愉快的。

其二,私自著述的确是存在的,这就是刘知幾利用这三年时间开始了《史通》的撰写或准备工作,朝廷的征召使他不得不放弃、中断自己热衷的事业。

其三,此时监修国史的大员,人数众多,而意见不一,修史工作难以正常进行。《唐会要》卷六十四《史馆杂录下》载:"景龙二年四月二十日,侍中韦巨源、纪处讷,中书令杨再思,兵部侍郎宗楚客,中书侍郎萧至忠,并监修国史。其后,史官太子中允刘知幾以监修者多,甚为国史之弊,于是求罢史职,奏记于萧至忠。"这条记载,已经把监修国史的人员本身看做是刘知幾后来求罢史职的直接原因。

其四,刘知幾对于自己多年身居五品而不能升迁、不被重视也非常不满。

4. 主动请辞,并再入史馆

由于以上诸多不快,景龙二年(708年),刘知幾提出了辞去史官职务的请求。刘知幾致萧至忠的辞职书,主要提出了两大问题:

一是史馆修史之弊,回答萧至忠对他"著述无课"、"论次无功"的责问,提出史馆修史之"五不可":

> 古之国史,皆出一家,未闻借功于众。唯汉东观集群儒,纂述无主,条章不建。今史司取士滋多,人自为荀、袁,家自为政、骏。每记一事,载一言,阁笔相视,含毫不断,头白可期,汗

青无日。一不可。汉郡国计书上太史,副上丞相,后汉公卿所撰,先集公府,乃上兰台,故史官载事为广。今史臣唯自询采,二史不注起居,百家弗通行状。二不可。史局深籍禁门,所以杜颜面,防请谒也。今作者如林,倪示褒贬,曾未绝口,而朝野咸知。孙盛取嫉权门,王劭见雠贵族,常人之情,不能无畏。三不可。古者史氏各有指归,故司马迁退处士,遵奸雄;班固抑忠臣,饰主阙。今史官注记,类禀监修,或须直辞,或当隐恶,十羊九牧,其令难行。四不可。今监者不肯指授,修者又不遵奉,务相推避,以延岁月。五不可。①

二是向萧至忠陈述自己所受到的不公正待遇:

抑明公足下独不闻刘炫蜀王之说乎?昔刘炫仕隋,为蜀王侍读。尚书牛弘尝问之曰:"君王遇子,其礼如何?"曰:"相期高于周、孔,见待下于奴仆。"弘不悟其言,请问其义。炫曰:"吾王每有所疑,必先见访,是相期高于周、孔。酒食左右皆餍,而我余沥不霑,是见待下于奴仆也。"仆亦窃不自揆,轻敢方于鄙宗。何者?求史才则千里降追,语宦途则十年不进。意者得非相期高于班、马,见待下于兵卒乎!

又人之品藻,贵识其性。明公视仆于名利何如哉?当其坐啸洛城,非隐非吏,惟以守愚自得,宁以充诎撄心。但今者黾勉从事,宁拘就役,朝廷厚用其才,竟不薄加其礼。求诸陨始,其义安施?傥使士有澹雅若严君平,清廉如段干木,与仆易地而处,亦将弹铗告劳,积薪为恨。况仆未能免俗,能不蒂芥于心者乎!②

他以刘炫仕蜀王为喻,说自己在史馆里是被相期高于班、马,

---

① 《新唐书·刘子玄传》。
② 《史通·忤时》篇。

而见待下于兵卒，付出很多，而所得甚少，十年间呆在五品的秩级上不能升迁。"朝廷厚用其才，竟不薄加其礼"，他难以接受或容忍。那么，这段话是不是说明刘知幾在讲待遇、闹情绪呢？似乎不能这么简单地看问题。首先，刘知幾说的是实情，他没有得到应得的报酬；其次，报酬的不公平是最难以接受的事情，名实不符，赏罚不公，无法使人心理平衡；最后，也是最重要的不公正的待遇，实际上是对他的价值或人格的蔑视。像刘知幾这样的学者，最看重的也正是这一点。在当时的史馆中，拿俸禄的多，做事的少，多是一些争名逐利之徒，刘知幾和这些人在一起，并且品阶低下，心理上实在是难以承受。关于史馆人员的状况，刘知幾在《史通·史官建置》篇说："而近代趋竞之士，尤喜居于史职，至于措辞下笔者，十无一二焉，既而书成缮写，则署名同献；爵赏既行，则攘袂争受。遂使是非无准，真伪相杂，生则厚诬当时，死则致惑来代。而书之谱传，借为美谈；载之碑碣，增其壮观。"刘知幾怎么能和这些人为伍而又处之安然呢？

刘知幾递上辞职书之后，萧至忠惜其才，没有答应他的请求；而另外的几个监修大员，如宗楚客，则嫉恨刘知幾的正直，同意其辞职。① 刘知幾最后达到了辞去史官的目的。辞职五日之后，刘知幾又复为修文馆学士。

其实，大概在辞职的第三年，睿宗景云二年（711年），刘知幾就又重新参与国史的修撰。这应该是他四入史馆了。《旧唐书·刘子玄传》：

> 景云中，累迁太子左庶子，兼崇文馆学士，仍依旧修国史，加银青光禄大夫。

---

① 见《唐会要》卷六十四《史馆杂录》下和新旧《唐书·刘子玄传》等文献。

开元初,迁左散骑常侍,修史如故。

太子左庶子,正四品上,比起原来太子中允的正五品下,官阶提高了五级。后加银青光禄大夫,为从三品,又加一级。及至开元,迁左散骑常侍,官阶正三品。从政治待遇上看,刘知幾获得了一定的心理平衡。

这次再入史馆,基本上延续到他生命的终点。开元九年(721年),刘知幾长子贶犯事配流,知幾诣执政诉理,玄宗震怒,贬其为安州都督府别驾。知幾到安州任上,很快就去世了。

刘知幾在史馆的最后十年,业绩是非常辉煌的。他奉诏与柳冲、徐坚等改修《氏族志》,修成《姓族系录》200 卷;与吴兢撰写《睿宗实录》20 卷,删定《则天实录》30 卷,修撰《中宗实录》20 卷;独撰《睿宗实录》10 卷。其中因《则天实录》修撰有功,受到奖励,封居巢县子。

(二)《史通》的写作

1.《史通》写作缘起

刘知幾为何要写《史通》,前人多含混地从刘知幾的"发愤著书"做出解释,其实这是不准确的。完成这样一部史学理论的巨著,的确是要"发愤"的,但刘知幾最初的发愤,却并不是要写一部《史通》这样的著作,而是发愤要刊正前史,编著传之不朽的史传著作。关于他的史学志向,《史通·自叙》中讲得很明白:

> 昔仲尼以睿圣明哲,天纵多能,睹史籍之繁文,惧览者之不一,删《诗》为三百篇,约史记以修《春秋》,赞《易》道以黜八索,述《职方》以除九丘,讨论坟、典,断自唐、虞,以迄于周。其文不刊,为后王法。自兹厥后,史籍逾多,苟非命世大才,孰能刊正其失?嗟予小子,敢当此任!其于史传也,尝欲自班、马已降,讫于姚、李、令狐、颜、孔诸书,莫不因其旧义,普加厘

革。但以无夫子之名,而辄行夫子之事,将恐致惊末俗,取咎时人,徒有其劳,而莫之见赏。所以每握管叹息,迟回者久之。非欲之而不能,实能之而不敢也。

对于前代的史学著作,刘知幾所推崇的只有《春秋》,而对于《春秋》以后,马、班以降,以至当代的史学著述,他都多有不满,所以发誓要效法孔子,刊正前代之失,以为不刊之作。他"以无夫子之名,而辄行夫子之事",并有充分的自信,"非欲之而不能,实能之而不敢也"。那么,为什么刘知幾后来放弃了这一志向,转向了史学理论的著述呢?为什么他留给后人的不是关于历史的记载和研究,而是一本史学批评性的理论著作呢?对于其中的隐情,《自叙》中也交代得很明白:

> 既朝廷有知意者,遂以载笔见推。由是三为史臣,再入东观……凡所著述,尝欲行其旧议。而当时同作诸士及监修贵臣,每与其凿枘相违,龃龉难入。故其所载削,皆与俗浮沈。虽自谓依违苟从,然犹大为史官所嫉。嗟乎!虽任当其职,而吾道不行;见用于时,而美志不遂。郁怏孤愤,无以寄怀。必寝而不言,嘿而无述,又恐没世之后,谁知予者。故退而私撰《史通》,以见其志。

很显然,刘知幾所以要编著《史通》这样的史学批评著作,主要是和他的史馆工作经历有关。在以往的长期阅史积累中,他对史学著作的编撰形成了系统的理论性认识,并希望贯彻在他的史学著述中。但是,史馆里的现实是,他的史学思想和看法,总是无法和修史同僚们达成一致,甚至与监修贵臣多有冲突,"凿枘相违,龃龉难入"。每逢这时,刘知幾就不得不"与俗浮沈","依违苟从"。但即使这样,也不能取得同僚的理解,仍为史官所嫉。在这种境况下,刘知幾"虽任当其职,而吾道不行;见用于时,而美志不遂。郁怏孤愤,无以寄怀"。其精神状况极其苦闷。既然在具体的历史撰述中无法彰显自己的修史主张，史学思想的表述就只有选择理论表达的方式了。于是"退而私撰《史通》，以见其志"，就成为他的必然选择。

我们对《史通》编撰原因的判断，主要就是依据刘知幾的《史通·自叙》。但就是这同一篇《自叙》，人们的理解也不尽相同。许凌云先生的《刘知幾评传》中对上边所引《自叙》中的文字，做了如下解读：

> （刘知幾）既意识到厘定群史的历史使命责无旁贷，又担心遭受世俗白眼，劳而无赏。刘知幾终于冲破压力，勇敢地担当起历史使命，厘定群史的工作已经是刻不容缓了。其二，他也选中了自己的位置，或者说找到了自己事业的突破口。他是站在史学领域里，对古代史学做系统的理论总结。于此，这个宏伟抱负就落到实处。知幾献身于史学事业，对于他自己，对于社会，无疑都是一个良好的选择。

许凌云先生这段话中的"厘定群史"，就是《自叙》中所说的"刊正其失"、"普加厘革"；而他却把《史通》当做了"厘定群史"的自然之作了。这有一个认识上的误区。刘知幾所说的"普加厘革"，实际上是一个修订群史的工作，或者说重新写定群史的工作；而后来的《史通》之作，却不是"普加厘革"的性质，不属于许先生所讲的"厘定群史"的范畴，而是实现了"普加厘革"的史学抱负的意义转换。

而乔治忠先生则敏锐地看到了这一点。他说：

> 刘知幾之所以从刊正众史的初志转变为撰写史学理论著作，这与他厕身史馆有关。在担任史官期间，他曾打算通过参修史书以体现自己的史学见解。但是，这种幻想被史馆制度的现实所打破，编写《史通》的动机即由此而产生，这在《史通·自叙》中亦言之甚明……刘知幾编撰《史通》有两个起

因:第一,刘知幾在史馆无法发挥其史才,受监修贵臣之扼制,于是发愤著书;第二,刘知幾痛感当时史臣皆不解史学指归与体统,于是著书以申明之。前一原因使刘知幾决定退离史馆而私下著书,后一原因乃决定了所著之书的宗旨——即明辨史学指归与体统。①

这才是对刘知幾为什么要撰著《史通》的确当的解释。

2.《史通》的编撰年代

《史通》写于何时,学术界的看法也不一致。

一种看法认为,《史通》始撰于神龙元年(705年)之后。其根据是《新唐书·刘子玄传》说:"始,子玄修《武后实录》,有所改正,而武三思等不听。自以为见用于时而志不遂,乃著《史通》内外四十九篇,讥评今古。"而《武则天实录》修于神龙元年,据此,《史通》修撰应是《武则天实录》修成之后,也就是神龙元年之后的不长时间之内。如现代学者余嘉锡就把《史通》始撰之年定于神龙二年。②

一种看法认为,《史通》始撰于武则天长安二年,认为刘知幾于是年进入史馆就开始了《史通》的编撰。傅振伦先生首倡此说。他在《刘知幾年谱》"长安三年"的注中说:

> 案《新唐书》本传云:"始,子玄修《武后实录》,有所改正,而武三思等不听。自以为见用于时而志不遂,乃著《史通》内外四十九篇,讥评今古。"考知幾尝自谓"幼喜诗赋,长涉艺文。史传之言,有所耽说"(《忤时》篇语)。又云:"耻以文士得名,期以述者自命。"盖久有著书论史之意。故每读书,"凡

---

① 乔治忠:《〈史通〉编撰问题辨正》,《中国官方史学与私家史学》,北京图书馆出版社2008年版,第374~375页。

② 余嘉锡:《四库提要辨证》卷五"《东观汉记》"条,中华书局1980年版。

有异同,蓄诸方寸"。尝有删定前史之志,乃为史官而不果于行,身居史曹,而志又不遂,始退而著《史通》。(以上杂采自《自叙》篇语)然《自叙》云:"余撰《史通》,屡移寒暑。悠悠尘俗,共以为俗。"《史通序》又曰:"尝以载削余暇,商榷史篇,下笔不休,遂盈筐箧。于是区分类聚,编而次之。予既在史馆而成此书,故便以《史通》为目。"盖其书非成于一时也。其序又云:"自为著作佐郎,至秘书少监,并兼史职,因成此书。"则长安二年,即已从事于《史通》之撰述,至景龙四年仲春,始克成书耳。《新唐书》本传谓撰于修《则天实录》时,《玉海》卷四九艺文门论史条谓草自景龙二年,均考之不尽。①

许凌云先生也持此说:

  刘知幾著《史通》,起于长安二年(702年),成书于景龙四年(710年)。初稿成书后,又时有增删,断断续续用了十多年的精力。如果算上他的准备阶段,这部书当然是他毕生研究史学心血的结晶。②

遗憾的是,许凌云先生没有对自己的观点做任何论证,好像这已经是得到广泛认可的成说一样。但问题并非如此,长安二年说是缺乏根据的。如前所述,刘知幾写《史通》,是有个思想转换的过程的,他刚进史馆所怀抱的只是个刊正前史的宏愿,而《史通》的立意还无从产生。乔治忠先生的"《史通》编撰问题辨证"③一文,对"长安二年"说有详细考证,否定了它的可能性,此不赘述。

似乎还有一种说法,是"景龙二年"说。瞿林东先生在《中国

---

① 傅振伦:《刘知幾年谱》,商务印书馆1956年版,第76~77页。
② 许凌云:《史通》。见仓修良主编:《中国史学名著评介》第一卷,山东教育出版社2006年版,第542页。
③ 乔治忠:《中国官方史学与私家史学》,北京图书馆出版社2008年版,第379~381页。

史学史》第三卷中说：

> 他因不满于武则天和唐中宗时史馆修史的紊乱和监修贵臣们对修史工作的横加干涉，曾在中宗景龙二年(708年)毅然辞去史职，"退而私撰《史通》，以见其志"。

这显然是认为《史通》撰于景龙二年辞去史职之后。这里的关键是对"退而私撰《史通》"的理解。这个"退"是不是景龙二年向萧至忠的辞职呢？

在这个问题上，我们赞成乔治忠先生的观点。乔治忠赞成余嘉锡先生的"神龙二年"说，并进行了充分论证，理由有三：

第一……《史通》的编著有两个起因，一是受监修官扼制而郁怀孤愤，二是深感同僚多不明史法而欲申明。这两个起因不可能乍入史馆即产生出来。刘知幾于长安二年擢为史官，当时只不过负责记注起居，不会与监修史臣发生修史上的矛盾。长安三年修《唐史》之时虽与监修官发生分歧，但似乎未足促成私撰《史通》之志，因为长安四年，刘知幾还潜心于撰写《刘氏家史》、《刘氏谱考》，倘若此时刘知幾发愤撰写《史通》，何必还去搞"家史"、"谱考"这样麻烦的事情呢？

第二，景龙二年刘知幾致萧至忠求免史任书，时值《史通》编撰期间，于是收入书中，即《忤时》篇。而长安三年答郑惟忠论史家"三长"这样的精辟言论，在《史通》内却未见录用，原因在于此时尚未撰写《史通》，刘知幾本人又没有这次谈话的记录，久而久之，记忆淡薄。所以《史通》中虽有"三长"论的基本观点，终不见那样集中的、概括性的论述。

第三，《史通》的《自叙》、《忤时》等篇及"原序"对本书的撰著之事皆有所叙述。细致地分析其语意，亦有助于《史通》

始撰之年的推定。①

至于《史通》的完成年代，刘知幾的《史通·序》里讲得很明确："予既在史馆而成此书，故便以《史通》为目。且汉求司马迁后，封为史通子，是知史之称通，其来自久。博采众议，爰定兹名。凡为廿卷，列之如左，合若干言。于时岁次庚戌，景龙四年仲春之月也。"

从神龙二年（706 年）到景龙四年（710 年），《史通》的编撰用了五年的时间，其中滞留东都的三年，是其编撰的绝佳时期。

（三）刘知幾的个性

刘知幾是个很有个性、主体意识极其鲜明的人。傅振伦先生的《刘知幾年谱》中说："知幾性情既刚正；又少涵养，积素愤，故所撰《史通》，对于前人著作，每轻口挥斥曰'愚'，曰'妄'，曰'狂惑'，曰'愚滞'，甚至曰'邪说'，曰'小人'，言词激峻，诋诃未免太甚。彭汝实讥其语质而气轻（《史通后跋》），观《唐书》载：刘贶为太乐令，犯事配流，知幾诣执政诉理，玄宗怒贬之，可见其鲠直不畏强御。又尝自谓：'凡所著述，尝欲行其旧议；而当时同作诸士及监修贵臣，每与其凿枘相违，龃龉难入。故所载削，皆与俗浮沉。虽自谓依违苟从，然犹大为史官所嫉。'（《史通自叙篇》语）其气质之刚方，又可见矣！"②

从现有文献材料看，刘知幾的个性，主要表现在以下几个方面：

鲠直不畏强御

《旧唐书》本传载："证圣年，有制文武九品已上各言时政得

---

① 乔治忠：《中国官方史学与私家史学》，北京图书馆出版社 2008 年版，第 381 页。
② 傅振伦：《刘知幾年谱》，第 32～33 页。

失,知幾上表陈四事,词甚切直。"上表陈事是正常的,刘知幾的特殊之处在于其言词切直。前边的有关地方已有引证,这里只是强调史家对他"词甚切直"的评价。

《新唐书》本传载:"中宗时,擢太子率更令。介直自守,累岁不迁。"刘知幾的介直到了影响他升迁的程度。

《史通·忤时》中,刘知幾自言:"仆少小从仕,早蹑通班。当皇上初临万邦,未亲庶务,而以守兹介直,不附奸回,遂使官若土牛,弃同刍狗。""孝和皇帝时,韦、武弄权,母媪预政。士有附丽之者,起家而绾朱紫,予以无所傅会,取摈当时。"他也非常明白地知道,附丽权势的好处,但就是做不出那样的事来。不会附庸权势,"取摈当时"。当然,他所以不附丽权势,也与他的清高自恃有关,他从来就没有把做官当做是件荣耀的事情,他视"官若土牛,弃同刍狗"。

性情鲠直,主要表现在毫无掩饰地直率表达,有什么说什么,不考虑言语的对象,不考虑对方的身份地位。《忤时》篇、《旧唐书》本传都全文保留了刘知幾给萧至忠的辞职书。辞职书是给史馆监修贵臣们看的,但书中对这些监修大员们的批评毫不客气:"古者刊定一史,纂成一家,体统各殊,指归咸别……顷史官注记,多取禀监修,杨令公则云'必须直词',宗尚书则云'宜多隐恶'。十羊九牧,其令难行;一国三公,适从何在?"杨令公是中书令杨再思,宗尚书是兵部尚书宗楚客,刘知幾对他们政令不一所导致的史官们的无所适从,提出了尖锐批评,并直呼其名。最后的结果是,看了他的辞职书后,虽然萧至忠尚"惜其才,不许解史任。而宗楚客、崔湜、郑愔等,皆恶闻其短,共仇嫉之。"①

在史馆工作的经历使他对史官队伍的状况极其不满,他在《史

---

① 《史通·忤时》篇。

通》中多有涉及。而这都是对时人的评价,他也表现得毫无顾忌。《史通·辨职》篇说:

> 但今之从政则不然,凡居斯职者,必恩幸贵臣,凡庸贱品,饱食安步,坐啸画诺,若斯而已矣。夫人既不知善之为善,则亦不知恶之为恶。故凡所引进,皆非其才,或以势利见升,或以干祈取擢。遂使当官效用,江左以不落为谣,拜职辨名,洛中以不闲为说。言之可为大噱,可为长叹也……彼史曹者,崇扃峻宇,深附九重,虽地处禁中,而人同方外。可以养拙,可以藏愚,绣衣直指所不能绳,强项申威所不能及。斯固素餐之窟宅,尸禄之渊薮也。凡有国有家者,何事于斯职哉!

他对评论对象充满了蔑视和嘲讽,并且言辞之激烈、尖刻,也到达了极其辛辣的程度。

刘知幾的鲠直,还表现在坦诚和率直方面,在涉及自身利益的问题上,不遮遮掩掩,羞羞答答,没有传统道德的虚伪和做作。神龙二年,修《则天实录》,由武三思、魏元忠监修,刘知幾与太常少卿徐彦伯、秘书少监柳冲、国子司业崔融、中书舍人岑羲、徐坚等参与此事。书成,朝廷给予奖赏,参与者"赐物各有差",唯知幾以官卑不能列名受赐。对于这样的不公正待遇,刘知幾在给萧至忠的辞职书中以"刘炫仕隋"为喻,做了直率的表达,说是"朝廷厚用其才,竟不薄加其礼",公然坦承自己"未能免俗","蒂芥于心"。此事已见前引。

- 自信与自负

刘知幾的自信,非常人所及。他从不怀疑自己的学识和能力,但当其自信超越自己的学识或能力的时候,也就难免被看成是自负或狂妄。然不管是自信还是自负,它都是刘知幾性格中自我认识的一个显著特征。

先说其自信。《旧唐书》本传云:"知幾自负史才,常慨时无知己。"

《忤时》云:"仆幼闻《诗》、《礼》,长涉艺文,至于史传之言,尤所耽悦。寻夫左史、右史,是曰《春秋》、《尚书》;素王、素臣,斯称微婉志晦。两京、三国,班、谢、陈、习阐其谟;中朝、江左,王、陆、干、孙纪其历。刘、石僭号,方策委于和、张;宋、齐应箓,惇史归于萧、沈。亦有汲冢古篆,禹穴残篇。孟坚所亡,葛洪刊其《杂记》;休文所缺,谢绰裁其《拾遗》。凡此诸家,其流盖广。莫不赜彼泉薮,寻其枝叶,原始要终,备知之矣。"自言对于先前的各种史书"原始要终,备知之矣",在一般人,是不可能有这样的自信的。即使真的做到了这一点,以传统儒家的矜持和含蓄,也不可能将话说到如此满的程度。

前引《自叙》中所说,孔子以后"史籍逾多,苟非命世大才,孰能刊正其失?嗟予小子,敢当此任!"说明刘知幾认为,孔子以后之史,没有人做过刊正的工作,而历史的重任就落到了他的肩上,他具有"命世大才","敢当此任","无夫子之名,而辄行夫子之事",并且"非欲之而不能,实能之而不敢也"。这样的自许,在一般人看来,是多少有点自负或狂妄的。

《自叙》又对《史通》作出这样的自我评价:

> 若《史通》之为书也,盖伤当时载笔之士,其义不纯。思欲辨其指归,殚其体统。夫其书虽以史为主,而余波所及,上穷王道,下掞人伦,总括万殊,包吞千有……夫其为义也,有与夺焉,有褒贬焉,有鉴诫焉,有讽刺焉。其为贯穿者深矣,其为网罗者密矣,其所商略者远矣,其所发明者多矣。盖谈经者恶闻服、杜之嗤,论史者憎言班、马之失。而此书多讥往哲,喜述前非。获罪于时,固其宜矣。犹冀知音君子,时有观焉。尼父有云:"罪我者《春秋》,知我者《春秋》。"抑斯之谓也。

他直言不讳地评价自己的著作"上穷王道,下掞人伦,总括万殊,包吞千有",并再一次自比于孔子,自认为其作《史通》就如同当年孔子的著《春秋》,实际上是过于抬高了自己的地位。说其狂妄或自负并不过分。

刘知幾的自信,应该说是有根据或基础的,他能写出中国历史上第一本史学批判的鸿篇巨制,并在全书的大部分地方都闪耀着敏锐和深邃的目光,古往今来,确实也没有几个人能够做到,他的确是天才的,出类拔萃的,卓识超群的;但是,我们也感觉到,《史通》的一些地方还是表现出了某种平庸和寻常,并没有能够达到刘知幾所自认为的那样。于是,自信在这些地方就变成为自负或狂妄。比如对史书中《书志》的评论,他认为:

> 历观众史,诸志列名,或前略而后详,或古无而今有。虽递补所阙,各自以为工,榷而论之,皆未得其最。
>
> 盖可以为志者,其道有三焉:一曰都邑志,二曰氏族志,三曰方物志……
>
> 盖自都邑以降,氏族而往,实为志者所宜先,而诸史竟无其录。①

刘知幾认为都邑、氏族、方物应该入志,这没有什么问题,确有道理,但将此三者强调到最重要的地位,要置于所有书志之首,就未必恰当了,是有他自身认识的局限的。瞿林东先生对此有过分析:

> 综观刘知幾对《书》《志》的见解,有两点认识是极突出的:一是以往书志,"皆未得其最",没有抓住主要论题;二是都邑、氏族、方物三志"实为志者所宜先",应首先论列。按刘知幾的意见,将都邑等三志列入书志,不是没有道理的,但若据此而得出上述两点认识,这就未免过分地贬低了古人,而又过分地抬高了自己。因此,从总的方面来看,刘知幾此论,殊为未安。

---

① 《史通·书志》。

第一，以往诸志，如天文、地理、食货、职官、刑法、艺文等，都是史家选择自然和社会中与人类生活有密切关系的重大问题而作，其重要性往往不在都邑等三志之下……刘知幾轻易地抹煞以往正史诸志的成就，是很不妥当的。

第二，刘知幾主张增添三志："撰都邑志，列于舆服之上"，"撰方物志，列于食货之首"，"撰氏族志，列于百官之下"。这些意见，反映了他对城市在当时政治经济生活中的重要地位的认识、对各地自然资源在经济生活里的重要性的认识、对当时还存在的门阀制度及其在思想文化上的要求的认识，是有意义的。但若说是这三志的重要性远在以往正史诸志之上，"实为志者所宜先"，否则便是"未得其最"，那就未免过分夸大了……《魏书·食货志·序》云："夫为国为家者，莫不以谷货为本。"《隋书·食货志·序》称："夫厥初生人，食货为本。"……刘知幾在《书志》篇中强烈地反映出都邑、方物、氏族三志"实为志者所宜先"的历史见识，较之于上述各史《食货志》的那些见解，不能不为之逊色……

第三，从历史撰述的实践来看，刘知幾所主张的增撰三志的意见，除郑樵《通志》采纳外，新、旧《唐书》以下至宋、元、明诸史，均未采用。①

瞿林东先生对刘知幾过分强调三志重要性的分析，是很有说服力的，这也证明了刘知幾的某些见识也属于平庸或寻常的范围，个人的过分自信，难免被世人讥为自负和狂妄。

3. 鲜明的独立性特征

独立性是刘知幾个性的鲜明特征。知幾其人，从来是不习惯

---

① 白寿彝主编，瞿林东著：《中国史学史》第三卷《魏晋南北朝隋唐时期中国古代史学的发展》，上海人民出版社2006年版，第276页。

依附于别人的,少年时代的他,就已经显示出这样的性格。《自叙》说:"予幼奉庭训,早游文学。年在纨绮,便受《古文尚书》。每苦其辞艰琐,难为讽读。虽屡逢捶挞,而其业不成。"《新唐书》本传载:"年十二,父藏器为授《古文尚书》,业不进,父怒,楚督之。"他不喜欢《古文尚书》,是其性格所致,但没有什么力量可以改变他的性情,捶挞、督笞都不起作用,他不屈从于父亲的安排。

十多万言的《史通》,对前代史学做出了多方面的评价或批评,无处不是他独立思考的结果。《史通》全书,评论的史家有140余人,涉及的史学著作有340多种,上至历代尊崇的圣人孔子,下至当代的学者同僚,他没有对任何人表现出盲目的推崇,所有的史家和史著都受到了他的批判和审查,经历了他的思考和质疑,并无例外地都有所批评。思想的独立性,是其成就《史通》这本史学理论巨著的基本条件和必要素质。

(四) 刘知幾的朋友们

刘知幾的耿介性格,使其朋友圈子也特别地小,一生中能够称其为朋友的没有几个。不过,透过这个小小的朋友圈,倒也可以使我们对刘知幾的为人和学识,有更为全面的认识。史籍中谈到这个问题的地方很少,《自叙》中的一段话是最集中的叙述:

> 及年以过立,言悟日多,常恨时无同好,可与言者。维东海徐坚,晚与之遇,相得甚欢,虽古者伯牙之识钟期,管仲之知鲍叔,不是过也。复有永城朱敬则、沛国刘允济、义兴薛谦光、河南元行冲、陈留吴兢、寿春裴怀古,亦以言议见许,道术相知。所有榷扬,得尽怀抱。每云:"德不孤,必有邻,四海之内,知我者不过数子而已矣。"

《新唐书·刘子玄传》云:

> 子玄与徐坚、元行冲、吴兢等善,尝曰:"海内知我者数

子耳。"

这两段文献中提到了徐坚、朱敬则、刘允济、薛谦光、元行冲、吴兢、裴怀古等人,现在,我们就将此七人的学行或行事做以介绍。

徐坚,刘知幾最好的朋友。根据现有文献看,刘知幾于圣历二年(699年)与徐坚、徐彦伯、张说等共修《三教珠英》,是他们第一次接触,是年刘知幾39岁。所以《史通·自叙》说"晚与之遇,相得甚欢"。关于徐坚之行事,《旧唐书》本传云:"少好学,遍览经史,性宽厚长者。进士举,累授太子文学。圣历中,车驾在三阳宫,御史大夫杨再思、太子左庶子王方庆为东都留守,引坚为判官,表奏专以委之。方庆善《三礼》之学,每有疑滞,常就坚质问,坚必能征旧说,训释详明,方庆深善之。"同修《三教珠英》时,麟台监张昌宗及成均祭酒李峤总领其事,广引文词之士,日夕谈论,赋诗聚会,历年未能下笔。后来徐坚与张说建议以《文思博要》为本,增加《姓氏》、《亲族》二部,渐有条汇。诸人依坚等规制,俄而书成。开元十三年(725年),玄宗改丽正书院为集贤院,以坚为学士,副张说知院事,累封东海郡公。坚多识典故,前后修撰格式、氏族及国史等,凡七入书府,时论美之。开元十七年(729年)卒,谥曰文。徐坚父子以词学著闻,时人比之于汉世班氏。

朱敬则是与刘知幾性格相投并有着相同学术主张的朋友。《旧唐书·朱敬则传》载其行事曰:

> 朱敬则,字少连,亳州永城人也。代以孝义称,自周至唐,三代旌表,门标六阙,州党美之。敬则偏傥重节义,早以辞学知名……长寿中,累除右补阙。敬则以则天初临朝称制,天下颇多流言异议,至是既渐宁晏,宜绝告密罗织之徒,上疏……长安三年,累迁正谏大夫,寻同凤阁鸾台平章事。时御史大夫魏元忠、凤阁舍人张说为张易之兄弟所诬构,将陷重辟,诸宰相无敢言者,敬则独抗疏申理曰:"元忠、张说素称忠正,而所

坐无名。若令得罪,岂不失天下之望也?"乃得减死。四年,以老疾请罢知政事,许之,累转冬官侍郎,仍依旧兼修国史。张易之、昌宗尝命画工图写武三思及纳言李峤、凤阁侍郎苏味道、夏官侍郎李迥秀、麟台少监王绍宗等十八人形像,号为《高士图》,每引敬则预其事,固辞不就,其高洁守正如此……敬则重然诺,善与人交,每拯人急难,不求其报。又尝与三从兄同居四十余年,财产无异。雅有知人之鉴,凡在品论者,后皆如其言。

从这段文字看,刘知幾与朱敬则的友善,完全是性格相合,都是耿介之士。对于武则天重赏告密、法网严酷的极权专制,他敢于上疏谏止;对于魏元忠、张说被张易之、张宗昌等武后幸臣的陷害,他敢于仗义执言,"诸宰相无敢言者,敬则独抗疏申理";对于张易之、张宗昌之流以《高士图》相诱的无耻勾当,他固辞不就,保持了高风亮节。刘知幾看重朱敬则的,可能正是这样的性格和人品。

其次,他们的学术主张也十分吻合或相投。《唐会要》卷六十三《史馆》上载有朱敬则于长安三年所上《请择史官表》,提出"史才难遇"、"宜倡直笔"、"当访求良史"等主张,这些学术主张和刘知幾的史学思想极其吻合。

刘允济的行事,《旧唐书·文苑中》本传所载比较简单,全部文字如下:

刘允济,洛州巩人,其先自沛国徙焉,南齐彭城郡丞巘六代孙也。少孤,事母甚谨。博学善属文,与绛州王勃早齐名,特相友善。弱冠本州举进士,累除著作佐郎。允济尝采摭鲁哀公后十二代至于战国遗事,撰《鲁后春秋》二十卷,表上之,迁左史,兼直弘文馆。垂拱四年,明堂初成,允济奏上《明堂赋》以讽,则天甚嘉叹之,手制褒美,拜著作郎。天授中,为来俊臣所构,当坐死,以其母老,特许终其余年,仍留系狱。久之,会赦免,贬授大庚尉。长安中,累迁著作佐郎,兼修国史。未几,擢拜凤阁舍人。中兴初,坐与张易之款狎,左授青州长史,为吏清白,河南道巡察使路敬潜甚称荐之。寻丁母忧,服阕而卒。

文中说刘允济"长安中,累迁著作佐郎,兼修国史。未几,擢拜凤阁舍人",此时刘知幾初入史馆,"长安二年,余以著作佐郎兼修国史,寻迁左史,于门下撰起居注。会转中书舍人",刘知幾升迁的时间、任职几乎和刘允济完全相同,两人的友谊、结交应在此时。

薛谦光,文献载其行事也比较简单。《旧唐书·薛登传》载:

> 薛登本名谦光,常州义兴人也……谦光博涉文史,每与人谈论前代故事,必广引证验,有如目击。少与徐坚、刘子玄齐名友善。文明中,解褐阌中主簿。天授中,为左补阙,时选举颇滥,谦光上疏……景云中,擢拜御史大夫。时僧惠范恃太平公主权势,逼夺百姓店肆,州县不能理。谦光将加弹奏,或请寝之,谦光曰:"宪台理冤滞,何所回避,朝弹暮黜,亦可矣。"遂与殿中慕容珣奏弹之,反为太平公主所构,出为岐州刺史。惠范既诛,迁太子宾客,转刑部尚书,加金紫光禄大夫、昭文馆学士。开元初,为东都留守,又转太子宾客。以与太子同名,表请行字,特敕赐名登。

薛谦光没有做过史官,但博涉文史,似有学识,刘知幾与之友善似乎看重其性格或人品,或是政治主张相同的缘故。如他上疏言选举颇滥事,似乎和刘知幾在获嘉主簿任上上疏批评"滥赐阶勋"的思想完全一致。特别是他置太平公主的威严于不顾,弹奏僧惠范逼夺百姓店肆事,更是令人敬佩。

元行冲,是个很有个性的人。《旧唐书》本传载:

> 元行冲,河南人,后魏常山王素连之后也。少孤,为外祖司农卿韦机所养。博学多通,尤善音律及诂训之书。举进士,

累转通事舍人,纳言狄仁杰甚重之。行冲性不阿顺,多进规诫,尝谓仁杰曰:"下之事上,亦犹蓄聚以自资也。譬贵家储积,则脯腊膥胰以供滋膳,参术芝桂以防疴疾。伏想门下宾客,堪充旨味者多,愿以小人备一药物。"仁杰笑而谓人曰:"此吾药笼中物,何可一日无也!"……行冲以本族出于后魏,而未有编年之史,乃撰《魏典》三十卷,事详文简,为学者所称……四迁大理卿。时扬州长史李杰为侍御史王旭所陷,诏下大理结罪,行冲以杰历政清贞,不宜枉为谗邪所构,又奏请从轻条出之。当时虽不见从,深为时论所美。

元行冲性不阿顺,多为人进逆耳之言,并能匡扶正义,仗义执言,和刘知幾一样是耿直之士。性格及其为人,是他们结交的前提条件。

吴兢,《旧唐书》本传载:

吴兢,汴州浚仪人也。励志勤学,博通经史。宋州人魏元忠、亳州人朱敬则深器重之,及居相辅,荐兢有史才,堪居近侍,因令直史馆,修国史。累月,拜右拾遗内供奉。神龙中,迁右补阙,与韦承庆、崔融、刘子玄撰《则天实录》成,转起居郎。俄迁水部郎中,丁忧还乡里。开元三年服阕,抗疏言曰:"臣修史已成数十卷,自停职还家,匪忘纸札,乞终余功。"乃拜谏议大夫,依前修史。俄兼修文馆学士,历卫尉少卿、左庶子。居职殆三十年,叙事简要,人用称之。末年伤于太简。《国史》未成,十七年,出为荆州司马,制许以史稿自随。中书令萧嵩监修国史,奏取兢所撰《国史》,得六十五卷……兢尝以梁、陈、齐、周、隋五代史繁杂,乃别撰《梁》、《齐》、《周史》各十卷、《陈史》五卷、《隋史》二十卷,又伤疏略……兢卒后,其子进兢所撰《唐史》八十余卷,事多纰缪,不逮于壮年。兢家聚书颇多,尝目录其卷第,号《吴氏西斋书目》。

吴兢是唐代著名历史学家,与刘知幾两个人应该是学术上的知音。吴兢直史馆期间,刘知幾初入史馆,并一起受命修《唐史》。《唐会要》卷六十三《史馆》上"国史"条记载此事:"长安三年正月一日敕,宜令特进梁王武三思,纳言李峤,正谏大夫朱敬则,司农少卿徐彦伯,凤阁舍人魏知古、崔融,司封郎中徐坚,左史刘知幾,直史馆吴兢等修《唐史》,采四方之志,成一家之言。"两人初识于此,由此结下友谊。

关于吴兢,还应该再交代一下。他在史学史上留下的最大遗产,是其编撰的《贞观政要》。《贞观政要》是一部政论性历史文献,全书10卷40篇,正文8万字左右,是唐太宗"贞观之治"的比较真实的载录,涵括内容相当广泛,对研究唐代的政治史、经济史、思想史,都有重要的参考价值。

裴怀古,《旧唐书·良吏下》本传载:

> 裴怀古……长寿中,累转监察御史……恒州鹿泉寺僧净满为弟子所谋,密画女人居高楼,仍作净满引弓而射之,藏于经笥。已而诣阙上言僧咒诅,大逆不道。则天命怀古按问诛之。怀古究其辞状,释净满以闻。则天大怒。怀古奏曰:"陛下法无亲疏,当与天下画一。岂使臣诛无辜之人,以希圣旨。向使净满有不臣之状,臣复何颜能宽之乎?臣今慎守平典,虽死无恨也。"则天意乃解……复历相州刺史、并州大都督府长史,所在为人吏所慕。神龙中,迁左羽林大将军,行未达都,复授并州长史。吏人闻怀古还,老幼相携,郊野欢迎。时崔宣道代怀古为并州,下车而罢,出郊以候怀古。怀古恐伤宣道之意,命官吏驱逐出迎之人,而百姓奔赴愈众,其为人所思如此。

刘知幾位数不多的几位朋友中,裴怀古是唯一一个非史官或文人学士出身的人。刘知幾与之交往并友善之,也可能是欣赏其耿介不屈的个性。敢于违逆则天武后,秉公判案,并直言上奏,在那个时代是不可多得之直臣。就个性特点说,与刘知幾何其相似乃尔!

刘知幾的这几位朋友除裴怀古外,多是历史学家,他们和刘知幾或者有着共同的史学主张,或者有着共同的政治立场,或者有着极为相似的思想作风和性格特征。他们的交往,形成了一个志同道合的学术群体,白寿彝先生曾把这些人称之为刘知幾学派①。了解刘知幾的这个朋友圈子,对于我们全面认识刘知幾及其思想,无疑富有启发意义。

二 《史通》的史学思想

(一)"良史以实录直书为贵"

《史通·惑经》说:"盖君子以博闻多识为工,良史以实录直书为贵。"《杂说下》说:"夫所谓直笔者,不掩恶不虚美,书之有益于褒贬,不书无损于劝诫。"讲求实录、直书,是刘知幾重要的史学思想。在以往的《史通》研究中,有人甚至认为"直书实录"就是刘知幾史学思想的核心理论。著名史学家许冠三先生出版过《刘知幾的实录史学》②专书,施丁先生也有过《刘知幾"实录"论》的专论。施丁先生写道:

>《史通》既有一个理论体系,那它有否一个核心的基本理论?这也可以作肯定的回答。有,那就是实录论。《史通》在展开史学批评,论述史料采择、撰述准则、文字表述、史学义

---

① 吴泽主编:《中国史学史论集》(二),上海人民出版社1980年版,第106~112页。

② 许冠三:《刘知幾的实录史学》,香港中文大学出版社1983年版。

理、史学功用以及史家素质诸方面,无不使用了虚与实、真与假、曲笔与直书、实录与伪录等概念,尤其是言"良史以实录直书为贵",这就给学者探讨其基本的史学理论以启示,并提供了证据。①

这些学者多主张刘知幾史学就是实录史学,对刘知幾的实录、直书理论给予特别关注。把刘知幾史学归结为实录史学是否恰当并不重要,重要的是他们的确看到了实录、直书在刘知幾史学思想中的重要位置,需要引起研究者的特别重视。

《史通》中不仅有《直书》、《曲笔》专篇来谈这个问题,而且直书的思想,也体现在其他各篇之中,成为他的基本史学主张。我们首先来看他在《直书》、《曲笔》中的有关论述。

刘知幾在《直书》篇,对晋朝史事能坚持直笔的习凿齿,对北魏、北齐史事能坚持直书的宋孝王、王劭等史家,给予高度赞扬:

> 当宣、景开基之始,曹、马搆纷之际,或列营渭曲,见屈武侯;或发仗云台,取伤成济。陈寿、王隐咸杜口而无言,陆机、虞预各栖毫而靡述。至习凿齿,乃申以死葛走达之说,抽戈犯跸之言。历代厚诬,一朝如雪。考斯人之书事,盖近古之遗直欤? 次有宋孝王《风俗传》、王劭《齐志》,其叙述当时,亦务在审实。案于时河朔王公,箕裘未陨;邺城将相,薪构仍存。而二子书其所讳,曾无惮色。刚亦不吐,其斯人欤?

他赞扬习凿齿的《汉晋春秋》,直书晋代史事,关于"死诸葛吓死生仲达"之说以及太子舍人成济配合司马昭刺死魏帝高贵乡公之事,都有了明确记载,使得"历代厚诬,一朝如雪",大白于天下。习凿齿之书,可谓"近古之遗直"! 特别是宋孝王和王劭,他们撰述相关史事的时候,当事人的后代都还保有一定的权势和地位,他

---

① 施丁:《刘知幾"实录"论》,《史学理论研究》2003年第4期。

们也毫无顾忌,书其所讳,刘知幾赞其"刚亦不吐,其斯人欤"!

《直书》篇最后为历史上所有能够坚持直书、实录的史家,写了一段荡气回肠的赞语:

> 盖列士徇名,壮夫重气,宁为兰摧玉折,不作瓦砾长存。若南、董之仗气直书,不避强御;韦、崔之肆情奋笔,无所阿容。虽周身之防有所不足,而遗芳余烈,人到于今称之。

出于同样的道德情感,刘知幾则对曲笔之徒给予了愤怒的谴责:

> 其有舞词弄札,饰非文过,若王隐、虞预毁辱相凌,子野、休文释纷相谢。用舍由乎臆说,威福行乎笔端,斯乃作者之丑行,人伦所同疾也。亦有事每凭虚,词多乌有:或假人之美,藉为私惠;或诬人之恶,持报己仇。若王沈《魏录》滥述贬甄之诏,陆机《晋史》虚张拒葛之锋,班固受金而始书,陈寿借米而方传。此又记言之奸贼,载笔之凶人,虽肆诸市朝,投畀豺虎可也。①

刘知幾所以对曲笔者使用诸如"作者之丑行,人伦所同疾"、"记言之奸贼,载笔之凶人"等污言秽语,在于要表达他的极端愤慨。他疾恶如仇,甚至认为,对于这样的丑恶之人,"肆诸市朝,投畀豺虎可也",真是痛恨之极!

刘知幾所以有如此之情感,在于他对"直书"、"实录"重要性的深刻体认。刘知幾史学思想的核心是"史之为用"论,史学著述担当着极其重大的使命,而这一使命是必须通过"实录"或"直书"才能够实现的,曲笔者则严重地伤害了史学著述的神圣目的和崇高使命。如他在《曲笔》篇说:"盖史之为用也,记功司过,彰善瘅恶,得失一朝,荣辱千载。苟违斯法,岂曰能官。"可以说,在刘知幾

---

① 《史通·曲笔》。

看来,直书或实录,是史学实现其社会功能的唯一保障。如果违背了史学著述"不掩恶不虚美"的撰述原则,善不能得到褒扬,恶不能得到谴责,史学著述就完全失去了它惩恶劝善的作用。刘知幾认为,历史上统治者的善善恶恶,是是非非,都是靠史家、文人"良直"的品德、实录的精神得以传扬的。《史通·载文》篇说:

  夫观乎人文,以化成天下;观乎国风,以察兴亡。是知文之为用,远矣大矣。若乃宣、僖善政,其美载于周诗;怀、襄不道,其恶存乎楚赋。读者不以吉甫、奚斯为谄,屈平、宋玉为谤者,何也?盖不虚美,不隐恶故也。是则文之将史,其流一焉,固可以方驾南、董,俱称良直者矣。

但是,由于各种复杂的历史因素,要真正做到实录、直书,"不虚美,不隐恶",是很不容易的。特别是政治方面的因素,来自强权的干扰,一般人是难以抵御的,是需要付出很大代价的。刘知幾非常清楚这一点。就在《曲笔》篇中,他写道:

  古来唯闻以直笔见诛,不闻以曲词获罪。是以隐侯《宋书》多妄,萧武知而勿尤;伯起《魏史》不平,齐宣览而无谴。故令史臣得爱憎由己,高下在心,进不惮于公宪,退无愧于私室,欲求实录,不亦难乎?呜呼!此亦有国家者所宜惩革也。

实际上,不少史家的曲笔之作,都是为适应当朝帝王或权贵的需要,是迫于他们的淫威的。正因为此,那些良直之士,"宁为兰摧玉折,不作瓦砾长存"的精神,则更值得人们敬佩。

刘知幾主张直书、实录,实际上是对我国古代史学优良传统的继承和发展。主张直书、实录、书法无隐的史学思想,早在春秋时期就已经被史家所坚守、赞扬或提倡。春秋史学史上就有一些著名事例。《左传·宣公二年》载:

  赵穿攻灵公于桃园。宣子(赵盾)未出山而复。大史书曰:"赵盾弑其君。"以示于朝。宣子曰:"不然。"对曰:"子为正卿,亡不越竟,反不讨贼,非子而谁?"宣子曰:"乌呼!《诗》曰:'我之怀矣,自诒伊戚。'其我之谓矣!"孔子曰:"董狐,古之良史也,书法不隐。赵宣子,古之良大夫也,为法受恶。惜也,越竟乃免。"

《左传·襄公二十五年》载:

  大史书曰:"崔杼弑其君。"崔子杀之。其弟嗣书,而死者二人。其弟又书,乃舍之。南史氏闻大史尽死,执简以往。闻既书矣,乃还。

董狐不畏强权,凭着自己的判断坚持直书,被孔子赞为"书法无隐";齐太史坚持直书献出自己的生命,南史氏不畏强暴"执简以往"。这是历史上史家直书的最早例证,为历代史家所崇尚。北周史家柳虬论曰:"古者人君立史官,非但记事而已,盖所以为监诫也。动则左史书之,言则右史书之,彰善瘅恶,以树风声。故南史抗节,表崔杼之罪;董狐书法,明赵盾之愆。是知直笔于朝,其来久矣。"①"书法无隐"的直笔原则,是从孔子以来就被广泛认同并为多数史家所坚守的著述之道。

春秋之后,被誉为信史的《史记》,是贯彻"直书"原则的一个典型代表。班固在评论司马迁的《史记》时,明确提出了一个"实录"概念。《汉书·司马迁传》曰:"然自刘向、扬雄博极群书,皆称迁有良史之材,服其善序事理,辨而不华,质而不俚,其文直,其事核,不虚美,不隐恶,故谓之实录。乌呼!以迁之博物洽闻,而不能以知自全,既陷极刑,幽而发愤,书亦信矣。"班固用"实录"二字表述了司马迁著史实事求是的科学精神。

由上可知,直书、实录都不是刘知幾的发明。但是,由于刘知幾特别重视实录和直书,于是对直书或实录的问题做了多方面的

---

① 《周书·柳虬列传》,中华书局1971年版。

探讨,这方面的思想特别深刻和丰富,并对"实录论"作出了重大发展。施丁先生在《刘知幾"实录"论》一文中说:"刘知幾的实录论,不只是继承班固的实录论,而且有重大发展。主要表现于史料采择、史书撰述、史文用笔、史义申明、史学批评以及史家修养等方面。"施丁先生的文章可以参考,此处不再探讨。

(二) 主张通史和通识

说刘知幾主张"通史",可能会招致不少反对。以往的研究中,人们否定刘知幾有通史主张,主要根据是下边一段话对"通史"的批评:

> 寻《史记》疆宇辽阔,年月遐长,而分以纪传,散以书表。每论家国一政,而胡、越相悬;叙君臣一时,而参、商是隔。此其为体之失者也。兼其所载,多聚旧记,时采杂言,故使览之者事罕异闻,而语饶重出。此撰录之烦者也。况《通史》以降,芜累尤深,遂使学者宁习本书,而怠窥新录。且撰次无几,而残缺遽多,可谓劳而无功,述者所宜深诫也。①

这段批评通史的话,提出了三个问题:一是说它"疆宇辽阔,年月遐长",有"为体之失";二是说它"兼其所载,多聚旧记,时采杂言",有取材方面的问题;三是南朝梁武帝时所撰《通史》的不成功败坏了通史的名声。所以,刘知幾发出了通史之作"劳而无功,述者所宜深诫也"的告诫。这三个方面的问题,实际上也就是第一点涉及刘知幾对通史体例的看法,即所谓"为体之失"。但是,我们在《史通》中所看到的刘知幾对司马迁《史记》的赞颂也不止一处:

> 既而丘明传《春秋》,子长著《史记》,载笔之体,于斯备

---

① 《史通·六家》。

矣。后来继作，相与因循，假有改张，变其名目，区域有限，孰能逾此！①

《史记》者，纪以包举大端，传以委曲细事，表以谱列年爵，志以总括遗漏，逮于天文、地理、国典、朝章，显隐必该，洪纤靡失。此其所以为长也。若乃同为一事，分在数篇，断续相离，前后屡出，于《高纪》则云语在《项传》，于《项传》则云事具《高纪》。又编次同类，不求年月，后生而擢居首帙，先辈而抑归末章，遂使汉之贾谊将楚屈原同列，鲁之曹沫与燕荆轲并编。此其所以为短也。②

盖左丘明、司马迁，君子之史也。③

史之为务，厥途有三焉……编次勒成，郁为不朽，若鲁之丘明，汉之子长，此其次也。④

若使直若南史，才若马迁，精勤不懈若扬子云，谙识故事若应仲远，兼斯具美，督彼群才，使夫载言记事，藉为模楷，搦管操觚，归其仪的，斯则可矣。⑤

这里我们就看到了刘知幾对《史记》之通史的明确肯定，并且是从史体的角度。"载笔之体，于斯备矣"，后世作者，"孰能逾此"！对通史体例的肯定是旗帜鲜明的。第二段话中，前半段肯定性的评论，是对《史记》史体本身的评论，说这种体例可以使原本的历史"显隐必该，洪纤靡失"；后半段对它的批评，则是偏重于具体问题的处理，而似乎不是史体本身的问题。后边三段话是对司马迁的直接赞颂。对于所谓刘知幾"尊班而抑马"的误解，杨翼骧先生曾有论曰：

---

①② 《史通·二体》。
③ 《史通·杂说下》。
④⑤ 《史通·辨职》。

过去往往有人鉴于在《六家》篇中论"史记家"时仅言其缺点,而论"汉书家"时则仅言其优点,遂认为刘知幾故意"尊班而抑马"(郑樵:《通志总序》),或"诃马迁而没其长"(郭延年:《史通评释序》),这都是误解。因为此处所论,主要在于比较二家(即纪传体的通史与断代史)著作的难易,它的原意是认为通史所包括的"疆域辽阔,年月遐长",难以写得好,故云"劳而无功,述者所宜深诫也"。而断代史"包举一代,撰成一书",容易写得好,故云"学者寻讨,易为其功"。并非对司马迁、班固二人的总评价。①

其实,以往学界也都注意到了刘知幾《史通》中有不少自相矛盾的地方,对《史记》通史体例的评价是其一例。但他对于通史体例的基本态度,我们还是可以从更广泛的思想层面加以梳理的,不能偏执于某一段论述。

首先,刘知幾特别重视史学的功用,而撰著通史则是从历史变迁的因革中提取历史鉴戒的最好途径,长时段的历史研究,才可能真正地"究天人之际,通古今之变",为世人提供最有价值的历史借鉴。从刘知幾的这个基本的史学主张说,他对通史体例的肯定与接纳是有其内在的思想逻辑的。

其次,刘知幾本来就有撰著通史的宏图大愿,迫于无奈才退而求其次,撰写了《史通》。前引《自叙》篇中的文字已详细叙述了他如何从立志撰著通史而转向《史通》写作的情况。很显然,刘知幾最初是以"命世大才"而自诩,宏愿将"自班、马已降,讫于姚、李、令狐、颜、孔诸书,莫不因其旧义,普加厘革。但以无夫子之名,而辄行夫子之事",而撰著司马迁以下至于当今的通史性著作,写出像孔子《春秋》那样的不刊之作,以为后世法。只是史馆以及当时

---

① 杨翼骧:《刘知幾与〈史通〉》,《中国史学史论集》(二),第140页。

的环境使他无法实现自己的宏愿,"见用于时,而美志不遂。郁怏孤愤,无以寄怀",才退而求其次,"而私撰《史通》,以见其志"。由此来看,硬说刘知幾反对撰著通史是没有道理的。他某些地方不主张写通史,只是感到写通史之不易,不能轻易去做的缘故。刘知幾认为,史才不世出,通史之才更难得,"自汉已降,几将千载,作者相继,非复一家,求其善者,盖亦几矣"①。能做好者太少,做不好就不如不做了。

主张史家应有通识,则是人们都公认的刘知幾的史学主张。刘知幾于此有不少论述:

> 夫人识有通塞,神有晦明,毁誉以之不同,爱憎由其各异。盖三王之受谤也,值鲁连而获申;五霸之擅名也,逢孔宣而见诋。斯则物有恒准,而鉴无定识,欲求铨核得中,其唯千载一遇乎! 况史传为文,渊浩广博,学者苟不能探赜索隐,致远钩深,乌足以辩其利害,明其善恶。②

这段话的"识有通塞",是明确提出通识的问题。有了通识的眼光,才可能鉴有定识,铨核得中,探赜索隐,致远钩深,获得有益于今人的历史借鉴。通识是史才中最重要的品质,也是最难得的品质。刘知幾论"史才三长",最后讲史识,实际上就是讲的通识。在讲完了史才、史学之后说:"犹须好是正直,善恶必书,使骄主贼臣,所以知惧,此则为虎傅翼,善无可加,所向无敌者矣。脱苟非其才,不可叨居史任。自复古已来,能应斯目者,罕见其人。"③"犹须"二字,把通识的问题提到了极端的高度,没有通识不可"叨居史任",而复古已来,真正具有通识眼光的,也的确"罕见其人"。

---

① 《史通·叙事》。
② 《史通·鉴识》。
③ 《旧唐书·刘子玄传》。

通识是一种很高的修养境界。

《暗惑》篇曰：

> 盖精《五经》者，讨群儒之别义；练《三史》者，征诸子之异闻。加以探赜索隐，然后辨其纰缪。如向之诸史所载则不然，何者？其叙事也，唯记一途，直论一理，而矛盾自显，表里相乖。非复牴牾，直成狂惑者尔！寻兹失所起，良由作者情多忽略，识惟愚滞。或采彼流言，不加铨择；或传诸缪说，即从编次。用使真伪混淆，是非参错……夫书彼竹帛，事非容易，凡为国史，可不慎诸！

这段话中，又提到了"探赜索隐"、"辨其纰缪"的问题，这是需要有通识的眼光的。史学著述中的诸多失误，大都是"识惟愚滞"、没有通识之才能所造成的。

《史通·原序》中，刘知幾讲《史通》书名的来历，说：

> 昔汉世诸儒，集论经传，定之于白虎阁，因名曰《白虎通》。予既在史馆而成此书，故便以《史通》为目。且汉求司马迁后，封为史通子，是知史之称通，其来自久。博采众议，爰定兹名。

对此，许凌云先生评论说：

> 《史通》称"通"，还受司马迁的影响。"汉求司马迁后封为史通子"，这个"通"字应该是司马迁"通古今之变"的"通"。刘知幾深得司马迁"通古今之变"之法，他的"通识"观点便是对"通古今之变"的继承和发展。①

这样说来，《史通》之命名本身，就已经表明了刘知幾强调史家通识的史学主张。

---

① 许凌云：《刘知幾评传》，南京大学出版社1994年版，第172页。

（三）"史才三长"说

"史才三长"说是刘知幾关于史家主体修养的重要理论。"史才三长"的明确提法，并不见于《史通》一书，但刘知幾在《史通》中评论史书史事，阐述自己的史学观点，几乎都贯彻了这一思想，研究《史通》不能忽视对他的"史才三长"说的考察。"史才三长"的明确提法，见《旧唐书》刘知幾本传：

> 子玄掌知国史，首尾二十余年，多所撰述，甚为当时所称。礼部尚书郑惟忠尝问子玄曰："自古已来，文士多而史才少，何也？"对曰："史才须有三长，世无其人，故史才少也。三长：谓才也，学也，识也。夫有学而无才，亦犹有良田百顷，黄金满籯，而使愚者营生，终不能致于货殖者矣。如有才而无学，亦犹思兼匠石，巧若公输，而家无楩楠斧斤，终不果成其宫室者矣。犹须好是正直，善恶必书，使骄主贼臣，所以知惧，此则为虎傅翼，善无可加，所向无敌者矣。脱苟非其才，不可叨居史任。自夐古已来，能应斯目者，罕见其人。"时人以为知言。

关于刘知幾的这个"史才三长"，人们有不同的解说，白寿彝先生的解释似乎最直白明了。他说："刘知幾继承前人的论点，把'学'比作材料和工具，把'才'比作生产的方法，把'识'说成是思想观点，他比前人说得更清楚了，更系统了。在这三者中，刘知幾实最重'识'，才、学都离不开它。"① 所谓史学，就是史家所掌握的史料，是历史学家的知识基础问题；史才是史家运用文献和体裁体例而编纂史书的能力；学识则是史家观察、解释历史的胆识和眼光，是史家的指导思想。知识基础、编纂能力和理论眼光，是一个

---

① 白寿彝：《刘知幾的史学》，吴泽主编：《中国史学史论集》（二），上海人民出版社1980年版，第68页。

历史学家所应具备的基本修养。前人关于这些方面曾经有过一些论述,刘知幾则把它系统化和理论化了,这是一个历史学家学术修养的至高境界。

在刘知幾的"史才三长"论中,最引人关注的是"史识"问题。白寿彝先生提出,刘知幾论史识,有三个特点值得注意。

第一,他注重"博采"和"善择":

> 盖珍裘以众腋成温,广厦以群材合构。自古探穴藏山之士,怀铅握槧之客,何尝不征求异说,采摭群言,然后能成一家,传诸不朽。①

> 然则刍荛之言,明王必择;葑菲之体,诗人不弃。故学者有博闻旧事,多识其物,若不窥别录,不讨异书,专治周、孔之章句,直守迁、固之纪传,亦何能自致于此乎?且夫子有云:"多闻,择其善者而从之","知之次也"。苟如是,则书有非圣,言多不经,学者博闻,盖在择之而已。②

博闻是治史的基础,但博闻也不是以多为胜,它必须与择善相结合,要善于对史料进行分析与鉴别,择其善者而用之。他说:"假有学穷千载,书总五车,见良直而不觉其善,逢牴牾而不知其失,葛洪所谓藏书之箱箧,五经之主人。而夫子有云:虽多亦安用为?其斯之谓也。"③

第二,刘知幾提出"兼善"和"忘私"。要兼取百家之善,不要拘泥于一家之言。忘私是不蔽于个人的情感,要爱而知其丑,憎而知其善。他说:

> 夫自古学者,谈称多矣。精于《公羊》者,尤憎《左氏》;习

---

① 《史通·采撰》。
② 《史通·杂述》。
③ 《史通·杂说下》。

于《太史》者,偏嫉孟坚。夫能以彼所长而攻此所短,持此之是而述彼之非,兼善者鲜矣。①

　　盖明镜之照物也,妍媸必露,不以毛嫱之面或有疵瑕,而寝其鉴也;虚空之传响也,清浊必闻,不以绵驹之歌时有误曲,而辍其应也。夫史官执简,宜类于斯。苟爱而知其丑,憎而知其善,善恶必书,斯为实录。②

兼善与忘私,简单地说就是史家要有胸怀和眼光。有眼光不为一家所蔽,看到各家的长处,兼善百家;有胸怀就是要超越私人恩怨和个人情感,敢于正视事实,善恶必书。这既是史家的品质,也是史家的史识。

第三,刘知幾提出"探赜"。《史通》有《探赜》篇,要求探求众论之烦言,实事求是,反对臆说。是篇说:

　　古之述者,岂徒然哉!或以取舍难明,或以是非相乱。由是《书》编典诰,宣父辨其流;《诗》列风雅,卜商通其义。夫前哲所作,后来是观,苟失其指归,则难以传授。而或有妄生穿凿,轻究本源,是乖作者之深旨,误生人之后学,其为谬也,不亦甚乎!

历史学家对于纷纭复杂的史书和材料,要探其精义,辨其源流,弄清是非,恢复其原貌。这是史家的职责,也是具有史识的表现。刘知幾在其他地方也多次讲到类似的问题,如:

　　盖精《五经》者,讨群儒之别义;练《三史》者,征诸子之异闻。加以探赜索隐,然后辨其纰缪。③

　　昔夫子修《春秋》,别是非,申黜陟,而贼臣逆子惧。凡今

---

① 《史通·杂说下》。
② 《史通·惑经》。
③ 《史通·暗惑》。

之为史而载文也,苟能拨浮华,采贞实,亦可使夫雕虫小技者,闻义而知徙矣。此乃禁淫之堤防,持雅之管辖,凡为载削者,可不务乎?①

刘知幾的"史才三长"说,在后世被章学诚所发展,增加了一个"史德"。而仔细分析刘知幾的"史识"概念,其实是包含了"史德"问题的,章学诚的"史德"论只是对刘知幾"史才三长"说的补充和完善。章学诚的"史德"讲的是"心术"问题,他说:

> 德者何?谓著书者之心术也。夫秽史者所以自秽,谤书者所以自谤,素行为人所羞,文辞何足取重。魏收之矫诬,沈约之阴恶,读其书者,先不信其人,其患未至于甚也。所患夫心术者,谓其有君子之心,而所养未底于粹也。夫有君子之心,而所养未粹,大贤以下,所不能免也。此而犹患于心术,自非夫子之《春秋》,不足当也。以此责人,不亦难乎?是亦不然也。盖欲为良史者,当慎辨于天人之际,尽其天而不益以人也。尽其天而不益以人,虽未能至,苟允知之,亦足以称著述者之心术矣。而文史之儒,竞言才、学、识,而不知辨心术以议史德,乌乎可哉?②

心术之辨,实际上讲的还是刘知幾所强调的"爱而知其丑,憎而知其善","犹须好是正直,善恶必书"的问题。可以说,刘知幾没有明确提出"史德"概念,没有将德的问题从他的"史识"中剥离出来,但"史识"中有"史德"则是无可怀疑的。

"史才三长"说不见于《史通》,却体现于《史通》。《史通》是史学评论著作,刘知幾对历史上史家史著的评论,几乎都是从"三

---

① 《史通·载文》。
② 章学诚著,叶瑛校注:《文史通义校注》上,中华书局1985年版,第219~220页。

长"论的角度出发的。他把史家分为三个等次,其标准就是"史才三长"。如他在《史通·辨职》篇的一段话:"史之为务,厥途有三焉。何则?彰善贬恶,不避强御,若晋之董狐,齐之南史,此其上也。编次勒成,郁为不朽,若鲁之丘明,汉之子长,此其次也。高才博学,名重一时,若周之史佚,楚之倚相,此其下也。"这段话中的"其上"者,便是以"史识"见长,其次者是有"史才",其下者仅有"史学"。这段话也说明,三长之中,刘知幾最看重的是史识,其次是史才、史学。这一史家修养理论,对于今天史家培养自己的史学修养,仍具有借鉴意义。

（四）文史之辨

中国知识界有"文史不分家"的俗语,但这是就文、史两个学科的联系性来说的。而就其各自的独立性来说,文和史又的确是两个有着属性差异的学科,因此,"文史之辨"也是一个古老的话题。文史之间的关系是如何演变的,史家写史如何处理史学求真纪实与激扬文采的关系,文史之辨中这些基本问题,刘知幾都有自己独到的看法,并构成为其史学思想重要的基本的组成部分。关于这个问题,学界也多有关注,许凌云先生所著《刘知幾评传》中的《史笔论》①一章,是我们看到的对此问题言之最详也最确当的相关论述,为我们下边的讨论提供了直接参考。

首先,刘知幾认为,文史关系经历了一个"其流一焉"到"文史异辙"的过程。最初的文史的确是不分的,统一的,文即为史;随着时代的发展,世风及文风的变化,文史逐渐分道扬镳。我们还可以看到,刘知幾讨论这个问题,是立足于史学的特性而言的。最初的文史统一,是由于远古时期,文辞能够起到反映国家治乱兴衰的作

---

① 许凌云:《刘知幾评传》第八章,南京大学出版社1994年版。

用,具备"不虚美,不隐恶"的特点,完全吻合史学的功能和属性,所以一般意义的文辞和作为史学的史文,就没有什么区别。他说:

> 夫观乎人文,以化成天下;观乎国风,以察兴亡。是知文之为用,远矣大矣。若乃宣、僖善政,其美载于周诗;怀、襄不道,其恶存乎楚赋。读者不以吉甫、奚斯为谄,屈平、宋玉为谤者,何也?盖不虚美,不隐恶故也。是则文之将史,其流一焉,固可以方驾南、董,俱称良直者矣。①

在刘知幾看来,文士之文与史家之文,在最初是一致的,它们都能实现"不虚美,不隐恶"的史学之实录的要求,都可以起到惩恶劝善的作用。但是,随着时代的发展和变迁,"文体大变",文辞之史越来越追求文字的华丽虚浮,写出的辞章"繁华而失实,流宕而忘返,无裨劝奖,有长奸诈"②,无法起到惩恶劝善的作用,于是"朴散淳销,时移世异,文之与史,较然异辙"③。文史分道扬镳,各自走上了不同的发展道路。刘知幾在《言语》篇反复论述文风的这一变化:

> 夫上古之世,人惟朴略,言语难晓,训释方通。是以寻理则事简而意深,考文则词艰而义释,若《尚书》载伊尹之训,皋陶之谟,《洛诰》、《康诰》、《牧誓》、《泰誓》是也。周监二代,郁郁乎文。大夫、行人,尤重词命,语微婉而多切,言流靡而不淫……战国虎争,驰说云涌……剧谈者以谲诳为宗,利口者以寓言为主……

> 逮汉、魏以降,周、隋而往,世皆尚文,时无专对……

> 寻夫战国已前,其言皆可讽咏,非但笔削所致,良由体质素美。何以核诸?至如讨"鹡贲"、"鸲鹆",童竖之谣也;"山

---

① ② 《史通·载文》。
③ 《史通·核才》。

木"、"辅车",时俗之谚也;"皤腹弃甲",城者之讴也;"原田是谋",舆人之诵也。斯皆刍词鄙句,犹能温润若此,况乎束带立朝之士,加以多闻博古之识者哉!则知时人出言,史官入记,虽有讨论润色,终不失其梗概者也。

……(魏晋已降)妄益文彩,虚加风物,援引《诗》、《书》,宪章《史》、《汉》。遂使沮渠、乞伏,儒雅比于元封;拓跋、宇文,德音同于正始。华而失实,过莫大焉。

可以说,刘知幾为我们描绘了一幅古代文风演变的历史图卷,认为文风随时代而变迁,并最终使文史分途,颇有一点现代历史唯物主义的味道。对于刘知幾所指出的文史关系的这一变化及其意义,许凌云先生评论道:

从"文之将史,其流一焉"到"文之与史,较然异辙",是一个非常大的变化。以历史的眼光去看待这种变化,它反映了学术、文化的发展,但是当人们看不清这种变化对书事记言的史学事业带来的影响,因而忘却史学之实录直书之义时,也使史学产生了重大危机。本来,人们文字表达水平的长足进步,曾给史学的发展开辟了广阔的天地。后人不厌其烦地赞赏古代优秀史家左丘明、司马迁等高超的叙事才能和优美的文字,曾给他们的史书增添光彩,人们肯定这种文史结合,是中国古代历史著作的优良传统。刘知幾曾经大加赞扬《左传》的文字的优美,说它"言胜捷则收获都尽,记奔败则披靡横前;申盟誓则慷慨有余,称谲诈则欺诬可见;谈恩惠则煦如春日,纪严切则凛若秋霜;叙兴邦则滋味无量,陈亡国则凄凉可悯。或腴辞润简牍,或美句入咏歌,跌宕而不群,纵横而自得。"(《杂说下》)由此可见一斑。然而当文字的过分渲染和浮华而冲击了史家据事直书的根本原则时,则给史学带来不同程度的灾难。而刘知幾的可贵之处在于,他非常清楚地看到了史学的这一灾难,并且以极大的勇气强调实录直书之义,以正史义,以匡文风……

明确了文士之文与史家之文的不同,一则为史家行文明确了正确的方向,二则批评了文人修史的弊端。这两者是相辅相成的:批评文人修史是为了匡正史界泛滥成灾的浮华文风,有利于端正史文的正确方向;端正史文的正确方向更利于纠正文人修史带来的弊端。从某种意义上说,文史殊途的见解是对唐以前史学的深刻反思中总结出来的一条理性认识。①

从魏晋以降所造成的文史分途来看,文辞之士显然已经不再胜任史家据事直书的工作,文辞的华丽和浮华,已经严重伤害到史义的揭示和表述。于是,刘知幾竭力反对文人修史,并论证其种种弊端。反对文人修史,是刘知幾辨文史之异的目的及其理论归宿。

鉴于文辞之士的文风特点,刘知幾认为,用文人修史,对于史学事业来说不啻为"害霸之道"。他论道:

> 是以略观近代,有齿迹文章而兼修史传。其为式也,罗含、谢客宛为歌颂之文,萧绎、江淹直成铭赞之序,温子昇尤工复语,卢思道雅好丽词,江总猖獗以沈迷,庾信轻薄而流宕。此其大较也。然向之数子所撰者,盖不过偏记杂说,小卷短书而已,犹且乖滥踳驳,一至于斯。而况责之以刊勒一家,弥纶一代,使其始末圆备,表里无咎,盖亦难矣。

> 但自世重文藻,词宗丽淫,于是沮诵失路,灵均当轴。每西省虚职,东观伫才,凡所拜授,必推文士。遂使握管怀铅,多无铨综之识;连章累牍,罕逢微婉之言。而举俗共以为能,当时莫之敢侮。假令其间有术同彪、峤,才若班、荀,怀独见之

---

① 许凌云:《刘知幾评传》,第267~268页。

明，负不刊之业，而皆取窘于流俗，见嗤于朋党。遂乃哺糟歠醨，俯同妄作，披褐怀玉，无由自陈。此管仲所谓"用君子而以小人参之，害霸之道"者也。①

　昔夫子有云："文胜质则史。"故知史之为务，必藉于文。自《五经》已降，《三史》而往，以文叙事，可得言焉。而今之所作，有异于是。其立言也，或虚加练饰，轻事雕彩；或体兼赋颂，词类俳优。文非文，史非史，譬夫乌孙造室，杂以汉仪，而刻鹄不成，反类于鹜者也。②

刘知幾评论说，魏晋以来，那些以文章而闻名的文人，如罗含、谢灵运、萧绎、江淹、温子昇、卢思道、江总、庾信等人，他们留下的作品多为"歌颂之文"、"铭赞之序"，其文风"雅好丽词"、"猖獗以沈迷"、"轻薄而流宕"，其"数子所撰者，盖不过偏记杂说，小卷短书而已"，并多"乖滥踳驳"，谬误迭出。像这样的文人，撰写一些不登大雅之堂的偏记杂说、小卷短书尚且如此，而要让他们去像司马迁、班固那样通览历史，总论一代，究天人之际，通古今之变，如何可能呢？尤为严重的是，到了当今时代，人们越发看重文藻，词宗丽淫，以辞章家主持修史大事，如果史馆的职务出现空缺，选择史官必推文士，致使执笔写史之人，"多无铨综之识"，缺乏选择、综合、整理史事的能力，他们写出的所谓史书，"连章累牍，罕逢微婉之言"，只见辞章之华丽，没有史义之彰显；而世人还以此为能，莫识其害。如果偶尔有几个像司马彪、华峤、班固、荀悦这样的人才，则还会"取窘于流俗，见嗤于朋党"，遭受世俗浅见的压抑，蒙受同辈友朋的嗤笑，使他们"被褐怀玉"，无法施展自己的修史才华，空"怀独见之明"，难"负不刊之业"。文人修史，对于史学事业

---

① 《史通·核才》。
② 《史通·叙事》。

来说,正应了管仲那句名言,用君子而以小人参之,害霸之道者也。文人修史的结果,势必造成"文非文,史非史……刻鹄不成,反类于鹜"的结果,天鹅没有画成反倒像是野鸡,可谓画虎不成反类犬了。

刘知幾认为,文人修史,"榷而论之,其失有五:一曰虚设,二曰厚颜,三曰假手,四曰自戾,五曰一概。"①此五失,许凌云先生解释曰:

> 所谓"虚设",言其失实,往往是"徒有其文,竟无其事"。比如上出禅书,下陈让表,其间劝进殷勤,敦谕重沓,迹实同于莽、卓,言乃类于虞、夏。所谓"厚颜",言其扯谎。饰辞矫说,信口雌黄,任情抑扬。所谓"假手",言凡有诏敕,皆由文士辞人代笔。他们肆其笔端,何事不录。本来君有反道败德,暴政虐民,桀、纣不如,但读其诏诰,犹如尧、舜再出。所谓"自戾",言其自相矛盾。本来,君主对于百官,凡所褒贬,应慎之以慎。魏晋以下则不然,始有褒崇,则谓善无可加,旋有贬黜,则谓罪不容责。鉴识靡定,前后相违,而史并载之。所谓"一概",言其官样文章。凡谈主上圣明,则君尽三五;述宰相英伟,则人皆二八。虽人事屡改,而文理无易,善之与恶,其说不殊……

> 五失的关键是个"虚"字。这类文字就好像"镂冰为璧",好看不好用;也好像"画地为饼",好看不好吃。"行之于世,则上下相蒙;传之于后,则示人不信。"②

五失归结到一点,文人修史败坏了史学著述直书、实录、不虚美、不隐恶的基本精神,无法实现史学惩恶劝善、有鉴于当代的社会功能,积习甚恶,不能容忍。

---

① 《史通·载文》。
② 许凌云:《刘知幾评传》,第270～271页。

（五）对官修史书制度的批判

中国的史官制度由来已久，从历史文献中看，这是自三代以来就有的历史传统，在《周礼》中就可以看到太史、小史、内史、外史、左史、右史等史官名称，秦汉以后也还是都有史官设置，如司马谈、司马迁父子，就是汉武帝时期的史官太史令。但隋唐以前的史官修史和其后的史馆修史还是有所不同。以前的史官修史，史官是其官职和执掌，而其修史活动则基本上是独立的，可以看做是个人的学术活动，基本上是个人意志和学术信念的反映。如在史学史上传为美谈的晋国史官董狐和齐国的太史、南史氏等，都是身为史官而可以独立作史表达个人学术个性的例子。而到了隋唐之后的史馆修史则大不相同了。史馆修史，一方面是集体编书，另一方面则是由朝廷重臣宰相监修史书。史馆修史，要想反映著作者个人的意志和学术思想，就几乎是不可能的了。

刘知幾一生几次出入史馆，在史馆度过了二十多年，而自己的史学主张则无从实现，对史馆之弊有着酸甜苦辣的亲身感受。他在《自叙》中说："虽任当其职，而吾道不行；见用于时，而美志不遂。郁怏孤愤，无以寄怀。"为什么史馆里无法实现他的修史宏愿，无法贯彻他的修史主张，刘知幾认为，这是由于史馆制度本身所造成的。经过严肃认真的思考，他在给萧至忠的辞职书中，对史馆修史提出了严肃的批判。他把史馆修史的弊端归结为五不可：

> 古之国史，皆出自一家，如鲁、汉之丘明、子长，晋、齐之董狐、南史，咸能立言不朽，藏诸名山。未闻藉以众功，方云绝笔。唯后汉东观，大集群儒，著述无主，条章靡立。由是伯度讥其不实，公理以为可焚，张、蔡二子纠之于当代，傅、范两家嗤之于后叶。今者史司取士，有倍东京。人自以为荀、袁，家自称为政、骏。每欲记一事，载一言，皆阁笔相视，含毫不断。

故头白可期，而汗青无日。其不可一也。

前汉郡国计书，先上太史，副上丞相。后汉公卿所撰，始集公府，乃上兰台。由是史官所修，载事为博。爰自近古，此道不行。史官编录，唯自询采，而左、右二史，阙注起居，衣冠百家，罕通行状。求风俗于州郡，视听不该；讨沿革于台阁，簿籍难见。虽使尼父再出，犹且成于管窥；况仆限以中才，安能遂其博物！其不可二也。

昔董狐之书法也，以示于朝；南史之书弑也，执简以往。而近代史局，皆通籍禁门，深居九重，欲人不见。寻其义者，盖由杜彼颜面，防诸请谒故也。然今馆中作者，多士如林，皆愿长喙，无闻齰舌。傥有五始初成，一字加贬，言未绝口而朝野具知，笔未栖毫而搢绅咸诵。夫孙盛实录，取嫉权门；王韶直书，见仇贵族。人之情也，能无畏乎？其不可三也。

古者刊定一史，纂成一家，体统各殊，指归咸别。夫《尚书》之教也，以疏通知远为主；《春秋》之义也，以惩恶劝善为先。《史记》则退处士而进奸雄，《汉书》则仰忠臣而饰主阙。斯并曩时得失之列，良史是非之准，作者言之详矣。顷史官注记，多取禀监修，杨令公则云"必须直词，"宗尚书则云"宜多隐恶。"十羊九牧，其令难行；一国三公，适从何在？其不可四也。

窃以史置监修，虽古无式，寻其名号，可得而言。夫言监者，盖总领之义耳。如创纪编年，则年有断限；草传叙事，则事有丰约。或可略而不略，或应书而不书，此刊削之务也。属词比事，劳逸宜均，挥铅奋墨，勤惰须等。某袠某篇，付之此职；某传某志，归之彼官。此铨配之理也。斯并宜明立科条，审定区域。傥人思自勉，则书可立成。今监之者既不指授，修之者又无遵奉，用使争学苟且，务相推避，坐变炎凉，徒延岁月。其不可五也。①

以上五条，除了第二条稍似牵强外②，其他几条大概都是切中要害的，的确是集体著述之弊。

刘知幾指出的史馆修史之弊第一条，是非出自一家之言，这一批判抓住了学术创造的规律，是一个本质性的问题。刘知幾的这一批评，是和他的另一项重要的史学主张相联系的，那就是他主张"独断"之学。刘知幾在《辨职》篇分析了史馆之弊后，提出了他的"独断"主张：

> 昔丘明之修《传》也，以避时难；子长之立记也，藏于名山；班固之成书也，出自家庭；陈寿之草志也，创于私室。然则古来贤俊，立言垂后，何必身居廪宇，迹参僚属，而后成其事乎？是以深识之士，知其若斯，退居清静，杜门不出，成其一家，独断而已。

刘知幾对"独断"二字并没有作出具体解释，其思想内涵可以从他的上下文和有关的论述中分析出来。我们体会，刘知幾的独断说，即是强调史家个体独立思考、不受外界约束、不受政治控制的史学研究形式，是历史学家个人的修史事业，他举到的例子左丘明、司马迁、班固、陈寿等无不如是。在他看来，只有私家撰史，个人修史，才可能有真正的真知灼见，才可能创造出自成一家之言的

---

① 《史通·忤时》。

② 这一条对史馆修史在资料问题上所谓弊端的指责，是不准确的。应该说，史馆修史，动用国家的力量，在资料的搜集占有方面是具有其特别优势的。如唐代的史馆制度中，有专门的史料征集制度，唐太宗曾颁布"诸司应送史馆事例"的诏书，规定了从中央到地方各级机构应定期向史馆报送各种重要文牍的具体条例，内容极其宽泛，由此保证了史馆修史的资料优势。详见《唐会要》卷六十三《史馆》上。

不朽之作。这里,"出自一家"是非常重要的。这就是他说的"古之国史,皆出自一家……未闻藉以众功,方云绝笔"。凡是"藉以众功"的作品,是难以"立言不朽"的。从独断说的立场出发,史馆修史仅从形式上说就有了冲突,再加上史馆修史"监修"的控制,人浮于事的敷衍状态等等,"立言不朽"在这里就根本不可能实现了。

集体编书之所以不可能产生"立言不朽"的传世名作,关键的问题是它不符合学术创造的规律。学术活动,特别是社会科学的研究活动,实际上是非常个性化的活动,是学者个体的心灵体验。每个人都有一个特殊的头脑,每个人对历史对社会的体认和感受都是非常不同的。个人的著述和研究,无论他的学识如何,总会有着内在的逻辑体系;而集体编书,无论确立多么明确的指导思想,制定多么详细的写作体例,甚至无论研究者的风格有多么类同或接近,都无法保证学术成果的内在一致性。更不要说那些监修大员们意见不一,政出多门,根本无法保证有统一的指导思想。古往今来,任何学术名作,都有着作者对历史的独到见解,有着对历史内在精神的天才猜测,这是集体编书无论如何都无法达到的。刘知幾对史馆修史的批判,无疑是抓住了集体编书不能成功的要害,即使对今天的学术发展,也具有重要的参考意义。我们今天的那些五花八门的重大项目、国家课题,无不是去拼凑一个庞大的写作班子,用所谓科学攻关的方式去攀登一种学术或理论的高峰,而在国家社科项目设立二三十年来,我们出了多少可以传世的"立言不朽"之作呢?学术研究是个性化活动,隋唐以后的史馆修史和近世以来的集体编书,是无法创造科学精品的,是不可能有传世之作的。刘知幾对史馆修史制度弊端的揭露,无疑是一个天才的批判!

刘知幾指出的第三条弊端,是古代编书中常碰到的问题,无需过多分析。

第四、第五条，是对史馆管理制度的批判。首先是史馆监修制度，监修非一，十羊九牧，一国三公，政出多门，不仅没有统一的编修指导思想，还使编修人员无所适从，这样，只好虚于应付，敷衍故事。这就是刘知幾讲的："监之者既不指授，修之者又无遵奉，用使争学苟且，务相推避，坐变炎凉，徒延岁月。"其次是史馆人员的组成官僚化，而不是专业化；并由官僚化将史馆变成"素餐之窟宅，尸禄之渊薮"。《史通·辨职》篇更清晰地揭示了这一问题：

> 今之从政则不然，凡居斯职者，必恩幸贵臣，凡庸贱品，饱食安步，坐啸画诺，若斯而已矣。夫人既不知善之为善，则亦不知恶之为恶。故凡所引进，皆非其才，或以势利见升，或以干祈取擢。遂使当官效用，江左以不落为谣；拜职辨名，洛中以不闲为说。言之可为大噱，可为长叹也……唯夫修史者则不然。或当官卒岁，竟无刊述，而人莫之省也；或辄不自揆，轻弄笔端，而人莫之见也。由斯而言，彼史曹者，崇扃峻宇，深附九重，虽地处禁中，而人同方外。可以养拙，可以藏愚，绣衣直指所不能绳，强项申威所不能及。斯固素餐之窟宅，尸禄之渊薮也。凡有国有家者，何事于斯职哉！

大概这是在专制官僚制度下，史馆修史无法避免的问题，非唐代所独有，而是制度使然。可以说，刘知幾对史馆制度的批判，入木三分。

（六）史之为用论

刘知幾在《史通·史官建置》篇，开宗明义，非常直白地讲述了自古以来设置史官的目的和意义，实际上也就是来讲史学的功用。他明确提出了一个"史之为用"的问题，认为历史著述是有其功用的，不是发思古之幽情，而是为着现实的国家或人类。历史学是"生人之急务，为国家之要道"，史学之功用大矣哉！他说：

夫人寓形天地，其生也若蜉蝣之在世，如白驹之过隙，犹且耻当年而功不立，疾没世而名不闻。上起帝王，下穷匹庶，近则朝廷之士，远则山林之客，谅其于功也名也，莫不汲汲焉孜孜焉。夫如是者何哉？皆以图不朽之事也。何者而称不朽乎？盖书名竹帛而已。向使世无竹帛，时阙史官，虽尧、舜之与桀、纣，伊、周之与莽、卓，夷、惠之与跖、跷，商、冒之与曾、闵，但一从物化。坟土未干，则善恶不分，妍媸永灭者矣。苟史官不绝，竹帛长存，则其人已亡，杳成空寂，而其事如在，皎同星汉。用使后之学者，坐披囊箧，而神交万古，不出户庭，而穷览千载，见贤而思齐，见不贤而内自省。若乃《春秋》成而逆子惧，南史至而贼臣书，其记事载言也则如彼，其劝善惩恶也又如此。由斯而言，则史之为用，其利甚博，乃生人之急务，为国家之要道。有国有家者，其可缺之哉！

《史通·直书》篇说：

史之为务，申以劝诫，树之风声。其有贼臣逆子，淫乱君主，苟直书其事，不掩其瑕，则秽迹彰于一朝，恶名被于千载。言之若是，吁可畏乎！

《史通·品藻》篇曰：

不假许、郭之深鉴，裴、王之妙察，而作者存诸简牍，不能使善恶区分，故曰谁之过欤？史官之责也。夫能申藻镜，别流品，使小人君子臭味得朋，上智中庸等差有叙，则惩恶劝善，永肃将来，激浊扬清，郁为不朽者矣。

这几段话中，刘知幾把史学的功用表述为几个方面：其一，记载历史。如果没有历史记载，历史上的那些圣君贤相和暴君乱臣，都会"一从物化"而"妍媸永灭"，无法留下历史的踪迹；而善恶必书的历史记载，则可以使他们"其人已亡……而其事如在，皎同星汉"，名垂千古。其二，历史记载可以为后世学者提供批阅千载的方便，并且由于记载者"申藻镜，别流品，使小人君子臭味得朋，上智中庸等差有叙"，对历史人物有所鉴别评判，使后人可以"坐披囊箧，而神交万古，不出户庭，而穷览千载，见贤而思齐，见不贤而内自省"，从历史中获得做人的启迪。其三，由于史书记载的目的在于"申以劝诫，树之风声"，对于那些"贼臣逆子，淫乱君主"据事直书，则可以使其"秽迹彰于一朝，恶名被于千载"，并对后世乱臣贼子起到警惧的作用。其四，历史记载可以为执政者提供成败兴亡的历史借鉴，实"乃生人之急务，为国家之要道"。

在刘知幾史学思想的范畴中，我们最后来讲他的"史之为用"论，并不是说它在刘知幾史学思想中仅占一个次要的位置，恰恰相反，它则是刘知幾全部史学思想的核心和中枢，前边所讲的几个方面，无一不是这一思想的要求和展现。

刘知幾主张善恶必书的实录史学，关键就在于只有做到善恶必书，如实地记载历史，才可能提供真正的历史借鉴。任何对恶者的回护，都无法起到惩恶劝善的作用。

刘知幾主张通史和通识，就在于通史体例和通识眼光，是达到"究天人之际，通古今之变"的必备条件；而只有"究天人之际，通古今之变"，才能为人们提供认识历史和社会的历史借鉴。

刘知幾主张"史才三长"，是因为它是一个优秀历史学家的基本条件；只有具备此"三长"，才能写出真正可信而有价值的史学著作，为后人提供真实可靠的历史借鉴，实现史学的功能和作用。

刘知幾主张文史之辨，反对文人修史，是因为文人修史败坏了史学著述直书、实录、不虚美、不隐恶的基本精神，无法实现史学惩恶劝善、有鉴于当代的社会功能。

刘知幾反对史馆修史，是因为史馆的监修制度和史馆管理的官僚化，使得这种修史模式无法写出善恶必书的实录性历史著作，也就无法提供真实可靠的历史借鉴。

刘知幾史学理论体系中的全部思考，都是围绕史学的功用问题进行的。譬如，学术界普遍注意到刘知幾史学的批判性特征，而他所进行的历史批判或学术批判，其立脚点，也是史学的社会功能问题。像他对历史记载中五行灾异、祥瑞符命、谶纬迷信的批判，就是如此。在《杂说上》中，刘知幾批评司马迁以天命论成败，有一段很精彩的话：

《魏世家》太史公曰："说者皆曰魏以不用信陵君，故国削弱至于亡。余以为不然。天方令秦平海内，其业未成，魏虽得阿衡之徒，曷益乎？"夫论成败者，固当以人事为主，必推命而言，则其理悖矣。盖晋之获也，由夷吾之慁谏；秦之灭也，由胡亥之无道；周之季也，由幽王之惑褒姒；鲁之逐也，由稠父之违子家。然则败晋于韩，狐突已志其兆；亡秦者胡，始皇久铭其说；㯟弧箕服，彰于宣、厉之年；征褰与襦，显自文、武之世。恶名早著，天孽难逃。假使彼四君才若桓、文，德同汤、武，其若之何？苟推此理而言，则亡国之君，他皆仿此，安得于魏无讥者哉？

在刘知幾看来，国家的兴亡成败，是与人事相关而非取决于天命，"必推命而言，则其理悖矣"。他举出了四个实际例子，晋惠公夷吾拒绝忠言以至于失国，秦国的速亡是由于胡亥的无道，西周走上末世，是由于幽王惑于褒姒，鲁昭公败逃齐国是由于不听大夫子家的劝告。假使这几位国君都"才若桓、文，德同汤、武"，都是像齐桓、晋文、商汤、周武那样的贤德之君，何至于会做亡国之君！如此看来，一切都是人为的原因，并非像《左传》和《史记》记载中所说的那样，是由于预先有了什么征兆。刘知幾从人事的方面去解释国家的兴亡变迁，是很有历史见识的，以往我们只是认为这是唯物主义的观点，历史的观点，其实，不仅如此，所以这样认识问题，也是与他的基本史学观点——"史之为用"论相联系的。因为，如果不从人事的方面找原因,一切都归结为天命符瑞,就无法为生人提供真实可靠的历史借鉴,史学著述也就失去了它应有的价值或意义。刘知幾的确就是这么说的。在上面那段话之后,他写道:"夫推命而论兴灭,委运而忘褒贬,以之垂诫,不其惑乎?"

三 刘知幾史学的批判精神

富有批判精神,是刘知幾史学最突出的学术个性。

(一) 对传统经学的批判

刘知幾所处的时代,儒家经学具有不可质疑的神圣地位。唐初统治者为了垄断对经学的解释权,组织人力编写并颁定了《五经正义》,作为天下士人的必读教本,更加突出了经学的神圣性。就是在这样的历史条件下,刘知幾的《史通》发出了对经学的强烈批判,表现出无所畏惧的批判精神。《疑古》篇中,刘知幾说:"夫《五经》立言,千载犹仰,而求其前后,理甚相乖。"一句话便击碎了经学圣典的神圣光环,这传诵千载之《五经》不仅不再神圣,而且"理甚相乖",于常理也不通了。

我们先来看他对《尚书》的批判。他说:"(《尚书》)上起唐尧,下终秦穆,其《书》所录,唯有百篇。而《书》之所载,以言为主。至于废兴行事,万不记一。语其缺略,可胜道哉!故令后人有言,唐、虞以下帝王之事,未易明也。"[①]这是从史学角度的批判,谓其记事缺略,帝王兴亡之事万不及一,重言轻事,影响了史事的流传,使后之学者,"未易明也"。

更严重的问题是,《尚书》中还存在不少言之不实之处,有违

---

① 《史通·疑古》。

实录之原则。譬如关于尧舜禅让问题，他就认为很不可信，且与《汲冢琐语》和《山海经》中的记载相违背。他说：

  《尧典·序》又云："将逊于位，让于虞舜。"孔氏《注》曰："尧知子丹朱不肖，故有禅位之志。"案《汲冢琐语》云："舜放尧于平阳。"而书云某地有城，以"囚尧"为号。识者凭斯异说，颇为禅授为疑。然则观此二书，已足为证者矣，而犹有所未睹也。何者？据《山海经》，谓放勋之子为帝丹朱，而列君于帝者，得非舜虽废尧，仍立尧子，俄又夺其帝者乎？观近古有奸雄奋发，自号勤王，或废父而立其子，或黜兄而奉其弟，始则示相推戴，终亦成其篡夺。求诸历代，往往而有。必以古方今，千载一揆。斯则尧之授舜，其事难明，谓之让国，徒虚语耳。①

  根据《汲冢琐语》的记载，不是尧把帝位让于舜，而是舜放逐、囚禁帝尧于平阳。这一说法和《尚书·尧典》所说"将逊于位，让于虞舜"截然相反。刘知幾又举出《山海经》的说法，具体指出舜夺帝位的手段是"舜虽废尧，仍立尧子，俄又夺其帝"。就是说，他不是直接放逐尧而夺其位，而是经过一个过渡，放逐尧后，立尧之子丹朱为帝，然后再废丹朱而自立为帝。在刘知幾看来，这是上古君王惯用的手段。接着他又谈到禹承舜位的情况："舜废尧而立丹朱，禹黜舜而立商均，益手握机权，势同舜、禹，而欲因循故事，坐膺天禄。其事不成，自贻伊咎。"②大禹代替虞舜的情况，和舜取代尧的情况完全相同。按照《史记·夏本纪》的记载，帝舜驾崩之后，禹主动避开舜的儿子商均而居于阳城，而天下诸侯都离开商均而去阳城朝拜禹，禹于是即天子之位。实际上这是一种伪饰，实际的情况是夏禹驱除舜而立舜的儿子商均，然后再夺取商均的帝位，和

---

①② 《史通·疑古》。

舜夺尧位没有什么不同。这几乎成了一种帝位嬗替的规律。但此种现象到了大禹之后有了变化,帝位最终落到了禹之子启的手中,而不是被益所夺去。按刘知幾的看法,这个益本来是可以"因循故事,坐膺天禄"的,是可以像舜之代尧和禹之代舜那样拿到帝位的,但他却被启所杀,这是益咎由自取。

刘知幾对尧舜禅让的儒家说教表示怀疑,并举出了《汲冢琐语》和《山海经》中的相关记载,是有一定的说服力的。而且他还以近世的帝位嬗替相佐证,更加强了他的质疑和批判的力量。"观近古有奸雄奋发,自号勤王,或废父而立其子,或黜兄而奉其弟,始则示相推戴,终亦成其篡夺。"他所处的唐朝,其江山大抵就是这样得来的。唐之代隋,几乎和所谓尧舜嬗替是如出一辙。先有隋炀帝被杀,立代王侑为帝,再逼侑退位。唐开国之君李渊就是这样以禅让为名,行篡夺之实,夺取了隋朝江山。即使唐王朝自己修的《隋书》,也无法掩饰名禅让实篡夺的实质。《隋书·恭帝纪》评论曰:"恭帝年在幼冲……虽欲不遵尧舜之迹,其庸可得乎!"唐代隋的历史实情,既是对儒家禅让说的无情嘲讽,也给刘知幾怀疑《尚书》以有力的历史支撑。

在怀疑尧舜禅让之不实的同时,刘知幾也指出,《尚书》中对夏桀和商纣王一类所谓暴君的丑化和指责也是不实之词,也不符合历史的真实。他说:

> 夫《五经》……称周之盛也,则云三分有二,商纣为独夫;语殷之败也,又云纣有臣亿万人,其亡流血漂杵。斯则是非无准,向背不同者焉。又案武王为《泰誓》,数纣过失,亦犹近代之有吕相为晋绝秦,陈琳为袁檄魏,欲加之罪,能无辞乎?而后来诸子,承其伪说,竟列纣罪,有倍《五经》。故子贡曰:桀、纣之恶不至是,君子恶居下流。班生亦云:安有据妇人临朝!刘向又曰:世人有弑父害君,桀、纣不至是,而天下恶者必以

桀、纣为先。此其自古言辛、癸之罪,将非厚诬者乎?①

《尚书·泰誓》是武王伐殷的誓词,文中历数了殷纣王的种种罪恶,宣称伐纣是顺从天意民心的正义之举。在这样的伐纣檄文中,对殷纣王的罪恶当然是要尽量夸大,以便最大程度地激起民愤,砥砺军心。所以,刘知幾说《泰誓》历数纣王之过失,就像春秋时期晋厉公派卿士吕相去秦国断绝邦交,吕相赴秦后历数秦国背信弃义的事实;汉魏之际何进替袁绍写讨伐曹操的檄文,把曹操的父祖辈都牵连进去一样,欲加之罪,何患无辞。他们实际上是对他人的罪过作了过分地夸大。因此,刘知幾断言:"自古言辛、癸之罪,将非厚诬者乎?"

刘知幾在《疑古》篇对《尚书》提出了十个方面的质疑,可谓十批《尚书》。该篇最后说:

> 夫远古之书,与近古之史,非唯繁约不类,固亦向背皆殊。何者?近古之史也,言唯详备,事罕甄择。使夫学者睹一邦之政,则善恶相参;观一主之才,而贤愚殆半。至于远古则不然。夫其所录也,略举纲维,务存褒讳,寻其终始,隐没者多。尝试言之,向使汉、魏、晋、宋之君生于上代,尧、舜、禹、汤之主出于中叶,俾史官易地而书,各叙时事,校其得失,固未可量……推此而言,则远古之书,其妄甚矣。岂比夫王沈之不实,沈约之多诈,若斯而已矣。

刘知幾指出,"务存褒讳"的现实目的,使《尚书》失去了真实性的追求,成了和王沈之《魏书》、沈约之《宋书》一样的不实之作。王沈和沈约,历史上是有评论的。《晋书·王沈传》说:"(王沈)与荀𫖮、阮籍共撰《魏书》,多为时讳,未若陈寿之实录也。"刘知幾《史通·直书》篇说:"王沈《魏书》,假回邪以窃位。"《曲笔》篇说:

---

① 《史通·疑古》。

"《宋书》多妄。"现在,在他的笔下,《尚书》也被贬到了和王沈《魏书》、沈约《宋书》一样的地位。

其次,我们看他对《春秋》经的批判:

> 盖明镜之照物也,妍媸必露,不以毛嫱之面或有疵瑕,而寝其鉴也;虚空之传响也,清浊必闻,不以绵驹之歌时有误曲,而辍其应也。夫史官执简,宜类于斯。苟爱而知其丑,憎而知其善,善恶必书,斯为实录。观夫子修《春秋》也,多为贤者讳。狄实灭卫,因桓耻而不书;河阳召王,成文美而称狩。斯则情兼向背,志怀彼我。①

刘知幾认为,《春秋》最重大的问题在于,它违背了"爱而知其丑,憎而知其善,善恶必书,斯为实录"的撰述原则,为贤者讳成了它败笔的根源。他举例说,鲁闵公二年,狄人入侵并灭亡卫国。齐桓公没有尽到攘夷的责任,本着为贤者讳的原则,《春秋》便将此事记作"狄入卫",而回避了狄人灭亡卫国的事实;僖公二十八年,晋侯召周天子到河阳参加诸侯国盟会,以臣召君违背礼法,《春秋》为晋侯讳,则记曰:"天王狩于河阳。"把周天子屈尊参加诸侯国盟会,说成是到河阳巡察或打猎,扭曲了事实的真相。

由于隐晦过多,刘知幾认为,《春秋》在记事方面,甚至还不如同时代的其他诸侯国史记:

> 且案汲冢竹书《晋春秋》及《纪年》之载事也,如重耳出奔,惠公见获,书其本国,皆无所隐。唯《鲁春秋》之记其国也,则不然。何者?国家事无大小,苟涉嫌疑,动称耻讳,厚诬来世,奚独多乎!②

> 鲁史之有《春秋》也,外为贤者,内为本国,事靡洪纤,动

---

①② 《史通·惑经》。

皆隐讳。①

诸侯国史记，如《晋春秋》、《竹书纪年》等，他们的记事"书其本国，皆无所隐"，善恶必书，而《春秋》"动称耻讳"，外国的为贤者讳，本国的凡丑皆讳，历史的本来面目完全被模糊了。

除了隐讳的问题，刘知幾还批评《春秋》记事中诸多弊端。如他说："夫子之修《春秋》，皆遵彼乖僻，习其讹谬，凡所编次，不加刊改者矣。"②说《春秋》对他所依据的资料不加甄别，"习其讹谬"。"用使巨细不均，繁省失中，比夫诸国史记，奚事独为疏阔？寻兹例之作也，盖因周礼旧法，鲁策成文。夫子既撰不刊之书，为后王之则，岂可仍其过失，而不中规矩者乎？"③《春秋》之作，一味地依循周礼旧法、鲁史策文，仍其过失，"不中规矩"，并记事"巨细不均，繁省失中"。"《春秋》记它国之事，必凭来者之辞；而来者所言，多非其实。或兵败而不以败告，君弑而不以弑称，或宜以名而不以名，或应以氏而不以氏，或春崩而以夏闻，或秋葬而以冬赴。皆承其所说而书，遂使真伪莫分，是非相乱。"④记他国史事，简单地依据他国来者的一面之词，不加甄别，"遂使真伪莫分，是非相乱"。刘知幾一下子对《春秋》提出了十二条质疑。

（二）对传统圣人和当代君王的批判或讥刺

前边谈对《尚书》和《春秋》的批判，实际上矛头已经直指孔子。但他对孔子还有更直接和集中的批评：

> 故观夫子之刊《书》也，夏桀让汤，武王斩纣，其事甚著，而茇夷不存。观夫子之定礼也，隐、闵非命，恶、视不终，而奋笔昌言，云"鲁无篡弑"。观夫子之删《诗》也，凡诸《国风》，皆

---

① 《史通·疑古》。
②③④ 《史通·惑经》。

有怨刺,在于鲁国,独无其章。观夫子之《论语》也,君娶于吴,是谓同姓,而司败发问,对以"知礼"。斯验世人之饰智矜愚,爱憎由己者多矣。①

他说,孔子删定《尚书》,删去了商汤驱除夏桀、武王斩纣等类似于弑君的事情;孔子之定《礼经》,对于鲁隐公、鲁闵公被杀之事,对鲁文公太子恶和其弟视被鲁大夫襄仲所杀而不得终年之事,都不予正视,硬说是"鲁无篡弑";孔子之删定《诗经》,《国风》中保留了许多刺怨之诗,用《国风》来表达刺怨,而《国风》中唯独没有鲁国的诗章,鲁国真的就政治清明到没有刺怨之诗?《论语》中孔子答陈司败问,说鲁昭公知礼,这明明是对鲁昭公的偏袒。鲁昭公娶吴国女子为夫人,而吴和鲁是同姓国家,不便通婚的,这样的人还叫懂礼吗?由此而言,孔子其人的删定"六经",也是"爱憎由己",不实者多矣!

刘知幾的批判由孔子上溯到周公。《疑古》篇说:

《尚书·金縢》篇云:"管、蔡流言,公将不利于孺子。"《左传》云:"周公杀管叔而放蔡叔,夫岂不爱,王室故也。"案《尚书·君奭》篇《序》云:"召公为保,周公为师,相成王,为左右。召公不说。"斯则旦行不臣之礼,挟震主之威,迹居疑似,坐招讪谤。虽奭以亚圣之德,负明允之才,目睹其事,犹怀愤懑。况彼二叔者,才处中人,地居下国,侧闻异议,能不怀猜?原其推戈反噬,事由误我。而周公自以不诚,遽加显戮,与夫汉代之赦淮南,宽阜陵,一何远哉!斯则周公于友之义薄矣。

周公历来是贤相的代表,是列于尧、舜、禹、汤、文、武、周、孔系列的大圣人;周公诛放管叔、蔡叔之事,也被传为美谈。而刘知幾则提出了自己的看法。他认为,周公处在一个很特殊的地位,挟震

---

① 《史通·疑古》。

主之威,处疑似之地,被人怀疑和诽谤是很正常的事情,连召公奭这样"以亚圣之德,负明允之才"的人都对其"犹怀愤懑",管叔、蔡叔对他有所怀疑或不满是可以理解的。加之他们"才处中人,地居下国,侧闻异议,能不怀猜"?信息之不畅通,加重了他们的疑心。他们举戈作乱,或是出于自己的误会,而周公就何至于要对他们如此镇压呢?西汉文帝时,淮南厉王刘长骄傲自恃,后以谋反判死刑,文帝赦免其死罪,废为庶民;东汉汉光武帝之子淮阳王刘延,造作图谶祝诅上,死罪,明帝特加宽宥,徙为阜陵王。后来又有人告他谋反,章帝贬他为侯。后章帝巡游至九江,知道他已悔悟,又恢复了他的王位。周公和后世的汉帝相比,"一何远哉"!在刘知幾看来,周公自己招揽权力而遭质疑,不去自责,反倒对自己的兄弟大开杀戒,这样的人非但不是圣人,而且也不具备友于兄弟的一般道德。

刘知幾的批判还影射到唐代的帝王。在刘知幾的时代,直接批判当代君王,是要杀头的。所以,在这方面,他也不敢有明确的指名道姓的言论,只是有一些暗示或影射。前引《疑古》篇中揭露儒家禅让的一段话中,就涉及唐开国皇帝李渊及其儿子李世民。他说:"观近古有奸雄奋发,自号勤王,或废父而立其子,或黜兄而奉其弟,始则示相推戴,终亦成其篡夺。求诸历代,往往而有。必以古方今,千载一揆。斯则尧之授舜,其事难明,谓之让国,徒虚语耳。"其中,"废父而立其子"一句,是对李渊代隋的影射,前边已有分析;而"黜兄而奉其弟",则是对唐太宗李世民制造玄武门之变,废黜太子而自立的影射。他说"必以古方今,千载一揆",明确表明了自己的影射目的。前边所引他对周公的批判,实际上也是利用对周公诛杀、放逐管叔、蔡叔兄弟的批判,影射唐太宗杀兄自立的事实。他所言"斯则周公于友于之义薄矣",也正是对李世民的指责。

(三) 对符瑞征兆、谶纬迷信的批判

在讲刘知幾的"史之为用"论时,我们曾举到过这方面的例子,《史通》的确是很重视对符瑞、谶纬一类迷信思想的批判的。他批判司马迁从天命出发解释人事的荒谬,主张"论成败者,固当以人事为主"。他举出许多例子来证明符瑞神学的荒谬:

> 盖妫后之为公子也,其筮曰:八世莫之与京。毕氏之为大夫也,其占曰:万名其后必大。姬宗之在水浒也,鹭鹭鸣于岐山;刘姓之在中阳也,蛟龙降于丰泽。斯皆瑞表于先,而福居其后。向若四君德不半古,才不逮人,终能坐登大宝,自致宸极矣乎?必如史公之议也,则亦当以其命有必至,理无可辞,不复嗟其智能,颂其神武者矣。①

有妫氏的后人,指陈国之后,陈公子完。《左传·庄公二十二年》载,陈国公子完逃亡到齐国,齐桓公任命为卿。初,懿氏占卜替完娶妻,"其妻占之,曰:吉,是谓'凤皇于飞,和鸣锵锵,有妫之后,将育于姜。五世其昌,并于正卿。八世之后,莫之与京。'"说陈公子完被任命为上卿,是有占卜在前的。"万名其后必大",见于《左传·闵公元年》的记载:晋献公任毕万为大夫,赐给魏邑。大夫卜偃说:"毕万之后必大。万,盈数也;魏,大名也;以是始赏,天启之矣。天子曰兆民,诸侯曰万民。今名之大,以从盈数,其必有众。"鹭鹭鸣于岐山,是说周的兴起。鹭鹭,水鸟名,古代以为神鸟。《国语·周语》:"周之兴也,鹭鹭鸣于岐山。"汉高祖刘邦,其母梦与蛟龙相媾而生,事见《史记·高祖本纪》:"高祖……母曰刘媪。其先刘媪尝息大泽之陂,梦与神遇。是时雷电晦冥,太公往视,则见蛟龙於其上。已而有身,遂产高祖。"此说证明刘邦之称帝,就因为他

---

① 《史通·杂说上》。

是龙种。刘知幾根本不相信这样的神学说教。他说,如果一定要像太史公所说的那样,古代伟人的成功都是由于有符瑞先兆,那么就没有必要去赞扬他们的聪慧才智和谋略神勇了。

本来,刘知幾对班固的《汉书》是有很高的评价的,以至于有刘知幾"抑马扬班"之说。但是,对于《汉书·五行志》所记载的那些灾异征兆、天人相应的杂乱事例,刘知幾则持严格的批判态度。他在《书志》篇写道:

> 若乃采前文而改易其说,谓王札子之作乱,在彼成年;夏徵舒之构逆,当夫昭代;楚严作霸,荆国始僭称王;高宗谅阴,亳都实生桑谷。晋悼临国,六卿专政,以君事臣;鲁僖末年,三桓世官,杀嫡立庶。斯皆不凭章句,直取胸怀,或以前为后,以虚为实。移的就箭,曲取相谐;掩耳盗钟,自云无觉。讵知后生可畏,来者难诬者邪……如斯诡妄,不可殚论。而班固就加纂次,曾靡铨择,因以五行编而为志,不亦惑乎?

对于文中提到的这些灾异征兆,刘知幾一一揭示其荒谬不经,说明它毫无根据,几乎都是"移的就箭,曲取相谐"的结果,完全是人为地编造出来的。关于"王札子之作乱,在彼成年",《史通》原注说:"《春秋》成公元年二月,无冰。董仲舒以为其时王札子杀召伯、毛伯。案今《春秋经》,札子杀毛伯事在宣公十五年,非成公时。"关于"夏徵舒之构逆,当夫昭代",《史通》原注说:"《春秋》昭公九年,陈灾。董仲舒以为楚严王为陈讨夏徵舒,因灭陈,陈之臣子毒恨,故致火灾。案楚严王之灭陈,在宣十一年……相去凡五世。"关于"楚严作霸,荆国始僭称王",《史通》原注说:"《春秋》桓公三年,日有食之,既。京房《易传》以为后楚严称王,兼地千里。案自武王始僭号,历文、成、穆三王,始至于严。然则楚之称王已四世矣,何得言严始称哉!又鲁桓薨后,世历严、闵、文、宣,凡五君而楚严作霸,安有桓三年日食而应之邪?"关于"高宗谅阴,亳都实生桑谷",《史通》原注说:"《书序》曰:'伊陟相太戊,亳有桑谷共生。'刘向以为殷道衰,高宗承弊而起,尽谅阴之哀,天下应之……案太戊崩,其后嗣有仲丁、河亶甲、祖乙、盘庚,凡历五世,始至武丁,即高宗是也。桑谷自太戊时生,非高宗事。高宗又本不都于亳。"关于"晋悼临国,六卿专政,以君事臣",《史通》原注说:"董仲舒以为成公十七年六月甲戌朔,日有食之,时宿在毕,晋国象也。晋厉公诛四大夫,四大夫欲杀厉公。后莫敢责大夫,六卿遂相与比周专晋,国君还视之。案《春秋》成公十二月丁巳朔,日食,非是六月。"关于"鲁僖末年,三桓世官,杀嫡立庶",《史通》原注说:"案此事乃文公末世,不是釐公时也。"釐公即僖公。经过刘知幾的揭露,我们就可以看到那些灾异神学论者,为了附会灾异而不惜违背事实、颠倒黑白的极端荒谬。

以天命论人事是站不住脚的,持这种观点的人往往会自相矛盾。刘知幾在《杂说上》中就指出了班固思想的矛盾:

> 班固称项羽贼义帝,自取天亡。又云:于公高门以待封,严母扫地以待丧。如固斯言,则深信夫天怨神怒,福善祸淫者矣。至于其赋《幽通》也,复以天命久定,非人理所移,故善恶无征,报施多爽,斯则同理异说,前后自相矛盾者焉。

班固在《汉书》中评论人事,有时是从人自身的作为出发,如在《汉书·项籍传赞》评论项羽曰:"羽背关怀楚,放逐义帝,而怨王侯畔己,难矣。自矜功伐,奋其私智而师古,始霸王之国,欲以力征经营天下,五年卒亡其国,身死东城,尚不觉寤,不自责过失,乃引'天亡我,非用兵之罪',岂不谬哉!"班固认为,项羽之败,实属自取灭亡。《汉书·于定国传》载:"始,定国父于公,其闾门坏,父老方共治之。于公谓曰:'少(稍)高大闾门,令容驷马高盖车。我治狱多阴德,未尝有所冤,子孙必有兴者。'"于定国父亲高门待封,心理依据是他的阴德;《汉书·酷吏传》载:严延年任河南太守,母亲从东海来和他一起过年。其母到洛阳后看到延年处决囚犯的奏报,大惊,认为他的残酷一定会招致灾祸。严母执意不随延年进城,要回家打扫墓地,准备为儿子收尸。延年后来果然被人陷害,"坐怨望非谤政治不道弃市"。这些好与恶的后果,都是人自身的行为导致的。而在班固所作的《幽通赋》中,表达的则是吉凶性命由命定的思想,和他在《汉书》纪传中所表达的咎由自取的思想相互矛盾。

刘知幾经过观察和思考,发现了灾祥符瑞泛滥的根本原因。《书事》篇说:

> 凡祥瑞之出,非关理乱,盖主上所惑,臣下相欺,故德弥少而瑞弥多,政逾劣而祥逾盛。是以桓、灵受祉,比文、景而为丰;刘、石应符,比曹、马而益倍。而史官征其谬说,录彼邪言,真伪莫分,是非无别。

"德弥少而瑞弥多,政逾劣而祥逾盛",真是一个极其精辟的见解。德愈衰而祥瑞愈多,政绩越差而祥气越盛,越是政治昏暗之世,符瑞的叫嚣就越是高调。东汉桓、灵二帝时期,在宦官当道、政治黑暗之时,而它所得到的符瑞、接受的福祉,似乎比西汉的文景盛世时还多。十六国时期刘渊、石勒两朝所应验的符瑞,大概也超过曹魏和西晋的司马氏当政时期。为什么会这样呢?因为最黑暗的时期,统治者越需要用符瑞一类谎言来欺骗人民,也同时为自己打气,所谓自欺欺人者也。刘知幾对符瑞灾异迷信的批判,是他的科学思想的反映,也是其重人事、重历史教化的思想所使然。

(四) 对当代史学的批判

学术批判是《史通》的基本任务,全书都是在执行史学批判的使命,可以说,刘知幾以前的所有史学著作都被他一一评论和批判,几乎无一漏过。所以,刘知幾对以往史学的批判无需进行具体讨论。而从批判精神的角度谈论问题，则需要对其关于当代史学的批判作以分析，这是体现他批判精神的一个重要方面。当代史学，离自身很近，有些是刚刚过去的事情，有些则是身边正在发生的事情，对他们的批判，需要勇气和胆略。

我们首先看他对唐初新修的《五代史》①的批判。在《杂说中》，他对唐初新修的《五代史》表示过总的不满，说"皇家修《五代史》，馆中坠稿仍存，皆因彼旧事，定为新史。"五代史志的修撰，基本是依据南北朝后期和隋代史家所撰修的当代史，甚至是原来被抛弃的稿子。"不能别求他述，用广异闻，唯凭本书，重加润色。"没有依据更广泛的资料，没有增加多少新的内容，也没有新的眼光和学识。这样，原来各王朝修的当代史，所有对当朝史事隐讳和曲加粉饰的内容也就保留了下来，无法达到实录的要求。像《周书》，刘知幾就说他"遂使周氏一代之史，多非实录者焉"。还有，在新修五代史志的时候，为了避当今君王之讳，将前代帝王的庙号随意改变，造成了许多混乱。如北齐国史，原来诸帝皆称庙号，遇到犯时讳的地方，就用谥号。而结果，此谥号又与其他皇帝的庙号相冲突，出现了同是"襄帝"而非一人、同是"成帝"也非一朝的记事混乱局面。刘知幾说："其北齐国史，皆称诸帝庙号，及李氏撰《齐书》，其庙号有犯时讳者，即称谥焉。至于变世宗为文襄，改世祖为武成。苟除兹'世'字，而不悟'襄'、'成'有别。诸如此谬，不可胜纪。"使后世学者"真伪难寻"。他对《隋书》大量保留"诡辞妄说"、不经之谈尤为不满，通加诋呵：

> 《隋书》《王劭》、《袁充》两传，唯录其诡辞妄说，遂盈一篇。寻又申以诋诃，尤其诮惑。夫载言示后者，贵于辞理可观。既以无益而书，岂若遗而不载。盖学者神识有限，而述者

---

① 唐修五代史，谓南朝的梁、陈和北朝的北齐、北周、隋，凡五朝。

注记无涯。以有限之神识,观无涯之注记,必如是,则阅之心目,视听告劳;书之简编,缮写不给。呜呼!苟自古著述其皆若此也,则知李斯之设坑阱,董卓之成帷盖,虽其所行多滥,终亦有可取焉。①

《隋书》卷六十九王劭、袁充合传。王劭笃信阴阳谶纬,《隋书》王劭传全文收录了他的《上变火表》、《言符命表》。袁充信奉道教,好谈阴阳占侯,隋文帝欲废太子杨勇,袁充便附会天象以赞成文帝之意,上书谬称文帝本命于阴阳律吕相合者六十余条,并上表谬称祥瑞,《隋书·袁充传》详细著录袁充上书的虚妄之言。在收录这些"诡辞妄说"之后,卷后的史臣评论中又来谴责他们的虚妄和诡惑。刘知幾对此种做法极其不满。他认为,著述收录前人的言辞,在于其"辞理可观",如果无益则"遗而不载",《隋书》这种做法,徒费读者心神之劳。使读者"以有限之神识,观无涯之注记,必如是,则阅之心目,视听告劳;书之简编,缮写不给",这样的著述,即使被李斯、董卓之流焚烧殆尽也不可惜。

其次,我们来看他对《晋书》的批判。《晋书》是唐太宗的命题作文。晋史在唐以前已有24家,至唐还存留18家,唐太宗对这些晋史之作都不满意,下诏要求重修,并亲撰了《宣帝纪论》。可以说,《晋书》是唐太宗参与撰修的史书,也的确有"御撰"的美名。但刘知幾并没有因此放弃对它的批判。他写道:

> 晋世杂书,谅非一族,若《语林》、《世说》、《幽明录》、《搜神记》之徒,其所载或诙谐小辩,或神鬼怪物。其事非圣,扬雄所不观;其言乱神,宣尼所不语。皇朝新撰《晋史》,多采以为书。夫以干、邓之所粪除,王、虞之所糠秕,持为逸史,用补前传,此何异魏朝之撰《皇览》,梁世之修《遍略》,务多为美,聚

---

① 《史通·杂说中》。

博为功,虽取说于小人,终见嗤于君子矣。①

  近见皇家所撰《晋史》,其所采亦多是短部小书,省功易阅者,若《语林》、《世说》、《搜神记》、《幽明录》之类是也。如曹、干两氏《纪》,孙、檀二《阳秋》,则皆不之取。故其中所载美事,遗略甚多。②

以上是批评《晋书》之取材,多以《语林》、《世说》、《搜神记》、《幽明录》之类的短部小书为素材,而这些书所载或诙谐小辩,或神鬼怪物,是不能作为正史之资料来源的。这些短书小说,为历代史家所不齿,晋代史家干宝、邓粲所撰的《晋纪》,王隐、虞预所撰的《晋书》等,都将其视为糠秕,弃之不用,而今之《晋书》则多所采纳。以短书小说为据,"虽取说于小人,终见嗤于君子矣"。

  大唐修《晋书》,作者皆当代词人,远弃史、班,近宗徐、庾。夫以饰彼轻薄之句,而编为史籍之文,无异加粉黛于壮夫,服绮纨于高士者矣。③

这是对《晋书》修撰多用文人、词人的批评。本书前边已介绍过刘知幾反对文人修史的思想,此处的说法更直观明了,文人修史"无异加粉黛于壮夫,服绮纨于高士",会给史学加上很不适宜的装饰,而使其失去本学科的实录性特征。

  大唐新修《晋史》,皆依范《书》误本,篇终有赞。夫每卷立论,其烦已多,而嗣论以赞,为黩弥甚。亦犹文士制碑,序终而续以铭曰;释氏演法,义尽而宣以偈言。苟撰史若斯,难以议夫简要者矣。④

这是从编纂义例角度所作的批评,谓其"每卷立论,其烦已多,

---

① 《史通·采撰》。
② 《史通·杂说上》。
③④ 《史通·论赞》。

而嗣论以赞,为黩弥甚",失于繁杂,就像释氏宣讲佛法,演法结束时,一定要唱一段偈词作为结束,形成了套路或公式,不符合简约之旨。《晋书》既挂名"御撰",就加上了神圣性的特征,刘知幾不顾这些,直言不讳地加以批评,表明他的确具有无所畏惧的批判精神。

最后,刘知幾对当代史学的批判,最鲜明也最集中地体现在他对史馆修史制度的批判中,这些前文已经论及,不再赘述。

批判精神是一切学者都应该具有的基本品格,只不过是中国学者太缺乏这样的学术品质,相比之下,刘知幾的批判精神就显得格外突出和宝贵,并成为他的学术品质中的一种特质。

四 《史通》的学术影响

《史通》的学术影响,主要应从两个方面来讲。一是后人对《史通》的认识和评价;二是后代史家在哪些具体方面,接受或继承了《史通》的学术思想。

(一) 后人对《史通》的认识和评价

《史通》是中国学术史上第一本以学术批判为使命的书,在历史上产生重大影响是毫无疑义的,这一点,无论是刘知幾本人,还是他的同时代人,都已经清醒地认识到了。本着对自己著作思想价值的清醒认识和对传统经学强大禁锢力的亲身感受,刘知幾对《史通》的未来命运有着深深的忧虑。他说:

> 若《史通》之为书也……有与夺焉,有褒贬焉,有鉴诫焉,有讽刺焉。其为贯穿者深矣,其为网罗者密矣,其所商略者远矣,其所发明者多矣。盖谈经者恶闻服、杜之嗤,论史者憎言班、马之失。而此书多讥往哲,喜述前非。获罪于时,固其宜

矣。犹冀知音君子，时有观焉。尼父有云："罪我者《春秋》，知我者《春秋》。"抑斯之谓也。

……将恐此书与粪土同捐，烟烬俱灭。后之识者，无得而观。此予所以抚卷涟洏，泪尽而继之以血也。①

刘知幾之后，知之者《史通》，罪之者《史通》，的确如此，人们对之一切的赞誉或批评，都是因《史通》而来。但要担心"此书与粪土同捐，烟烬俱灭。后之识者，无得而观"，则是有点过虑了。一本真正有思想价值的书，是不可能在历史上默默无闻的。

同时代人、刘知幾的朋友徐坚，则对《史通》抱有很高的期待：

太子右庶子徐坚深重其书，尝云："居史职者，宜置此书于座右。"②

徐坚认为，《史通》可以也应该成为历史学家的案头书，置之座右，时常阅览。这是一个很高的评价，也是对《史通》未来命运的期待。

刘知幾死后几年，唐玄宗便敕河南府就家写《史通》以进呈，"读而善之"③，《史通》自此开始刊行于世。从现有文献材料看，后世学人第一个关注并研究、评价《史通》的，是唐代末期的柳璨。《旧唐书·柳璨传》曰："璨以刘子玄所撰《史通》讥驳经史过当，璨纪子玄之失，别为十卷，号《柳氏释史》，学者伏其优赡。"柳璨认为"《史通》讥驳经史过当"，著书揭知幾之失，这在那个经学笼罩思想界的时代是可以理解的，但无论如何，这是《史通》所产生的反响。

到北宋时期，人们对刘知幾的看法就开始有了变化。宋祁协助欧阳修修《新唐书》，对唐代史家史书的整体情况有一段

---

① 《史通·自叙》。
②③ 《旧唐书·刘子玄传》。

"赞"语：

> 唐兴，史官秉笔众矣。然垂三百年，业钜事丛，简策挐繁，其间巨盗再兴，图典焚逸，大中以后，史录不存。虽论著之人，随世裒掇，而疏舛残余，本末颠倒。故圣主贤臣，叛人佞子，善恶泪泪，有所未尽，可为永忾者矣。又旧史之文，猥酿不纲，浅则入俚，简则及漏。宁当时儒者有所讳而不得骋耶？或因浅仍俗不足于文也？亦有待于后取当而行远耶？何知幾以来，工诃古人而拙于用己欤！①

宋祁说，唐代三百年的史学也存在"疏舛残余，本末颠倒"，"善恶泪泪，有所未尽"，"猥酿不纲，浅则入俚，简则及漏"等等诸多问题，这些问题可能是由多方面原因造成的，而刘知幾以来，为什么总是那样苛责古人而"拙于用己"，看不到自己的问题呢？宋祁是对刘知幾提出了批评，不赞成像他那样去苛责古人。但在《刘子玄传》中，宋祁对刘知幾还是正面肯定的。他评论说："子玄善持论，辩据明锐，视诸儒皆出其下，朝有论著辄豫。殁后，帝诏河南就家写《史通》，读之称善。"②

《史通》的批判性，它对经学的质疑和批判，都使其在一定程度上遭致冷遇。但这种状况到明清时期得到了改变。现在可以看到的明代研究《史通》的著作有：陆深《史通会要》3卷、郭延年《史通评释》20卷、陈继儒《史通订注》20卷、王惟俭《史通训诂》20卷等；清人研究《史通》的代表性著作有：黄叔琳《史通训诂补》20卷、浦起龙《史通通释》20卷、纪晓岚《史通削繁》4卷等。这些关于《史通》的研究性著作，对《史通》的评论日趋公允，并赞誉颇多。这一时期关于《史通》的评价，许凌云先生的《刘知幾评传》中认

---

① 《新唐书》卷一百三十二。
② 《新唐书·刘子玄传》。

为,"郭延年《史通评释序》和黄叔琳《史通训诂补序》的两段话比较实事求是,较为全面,可代表历代的评论",我们转引如下。

郭延年《史通评释序》云:

> 约而言之,考究精核,义例严整,文字简古,议论慨慷,《史通》之长也;薄尧、禹而贤操、丕,惑《春秋》而信汲冢,诃马迁而没其长,爱王劭而忘其佞,高自标榜,前无贤哲,《史通》之短也。然则徐坚所云"当置座右"者,以义例言,良非虚誉;而宋祁所云"工诃古人"者,以夸诩言,亦非诬善矣。①

黄叔琳《史通训诂补序》云:

> 观其议论,如老吏断狱,难更平反;如夷人嗅金,暗识高下;如神医眼,照垣一方,洞见五脏症结。间有过执己见,以裁量往古,泥定体而少变通,如谓《尚书》"为例不纯",《史》论"淡薄无味"之类。然其荟萃搜择,钩铋排击,上下数千年,贯穿数万卷,心细而眼明,舌长而笔辣,虽马、班亦有不能自解免者,何况其余。书在文史类中,允与刘彦和之《雕龙》相匹,徐坚谓史氏宜置座右,信也。②

郭延年和黄叔琳都肯定在史法或义例方面,《史通》"宜置座右",是史氏所应遵循的不二法则。但他们都难以接受刘知幾批判前人的犀利和刻薄,对其"裁量往古"、"工诃古人"很不习惯,特别是对《尚书》、《春秋》这些经学著作的批判,尤难接受。但尽管如此,对于刘知幾关于古代史书的大量评论,他们也还是无法回护,不能不承认他的精到和深刻。特别是黄叔琳所评"心细而眼明,舌长而笔辣,虽马、班亦有不能自解免者,何况其余",确是他由衷的慨叹。郭延年和黄叔琳的评价,的确可以看做是古代学界对刘知幾的基本看法。

---

①② 转引自许凌云:《刘知幾评传》,第303页,第303~304页。

近代以来,刘知幾《史通》的思想价值和学术价值,都得到了充分的肯定。梁启超在《中国历史研究法》中说:

> 自有史学以来二千年间,得三人焉:在唐则刘知幾,其学说在《史通》;在宋则郑樵,其学说在《通志总序》及《艺文略》、《校雠略》、《图谱略》;在清则章学诚,其学说在《文史通义》……窃尝论之,刘氏事理缜密,识力敏锐;其勇于怀疑,勤于综核,王充以来,一人而已。其书中《疑古》、《惑经》诸篇,虽于孔子亦不曲徇,可谓最严正的批评态度也。①

梁启超的评价是从史学思想、史学方法、史学建设的角度出发的,因而也是最具根本意义的评价。在中国古代史学理论建设上,刘知幾的地位几乎可以说是在他之前无出其右,在他之后,也只是清代的章学诚可以与之比肩。而如果从怀疑精神和科学态度上说,则真是"王充以来,一人而已"。梁启超的评价,是对刘知幾的最高赞誉,也是客观的、实事求是的。刘知幾在中国史学史上的地位,到近代以后得到了完全确认。

(二)《史通》对后代史家的直接影响

首先,我们看《史通》"史之为用"论对后世的影响。

刘知幾以后,一些重要的史学著作,大抵都继承了"史之为用"论的思想,有明确的史学为现实服务的思想。

唐中期以后的杜佑,其《通典》之作也是中国史学史上的伟大创造。杜佑生当开元、天宝盛世,主要活动在安史之乱后唐帝国迅速走向衰落的时期。他目击了这一时期唐帝国由盛到衰的巨大历史变化,故究心于历代典章制度的沿革得失,总结历史上的经验教训以期挽救风雨飘摇中的大唐帝国。他在《通典序》中讲到自己

---

① 梁启超:《中国历史研究法》,河北教育出版社2000年版,第34页。

的著述目的:"所纂通典,实采群言,征诸人事,将施有政。"时人权德舆也更明确无误地揭发出《通典》的价值,说杜佑"博极书术,详观古今,谋王体,断国论,其言有章,听者皆竦,作为《通典》,以究理道,上下数千百年间,损益讨论而折中之,佐王之业,尽在是矣"①。不论是杜佑自己讲的"将施有政",还是权德舆评论的"佐王之业",可以说都深刻契合刘知幾"乃生人之急务,为国家之要道。有国有家者,其可缺之哉"的史之为用思想。

宋代的史学巨著《资治通鉴》,更是从书名中可以窥见其现实目的。司马光在进呈《通鉴》的表文中说:"每患迁、固以来,文字繁多,自布衣之士,读之不遍,况于人主,日有万机,何暇周览!臣常不自揆,欲删削冗长,举撮机要,专取关国家盛衰,系生民休戚,善可为法,恶可为戒者,为编年一书。"②

清章学诚在《文史通义》中,反对"竟言考察"和"腾空言"两种不良学风,提出"史学所以经世"的看法,所论极其深刻,可以说是对"史之为用"论的继承和发展。他说"史学所以经世,固非空言著述也。且如六经,同出于孔子,先儒以为其功莫大于《春秋》,正以切合当时人事耳。后之言著述者,舍今而求古,舍人事而言性天,则吾不得而知之矣。学者不知斯义,不足言史学也。"③

可以说,刘知幾以后,史学所以经世致用的思想,对史学家来说是深入人心了。

其次,再来看《史通》"通识"思想的历史影响。

刘知幾重"通识",这一思想也被后世所继承,并付诸实践。刘知幾之后,杜佑《通典》,是实践"通识"思想的第一个也是最好

---

① 《唐文粹》卷五四,权德舆:《岐公淮南遗爱碑铭并序》,文渊阁四库全书本。
② 司马光:《进书表》,《资治通鉴》,第 9607 页。
③ 章学诚著,叶瑛校注:《文史通义校注》上,第 524 页。

的范例。《通典》是我国史学史上第一部专门论述典章制度的通史,它所论述的对象是历代典章制度沿革废置、损益变化的过程,及其所以如此或沿或革、或损或益的道理,这一著述目标的确立本身就证明了杜佑通识的眼光,并在写作中处处要贯彻"通"的原则,不通就不足以完成自己的著述目标。于是,《通典》就成为贯彻刘知幾"通识"思想的第一个范本。

《通典》之通,最主要的表现在他的逻辑体系上。《通典》之设八典:食货典、选举典、职官典、礼典、乐典、刑典、州郡典、边防典,而这八典的选择和编排是有内在逻辑的,是有内在的思想贯穿其中的,书的结构是一个贯通的整体。按照杜佑自己的诠释,所列八典的逻辑如下:

> 夫理道之先在乎行教化……夫行教化在乎设职官,设职官在乎审官才,审官才在乎精选举,制礼以端其俗,立乐以和其心,此先哲王致治之大方也。故职官设然后兴礼乐焉,教化隳然后用刑罚焉,列州郡俾分领焉,置边防遏戎敌焉。是以食货为之首,选举次之,职官又次之,礼又次之,乐又次之,刑又次之,州郡又次之,边防末之。或览之者庶知篇第之旨也。①

对于这样一部卷帙浩繁的大书,时人李翰《通典序》评曰:

> 若使学者得而观之,不出户知天下,未从政达于人情,罕更事知时变,为功易而速,为学精而要。其道甚直而不径,其文甚详而不烦,推而通,放而准,语备而理尽,例明而事中,举而措之,如指诸掌,不假从师聚学,而区以别矣。非聪明独见之士,孰能修之。②

李翰的评论,已经看到了它的"推而通"的特点。今天的学者

---

① 杜佑:《通典》(一)"自序",中华书局 1988 年版。
② 李翰:《通典序》,杜佑:《通典》(一)。

也多有从"会通"的角度去评论《通典》的。瞿林东先生就认为,《通典》的编纂特点可以归结为三个方面,其中第一点就是"主会通"。他说:"《通典》主要取材于历代正史书志,它跟正史书志的最明显的区别是:《史记》以下历代正史书志只记一代或数代典制,属于典章制度的断代史;《通典》则将历代正史书志的有关内容融会贯通,撰成一书,成为独立的典章制度的通史。它在'以典故为纪纲'、'统前史之书志'和'会通古今'等方面取得了重大成就。"①

实践通识思想的另一个典型代表是宋代郑樵的《通志》。郑樵提出了明确的"会通"主张,对刘知幾的"通识"有所发展。关于"会通",郑樵有着明确的理论阐述,他说:

> 百川异趋,必会于海,然后九州无浸淫之患;万国殊途,必通诸夏,然后八荒无壅滞之忧。会通之义大矣哉!自书契以来,立言者虽多,惟仲尼以天纵之圣,故总《诗》、《书》、《礼》、《乐》而会于一手,然后能同天下之文;贯二帝三王而通为一家,然后能极古今之变;是以其道光明,百世之上百世之下不能及……大著述者必深于博雅,而尽见天下之书,然后无遗恨。②

郑樵的"会通",涉及历史进程的贯通,即所谓"贯二帝三王而通为一家",达到"极古今之变"的境界;涉及会天下文献于一炉,即所谓"尽见天下之书",希望达到会天下之书于一书"而无遗恨"的境界。从会通的思想出发,郑樵特别赞成司马迁的通史,而贬斥班固《汉书》的断代为史,甚至极其愤慨地说:"迁之于固,如龙之于猪。"白寿彝先生曾评论说:

---

① 仓修良主编:《中国史学名著评介》第一卷,第580页。
② 郑樵:《通志·总序》,文渊阁四库全书本。

从"通识"到"会通",是史学思想的一种发展。刘知幾所谓通识,主要是从历史编纂学方面的兴趣出发而接触到了历史观的问题。郑樵所谓会通,有历史编纂学上的问题,同时也是正面地提出了历史观的问题。刘知幾所谓"总括万殊、包罗万有"还不过是总括和包罗而已,郑樵的会通却是要把历史作为一个整体去考察,这就跟总括和包罗不同了。《通志·总序》一开始就说:"百川异趋,必会于海……会通之义大矣哉!"郑樵是想从千头万绪的历史现象中,描画出一幅百川会于海、万国通诸夏的图景来的。尽管他所描画的这幅图景还远不能反映出社会发展的基本规律,但这种设想在中世纪史学中仍是极其珍贵的。①

从理论上更全面深刻发展刘知幾"通识"思想的,是清代学者章学诚。章学诚的《文史通义》,全书都贯穿着"通"的思想和方法,无论是论述社会历史的发展,还是讲典章制度的沿革、学术文化的演进,都是用"通"的思想原则来加以说明。并且认为,只有通史这种编纂形式,才最适合描述或揭示社会历史的发展变迁,专门作"释通"篇,来表述他特别推崇"通史"的史学主张。

从通识和通史的角度出发,章学诚也和刘知幾一样主张独断之学。他说:

> 所以通古今之变,而成一家之言者,必有详人之所略,异人之所同,重人之所轻,而忽人之所谨,绳墨之所不可得而拘,类例之所不可得而泥,而后微茫杪忽之际,有以独断于一心。及其书之成也,自然可以参天地而质鬼神,契前修而俟后圣,

---

① 白寿彝:《郑樵对刘知幾史学的发展》,《中国史学史论集》(二),第348页。

此家学之所以可贵也。①

独断之学,一家之言,这是唯有通识之眼光、通史之体例才可以达到的学术追求。从这样的学术主张出发,他就特别赞成郑樵的《通志》,对学界对郑樵的非议给予强烈的反驳。他为郑樵辩诬,专门写了《申郑》篇和《答客问》上、中、下三篇,盛赞郑樵的"通史家风":

> 子长、孟坚氏不作,而专门之史学衰……至于辞章家舒其文辞,记诵家精其考核,其于史学,似乎小有所补;而循流忘源,不知大体,用功愈勤,而识解所至,亦去古愈远而愈无所当。郑樵生千载而后,慨然有见于古人著述之源,而知作者之旨,不徒以词采为文,考据为学也。于是遂欲匡正史迁,益以博雅,贬损班固,讥其因袭,而独取三千年来,遗文故册,运以别识心裁,盖承通史家风,而自为经纬,成一家言者也。②

> 而今之学者,以谓天下之道,在乎较量名数之异同,辨别音训之当否,如斯而已矣;是何异观坐井之天,测坳堂之水,而遂欲穷六合之运度,量四海之波涛,以谓可尽哉?③

刘知幾之后,从杜佑、郑樵到章学诚,已经形成了一个承续"通史家风"的重要学派。他们学术思想上重通识、会通,著述体裁上重通史,学术风格上重视探讨历史的深层原因,重视揭示历史的内在意蕴,重视描述贯通古今的历史进程的因循沿革。这是历史学研究中最有作为的一个学术派别。

再次,《史通》对史家修养理论的影响。

刘知幾的"史才三长"史家修养理论,在后世也得到了继承和发展。

------

①②③　章学诚著,叶瑛校注:《文史通义校注》上,第 470~471 页,463 页,482 页。

北宋人曾巩关于优秀史家提出了"明"、"道"、"智"、"文"四条标准:"其明必足以周万事之理,其道必足以适天下之用,其智必足以通难知之意,其文必足以发难显之情,然后其任可得而称也。"①这实际上也是一个比较完整的史家修养理论。

元人揭傒斯曾总裁辽、金、宋三史的撰修,《元史》本传载:

> 诏修辽、金、宋三史,傒斯与为总裁官,丞相问:"修史以何为本?"曰:"用人为本,有学问文章而不知史事者,不可与;有学问文章知史事而心术不正者,不可与。用人之道,又当以心术为本也。"且与僚属言:"欲求作史之法,须求作史之意。古人作史,虽小善必录,小恶必记。不然,何以示惩劝!"由是毅然以笔削自任,凡政事得失,人材贤否,一律以是非之公。②

揭傒斯提出了"心术"这个属于史德范畴的问题,并被后世章学诚的史家修养理论所直接吸纳。曾巩和揭傒斯都没有直接提及刘知幾的史家修养理论,但集中谈史家修养问题,也不能不说是受到刘知幾的影响。和此二人不同,明代史家胡应麟谈史家修养问题,则直接谈到与刘知幾的思想承接问题。他说:

> 才、学、识三长,足尽史乎?未也。有公心焉,直笔焉,五者兼之,仲尼是也。董狐、南史,制作厶征,维公与直,庶几尽矣。秦汉而下,三长不乏,二善靡闻。③

胡应麟无疑是赞成"史才三长"说的,只是又对之作了补充,在三长之外补充了"公心"与"直笔"。公心与直笔讲的是一个史德问题,这在刘知幾的"史识"里边也是可以推导出来的,胡应麟这里只是一个更直白的强调。

---

① 《曾巩集》卷一一,《南齐书目录序》,中华书局1984年版。
② 《元史》卷一八一,中华书局1976年版。
③ 《少室山房笔丛正集》卷五,文渊阁四库全书本。

刘知幾之后，对史家修养理论作完整而强调性表述，并确有较大发展的是章学诚。章学诚重史德，并作专门的《史德》篇进行阐述：

> 才、学、识三者，得一不易，而兼三尤难，千古多文人而少良史，职是故也。昔者刘氏子玄，盖以是说谓足尽其理矣……记诵以为学也，辞采以为才也，击断以为识也，非良史之才、学、识也。虽刘氏之所谓才、学、识，犹未足以尽其理也。夫刘氏以谓有学无识，如愚估操金，不解贸化。推此说以证刘氏之指，不过欲于记诵之间，知所决择，以成文理耳。故曰：古人史取成家，退处士而进奸雄，排死节而饰主阙，亦曰一家之道然也。此犹文士之识，非史识也。能具史识者，必知史德。德者何？谓著书者之心术也。夫秽史者所以自秽，谤书者所以自谤，素行为人所羞，文辞何足取重……盖欲为良史者，当慎辨于天人之际，尽其天而不益以人也。尽其天而不益以人，虽未能至，苟允知之，亦足以称著述者之心术矣。而文史之儒，竟言才、学、识，而不知辨心术以议史德，乌乎可哉？
>
> ……史之义出于天，而史之文，不能不藉人力以成之。人有阴阳之患，而史文即忤于大道之公，其所感召者微也。夫文非气不立，而气贵于平。人之气，燕居莫不平也。因事生感，而气失则宕，气失则激，气失则骄，毗于阳矣。文非情不深，而情贵于正。人之情，虚置无不正也。因事生感，而情失则流，情失则溺，情失则偏，毗于阴矣。阴阳伏沴之患，乘于血气而入于心知，其中默运潜移，似公而实逞于私，似天而实蔽于人，发为文辞，至于害义而违道，其人犹不自知也。故曰心术不可不慎也。①

---

① 章学诚著，叶瑛校注：《文史通义校注》上，第219～220页。

以往研究章学诚的史家修养理论,主要强调他对三长论的发展,明确提出了"史德"问题,其实,这并不是其最重要之处。"史德"是刘知幾"史识"的题中应有之义,只是章学诚将其更明确了。而且章学诚史德论所用的"心术"概念,揭傒斯已经提出来了。章学诚最重要的贡献,在于他讲史德的时候,没有把这个史德仅仅作为一个一般的道德问题,而是有认识论的深意。他的史德之"心术",强调的是史家如何使自己的认识符合客观实际的问题,如何避免自己的"阴阳之患"、情感情绪的波动对认识的影响,如何避免"默运潜移,似公而实逞于私,似天而实蔽于人"的问题,这是以往史家不曾关注、后代史家很少警惕的问题。"慎辨于天人之际,尽其天而不益以人",克服主观因素的干扰,使自己的认识尽可能地符合客观历史实际,这是怎样的一个宏伟的认识目标!更可贵的是,章学诚还猜测到了更深层次的认识论问题,他已经感觉到了纯粹客观性的认识不易达到,或者说不可能达到,但提出这个认识目标,朝着它去努力,则是必要的,有益的。"心术"之论深意即在此矣。这就是他说的:"尽其天而不益以人,虽未能至,苟允知之,亦足以称著述者之心术矣"。

史家修养不仅要注意多方面才能的培养,不仅要有一颗秉笔直书的公正之心,而且还要警惕主体因素对历史认识潜移默化的不自觉的影响,努力使自己的认识尽可能地符合客观历史实际,这一思想反映了一种认识论自觉。章学诚将自刘知幾以来的史家修养理论,提升到了一个新的理论高度,这在古代思想领域,无疑是极其卓越的。

最后,《史通》在义例、史法、历史编纂学方面的影响。《史通》在史法、义例方面的影响,是最为普遍的。后世几乎所有看过《史通》的人,都会在这方面深受教益。这个问题我们不想展开去说,只想引出《四库全书总目提要》中的一段话来做以说明:

其贯穿今古,洞悉利病,实非后人之所及。而性本过刚,词复有激,诋诃太过,或悍然不顾其安。《疑经》《惑古》诸篇,世所共诟,不待言矣……小小疏漏,更所不免。然其缕析条分,如别黑白。一经抉摘,虽马迁、班固几无词以自解免。亦可云载笔之法家,著书之监史矣。①

这段话,一方面批评《史通》对前人特别是对儒家经学"诋诃太深","世所共诟";另一方面也如实地指出,《史通》对前代史学著作史法义例方面的批评,是真正的鞭辟入里,"如别黑白",即使司马迁、班固本人也无法自解或回护。而这些批评,的确为后世的历史著述树立了法则,成为后世"载笔之法家,著书之监史",是后世作史者的不二法典。

五　《史通》的阅读

《史通》是一部历史编纂学的专业学术著作,史学专业以外的社会读者,该如何阅读它呢?该从什么样的角度去汲取它的营养?或者说,今天的我们,应该从《史通》中读出点什么呢?

(一) 学习刘知幾的社会批判精神

前边我们已经对刘知幾的批判精神有过较为详细的分析,这种精神不仅在古代世界是宝贵的,即使在今天也仍然需要汲取和弘扬。我们知道,传统中国实行的是文化专制主义,不允许人们有自己的思想,不允许自由思想,人们的思想被完全的统一于儒家思想,一切观点、思想、言论,都只能以儒家学说为指归,以孔子的是非为是非,不允许对这种思想有任何的怀疑和批判,否则就是离经

---

① 《四库全书总目提要》,文渊阁四库全书本。

叛道、大逆不道,而被斥为异类。所以,长期以来,中国人所养成的精神观念,就是一种圣人观念和权威崇拜,我们把一切都交给了传统的或现实中的权威和圣人。明代吕坤讲过一段极其精辟的话:"公卿争议于朝,曰'天子有命',则屏然不敢屈直矣;师儒相辩于学,曰'孔子有言',则寂然不敢异同矣。"①这是对我们这个民族精神思想领域基本状况的真实描述。在这样的文化氛围中,中国人极其缺乏怀疑精神和批判意识,对什么都习惯于接受而不习惯于思考。实际上,从思想学说的角度说,没有任何一种学说是绝对的终极真理,不应该接受分析、质疑和批判;从社会或政治上说,没有任何社会或政治的现实状态,是最完美的理想状态,不应该接受来自社会成员的思考和批判。其实,正是人们持续不断地分析思考、质疑批判,才可能促使一种学说或政治逐渐地臻于完善。思想的和社会的批判,是社会历史进步的动力和活力。而一个没有批判意识的民族,是无法创造充满活力、生机勃勃的社会政治局面的。今天我们提倡重视培养自觉的怀疑精神和批判意识,提高自己批判思维的智慧和能力,能对我们身边的现实保持清醒的头脑,有独立判断的信心、勇气和能力,用批判性思维看待我们周围的一切。古往今来,在中国思想文化的发展史上,真正能进行批判思维的人并不多,汉代的王充,唐代的刘知幾,明代的李贽,实属凤毛麟角,我们真诚地希望,他们的批判精神能够在今天的时代得到发扬和光大,所以,也真诚地希望刘知幾的批判精神成为《史通》所给予我们的最宝贵的滋养。

(二) 学习刘知幾看待问题的科学态度

从《史通》中看,刘知幾是一个很有科学精神的人,他对待自

---

① 吕坤:《呻吟语·卷一内篇》。

己的评论对象,基本上都能够保持一份清醒的头脑,既看到他们的问题之所在,也看到他们的长处或优点,对之采取有分析地对待的态度。他在《杂说下》中说:"夫自古学者,谈称多矣。精于《公羊》者,尤憎《左氏》;习于《太史》者,偏嫉孟坚。夫能以彼所长而攻此所短,持此之是而述彼之非,兼善者鲜矣。"他不满于前人过于偏袒一方而不能全面看问题的偏执做法,提出"兼善"的要求。在另一个地方,他又明确提出"苟爱而知其丑,憎而知其善,善恶必书"①的实录原则,而他自己就在大量的史学批评中实践了自己提出的要求或原则。

譬如,刘知幾在不少地方表现出对孔子的极其尊重和敬仰,他曾写道:

> 昔仲尼以睿圣明哲,天纵多能,睹史籍之繁文,惧览者之不一,删《诗》为三百篇,约史记以修《春秋》,赞《易》道以黜八索,述《职方》以除九丘,讨论坟、典,断自唐、虞,以迄于周。其文不刊,为后王法。②

> 昔孔宣父以大圣之德,应运而生,生人已来,未之有也。……古今世殊,师授路隔,恨不得亲膺洒扫,陪五尺之童;躬奉德音,抚四科之友。③

第一段话肯定孔子关于"六经"的删定和编纂,为后世提供了不刊之文,为后代帝王确立了可以遵循的基本法典。第二段话,真诚表达对孔子的敬仰之情,愿意做孔子的及门弟子,为其"亲膺洒扫",服弟子之役;并称颂孔子之大圣之德,是"生人已来,未之有也"。即便是对孔子如此崇敬,但对于孔子所删定的"六经"中存在的问题,他也是丝毫不予祖护,一一给予无情的抨击。在《惑

---

①③ 《史通·惑经》。
② 《史通·自叙》。

经》篇,他对孔子的《春秋》,一下子提出了十二条"未喻"、五条"虚美",实际上就是十七条质疑或批判。他还集中批判孔子"夫子之刊书也……饰智矜愚,爱憎由己者多矣";"夫子之修《春秋》,皆遵彼乖僻,习其诡谬,凡所编次,不加刊改者矣。"这些都已见前述,不复赘矣。

在前代史书中,刘知幾最推崇的是《左传》,但又评之曰:"《左氏》录夫子一时戏言,以为千载笃论。成微婉之深累,玷良直之高范,不其惜乎!"①

刘知幾比较赞赏班固的《汉书》,以至于有抑马扬班之说,但刘知幾对班固也始终是一种是其所是、非其所非的科学态度,真正体现了"爱而知其丑,憎而知其善"的实录原则。他赞扬班固及其《汉书》曰:

> 如《汉书》者,究西都之首末,穷刘氏之废兴,包举一代,撰成一书。言皆精练,事甚该密,故学者寻讨,易为其功。自尔迄今,无改斯道。

> 于是考兹六家,商榷千载,盖史之流品,亦穷之于此矣。而朴散淳销,时移世异,《尚书》等四家,其体久废,所可祖述者,唯《左氏》及《汉书》二家而已。②

> 必寻其得失,考其异同,子长淡泊有味,承祚懦缓不切,贤才间出,隔世同科。孟坚辞惟温雅,理多惬当。其尤美者,有典诰之风,翩翩奕奕,良可咏也。③

而其批评班固亦有多处,其《汉书·五行志错误》篇是论班固之非的专论。他在该篇批判说:

---

① 《史通·杂说上》。
② 《史通·六家》。
③ 《史通·论赞》。

> 班氏著志,牴牾者多。在于《五行》,芜累尤甚。今辄条其错缪,定为四科:一曰引书失宜,二曰叙事乖理,三曰释灾多滥,四曰古学不精。
>
> 而班《志》尚舍长用短,捐旧习新,苟出异同,自矜魁博,多见其无识者矣。此所谓不循经典,自任胸怀也。

《曲笔》篇中他根据班固受金而书的传闻,对班固更是痛加斥责:

> 若王沈《魏录》滥述贬甄之诏,陆机《晋史》虚张拒葛之锋,班固受金而始书,陈寿借米而方传。此又记言之奸贼,载笔之凶人,虽肆诸市朝,投畀豺虎可也。

有褒有贬,"爱而知其丑,憎而知其善",保持一种客观公允的科学态度,是刘知幾史学批评的显著风格。这样的史学批评,在科学精神和科学态度方面,是值得今人效法的。

(三) 从《史通》中读出一种强烈的事业心、社会责任感和使命感

《史通》告诉我们,刘知幾是个有着强烈事业心、责任心和使命感的人,从青年时代以至于晚年,献身于事业的热情,从来都是那么强烈。他未及弱冠而中进士,说明了他的天赋和才气,但他却不被社会所看重,在一个县主簿的任上一坐就是十九年。但这并没有消磨他的事业心和责任感,仍然对社会抱着强烈的理想和关怀。县主簿任上的上书,即可见其对社会和政治的强烈关注。

我们在本书前边已经介绍过证圣元年刘知幾的陈政事疏,一个九品主簿,在大唐天下不啻有成千上万,实在算不上是个正经的官职,况武则天诏"九品以上陈得失"之本意不过是"收人望"而已,只是做给人看的,并不是真的希望倾听天下百官的意见,而刘知幾还是认真地提出了自己的问题,并且直接对着则天皇后,甚至

是对武则天滥施恩赏的一种批评：

> 海内具僚九品以上，每岁逢赦，必赐阶勋，至于朝野宴集，公私聚会，绯服众于青衣，象板多于木笏；皆荣非德举，位罕才升，不知何者为妍蚩，何者为美恶。臣望自今以后，稍息私恩，使有善者逾效忠勤，无才者咸知勉励。①

这样直接对着武则天的批评是要冒风险的，可他却是那样的直言不讳，这无疑表达了一种强烈的社会关怀。还有，我们前边讲到的他的辞职书，那样直率地批判史馆制度，都是一种强烈的责任感、使命感的表现。刘知幾不是一个明哲保身的人，而是为了国家事业不畏强御、敢于献身的人。

我们再来看看他对所从事的史学事业的钟情、坚持和挚爱。喜欢历史，可以说是刘知幾的天性。本书前边讲过他的少年时代，读《古文尚书》"苦其辞艰琐，难为讽读。虽屡逢捶挞，而其业不成"，对之没有丝毫兴趣，而一接触《左传》，则"废《书》而听"，有一种特别的兴致。后来读《史记》、《汉书》、《三国志》，更是"触类而观，不假师训"，无师自通。到17岁时，便对所有的史书都"窥览略周"。后来做了获嘉县主簿之后，因获嘉地近两都，得以"旅游京洛，颇积岁年，公私借书，恣情披阅"。做获嘉县主簿的十九年，他利用公务之余的闲暇时间博览群史，打下了深厚的史学基础。大概即在这一期间，刘知幾就已立下了继孔子之余绪而勘正正史的宏愿。他曾在《自叙》篇说：孔子之后，"史籍逾多，苟非命世大才，孰能刊正其失？嗟予小子，敢当此任！"他想效法孔子作《春秋》为后世留下不刊之文的先例，对春秋之后的所有史书，"刊正其失"，写成一部贯通古今的通史。大概即从此时，他就决心把自己的全部精力和生命献给他所钟爱的史学事业了。后来进入史馆

---

① 《资治通鉴》卷二〇五，已见前引。

修史,是他实现自己理想的一个机缘。但是几入史馆的经历,使他对在史馆实现自己的愿望彻底失望,特别是他觉得自己的史学主张和当时的主流思想是那么的格格不入,对自己担当对以往史学"刊正其失"的重任,产生莫名的恐惧。他说:"以无夫子之名,而辄行夫子之事,将恐致惊末俗,取咎时人,徒有其劳,而莫之见赏。所以每握管叹息,迟回者久之。非欲之而不能,实能之而不敢也。"凤愿无法实现,但对史学事业的钟爱,仍使他继续探索刊正史学的可能途径,"故退而私撰《史通》,以见其志",遂有《史通》之作。

刘知幾深知《史通》的价值,更知道它与世俗之见的难以相容,但还是坚持把它完成。从他自己对《史通》的评价及对著述心情的描述,完全可以体察他对事业的执著和赤诚,并不惜冒担当历史罪名的风险。《自叙》中说:

若《史通》之为书也……夫其为义也,有与夺焉,有褒贬焉,有鉴诫焉,有讽刺焉。其为贯穿者深矣,其为网罗者密矣,其所商略者远矣,其所发明者多矣……此书多讥往哲,喜述前非。获罪于时,固其宜矣。犹冀知音君子,时有观焉。尼父有云:"罪我者《春秋》,知我者《春秋》。"抑斯之谓也。

他把《史通》比作汉代扬雄的《玄经》,而《玄经》为当时所贱,后世博得一些学人的赏识;刘知幾则担心《史通》最终会落到无人眷顾的悲剧:

雄之《玄经》始成,虽为当时所贱,而桓谭以为数百年外,其书必传。其后张衡、陆绩果以为绝伦参圣。夫以《史通》方诸《太玄》,今之君山,即徐、朱等数君是也。后来张、陆,则未之知耳。嗟乎!傥使平子不出,公纪不生,将恐此书与粪土同捐,烟烬俱灭。后之识者,无得而观。此予所以抚卷涟洏,泪尽而继之以血也。

他说,《玄经》初为时人所贱,唯有桓谭相信此书数百年后必将传播,果然后汉之张衡、三国时人陆绩都给予了很高的评价,认为扬雄可以入于圣人之列。而《史通》,时人中确有徐坚等几个少数挚友知道它的价值,而后世之张衡、陆绩会不会有呢?他真担心此书"与粪土同捐,烟烬俱灭",不能流传。他为此"抚卷涟洏,泪尽而继之以血也"。如果没有对事业的挚爱和执著,这样的情感是难以想象的。刘知幾一生贡献给一项自己钟爱的事业,矢志不渝,坚贞执著,这样一种事业心和使命感,即使在今天,也还是需要继承和发扬的。今天的《史通》读者,是不是应该在这方面有所关注呢?

(四) 对《史通》也要有分析和批判的态度

我们对《史通》也应该像读任何书一样,抱着一种分析的批判的态度,区别其思想内容中的精华与糟粕,不能一味地颂扬和吸取。刘知幾和任何一个思想家、学问家一样,有他的历史局限性,需要我们对他的思想认真加以分析和甄别。

譬如对于名教,刘知幾甚是笃信,并几乎以激扬名教作为他进行史学批评的一个原则。他主张实录史学,著史贵在实录,但在实录与名教相矛盾时,他则为张扬名教而放弃实录。如在史书要不要为亲者讳、为君者讳的问题上,就是如此。他几次这样写道:

> 夫臣子所书,君父是党,虽事乖正直,而理合名教。如鲁之隐、桓戕弑,昭、哀放逐,姜氏淫奔,子般夭酷。斯则邦之孔丑,讳之可也。①

> 肇有人伦,是称家国。父父子子,君君臣臣,亲疏既辨,等差有别。盖"子为父隐,直在其中",《论语》之顺也;略外别内,掩恶扬善,《春秋》之义也。自兹已降,率由旧章。史氏有

---

① 《史通·惑经》。

事涉君亲,必言多隐讳,虽直道不足,而名教存焉。①

他认为,如果是为着袒护国君,是可以隐晦而不直书的,这样做虽然"事乖正直,而理合名教"。子为父隐,虽为不直,而名教存焉,所以"有事涉君亲,必言多隐讳"。这种为名教而牺牲实录原则的做法,一方面违背了史学的基本精神;另一方面,也在维护名教的问题上显得过于迂腐。在刘知幾的时代,名教的确是人们难以彻底逾越的一道藩篱,即便如刘知幾这样富有批判精神的学者和思想家,也无法做到。在这里,我们没有必要去苛责古人,但也不能盲目地无分析地崇信古人,应该对之抱有冷静的科学的批判态度。

又如对于灾异征兆一类历史记载的批判,刘知幾也不够彻底。本来,这类记载都是荒诞不经的,不必取信的;但是,刘知幾则认为,有些征兆具有警示意义,是可以保留的。如他说:

洎汉兴,儒者乃考《洪范》以释阴阳。其事也如江璧传于郑客,远应始皇;卧柳植于上林,近符宣帝。门枢白发,元后之祥;桂树黄雀,新都之谶。举夫一二,良有可称。②

他说,汉兴以来,儒家将阴阳五行与《尚书·洪范》之五行联系起来,以阐述阴阳休咎之应验,有些事实是可以取信的。如关于秦始皇的"今年祖龙死"的谶言,关于汉宣帝即位的"公孙病已立"(宣帝名"病已")的谶言,关于元帝王皇后到哀帝之后临朝的谶言,关于成帝时的歌谣应验为王莽之封新都侯等等,举出一些这样的例证,认为其可以称道。其实,刘知幾举到的这些谶语应验的事例,也是站不住脚的,是同样荒诞不经的。刘知幾反对灾异征兆、谶纬迷信的思想并不彻底。对于这样的一些论述,阅读中是要有所分析的。

---

① 《史通·曲笔》。
② 《史通·书志》。

(五) 具体的学习方法

在具体学习方法上,我们提示读者,应该借助注本疏通文字,贵在神思与理解。《史通》是一本史学评论著作,其评论对象是唐代以前的历史著作,涉及的历史事实,都是唐以前的历史事件或历史人物。刘知幾每评论一个事件或人物,都是一两句话,而涉及的事件或人物的背景则都自然地略去了。这种状况,对于今天的读者来说,经常被弄得一头雾水,不知所云。具有一般历史知识的人都很难读懂,缺乏历史常识的人就更是有知识背景方面的巨大障碍。但是,一方面,关于《史通》,现在已经有了一些比较好的注释详细的注本,为我们一般人的阅读提供了方便;另一方面,普通读者读《史通》,也没有必要从专业的学术的角度去弄清它所涉及的诸多具体问题,而重在领会其大意,贵在思想内涵方面的理解。

首先,关于《史通》的注本,近代以前的,我们推荐清人浦起龙的《史通通释》,这是学界公认的比较好的注本,我们呈现给读者的这本《〈史通〉注说》,就是以浦起龙的《史通通释》为底本的。近代以来的注本,我们推荐赵吕甫先生的《史通新校注》,这是迄今为止注释最为详尽的《史通》注本。该书对《史通》所涉及的所有历史事件和历史人物,几乎都有详细的注解。原本10万字的《史通》,被赵吕甫先生注到了上百万字,可以说,不管是什么文化程度的读者,只要找到这本《史通新校注》,都基本可以扫除阅读障碍。

其次,说到领会大意,贵在神思,这是说对于普通读者来说,我们没有必要思考那些专业性很强的问题,从中读出一些思想上的借鉴或启迪,也就达到了目的。像我们前边所讲,要从《史通》中读出刘知幾的批判精神,读出他对人对事的科学态度,读出他的事业心、责任心和使命感等等,如果为了获得这些方面的思想修养,有些过于生疏的事件或典故是可以忽略不计的,可以跳跃过去而不深究的。如《惑经》篇刘知幾对孔子《春秋》为贤者讳的批判，说"观夫子修《春秋》也，多为贤者讳。狄实灭卫，因桓耻而不书；河阳召王，成文美而称狩。斯则情兼向背，志怀彼我。"其中"狄实灭卫"与"河阳召王"，是春秋时期的两个历史事件，要弄清它是怎么回事，需要我们查一些历史资料，对于普通读者来说，可能是一时无法解决的问题。但从上下文，我们则可以知道，这两件事，只不过是刘知幾关于《春秋》为贤者讳所举的两个例子，暂时弄不清这两个例子，并不影响我们从刘知幾这里获得孔子《春秋》为贤者讳和它"情兼向背，志怀彼我"而没有做到善恶必书的评价，并不影响我们理解刘知幾不以圣人是非为是非的批判精神。如果我们手边有资料，有详细的注本可以参阅，能够将书细细读懂，当然是最好的结果；如果没有这样的条件，暂时撇开一些难懂的文字，重在领会其精神或大意，也是可以的。正所谓陶渊明读书，"不求甚解"者也。

六 校注说明

1. 本注本以上海古籍出版社1978年版浦起龙《史通通释》为底本，节段划分、文字、标点等均依该本。浦本以为误而未改者，依浦之见，加括号标注。
2. 浦本与他本差异处，一般依循浦本，有文字着实不通者，依他本校改，在注中给予说明。
3. 旧本文字有疑，浦本未改而注出正字者，辄将浦注正字用括号标出。如"士尼干"，浦注曰：当做"侯尼干"，则记曰：士尼干（浦注曰：当做"侯尼干"）。
4. 个别古字未简化而义同简体字者，径用简体字代替。如"拚"，古"析"字，即改为"析"。又如"相皃"，即改为"相貌"。

5.《史通》评论前代史书,用典颇多,作注难逃文字之繁,对所注史事的介绍,多引古籍原文,而对这样的引文则不再作注。

序

长安二年,余以著作佐郎兼修国史,寻迁左史,于门下撰起居注。会转中书舍人,暂停史任,俄①兼领其职。今上即位,除著作郎、太子中允、率更令,其兼修史皆如故。又属大驾还京,以留后在东都。无几,驿征入京,专知②史事,仍迁秘书少监。自惟历事二主,从宦两京③,遍居司籍之曹,久处载言之职。昔马融三入东观④,汉代称荣;张华再典史官,晋朝称美⑤。嗟予小子,兼而有之。是用职思其忧⑥,不遑启处⑦。尝以载削余暇,商榷史篇,下笔不休,遂盈筐箧⑧。于是区分类聚,编而次之。

[注释]①俄:不久。　②专知:专门主持。　③历事二主,从宦两京:经历武则天和唐中宗两朝,在洛阳和西安两个京都为官。　④马融三入东观:马融,东汉人,曾在汉安帝永初四年任校书郎中,后因得罪大将军邓骘被免官禁锢。邓太后死后,安帝亲政,马融再入东观。桓帝时又得罪大将军梁冀,被流放朔方。后遇大赦,复为议郎,第三次入东观著述。　⑤张华再典史官,晋朝称美:张华,魏末任著作郎,参与国史修撰;晋惠帝即位后又任司空,领著作事,监修国史。《晋书》有本传。　⑥是用职思其忧:是用,因此。职思其忧,身任修史之职,私心深感忧虑。　⑦不遑启处:没有闲暇安居之时。　⑧遂

盈筐箧：盈，满。筐箧，盛物的竹器。意为积稿甚多。

昔汉世诸儒，集论经传，定之于白虎阁，因名曰《白虎通》①。予既在史馆而成此书，故便以《史通》为目。且汉求司马迁后，封为史通子②，是知史之称通，其来自久。博采众议，爰定兹名。凡为廿卷，列之如左，合若干言。于时岁次庚戌，景龙四年仲春之月也。

[**注释**]①《白虎通》：东汉章帝建初四年，博征天下群儒，于白虎观讨论五经异同。会后班固将讨论的结果撰集成书，命名曰《白虎通》，今本名为《白虎通义》。　②史通子：王莽时，封司马迁之后为史通子。

内 篇

六家第一

　　自古帝王编述文籍,《外篇》言之备矣。古往今来,质文递变①,诸史之作,不恒厥体②。权而为论,其流③有六:一曰《尚书》家④,二曰《春秋》家,三曰《左传》家,四曰《国语》家,五曰《史记》家,六曰《汉书》家。今略陈其义,列之于后。

　　[注释]①质文递变:此处指社会风尚的交替变化。质文之辨,原是古代文风研究中的重要范畴。质,朴实。文,繁华。　②不恒厥体:没有恒常不变的体例或体裁。体,体裁,体例。　③流:流派。　④家:流派。此处指历史书的体例或体裁。

　　《尚书》家者,其先出于太古。《易》曰:"河出《图》,洛出《书》,圣人则之。"①故知《书》之所起远矣。至孔子观书于周室,得虞、夏、商、周四代之典,乃删②其善者,定为《尚书》百篇。孔安国③曰:"以其上古之书,谓之《尚书》。"《尚书璇玑钤》曰:"尚者,上也。上天垂文象,布节度,如天行也。"王肃④曰:"上所言,下为史所书,故曰《尚书》也。"推此三说,其义不同。盖《书》之所主,本于号令,所以宣王道之正义,发话言于臣下,故其所载,皆典、谟、训、诰、誓、命之文⑤。至如《尧》、《舜》二典直序人事,《禹贡》一篇唯言地理,《洪范》总述灾祥,《顾命》都陈丧礼⑥,兹亦为例不纯者也。

[注释]①河出《图》,洛出《书》,圣人则之:河,黄河。洛:洛河。《河图》、《洛书》,古代传说中最早的书籍。圣人则之,圣人以此为法则。②删:选择。 ③孔安国:西汉武帝时经学家,孔子后裔。 ④王肃:三国时期曹魏经学家。 ⑤典、谟、训、诰、誓、命:《尚书》中几种意义不同的文体。典,典籍。谟,议论,计谋。训,说教。诰,告谕民众的布告、告示。誓,出师前的宣誓。命,命令。 ⑥《尧》、《舜》、《禹贡》、《洪范》、《顾命》:《尚书》中的篇名。

又有《周书》①者,与《尚书》相类,即孔氏刊约②百篇之外,凡为七十一章。上自文、武,下终灵、景③。甚有明允笃诚,典雅高义;时亦有浅末恒说④,淬秽相参⑤,殆似后之好事者所增益也。至若《职方》⑥之言,与《周官》⑦无异;《时训》⑧之说,比《月令》⑨多同。斯百王之正书,《五经》之别录者也。

[注释]①《周书》:即《逸周书》,研究周代历史的主要文献资料之一。②刊约:删削。 ③上自文、武,下终灵、景:《逸周书》的记载范围,上自文王、武王之世,下迄灵王、景王之间,从周初到春秋中晚期大约五百年间史事。④时亦有浅末恒说:时,偶尔。浅,浅薄。末,细微,琐碎。恒,平凡,平常。此句意为,偶尔也杂有一些浅薄、琐细、庸常之说。 ⑤淬秽相参:意为驳杂、混

杂。　⑥《职方》:《逸周书》篇名。古地理书,记载周王朝域内的山川地理,风土人情。　⑦《周官》:即《周礼》,成书于战国时期,记述周代官制,多杂有后世儒家对周代政治的理想化描述。　⑧《时训》:《逸周书》篇名,记载天象和时令的变化。　⑨《月令》:《礼记》篇名,基本内容是根据一年十二个月的气候变化,对人们的生活或农事活动作出的安排,相当于统治者的行政月历。

　　自宗周既殒,《书》体遂废,迄乎汉、魏,无能继者。至晋广陵相鲁国孔衍①,以为国史所以表言行,昭法式,至于人理常事,不足备列。乃删汉、魏诸史,取其美词典言,足为龟镜②者,定以篇第,纂成一家。由是有《汉尚书》、《后汉尚书》、《汉魏尚书》③,凡为二十六卷。至隋秘书监太原王劭④,又录开皇、仁寿⑤时事,编而次之,以类相从,各为其目,勒成《隋书》⑥八十卷。寻其义例,皆准《尚书》。

　　[注释]①孔衍:孔子后裔。东晋元帝时任秘书郎,后出任广陵郡相。②龟镜:借鉴。　③《汉尚书》、《后汉尚书》、《汉魏尚书》:仿《尚书》体例撰写的两汉及汉魏史事。此三种《尚书》体史书,《隋书·经籍志》、《唐书·艺文志》、《新唐书·艺文志》皆有著录,入杂史类,后亡佚,《宋史》艺文志已不见著录。　④王劭:隋代任著作郎秘书少监,掌管国史修撰。　⑤开皇、仁寿:隋文帝年号。　⑥《隋书》:王劭撰,仿《尚书》体例。此《隋书》非传统的《二十四史》之《隋书》,《二十四史》之《隋书》为唐魏徵等撰修,是纪传体史书。王劭《隋书》已失传。

　　原夫《尚书》之所记也,若君臣相对,词旨可称,则一时之言,累篇咸载。如言无足纪,语无可述,若此故事,虽有脱略,而观者不以为非。爰逮①中叶,文籍大备,必蕲截②今文,摸拟古法,事非改辙,理涉守株③。故舒元④所撰《汉》、《魏》等书,不行于代也。若乃帝王无纪,公卿缺传,则年月失序,爵里难详,斯并昔之所忽,而今之所要⑤。如君懋《隋书》⑥,虽欲祖述商、周,宪章虞、夏,观其所述,乃似《孔子家语》⑦、临川《世说》⑧,可谓画虎不成,反类犬⑨也。故其书受嗤当代,良有以焉。

[注释]①爰逮:爰,发语词。逮,及,到。 ②翦截:删改。 ③守株:用典,袭用《韩非子·五蠹篇》中的"守株待兔"典故,比喻死守旧法,不知变通。 ④舒元:即前文中的"晋广陵相鲁国孔衍",孔衍字舒元。 ⑤昔之所忽,今之所要:往昔所忽略的,则是今天所需要的。刘知幾批评孔衍之所著书,不知道时代变迁对著书所提出的要求,仍然承袭以往的编撰体例,史书没有帝王年纪,没有公卿列传,不记时间年月,不载爵里籍贯,失去了史的要素。 ⑥君懋《隋书》:前文王劭之《隋书》,王劭字君懋。 ⑦《孔子家语》:记载孔子言论事迹的书。以往人们多认定该书是伪书,20世纪70年代以后出土的一系列简帛文献,如1973年河北定州八角廊汉墓出土的竹简《儒家者言》、1977年安徽阜阳双谷堆汉墓木牍《儒家者言》、上海博物馆藏战国楚竹书之《民之父母》篇等,都证明此书不伪。 ⑧临川《世说》:指刘义庆的《世说新语》。刘义庆,南朝刘宋时贵族,悉封临川,故号。 ⑨画虎不成,反类犬:《后汉书·马援传》:"画虎不成反类狗。"比喻模仿得不到家,反而弄得不伦不类,讽刺模仿之低劣。

《春秋》①家者,其先出于三代。案《汲冢琐语》②记太丁时事,目为《夏殷春秋》③。孔子曰:"疏通知远,《书》教也④";"属辞比事,《春秋》之教也⑤。"知《春秋》始作,与《尚书》同时。《琐语》又有《晋春秋》⑥,记献公十七年事。《国语》⑦云:晋羊舌肸⑧习于春秋,悼公使傅其太子。《左传》⑨昭二年,晋韩宣子⑩来聘,见《鲁春秋》曰:"周礼尽在鲁矣。"斯则春秋之目,事匪一家⑪。至于隐没无闻者,不可胜载。又案《竹书纪年》⑫,其所纪事皆与《鲁春秋》同。孟子曰:"晋谓之乘,楚谓之梼杌⑬,而鲁谓之春秋,其实一也。"然则乘与纪年、梼杌,其皆春秋之别名者乎! 故《墨子》曰:"吾见百国春秋⑭",盖皆指此也。

[**注释**]①《春秋》:我国古代留存最早的编年体史书,记载春秋时代鲁隐公元年(公元前722年)到鲁哀公十四年(公元前481年)242年的历史。据传,该书是由孔子根据鲁《春秋》删削整理而成,因此,也是儒家学派的主要经典之一。 ②《汲冢琐语》:西晋武帝时,在汲郡发掘战国魏襄王墓得到一批用古文书写的战国竹简,是谓"古汲冢书",《汲冢琐语》十四篇是其中之一种。 ③《夏殷春秋》:《汲冢琐语》中的篇名。 ④疏通知远:疏通,通达。知远,认识深远的事情。此句意为,《尚书》的作用,在于使人们通达事理,认识未来。 ⑤属辞比事:属辞,词句简洁而含义深远。比事:排比史事。此句意为,《春秋》的作用在于用简洁的文字排比史事,而隐存褒贬之义,使人读之可以领略其微言大义。 ⑥《晋春秋》:《汲冢琐语》中之篇名。 ⑦《国语》:先秦文献。 ⑧羊舌肸(xī):即叔向,春秋时代晋国大夫,"羊舌肸习于春秋"事,见于《国语·鲁语》。 ⑨《左传》:先秦文献,相传是左丘明为解《春秋》经而作,为《春秋》三传之一。 ⑩韩宣子:春秋时代晋国大夫。 ⑪《春秋》之目,事匪一家:以"春秋"命名的史书,不止有鲁《春秋》一家,春秋时代,各诸侯国的史书大多都称"春秋"。见于先秦典籍、在孔子之前或与孔子同时的春秋书,大抵有《楚春秋》、《齐春秋》、《燕春秋》、《宋春秋》、《周春秋》、《晏子春秋》等。匪,非,不止。 ⑫《竹书纪年》:古汲冢书之一。记载夏、商、西周和春秋时晋国、战国时魏国襄王二十年以前的史事,是我国最早的编年体通史。 ⑬晋谓之《乘》,楚谓之《梼杌》:晋国的春秋书名曰"乘",楚国的春秋书名曰"梼杌",这些都是和鲁《春秋》一类的书。 ⑭吾见百国春秋:墨子自言他见过很多国家的《春秋》。此话不见于传世本《墨子》,应视为《墨子》佚文。

逮仲尼之修《春秋》也,乃观周礼之旧法,遵鲁史之遗文;据行事,仍人道;就败以明罚,因兴以立功;假日月而定历数,籍朝聘而正礼乐;微婉其说,志晦其文①;为不刊之言②,著将来之法③,故能弥历千载,而其书独行。

[注释]①微婉其说,志晦其文:不明白、直接地说出来,让读者去意会其中的思想。微婉,即委婉。志,要表达的意义或思想。晦,含蓄。 ②不刊之言:不能随便改动的神圣的文字。刊,删削,修改。 ③著将来之法:确立未来社会的法则。著,确立。

又案儒者之说春秋也,以事系日,以日系月;言春以包夏,举秋以兼冬,年有四时,故错举以为所记之名也。苟如是,则晏子①、虞卿②、吕氏③、陆贾④,其书篇第,本无年月,而亦谓之春秋,盖有异于此者也。

[注释]①晏子:晏婴,春秋时代齐国大夫,著有《晏子春秋》。 ②虞卿:战国时代赵国大夫,著有《虞氏春秋》,《汉书·艺文志》有著录。 ③吕氏:战国时人吕不韦,著有《吕氏春秋》。 ④陆贾:西汉初期人,著有《楚汉春秋》,并有传世之作《新语》。

至太史公著《史记》,始以天子为本纪,考其宗旨,如法《春秋》。自是为国史者,皆用斯法。然时移世异,体式不同。其所书之事也,皆言罕褒讳,事无黜陟①,故马迁所谓整齐故事耳,安得比于《春秋》哉!

[注释]①言罕褒讳,事无黜陟:司马迁的《史记》,言无褒贬之义,事无选择裁汰,不能与孔子的《春秋》笔法相比。

《左传》家者,其先出于左丘明①。孔子既著《春秋》,

而丘明受经作传②。盖传者,转也,转受经旨,以授后人。或曰传者,传也,所以传示来世。案孔安国注《尚书》,亦谓之传,斯则传者,亦训释之义乎。观《左传》之释经也,言见经文而事详传内,或传无而经有,或经阙而传存。其言简而要,其事详而博,信圣人之羽翮③,而述者之冠冕④也。

[注释]①左丘明:相传为鲁国史官,为孔子同时人。传说孔子修《春秋》口授于众弟子,左丘明惧怕弟子各以己意度之,而使孔子思想失其真,则广采当世典籍,印证《春秋》所记,以成《春秋左氏传》。《左传》记事和《春秋》上限相同,下限比《春秋》多出17年,文字也10倍于《春秋》。关于《左传》作者,历来说法不一。左丘明是其一说,另外还有子夏说,吴起说,子夏再传弟子说,甚至有人说它是西汉时人刘歆的伪作。按照现代的学术观念,不必再将《左传》作为传《春秋》经之作,可以将其与《春秋》看做是反映同一历史时代的两部不同的编年体史书,《春秋》简略而《左传》丰腴,其文字的生动性和记事的丰富性两书有明显区别。关于作者或成书年代,也可以说是非成书于一时一世一人之手。如果认定是左丘明所作,也存在后人增益的成分。②传:解释经文之著作。以下数语,是对"传"的不同解释。"传者,转也"句,出自《文心雕龙·史传篇》:"传者,转也;转受经旨,以授于后。"认为"传"是转述经书中的微言大义,以授予后人。此处"传"读作"zhuàn"。"或曰传者,传也"句,"传"读作"chuán",言"传"对于经文不是转述的问题,而是"传示"于后人。两种解释的基本义是相同的,都是对经书的解释或附益,"传"与"经"是互为表里的关系。 ③羽翮(hé):翅膀,辅佐之义。翮:鸟羽之茎。④冠冕:古代帝王、官员所戴的帽子。比喻首位,或优秀之喻。"信圣人之羽翮,而述者之冠冕也"一句,是袭用《文心雕龙·史传篇》中的话:"实圣文之羽翮,记籍之冠冕也。"

逮孔子云没,经传不作。于时文籍,唯有《战国策》①

及《太史公书》②而已。至晋著作郎鲁国乐资,乃追采二史,撰为《春秋后传》。其书始以周贞王续前传③鲁哀公后,至王赧④入秦,又以秦文王之继周⑤,终于二世⑥之灭,合成三十卷。当汉代史书,以迁、固为主,而纪传互出,表志相重,于文为烦,颇难周览。至孝献帝,始命荀悦⑦撮其书为编年体,依《左传》著《汉纪》三十篇。自是每代国史,皆有斯作,起自后汉,至于高齐⑧。如张璠、孙盛、干宝、徐贾、裴子野、吴均、何之元、王劭等⑨,其所著书,或谓之春秋,或谓之纪,或谓之略,或谓之典,或谓之志。虽名各异,大抵皆依《左传》以为的准焉⑩。

[注释]①《战国策》:该书记述战国时期各国说客辩士的策谋权变以及政治、军事大事,作者是战国时人,但亦非出自于一时一人之手。大概成书于战国末年,后经西汉人刘向的整理,定名为《战国策》。 ②《太史公书》:即司马迁所撰《史记》。 ③前传:指《左传》。乐资《春秋后传》的起始年代,接续《左传》从鲁哀公之后写起。 ④王赧:东周时周赧王,公元前314年~公元前256年在位59年。 ⑤以秦文王之继周:以秦孝文王接续周的纪年。秦文王,公元前250年在位一年。 ⑥二世:秦二世胡亥,在位三年(公元前209年~公元前207年)而秦亡。 ⑦荀悦:东汉末年政论家、史学家,任黄门侍郎秘书监,受汉献帝之命,仿《左传》体例撰《汉纪》三十篇。另有著作《申鉴》五篇传世。 ⑧高齐:指北朝的北齐,是文宣帝高洋建立的政权。 ⑨张璠、孙盛、干宝、徐贾、裴子野、吴均、何之元、王劭:张璠,北齐人,著有《后汉纪》30卷。孙盛,东晋人,著有《晋阳秋》32卷,《魏氏春秋》20卷。干宝,东晋人,著有《晋纪》20卷。徐贾,有误,应是徐广,东晋人,著有《晋纪》46卷。裴子野,南朝梁人,《三国志》作者裴松之的曾孙,著有《宋略》20卷。吴均,南朝梁人,著有《齐春秋》30卷。何之元,南朝陈人,著有《梁典》30卷。王劭,南朝陈人,著有《北齐志》17卷。所有这些著述,原书都已失传,或有辑佚传世。 ⑩依《左传》以为的准:以上著述,虽然名称不同,但都是以《左传》为准则或

典范,承袭了《左传》的编年体例。的准:准则,典范。

　　《国语》家者,其先亦出于左丘明①。既为《春秋内传》②,又稽其逸文,纂其别说,分周、鲁、齐、晋、郑、楚、吴、越八国事,起自周穆王,终于鲁悼公,别为《春秋外传国语》③,合为二十一篇。其文以方《内传》,或重出而小异。然自古名儒贾逵④、王肃⑤、虞翻⑥、韦曜⑦之徒,并申以注释,治其章句⑧,此亦《六经》之流,《三传》之亚⑨也。

　　[注释]①《国语》家者,其先亦出于左丘明:相传《国语》亦为左丘明所撰。《史记·太史公自序》说:"左丘失明,厥有《国语》。"但此说并不可靠,应是战国初期汇集周及各诸侯国所录之"语"而成的史书,非一人一时之作。《国语》与《春秋》、《左传》同是记载春秋时期各国史事的历史著作,但却不是编年体记事,而是记言之书。《国语》共21卷,按《周语》3卷、《鲁语》2卷、《齐语》1卷、《晋语》9卷、《郑语》1卷、《楚语》2卷、《吴语》1卷、《越语》2卷的顺序编次而成。其指导思想,以周王室为主体,以各诸侯国与周王室的亲疏关系为依据,确定编纂次序。这一指导思想与《春秋》和《左传》都有不同,把他说成是左丘明所作,并像下文一样和《左传》对举是不确当的。　②《春秋内传》:即《左传》。　③《春秋外传国语》:将《国语》看做是和《左传》一样的传《春秋》经之作。《左传》既为《内传》,《国语》则是《外传》了。　④贾逵:东汉经学家,汉初贾谊后裔,著有《左氏传解诂》、《国语解诂》等书。⑤王肃:三国时期曹魏经学家,著有《春秋左氏传注》、《春秋外传章句》等书。⑥虞翻:三国时人,著有《春秋外传国语注》21卷。　⑦韦曜:即韦昭,有《春秋外传国语注》卷传世。　⑧申以注释,治其章句:申,撰著。治,研究。章句,章节和句子,以分析章句来解说经书之意义。　⑨《三传》之亚:《三传》即《左传》、《公羊传》、《穀梁传》。亚,次一等的意思。

　　暨纵横互起,力战争雄,秦兼天下,而著《战国策》。

其篇有东西二周、秦、齐、燕、楚、三晋、宋、卫、中山,合十二国,分为三十三卷。夫谓之策者,盖录而不序,故即简以为名①。或云,汉代刘向以战国游士为之策谋②,因谓之《战国策》。

[注释]①夫谓之策者……即简以为名:关于《战国策》书名的一种解释。录而不序,著录而不编写,原简照录不做文字修饰。即简以为名,以简文首句为篇名。此句意为,《战国策》得名是因为它只是原始简册的汇集,而没有编撰之功。此说法出自《文心雕龙·史传篇》:"《战国》有名,录而弗叙,故即简而为名也。" ②刘向以战国游士为之策谋:关于《战国策》得名的另一种解释,刘向认为它是战国游辩之士的策谋之书,故谓之《战国策》。

至孔衍,又以《战国策》所书,未为尽善。乃引太史公所记,参其异同,删彼二家,聚为一录,号为《春秋后语》①。除二周及宋、卫、中山,其所留者,七国而已。始自秦孝公,终于楚、汉之际,比于《春秋》,亦尽二百三十余年行事。始衍撰《春秋时国语》,复撰《春秋后语》,勒成二书,各为十卷。今行于世者,唯《后语》存焉。按其书序云:"虽左氏莫能加。"世人皆尤②其不量力,不度③德。寻衍之此义,自比于丘明者,当谓《国语》,非《春秋传》也④。必方以类聚,岂多嗤乎⑤!

[注释]①《春秋后语》:孔衍合《战国策》和《史记》两书而作,仿《国语》体例。 ②尤:责怪。 ③度:衡量。 ④寻衍之此义……《春秋传》:孔衍说自己的《春秋后语》"虽左氏莫能加",自比于左丘明,是和左氏的《国语》相比,而不是和左氏的《左传》相较,人们对孔衍的责难出于误解。 ⑤必方以类聚,岂多嗤乎:如果比拟的话,应该同类相比。《春秋后语》和《国语》是同类体裁,如果以这二者相比,又如何能加以讥笑呢!方,比拟。嗤,讥笑。

当汉氏失驭,英雄角力。司马彪①又录其行事,因为《九州春秋》,州为一篇,合为九卷。寻其体统,亦近代之《国语》也。

[注释]①司马彪:西晋史学家,晋武帝泰始年间任秘书郎,曾撰《续汉书》80篇,又撰《九州春秋》10卷,记东汉末年事。

自魏都许、洛,三方鼎峙;晋宅江、淮,四海幅裂。其君虽号同王者,而地实诸侯。所在史官,记其国事,为纪传者则规模班、马,创编年者则议拟荀①、袁②。于是《史》、《汉》之体大行,而《国语》之风替③矣。

[注释]①荀:荀悦。 ②袁:袁宏。 ③替:衰微。

《史记》家者,其先出于司马迁①。自《五经》间行②,百家竞列,事迹错糅③,前后乖舛④。至迁乃鸠集国史,采访家人,上起黄帝,下穷汉武,纪传以统君臣,书表以谱年爵,合百三十卷。因鲁史旧名,目之曰《史记》⑤。自是汉世史官所续,皆以《史记》为名。迄乎东京⑥著书,犹称《汉记》。

[注释]①司马迁:西汉武帝时人,其生卒年迄无定论,大体说生于公元前145年或公元前135年,卒于公元前90年。迁生于史官世家,其父司马谈,武帝时任太史令。迁承其家学,并于其父之后继任太史令之职。后遭变故,受腐刑,隐忍苟活,终成《史记》,事见《汉书·司马迁传》中所保留之《报任安书》。《史记》是我国纪传体史书的开山之作,是书"网罗天下放失旧闻,王迹所兴,原始察终,见盛观衰,论考之行事,略推三代,录秦汉,上记轩辕,下至于

兹,著十二本纪,既科条之矣。并时异世,年差不明,作十表。礼乐损益,律历改易,兵权山川鬼神,天人之际,承敝通变,作八书。二十八宿环北辰,三十辐共一毂,运行无穷,辅拂股肱之臣配焉,忠信行道,以奉主上,作三十世家。扶义俶傥,不令己失时,立功名于天下,作七十列传。凡百三十篇,五十二万六千五百字,为《太史公书》。"(《史记·太史公自序》)司马迁把本纪、世家、列传、表、书,五种著作体例,纳入一个浑然一体的结构,构造了一个宏大的著作体系。　②《五经》间行:《五经》,《易》、《书》、《诗》、《礼》、《春秋》。间,不继续,衰微之义。　③错糅:"糅"通"揉",混杂之义。错,交错。　④乖舛:矛盾,荒谬,错误。　⑤因鲁史旧名,目之曰《史记》:按照刘知幾的说法,《史记》是司马迁自己所定之书名,此论失考。关于《史记》之得名,自清代以来就有多种说法,迄无定论。揆之史籍,大致可以这样认为:司马迁本人的说法,书名是"太史公书",在司马迁的时代,"史记"是所有史书的泛称,而非专书之书名,《史记》的《六国年表序》、《天官书》等,都透露出这样的信息。班固《汉书·司马迁传》未称迁书为《史记》。及至范晔的《后汉书》,才有司马迁著《史记》之说,见《后汉书·班彪列传》、《后汉书·天文志》等篇。班固东汉前期人,卒于公元93年;范晔南朝宋人,卒于公元445年;《史记》之得名,大概就在此之间。　⑥东京:东汉。

至梁武帝①,又敕其群臣,上自太初,下终齐室②,撰成《通史》六百二十卷。其书自秦以上,皆以《史记》为本,而别采他说,以广异闻;至两汉已还,则全录当时纪传,而上下通达,臭味相依③;又吴、蜀二主皆入世家④,五胡及拓拔氏列于《夷狄传》⑤。大抵其体皆如《史记》,其所为异者,唯无表而已。其后元魏济阴王晖业⑥,又著《科录》二百七十卷,其断限亦起自上古,而终于宋年⑦。其编次多依放《通史》,而取其行事尤相似者,共为一科,故以《科录》为号。皇家显庆⑧中,符玺郎陇西李延寿⑨抄撮近代诸史,南起自宋,终于陈,北始自魏,卒于隋,合一百八十篇,号曰《南》、《北史》。其君臣流例(别),纪传群分,皆以类相从,各附于本国。凡此诸作,皆《史记》之流⑩也。

[注释]①梁武帝:南朝梁武帝萧衍,萧何后裔。在前朝齐官至相国,逼迫齐和帝禅让,即皇帝位,国号梁。在位48年(公元502～549年)。 ②上至太初,下终齐室:太初,太古之初。齐室,指前朝南齐政权。 ③上下通达,臭味相依:前后朝代贯通连接,传主事迹相同的则编辑在一起。 ④吴、蜀二主皆入世家:三国时的东吴和蜀国两国君,入世家而不入本纪,以魏国为正统。 ⑤五胡及拓跋氏列于《夷狄传》:五胡指匈奴、鲜卑、羯、氐、羌等五个少数民族所建立的政权,前后凡十六国。拓跋氏是鲜卑族拓跋部统治者所建立的北魏。这些少数民族政权都记入《夷狄传》,贯彻以汉族王朝为正统的历史观。 ⑥元魏济阴王晖业:浦起龙《史通通释》在"科录"条下,已经指出此处的"济阴王晖业"人名有误,应为北魏宗室常山王元遵曾孙元晖,但浦起龙仍在正文中保留了"济阴王晖业"的说法。元晖,任尚书左仆射时,召集史学家崔鸿等撰录历代史事,上起太古,下讫南朝宋,以类相从,编为一科,仿《史记》通史体例,取名《科录》。 ⑦宋年:南朝宋的历史。 ⑧皇家显庆中:皇家,指唐朝。显庆,唐高宗李治年号,凡五年(公元656～660年)。 ⑨李延寿:唐代历史学家,曾参与《晋书》和宋、齐、梁、陈、隋五代史事的修撰。李延寿著史有家学渊源,《南史》、《北史》也是子承父业之举。其父李大师,"少有著述之志,常以宋、齐、梁、陈、魏、齐、周、隋南北分隔,南书谓北为'索虏',北书指南为'岛夷'。又各以其本国周悉,书别国并不能备,亦往往失实。常欲改正,将拟《吴越春秋》,编年以备南北。"(《北史·序传》)李大师有重新编著南北史的计划,未成而卒,李延寿续承父业,利用史馆提供的条件,以宋、齐、梁、陈、魏、齐、周、隋八代正史为据,用16年工夫撰成南、北二史。《南史》起宋初元年(420年),讫于陈祯明三年(589年),包括宋、齐、梁、陈四代史事,本纪10卷,列传70卷。《北史》起于魏登国元年(386年),讫于隋义宁二年(618年),包括魏、齐、周、隋四代史事,本纪12卷,列传88卷。李延寿自言此二书是"拟司马迁《史记》"而作。 ⑩凡此诸作,皆《史记》之流:以上所言《通

史》、《科录》、《南史》、《北史》诸书,都依循司马迁《史记》体例,故归入"《史记》之流"。

寻《史记》疆宇①辽阔,年月遐长,而分以纪传,散以书表。每论家国一政,而胡、越相悬②;叙君臣一时,而参、商是隔③。此其为体之失者也。兼其所载,多聚旧记,时采杂言,故使览之者事罕异闻,而语饶重出④。此撰录之烦者也。况《通史》以降,芜累⑤尤深,遂使学者宁习本书,而怠窥新录⑥。且撰次无几⑦,而残缺遽多,可谓劳而无功,述者所宜深诫也。

[注释]①疆宇:范围。　②论国家一政,而胡、越相悬:《史记》通史体例,论述的历史年代过于久远,以至于同一史事常常记载得很分散。胡、越,泛指分居南北的少数民族。胡指北方,越指南方。　③叙君臣一时,而参、商是隔:比喻记载同一时代的历史人物,则分散在不同的纪传里。参、商是星宿名,参在西方,商在南方,出没不同时,以参、商喻史事之悬隔。　④语饶重出:语言文字多而重复。　⑤芜累:文辞杂乱重叠。　⑥怠窥新录:懒得再看新的著述。　⑦无几:不多久。

《汉书》家者,其先出于班固①。马迁撰《史记》,终于今上②。自太初③已下,阙而不录。班彪④因之,演成《后记》,以续前编。至子固,乃断自高祖,尽于王莽,为十二纪、十志、八表、七十列传,勒成一史,目为《汉书》。昔虞、夏之典,商、周之诰,孔氏⑤所撰,皆谓之"书"。夫以"书"为名,亦稽⑥古之伟称。寻其创造,皆准子长,但不为"世家",改"书"曰"志"而已。自东汉以后,作者相仍,皆袭其名号⑦,无所变革,唯《东观》曰"记"⑧,《三国》曰"志"⑨。

然称谓虽别,而体制皆同。

[注释]①班固:东汉时人,明帝永平五年(62年)任校书郎,典校秘书,受命编撰《汉书》。班固不赞成司马迁写通史的办法,把汉王朝的历史"编于百王之末,厕于秦项之列",而要突出汉王朝的地位。于是,他编纂《汉书》断限起自高祖,讫于王莽被诛,书写完整的西汉一代史事,而在编纂体例上,则承袭司马迁的纪传体,仅舍弃"世家",改"书"为"志",其余一仍《史记》。所成《汉书》十二纪,八表,十志,七十传,凡百篇。后人作注时有感于篇幅过大,乃析为子篇,故今存《汉书》120卷。 ②今上:指汉武帝。这是司马迁写《史记》时称当今皇上汉武帝的用法,刘知幾袭用之。 ③太初:汉武帝年号,凡四年(前104～前101年)。 ④班彪:东汉初期人,班固之父。班彪"才高而好述作,遂专心史籍之间",作《太史公书》"后篇"数十篇。"后篇"中的"略论",从撰述思想、文献处理和体例文字等方面对《史记》进行评述,成为其子班固《汉书》编纂的指导思想。 ⑤孔氏:指孔子。 ⑥稽:考求,查考。 ⑦东汉以后,作者相仍,皆袭其名号:东汉以后作国史者多仿《汉书》而用"书"名,如三国以后撰东汉史者,有吴国的谢承《后汉书》,晋司马彪《续汉书》、华峤《汉后书》、谢沉《后汉书》、袁山松《后汉书》,南朝有宋刘义庆《后汉书》、范晔《后汉书》、梁萧子显《后汉书》等。 ⑧《东观》曰"记":指《东观汉记》,汉刘珍等撰。原书已佚,现存有姚之骃辑佚本8卷。 ⑨《三国》曰"志":指《三国志》,陈寿撰,与《史记》、《汉书》、《后汉书》并称"前四史"。

历观自古,史之所载也,《尚书》记周事,终秦穆,《春秋》述鲁文,止哀公,《纪年》①不逮于魏亡,《史记》唯论于汉始。如《汉书》者,究西都之首末,穷刘氏之废兴,包举一代,撰成一书。言皆精练,事甚该密,故学者寻讨,易为其功。自尔迄今,无改斯道②。

[注释]①《纪年》:指《竹书纪年》。该书是现今所知中国史学史上最早的编年体通史性著作,战国后期魏国人所撰,当世不曾流传,而于晋武帝咸宁

五年(279年)在汲郡魏襄王冢出土。所记内容,起自夏、商、周,讫于战国后期。西周、春秋、战国部分,不记各诸侯国事,独记晋国,韩、赵、魏三家分晋后又只记魏国,止于魏襄王二十年(前299年)。体例以编年相次,文意近《春秋》。此书开编年记事之通史先河,在中国史学史上有重要地位。 ②自尔迄今,无改斯道:言《汉书》所创制的详述一个朝代历史的断代史体例为后世所沿用,至今没有改变。

于是考兹六家,商榷千载,盖史之流品,亦穷之于此矣①。而朴散淳销②,时移世异,《尚书》等四家,其体久废③,所可祖述者④,唯《左氏》及《汉书》二家而已。

[注释]①史之流品,亦穷之于此矣:言史学著作的流派,大概都可以归入这六家的体制之内。穷,尽。 ②朴散淳销:淳朴的社会风尚随世道的变化而消失。 ③《尚书》等四家,其体久废:《尚书》、《春秋》、《国语》、《史记》四家的体例,已经被废弃很久了。 ④所可祖述者:可以模仿、遵循的撰著体例。

二体第二

三、五之代①,书有典、坟②,悠哉邈矣③,不可得而详。自唐、虞以下迄于周,是为《古文尚书》④。然世犹淳质,文从简略,求诸备体,固以阙如。既而丘明传《春秋》,子长著《史记》,载笔⑤之体,于斯备矣。后来继作,相与因循,假有改张,变其名目,区域有限,孰能逾此!盖荀悦、张璠,丘明之党也⑥;班固、华峤,子长之流也⑦。惟此二家,各相矜尚⑧。必辨其利害,可得而言之。

[注释]①三、五之代:指传说中的三皇五帝。关于三皇五帝有不同的说法,一般说,三皇指伏羲、神农、黄帝;五帝指少昊、颛顼、高辛氏、尧、舜。②典、坟:都指典籍。典为五帝之书,坟为三皇之书。 ③悠哉邈矣:悠、邈都是久远之义。 ④《古文尚书》:西汉时在孔壁中发现的用战国文字写成的《尚书》文本。 ⑤载笔:泛指史书。 ⑥荀悦、张璠,丘明之党也:东汉人荀悦的《汉纪》和晋人张璠的《后汉纪》,都是属于左丘明《左传》一类的体例。⑦班固、华峤,子长之流也:班固的《汉书》和华峤的《后汉书》,都是属于司马迁《史记》一类的体例。 ⑧矜尚:尊重,推崇。

夫《春秋》①者,系日月而为次,列时岁以相续,中国外夷,同年共世,莫不备载其事,形②于目前。理尽一言,语无重出。此其所以为长也。至于贤士贞女,高才俊德,事当冲要者,必盱衡而备言③;迹在沉冥者,不枉道而详说④。如绛县之老⑤,杞梁之妻⑥,或以酬晋卿而获记⑦,或以对齐君而见录⑧。其有贤如柳惠,仁若颜回,终不得彰其名氏,显其言行⑨。故论其细也,则纤芥无遗;语其粗也,则丘山是弃。此其所以为短⑩也。

[注释]①《春秋》:浦起龙《史通通释》认为,此处《春秋》非指《春秋》经,而是指《左传》。 ②形:展示,呈现。 ③盱衡而备言:盱,睁眼上瞧;眉毛的上方为"衡"。盱衡即举眉扬目,此谓理直气壮。备言,详尽地叙述。④迹在沉冥者,不枉道而详说:历史人物的事迹比较平凡、平淡的,不违背常理而详细记述。沉冥,幽暗,不显著。 ⑤绛县之老:典故,事见《左传·襄公三十年》。春秋时晋国绛县一老人,孤贫无以为生,便参加修筑杞城以糊口。有人问他的年纪,则推算他已经七十三岁了,于是,当权的赵孟便任命他为掌管晋侯衣物的复陶,并赐以耕地。 ⑥杞梁之妻:典故,事见《左传·襄公二十三年》。春秋时,齐国大夫杞梁随齐庄公进攻莒国,战败被俘。庄公逃归的路上遇到杞梁之妻,便派人慰问她。杞梁之妻婉言谢绝,庄公只得亲至其家

慰问。　⑦或以酬晋卿而获记：绛县之老的事迹是因记录晋卿赵孟的行事而保留下来。　⑧以对齐君而见录：杞梁之妻的事迹是因记录齐庄公的行事而保留下来。　⑨其有贤如柳惠……显其言行：柳惠，柳下惠，春秋时期的贤人。颜回，孔子弟子，时人称为仁者。刘知幾认为《左传》的弊端之一，就在于以年系事，非关国家大事者，就像柳下惠之贤，像颜回之仁，也无法记录下来。⑩短：弊端，缺点。

　　《史记》者，纪以包举大端，传以委曲细事①，表以谱列年爵，志以总括遗漏，逮于天文、地理、国典、朝章，显隐必该，洪纤靡失②。此其所以为长也。若乃同为一事，分在数篇，断续相离，前后屡出，于《高纪》则云语在《项传》，于《项传》则云事具《高纪》。又编次同类，不求年月③，后生而擢居首帙，先辈而抑归末章④，遂使汉之贾谊将楚屈原同列⑤，鲁之曹沫与燕荆轲并编⑥。此其所以为短也。

　　［注释］①委曲细事：委屈，曲折周密。此句言《史记》的列传用来详密地叙述那些细微的事情。　②显隐必该，洪纤靡失：此言《史记》这种体例，使其记事周密翔实，重要的不重要的，大事小事，都能尽可能详尽地记录下来。③编次同类，不求年月：《史记》的列传，是按不同类别将人排队归类，同类历史人物编在一起，而不考虑其时代的先后。　④后生而擢居首帙，先辈而抑归末章：帙，书套，指卷轴。此句言按照《史记》一类相求的编纂原则，则造成了晚生后辈被提升到卷首，而先辈前人则被安排到末章的状况。　⑤汉之贾谊将楚屈原同列：汉代的贾谊与春秋时楚国的屈原编在一起，《史记》有《屈原贾生列传》。　⑥鲁之曹沫与燕荆轲并编：曹沫即曹刿，春秋时鲁国武士。荆轲，战国时卫国侠士，后为燕国太子丹所用，行刺于秦王。荆轲刺秦事见《史记·秦始皇本纪》。曹刿与荆轲被司马迁一起编入《史记·刺客列传》。

　　考兹胜负，互有得失①。而晋世干宝②著书，乃盛誉丘明而深抑子长,其义云:能以三十卷之约,括囊二百四十年之事,靡有遗也③。寻其此说,可谓劲挺之词④乎?案春秋时事,入于左氏所书者,盖三分得其一耳。丘明自知其略也,故为《国语》以广之。然《国语》之外,尚多亡逸,安得言其括囊靡遗者哉?向使丘明世为史官,皆仿《左传》也,至于前汉之严君平、郑子真,后汉之郭林宗、黄叔度,晁错、董生之对策,刘向、谷永之上书,斯并德冠人伦,名驰海内,识洞幽显,言穷军国⑤。或以身隐位卑⑥,不预朝政;或以文烦事博⑦,难为次序。皆略而不书,斯则可也。必情有所吝,不加刊削⑧,则汉氏之志传百卷,并列于十二纪中⑨,将恐碎琐多芜,阗单失力⑩者矣。故班固知其若此,设纪传以区分,使其历然可观,纲纪有别。荀悦厌其迂阔,又依左氏成书,翦截班史,篇才三十,历代褒之,有逾本传。

[注释]①考兹胜负,互有得失:比较《左传》和《史记》两种著述体例,各有短长。　②干宝:晋人,曾撰《晋纪》二十三卷。　③能以三十卷之约,括囊二百四十年之事,靡有遗也:干宝盛赞左丘明《左传》之语。《左传》30卷,记载了242年的史事,而没有遗漏,文约而事丰。　④劲挺之词:过分的评价。⑤斯并德冠人伦……言穷军国:此言指严君平、郑子真、郭林宗、黄叔度、晁错、董生、刘向、谷永等,都是才学品德超群出众、出类拔萃之人。严君平,西汉隐士,曾著有《老子指归》十多万言。郑子真,西汉成帝时人,著名隐士。严君平、郑子真事见《汉书·王吉传序》:"皆修身自保,非其服弗服,非其食弗食……皆未尝仕,然其风声足以激贪励俗,近古之逸民也。"郭林宗,东汉桓帝时人,第一次党锢之祸中反对宦官专权的太学生领袖,以德行闻于世。黄叔度,东汉人,曾拒绝东汉官府征召,以德行闻名。晁错,西汉景帝时任御史大夫,目睹诸侯王封国势力强大对中央政权造成威胁,建议改革法令,削夺诸侯

王封地,引起诸侯王以"清君侧"为名的叛乱。景帝为缓和紧张局势而牺牲晁错,错被杀,事见《汉书·晁错传》。董生,董仲舒,西汉景帝时博士,精通公羊学,著有《春秋繁露》。汉武帝时举贤良文学之士,董仲舒以著名的"贤良对策"被举为江都相,汉代所确立的"罢黜百家,独尊儒术"文化政策,即出其"贤良对策"。刘向,西汉宣帝、成帝时人,著名经学家、目录学家。成帝时奉命领校秘书,所撰《别录》,为我国目录学之祖。有《新序》、《说苑》、《列女传》等书传世,《汉书》有传。谷永,西汉成帝时人,精通经学,尤长于《易经》,《汉书》有传。这些人或者以才德名世,或者以识见惊人,或者事关国家大局,都是彪炳于史册的人物。 ⑥身隐位卑:指严君平、郑子真、郭林宗、黄叔度等人。 ⑦文烦事博:文,文章著作。事,行事。著述繁多,行事复杂。⑧情有所congue,不加刊削:congue,吝惜。刊,删削。为情所系,不忍割爱。 ⑨汉氏之志传百卷,并列于十二纪中:刘知幾批评对于《左传》体例的过分肯定,假设采《左传》之编年体,像《汉书》的百篇志传,都塞进"十二帝纪"之中,那将是不可想象的。 ⑩碎琐多芜,阑单失力:阑单,支离破碎的样子。言编年体会使历史记载变得琐碎芜杂,支离破碎。

  然则班、荀二体,角力争先,欲废其一,固亦难矣。后来作者,不出二途①。故晋史有王、虞,而副以干《纪》②;《宋书》有徐、沈,而分为裴《略》③。各有其美,并行于世。异夫令升之言,唯守一家而已④。

  [注释]①后来作者,不出二途:班固、荀悦之后,作史者大抵都是遵循纪传和编年两种途径。 ②晋史有王、虞,而副以干《纪》:王,指王隐,晋人,曾撰著《晋书》80卷。虞,指虞预,晋人,曾撰著《晋书》数十卷。干《纪》,即干宝的《晋纪》。此言关于晋史,有两《晋书》和《晋纪》一同行世,两种体例并行不悖。 ③《宋书》有徐、沈,而分为裴《略》:徐,指徐爰,南朝宋人,曾著《宋书》65卷。沈,指沈约,南朝人,任齐著作郎时,撰著《宋书》百卷。裴《略》,即裴子野的《宋略》。此言关于南朝宋史,有两《宋书》和《宋略》同时行世。 ④异夫令升之言,唯守一家而已:干宝字令升。此言干宝对史书体裁的评价,

有失偏颇。本来纪传和编年是并行不悖的,而干宝则仅守一家,只看到了编年的长处。

载言第三

古者言为《尚书》,事为《春秋》,左右二史,分尸其职①。盖桓、文作霸,纠合同盟②,春秋之时,事之大者也,而《尚书》阙纪③。秦师败绩,缪公诫誓④,《尚书》之中,言之大者也,而《春秋》靡录⑤。此则言、事有别,断可知矣。

[**注释**]①左右二史,分尸其职:中国古代有左右史之说:"古之王者世有史官……左史记言,右史记事,事为《春秋》,言为《尚书》,帝王靡不同之。"(《汉书·艺文志》)《尚书》为记言之书,《春秋》为记事之书。尸,掌管,主持。 ②桓、文作霸,纠合同盟:春秋时代的齐桓公和晋文公,先后称霸诸侯,主持天下会盟。 ③事之大者也,而《尚书》阙纪:齐桓公、晋文公称霸主盟是春秋时代的大事,而《尚书》则因是记言之书而不去记载。 ④秦师败绩,缪公诫誓:缪公,即秦穆公,春秋时代五霸之一,在位三十九年(前659年~前621年)。《尚书》中有《秦誓》一篇,载秦穆公之言。对于《秦誓》作于何时,文献中有不同的说法,一说见《史记·秦本纪》,作于秦穆公三十六年(前624年),在秦穆公伐晋,大败晋人雪崤战之耻以后。一说是《书序》曰:"秦穆公伐郑,晋襄公帅师败诸崤。还归,作《秦誓》。"刘知幾取《书序》说,认定《秦誓》作于秦晋崤战之后,即秦穆公三十三年(前627年)。 ⑤《春秋》靡录:言《秦誓》是《尚书》中的重要篇章,反映的是历史大事,而因为是穆公所言,《春秋》是记事之书所以不载。靡,没有。

逮左氏为书,不遵古法,言之与事,同在传中①。然而言事相兼,烦省合理,故使读者寻绎不倦,览讽忘疲②。

[注释]①言之与事,同在传中:言《左传》改变了以前史书记言与记事截然划分的传统,将记言与记事合为一体。　②寻绎不倦,览讽忘疲:刘知幾对《左传》的赞誉。寻绎,探讨。讽,诵读。

至于《史》、《汉》则不然,凡所包举,务存恢博,文辞入记,繁富为多。是以《贾谊》、《晁错》、《董仲舒》、《东方朔》等传,唯上录言,罕逢载事①。夫方述一事,得其纪纲,而隔以大篇,分其次序②。遂令披阅之者,有所懵③然。后史相承,不改其辙④,交错分扰⑤,古今是同。

[注释]①《贾谊》……罕逢载事:《史记·屈原贾生列传》收录有贾谊的《吊屈赋》、《鹏鸟赋》,《汉书·贾谊传》收录有《陈治安策》,《汉书·晁错传》收录有晁错的《言兵事疏》,《汉书·董仲舒传》收录有董仲舒的"贤良三策",《汉书·东方朔传》收录有东方朔的《非有先生论》等,这些传记几乎都是记言的性质,而对于传主的行事则涉猎甚少。上,同"尚"。　②隔以大篇,分其次序:在《史记》、《汉书》等纪传体书中,记事主要是以帝纪来完成的,而帝纪又是编年体例,按年系事,大的历史事件被割裂分散到不同的序年之下,不能有首尾完整之记述。　③懵:糊涂。　④不改其辙:不改变这样的编纂方法。⑤交错分扰:指列传中的记事和辞章错杂搅扰。

案迁、固列君臣于纪传,统遗逸于表志,虽篇名甚广而言无独录①。愚谓凡为史者,宜于表志之外,更立一书。若人主之制册、诰令②,群臣之章表、移檄③,收之纪传,悉入书部④,题为"制册"、"章表书",以类区别。他皆放此。亦犹志之有"礼乐志"、"刑法志"者也。又诗人之什,自成一家⑤。故风、雅、比、兴,非《三传》⑥所取。自六义⑦不作,文章生焉。若韦孟讽谏之诗,扬雄出师之颂,马卿之书封禅,贾谊之论过秦,诸如此文,皆施纪传⑧。窃谓宜从古诗例,断入书中⑨。亦犹《舜典》列《元首之歌》⑩,《夏书》包《五子之咏》⑪者也。夫能使史体如是,庶几《春秋》、《尚书》之道备矣⑫。

[**注释**]①虽篇名甚广而言无独录:言《史记》、《汉书》这样的纪传体史书,虽然有本纪、列传、表、志等丰富的体裁,但却没有专门载录辞章的门类。②人主之制册、诰令:泛指君主的各种册诰、谕旨、言论。 ③群臣之章表、移檄:泛指大臣们的各种奏章、檄文等官方文书。移,官方公文。檄,政府的征召、声讨类文书。 ④收之纪传,悉入书部:把制、册、章、表一类的辞章类文献从纪传中提取出来,收入"书"中。"书"是刘知幾仿《尚书》记言体而创制的体裁。 ⑤诗人之什,自成一家:什,篇章。诗人的篇章,可以自成一家,作为单独的一类体裁,如《诗经》。 ⑥《三传》:《春秋》三传:《左传》、《公羊传》、《穀梁传》。 ⑦六义:依赵吕甫先生解释:"六义原指《诗经》里的风、雅、颂三体诗和赋、比、兴三种写诗手法,这里是说赋诗见志的风气。" ⑧诸如此文,皆施纪传:诸如所列韦孟、扬雄、马卿、贾谊之文,以往皆录入纪传之中。韦孟,曾任西汉楚元王的傅,有讽谏诗录入《汉书·韦贤传》。扬雄,有《甘泉赋》、《河东赋》、《校猎赋》等,见《汉书》本传。马卿,即司马相如,有《子虚赋》录入《汉书》本传。贾谊的《过秦论》,载于《史记·秦始皇本纪》;《吊屈赋》、《鵩鸟赋》,收入《史记》本传。 ⑨断入书中:像所列韦孟、扬雄、马卿、贾谊之文,都应该录入"书"中。 ⑩《舜典》列《元首之歌》:《舜典》应改为《益稷》。《古文尚书·益稷》篇载"元首之歌",歌曰:"股肱喜哉!元首起哉!百工熙哉!""元首明哉,股肱良哉,庶事康哉!""元首丛脞哉,股肱惰哉,万事堕哉!" ⑪《夏书》包《五子之咏》:即今本《尚书·五子之歌》。⑫庶几《春秋》、《尚书》之道备矣:如果在纪传体中增加"书"体以记言,则《春秋》、《尚书》的记事记言功能,就可以完全实现了。

昔干宝议撰晋史,以为宜准丘明,其臣下委曲,仍为谱注①。于时议者,莫不宗②之。故前史之所未安,后史之所宜革③。是用敢同有识,爰立兹篇,庶世之作者,睹其利害。如谓不然,请俟来哲。

[注释]①臣下委曲,仍为谱注:干宝推崇《左传》体例,但对于一些史事的琐碎细节,仍用"谱表"来做处理。谱注即谱表。 ②宗:尊奉。 ③前史之所未安,后史之所宜革:前史的不妥之处,后来的著史者应该有所改变,不可一概因循。

本纪第四

昔汲冢竹书是曰《纪年》,《吕氏春秋》肇立纪号①。盖纪者,纲纪庶品②,网罗万物。考篇目之大者,其莫过于此乎?及司马迁之著《史记》也,又列天子行事,以本纪名篇。后世因之,守而勿失③。譬夫行夏时之正朔④,服孔门之教义者⑤,虽地迁陵谷,时变质文,而此道常行,终莫之能易也⑥。

[注释]①《吕氏春秋》肇立纪好:肇,开始。《吕氏春秋》有"十二纪":孟春纪、仲春纪、季春纪、孟夏纪、仲夏纪、季夏纪、孟秋纪、仲秋纪、季秋纪、孟冬纪、仲冬纪、季冬纪,以月为篇。刘知幾认为《史记》的"本纪"体裁源于《吕氏春秋》,不妥。《吕氏春秋》的《十二月纪》,非专述帝王之事,而且其纪月,实与《礼记·月令》无异,与纪年体不符。 ②纲纪庶品:纪这种体裁,是用来统领其他体裁的。纲纪,统率,制约。庶:众。品,种类。 ③守而勿失:因循仿照而没有废弃的。 ④行夏时之正朔:历代都实行夏朝的历法。 ⑤服孔门之教义者:服,信奉。所有人都信仰孔子所创立的儒家学说。 ⑥虽地迁陵谷……终莫之能易:迁,变更。陵,山丘。谷,山间洼地。质,朴实。文,文采。

此句意谓,尽管年代久远,世事变迁,但《史记》所创设的专门叙述帝王之行事的本纪体例,则不会改变,被后世史家世代因循。

然迁之以天子为本纪,诸侯为世家,斯诚说①矣。但区域既定,而疆理不分②,遂令后之学者罕详其义。案姬自后稷至于西伯③,嬴自伯翳至于庄襄④,爵乃诸侯,而名隶本纪。若以西伯、庄襄以上,别作周、秦世家,持殷纣以对武王⑤,拔秦始以承周赧⑥,使帝王传授,昭然有别,岂不善乎?必以西伯以前,其事简约,别加一目,不足成篇。则伯翳之至庄襄,其书先成一卷,而不共世家等列,辄与本纪同编,此尤可怪也。项羽僭盗而死,未得成君,求之于古,则齐无知、卫州吁之类⑦也。安得讳其名字,呼之曰王者乎?春秋吴、楚僭拟,书如列国⑧。假使羽窃帝名,正可抑同群盗,况其名曰西楚,号止霸王⑨者乎?霸王者,即当时诸侯。诸侯而称本纪,求名责实,再三乖谬⑩。

[注释]①说:恰当。 ②区域既定,而疆理不分:区域指门类,即纪传体的本纪、世家、列传、表、志等。疆理即界限。此句意谓《史记》中的体例是确定的,分为意义明晰的几大门类,但其门类的划界与其具体内容则有抵牾。 ③姬自后稷至于西伯:姬,周朝王族的姓。后稷,周的始祖。西伯,即周文王。周自后稷到西伯,都是当时的一个方国,或者说是一个诸侯国,这段先周的历史,都载于《史记·周本纪》之中。 ④嬴自伯翳至于庄襄:嬴,秦族的姓。伯翳,嬴姓先祖。庄襄,即秦庄襄王。秦自伯翳至庄襄王,都是作为一个诸侯国存在,《史记》为秦始皇统一中国之前的这段秦史特立《秦本纪》。 ⑤殷纣以对武王:对,对着。殷纣王和周武王是对等的,周代殷的朝代嬗递,应该从周武王算起。 ⑥拔秦始以承周赧:周赧,周赧王,东周最后一个国君。秦始,即秦始皇。此句意谓,书写帝王本纪,应该以秦始皇接续周赧王。 ⑦齐

无知、卫州吁之类：齐无知，春秋时代的齐国贵族，曾僭越立为君主，后被杀，事见《左传·庄公九年》。州吁，卫国公子，杀卫桓公自立为君，后被杀，事见《左传·隐公四年》。此句意谓，项羽也不过是齐无知、卫州吁之类的人物，《史记》不应该为他作本纪。　⑧春秋吴、楚僭拟，书如列国：春秋时代的吴国、楚国都僭越而称王，而还是按列国对待。　⑨名曰西楚，号止霸王：项羽自号"西楚霸王"。　⑩再三乖谬：此句意谓，周武王以前的周，秦始皇以前的秦，西楚霸王项羽等，实际上都是诸侯，循名责实，将他们列入专记帝王之事的"本纪"，是乖谬错乱，不能成立的。

　　盖纪之为体，犹《春秋》之经，系日月以成岁时，书君上以显国统①。曹武②虽曰人臣，实同王者，以未登帝位，国不建元。陈《志》权假汉年，编作《魏纪》③，亦犹《两汉书》首列秦、莽之正朔④也。后来作者，宜准于斯。而陆机《晋书》，列纪三祖，直序其事，竟不编年⑤。年既不编，何纪之有？夫位终北面，一概人臣，傥追加大号，止入传限⑥，是以弘嗣吴史，不纪孙和⑦，缅求故实，非无往例。逮伯起之次《魏书》⑧，乃编景穆于本纪⑨，以庀园虚谥，间厕武、昭⑩，欲使百世之中，若为鱼贯⑪。

　　[注释]①书君上以显国统：言"本纪"作为一种体例，是用来显示帝王之统绪的。国统，指王朝统治地位相传的系统。　②曹武：曹操。汉献帝时居丞相位，其子曹丕称帝后追称为武帝。　③陈《志》权假汉年，编作《魏纪》：陈《志》，陈寿所撰《三国志》。曹操没有做过帝王，《三国志》为曹操作"纪"，只能假借汉朝纪年，所以《三国志》写《武帝纪》纪年起汉献帝初平元年，止于建安二十五年。权，暂且。假，假借，借用。　④犹两《汉书》首列秦、莽之正朔：犹，就像。《汉书·高祖本纪》记刘邦称帝之前史事，用秦二世子婴纪年。《后汉书》记刘秀称帝之前的史事，用王莽的天凤、地皇等年号。正朔：帝王新颁的历法。古代帝王易姓受命必改正朔。　⑤陆机《晋书》……竟不

编年:陆机,西晋时人,著有《晋纪》4卷。三祖,指晋武帝追尊司马懿、司马师、司马昭为宣帝、景帝、文帝。三祖被追尊为帝,而生平只是魏臣,陆机将三祖列入本纪而不编年,刘知幾批评其不编年而称纪是名实不符。 ⑥止入传限:此句言凡生前没有做过帝王的,即便是追尊为帝,也只应该列入传记。北面,古代君主坐北而面南,臣僚则面北而朝,北面喻指人臣。 ⑦弘嗣吴史,不纪孙和:弘嗣,即韦曜,又名韦昭,三国时吴国人,曾奉命参与编撰《吴书》30卷。孙和,吴国大帝孙权的长子,因事被废为长沙王。其子孙皓即位后,追尊和为文皇帝。韦曜奉命撰《吴书》,不为孙和立本纪,事见《三国志·吴书十九·韦曜传》。 ⑧伯起之次《魏书》:魏收,字伯起,北魏时人,撰著《魏书》130卷。 ⑨编景穆于本纪:景穆,北魏太武帝长子拓跋晃的谥号,拓跋晃未即位而卒,后被追尊皇帝庙号。景穆是虚谥,魏收为之作《景穆帝纪》,是义例不纯。 ⑩以戾园虚谥,间厕武、昭:戾园,汉武帝太子刘据,因巫蛊事被害。后其孙刘询即位,是谓宣帝,诏立谥号"戾",并置奉邑二百户为戾园,事见《汉书·宣帝纪》《汉书·武五子传》。厕,安置。武,汉武帝刘彻。昭,汉昭帝刘弗陵。 ⑪鱼贯:像游鱼一样一个挨一个地接连着。

又纪者,既以编年为主,唯叙天子一人。有大事可书者,则见之于年月;其书事委曲,付之列传。此其义也。如近代述者魏著作①、李安平②之徒,其撰《魏》、《齐》二史,于诸帝篇,或杂载臣下,或兼言他事③,巨细毕书,洪纤备录。全为传体,有异纪文,迷而不悟,无乃太甚。世之读者,幸为详焉。

[注释]①魏著作:魏澹,隋文帝时任著作郎,受命撰《魏书》92卷,事见《隋书》本传。 ②李安平:李百药,唐初定州安平人,撰《北齐书》53卷。 ③于诸帝篇,或杂载臣下,或兼言他事:此句谓刘知幾批评魏澹的《魏书》和李百药的《北齐书》在帝纪之下杂记他事,义例不纯。

世家第五

自有王者,便置诸侯,列以五等,疏为万国①。当周之东迁,王室大坏,于是礼乐征伐自诸侯出②。迄乎秦世③,分为七雄。司马迁之记诸国也,其编次之体,与本纪不殊。盖欲抑彼诸侯,异乎天子,故假以他称,名为世家④。

[注释]①置诸侯,列以五等,疏为万国:周天子王天下,以公、侯、伯、子、男五等爵分封诸侯。疏,分,分封。 ②礼乐征伐自诸侯出:意谓周天子大权旁落,制作礼乐和出兵征伐这样的王权落到诸侯手中。语出《论语·季氏篇》。 ③秦世:指战国时期。 ④世家:司马迁《史记》所创设的著作体例。按照刘知幾的理解,司马迁以"世家"记诸侯史事,以区别于记天子史事的"本纪"体,意在尊天子,抑诸侯。

案世家之为义也,岂不以开国承家①,世代相续?至如陈胜起自群盗,称王六月而死,子孙不嗣,社稷靡闻,无世可传,无家可宅,而以世家为称②,岂当然乎?夫史之篇目,皆迁所创,岂以自我作故,而名实无准③。

[注释]①开国承家:开,开创。承,承续,延续。刘知幾意为司马迁的"世家"本义就在于记载诸侯国之承续传延。 ②社稷靡闻……以世家为称:社稷,国家的代称。此句是刘知幾批评《史记》作《陈涉世家》,陈胜出身农民,非诸侯大夫之家,不存在"开国承家"的问题。 ③自我作故,而名实无准:此句言司马迁违背了自己开创的著作体例。自我作故,自己开创的体例。名实无准,名实不符。

且诸侯、大夫,家国本别①。三晋之与田氏②,自未为君而前,齿列陪臣,屈身藩后,而前后一统,俱归世家。使君臣相杂,升降失序,何以责季孙之八佾舞庭③,管氏之三归反坫④?又列号东帝⑤,抗衡西秦,地方千里,高视六国,而没其本号,唯以田完制名⑥,求之人情,孰谓其可?

[**注释**]①家国本别:周代诸侯称国,大夫称家。 ②三晋之与田氏:三晋,春秋时期晋国的韩、赵、魏三姓大夫。公元前453年,三姓大夫共同起兵灭亡了知氏大夫,分别建立了三个独立政权,晋国由此而分为三个诸侯国。公元前403年,周王朝正式承认三家为诸侯。田氏,齐国大夫田完家族。公元前386年,田和取代姜氏而获得齐国政权。 ③季孙之八佾舞庭:语出《论语·八佾篇》:"孔子谓季氏,八佾舞于庭,是可忍也,孰不可忍也。"是孔子对季氏僭越礼制的谴责。周代乐舞行列,每行八人称为"佾"。按当时礼制,天子八佾,诸侯六佾,大夫四佾,士二佾。季氏身为大夫而用八佾,是僭用天子舞乐。 ④管氏之三归反坫:管氏,春秋时期辅佐齐桓公称霸诸侯的管仲。三归,储藏钱财的库房。坫(diàn),古代建筑在廊庙内两柱之间的土台。反坫,诸侯相会,宴饮礼毕,将空酒杯放回坫上,即反坫。 ⑤东帝:公元前288年,秦昭王自称"西帝",并尊称齐愍王为"东帝"。 ⑥田完制名:指将东帝史事归入《史记·田敬仲完世家》。

　　当汉氏之有天下也,其诸侯与古不同。夫古者诸侯,皆即位建元,专制一国,绵绵瓜瓞①,卜世长久。至于汉代则不然。其宗子称王者,皆受制京邑,自同州郡;异姓封侯者,必从宦天朝,不临方域②。或传国唯止一身,或袭爵才经数世,虽名班胙土,而礼异人君③,必编世家,实同列传。而马迁强加别录,以类相从,虽得画一之宜④,讵⑤识随时之义?

[**注释**]①绵绵瓜瓞:绵绵不断的状貌,喻指诸侯国世系的延续不断。瓞

(dié),小瓜。 ②不临方域:不直接治理自己封国之内的行政事务。方域,地方行政区域。 ③虽名班胙土,而礼异人君:班,分赐。胙,赐封。胙土,天子分封诸侯时,各赐以国名。这些异姓侯国虽有国名、封土,但又不同于国君。 ④画一之宜:刘知幾批评司马迁将汉代王侯封国也都归入"世家",虽然很整齐,但却违背了自己制定的写作体例。《史记》中《留侯世家》、《绛侯周勃世家》、《梁孝王世家》等,皆是此例。 ⑤讵:岂,表示反问。

盖班《汉》知其若是,厘革前非。至如萧、曹茅土之封,荆、楚葭莩之属①,并一概称传,无复世家,事势当然,非矫枉也。自兹已降,年将四百。及魏有中夏②,而扬、益不宾,终亦受屈中朝③,见称伪主。为史者必题之以纪,则上通帝王;榜之以传,则下同臣妾④。梁主敕撰《通史》⑤,定为吴、蜀世家。持彼僭君,比诸列国,去太去甚⑥,其得折中之规乎!次有子显《齐书》,北编《魏虏》⑦;牛弘《周史》,南记萧詧⑧。考其传体,宜曰世家。但近古著书,通无此称。用使马迁之目⑨,湮没不行;班固之名,相传靡易者矣。

[注释]①萧、曹茅土之封,荆、楚葭莩之属:萧,萧何,刘邦功臣,位至丞相,曾被封为酂侯、安平侯,《史记》有《萧相国世家》。曹,曹参,刘邦功臣,惠帝时任丞相,《史记》有《曹相国世家》。茅土之封,意谓封国。古代天子分封诸侯前,取四方之土,分别以白茅包裹作为祭祀的社。荆楚指汉初分封的同姓诸侯楚王。葭莩,芦苇竿中的薄膜,比喻微薄、疏远的亲族。 ②中夏:中原。 ③扬、益不宾,终亦受屈中朝:扬,扬州之地,古代九州之一,这里指三国时的吴国。益,益州,古九州之一,这里指三国时期的蜀国。吴、蜀被曹魏所灭,归顺曹魏、西晋,谓之受屈。中朝,中央王朝。 ④榜之以传,则下同臣妾:列入传中的人物,相对于作"纪"的帝王来说,不啻为臣妾。 ⑤梁主敕撰《通史》:南朝梁武帝肖衍,敕其群臣编撰《通史》620卷,其中关于吴国和蜀国

的历史,编入"世家"。　⑥去太去甚:太、甚都是过分之义。　⑦北编《魏房》:萧子显《南齐书》列传第三十八标题为"魏房",记北魏史事。　⑧牛弘《周史》,南记萧詧:牛弘,隋文帝时人,撰有《周史》。萧詧,南朝梁武帝孙,曾自立称帝,在位八年(555～562年)。　⑨马迁之目:指司马迁《史记》中的"世家"体例。

列传第六

夫纪传之兴,肇于《史》、《汉》。盖纪者,编年也;传者,列事也。编年者,历帝王之岁月,犹《春秋》之经;列事者,录人臣之行状,犹《春秋》之传。《春秋》则传以解经,《史》、《汉》则传以释纪。

寻兹例草创,始自子长,而朴略犹存,区分未尽①。如项王宜传,而以本纪为名,非惟羽之僭盗,不可同于天子;且推其序事,皆作传言,求谓之纪,不可得也。②或曰:迁纪五帝、夏、殷,亦皆列事而已。子曾不之怪,何独尤于《项纪》哉?对曰:不然。夫五帝之与夏、殷也,正朔相承,子孙递及,虽无年可著,纪亦何伤!如项羽者,事起秦余,身终汉始,殊夏氏之后羿,似黄帝之蚩尤③。譬诸闰位,容可列纪④;方之骈拇,难以成编⑤。且夏、殷之纪,不引他事。夷、齐谏周,实当纣日,而析为列传,不入殷篇⑥。《项纪》则上下同载,君臣交杂,纪名传体,所以成嗤⑦。

[注释]①朴略犹存,区分未尽:朴略,朴素简略。此句意谓,司马迁草创的纪传体,大体结构已初具规模,但纪与传的区分还不够细密。　②项王宜

传……求谓之纪,不可得也:此句意谓司马迁为项羽立本纪,不光是就其身份说不是国君不可入本纪,就其记事的方式说,也不符合本纪体例。本纪是按年系事,而《项羽本纪》则是一般列传的叙事方式。推求序事,即推敲其叙述史事的方法。　③事起秦余……似黄帝之蚩尤:后羿,上古传说中的神话人物,是火神祝融的后裔,建立有重大勋业,最有名的是关于"羿射十日"的传说。殊,不同于。黄帝,诸夏部落联盟的首领,曾与东夷部落的首领蚩尤大战于涿鹿之野。黄帝与蚩尤,可视为华夏族的共同祖先。事见《史记·五帝本纪》。此句意谓,项羽起兵于秦末,身亡于汉王朝的初兴,秦汉相衔接,而没有项王纪年的余地。他不同于后羿,而只相似于蚩尤,与黄帝并时而不得帝位。④譬诸闰位,容可列纪:闰位,没有获得正式帝位而有帝位之实的叫"闰位",譬如后羿。　⑤方之骈拇,难以成编:方,比喻。骈拇,足的大拇指和第二指连在一起。此处比喻项羽与秦、汉不能看做是同时并立的帝统。　⑥夷、齐谏周……不入殷篇:夷、齐,伯夷和叔齐,殷代孤竹君的两个儿子。周武王伐纣时,伯夷、叔齐曾劝说武王罢兵,不遂。武王灭殷后,二人拒绝事周,隐居首阳山,不食周粟,饥饿而死,事见《史记·伯夷叔齐列传》。刘知幾举此例意谓,像伯夷、叔齐事,虽在武王灭殷之前,属殷代史事,但也没有记入《殷本纪》,而是另设《伯夷叔齐列传》,因为它不符合"本纪"体例。司马迁关于伯夷叔齐的处理是妥当的。　⑦嗤:讥笑。

　　夫纪传之不同,犹诗赋之有别,而后来继作,亦多所未详①。案范晔《汉书》记后妃六宫②,其实传也,而谓之为纪;陈寿《国志》载孙、刘二帝③,其实纪也,而呼之曰传。考数家之所作,其未达纪传之情乎?苟上智犹且若斯,则中庸故可知矣。

　　[注释]①多所未详:关于纪与传的区分,在司马迁和班固之后,很多史家都缺乏体察。　②范晔《汉书》记后妃六宫:范晔(398~445年),南朝刘宋时人,任宣城太守时开始撰著《后汉书》,未及完稿就被人告发与谋立大将军刘义康为帝案有牵连,以谋反罪被杀。范晔撰著《后汉书》的全部计划是写成

100卷,纪10卷,志10卷,传80卷,最后只完成了纪、传部分的90卷,就被捕入狱了。范晔的《后汉书》中有《皇后纪》上下卷,记六宫事,被刘知幾讥为名纪实传,不详纪、传之别。 ③陈寿《国志》载孙、刘二帝:陈寿(233~297年),西晋时人,撰著《三国志》65卷,其中《魏书》30卷,《蜀书》15卷,《吴书》20卷。记事起于东汉灵帝光和末年(184年),讫于西晋灭吴(280年),不仅仅局限于三国史事,在内容上与《后汉书》有所交叉。在体例上,该书只有纪传,而无典志,叙事简洁。该书对于吴、蜀的称帝,没有在编撰上予以肯定,刘、孙二帝均入于传而不入纪,如《吴书》中的《孙权传》、《孙休传》,《蜀书》中的《刘备传》、《刘禅传》等。刘知幾也批评其违背纪传体的体例原则。

又传之为体,大抵相同,而述者多方,有时而异①。如二人行事,首尾相随,则有一传兼书,包括令尽②。若陈余、张耳合体成篇③,陈胜、吴广相参并录④是也。亦有事迹虽寡,名行可崇,寄在他篇,为其标冠⑤。若商山四皓,事列王阳之首⑥;庐江毛义,名在刘平之上⑦是也。

[注释]①述者多方,有时而异:列传这种体裁人们没有太多的歧义,但著述方法也多有不同。 ②包括令尽:令,使得。尽,全部。此句是对合传体裁的肯定,讲对于行事大体相同的历史人物合书一传的好处。 ③陈余、张耳合体成篇:陈余、张耳,秦汉之际人,《史记》有《张耳陈余列传》,《汉书》有《张耳陈余传》,两书都将二人合传。 ④陈胜、吴广相参并录:陈胜、吴广都是秦末农民战争领袖。《史记》有《陈涉世家》,写陈胜的同时并写吴广事。《汉书》有《陈胜项籍传》,在陈胜部分附写吴广。 ⑤寄在他篇,为其标冠:某些独立特行之人,事迹简单而又"名行可崇",将其事迹寄叙在同类人传记的序文中。 ⑥商山四皓,事列王阳之首:王阳,即王吉,字子阳,汉武帝至汉元帝时代人,《汉书》有《王贡两龚鲍传》多人合书。商山四皓,汉初四位高士,《汉书》没有为之立传,而将其行事在《王吉传》的前序部分予以简要介绍。《汉书·王贡两龚鲍传》开头写道:"汉兴有园公、绮里季、夏黄公、甪里先生,此四人者,当秦之世,避而入商雒深山,以待天下之定也。自高祖闻而

召之,不至。其后吕后用留侯计,使皇太子卑辞束帛致礼,安车迎而致之。四人既至,从太子见,高祖客而敬焉,太子得以为重,遂用自安。"此即刘知幾所谓"有事迹虽寡,名行可崇,寄在他篇,为其标冠"。⑦庐江毛义,名在刘平之上:刘平,东汉循吏,《后汉书·刘赵淳于江刘周赵列传》记其事曰:"拜全椒长。政有恩惠,百姓怀感,人或增赀就赋,或减年从役。刺史、太守行部,狱无系囚。"而毛义事迹在其上,《后汉书》没有为毛义立传,只是在刘平的传记之前序略述毛义行事。

自兹已后,史氏相承,述作虽多,斯道都废①。其同于古者,唯有附出②而已。寻附出之为义,攀列传以垂名③,若纪季之入齐,颛臾之事鲁④,皆附庸自托,得厕朋流。然世之求名者,咸以附出为小。盖以其因人成事⑤,不足称多故也。窃以书名竹素⑥,岂限详略,但问其事竟如何耳。借如召平⑦、纪信⑧、沮授⑨、陈容⑩,或运一异谋,树一奇节,并能传之不朽,人到于今称之。岂假编名作传,然后播其遗烈也!嗟乎!自班、马以来,获书于国史者多矣。其间则有生无令闻,死无异迹,用使游谈者靡征其事⑪,讲习者罕记其名,而虚班史传,妄占篇目。若斯人者,可胜纪哉!古人以没而不朽⑫为难,盖为此也。

[注释]①斯道都废:指合传体例没有被承续坚持下来。 ②附出:将某人事迹附记于他人的传记之后,是区别于合传或在他人传首序中以记事的一种叙事方法。 ③寻附出之为义,攀列传以垂名:附出体裁的本义,在于攀附列传的传主而垂名后世。 ④纪季之入齐,颛臾之事鲁:纪季,春秋时纪国人。他将自己的城邑酅送给齐国,成为齐国的附庸,以此保存家族之先祀不废,事见《左传·庄公三年》。颛臾,春秋时鲁国的附属国,在今山东费县西。事鲁,臣服于鲁国。 ⑤因人成事:依靠别人而成其事,语出《史记·平原君虞卿列传》:"公等碌碌,所谓因人成事者也。" ⑥书名竹素:载之于竹简帛

书。竹,竹简。素,布帛。　⑦召平:秦朝东陵侯,秦亡,不接受汉王朝封爵,自己种瓜维持生计,《汉书》无传,其事附于《萧何传》。　⑧纪信:刘邦部将,成皋之战中,为掩护刘邦而伪装刘邦车骑出见项羽,被项羽焚杀。其事附记于《史记·高祖本纪》。　⑨沮授:东汉末袁绍属吏,为曹军俘获,不降,被杀,其事附记于《后汉书·袁绍传》。　⑩陈容:三国时魏将臧洪的部属,被袁绍俘获,慷慨赴死,其事附记于《三国志·魏志·臧洪传》。　⑪使游谈者靡征其事:游谈者,高谈阔论之人。靡,无。征,征引,援引。　⑫没而不朽:死而不朽。没,死亡。

表历第七

盖谱①之建名,起于周代,表之所作,因谱象形。故桓君山②有云:"太史公《三代世表》旁行邪上,并效周谱。"③此其证欤?

[注释]①谱:按照对象的类别或系统,采取比较整齐的形式编辑起来的典籍。　②桓君山:东汉学者桓谭,字君山。桓谭博通群经,富有社会批判精神,著有《新论》29 篇,《后汉书》有传。　③太史公《三代世表》旁行邪上,并效周谱:此话刘知幾引自《梁书·刘杳传》。旁行,指表的横格。斜上,指表的纵格。

夫以表为文①,用述时事,施彼谱牒②,容或可取,载诸史传,未见其宜。何则?《易》以六爻穷变化③,《经》以一字成褒贬④,《传》包五始⑤,《诗》含六义⑥。故知文尚简要,语恶烦芜,何必款曲重沓,方称周备。

[注释]①以表为文:以表格作为一种文体来反映事物。　②谱牒:家

谱。 ③《易》以六爻穷变化:《周易》用六爻的不同排列组合,以穷尽事物的变化。 ④《经》以一字成褒贬:《经》指《春秋》。《春秋》记事极其简约,用18000字的篇幅,书写了上起鲁隐公元年(前722年),下讫鲁哀公十四年(前481年),凡242年的历史。《春秋》表达思想观点、历史态度,常常用一个字寓其褒贬,史称"春秋笔法"。如记录杀人,因杀与被杀者的地位不同,有的书为"杀",有的书为"弑"。记军事行动,因双方或各方的情况不同,而有"伐"、"侵"、"入"、"战"、"围"、"取"、"救"、"执"、"溃"、"灭"、"败"等各种书法。⑤《传》包五始:《传》指《左传》。五始,《春秋》记事,始以元年、春、王、正月、公即位等五事,谓之"五始"。《汉书·王褒传》:"共惟《春秋》法五始之要,在乎审己正统而已。"颜师古注曰:"元者,气之始;春者,四时之始;王者,受命之始;正月者,正教之始;公即位者,一国之始,是为五始。"《传》包五始,意谓《左传》包含了《春秋》经以五始记事的书写原则。 ⑥《诗》含六义:《诗》即《诗经》。六义,依赵吕甫先生解释:六义指《诗经》里的风、雅、颂三体诗和赋、比、兴三种写诗手法。

观马迁《史记》则不然矣。天子有本纪,诸侯有世家,公卿以下有列传,至于祖孙昭穆①,年月职官,各在其篇,具有其说,用相考核,居然可知。而重列之以表,成其烦费,岂非谬乎?且表次在篇第,编诸卷轴②,得之不为益,失之不为损③。用使读者莫不先看本纪,越至世家,表在其间,缄而不视④,语其无用,可胜道哉!

[注释]①昭穆:周代的宗法制度,宗庙或宗庙中神主的排列次序,始祖居中,以下父子(祖、父)递为昭穆,左为昭,右为穆;父为昭,子为穆。祭祀时,子孙也按照昭穆制度规定的次序排列行礼。《礼记·祭统》曰:"夫祭有昭穆。昭穆者,所以别父子、远近、长幼、亲疏之序而无乱也。" ②卷轴:指编成的史书。 ③得之不为益,失之不为损:得到不为多,失去不为少,可有可无之义。 ④缄而不视:缄,掩盖。《史记》编纂次序,先本纪,次表、书,次世家,次列传。刘知幾言读者阅读《史记》很少看表、书,而是从本纪而越次到世家,

对其间的表视而不见,言表的作用对于史书来说无足轻重。

既而班、《东》二史①,各相祖述,迷而不悟,无异逐狂。必曲为铨择,强加引进,则列国年表或可存焉②。何者?当春秋、战国之时,天下无主,群雄错峙③,各自年世④。若申之于表以统其时⑤,则诸国分年,一时尽见。如两汉御历⑥,四海成家,公卿既为臣子,王侯才比郡县,何用表其年数以别于天子者哉!

[注释]①班、《东》二史:班,班固的《汉书》。《东》,即《东观汉记》,东汉时期在皇家藏书处东观编纂而成的史书,是最早的一部纪传体东汉史,含纪、表、志、传、载记五种体裁,143卷,记事起于光武帝,讫于灵帝。原书已佚,今存《四库全书》辑佚本24卷。 ②必曲为铨择……或可存焉:曲,委屈,此处是勉强之义。铨择:选择。刘知幾认为,如果一定要选择表这种体裁的话,则《史记》中的《六国年表》可以保留。 ③错峙:错乱,交错。峙,耸立,屹立。错峙即交错对峙。 ④各自年世:各国有自己的纪年。 ⑤申之于表以统其时:申,表述。此句意谓,将六国各自的年表,统一到一个表格中,在同一个时间里看到各国的史事。 ⑥两汉御历:两汉是统一的王朝,使用统一的历法,用统一的帝王年号纪年。

又有甚于斯者。异哉,班氏之《人表》①也!区别九品②,网罗千载,论世则异时,语姓则他族。自可方以类聚,物以群分,使善恶相从,先后为次,何藉而为表乎?且其书上自庖牺③,下穷嬴氏④,不言汉事,而编入《汉书》,鸠居鹊巢⑤,茑施松上⑥,附生疣赘,不知剪截,何断而为限乎⑦?

[注释]①班氏之《人表》:班固《汉书》有《古今人表》。 ②区别九品:

九品,九等。班氏《古今人表》将秦朝以前的历史人物,按上上、上中、上下、中上、中中、中下、下上、下中、下下区分为九等,进行排列。 ③庖牺:即伏羲。中国上古神话传说中人类的始祖。 ④嬴氏:秦族的祖姓,这里指秦王朝。
⑤鸠居鹊巢:语出《诗经·召南·鹊巢》:"维鹊有巢,维鸠居之。"这里是用来批评班固将反映汉代以前历史人物的《古今人表》置于《汉书》之中的不妥。
⑥茑施松上:茑(niǎo),一种寄生性植物。茑施松上,喻《古今人表》不该附着于《汉书》之中。 ⑦何断而为限乎:这是如何划分时代界限的呢?

至法盛书载中兴①,改表为注,名目虽巧,芜累亦多。当晋氏播迁②,南据扬、越③,魏宗勃起,北雄燕、代④,其间诸伪,十有六家⑤,不附正朔⑥,自相君长。崔鸿著表⑦,颇有甄明,比于《史》、《汉》群篇,其要为切者矣⑧。

[注释]①法盛书载中兴:法盛,何法盛,南朝宋人,曾撰《晋中兴书》。史载,法盛非自撰《晋中兴书》,而是盗他人书而谓自修。《南史·徐广传》:"时有高平郗绍,亦作《晋中兴书》,数以示何法盛。法盛有意图之,谓绍曰:'卿名位贵达,不复俟此延誉。我寒士,无闻于时,如袁宏、干宝之徒,赖有著述,流声于后。宜以为惠。'绍不与。至书成,在斋内厨中,法盛诣绍,绍不在,直入窃书。绍还失之,无复兼本,于是遂行何书。" ②晋氏播迁:指东晋。播迁,即迁移。 ③南据扬、越:扬,扬州。越,越州。东晋迁都建康,即今南京。
④魏宗勃起,北雄燕、代:魏即拓跋族建立的北魏。燕,河北北部,今北京一带。代,今山西北部一带。 ⑤十有六家:指五胡十六国。与南朝相对应的北朝时期,由少数民族建立的十六个国家,有:成汉、前赵、后赵、前凉、前燕、前秦、后凉、南凉、北凉、西凉、后秦、西秦、后燕、南燕、北燕、夏等。 ⑥不附正朔:附,归顺,依从。正朔,东晋及其以后的汉族王朝。 ⑦崔鸿著表:崔鸿,北魏时人,曾撰《十六国春秋》95卷,中有《年表》1卷。 ⑧比于《史》、《汉》群篇,其要为切者矣:刘知幾认为,崔鸿的《年表》相比《史记》、《汉书》中的诸表来说,要更适合于表的内容。

若诸子小说,编年杂记,如韦昭《洞纪》①、陶弘景《帝代年历》②,皆因表而作,用成其书。既非国史之流,故存而不述。

[注释]①韦昭《洞纪》:韦昭撰《洞纪》4卷,见《隋书·经籍志二》:"《洞纪》四卷。韦昭撰。记庖牺已来,至汉建安二十七年。" ②陶弘景《帝代年历》:陶弘景,南朝齐梁时人,《梁书》、《南史》有传。所撰《帝代年历》,不同史书所载书名有异。《新唐书·艺文志二》:"陶弘景《帝王年历》五卷。"《梁书·艺文二》:"陶弘景《帝王年历》五卷。"《南史·陶弘景传》曰:"性好著述,尚奇异,顾惜光景,老而弥笃。尤明阴阳五行、风角星算、山川地理、方图产物、医术本草,《帝代年历》。"刘知幾可能取《南史》说。

书志第八

夫刑法、礼乐、风土、山川,求诸文籍,出于《三礼》①。及班、马著史,别裁书志②。考其所记,多效《礼经》。且纪传之外,有所不尽,只字片文,于斯备录③。语其通博,信作者之渊海也。

[注释]①《三礼》:《周礼》、《仪礼》、《礼记》。 ②班、马著史,别裁书志:司马迁的《史记》有八书:《礼书》、《乐书》、《律书》、《历书》、《天官书》、《封禅书》、《河渠书》、《平准书》等。班固的《汉书》有十志:《律历志》、《礼乐志》、《刑法志》、《食货志》、《郊祀志》、《天文志》、《五行志》、《地理志》、《沟洫志》、《艺文志》等。 ③于斯备录:斯,指代书志体裁。意谓凡是纪传之外的内容,都纳入到书志中来。

原夫司马迁曰书,班固曰志,蔡邕曰意①,华峤曰典②,张勃曰录③,何法盛曰说④。名目虽异,体统⑤不殊。亦犹楚谓之梼杌,晋谓之乘,鲁谓之春秋⑥,其义一也。

[注释]①蔡邕曰意:蔡邕,东汉时人,灵帝建宁三年(170年)任郎中,校书东观。《后汉书·蔡邕列传》:"邕前在东观,与卢植、韩说等撰补《后汉记》,会遭事流离,不及得成,因上书自陈,奏其所著《十意》,分别首目,连置章左。"意即书或志一类体裁。 ②华峤曰典:华峤所撰《后汉书》改志为"典"。 ③张勃曰录:张勃,西晋时人,曾著《吴录》30卷。张勃的书名曰"录",而书中的书志篇名仍曰"志",刘知幾说法有误。 ④何法盛曰说:何法盛的《晋中兴书》改"志"曰"说"。 ⑤体统:即体例,体制。 ⑥犹楚谓之梼杌,晋谓之乘,鲁谓之春秋:书志体有不同的名称,就像春秋时期,各诸侯国的史书有不同的名字一样,楚国的史书叫《梼杌》,晋国的史书叫《乘》,鲁国的史书叫《春秋》,其性质都是一样的。

　　于其编目,则有前曰《平准》,后云《食货》①;古号《河渠》,今称《沟洫》②;析《郊祀》为《宗庙》③,分《礼乐》为《威仪》④;《悬象》出于《天文》⑤,《郡国》生于《地理》⑥。如斯变革,不可胜计,或名非而物是,或小异而大同。但作者爱奇,耻于仍旧,必寻源讨本,其归一揆也。

[注释]①前曰《平准》,后云《食货》:《汉书》的《食货志》,承袭《史记》的《平准书》。刘知幾此说未必妥当,《食货志》武帝以前的材料多抄录《平准书》,但就其内容性质说,则更像是新创的。 ②古号《河渠》,今称《沟洫》:《汉书》的《沟洫志》,承袭《史记》的《河渠书》。 ③析《郊祀》为《宗庙》:《宗庙》由《汉书》的《郊祀志》演化而来。但《宗庙志》和下文的《威仪》都已无从考察,应是出自亡佚之书。 ④分《礼乐》为《威仪》:《威仪》由《汉书》的《礼乐志》分化而来。 ⑤《悬象》出于《天文》:《悬象》出自《汉书》的《天文志》,据考,何法盛的《晋中兴书》中有《悬象记》。 ⑥《郡国》生于《地理》:司马彪的《续汉书》改《地理志》为《郡国志》。

若乃《五行》、《艺文》，班补子长之阙①；《百官》、《舆服》，谢拾孟坚之遗②。王隐后来，加以《瑞异》③；魏收晚进，弘以《释老》④。斯则自我作故，出乎胸臆，求诸历代，不过一二者焉。

[注释]①班补子长之阙：班固创设《五行志》、《艺文志》弥补了司马迁《史记》的缺失。　②谢拾孟坚之遗：谢承的《后汉书》创设《百官志》、《舆服志》，弥补了班固《汉书》的遗漏。孟坚，班固字孟坚。　③王隐后来，加以《瑞异》：浦起龙《史通通释》注曰："隐书无考，《新晋书》删去。《宋书》有《符瑞》。"　④魏收晚进，弘以《释老》：魏收《魏书》有《释老志》。

大抵志之为篇，其流十五六家①而已。其间则有妄入编次，虚张部帙②，而积习已久，不悟其非。亦有事应可书，宜别标题，而古来作者，曾未觉察。今略陈其义，列于下云。

[注释]①其流十五六家：史书有书志篇的，大概有十五六家。　②部帙；帙，书套。部帙，即书籍的篇幅，卷册。

夫两曜百星①，丽于玄象②，非如九州万国，废置无恒③。故海田可变，而景纬无易④。古之天犹今之天也，今之天即古之天也，必欲刊之国史，施于何代不可也？

[注释]①两曜百星：日月星辰。两曜，日月。百星，众星。　②丽于玄象：丽于，附着。玄象，天象，或用于指代天空。　③非如九州万国，废置无恒：九州，天下的行政区划。万国，指诸侯封国。恒，恒常不变。天上的日月星辰，天象，不像地上的九州万国那样废置无常。　④景纬无易：景，星名。景纬，景星运转的方向。景星运转的方向是不易改变的。

但《史记》包括所及，区域①绵长，故书有《天官》，读者竟忘其误，权而为论，未见其宜。班固因循，复以天文作志，志无汉事而隶入《汉书》②，寻篇考限，睹其乖越者矣。降及有晋，迄于隋氏，或地止一隅③，或年才二世④，而彼苍列志⑤，其篇倍多，流宕忘归，不知纪极⑥。方于《汉史》，又孟坚之罪人也。

[注释]①区域:年代,世代。 ②无汉事而隶入《汉书》:刘知幾批评班固《汉书·天文志》基本上是抄自《史记·天官书》,与汉代无关,无汉事而录入《汉书》之中,体例乖越。 ③地止一隅:言晋隋之间许多割据小国,偏居一隅,地域狭小。 ④年才二世:言某些国祚短暂、二世而亡的政权,其国史是不适宜写所谓《天文志》的。 ⑤彼苍列志:苍即天。那些地域狭小、国祚短暂国家国史的《天文志》。 ⑥不知纪极:纪极,止境。那些著史者不知道做事是要有其限度的。

窃以国史所书，宜述当时之事。必为志而论天象也，但载其时彗孛氛祲，薄食晦明①，禆灶、梓慎之所占②，京房、李郃之所候③。至如荧惑退舍，宋公延龄④，中台告坼，晋相速祸⑤，星集颍川而贤人聚⑥，月犯少微而处士亡⑦，如斯之类，志之可也。若乃体分濛澒⑧，色著青苍⑨，丹曦、素魄之躔次⑩，黄道、紫宫之分野⑪，既不预于人事，辄编之于策书，故曰刊之国史，施于何代不可也。其间唯有袁山松⑫、沈约、萧子显、魏收等数家，颇觉其非，不遵旧例。凡所记录，多合事宜。寸有所长，贤于班、马远矣。

[**注释**]①彗孛氛祲,薄食晦明:彗孛(bèi),彗星。氛祲(jìn),不祥之气。薄,逼迫,迫近。食,日食,月食。晦,昏暗。明,光明,日出。此句意谓天象方面出现了不祥的征兆。 ②神灶、梓慎之所占:神灶、梓慎,春秋时期两位星象家。他们都曾根据天象预测宋、卫、陈、郑等国有大火,事见《左传·昭公十七年》。 ③京房、李郃之所候:京房,西汉元帝时人,精通易理阴阳。《汉书》有传。李郃,东汉术士,和帝时人,能观天象知人事。其事见《后汉书·方术传》。 ④至如荧惑退舍,宋公延龄:惑,荧惑,即火星。舍,星的位次,星位所在。此句是一典故,见《吕氏春秋·季夏纪·致乐》篇:宋景公的时候,火星在心宿,景公害怕,问子韦是怎么回事,子韦说:火星是妖星,说明有天罚。心宿是宋国的分野,这祸殃就应在君主您的身上。虽然如此,它还是可以迁移到宰相的身上的。景公说:宰相是治理国家的重臣,迁祸于他不吉祥。子韦说,可迁祸于百姓。景公说:百姓死了,我还做谁的君主呢?我宁可一人去死。子韦说:还可迁祸于年成。景公说:如果年成不好,老百姓就会饿死。这也不行,看来是我命本该绝了。子韦转身奔了几步,面向北连拜两次,说:臣向您道贺了。您的话上天都听到了,您有这最高道德的三句话,天必定给您三次奖赏,今晚火星将从心宿离去三舍(90里),您也将延长寿数21年。这天晚上火星果然移动了三舍。 ⑤中台告坼,晋相速祸:中台,三台星之一,古代以三台星比拟三公。坼(chè),分裂。西晋惠帝时,太子少傅张华与赵王伦结怨,时中台星分裂,张华子张韪观星象劝华辞官,华不听。后赵王伦叛乱,华被诬下狱死。事见《晋书·张华传》。 ⑥星集颍川而贤人聚:典故,见《世说新语·德行篇》。谓东汉时颍川郡名士陈寔与荀淑相聚的故事。陈寔带着几个孩子拜访荀淑,荀淑及其几个孩子与陈寔父子团聚饮酒。此事被善观星象的太史从星象中窥知,奏于朝廷。后来,刘孝标注《世说新语》,于此文下注引《续晋阳秋》云:"于时德星聚。太史奏:五百里贤人聚。" ⑦月犯少微而处士亡:少微,星名,又名"处士星"。典故:东晋时名士谢敷隐居太平山中,政府征为博士,不就。时天象上出现月犯少微星,征兆处士有忧。有一个比谢敷更有名望的名士戴逵,被时人忧之,以为月犯少微会应验在戴逵身上,而不久则谢敷死。时人嘲笑戴逵说:"吴中高士,便是求死不得。"事见檀道鸾《续晋阳秋》。 ⑧濛澒(hòng):宇宙未形成前的混沌状态。 ⑨色著青苍:

色指天体的颜色。 ⑩丹曦、素魄之躔次:日月星辰运行的轨道。丹曦(xī),太阳。素魄,月亮。 ⑪黄道、紫宫之分野:黄道,太阳运行的轨道。紫宫,北极紫微宫,星名。分野,分界,界限。一般的,古代所谓分野,是指与星次相对应的地域。古人以十二星次的位置,划分地面上州或国的位置与之相对应。就天文说,称作分星;就地面说,称作分野。刘知幾此处用分野不甚妥当。 ⑫袁山松:东晋时人,著有《后汉书》百卷,后佚。袁山松的《后汉书》,和沈约的《宋书》、萧子显的《南齐书》、魏收的《魏书》一样,其《天文志》都专记本朝星象,被刘知幾所肯定。

伏羲已降,文籍始备。逮于战国,其书五车①,传之无穷,是曰不朽。夫古之所制,我有何力,而班《汉》定其流别,编为《艺文志》②。论其妄载,事等上篇③。《续汉》已还,祖述不暇。夫前志已录,而后志仍书,篇目如旧,频烦互出,何异以水济水,谁能饮之者乎?

[注释]①其书五车:言其书多。语出《庄子·天下》篇:"惠施多方,其书五车。" ②《艺文志》:《汉书》首创,内容承袭西汉刘向、刘歆父子所编纂的《七略》。该《志》曰:汉成帝时,广求天下典籍,命刘向等人分任校雠。刘向校经传诸子诗赋,"辄条其篇目,撮其指意,录而奏之。会向卒,哀帝复使向子侍中奉车都尉歆卒父业。歆于是总群书而奏其《七略》,故有《辑略》,有《六艺略》,有《诸子略》,有《诗赋略》,有《兵书略》,有《术数略》,有《方技略》。"《艺文志》即保存了刘向、刘歆父子校书的成果。 ③上篇:赵吕甫先生认为是指《天文志》,不知何据。

且《汉书》之志天文、艺文也,盖欲广列篇名,示存书体而已。文字既少,披阅易周①,故虽乖节文,而未甚秽累②。既而后来继述,其流日广。天文则星占、月会、浑图、周髀之流③,艺文则四部④、《七录》⑤、《中经》⑥、秘阁之辈,莫不各逾三箧⑦,自成一家。史臣所书,宜其辍简⑧。而近世有著《隋书》者,乃广包众作,勒成二志,骋其繁富,百倍前修。非唯循覆车而重轨,亦复加阔眉以半额⑨者矣。

[**注释**]①披阅易周:容易遍览。披阅,翻阅。周,遍。 ②秽累:芜杂,繁多。 ③星占、月会、浑图、周髀之流:星占,观察星宿的变化以预测人事之吉凶。月会,浑图,指浑天说。周髀,指汉代宇宙观的盖天说。 ④四部:我国古代的经史子集图书分类法。首创于西晋时荀勖《中经新簿》,分群书为甲、乙、丙、丁四部。甲部记六艺及小学;乙部记古诸子家、近世诸子家、兵书、兵家、术数;丙部为历史类书籍;丁部有诗赋、图赞、汲冢书等。《中经新簿》奠定了我国传统目录分类法的基础。东晋时李充整理图书,采用荀勖的四部分类法,但把他的乙、丙两部换了一下次序,编成《晋元帝四部书目》。唐代房玄龄等人修《隋书》,其中《经籍考》用四分法,但用经、史、子、集来代替了原来甲、乙、丙、丁的四部名称。每部之中又分若干类,共四十类。这个四部四十类的分类法成了后来历代官修书目的依据。 ⑤《七录》:南朝梁武帝时人阮孝绪所编定的目录学著作,将图书典籍按经典、纪传、子兵、文集、术技、佛、道等七部分类。 ⑥《中经》:古代目录学著作中以《中经》名之者有曹魏时人郑默编著的《魏中经簿》,荀勖编著的《晋中经簿》,或曰《中经新簿》。刘知幾所指不甚明了。 ⑦三箧:箧,盛物的竹箱。三箧,言其多。 ⑧辍简:辍,停止。简,简册。刘知幾主张停止《艺文志》的编纂。 ⑨复加阔眉以半额:半额,眉宽至半个额面。此句喻书籍日渐增多,如果史书中纳入《艺文志》,会占太多的篇幅。

但自史之立志,非复一门,其理有不安,多从沿革。唯艺文一体,古今是同,详求厥①义,未见其可。愚谓凡撰志者,宜除此篇。必不能去,当变其体。近者宋孝王《关东风俗传》②亦有《坟籍志》,其所录皆邺③下文儒之士,雠校之司。所列书名,唯取当时撰者。习兹楷则④,庶免讥嫌。语曰:"虽有丝麻,无弃菅蒯。"⑤于宋生得之矣。

[注释]①厥:其。 ②宋孝王《关东风俗传》:宋孝王,北齐人,事见《北史·宋隐传》:"孝王,学涉,亦好缉缀文藻。形貌矬陋而好藏否人物,时论甚疾之。为北平王文学。求入文林馆不遂,因非毁朝士,撰《朝士别录》二十卷。会周武灭齐,改为《关东风俗传》,更广闻见,勒成三十卷以上之。" ③邺:邺城,在今安阳市北。 ④楷则:楷模,准则。 ⑤虽有丝麻,无弃菅蒯:《左传》中语。菅、蒯,都是多年生植物。刘知幾以宋孝王的《关东风俗传》为例说明,在官修史书之外,私家修撰的史书也应该重视。

夫灾祥之作,以表吉凶。此理昭昭,不易诬也。然则麒麟斗而日月蚀,鲸鲵死而彗星出①,河变应于千年②,山崩由于朽壤③。又语曰:"太岁在酉,乞浆得酒④;太岁在巳,贩妻鬻子⑤。"则知吉凶递代,如盈缩循环⑥,此乃关诸天道,不复系乎人事。

[注释]①麒麟斗而日月蚀,鲸鲵死而彗星出:言自然界的某些征兆。此两句话出自《淮南子·天文训》:"麒麟斗而日月食,鲸鱼死而彗星出,蚕珥丝而商弦绝,贲星坠而勃海决。"都是自然界的变化关联。 ②河变应于千年:河变,指黄河水变清,有传言说黄河水千年一清。 ③山崩由于朽壤:朽壤,坏土层。山崩地裂是由于土层的朽坏松动。 ④太岁在酉,乞浆得酒:太岁,岁星,即木星。岁星移动到酉,是好年景。 ⑤太岁在巳,贩妻鬻子:岁星移动到巳,是坏年景,卖妻子儿女。 ⑥吉凶递代,如盈缩循环:盈,增长。缩,萎缩。自然界的吉凶,是按照自然的规律在变化的。

且周王决疑,龟焦蓍折①,宋皇誓众,竿坏幡亡②,枭止凉师之营③,鹏集贾生之舍④。斯皆妖灾著象,而福禄来钟⑤，愚智不能知，晦明莫之测也。然而古之国史，闻异则书，未必皆审其休咎，详其美恶也。故诸侯相赴⑥，有异不为灾，见于《春秋》，其事非一。

[**注释**]①周王决疑，龟焦蓍折：事见《太平御览》卷三二八引《太公兵法》。周武王要散宜生占卜伐殷之事，结果龟甲不出现兆纹。再用蓍草占卜，则蓍草折断。姜太公说，龟者枯骨，蓍者折草，这些东西怎么能辨别吉凶？ ②宋皇誓众，竿坏幡亡：宋皇，南朝宋帝刘裕。刘裕去镇压孙恩、卢循起义，途中所持的麾杆折断，旗幡也沉入江中，众军士恐惧。刘裕则笑曰：往年覆舟之战，也曾幡杆折断，今日又见竿坏幡亡，贼必破矣！遂大举进攻，战而胜之。事见《宋书·武帝纪》。 ③枭止凉师之营：六朝时期前凉进击麻秋，有两只巨枭鸣于军营，似有不祥之兆。中坚将军谢艾则大声鼓舞人气："六博得枭者胜，克敌之兆。"遂大败麻秋。事见《晋书·前凉张轨传》。枭，古书中之"鸱枭"，猫头鹰一类的凶悍大鸟。 ④鹏（fú）集贾生之舍：汉初贾谊为长沙傅，有鹏鸟飞入谊舍。鹏鸟形似鸱枭，为不祥之鸟，而不久，文帝则征贾谊入朝。《汉书·贾谊传》收录有贾谊《鹏鸟赋》。 ⑤钟：聚集。 ⑥诸侯相赴：诸侯间的相互通告。

洎①汉兴，儒者乃考《洪范》以释阴阳②。其事也如江璧传于郑客，远应始皇③；卧柳植于上林，近符宣帝④。门枢白发，元后之祥⑤；桂树黄雀，新都之谶⑥。举夫一二，良有可称。至于蜚蜮蝝螽⑦，震食崩坏⑧，陨霜雨雹，大水无冰，其所证明，实皆迂阔。故当春秋之世，其在于鲁也，如有旱雩舛侯⑨，螟螣伤苗⑩之属，是时或秦人归禭⑪，或毛伯赐命⑫，或滕、邾入朝⑬，或晋、楚来聘⑭。皆持此恒事⑮，应彼咎征，昊穹垂谪⑯，厥罚安在？探赜索隐⑰，其可略诸。

[注释]①洎(jì):及,到。 ②考《洪范》以释阴阳:《尚书》有《洪范》篇,汉武帝时阴阳家夏侯始昌著《洪范五行传》,将阴阳五行与《尚书·洪范》之五行联系起来,以阐述阴阳休咎之应验。 ③江璧传于郑客,远应始皇:《汉书·五行志》:"秦始皇帝三十六年,郑客从关东来,至华阴,望见素车白马从华山上下,知其非人,道住止而待之。遂至,持璧与客曰:'为我遗镐池君。'因言'今年祖龙死'。忽不见,郑客奉璧,即始皇二十八年过江所湛璧也……是岁始皇死,后三年而秦灭。" ④卧柳植于上林,近符宣帝:《汉书·五行志》:"昭帝时,上林苑中大柳树断仆地,一朝起立,生枝叶,有虫食其叶,成文字,曰'公孙病已立'……后昭帝崩,无子,征昌邑王贺嗣位,狂乱失道,光废之,更立昭帝兄卫太子之孙,是为宣帝。宣帝本名病已。" ⑤门枢白发,元后之祥:《汉书·五行志》:"(哀帝建平四年)其夏,京师郡国民聚会里巷阡陌,设张博具,歌舞祠西王母。又传书曰:'母告百姓,佩此书者不死。不信我言,视门枢下,当有白发。'……后哀帝崩,成帝母王太后临朝,王莽为大司马……此异乃王太后、莽之应云。" ⑥桂树黄雀,新都之谶:《汉书·五行志》:"成帝时歌谣又曰:'邪径败良田,谗口乱善人。桂树华不实,黄爵巢其颠。故为人所羡,今为人所怜。'桂,赤色,汉家象。华不实,无继嗣也。王莽自谓黄象,黄爵巢其颠也。"新都,王莽在哀帝建平二年被封新都侯。 ⑦蜚蜮蜎蝝:蜚(fěi),一种臭虫。蜮(yù),一种可以致人至死的水虫。蜎(yuán),无翅的蝗虫。蝝(zhōng),蝗类小虫。 ⑧震食崩坼:地震、日食、山崩、地裂。坼,地裂。 ⑨旱雩(yú)舛侯:旱雩,干旱求雨的祭祀活动。舛,错乱。 ⑩螟螣(míng téng)伤苗:螟、螣都是危害禾苗的害虫。 ⑪秦人归襚:归,追赠。襚,死者所穿的衣服。《左传·文公八年》记载,僖公三十三年死,六年后文公五年鲁庄公妾成风死,文公九年,秦国派使者来追赠僖公、成风之"襚",这是符合"礼"的一种做法。 ⑫毛伯赐命:《左传·文公元年》:"夏四月丁巳,葬僖公。王使毛伯卫来锡公命。叔孙得臣如周拜。"锡(赐),赏赐。 ⑬滕、邾入朝:滕、邾,春秋时小国。滕侯、邾子都曾多次朝拜鲁国。 ⑭晋、楚来聘:晋国、楚国来鲁国聘问。 ⑮恒事:寻常之事。 ⑯昊穹垂谪:昊,大。穹,苍穹,天空。昊穹指上天。垂,降下。谪,惩罚。 ⑰探赜索隐:探究深奥的道理,搜索隐秘的事迹。赜,深奥。

且史之记载,难以周悉。近者宋氏,年唯五纪①,地止江、淮,书满百篇②,号为繁富。作者犹广之以《拾遗》③,加之以《语录》④。况彼《春秋》之所记也,二百四十年行事,夷夏之国尽书,而《经传集解》⑤卷才三十。则知其言所略,盖亦多矣。而汉代儒者,罗灾眚⑥于二百年外,讨符会⑦于三十卷中,安知事有不应于人,应而人失其事?何得苟有变而必知其兆者哉!

[注释]①年唯五纪:古代以十二年为一纪。南朝宋从高祖刘裕建国到顺帝刘准亡国,凡六十年,故曰五纪。 ②书满百篇:沈约《宋书》凡百篇。③《拾遗》:南朝梁人谢绰撰《宋拾遗》10卷。 ④《语录》:《新唐书·艺文二》:"孔思尚《宋齐语录》十卷。"⑤《经传集解》:晋人杜预撰著《春秋左氏经传集解》30卷。 ⑥罗灾眚:罗,网罗,搜集。眚(shěng),灾祸。 ⑦讨符会:讨,索取,援引。符,符命。符会,也有附会之义。

若乃采前文而改易其说,谓王札子之作乱,在彼成年①;夏徵舒之构逆,当夫昭代②;楚严作霸,荆国始僭称王③;高宗谅阴,亳都实生桑榖④。晋悼临国,六卿专政,以君事臣⑤;鲁僖末年,三桓世官,杀嫡立庶⑥。斯皆不凭章句⑦,直取胸怀,或以前为后,以虚为实。移的就箭⑧,曲取相谐;掩耳盗钟,自云无觉。讵知后生可畏,来者难诬者邪!

[注释]①王札子之作乱,在彼成年:《史通》原注曰:"《春秋》成公元年二月,无冰。董仲舒以为其时王札子杀召伯、毛伯。案今《春秋经》,札子杀毛伯事在宣公十五年,非成公时。" ②夏徵舒之构逆,当夫昭代:《史通》原注曰:"《春秋》昭公九年,陈灾。董仲舒以为楚严王为陈讨夏徵舒,因灭陈,陈

之臣子毒恨,故致火灾。案楚严王之灭陈,在宣十一年……相去凡五世。" ③楚严作霸,荆国始僭称王:《史通》原注曰:"《春秋》桓公三年,日有食之,既。京房《易传》以为后楚严称王,兼地千里。案自武王始僭号,历文、成、穆三王,始至于严。然则楚之称王已四世矣,何得言严始称哉!又鲁桓薨后,世历庄、闵、釐、文、宣,凡五君而楚严作霸,安有桓三年日食而应之邪?" ④高宗谅阴,亳都实生桑谷:《史通》原注曰:"《书序》曰:'伊陟相太戊,亳有桑谷共生。'刘向以为殷道衰,高宗承弊而起,尽谅阴之哀,天下应之……案太戊崩,其后嗣有仲丁、河亶甲、祖乙、盘庚,凡历五世,始至武丁,即高宗是也。桑谷自太戊时生,非高宗事。高宗又本不都于亳。" ⑤晋悼临国,六卿专政,以君事臣:《史通》原注曰:"董仲舒以为成公十七年六月甲戌朔,日有食之,时宿在毕,晋国象也。晋厉公诛四大夫,四大夫欲杀厉公。后莫敢责大夫,六卿遂相与比周专晋,国君还事之。案《春秋》成公十二月丁巳朔,日食,非是六月。" ⑥鲁僖末年,三桓世官,杀嫡立庶:《史通》原注曰:"……案此事乃文公末世,不是釐公时也。"釐公即僖公。 ⑦不凭章句:不依据前人对经文的注释。 ⑧移的就箭:的,箭垛,箭靶。移动箭靶以迁就射箭之人。此处是刘知幾批评以上诸人为了附会灾异而不惜违背事实、颠倒黑白的做法。

又品藻群流,题目庶类①,谓莒为大国②,菽为强草③,鹙著青色④,负蠜非中国之虫⑤,鹳鹆为夷狄之鸟⑥。如斯诡妄,不可殚论⑦。而班固就加纂次,曾靡铨择,因以五行编而为志,不亦惑乎?

[注释]①题目:品评,评骘。《世说新语·政事篇》:"举无失才,凡所题目,皆如其言。" ②谓莒为大国:莒,春秋时期小国,在今山东莒县境。《汉书·五行志》谈到鲁昭公"入晋,内和大国",就是指称莒国。 ③菽为强草:菽,大豆。《汉书·五行志》有"菽草之强"说。 ④鹙著青色:鹙(qiū),鹙鹅,或名青鹙,羽毛大多白色,翅膀上有少数黑色羽毛。汉昭帝时有鹙鹅集于昌邑王殿下,王使人射杀之。《汉书·五行志》载此事,以为青鹙是水鸟色青,青乃吉祥之兆。 ⑤负蠜非中国之虫:《史通》原注:"负蠜,中国所生,不独

出南越．"负蠜(fán)，亦名负盘，蜚蠊，臭虫。 ⑥鸜鹆为夷狄之鸟：《史通》原注："《春秋》昭公二十五年，鸜鹆来巢。刘向以为夷狄之禽。案鸜鹆，中国皆有，唯不逾济水耳．"鸜鹆(qú yù)，即八哥。 ⑦不可殚论：不可尽言。殚，尽。

且每有叙一灾，推一怪，董、京之说，前后相反；向、歆之解，父子不同①。遂乃双载其文，两存厥理。言无准的，事益烦费，岂所谓撮其机要，收彼菁华者哉！

[**注释**]①董、京之说……父子不同：此句是刘知幾讥五行之乖谬，同为阴阳家说，却自相矛盾。《史通》原注曰："桓公三年，日有食之。董仲舒、刘向以为鲁、宋杀君，易许田。刘歆以为晋曲沃庄伯杀晋侯。京房以为后楚严称王，兼地千里也。又：严公七年，夜中星陨如雨。刘向以为夜中者，即中国也。刘歆以为昼象中国，夜象夷狄。刘向又以为螽生南越。刘歆以为盛暑螽所生，非自越来也．"京房，汉代阴阳家。

自汉中兴已还，迄于宋、齐，其间司马彪①、臧荣绪②、沈约、萧子显相承载笔，竞志五行。虽未能尽善，而大较多实。何者？如彪之徒，皆自以名惭汉儒，才劣班史，凡所辩论，务守常途。既动遵绳墨，故理绝河汉③。兼以古书从略，求征应者难该④；近史尚繁，考祥符者易洽⑤。此昔人所以言有乖越，后进所以事反精审也。

[**注释**]①司马彪：晋人司马彪撰《后汉书》83卷。 ②臧荣绪：南朝时人，撰《晋书》110卷，唐代新撰《晋书》即以此为主要根据，而臧荣绪的《晋书》已佚。 ③理绝河汉：绝，远。河汉，《庄子·逍遥游》有"犹河汉而无极"之语，河汉是辽阔旷远之喻，此处应是喻指虚无缥缈之事。这是刘知幾对《汉书》以后《五行志》的某种程度的肯定，谓其说理已经远离了那些虚无缥缈的

东西,而"大多较实"。 ④该:完备,周全。 ⑤近史尚繁,考祥符者易洽:近世史事保存繁复,考证祥符之事容易做到与事实吻合。洽,吻合。

  然则天道辽远,裨灶①焉知?日蚀不常,文伯所对②。至如梓慎③之占星象,赵达之明风角④,单飏识魏祚于黄龙⑤,董养征晋乱于苍鸟⑥,斯皆肇彰⑦先觉,取验将来,言必有中,语无虚发。苟志之竹帛,其谁曰不然。若乃前事已往,后来追证,课彼虚说,成此游词,多见其老生常谈,徒烦翰墨者矣。

  [注释]①裨灶:春秋时期星占家,曾预言郑有大火,事见《左传·昭公十八年》。 ②文伯所对:《左传·昭公七年》载,夏四月甲辰朔,发生日食。晋平公问士文伯这次日食要应验在谁身上,士文伯答卫国和鲁国,并分析说,在卫国,灾祸要落在国君身上;在鲁国,要落在上卿身上。 ③梓慎:春秋时期星象家,曾预言有大火于宋、卫、陈、郑四国,事见《左传·昭公十七年》。 ④赵达之明风角:赵达,三国时人,治九宫一算之术,他曾讥笑星气风术者说:"当回算帷幕,不出户牖以知天道,而反昼夜暴露以望气祥,不亦难乎!"事见《三国志·吴志》。风角,古代一种占卜之法,以五音占四方之风而定吉凶。《后汉书·郎颛传》李贤注:"风角谓候四方四隅之风,以占吉凶也。" ⑤单飏识魏祚于黄龙:《后汉书·方术传》:"熹平末,黄龙见谯,光禄大夫桥玄问飏:'此何祥也?'飏曰:'其国当有王者兴。不及五十年,龙当复见,此其应也。'魏郡人殷登密记之。至建安二十五年春,黄龙复见谯,其冬,魏受禅。" ⑥董养征晋乱于苍鸟:董养,西晋时人,事见《晋书·隐逸传》:"永嘉中,洛城东北步广里中地陷,有二鹅出焉,其苍者飞去,白者不能飞。养闻叹曰:'昔周时所盟会狄泉,即此地也。今有二鹅,苍者胡象,白者国家之象,其可尽言乎!'顾谓谢鲲、阮孚曰:'《易》称知机其神乎,君等可深藏矣。'乃与妻荷担入蜀,莫知所终。" ⑦肇彰:肇,当初。彰,明明白白。

子曰:"盖有不知而作之者,我无是也。"又曰:"君子于其所不知,盖阙如也。"又曰:"知之为知之,不知为不知,是知也。"呜呼!世之作者,其鉴之哉!谈何容易,驷不及舌①,无为强著一书,受嗤千载也。

[注释]①驷不及舌:语出《论语·颜渊篇》,义同一言既出,驷马难追。

或以为天文、艺文,虽非《汉书》所宜取,而可广闻见,难为删削也。对曰:苟事非其限,而越理成书①,自可触类而长,于何不录?又有要于此者②,今可得而言焉。夫圆首方足,含灵受气,吉凶形于相貌③,贵贱彰于骨法④,生人之所欲知也。四支六府,痾瘵所缠⑤,苟详其孔穴,则砭灼无误,此养生之尤急也。且身名并列,亲疏自明,岂可近昧形骸,而远求辰象⑥!既天文有志,何不为人形志乎?茫茫九州,言语各异,大汉𫐉轩之使⑦,译导而通,足以验风俗之不同,示皇威之广被。且事当炎运,尤相关涉,《尔雅》⑧释物,非无往例。既艺文有志,何不为方言志乎?但班固缀孙卿之词以序《刑法》⑨,探孟轲之语用裁《食货》⑩,《五行》出刘向《洪范》,《艺文》取刘歆《七略》,因人成事,其目遂多。至若许负《相经》⑪、扬雄《方言》⑫,并当时所重,见传流俗。若加以二志,幸有其书,何独舍诸?深所未晓。

[注释]①越理成书:理,界限。越过一定界限,没有任何限制地设定书志的篇目。 ②要于此者:比这些更重要的。 ③吉凶形于相貌:言相面术,以面相预测人的吉凶、前程。 ④贵贱彰于骨法:骨法,骨相特征。从人的骨相特征预测人的未来前程。 ⑤痾瘵所缠:疾病缠身。痾(kē)、瘵(zhài)

同义,即病。 ⑥岂可近昧形骸,而远求辰象:如果要讲吉凶祸福,从人的身体本身说起,比求助于遥不可及的天象说更来得实际,批评班固昧于近而求远。 ⑦大汉辎轩之使:大汉指西汉王朝。辎轩,古代使臣乘坐的一种轻车,也用作使臣的代称。此句意指汉代使臣。 ⑧《尔雅》:"十三经"之一,中国最古老的百科全书式词典。托名周公所作,撰者无考。 ⑨缀孙卿之词以序《刑法》:缀,组合字句篇章。孙卿即荀况,有《荀子》一书传世。班固《汉书·刑法志》分兵法、刑法两部分,兵法部分取自《太公兵法》、《礼记·王制》、《荀子·议兵》、《荀子·王霸》等篇;刑法部分取自《周礼》、《荀子·正论》等篇。 ⑩探孟轲之语用裁《食货》:《汉书·食货志》上卷中,采纳了孟子关于井田制的言论。 ⑪许负《相经》:许负,西汉初人,相面术者,有《相书》三卷。《史记·绛侯周勃世家》载其事:"条侯亚夫自未侯为河内守时,许负相之,曰:'君后三岁而侯。侯八岁为将相,持国秉,贵重矣,于人臣无两。其后九岁而君饿死。'亚夫笑曰:'臣之兄已代父侯矣,有如卒,子当代,亚夫何说侯乎?然既已贵如负言,又何说饿死?指示我。'许负指其口曰:'有从理入口,此饿死法也。'居三岁,其兄绛侯胜之有罪,孝文帝择绛侯子贤者,皆推亚夫,乃封亚夫为条侯,续绛侯后。" ⑫扬雄《方言》:扬雄,西汉人,撰《方言》13卷,是古代汉语方言方面的重要著作。

　　历观众史,诸志列名,或前略而后详,或古无而今有。虽递补所阙,各自以为工,权而论之,皆未得其最。

　　盖可以为志者,其道有三焉:一曰都邑志,二曰氏族志,三曰方物志。何者?京邑翼翼,四方是则①。千门万户②,兆庶仰其威神;虎踞龙蹯③,帝王表其尊极。兼复土阶卑室,好约者所以安人④;阿房、未央⑤,穷奢者由其败国。此则其恶可以诫世,其善可以劝后者也。且宫阙制度,朝廷轨仪,前王所为,后王取则。故齐府肇建,诵魏都以立宫⑥;代国初迁,写吴京而树阙⑦。故知经始⑧之义,卜揆⑨之功,经百王而不易,无一日而可废也。至如两汉之都咸、洛⑩,晋、宋之宅金陵⑪,魏徙伊、瀍⑫,齐居漳、滏⑬,隋氏二世,分置两都⑭,此并规模宏远,名号非一。凡为国史者,宜各撰都邑志,列于舆服之上。

[**注释**]①京邑翼翼,四方是则:翼翼,雄伟之象。则,标准。京都的雄伟建制,为天下立下准则。 ②千门万户:指唐代首都长安城。 ③虎踞龙蹯:形容建业(南京)地势之险要和雄伟。 ④复土阶卑室,好约者所以安人:土阶卑室,简陋房屋。约,节俭。好简约者可以安抚自己的人民。 ⑤阿房、未央:阿房,秦始皇所建阿房宫,以规模雄伟著称。未央,汉宫名,汉初营建,周围28里,前殿东西50丈,深15丈,高35丈,雄伟宏阔。 ⑥齐府肇建,颂魏都以立宫:北齐文宣帝高洋天宝七年营建三台,大修宫室,事见《北齐书·文宣帝纪》。 ⑦代国初迁,写吴京而树阙:代国,北魏初期国号。北魏迁都洛阳之初,改建都城,曾派人到南齐的邺都摹绘其宫苑建筑图样。吴京,南朝齐都建邺(南京),建邺属吴地故称吴京。 ⑧经始:开始营建。 ⑨卜揆:卜,占卜,建造房屋之前要占卜吉凶。揆,度量,计算,考察。 ⑩两汉之都咸、洛:西汉都咸阳,东汉都洛阳。 ⑪晋、宋之宅金陵:东晋及南朝的刘宋政权都建都于金陵(今南京)。 ⑫魏徙伊、瀍:北魏徙都于洛阳。洛阳在伊水与瀍水之间。 ⑬齐居漳、滏(fǔ):北齐建都于邺城,有漳水、滏水穿境而过。 ⑭隋氏二世,分置两都:隋文帝和隋炀帝二世,建都于东都洛阳和西都大兴。

金石、草木、缟纻①、丝枲②之流,鸟兽、虫鱼、齿革、羽毛之类,或百蛮攸税③,或万国是供,《夏书》则编于《禹贡》④,《周书》则托于《王会》⑤。亦有图形九牧之鼎⑥,列状四荒之经⑦。观之者擅其博闻,学之者骋其多识。自汉氏拓境,无国不宾,则有邛竹传节⑧,蒟酱流味⑨,大宛献其善马⑩,条支致其巨雀⑪。爰及魏、晋,迄于周、隋,咸亦遐迩来王,任土作贡⑫。异物归于计吏⑬,奇名显于职方⑭。凡为国史者,宜各撰方物志,列于食货之首。

[注释]①缟纻:缟,白色的绢。纻,麻布。 ②枲(xǐ):大麻。 ③百蛮攸税:攸,辽远。从远方百蛮之地缴纳的税赋。 ④《禹贡》:《尚书》有《禹贡》篇,分天下为冀、兖、青、徐、扬、荆、豫、梁、雍等九州,详细记载其山川的名称、方位与脉络,物产的分布、土壤的性质等情况。 ⑤《周书》则托于《王会》:《周书》即《逸周书》。《逸周书》有《王会》篇,记载周成王以后,天下万国遣使朝贡、贡献方物的情况。 ⑥图形九牧之鼎:九牧,即九州。绘画山川物产、九州贡物,铸造物象于鼎上。《左传·宣公三年》:"昔夏之方有德也,远方图物,贡金九牧,铸鼎象物,百物而为之备,使民知神、奸。" ⑦列状四荒之经:指《山海经》。 ⑧筇竹传节:筇(qióng)竹,竹名,高节实中,常用以为手杖,为杖中珍品。此处筇竹,应是指汉代西南夷地区的筇都,筇竹传节,意谓此地少数民族与汉王朝通使之事。传,传驿。节,符节。 ⑨蒟酱流味:蒟(jǔ)酱,用蒌叶果实做的酱,西南少数民族地区风俗。此句说西南夷少数民族和汉王朝通使之事。 ⑩大宛献其善马:大宛,汉代西域国名,出良马。汉武帝时期张骞通西域后,大宛献良马于汉,见《汉书·西域传》。 ⑪条支致其巨雀:条支,汉代西域国名,盛产狮子、犀牛、孔雀、大雀。武帝遣使到达条支,条支献大雀卵于汉,见《汉书·西域传》。 ⑫任土作贡:根据土地的多少、肥瘠而定其贡赋差等。 ⑬计吏:掌管山林川泽之赋税的官。 ⑭职方:周代官名,掌管地图和四方的职贡。《周礼·夏官·职方氏》:"职方氏掌天下之图,以掌天下之地,辨其邦国、都鄙、四夷、八蛮、七闽、九貉、五戎、六狄之人民,与其财用九谷、六畜之数要,周知其利害。"

帝王苗裔,公侯子孙,余庆所钟①,百世无绝。能言吾祖,郯子见师于孔公②;不识其先,籍谈取诮于姬后③。故周撰《世本》④,式辨诸宗;楚置三闾⑤,实掌王族。逮乎晚叶,谱学尤烦。用之于官,可以品藻士庶⑥;施之于国,可以甄别华夷。自刘、曹受命,雍、豫为宅⑦,世胄相承,子孙蕃衍。及永嘉东渡,流寓扬、越⑧;代氏南迁,革夷从夏⑨。于是中朝江左⑩,南北混淆;华壤边民,虏汉相杂。隋有天下,文轨大同;江外、山东⑪,人物殷凑。其间高门素族⑫,非复一家;郡正州曹⑬,世掌其任。凡为国史者,宜各撰氏族志,列于百官之下。

[注释]①余庆所钟:庆,福禄。余庆,大福。钟,集聚。 ②能言吾祖,郯子见师于孔公:孔公,孔子。事见《左传·昭公十七年》:郯国国君朝鲁,鲁大夫叔孙昭子问郯君为什么用鸟名做官名,郯君答曰:"我高祖少皞挚之立也,凤鸟适至,故纪于鸟,为鸟师而鸟名。"仲尼闻之,见于郯子而学之。既而告人曰:"吾闻之:'天子失官,学在四夷',犹信。" ③籍谈取诮于姬后:籍谈,晋国大夫。姬后,指周景王,周王室是姬姓。籍谈数典忘祖,被周景王所讥笑。事见《左传·昭公十五年》。 ④《世本》:战国晚期成书的记载上至黄帝下讫战国末年历史的通史性著作。隋唐以前,人们都把它当做世系之书,认为是"古史官纪黄帝以来讫春秋时期诸侯、大夫"(《汉书·艺文志》);"叙黄帝已来祖世所出"(《隋书·经籍志》),刘知幾此处也持这样的看法。 ⑤楚置三闾:春秋时期楚国官制中有"三闾大夫",掌管屈、景、昭三大宗族贵族,屈原曾任此官。 ⑥品藻士庶:品藻,品评,鉴定。此句意谓谱学可以用来辨别人的出身。 ⑦刘、曹受命,雍、豫为宅:雍,雍州,相当于今陕西省地区,此处指曹魏的统治中心。豫,豫州,相当于今天的河南省地区,是刘备任豫州牧的根据地。 ⑧永嘉东渡,流寓扬、越:永嘉,晋怀帝司马炽年号。东渡,指晋政权从洛阳迁都建业。 ⑨代氏南迁,革夷从夏:代氏南迁,指北魏拓跋氏政权从平城(今大同)迁都洛阳。革夷从夏,即魏孝文帝改革,改鲜卑族姓为汉族族姓,改用汉语,穿戴汉人服饰,加速鲜卑族的汉化过程。 ⑩中朝江左:中朝,指随西晋政权南迁的中原地区的世家大族。江左,指江南地区的土著世族。 ⑪江外、山东:江外,江南,南朝宋、齐、梁、陈诸政权。山东,北朝诸政权。 ⑫高门素族:贵戚、世族、大官僚等大族。素族,非身份性的庶族地主。 ⑬郡正州曹:魏晋南北朝时期,行九品中正制,郡正是郡级政府

的中正之职,州都是州级政府中的中正之职。《宋书·恩幸传序》曰:"州都郡正,以才品人。"

  盖自都邑以降,氏族而往,实为志者所宜先①,而诸史竟无其录。如休文《宋籍》,广以《符瑞》②;伯起《魏篇》,加之《释老》③。徒以不急为务,曾何足云。惟此数条,粗加商略,得失利害,从可知矣。庶夫后来作者,择其善而行之。

  [注释]①实为志者所宜先:史书立志,在《都邑志》之后,最重要的是《氏族志》。　②休文《宋籍》,广以《符瑞》:休文,沈约字休文。《宋籍》即沈约所撰之《宋书》。《宋书》首创《符瑞志》。　③伯起《魏篇》,加之《释老》:伯起,魏收字伯起。《魏篇》即魏收所撰之《魏书》。《魏书》首创《释老志》。

  或问曰:子以都邑、氏族、方物宜各纂次,以志名篇。夫史之有志,多凭旧说,苟世无其录,则阙而不编,此都邑之流所以不果列志也。对曰:案帝王建国①,本无恒所,作者记事,亦在相时。远则汉有《三辅典》②,近则隋有《东都记》③。于南则有宋《南徐州记》④、《晋宫阙名》⑤,于北则有《洛阳伽蓝记》⑥、《邺都故事》⑦。盖都邑之事,尽在是矣。谱牒之作,盛于中古。汉有赵岐《三辅决录》⑧,晋有挚虞《族姓记》⑨。江左有两王《百家谱》⑩,中原有《方司殿格》⑪。盖氏族之事,尽在是矣。自沈莹著《临海水土》⑫,周处撰《阳羡风土》⑬,厥类众伙,谅非一族。是以《地理》为书,陆澄集而难尽⑭;《水经》加注,郦元编而不穷⑮。盖方物之事,尽在是矣。凡此诸书,代不乏作,必聚而为志,奚患无文?譬夫涉海求鱼,登山采木,至于鳞介修短⑯,柯条巨细⑰,盖在择之而已。苟为鱼人、匠者,何虑山海之贫磬哉?

[注释]①建国:建都。 ②汉有《三辅典》:据《隋书·经籍志》,汉人赵岐撰有《三辅决录》7卷。《隋书·地理志》载,汉人无名氏有《三辅黄图》6卷,此书详记秦汉两代京兆、冯翊、扶风等京畿地区的城邑、宫阙、苑囿、仓库、陵墓等,类似于刘知幾所谓《都邑志》。 ③隋有《东都记》:隋代有邓世隆所撰《东都记》30卷。 ④《南徐州记》:南朝宋人山谦之撰《南徐州记》2卷。宋武帝时改淮南的徐州为南徐州,文帝时称江南为南徐州,州治京口(南京),统辖徐、兖、幽、冀、青、并、扬等七州郡邑。 ⑤《晋宫阙名》:记东晋事,具体内容不详,卷数、作者并缺。 ⑥《洛阳伽蓝记》:北魏时人杨炫之撰,叙述洛阳佛寺之兴废。 ⑦《邺都故事》:《新唐书·艺文志二》载:"裴矩《邺都故事》十卷。"内容不详。 ⑧《三辅决录》:《隋书·经籍志》收录,具体内容不详。 ⑨挚虞《族姓记》:《晋书·挚虞传》:"虞以汉末丧乱,谱传多亡失,虽其子孙不能言其先祖,撰《族姓昭穆》十卷,上疏进之,以为足以备物致用,广多闻之益。" ⑩两王《百家谱》:王俭《百家集谱》10卷,王僧孺《百家谱》30卷和《百家谱集钞》15卷。 ⑪《方司殿格》:浦起龙注:殿,疑当做"选"。《新唐书·艺文志二》:"《后魏方司格》一卷。"《新唐书·儒学中·柳冲》:"魏太和时,诏诸郡中正,各列本土姓族次第为举选格,名曰'方司格',人到于今称之。" ⑫沈莹著《临海水土》:《新唐书·艺文志二》:"沈莹《临海水土异物志》一卷。" ⑬周处撰《阳羡风土》:《晋书·周处传》:"处著《默语》三十篇及《风土记》,并撰集《吴书》。"《新唐书·艺文志二》:"周处《风土记》十卷。" ⑭《地理》为书,陆澄集而难尽:陆澄字彦深,深于地理方志研究,曾汇集《山海经》以下160多家书为《地理书钞》24卷、《地理书》149卷,《南齐书》有传。 ⑮《水经》加注,郦元编而不穷:郦元即北魏时人郦道元。郦道元为《水经》作注,跋山涉水,穷源溯流,旁征博引,成《水经注》40卷,记述河流1200余条。《魏书》、《北史》有传。 ⑯鳞介修短:鳞,鱼类。介,龟鳖类。修

短,长短。 ⑰柯条:树枝。

论赞第九

《春秋左氏传》每有发论,假君子以称之①。二传云公羊子②、穀梁子③,《史记》云太史公。既而班固曰赞,荀悦曰论,《东观》曰序,谢承曰诠,陈寿曰评,王隐曰议,何法盛曰述,扬雄曰撰,刘昺曰奏,袁宏、裴子野自显姓名④,皇甫谧、葛洪列其所号⑤。史官所撰,通称史臣。其名万殊,其义一揆。必取便于时者,则总归论赞焉。

[注释]①假君子以称之:《左传》在记述历史事件的结尾处常用"君子曰"的形式,对史事发表评论。这是史书中"论"、"赞"历史评论传统的发端。 ②公羊子:《春秋公羊传》以"公羊子"名义发表评论。 ③穀梁子:《春秋穀梁传》以穀梁子的名义发表评论。 ④袁宏、裴子野自显姓名:袁宏的《汉纪》和裴子野的《宋略》都是以作者自己的名义直接评论史事。 ⑤皇甫谧、葛洪列其所号:皇甫谧的《帝王世纪》和葛洪的《汉书钞》、《史记钞》等,都直接用自己的名义发表评论,但不署名而用号。皇甫谧自号玄晏先生,葛洪自号抱朴子。

夫论者,所以辩疑惑,释凝滞。若愚智共了①,固无俟②商榷。丘明"君子曰"者,其义实在于斯。司马迁始限以篇终,各书一论③。必理有非要,则强生其文,史论之烦,实萌于此。夫拟《春秋》成史,持论尤宜阔略④。其有本无疑事,辄设论以裁之,此皆私徇笔端,苟炫文彩,嘉辞美句,寄诸简册,岂知史书之大体,载削之指归⑤者哉?

[注释]①愚智共了:了,明了。智者和愚昧之人都能明了。 ②俟:等待。 ③限以篇终,各书一论:《史记》各篇的篇尾,都有一段"太史公曰"。唯其"十表",将"太史公曰"书于"表"前。 ④阔略:简明扼要。 ⑤载削之指归:载,记载。削,笔削,删改。载削,意谓修撰史书。指归,著述之宗旨。

必寻其得失,考其异同,子长淡泊有味①,承祚懦缓不切②,贤才间出,隔世同科。孟坚辞惟温雅,理多惬当。其尤美者,有典诰之风,翩翩奕奕③,良可咏也。仲豫④义理虽长,失在繁富。自兹以降,流宕忘返,大抵皆华多于实,理少于文,鼓其雄辞,夸其俪事。必择其善者,则干宝、范晔、裴子野是其最也,沈约、臧荣绪、萧子显抑其次也,孙安国⑤都无足采,习凿齿⑥时有可观。若袁彦伯⑦之务饰玄言,谢灵运⑧之虚张高论,玉卮无当⑨,曾何足云!王劭志在简直,言兼鄙野,苟得其理,遂忘其文。观过知仁,斯之谓矣。大唐修《晋书》,作者皆当代词人,远弃史、班,近宗徐、庾⑩。夫以饰彼轻薄之句,而编为史籍之文,无异加粉黛于壮夫,服绮纨于高士者矣⑪。

[注释]①淡泊有味:浦起龙本及诸多本子都为"淡泊无味",而与后文旨意不切。顾千里校本提出当为"淡泊有味",宗向鲁先生、赵吉甫先生皆从之,今据以改。淡泊,有醇美之义。 ②承祚懦缓不切:承祚,《三国志》作者陈寿字承祚。懦缓不切,委婉舒缓而不轻躁。 ③翩翩奕奕:形容文章风格的优美。 ④仲豫:《汉纪》作者荀悦字仲豫。 ⑤孙安国:孙盛字安国,东晋人,著有《晋阳秋》32卷,《魏氏春秋》20卷。 ⑥习凿齿:晋人,著有《汉晋春秋》。 ⑦袁彦伯:东晋袁宏字彦伯,撰《后汉纪》30卷。 ⑧谢灵运:东晋人,曾撰《晋书》35卷,未竟而死。 ⑨玉卮无当:玉卮(zhī),精美的酒器。当,底。玉卮虽美而无底,即使盛水亦不可。比喻形式华美,而不堪实用。

⑩徐、庾：徐，徐陵，南朝梁人，善诗文，犹好宫体诗。庾，庾信，南朝梁人，好诗文，与徐陵齐名。时人谈论宫体诗，以徐、庾并称，或称徐庾体。 ⑪加粉黛于壮夫，服绮纨于高士：绮，有花纹的丝织品。纨，细绢。此句意谓过分的、很不适宜的装饰，以批评那些以诗学风格扭曲史学的做法。

史之有论也，盖欲事无重出，文省可知。如太史公曰：观张良貌如美妇人；项羽重瞳，岂舜苗裔。此则别加他语，以补书中，所谓事无重出者也。又如班固赞曰：石建之浣衣①，君子非之；杨王孙裸葬②，贤于秦始皇远矣。此则片言如约，而诸义甚备，所谓文省可知者也。及后来赞语之作，多录纪传之言③，其有所异，唯加文饰而已。至于甚者，则天子操行，具诸纪末，继以论曰，接武④前修，纪论不殊，徒为再列。

[注释]①石建之浣（huàn）衣：石建，西汉文帝时万石君长子，举家以孝闻世。石建在朝中任郎中令，年老，但每五天要回家一次，亲自为年迈的父亲洗衣，而不让其父知道。事见《汉书·万石卫直周张传》："每五日洗沐归谒亲，入子舍，窃问侍者，取亲中裙厕牏，身自浣洒，复与侍者，不敢令万石君知之，以为常。"此事也曾受时人讥讽，认为"非大臣之礼"。所以，《汉书》该传的"赞"曰："至石建之浣衣，周仁为垢污，君子讥之。" ②杨王孙裸葬：《汉书·杨胡朱梅云传》："杨王孙者，孝武时人也。学黄、老之术，家业千余，厚自奉养生，亡所不致。及病且终，先令其子，曰：'吾欲裸葬，以反吾真，必亡易吾意。死则为布囊盛尸，入地七尺，既下，从足引脱其囊，以身亲土。'"传后"赞"曰："昔仲尼称不得中行，则思狂狷。观杨王孙之志，贤于秦始皇远矣。" ③录纪传之言：录，转述。此句在于批评后世的某些论赞，缺乏新意或思想，只是转述重复纪传中的内容。 ④接武：继承过去。

马迁《自序传》后，历写诸篇，各叙其意①。既而班固变为诗体,号之曰述。范晔改彼述名,呼之以赞。寻述赞为例,篇有一章,事多者则约之使少,理寡者则张之令大,名实多爽,详略不同。且欲观人之善恶,史之褒贬,盖无假②于此也。

[**注释**]①历写诸篇,各叙其意:《史记》在《太史公自序》中,为其百三十篇各有一个简短的提示,以名其旨意。如"为此事,作某年表";"为此事,作某书";"为此事,作某世家";"为此事,作某列传"等。这百三十篇提要集合在一起,是一篇系统完整之"书序"。　②假:借,借助。

然固之总述①合在一篇,使其条贯有序,历然可阅。蔚宗《后书》,实同班氏,乃各附本事,书于卷末②,篇目相离,断绝失次。而后生作者不悟其非,如萧、李、《南》、《北齐史》,大唐新修《晋史》,皆依范《书》误本,篇终有赞。夫每卷立论,其烦已多,而嗣论以赞,为黩弥甚。亦犹文士制碑,序终而续以铭曰;释氏演法③,义尽而宣以偈言④。苟撰史若斯,难以议夫简要者矣。

[**注释**]①固之总述:班固模仿《史记·太史公自序》的做法,在《叙传》中为其各篇作序,谓之"述"。如"杜周治文,唯上浅深,用取世资,幸而免身。延年宽和,列于名臣。钦用材谋,有异厥伦。述《杜周传》第三十";"博望杖节,收功大夏;贰师秉钺,身畔胡社。致死为福,每生作祸。述《张骞李广利传》第三十一"等。百篇序文集合为一篇完整之"书序"。　②蔚宗《后书》……书于卷末:范晔字蔚宗。范晔的《后汉书》没有沿袭司马迁和班固在"自序"中作"书序"的做法,而是在书中各篇的卷末,于"赞曰"之前加上一段"论曰",受到刘知幾的批评。　③释氏演法:释氏,释迦牟尼的简称。演法,宣讲佛法。　④偈言:颂语。佛教徒演法,在结束时唱一段偈词作为结束。

至若与夺乖宜①,是非失中,如班固之深排贾谊②,范晔之虚美隗嚣③,陈寿谓诸葛不逮管、萧④,魏收称尔朱可方伊、霍⑤,或言伤其实,或拟非其伦。必备加击难,则五车难尽。故略陈梗概,一言以蔽之。

[注释]①与夺乖宜:与夺,取舍。乖宜,背离或适中。 ②班固之深排贾谊:班固的《汉书·贾谊传》"赞"曰:"追观孝文玄默躬行以移风俗,谊之所陈略施行矣。及欲改定制度,以汉为土德,色上黄,数用五,及欲试属国,施五饵三表以系单于,其术固以疏矣。谊亦天年早终,虽不至公卿,未为不遇也。"刘知幾认为,班固对贾谊的评价有失公允。 ③范晔之虚美隗嚣:《后汉书·隗嚣传》"论曰":"若嚣命会符运,敌非天力,虽坐论西伯,岂多嗤乎?"刘知幾认为范晔以隗嚣比西伯,是过誉之论。 ④陈寿谓诸葛不逮管、萧:《三国志·蜀书·诸葛亮传》评价诸葛亮:"可谓识治之良才,管、萧之亚匹矣。然连年动众,未能成功,盖应变将略,非其所长欤!"管,管仲。萧,萧何。刘知幾不赞成诸葛亮亚于管仲、萧何的评价。 ⑤魏收称尔朱可方伊、霍:《魏书·尔朱荣传》"史臣曰":"苟非荣之致力,克夷大难,则不知几人称帝,几人称王也……向使荣无奸忍之失,修德义之风,则彭、韦、伊、霍夫何足数?"刘知幾认为,魏收评尔朱荣堪比伊、霍也是过誉之词。

序例第十

孔安国有云:序者,所以叙作者之意也。窃以《书》列典谟,《诗》含比兴,若不先叙其意,难以曲得其情。故每篇有序,敷畅①厥义。降逮《史》、《汉》,以记事为宗,至于表志杂传,亦时复立序。文兼史体,状若子书,然可与诰誓②相参,风雅齐列矣。

[注释]①敷畅:敷,陈述。畅,通晓。 ②诰誓:《尚书》有"汤誓"、"泰誓"、"牧誓"、"费誓"、"秦誓"等篇名,以及"帝诰"、"康诰"、"酒诰"、"召诰"、"洛诰"等篇。

追华峤《后汉》①,多同班氏。如《刘平》、《江革》等传,其序先言孝道,次述毛义养亲。此则《前汉·王贡传》体,其篇以四皓为始也。峤言辞简质,叙致温雅,味其宗旨,亦孟坚之亚欤?

[注释]①华峤《后汉》:晋人华峤撰有《汉后书》97卷。此书《旧唐书·艺文志》和《新唐书·艺文志》中都有著录,而《宋史·艺文志》中已不见著录。可知此书在宋代已佚。

爰泊范晔,始革其流,遗弃史才,矜炫文彩。后来所作,他皆若斯①。于是迁、固之道忽诸②,微婉之风替矣。若乃《后妃》、《列女》、《文苑》、《儒林》,凡此之流,范氏莫不列序。夫前史所有,而我书独无,世之作者,以为耻愧。故上自《晋》、《宋》,下及《陈》、《隋》,每书必序,课成其数。盖为史之道,以古传今,古既有之,今何为者?滥觞肇迹,容或可观;累屋重架,无乃太甚。譬夫方朔始为《客难》,续以《宾戏》、《解嘲》③;枚乘首唱《七发》,加以《七章》、《七辩》④。音辞虽异,旨趣皆同。此乃读者所厌闻,老生之恒说也。

[注释]①后来所作,他皆若斯:范晔《后汉书》之后,作史者多仿效他的做法。 ②忽诸:忽然消失。 ③方朔始为《客难》,续以《宾戏》、《解嘲》:东方朔自恃有济世之才而不被重视,仅被武帝以倡优蓄之,因作《答客难》以抒

发怀才莫展的苦闷,见《汉书·东方朔传》。后来,班固在被人不解时作《答宾戏》一文,以抒表意愿,见《后汉书·班固传》。扬雄也曾面对世人的讥笑作《解嘲》,以表达自己"默然独守"的志趣,见《汉书·扬雄传》。刘知幾认为班固与扬雄都是模仿东方朔所作。　④枚乘首唱《七发》,加以《七章》、《七辩》:西汉人枚乘有《七发》篇,劝诫贵族子弟不要放肆于声色犬马酒食之中。其后仿作者,有后汉的张衡作《七辩》,原文已佚,有辑佚本传世,见清人严可均辑《全上古三代秦汉三国六朝文》。《七章》的作者及内容已无可考知。

夫史之有例,犹国之有法。国无法,则上下靡定;史无例,则是非莫准。昔夫子修经,始发凡例①;左氏立传,显其区域②。科条一辨,彪炳可观。降及战国,迄乎有晋,年逾五百,史不乏才,虽其体屡变,而斯文终绝③。唯令升先觉④,远述丘明,重立凡例,勒成《晋纪》。邓、孙已下,遂蹑其踪⑤。史例中兴,于斯为盛。若沈《宋》之志序,萧《齐》之序录,虽皆以序为名,其实例也。必定其臧否,征其善恶,干宝、范晔,理切而多功,邓粲、道鸾⑥,词烦而寡要,子显虽文伤蹇踬⑦,而义甚优长。斯一二家,皆序例之美者。

[注释]①夫子修经,始发凡例:夫子修经,指孔子作《春秋》。发,创立。凡,大纲。例,条例,义例。意谓孔子作《春秋》确立了属辞比事的条例,以达到正名的作用和现实批判的目的。　②左氏立传,显其区域:孔子确立的范例,在《左传》中通过具体的事例、典故而得以体现。　③斯文终绝:言《左传》以后,由孔子所确立的修撰史书的条例便不盛行了。　④令升先觉:令升,干宝字令升,曾撰《晋书》30卷。刘知幾说他"远述丘明,重立凡例",但干宝《晋书》亡佚,其"凡例"也无从考知。　⑤邓、孙已下,遂蹑其踪:邓,指邓粲,东晋时人,曾撰《晋纪》11卷;孙,无考。蹑,跟踪,继承之意。踪,踪迹。　⑥道鸾:《新唐书·艺文志二》著录有"檀道鸾《晋春秋》二十卷"。　⑦文伤

蹇踬(jiǎn zhì)：文字艰涩，不流畅。

夫事不师古，匪说攸闻①，苟模楷曩贤②，理非可讳③。而魏收作例，全取蔚宗，贪天之功以为己力，异夫范依叔骏④，班习子长。攘袂公行⑤，不陷穿窬之罪⑥也？

[注释]①匪说攸闻：没有听到过。 ②曩贤：即前贤。曩，以往的，先前的。 ③理非可讳：以理而论，是不应该隐瞒的。 ④范依叔骏：叔骏，华峤的字。范晔《后汉书》的《刘平传》《江革传》之"传序"都是录自华峤的《汉后书》。 ⑤攘袂公行：公开行窃。攘袂，捋起袖子。 ⑥穿窬(yú)之罪：穿墙越壁的盗窃之罪。喻指剽窃。

盖凡例既立，当与纪传相符。案皇朝《晋书》例云："凡天子庙号，唯书于卷末。"依检孝武崩后，竟不言庙曰烈宗。又案百药《齐书》例云："人有本字行者，今并书其名。"依检如高慎、斛律光之徒，多所仍旧，谓之仲密、明月①。此并非言之难，行之难也。又《晋》《齐》史例皆云："坤道卑柔②，中宫不可为纪③，今编同列传，以戒牝鸡之晨④。"窃惟录皇后者既为传体，自不可加以纪名。二史之以后为传，虽云允惬，而解释非理，成其偶中。所谓画蛇而加足，反失杯中之酒也⑤。至于题目失据，褒贬多违，斯并散在诸篇，此可得而略矣。

[注释]①仲密、明月：高慎，字仲密。斛律光，字明月。 ②坤道卑柔：坤，《周易》八卦之一。《周易·象辞》曰："坤为母为妻，其道柔顺。"坤道贵柔，是说女人的地位和性格是卑贱与柔顺。 ③中宫不可为纪：中宫，即皇后。皇后不能列入"纪"中，史书不能设立"皇后纪"。 ④牝鸡之晨：牝鸡，母鸡。母鸡不司晨，牝鸡司晨为不祥之兆。语出《尚书·牧誓》："牝鸡无晨。

牝鸡之晨,惟家之索。"此处喻指皇后不得干预朝政。 ⑤画蛇而加以足,反失杯中之酒:画蛇添足,典故。《战国策·齐策》:"楚有祠者,赐其舍人卮酒。舍人相谓曰:'数人饮之不足,一人饮之有余。请画地为蛇,先成者饮酒。'一人蛇先成,引酒且饮之,乃左手持卮,右手画蛇,曰:'吾能为之足。'未成,人之蛇成,夺其卮曰:'蛇固无足,子安能为之足?'遂饮其酒。为蛇足者,终亡其酒。"

题目第十一

上古之书有三坟、五典、八索、九丘,其次有春秋、尚书、梼杌、志、乘。自汉已下,其流渐繁,大抵史名多以书、记、纪、略为主。后生祖述,各从所好,沿革相因,循环递习。盖区域有限,莫逾于此焉。

至孙盛有《魏氏春秋》,孔衍有《汉魏尚书》,陈寿、王劭曰志,何之元、刘璠曰典①。此又好奇厌俗,习旧捐新,虽得稽古之宜,未达从时之义②。

[注释]①何之元、刘璠曰典:何之元,南朝陈人,撰《梁典》30卷。刘璠,北周人,撰《梁典》30卷。 ②虽得稽古之宜,未达从时之义:稽古,考察古事。虽有承袭往古的根据,却不懂得顺时而为的道理。

榷而论之,其编年月者谓之纪,列纪传者谓之书,取顺于时①,斯为最也。夫名以定体,为实之宾②,苟失其途,有乖至理。案吕、陆二氏③,各著一书,唯次篇章,不系时月。此乃子书杂记,而皆号曰春秋。鱼豢、姚察著魏、梁二史④,巨细毕载,芜累甚多,而俱榜之以略,考名责实,奚其爽欤⑤!

[注释]①列纪、传者谓之书,取顺于时:唐初修史,纪传体史书都以"书"为名,如当时官修史书《晋书》、《隋书》、《梁书》、《陈书》、《北齐书》、《周书》等。 ②名以定体,为实之宾:刘知幾认为,书名是被确定于书的体制,是依附于书的内容的。 ③吕、陆二氏:吕不韦的《吕氏春秋》,陆贾的《楚汉春秋》。 ④鱼豢、姚察著魏、梁二史:鱼豢,三国时人,撰有《魏略》38卷。姚察,有误,应为姚最,姚察之弟。《新唐书·艺文志二》著录有"姚最《梁昭后略》十卷"。 ⑤奚其爽欤:奚,何其,疑问副词。爽,矛盾,乖谬。

若乃史传杂篇,区分类聚,随事立号,谅无恒规。如马迁撰皇后传,而以外戚命章①。案外戚凭皇后以得名,犹宗室因天子而显称,若编皇后而曰外戚传,则书天子而曰宗室纪,可乎?班固撰《人表》,以古今为目。寻其所载也,皆自秦而往,非汉之事,古诚有之,今则安在?子长《史记》别创八书,孟坚既以汉为书,不可更标书号,改书为志,义在互文②。而何氏《中兴》③易志为记,此则贵于革旧,未见其能取新。

[注释]①命章:作为传的题目。《史记·外戚世家》实际上是皇后传记,而以"外戚"作为题目。 ②互文:文字的互换。班固将司马迁的"书"改名为"志"只是文字的互换而已。 ③何氏《中兴》:何法盛的《晋中兴书》。

夫战争方殷①,雄雌未决,则有不奉正朔,自相君长。必国史为传,宜别立科条。至如陈、项诸雄②,寄编汉籍;董、袁群贼③,附列《魏志》。既同臣子之例,孰辨彼此之殊?唯《东观》以平林、下江诸人列为载记④。顾后来作者,莫之遵效。逮《新晋》⑤,始以十六国主持载记表名⑥,可谓择善而行,巧于师古者矣。

[注释]①殷:盛。 ②陈、项诸雄:陈,陈胜。项,项羽。 ③董、袁群贼:董,董卓。袁,袁绍、袁术。 ④《东观》以平林、下江诸人列为载记:《东观》即《东观汉纪》。平林、下江,是东汉末年绿林义军的两支大军。王莽地皇三年,绿林大疫,人多死亡,起义军一部由王常、成丹率领西入南郡(湖北江陵),称为下江兵。王匡、王凤率领一支北入南阳,称新市兵。陈牧、廖湛起兵响应,与新市兵协同作战,称平林兵。《东观汉纪》在处理这些义军首领的时候,没有将其归入纪、传之属,而是另列一类,题名"载记"。《东观汉纪》的"载记"中,记述了王常、刘盆子、樊崇、吕母、隗嚣、王元、公孙述、延岑、田戎等人的行事,这些人或为"群盗",或为"叛臣",既无法与一般的臣子同列,又具有重大的历史影响,创立"载记"体裁,对后世处理同类问题提供了新的思路。⑤《新晋》:即《晋书》。因其为唐初新撰,故曰《新晋》。 ⑥十六国主持载记表名:《晋书》列"载记"30篇,记五胡十六国事。

观夫旧史列传,题卷靡恒①。文少者则具出姓名,若司马相如、东方朔是也。字烦者唯书姓氏,若毋将、盖、陈、卫、诸葛传是也。必人多而姓同者,则结定其数,若二袁、四张、二公孙传是也。如此标格②,足为详审。

[注释]①题卷靡恒:卷目标题的确定,没有固定的做法。 ②标格:标题。

至范晔举例,始全录姓名,历短行于卷中,丛细字于标外①,其子孙附出者,注于祖先之下,乃类俗之文案孔目②、药草经方③,烦碎之至,孰过于此?窃以《周易》六爻,义存象内④;《春秋》万国,事具传中。读者研寻,篇终自晓,何必开帙解带⑤,便令昭然满目也。

[注释]①历短行于卷中,丛细字于标外:此句言《后汉书》的标题方式,在标题上把各卷所记之人用不同的标注方式一一显示出来,如《耿弇列传》,其标题显示"耿弇;弟国;国子秉;秉弟夔;国子弟恭"等,刘知幾以为其标注过烦。 ②类俗之文案孔目:类,相似。文案,公文。孔目,官名,掌管图书簿籍之事。 ③药草经方:药草,药物书。经方,医书。 ④象:《周易》卦名。 ⑤开帙解带:帙,书衣,书套。带,捆束书卷的带子。开帙解带,阅读钻研的意思。

自兹已降,多师蔚宗①。魏收因之,则又甚矣。其有魏世邻国编于魏史者,于其人姓名之上,又列之以邦域,申之以职官,至如江东帝主②则云僭晋司马睿③、岛夷刘裕④,河西酋长则云私署凉州牧张寔⑤、私署凉王李暠⑥。此皆篇中所具,又于卷首具列。必如收意,使其撰两《汉书》、《三国志》,题诸盗贼传,亦当云僭西楚霸王项羽、伪宁朔王隗嚣⑦。自余陈涉、张步⑧、刘璋、袁术,其位号皆一一具言,无所不尽者也。

[注释]①蔚宗:范晔字蔚宗。 ②江东帝主:指与北魏同时期的南朝诸帝。 ③僭晋司马睿:晋元帝。司马睿是琅琊恭王的觐妃与晋将牛金私通所生,冒姓司马。永嘉之乱后即皇帝位。大概因其冒姓,魏收称其"僭晋",并冠至于卷名。 ④岛夷刘裕:刘裕,南朝宋的开国之君。南北朝时期南北双方各以正统自居,互相诋毁,北朝称南朝为岛夷。《北史·序传》曰:"大师少有著述之志,常以宋、齐、梁、陈、魏、齐、周、隋南北分隔,南书谓北为'索虏',北书指南为'岛夷'。" ⑤私署凉州牧张寔:《魏书》本传曰:"张寔,字安逊,安定乌氏人……刘曜陷长安,寔自称侍中、司空、大都督、凉州牧,承制行事。"所谓"私署",即是出于"自称"。 ⑥私署凉王李暠(hào):《魏书》本传曰:"李暠,字玄盛,小字长生,陇西狄道人也,汉前将军广之后……皇始中,吕光建康

太守段业自称凉州牧,以敦煌太守孟敏为沙州刺史,嵩为效谷令。敏死,敦煌护军敦谦等推嵩为宁朔将军、敦煌太守。业私称凉王,嵩诈巨于业,业以嵩为镇西将军。天兴中,嵩私署大都督、大将军、护羌校尉、秦凉二州牧、凉公,年号庚子,居敦煌,遣使朝贡。" ⑦伪宁朔王隗嚣:隗嚣(wěi xiāo),东汉建武七年背汉,受公孙述封,为宁朔王,故为"伪宁朔王"。 ⑧张步:西汉末年的赤眉、绿林起义时,割据一隅,字号五威将军。东汉政权建立后,任东莱太守,封安丘侯。

盖法令滋章,古人所慎。若范、魏之裁篇目,可谓滋章之甚者乎?苟忘彼大体,好兹小数,难与议夫"婉而成章","一字以为褒贬"者矣。

断限第十二

夫书之立约,其来尚矣。如尼父之定《虞书》①也,以舜为始,而云"粤若稽古帝尧②";丘明之传鲁史也,以隐为先,而云"惠公元妃孟子③"。此皆正其疆里,开其首端。因有沿革,遂相交乐④,事势当然,非为滥轶⑤也。过此已往,可谓狂简不知所裁者⑥焉。

[注释]①尼父之定《虞书》:《虞书》即《虞夏书》,包括《尚书》中的《尧典》、《皋尧谟》、《禹贡》等篇。尼父,即孔子。 ②粤若稽古帝尧:《尚书》首篇首句。粤若稽古,考察古代的事实。粤若,发语词,没有实际意义。 ③惠公元妃孟子:《左传》首句。《左传》记事起于鲁隐公元年,却追述到惠公元妃孟子的死,目的在于说明鲁隐公之所出。 ④乐(hù):同"互"。 ⑤滥轶:滥,泛滥。轶,超越。 ⑥狂简不知所裁者:语出《论语·公冶长》:"吾党之小子狂简,斐然成章,不知所以裁之。"狂简,志向远大,而行为粗率。

夫子曰:"不在其位,不谋其政①。"若《汉书》之立表志,其殆侵官离局者乎②?考其滥觞所出,起于司马氏。案马《记》以史制名,班《书》持汉标目。《史记》者,载数千年之事,无所不容;《汉书》者,纪十二帝之时,有限斯极。固既分迁之记,判其去取,纪传所存,唯留汉日;表志所录,乃尽牺年③,举一反三,岂宜若是?胶柱调瑟④,不亦谬欤!但固之踳驳⑤,既往不谏,而后之作者,咸习其迷。《宋史》则上括魏朝⑥,《隋书》则仰包梁代⑦。求其所书之事,得十一于千百。一成其例,莫之敢移;永言其理,可为叹息!

[注释]①不在其位,不谋其政:语出《论语·泰伯》。此处喻说史书记事也应该划定范围,不要越界。 ②其殆侵官离局者乎:殆,接近。侵官,超越职责范围。离局,擅离职守。这里是说《汉书》的表志,没有严格遵循他所划定的时间断限,记录了不少西汉以前的事情。 ③表志所录,乃尽牺年:《汉书》的《古今人表》,著录三皇五帝以来的人名;《五行志》重录《尚书·洪范》的文字。牺,伏羲。 ④胶柱调瑟:即成语胶柱鼓瑟。鼓瑟时胶住瑟上的弦柱,就不能调节音的高低。比喻固执拘泥,不知变通。 ⑤踳驳:踳,乖舛。驳,错乱。 ⑥《宋史》则上括魏朝:沈约的《宋书》记录有曹魏史事。 ⑦《隋书》则仰包梁代:《隋书》记录有梁代史事,其《礼仪志》、《音乐志》即从北齐和梁代写起。

当魏武乘时拨乱,电扫群雄,锋镝之所交,网罗之所及者,盖唯二袁、刘、吕而已①。若进鸩行弑②,燃脐就戮③,总关王室,不涉霸图④,而陈寿《国志》引居传首。夫汉之董卓,犹秦之赵高,昔车令⑤之诛,既不列于《汉史》,何太师⑥之毙,遂独刊于《魏书》⑦乎?兼复臧洪⑧、陶谦⑨、刘虞⑩、孙瓒⑪生于季末,自相吞噬。其于曹氏也,非唯理异犬牙⑫,固亦事同风马⑬,汉典所具,而魏册仍编,岂非流宕忘归,迷而不悟者也?

[注释]①二袁、刘、吕:二袁:袁绍,袁术。刘,刘表。吕,吕布。 ②进鸩(zhèn)行弑:指董卓用鸩酒毒死汉灵帝之事。 ③燃脐就戮:指董卓之死。王允、吕布合谋杀死董卓,暴尸于街市,并将其尸体点燃,焚烧数日始灭。《后汉书·董卓列传》载:"乃尸卓于市。天时始热,卓素充肥,脂流于地。守尸吏然火置卓脐中,光明达曙,如是积日。" ④总关王室,不涉霸图:前边所言"进鸩行弑,燃脐就戮"都是事关东汉王室,而不涉及曹操。霸图,指曹操。 ⑤车令:指赵高,高在秦任中车府令。 ⑥太师:指董卓,卓曾为太师。 ⑦刊于《魏书》:《三国志·魏书》有《董卓传》,刘知幾认为董卓不应刊于《三国志·魏书》。 ⑧臧洪:东汉末年人,琅琊太守张超部将,《三国志·魏书》有传。 ⑨陶谦:东汉末年人,曾任徐州刺史,为曹操所败,《三国志·魏书》有传。 ⑩刘虞:东汉末年人,曾任幽州牧,《后汉书》有传,《三国志·魏书》无传,刘知幾有误。 ⑪孙瓒:即公孙瓒,东汉末年人,曾任辽东涿令,败于袁绍,《三国志·魏书》有传。 ⑫理异犬牙:意谓事理交错。 ⑬事同风马:风马牛不相及。前述臧、陶诸人,与曹魏本不相干,不应传于《三国志·魏书》。

亦有一代之史,上下相交,若已见它记,则无宜重述。故子婴①降沛,其详取验于《秦纪》②;伯符死汉③,其事断入于《吴书》④。沈录金行,上羁刘主⑤;魏刊水运,下列高王⑥。唯蜀与齐各有国史,越次而载⑦,孰曰攸宜⑧?

[注释]①子婴:赵高谋杀秦二世之后,立其兄之子子婴为秦王,刘邦入关之后,秦子婴向汉王投降。《史记·秦始皇本纪》载:"子婴为秦王四十六日,楚将沛公破秦军入武关,遂至霸上,使人约降子婴。子婴即系颈以组,白马素车,奉天子玺符,降轵道旁。沛公遂入咸阳,封宫室府库,还军霸上。居月余,诸侯兵至,项籍为从长,杀子婴及秦诸公子宗族。" ②《秦纪》:即《史

记·秦始皇本纪》。 ③伯符死汉:伯符:孙策字伯符。孙策初依附袁术,袁术称帝后转附曹操,曹操荐孙策为讨逆将军,封吴侯,控制江东地区。官渡之战后密谋袭击许都,被人暗杀。 ④事断入于《吴书》:《三国志·吴书》有《孙破虏讨逆传》记孙策史事。 ⑤沈录金行,上羁刘主:以五行说,曹魏以土德王,色尚黄;晋承魏统,以金德王,色尚白。但沈约的《晋书》以晋朝上承蜀汉正统,不符合阴阳五行说的正常运次。羁,接续之意。 ⑥魏刊水运,下列高王:魏刊,魏收著《魏书》。《魏书·律历志》以北魏属水德,建元为壬子,壬子属北方,水运的正位,建元与运次密合。但魏收却以北齐直接上承魏统,而否认北魏与其后东魏、西魏的帝统传承关系。高王,指北齐文宣帝高洋。 ⑦越次而载:书写历史超越了各政权的实际接续次序。 ⑧攸宜:攸,语气词。宜,恰当,适宜。

自五胡①称制,四海殊宅②。江左既承正朔③,斥彼魏胡,故氐、羌有录,索虏成传④。魏本出于杂种,窃亦自号真君⑤。其史党附⑥本朝,思欲凌驾前作,遂乃南笼典午⑦,北吞诸伪,比于群盗⑧,尽入传中。但当有晋元、明⑨之时,中原秦、赵之代⑩,元氏膜拜稽首,自同臣妾⑪,而反列之于传,何厚颜之甚邪!又张、李诸姓,据有凉、蜀⑫,其于魏也,校年则前后不接,论地则参商有殊⑬,何预魏氏而横加编载?

[注释]①五胡:指北朝十六国时期先后建立政权的五个少数民族,即匈奴、鲜卑、羯、氐、羌。 ②四海殊宅:天下分裂。殊,不同。宅,驻地,以殊宅喻割据和分裂。 ③江左既承正朔:江左,指东晋和南朝。正朔,帝位传承的正统。 ④氐、羌有录,索虏成传:东晋或南朝以自己为正统,著史涉及北朝少数民族政权,则蔑称为"索虏"。如《宋书》有《索虏传》,《南齐书》有《虏传》等。 ⑤自号真君:北魏拓跋族本来是胡族的一支,而北魏太武帝拓跋焘却立年号为"太平真君"。 ⑥党附:偏袒。 ⑦南笼典午:批评《魏书》将东

晋的历史也囊括到魏史中来。笼,笼罩,包括。典午,"司马"的隐语。《三国志·蜀书·谯周传》:"典午者,谓司马也。"晋帝姓司马,后因以"典午"指晋朝。南笼典午,指《魏书》作《僭晋司马睿传》。 ⑧北吞诸伪,比于群盗:对于北方被北魏灭掉或与魏同时的诸少数民族政权,则指为群盗,写入书中。 ⑨元、明:元,晋元帝司马睿。明,晋明帝司马绍。 ⑩秦、赵之代:秦指前秦、后秦,分别由氐族苻坚和羌族姚苌建立的政权。 ⑪元氏膜拜稽首,自同臣妾:元氏,指北魏拓跋族政权。北魏鲜卑拓跋氏政权到魏孝文帝时改拓跋氏为元氏。自同臣妾,是说当时拓跋族的势力还很微弱。膜拜、稽首都是当时北方少数民族的礼节。膜拜,跪拜时双手交于胸前。稽首,跪拜时头额着地。 ⑫张、李诸姓,据有凉、蜀:张指汉族人张寔,其子骏建国"前凉",前凉亡于前秦。李指李雄,雄踞成都,国号"成",后改称"汉"。 ⑬参、商有殊:参、商是星宿名,参在西方,商在南方,出没不同时,此处以参商喻张骏的前凉与李雄的成汉都与魏没有关系,年代不连,地域悬隔,《魏书》不应该把他们纳入记载范围。

夫《尚书》者,七经之冠冕,百氏之襟袖①。凡学者必先精此书,次览群籍。譬夫行不由径②,非所闻焉。修国史者,若旁采异闻,用成博物,斯则可矣。如班《书·地理志》,首全写《禹贡》一篇。降为后书,持续前史。盖以水济水,床上施床③,徒有其烦,竟无其用,岂非惑乎?昔春秋诸国,赋诗见意,《左氏》所载,唯录章名④。如地理为书,论自古风俗,至于夏世,宜云《禹贡》已详,何必重述古文,益其辞费⑤也?

[注释]①百氏之襟袖:百氏,历代之意。襟袖,言其重要。《尚书》是历代最看重的经书。 ②行不由径:不走邪路。语出《论语·雍也》。径,狭窄的道路。 ③床上施床:叠床架屋之意。语出《颜氏家训·序致》。 ④《左氏》所载,唯录章名:《左传》中所载诸侯卿大夫赋诗见志多处,大都只录章

名,而不将全诗抄录。 ⑤辞费:冗长繁赘的词句。

若夷狄本系,种落所兴,北貊起自淳维①,南蛮出于槃瓠②,高句丽以鳖桥获济③,吐谷浑因马斗徙居④。诸如此说,求之历代,何书不有?而作之者曾不知前撰已著,后修宜辍⑤,遂乃百世相传,一字无改。盖骈指⑥在手,不加力于千钧;附赘居身,非广形于七尺⑦。为史之体,有若于斯,苟滥引它事,丰其部帙,以此称博,异乎吾党所闻。

[**注释**]①北貊起自淳维:北貊,对北方民族的侮辱性称呼,指匈奴族。《史记·匈奴列传》:"匈奴其先夏后氏之苗裔也,曰淳维。" ②南蛮出于槃瓠(pán hù):南蛮,瑶族先民。"南蛮出于槃瓠"的故事见于《后汉书·南蛮传》:"昔高辛氏有犬戎之寇,帝患其侵暴,而征伐不克。乃访募天下,有能得犬戎之将吴将军头者,购黄金千镒,邑万家,又妻以少女。时帝有畜狗,其毛五采,名曰槃瓠。下令之后,槃瓠遂衔人头造阙下,群臣怪而诊之,乃吴将军首也……帝不得已,乃以女配槃瓠。……经三年,生子一十二人,六男六女。槃瓠死后,因自相夫妻……其后滋蔓,号曰蛮夷。" ③高句丽以鳖桥获济:事见《魏书·高句丽传》:"高句丽者,出于夫余,自言先祖朱蒙……朱蒙乃与乌引、乌违等二人,弃夫余,东南走。中道遇一大水,欲济无梁,夫余人追之甚急。朱蒙告水曰:'我是日子,河伯外孙,今日逃走,追兵垂及,如何得济?'于是鱼鳖并浮,为之成桥,朱蒙得渡……遂至普述水,遇见三人,其一人着麻衣,一人着纳衣,一人着水藻衣,与朱蒙至纥升骨城,遂居焉,号曰高句丽,因以为氏焉。" ④吐谷浑(yù hún)因马斗徙居:传说辽东鲜卑人涉归,生二子,长子吐谷浑,次子洛廆,各自建成部落。因两部落的马互相斗殴,洛廆大怒,驱逐吐谷浑。事见《晋书·吐谷浑传》。 ⑤辍:停止。 ⑥骈指:连指。骈,并列的。 ⑦附赘居身,非广形于七尺:身长赘肉,并不能增加身躯的魁伟。

陆士衡有云:"虽有爱而必捐①。"善哉斯言,可谓达作者之致矣。夫能明彼断限,定其折中,历选自古,唯萧子显近诸。然必谓都无其累②,则吾未之许也。

[注释]①虽有爱而必捐:出自陆机《文赋》,意谓要懂得忍痛割爱的道理。捐,舍弃,取消。 ②累:毛病,缺陷。

编次第十三

昔《尚书》记言,《春秋》记事,以日月为远近,年世为前后,用使阅之者雁行鱼贯①,皎然可寻。至马迁始错综成篇,区分类聚。班固踵武②,仍加祖述。于其间则有统体不一,名目相违,朱紫以之混淆,冠履于焉颠倒③,盖可得而言者矣。

[注释]①雁行鱼贯:比喻史书的编纂很有条理,井然不乱。 ②踵武:跟着前人的脚步走,效法之意。同成语"踵武前贤"。 ③冠履于焉颠倒:比喻首尾颠倒,次序混乱。

寻子长之列传也,其所编者唯人而已矣。至于龟策异物,不类肖形,而辄与黔首同科①,俱谓之传,不其怪乎?且龟策所记,全为志体,向若与八书齐列,而定以书名,庶几物得其朋,同声相应者矣。

[注释]①龟策异物,不类肖形,而辄与黔首同科:《史记》有《龟策列传》,记卜筮、占卜之事。刘知幾认为,将其与记人的列传同列,是义例不纯。黔首,平民百姓,这里泛指历史人物。

孟坚每一姓有传，多附出余亲。其事迹尤异者，则分入它部。故博陆、去病昆弟非复一篇①，外戚、元后妇姑分为二录②。至如元王受封于楚，至孙戊而亡③。案其行事，所载甚寡，而能独载一卷者，实由向、歆之助④耳。但交封汉始，地启列藩⑤；向居刘末，职才卿士⑥。昭穆既疏⑦，家国又别⑧。适使分楚王子孙于高、惠之世⑨，与荆、代并编⑩；析刘向父子于元、成之间⑪，与王、京共列⑫。方于诸传，不亦类乎？

[注释]①博陆、去病昆弟非复一篇：博陆，霍光封博陆侯。去病，霍去病，霍光之兄，西汉名将，抗击匈奴有功，先后被封为冠军侯、终利侯、骠骑将军。弟兄两人在《汉书》分别立传。　②外戚、元后妇姑分为二录：《汉书》有《外戚传》和《元后传》。　③元王受封于楚，至孙戊而亡：楚王刘交高祖时受封，到其孙刘戊吴楚七国之乱后自杀，实际上其封国已亡。　④向、歆之助：刘向、刘歆父子，是楚元王之后，附于《汉书·楚元王传》后。　⑤交封汉始，地启列藩：楚元王刘交汉初被封为藩国。　⑥向居刘末，职才卿士：刘向已是汉末时人，也只是一般的卿士。刘知幾认为，刘向、刘歆不宜附于《楚元王传》。　⑦昭穆既疏：按照昭穆的次序排，刘向、刘歆也距刘交很远了。　⑧家国又别：按照封爵来说，刘交是王，是国；刘向是卿大夫，是家。这里的家国是沿用了春秋时期的概念，诸侯称国，大夫成家。　⑨分楚王子孙于高、惠之世：高祖刘邦，惠帝刘盈。《楚元王传》所附刘交之子孙，只可记到惠帝而止。　⑩与荆、代并编：荆，刘贾，刘邦从父兄，封荆楚王。代，浦起龙注："当作'赵'，高祖子。"赵，赵王刘友，高祖子，诸姬所生。　⑪元、成之间：汉元帝、成帝之间。　⑫与王、京共列：王，王吉，昭宣时期人。《汉书·王吉传》曰："吉兼通《五经》，能为驺氏《春秋》，以《诗》、《论语》教授，好梁丘贺说《易》，令子骏受焉。"京，京房，元帝时人。《汉书·京房传》曰："京房字君明，东郡顿丘人也。治《易》，事梁人焦延寿。"

又自古王室虽微，天命未改，故台名逃责①，尚曰周王；君未系颈，且云秦国②。况神玺在握，火德犹存，而居摄建年，不编《平纪》之末③；孺子主祭，咸书《莽传》之中④。遂令汉余数岁⑤，湮没无睹，求之正朔，不亦厚诬？

[注释]①台名逃责：《史记·周本纪》"正义"引《帝王世纪》：东周末年，周赧王"虽居天子之位号，为诸侯之所役逼，与家人无异。名负责于民，无以得归，乃上台避之，故周人名其台曰'逃责台'"。刘知幾征引此例意在说明，周室虽衰，天命未改，周赧王虽然为逃债显得窘迫狼狈，但仍称"周王"，名分不改。　②君未系颈，且云秦国：《史记·秦始皇本纪》记，秦子婴向沛公刘邦投降时乘素车白马，颈系丝带。刘知幾反用此例，云当秦子婴尚没有颈系丝带的时候，还应该承认秦国的存在。　③神玺在握……不编《平纪》之末：此句批评《汉书》将王莽居摄建年事单独立传，而不将之附于《平帝纪》之末。④孺子主祭，咸书《莽传》之中：孺子，平帝死后，王莽为了篡夺帝位，选立宣帝玄孙广戚侯刘婴为太子，改元居摄。三年之后，王莽废孺子婴而自称皇帝。对于居摄期间的史事，《汉书》没有立《孺子婴纪》，而是写入《王莽传》中。⑤汉余数岁：居摄元年至初始元年的三年时间。

当汉氏之中兴也，更始升坛改元，寒暑三易①。世祖②称臣北面，诚节不亏。既而兵败长安，祚归高邑，兄亡弟及③，历数相承。作者乃抑圣公于传内，登文叔于纪首④，事等跻僖，位先不窋⑤。夫东观秉笔，容或诒于当时，后来所修，理当刊革⑥者也。

[注释]①更始升坛改元，寒暑三易：更始帝，刘玄，刘秀族兄。东汉末年的绿林、赤眉起义中，刘秀等乘势起兵，推刘玄为更始将军。后来刘玄称帝，改元更始。后赤眉军拥立刘盆子为帝，玄被绞死。　②世祖：光武帝刘秀的庙号。　③祚归高邑，兄亡弟及：刘秀称帝，即位于鄗（今河北柏乡），改元建武，改鄗为高邑。祚，国祚，帝位。国祚回到高邑，是从刘玄传到刘秀。

④抑圣公于传内,登文叔于纪首:《后汉书》关于刘玄的更始帝位,不设帝纪而写入传中;反倒把继其而起的刘秀列入"帝纪"之首。圣公,刘玄字圣公。文叔,刘秀字文叔。　⑤事等跻僖,位先不窋(zhú):等,相同。跻,提升。僖,僖公,鲁文公之父。《左传》文公二年记,文公大事于太庙,要提升其父僖公的享祀次序。君子以为失礼,僖公虽有圣德,但也不能位居先辈之前。不窋,周文王之父。即使如周文王这样的圣王,也不能位居其父不窋之前,这是礼的约束。现在,《后汉书》将刘秀作为帝纪之首,而将更始帝列入传中,实际上就等同于提升僖公的享祀位次,也好比将文王列位于不窋之上。　⑥刊革:改变。

　　盖逐兔争捷①,瞻乌靡定②,群雄僭盗,为我驱除。是以史传所分,真伪有别,陈胜、项籍见编于高祖之后,隗嚣、孙述不列于光武之前。而陈寿《蜀书》首标二牧③,次列先主④,以继焉、璋。岂以蜀是伪朝⑤,遂乃不遵恒例。但鹏、鷃一也⑥,何大小之异哉?

　　[注释]①逐兔争捷:典故,见《吕氏春秋·慎势》:"今一兔走,百人逐之,非一兔足为百人分也,由未定。由未定,尧且屈力,而况众人乎? 积兔满市,行者不顾,非不欲兔也,分已定矣。分已定,人虽鄙,不争。"　②瞻乌靡定:《诗经·小雅·正月》:"瞻乌爰止,于谁之屋。"看着乌还没有停下来,会落在谁家的房屋上呢? 和逐兔争捷一样,都是比喻群雄逐鹿,天下未定。　③《蜀书》首标二牧:二牧即益州牧刘焉、刘璋。《三国志·蜀书一》即是《刘二牧传》。　④先主:刘备。　⑤蜀是伪朝:《三国志》以曹魏为正统,视吴、蜀为伪朝。　⑥鹏、鷃一也:鹏,鲲鹏,大鸟。鷃,鷃雀,小鸟。这里喻指将刘焉、刘璋与刘备不做区分,虽说他们都曾统治蜀、益,但毕竟是有差异。

　　《春秋》嗣子谅暗①,未逾年而废者,既不成君,故不别加篇目。是以鲁公十二②,恶、视不预其流③。及秦之子婴④,汉之昌邑⑤,咸亦因胡亥而得记,附孝昭而获闻。

而吴均《齐春秋》乃以郁林为纪⑥,事不师古,何滋章之甚与!

[注释]①谅暗:受丧,居丧。 ②鲁公十二:春秋时期的鲁国国君共十二位,隐公、桓公、庄公、闵公、僖公、文公、宣公、成公、襄公、昭公、定公、哀公。③恶、视不预其流:十二国君中不包括恶、视两位。恶,鲁文公太子;视,恶弟,二人被鲁大夫襄仲所杀。 ④秦之子婴:赵高杀二世胡亥,立其兄子子婴为帝,子婴为帝46天。其事附于《史记·秦始皇本纪》。 ⑤汉之昌邑:昌邑王刘贺,昭帝死后即皇帝位,27天被废,事见《汉书·武五子传》:"王受皇帝玺绶,袭尊号。即位二十七日,行淫乱。大将军光与群臣议,白孝昭皇后,废贺归故国。" ⑥吴均《齐春秋》乃以郁林为纪:郁林王,名昭业,南朝齐武帝萧赜之孙,即皇帝位七个月被杀。吴均,南朝梁人,著有《齐春秋》,大概在宋代已佚。吴均的《齐春秋》为郁林王立纪,今本《南齐书》也有《郁林王本纪》。

观梁、唐二朝,撰《齐》、《隋》两史,东昏犹在,而遽列和年①;炀帝未终,而已编恭纪②。原其意旨,岂不以和为梁主所立,恭乃唐氏所承,所以黜永元而尊中兴③,显义宁而隐大业。苟欲取悦当代④,遂乃轻侮前朝。行之一时,庶叶权道⑤;播之千载,宁为格言!

[注释]①东昏犹在,而遽列和年:东昏,南朝齐东昏侯萧宝卷,明帝萧鸾子,498~501年在位。和年,南朝齐和帝萧宝融,明帝子,501年自立为帝,改元中兴。遽,匆忙,急。 ②炀帝未终,而已编恭纪:炀帝未终,隋炀帝尚且在位。恭纪,隋炀帝大业十三年巡幸江都,李渊起兵攻入都城长安,拥立炀帝孙侑为帝,改元义宁,遥尊隋炀帝为太上皇,在位一年被迫禅位于李渊。《隋书》卷五为《恭帝纪》。 ③黜永元而尊中兴:永元,东昏侯年号。中兴,齐和帝年号。 ④取悦当代:这样做的目的是为迎合当代。《隋书》是唐初所修,唐的开国之君李渊是受禅于恭帝,突出恭帝纪,在于确认大唐政权的合法性。

⑤庶叶权道:庶,庶几,大致。叶,符合。权,灵活。道,方法。

寻夫本纪所书,资①传乃显;表志异体,不必相涉。旧史以表志之帙介于纪传之间②,降及蔚宗,肇③加厘革,沈、魏继作,相与因循。既而子显《齐书》、颖达④《隋史》,不依范例,重遵班法。盖择善而行,何有远近;闻义不徙⑤,是吾忧也。

[注释]①资,借助。 ②表志之帙,介于纪传之间:《史记》的编纂顺序是先本纪,次年表,次书,次世家,最后是列传。《汉书》的编纂顺序是帝纪、表、志、传。 ③肇:开始。 ④颖达:孔颖达,唐初史学家、经学家,是《隋书》、《五经正义》等书的主要编撰者之一。 ⑤闻义不徙:听到义而不能去实行。语出《论语·述而》篇:子曰:"德之不修,学之不讲,闻义不能徙,不善不能改,是吾忧也。"

若乃先黄、老而后《六经》①,后外戚而先夷狄②;老子与韩非并列③,贾诩将荀彧同编④,《孙弘传赞》,宜居《武》、《宣纪》末⑤;宗庙迭毁,柱入《玄成传》终⑥。如斯舛谬,不可胜纪。今略其尤甚者耳,故不复一一而详之。

[注释]①乃先黄、老而后《六经》:班固批评司马迁的话,见《汉书·司马迁传》:"其是非颇缪于圣人,论大道而先黄、老而后六经,序游侠则退处士而进奸雄,述货殖则崇势利而羞贱贫,此其所蔽也。" ②后外戚而先夷狄:《汉书·外戚传》列在匈奴、西南夷、南粤、闽越、朝鲜、西域等传之后。 ③老子与韩非并列:指《史记·老子韩非列传》。 ④贾诩将荀彧(yù)同编:《三国志·魏书》有《荀彧荀攸贾诩传》,刘知幾认为二者不是同一类人,不该同编于一传。 ⑤《孙弘传赞》,宜居《武》、《宣纪》末:《汉书·公孙弘卜式儿宽传赞》文字很长,历数了汉兴六十余载、特别是武帝、宣帝时期的人才济济之

状。刘知幾认为，这样的赞文，实际上是对武帝、宣帝用人的评价，而与公孙弘等无甚关联，所以应该放在《武帝纪》或《宣帝纪》之末。 ⑥宗庙迭毁，枉入《玄成传》终：韦玄成，汉元帝时人，官至丞相。《汉书》将《韦贤传》附《韦玄成传》末，用大量文字叙述各郡国所立高祖、文帝、景帝等庙罢毁的诏议，刘知幾认为，这些应收入《礼志》之中。

称谓第十四

孔子曰："唯名不可以假人①。"又曰："名不正则言不顺，""必也正名乎！"是知名之折中②，君子所急。况复列之篇籍，传之不朽者邪！昔夫子修《春秋》，吴、楚称王而仍旧曰子。此则褒贬之大体，为前修之楷式也。

[注释]①唯名不可以假人：孔子此话见于《左传·成公二年》："新筑人仲叔于奚救孙桓子，桓子是以免。既，卫人赏之以邑，辞。请曲县、繁缨以朝，许之。仲尼闻之曰：'惜也，不如多与之邑。唯器与名，不可以假人，君之所司也。'" ②折中：适度，准确。

马迁撰《史记》，项羽僭盗而纪之曰王，此则真伪莫分，为后来所惑者也。自兹已降，讹谬相因，名讳所施，轻重莫等。至如更始中兴汉室，光武所臣，虽事业不成，而历数终在。班、范二史皆以刘玄为目①，不其慢乎？

[注释]①班、范二史皆以刘玄为目：《汉书》和《后汉书》都不为更始帝刘玄立本纪。

古者二国争盟，晋、楚并称侯伯①；七雄力战，齐、秦俱曰帝王。其间虽胜负有殊,大小不类,未闻势穷者即为匹庶②,力屈者乃成寇贼③也。至于近古则不然,当汉氏云亡,天下鼎峙,论王道则曹逆而刘顺④,语国祚则魏促而吴长⑤。但以地处函夏⑥,人传正朔,度长絜短⑦,魏实居多。二方之于上国⑧,亦犹秦缪、楚庄,与文、襄而并霸⑨。逮作者之书事也,乃没吴、蜀号谥,呼权、备姓名⑩,方于魏邦,悬隔顿尔⑪,惩恶劝善,其义安归。

[**注释**]①侯伯:侯,诸侯。伯,同霸,意谓霸主。 ②匹庶:庶民百姓。③寇贼:寇,盗匪。贼,作乱、肇祸危害国家之人。 ④论王道则曹逆而刘顺:王道,正统之意。曹,曹魏。逆,违背。刘,刘备、刘禅;顺,符合。 ⑤语国祚则魏促而吴长:国祚,立国的年数。吴,东吴。以建国年数论则曹魏短而东吴长。 ⑥函夏:函,函谷关。夏,中原地区。 ⑦度长絜短:综合衡量。絜,衡量物体的长短。 ⑧二方之于上国:二方,吴、蜀二国。上国,指曹魏。⑨犹秦缪、楚庄与文、襄而并霸:以吴、蜀比春秋时期的秦缪公、楚庄王;而曹魏则相当于晋文公、晋襄公。 ⑩没吴、蜀号谥,呼权、备姓名:言鱼豢的《魏略》和孙盛的《魏氏春秋》,记刘备、孙权事,隐去他们的谥号,直呼其名。⑪悬隔顿尔:顿时拉开了距离。顿尔,顿时,立即。

续以金行版荡①,戎、羯称制②,各有国家,实同王者。晋世臣子党附君亲,嫉彼乱华,比诸群盗。此皆苟徇私忿,忘夫至公。自非坦怀爱憎,无以定其得失。至萧方③等始存诸国名谥④,僭帝者皆称之以王。此则赵犹人君,加以主号⑤;杞用夷礼,贬同子爵⑥。变通其理,事在合宜,小道可观,见于萧氏者矣。

[**注释**]①金行版荡:金行,指西晋。版荡,政局混乱,社会动荡不安。②戎、羯称制:以戎、羯指代整个五胡。称制,即位称帝,即位执政。 ③萧

方:南朝梁元帝长子,撰《三十国春秋》31卷。此书以晋为中心,兼及列国史事。 ④诸国名谥:萧方之书并存诸国王号及帝王谥号。 ⑤赵犹人君,加以主号:赵指春秋时期的赵武灵王。当时,韩、燕诸国皆称王,武灵王赵雍不肯称王。后来他传位给少子,而自号"主父"。 ⑥杞用夷礼,贬同子爵:事见《左传·僖公二十七年》:"杞桓公来朝,用夷礼,故曰子。"

古者天子庙号①,祖有功而宗②有德,始自三代,迄于两汉,名实相允,今古共传。降及曹氏,祖名多滥,必无惭德,其唯武王③。故陈寿《国志》独呼武曰祖,至于文、明④,但称帝而已。自晋已还,窃号者非一。如成、穆两帝⑤,刘、萧二明⑥,梁简文兄弟⑦,齐武成昆季⑧,斯或承家之僻王,或亡国之庸主,不谥灵缪,为幸已多⑨,犹曰祖宗,孰云其可?而史臣载削,曾无辨明,每有所书,必存庙号,何以申劝沮之义⑩,杜渝滥之源⑪者乎?

[注释]①庙号:皇帝死后,在太庙奉祀时特起的名号,如高祖、太宗等。②宗:祖先。 ③武王:曹操。 ④文、明:文,曹丕,文皇帝。明,曹睿,明皇帝。而书曹操为"太祖武皇帝"。 ⑤成、穆两帝:东晋成帝司马衍,庙号显宗,被杀身亡。东晋穆帝司马聃,庙号孝宗。 ⑥刘、萧二明:南朝宋太祖明帝刘彧,南朝齐高宗明帝萧鸾。 ⑦梁简文兄弟:南朝梁太宗简文帝萧纲,侯景之乱后被废为晋安王,后被杀。世祖孝元帝肖绎,被西魏俘杀。 ⑧齐武成昆季:北齐显祖文皇帝高洋,篡夺东魏政权,改国号齐,晚年酗酒昏狂,滥杀无辜。 ⑨不谥灵缪,为幸已多:像这些昏庸无道或下场悲惨的皇帝,不谥为"灵"或"缪"就是万幸。 ⑩劝沮之义:劝,鼓励。沮,制止。 ⑪渝滥:泛滥。

又位乃人臣,迹参王者,如周之亶父①、季历②,晋之仲达③、师④、昭⑤,追尊建名,比诸天子,可也。必若当涂⑥所出,宦官携养,帝号徒加⑦,人望不惬。故《国志》所录,无异匹夫,应书其人,直云皇之祖考而已。至如元氏,起于边朔,其君乃一部之酋长耳。道武追崇所及,凡二十八君⑧。自开辟已来,未之有也。而《魏书·序纪》,袭其虚号,生则谓之帝,死则谓之崩,何异沐猴而冠⑨,腐鼠称璞⑩者矣!

[注释]①周之亶父:古公亶父,周族的奠基人。 ②季历:古公亶父幼子,后继任为周族的部族酋长。 ③晋之仲达:即司马懿,西晋王朝的奠基人。 ④师:司马师,司马懿长子。 ⑤昭:司马师之子。 ⑥当涂:指曹魏。《三国志·魏书·文帝纪》载东汉术士李云语:"白马令李云上事曰:'许昌气见于当涂高,当涂高者当昌于许。'当涂高者,魏也;象魏者,两观阙是也;当道而高大者魏。魏当代汉。" ⑦徒加:徒,枉然。徒加,空加帝号,与其行事不符。 ⑧道武追崇所及,凡二十八君:指北魏道武帝拓跋珪,为自己的先人追加帝号,所加者28人,泛滥之极。见《魏书·序纪》。 ⑨沐猴而冠:沐猴,猕猴。猕猴即使带上人的帽子,也还是猕猴。 ⑩腐鼠称璞:典故,《战国策·秦策》:"郑人谓玉未理者璞;周人谓鼠未腊者朴。周人怀璞,过郑贾曰:'欲买朴乎?'郑贾曰:'欲之。'出其朴视之,乃鼠也。因谢不取。"

夫历观自古,称谓不同,缘情而作,本无定准。至若诸侯无谥者,战国已上谓之今王;天子见黜者,汉、魏已后谓之少帝①。周衰有共和之相②,楚弑有郏敖之主③,赵佗而曰尉佗④,英布而曰鲸布,豪杰则平林、新市,寇贼则黄巾、赤眉,园、绮友朋,共云四皓⑤,奋、建父子,都称万石⑥。凡此诸名,皆出当代,史臣编录,无复张弛⑦。盖取叶随时,不藉稽古。及后来作者,颇慕斯流,亦时采新名,列成篇题。若王《晋》之《十士》、《寒俊》⑧,沈《宋》之《二凶》、《索虏》⑨，即其事也。唯魏收远不师古，近非因俗，自我作故，无所宪章⑩。其撰《魏书》也，乃以平阳王为出帝，司马氏为僭晋，桓、刘⑪已下，通曰岛夷。夫其谄齐则轻抑关右⑫，党魏则深诬江外⑬，爱憎出于方寸，与夺由其笔端，语必不经，名惟骇物⑭。昔汉世原涉大修坟墓，乃开道立表，署曰南阳阡⑮，欲以继迹京兆，齐声曹尹，而人莫之肯从，但云原氏阡而已。故知事非允当，难以遵行。如收之苟立诡名，不依故实，虽复刊诸竹帛，终罕传于讽诵也。

[注释]①少帝：天子而被废黜的，称少帝。如东汉少帝刘辩被董卓毒死，南朝刘宋少帝刘义符被废为营阳王。 ②周衰有共和之相：共和即卫武公共伯和。周幽王末年，犬戎入侵，卫武公率兵助周驱逐犬戎，有靖难之功。 ③楚弑有郏敖之主：事见《左传·昭公元年》："冬，楚公子围将聘于郑，伍举为介。未出竟，闻王有疾而还。伍举遂聘。十一月己酉，公子围至，入问王疾，缢而弑之……葬王于郏，谓之郏敖。"敖，楚人称未成君者为"敖"。 ④赵佗而曰尉佗：《史记·南越列传》载："南越王尉佗者，真定人也，姓赵氏。佗，秦时用为南海龙川令。至二世时，南海尉任嚣病且死，召龙川令赵佗……行南海尉事……秦已破灭，佗即击并桂林、象郡，自立为南越武王。"文帝时，遣陆贾劝慰，佗取消帝号，用南越王旧号，对汉王朝称臣纳贡。 ⑤园、绮友朋，共云四皓：汉初有隐士园公、绮里季、夏黄公、甪里先生等，人称商山四皓。 ⑥奋、建父子，都称万石：万石君石奋，孝文帝时官至太中大夫。《汉书》本传曰："奋长子建，次甲，次乙，次庆，皆以驯行孝谨，官至二千石。于是景帝曰：'石君及四子皆二千石，人臣尊宠乃举集其门。'凡号奋为万石君。" ⑦张弛：改变。 ⑧王《晋》之《十士》、《寒俊》：王隐所撰《晋书》有《十士传》和《寒俊传》。此书已佚。 ⑨沈《宋》之《二凶》、《索虏》：沈约《宋书》有《二凶传》和《索虏传》。二凶，元凶刘劭和始兴王刘浚。《索虏传》记北魏王朝前期史事。 ⑩宪章：效法，仿照。 ⑪桓、刘：桓玄，晋末权臣，专擅朝政，逼晋安

帝退位,自称皇帝,国号楚。后被刘裕击败,被部将所杀。刘裕,南朝宋武帝。　⑫诋齐则轻抑关右:关右指西魏。魏收在北齐作《魏书》,以齐承接东魏帝统,以东魏的《孝静帝纪》接北魏的《孝武帝纪》,而西魏诸帝不再作纪。　⑬党魏则深诬江外:党,偏袒,佑护。江外,指东晋、刘宋。　⑭骇物:骇,惊骇。物,众人。　⑮南阳阡:西汉时原涉故事,见《汉书·游侠传》:"原涉字巨先。祖父武帝时以豪桀自阳翟徙茂陵。涉父哀帝时为南阳太守。""及涉父死……乃大治起冢舍,周阁重门。初,武帝时,京兆尹曹氏葬茂陵,民谓其道为京兆阡,涉慕之,乃买地开道,立表署曰南阳阡,人不肯从,谓之原氏阡。"刘知幾以此例说明,不合时宜的事情是无法持久的,行不通的。

　　抑又闻之,帝王受命,历数相承,虽旧君已没,而致敬无改,岂可等之凡庶,便书之以名者乎?近代文章,实同儿戏。有天子而称讳①者,若姬满、刘庄②之类是也。有匹夫而不名者,若步兵、彭泽③之类是也。史论立言。理当雅正。如班述之叙圣卿④也,而曰董公惟亮;范赞之言季孟⑤也,至曰隗王得士。习谈汉主,则谓昭烈为玄德⑥。裴引魏室,则目文帝为曹丕⑦。夫以淫乱之臣⑧,忽隐其讳;正朔之后,反呼其名。意好奇而辄为,文逐韵而便作⑨,用舍之道,其例无恒。但近代为史,通多此失。上才犹且若是,而况中庸者乎?今略举一隅,以存标格云尔。

　　[注释]①称讳:称呼名字。　②姬满、刘庄:姬满,周穆王。刘庄,东汉明帝。　③步兵、彭泽:步兵,晋人阮籍。阮籍曾任步兵校尉,世人称阮步兵而不称名。彭泽,晋人陶潜,曾任彭泽县令,世人称陶彭泽而不称名。　④班述之叙圣卿:圣卿,西汉哀帝时人董贤,《汉书·叙传》"述《哀纪》"曰:"婉娈董公,惟亮天功。"　⑤范赞之言季孟:季孟,即隗嚣。范晔《后汉书·隗嚣公孙述列传》"赞"曰:"公孙习吏,隗王得士。"　⑥习谈汉主,则谓昭烈为玄德:《史通》原注:"习氏《汉晋春秋》以蜀为正统,其编目叙事皆谓蜀先主为昭烈

皇帝,至于论中语则呼为玄德。" ⑦裴引魏室,则目文帝为曹丕:裴即裴松之,南朝刘宋时人,其《三国志注》征引了大量史料,对《三国志》本文有重要补充,成为后世《三国志》本书不可分割的组成部分。魏室,曹魏,此处指《三国志·魏志·文帝纪》。曹丕,曹操长子,初封魏王,后即位,改元黄初,是为魏文帝。《三国志·魏书》卷目中,直接标目为"文帝丕"。 ⑧淫乱之臣:指前文提到的董贤和隗嚣。淫指董贤,乱即隗嚣。 ⑨文逐韵而便作:《史通》原注云:"班固《哀纪述》曰:'宛娈董公,惟亮天功。'《隗嚣公孙述传赞》曰:'公孙习吏,隗王得士。'按:公、功,吏、士,皆逐韵也。"

采撰第十五

子曰:"吾犹及史之阙文①。"是知史文有阙,其来尚矣。自非博雅君子,何以补其遗逸者哉?盖珍裘以众腋成温②,广厦以群材合构。自古探穴藏山之士③,怀铅握椠之客④,何尝不征求异说,采摭群言,然后能成一家,传诸不朽。观夫丘明受经立传,广包诸国,盖当时有《周志》⑤、《晋乘》、《郑书》⑥、《楚杌》等篇,遂乃聚而编之,混成一录。向使专凭鲁策⑦,独询孔氏,何以能殚见洽闻⑧,若斯之博也?马迁《史记》,采《世本》、《国语》、《战国策》、《楚汉春秋》。至班固《汉书》,则全同太史⑨。自太初已后,又杂引刘氏⑩《新序》、《说苑》、《七略》之辞。此并当代雅言⑪,事无邪僻,故能取信一时,擅名千载。

[注释]①吾犹及史之阙文:《论语·卫灵公》:子曰:"吾犹及史之阙文也。有马者,借人乘之,今亡矣夫!"犹,尚且。及,到,看到。史,指史官。阙文,史书缺漏的文字。 ②珍裘以众腋成温:裘,皮衣。好的皮衣是由众多的

狐腋之皮聚合而成。　③探穴藏山之士：探穴，隐居洞穴。藏山，隐居于山林之间。　④怀铅握椠：携带笔简，以备随时记录、著述。铅，铅粉。椠（qiàn），木板。椠、铅都是古代书写工具。　⑤《周志》：周代官修史书。　⑥《郑书》：郑国史书。　⑦鲁策：鲁国史《春秋》。　⑧殚见洽闻：殚，竭尽。洽，广博。　⑨全同太史：太史，谓《太史公书》，即《史记》。班固的《汉书》记武帝以前事，几乎全录自《史记》。古人著述往往如此，不以抄袭为嫌。　⑩刘氏：西汉成哀时期人刘向。向受命校订秘阁藏书，将春秋战国秦汉间一些零散史料，分类变成《新序》、《说苑》二书。《七略》是刘向校书编成的目录学著作。⑪雅言：正言。

　　但中世作者，其流日烦，虽国有册书，杀青不暇①，而百家诸子，私存撰录，寸有所长，实广闻见。其失之者，则有苟出异端，虚益新事，至如禹生启石②，伊产空桑③，海客乘槎以登汉④，姮娥窃药以奔月⑤。如斯踳驳，不可殚论⑥，固难以污南、董之片简⑦，沾班、华之寸札⑧。而嵇康《高士传》⑨，好聚七国寓言，玄晏《帝王纪》⑩，多采《六经》图谶，引书之误，其萌于此矣。

　　[注释]①杀青不暇：忙于著述。杀青，治竹作简书之事。古代以竹简做书写材料，但青竹有汗，需要将竹简放在火上炙烤而去其汗，故曰"杀青"。②禹生启石：浦起龙《史通通释》注曰："《路史·余论》：夏后氏生而母化为石，说见《世纪》。盖原禹母获月精石，吞之而生禹也。《淮南·修务》云：'禹生于石。'而今登封庙有一石，号'启母石'。汉元封元年，武帝幸缑氏，制曰：朕至中岳，见启母石。云化石启生，地在嵩北。按：《韵府》言禹通轩辕，谓涂山氏；欲饷，闻鼓乃来。禹跳石，误中鼓，涂山忽至，见禹方作熊，惭而去，至嵩山下化为石。禹曰：'归我子。'石破北方，生启云云。谓是《淮南》之文，《淮南》实无其文，亦编书家不根之一征也。"　③伊产空桑：《吕氏春秋·本味》篇："有侁氏女子采桑，得婴儿于空桑之中，献之其君。其君令烰人养之，察其

所以然。曰:'其母居伊水之上,孕,梦有神告之曰:臼出水而东走,毋顾!明日,视臼出水,告其邻,东走十里而顾,其邑尽为水,身因化为空桑。故命之曰伊尹。'此伊尹生空桑之故也。" ④海客乘槎以登汉:海边客人乘着竹筏木筏而上天到达银河。槎(chá),竹筏,木筏。汉,银河。 ⑤姮娥窃药以奔月:嫦娥奔月的故事。 ⑥不可殚论:不可尽言。殚,尽。 ⑦污南、董之片简:污,玷污。南,南史氏,春秋时期齐国史官。董,董狐,春秋时期晋国史官。南史氏和董狐都是敢于秉笔直书的古之良史,事见《左传·襄公二十五年》和《左传·昭公十五年》。 ⑧沾班、华之寸札:沾,浸湿,此处意同玷污。班,班固。华,华峤。 ⑨嵇康《高士传》:嵇康,西晋时人,竹林七贤之一,所撰《高氏传》、《隋书·经籍志》、新旧《唐书·艺文志》都有著录,后世亡佚。 ⑩玄晏《帝王纪》:玄晏,即皇甫谧,幼名静,字士安,自号玄晏先生,汉晋间人,撰有《历代帝王世纪》,记载上起三皇,下迄汉、魏的史事,也保存了一些两汉时期所盛行的谶纬迷信。

　　至范晔增损东汉一代,自谓无惭良直,而王乔凫履①,出于《风俗通》②,左慈羊鸣③,传于《抱朴子》④。朱紫不别,秽莫大焉。沈氏著书,好诬先代,于晋则故造奇说,在宋则多出谤言,前史所载,已讥其谬矣。而魏收党附北朝,尤苦南国,承其诡妄,重以加诸。遂云马睿出于牛金⑤,刘骏上淫路氏⑥。可谓助桀为虐,幸人之灾。寻其生绝胤嗣⑦,死遭剖斲⑧,盖亦阴过⑨之所致也。

　　[注释]①王乔凫履:《后汉书·方术传》:"王乔者,河东人也。显宗世,为叶令。乔有神术,每月朔望,常自县诣台朝。帝怪其来数,而不见车骑,密令太史伺望之。言其临至,辄有双凫从东南飞来。于是候凫至,举罗张之,但得一只舄焉。"言其怪异。凫(fú),野鸭。 ②《风俗通》:东汉人应劭撰。 ③左慈羊鸣:《后汉书·方术传》:"左慈字符放,庐江人也。少有神道。尝在司空曹操坐……后操出近郊,士大夫从者百许人,慈乃为赍酒一升,脯一斤,

手自斟酌，百官莫不醉饱。操怪之，使寻其故，行视诸垆，悉亡其酒脯矣。操怀不喜，因坐上收，欲杀之，慈乃却入壁中，霍然不知所在。或见于市者，又捕之，而市人皆变形与慈同，莫知谁是。后人逢慈于阳城山头，因复逐之，遂入走羊群。操知不可得，乃令就羊中告之曰：'不复相杀，本试君术耳。'忽有一老羝屈前两膝，人立而言曰：'遽如许。'即竞往赴之，而群羊数百皆变为羝，并屈前膝人立，云'遽如许'，遂莫知所取焉。"　④《抱朴子》：晋人葛洪撰，道教经典著作之一。　⑤马睿出于牛金：司马睿是晋将牛金之后。《史通》原注引王劭说："沈约《晋书》造奇说。"以此奇说，晋元帝司马睿是琅琊恭王的觐妃与晋将牛金私通所生，冒姓司马。沈约之后，魏收的《魏书》也承此说，为晋元帝作传时，目之曰"僭晋司马睿"。　⑥刘骏上淫路氏：刘骏，南朝宋孝武帝。路氏，刘骏之母。按《史通》原注，此说也起于沈约《宋书》："孝武于路太后处寝息，时人多有异议。"魏收的《魏书》承此说："骏烝其母路氏，丑声播于瓯、越也。"烝，下淫上，与母辈通奸。　⑦生绝胤嗣：生前断绝后代。胤嗣，后代，后裔。　⑧死遭剖斲：死后遭到剖尸。斲（zhuó），凿破棺椁。　⑨阴过：隐秘的过失。

　　晋世杂书，谅非一族，若《语林》①、《世说》②、《幽明录》③、《搜神记》④之徒，其所载或恢谐小辩，或神鬼怪物。其事非圣，扬雄所不观⑤；其言乱神，宣尼所不语⑥。皇朝新撰《晋史》，多采以为书。夫以干、邓之所粪除⑦，王、虞之所糠秕⑧，持为逸史，用补前传，此何异魏朝之撰《皇览》⑨，梁世之修《遍略》⑩，务多为美，聚博为功，虽取说于小人，终见嗤于君子矣。

　　[注释]①《语林》：西晋裴荣所撰。　②《世说》：《世说新语》，南北朝时期的一部记述东汉末年至东晋时豪门贵族和官僚士大夫言谈轶事的书。刘宋宗室临川王刘义庆撰写，梁人刘孝标注。　③《幽明录》，刘义庆撰，已佚。　④《搜神记》：晋人干宝撰，《晋书·干宝传》："宝兄尝病气绝，积日不冷，后遂

悟,云见天地间鬼神事,如梦觉,不自知死。宝以此遂撰集古今神祇灵异人物变化。名为《搜神记》,凡三十卷。" ⑤其事非圣,扬雄所不观:《汉书·扬雄传》:"雄自有大度,非圣哲之书,不好也。" ⑥其言乱神,宣尼所不语:宣尼,仲尼,孔子。《论语·述而》:"子不语怪、力、乱、神。" ⑦干、邓之所粪除:干,干宝。邓,邓粲,东晋史学家,著有《晋纪》和《老子注》。粪除,摒弃。 ⑧王、虞之所糠秕:王,王隐,晋人,曾撰《晋书》80卷。虞,虞预,东晋时任著作郎,曾私撰《晋书》40余卷。糠秕,谷粒不饱满,形容碎屑杂芜。 ⑨《皇览》:魏文帝曹丕命王象、刘劭、缪袭、韦诞、桓范等撰集经传,凡120卷,供皇王省览,故曰《皇览》。 ⑩《遍略》:南朝梁武帝命群臣所撰,由华林园学士七百余人参与,人各一卷,凡700卷。《南史·文学列传》载:"天监十五年,敕太子詹事徐勉,举学士入华林撰《遍略》,勉举思澄、顾协、刘杳、王子云、钟屿等五人以应选。八年乃书成,合七百卷。"

　　夫郡国之记,谱谍之书,务欲矜①其州里,夸其氏族。读之者安可不练②其得失,明其真伪者乎?至如江东"五俊"③,始自《会稽典录》,颍川"八龙"④,出于《荀氏家传》,而修晋、汉史者,皆征彼虚誉,定为实录。苟不加以研核,何以详其是非?

　　[注释]①矜:夸耀。 ②练:熟知,洞察。 ③江东五俊:《晋书·薛兼传》载:"薛兼,字令长,丹阳人也。祖综,仕吴为尚书仆射。父莹,有名吴朝。吴平,为散骑常侍。兼清素有器宇,少与同郡纪瞻、广陵闵鸿、吴郡顾荣、会稽贺循齐名,号为'五俊'。"刘知幾认为江东"五俊"最早出自东晋人虞预的《会稽典录》,但此书已亡,无可考知。 ④颍川八龙:《后汉书·荀淑传》载:"荀淑字季和,颍川颍阴人,荀卿十一世孙也……当世名贤李固、李膺等皆师宗之……弃官归,闲居养志。产业每增,辄以赡宗族知友,年六十七,建和三年卒,李膺时为尚书,自表师丧。二县皆为立祠。有子八人:俭、绲、靖、焘、汪、爽、肃、专,并有名称,时人谓之'八龙'。"刘知幾说八龙之说出自《荀氏家传》,此书两《唐书》有著录,后佚。

又讹言难信,传闻多失,至如曾参杀人①,不疑盗嫂②,翟义不死③,诸葛犹存④,此皆得之于行路,传之于众口,倘无明白⑤,其谁曰然。故蜀相薨于渭滨⑥,《晋书》称呕血而死;魏君崩于马圈⑦,《齐史》云中矢而亡;沈炯骂书⑧,河北以为王伟;魏收草檄⑨,关西谓之邢邵。夫同说一事,而分为两家,盖言之者彼此有殊,故书之者是非无定。

[注释]①曾参杀人:典故,见《战国策·秦策》:"昔者,曾子处费,费人有与曾子同名族者而杀人。人告曾子母曰:'曾参杀人。'曾子之母曰:'吾子不杀人。'织自若。有顷焉,人又曰:'曾参杀人。'其母尚织自若也。顷之,一人又告之曰:'曾参杀人。'其母惧,投杼逾墙而走。夫以曾参之贤与母之信也,而三人疑之,则慈母不能信也。" ②不疑盗嫂:《汉书·直不疑传》:"人或毁不疑曰:'不疑状貌甚美,然特毋奈其善盗嫂何也!'不疑闻,曰:'我乃无兄。'然终不自明也。" ③翟义不死:翟义西汉人,东郡太守,王莽篡汉后,翟义发檄文讨莽,兵败自杀。后来有反对王莽者王昌,诈说自己是成帝之子,并宣传翟义未死,以号召反莽。王昌在传移州郡的檄文中说:"天命佑汉,使东郡太守翟义拥兵征讨。"事见《汉书·王昌传》。 ④诸葛犹存:三国故事,诸葛亮率军北伐,病死军中,秘不发丧。蜀军整军后撤,司马懿怀疑亮还活着,急忙撤退。 ⑤倘无明白:假设没有人揭露它是虚构伪造。 ⑥蜀相薨于渭滨:蜀相,诸葛亮。《三国志·魏书》说诸葛亮"粮尽势穷,忧恚呕血"而死,而裴松之注《三国志》则提出异议:"臣松之以为亮在渭滨,魏人蹑迹,胜负之形,未可测量,而云呕血,盖因亮自亡而自夸大也。夫以孔明之略,岂为仲达呕血乎?" ⑦魏君崩于马圈:魏君,北魏孝文帝。马圈,地名。《魏书·高祖纪下》载,文帝太和二十三年,南齐发兵攻打荆州,夺占马圈戍。文帝率军抵抗,打破齐军。孝文帝病垂,领兵北还,死于谷塘原行宫。此事刘知幾说《齐史》记曰孝文帝中箭而亡,但今本《南齐书》中不见"中矢而亡"四字。 ⑧沈

炯骂书:《陈书·王炯传》载,王炯草拟声讨侯景的檄文。 ⑨魏收草檄:此事今天可以看到的《北史·魏收传》、《邢劭传》等,都没有记载,不知刘知幾所本何书。

况古今路阻,视听壤隔,而谈者或以前为后,或以有为无,泾、渭一乱①,莫之能辨。而后来穿凿,喜出异同,不凭国史,别讯流俗②。及其记事也,则有师旷将轩辕并世③,公明与方朔同时④;尧有八眉⑤,夔唯一足⑥;乌白马角,救燕丹而免祸⑦;犬吠鸡鸣,逐刘安以高蹈⑧。此之乖滥,往往有旃⑨。

[注释]①泾、渭一乱:泾,泾水,发源于甘肃,流入陕西后与渭水合流。古人多传言泾水浊而渭水清,有泾渭分明成语流行,以比喻是非分明。②别讯流俗:讯,询问。流俗,指缺乏真知灼见或主见而附和世俗的人。③师旷将轩辕并世:师旷,春秋时期的乐师。轩辕,黄帝。《列子·汤问》篇将他们写在一起。 ④公明与方朔同时:公明,曹魏时人。方朔,即西汉武帝时期的东方朔。 ⑤尧有八眉:《尚书大传》:"尧八眉。" ⑥夔唯一足:夔(kuí),上古传说人物,精通音乐。《论衡·书虚》篇:"世俗传夔一足。"⑦乌白马角,救燕丹而免祸:《史记·刺客列传》载:燕太子丹为质于秦,常思回国,秦始皇刁难他说:"乌头白,马生角,乃可。"太子丹知道回国无望,便"仰而叹,乌即头白;俯而嗟,马亦生角。"秦始皇只得释放太子丹回到燕国。⑧犬吠鸡鸣,逐刘安以高蹈:葛洪《神仙传》记,西汉淮南王刘安制成丹药服后升天,啄食其药滓的鸡犬也尽随刘安升天而去。 ⑨往往有旃:往往有之。旃(zhān),语末助词,是"之焉"二字的急读。

故作者恶道听途说之违理,街谈巷议之损实。观夫子长之撰《史记》也,殷、周已往,采彼家人;安国之述《阳秋》①也,梁、益旧事,访诸故老②。夫以刍荛鄙说③,刊为竹帛正言,而辄欲与《五经》方驾,《三志》④竞爽,斯亦难矣。呜呼!逝者不作⑤,冥漠九泉;毁誉所加,远诬千载。异辞疑事,学者宜善思之。

[注释]①安国之述《阳秋》:孙盛撰《晋阳秋》。安国,孙盛字。 ②梁、益旧事,访诸故老:指陈寿的《益部耆旧传》。 ③刍荛鄙说:打柴人的话,即山夫野老之语。 ④《三志》:指《史记》、《汉书》、《东观汉记》三书。 ⑤逝者不作:死者不能复生。

载文第十六

夫观乎人文,以化成天下①;观乎国风,以察兴亡②。是知文之为用,远矣大矣。若乃宣、僖③善政,其美载于周诗;怀、襄④不道,其恶存乎楚赋。读者不以吉甫、奚斯⑤为谄,屈平、宋玉⑥为谤者,何也?盖不虚美,不隐恶故也。是则文之将史,其流一焉,固可以方驾南、董⑦,俱称良直者矣。

[注释]①观乎人文,以化成天下:观察风俗人情,便可以设教以使天下大治。 ②观乎国风,以察兴亡:古代有采诗之官,官府透过诗歌民谣以观风俗,并察知为政之得失。 ③宣、僖:宣,周宣王。僖,鲁僖公。 ④怀、襄:怀,战国时楚怀王。襄,楚顷襄王。都是昏庸无道之君。 ⑤吉甫、奚斯:吉甫,尹吉甫。周宣王命令樊侯仲山甫在齐筑城,尹吉甫作诗《烝民》八章,为樊侯践行,通过诗歌赞颂仲山甫的才德,并以此歌颂周宣王的任贤用能。奚斯,鲁国大夫公子,曾作诗《閟宫》赞扬鲁僖公恢复国土、建立宗庙的政绩。 ⑥屈平、宋玉:屈平,即屈原,楚国大夫,性格耿直,受他人谗言与排挤,公元前305年,反对楚怀王与秦国订立黄棘之盟,被楚怀王逐出郢都,流落到汉北。

公元前278年,秦国大将白起挥兵南下,攻破郢都,屈原在绝望和悲愤之下怀大石投汨罗江而死。流放期间,创作了《离骚》、《九歌》、《天问》、《哀郢》等楚辞名篇,无情地揭露了楚国统治集团的丑恶,抨击他们的奸邪、纵欲、贪婪、淫荡和强暴。宋玉,屈原弟子,善辞赋,今存《高唐赋》、《神女赋》、《风赋》、《对楚王问》等。宋玉的作品为屈原的不幸遭遇鸣不平,是对当时社会政治的深刻批判。　⑦南、董:春秋时期史官,南史氏、董狐。前已有注。

爰泊中叶,文体大变,树理①者多以诡妄为本,饰辞者务以淫丽为宗。譬如女工之有绮縠②,音乐之有郑、卫③。盖语曰:不作无益害有益④。至如史氏所书,固当以正为主。是以虞帝思理⑤,夏后失御⑥,《尚书》载其元首、禽荒之歌⑦;郑庄至孝⑧,晋献不明⑨,《春秋》录其大隧、狐裘之什⑩。其理说⑪而切,其文简而要,足以惩恶劝善,观风察俗者矣。若马卿之《子虚》、《上林》⑫,扬雄之《甘泉》、《羽猎》⑬,班固《两都》⑭,马融《广成》⑮,喻过其体,词没其义,繁华而失实,流宕而忘返,无裨劝奖,有长奸诈,而前后《史》、《汉》皆书诸列传,不其谬乎!

[注释]①树理:树立或创建一种理论。　②女工之有绮縠:女工,即妇女纺织刺绣等手工。绮,细绫。縠(hú),细纱。　③音乐之有郑、卫:郑国、卫国的音乐,有淫邪之风。　④不作无益害有益:《尚书·旅獒》云:"不作无益害有益,功乃成。"不作无益的事情,事业就会成功。　⑤虞帝思理:虞帝,舜。思理,力图政治清明。　⑥夏后失御:夏朝失去控制。　⑦元首、禽荒之歌:《尚书·益稷》篇载"元首之歌":"元首明哉,股肱良哉,庶事康哉!""禽荒之歌"是《五子之歌》的第二首,载《尚书·五子之歌》:"训有之,内作色荒,外作禽荒。"夏王太康沉湎于酒色和游乐,其五个弟兄指责他在内所为迷惑于女色,在外所为迷恋于游猎。　⑧郑庄至孝:郑庄公"克段于鄢"的故事。郑武公娶姜氏,生庄公和共叔段,姜氏偏爱共叔段,并配合段伺机叛乱夺取政权。

庄公起兵讨伐,段逃亡出国,庄公流放姜氏于城颍。庄公发誓不与其母姜氏相见,要见即在黄泉。后在颍考叔的劝导下,庄公掘地及泉与姜氏相见,并和好如初。事见《左传·隐公元年》。 ⑨晋献不明:晋献公昏聩不明。 ⑩大隧、狐裘之什:大隧,即郑庄公所掘地道,此处指关于大隧的歌。狐裘,指吟狐裘的歌。事见《左传·僖公五年》。什,诗歌的篇名。 ⑪谠:正直。 ⑫马卿之《子虚》、《上林》:汉代司马相如的《子虚赋》和《上林赋》,载于《史记》、《汉书》的司马相如本传。 ⑬扬雄之《甘泉》、《羽猎》:汉代扬雄的赋,载于《汉书》扬雄本传。 ⑭班固《两都》:载于《后汉书》班固本传。 ⑮马融《广成》:见《后汉书》马融本传。

且汉代词赋,虽云虚矫,自余它文①,大抵犹实。至于魏、晋已下,则讹谬雷同。权而论之,其失有五:一曰虚设,二曰厚颜,三曰假手,四曰自戾,五曰一概。

[**注释**]①自余它文:辞赋以外的其他文字。

何者?昔大道为公,以能而授,故尧咨尔舜①,舜以命禹。自曹、马已降②,其取之也则不然。若乃上出禅书,下陈让表,其间劝进殷勤,敦谕重沓,迹实同于莽、卓,言乃类于虞、夏③。且始自纳陛,迄于登坛④。彤弓卢矢,新君膺九命之锡⑤;白马侯服,旧主蒙三恪之礼⑥。徒有其文,竟无其事。此所谓虚设也。

[**注释**]①尧咨尔舜:尧对舜的考察,事见《尚书·尧典》。 ②曹、马已降:曹魏和西晋司马氏政权以后。 ③迹实同于莽、卓,言乃类于虞、夏:其实际作为和王莽篡汉、董卓弑君一样,而其言语标榜则类似于舜对夏的禅让。 ④始自纳陛,迄于登坛:指皇帝即位登基的全过程。 ⑤彤弓卢矢,新君膺九命之锡:彤弓卢矢,红色的弓黑色的箭。新君受命登基,要赏赐诸侯彤弓卢

矢,以表示授予征伐的权力。九命之锡,受封为诸侯、方伯。周代的官爵分为九个等级,称九命,上公九命为伯。后世被皇帝加封,最高的封爵即称"九命"。　⑥白马侯服,旧主蒙三恪之礼:《诗经·大雅·文王》:"上帝既命,侯于周服。"受命之君,要着帝服,对旧主的后人进行封赏。《左传·襄公二十五年》载,周得天下,封夏、殷二王之后,又封舜之后。"其礼转降,示敬而已,故曰三恪。"

古者两军为敌,二国争雄,自相称述,言无所隐。何者?国之得丧,如日月之蚀①焉,非由饰辞矫说所能掩蔽也。逮于近古则不然。曹公叹蜀主之英略,曰"刘备吾俦②";周帝美齐宣之强盛,云"高欢不死③"。或移都以避其锋④,或斸冰以防其渡⑤。及其申诰誓⑥,降移檄⑦,便称其智昏菽麦⑧,识昧玄黄,列宅建都若鷦鷯之巢苇⑨,临戎贾勇犹螳螂之拒辙⑩。此所谓厚颜也。

[注释]①日月之蚀:比喻重大而无法掩饰的过错。　②刘备吾俦:曹操败走华容道时所说,含有对刘备的赞赏之意。俦,同类。　③高欢不死:《北齐书·文宣帝纪》载,周文帝宇文泰率众追击文宣帝高洋,看到文宣帝军容整齐,不仅叹道:"高欢不死矣!"遂退师。高欢,文宣帝之父,谥号神武,庙号高祖,北齐的奠基人。　④移都以避其锋:曹操迁都许昌事。　⑤斸冰以防其渡:北周政权为防止齐军西渡,经常派士兵捣碎河面的冰层,事见《北史·齐文宣皇帝纪》。　⑥申诰誓:宣布誓词。　⑦降移檄:发布讨伐檄文。　⑧智昏菽麦:分不清菽与麦。　⑨若鷦鷯之巢苇:魏伐蜀檄文中语,蔑视蜀国若小鸟之巢,轻松可以取胜。　⑩临戎贾勇犹螳螂之拒辙:临战奋起,也不过螳臂当车。

古者国有诏命,皆人主所为①,故汉光武时,第五伦为督铸钱掾,见诏书而叹曰:"此圣主也,一见决矣。"至于近古则不然。凡有诏敕，皆责成群下，但使朝多文士，国富辞人，肆其笔端，何事不录。是以每发玺诰，下纶言②，申恻隐之渥恩③，叙忧勤之至意。其君虽有反道败德，唯顽与暴④。观其政令，则辛、癸⑤不如；读其诏诰，则勋、华⑥再出。此所谓假手也。

[注释]①国有诏命，皆人主所为：国家颁发的诏令，都出自皇帝之手。②纶言：政令。　③申恻隐之渥恩：申述皇帝的怜悯之心和大恩大惠。④顽与暴：愚蠢和暴戾。　⑤辛、癸：辛，即帝辛，殷纣王。癸，即夏桀。都是昏庸亡国之暴君。　⑥勋、华：勋，帝尧，名放勋。华，帝舜，名重华。

盖天子无戏言，苟言之有失，则取尤天下。故汉光武谓庞萌①"可以托六尺之孤"，及闻其叛也，乃谢百官曰：诸君得无笑朕乎？是知褒贬之言，哲王所慎。至于近古则不然。凡百具寮，王公卿士，始有褒崇，则谓其珪璋特达②，善无可加；旋有贬黜，则比诸斗筲下才③，罪不容责。夫同为一士之行，同取一君之言，愚智生于倏忽，是非变于俄顷④，帝心不一，皇鉴无恒。此所胃自戾⑤也。

[注释]①庞萌：东汉光武帝的宠臣，曾任命为平狄将军，后来成为叛臣。②珪璋特达：比喻品德纯美。珪，瑞玉。璋，玉器，形状像半个圭。特，卓越。达，豁达。　③斗筲下才：才识短浅之人。斗筲，竹器。　④愚智生于倏忽，是非变于俄顷：皇帝对大臣的评价，是非、善恶、愚智，变化于顷刻之间。倏忽，忽然，很快地。俄顷，很短的时间。　⑤自戾：自相矛盾。

夫国有否泰①，世有污隆②，作者形言，本无定准。故观猗与之颂③，而验有殷方兴；睹《鱼藻》之刺④，而知宗周将殒。至于近代则不然。夫谈主上之圣明,则君尽三、五⑤;述宰相之英伟,则人皆二八⑥。国止方隅,而言并吞六合⑦;福不盈眦⑧,而称感致百灵⑨。虽人事屡改,而文理无易,故善之与恶,其说不殊,欲令观者,畴为准的⑩?此所谓一概也。

[注释]①否泰:否,闭塞。泰,通畅。 ②污隆:污,玷污,败坏。隆,兴盛,兴旺。 ③猗与之颂:《诗经·商颂·那》,歌颂成汤创建商王朝的政绩。猗与,叹词,表示赞美。 ④《鱼藻》之刺:《诗经·小雅·鱼藻》,讽刺周幽王时期的政治混乱和怀念镐京,居民怀念武王的情绪。 ⑤君尽三、五:赞美君王,把他们都说成了三皇五帝。 ⑥人皆二八:把大臣都说成是"二八"那样的人物。"二八",指颛顼高阳氏的才子八人"八恺",帝喾高辛氏的才子八人"八元"。 ⑦国止方隅,而言并吞六合:本来是小国地处一隅,却要说成是统治着上下四方。六合,上下四方。 ⑧福不盈眦:福气微小。眦(zì),眼角,喻其小。 ⑨感致百灵:感动百神。 ⑩畴为准的:谁说的符合事实?

于是考兹五失,以寻文义,虽事皆形似,而言必凭虚。夫镂冰为璧①,不可得而用也;画地为饼,不可得而食也。是以行之于世,则上下相蒙;传之于后,则示人不信。而世之作者,恒不之察,聚彼虚说,编而次之,创自起居②,成于国史,连章疏录,一字无废,非复史书,更成文集③。

[注释]①镂冰为璧:雕刻冰块成玉璧之状。 ②起居:指起居注。③非复史书,更成文集:以上五弊,已经由史书扩散到个人文集。

若乃历选众作,求其秽累①,王沈、鱼豢,是其甚焉;裴子野、何之元,抑其次也。陈寿、干宝,颇从简约,犹时载浮讹,罔尽机要②。唯王劭撰《齐》、《隋》二史,其所取也,文皆诣实,理多可信,至于悠悠饰词,皆不之取。此实得去邪从正之理,捐华摭实之义③也。

[注释]①秽累:缺陷。 ②犹时载浮讹,罔尽机要:仍有虚浮讹误之处,不尽是可录的关键要点。机要,要点,关键。 ③捐华摭实之义:捐,捐弃。华,浮华溢美之词。摭,采取。刘知幾赞美王劭的《齐书》深得撰著史书摒弃浮华、务求其实之要义。

盖山有木,工则度①之。况举世文章,岂无其选,但苦作者书之不读耳。至如诗有韦孟《讽谏》②,赋有赵壹《嫉邪》③,篇则贾谊《过秦》④,论则班彪《王命》⑤,张华述箴于女史⑥,张载题铭于剑阁⑦,诸葛表主以出师⑧,王昶书字以诫子⑨,刘向、谷永之上疏⑩,晁错、李固之对策⑪,苟伯子之弹文⑫,山巨源之启事⑬,此皆言成轨则,为世龟镜。求诸历代,往往而有。苟书之竹帛,持以不刊,则其文可与三代同风,其事可与《五经》齐列。古犹今也,何远近之有哉?

[注释]①度:测量。 ②诗有韦孟《讽谏》:《汉书·韦贤传》:"韦贤字长孺。鲁国邹人也。其先韦孟,家本彭城,为楚元王傅,傅子夷王及孙王戊。戊荒淫不遵道,孟作诗讽谏。后遂去位,徙家于邹,又作一篇。"该传收录了韦孟的原诗。 ③赋有赵壹《嫉邪》:赵壹,东汉人,他的《刺世嫉邪赋》富有现实批判精神,是东汉辞赋中的名篇。《后汉书》有本传。 ④篇则贾谊《过秦》:贾谊的政论佳作《过秦论》,分上下篇,因称"篇"。 ⑤论则班彪《王命》:《汉书·叙传》载:班彪对隗嚣割据陇西不满,劝导隗嚣放弃割据,嚣不听,彪"既感嚣言,又愍狂狡之不息,乃著《王命论》以救时难。"《王命论》全文即保留在《叙传》中。 ⑥张华述箴于女史:张华,西晋人,官至中书令、太子少傅。华目睹贾后及其家族的乱政秽行,作《女尸箴》予以讽刺。《晋书》有

本传。　⑦张载题铭于剑阁:《晋书·张载传》:"张载,字孟阳,安平人也。父收,蜀郡太守。载性闲雅,博学有文章。太康初,至蜀省父,道经剑阁。载以蜀人恃险好乱,因著铭以作诫。"　⑧诸葛表主以出师:诸葛亮《出师表》。　⑨王昶书字以诫子:王昶,曹魏时人,官至司空。他见时局动荡,惧于危身破家之祸,采用给子侄取名字的方式,来告诫后人要"遵儒者之教,履道家之言"。如给兄之子取名默字处静,名沈字处道;给其子起名浑字玄冲,名深字道冲。　⑩刘向、谷永之上疏:事见《汉书》本传。　⑪晁错、李固之对策:晁错,文帝时任太子家令,太子家号曰"智囊",有诸多对策保留在《汉书·晁错传》。李固,东汉人,官至太尉。顺帝阳嘉二年地震,李固上疏指陈弊政,谴责外戚梁冀危害国政,被梁冀诬杀。　⑫荀伯子之弹文:荀伯子,南朝宋人,《宋书》本传载:"迁太子仆、御史中丞,莅职勤恪,有匪躬之称;立朝正色,外内惮之。凡所奏劾,莫不深相谤毁,或延及祖祢,示其切直。"弹文,指弹劾官员的奏章。　⑬山巨源之启事:山涛字巨源,竹林七贤之一。晋武帝时任礼部尚书,善选人。他选举人时,都分别给予评语,时人称为"山公启事"。

昔夫子修《春秋》,别是非,申黜陟,而贼臣逆子惧。凡今之为史而载文也,苟能拨浮华,采贞实,亦可使夫雕虫小技①者,闻义而知徙②矣。此乃禁淫之堤防,持雅之管辖③,凡为载削者,可不务乎?

[注释]①雕虫小技:微不足道的技能。　②闻义而知徙:听到合乎义的道理就去践履。　③持雅之管辖:雅,正确。管辖,关键。

补注第十七

昔《诗》、《书》既成,而毛、孔立传①。传之时义,以训诂②为主,亦犹《春秋》之传,配经而行也。降及中古,始名传曰注。盖传者转也,转授于无穷;注者流也,流通而靡绝③。惟此二名,其归一揆④。如韩、戴、服、郑⑤,钻仰《六经》,裴、李、应、晋⑥,训解《三史》,开导后学,发明先义,古今传授,是曰儒宗⑦。

[注释]①毛、孔立传:毛,西汉时期的《诗经》传人毛亨、毛苌,现在的《诗经》,即是他们整理传授下来的,亦称《毛诗》。孔,即汉武帝时期人孔安国,有《古文尚书传》。 ②训诂:对古书字句做解释。训,字词义项解释。诂,对古代语言文字的诠解。 ③靡绝:不绝。 ④一揆:同一个道理。 ⑤韩、戴、服、郑:韩,韩婴,汉文帝时博士,有《韩诗外传》传世。戴,戴德、戴圣两人,都是汉代礼学家,有《大戴礼记》和《小戴礼记》传世。服,服虔,东汉经学家,治《左传》,《后汉书》有传。郑,郑玄,东汉经学大师,著作丰富,以《三礼注》最富盛名。 ⑥裴、李、应、晋:裴,裴骃,《三国志注》作者裴松之之子,有《史记集解》80卷,《宋书》有传。李,李斐、李奇,其事不详。应,应劭,东汉史学家,有《汉纪注》30卷、《汉书集解》150卷,已佚。佚文散见于《史记集解》中。晋,晋灼,西晋时人,著有《汉书集注》13卷,《汉书音义》17卷,已佚。佚文散见于《史记集解》中。 ⑦儒宗:浦起龙《史通通释》:"儒宗者,即训诂为主之意,是注家正体也。"

既而史传小书,人物杂记,若挚虞①之《三辅决录》,陈寿之《季汉辅臣》,周处②之《阳羡风土》,常璩③之《华阳士女》,文言美辞列于章句④,委曲叙事存于细书⑤。此之注释,异夫儒士者⑥矣。

[注释]①挚虞:西晋人,《晋书》有传。 ②周处:西晋人,《晋书》有传。 ③常璩:东晋人,有《华阳国志》传世,是我国现存最早和最完整的地方史志。《华阳国志》中有《先贤士女总赞》1卷。 ④文言美辞列于章句:挚虞的《三辅决录》多用韵语,大概就是所谓"文言美辞"之所本。或曰,文言美辞并非单指《三辅决录》之韵语,而是说此四书语言雅洁,成文可诵。 ⑤委曲叙事

存于细书:委曲,详细的情况。细书,即附注。　⑥异夫儒士者:浦起龙《史通通释》曰:"于本文外增补事绪,是注家之变体。"

　　次有好事之子,思广异闻,而才短力微,不能自达①,庶凭骥尾,千里绝群②,遂乃掇众史之异辞,补前书之所阙。若裴松之《三国志》③,陆澄、刘昭《两汉书》④,刘彤⑤《晋纪》,刘孝标《世说》⑥之类是也。

　　[注释]①不能自达:自己不能达到成名的目的。　②庶凭骥尾,千里绝群:自己依附于千里马之后,靠他力而实现出类拔萃之目的。庶,期望。凭,依附。骥,良马。绝群,远离同类,出类拔萃。　③《三国志》:指《三国志注》。　④陆澄、刘昭《两汉书》:陆澄,《隋书·经籍志》载:"《汉书注》一卷,齐金紫光禄大夫陆澄撰。"刘昭,《南史·文学列传》载:"刘昭,字宣卿……梁天监中,累迁中军临川王记室。初,昭伯父彤,集众家《晋书》,注干宝《晋纪》为四十卷,至昭,集《后汉》同异以注范晔《后汉》,世称博悉。卒于剡令。集注《后汉》一百三十卷,《幼童传》一卷,文集十卷。"　⑤刘彤:刘昭伯父,参见注④。　⑥《世说》:即《世说新语》。

　　亦有躬为史臣,手自刊补①,虽志存该博②,而才阙伦叙③,除烦则意有所吝④,毕载则言有所妨,遂乃定彼榛楛⑤,列为子注⑥。若萧大圜《淮海乱离志》⑦,羊衒之《洛阳伽蓝记》,宋孝王《关东风俗传》,王劭《齐志》之类是也。

　　[注释]①刊补:修改补充。　②志存该博:立志要做到注解丰富完备。该,完备。　③才阙伦叙:缺乏严谨撰述之才能。伦叙,结构严谨的撰述。④吝:吝惜。　⑤定彼榛楛:在杂乱的资料中进行甄别、选择。榛,丛生的荆棘。楛(kǔ),荆一类的植物。　⑥子注:浦起龙《史通通释》曰:"注列行中,如子从母。"即字句间增加的小字注释。　⑦萧大圜《淮海乱离志》:萧大圜,南朝梁简文帝之子,隋初曾任西河郡守,《周书》有传。《淮海乱离志》作者著

录不一。新旧《唐书》著录为萧大圜撰,《隋书·经籍志》著录为梁鄱阳王萧恢之子萧世怡所撰,而《周书》、《北史》则谓梁武陵王萧纪之子萧圆肃所撰。此书已佚。

权其得失,求其利害,少期集注《国志》①,以广承祚②所遗,而喜聚异同,不加刊定,恣其击难,坐长烦芜。观其书成表献,自比蜜蜂兼采,但甘苦不分,难以味同萍实③者矣。陆澄所注班史,多引司马迁之书,若此缺一言,彼增半句,皆采摘成注,标为异说,有昏耳目,难为披览。窃惟范晔之删《后汉》④也,简而且周,疏而不漏,盖云备矣。而刘昭采其所捐,以为补注,言尽非要,事皆不急。譬夫人有吐果之核,弃药之滓,而愚者乃重加捃拾⑤,洁以登荐,持此为工,多见其无识也。孝标善于攻缪,博而且精,固以察及泉鱼,辨穷河豕⑥。嗟乎!以峻之才识,足堪远大,而不能探赜彪、峤,网罗班、马,方复留情于委巷小说,锐思于流俗短书⑦。可谓劳而无功,费而无当者矣。自兹已降,其失逾甚。若萧、羊之琐杂⑧,王、宋之鄙碎⑨,言殊拣金,事比鸡肋⑩,异体同病,焉可胜言。大抵撰史加注者,或因人成事,或自我作故⑪,记录无限,规检不存⑫,难以成一家之格言,千载之楷则。凡诸作者,可不详之?

[注释]①少期:裴松之。裴松之字世期,唐人避李世民讳,改少期。②承祚:陈寿字。　③味同萍实:《孔子家语·致思》篇:"孔子曰:吾闻童谣曰,楚王渡江得萍实,大如斗,赤如日,剖而食之,甜如蜜。"萍实究为何物不得而知,可以理解为一种甘甜如蜜之果实。刘知幾批评裴松之的《三国志注》虽然广征博引,蜂蜜兼采,但他甘苦不分,良莠不辨,也没有达到味同萍实之效。④范晔之删《后汉》:范晔的《后汉书》是在博采诸家《后汉书》的基础上编撰

出来的。在范晔之前,关于后汉历史,已有各种名目的史书出现,范晔删众家《后汉书》为一家之作,其中对范晔影响最大的有《东观汉纪》、华峤的《汉后书》、袁宏的《后汉纪》等。 ⑤重加捃拾:批评刘昭补注《后汉书》将别人抛弃的东西重新捡起来,不分好坏。捃(jùn),拾取。 ⑥察及泉鱼,辨穷河豕:比喻观察事物的细微、深刻。 ⑦留情于委巷小说,锐思于流俗短书:批评一些注家不能从司马迁、班固、司马彪、华峤这些史学名家的书中采摘资料,而醉心于街谈巷语、道听途说,依凭于一些俗说小道之类的书籍。短书,经籍以外记述俗说杂言之类的书籍。 ⑧萧、羊之琐杂:即前文所谈萧大圜《淮海乱离志》、羊衒之《洛阳伽蓝记》两书。 ⑨王、宋之鄙碎:即前文所谈宋孝王《关东风俗传》,王劭《齐志》两书。 ⑩鸡肋:鸡的肋骨。语出《三国志·魏书·武帝纪》裴松之注:"夫鸡肋弃之如可惜,食之无所得。" ⑪自我作故:别出心裁,创设新意。 ⑫规检不存:没有确立严密的体例。规,规则。检,法度。

　　至若郑玄、王肃,述《五经》而各异①,何休、马融,论《三传》而竞爽②。欲加商榷,其流实繁。斯则义涉儒家,言非史氏,今并不书于此焉。

　　[注释]①郑玄、王肃,述《五经》而各异:郑玄是汉末融合经今古文学的经学大家,王肃是东晋的兼通经今古文的经学家。王肃作《圣证论》以讥郑学之短。王肃的取证根据主要是《孔子家语》一书,世人多所怀疑《孔子家语》的真实性,宋以后则基本认定《孔子家语》是伪书,是王肃为驳难郑玄而伪造出来的。现在有出土文献资料可以证明,《孔子家语》并非伪书,而是在战国中期以前就已经成书。 ②何休、马融论《三传》而竞爽:何休,东汉经今文学家,治《公羊春秋》,著有《公羊春秋解诂》等。马融,东汉经古文学家,治《左传》。竞爽,谓二人的学说之差异都很明朗而有说服力。

因习第十八

盖闻三王各异礼,五帝不同乐,故传称因俗,《易》贵随时①。况史书者,记事之言耳。夫事有贸迁②,而言无变革,此所谓胶柱而调瑟,刻船而求剑③也。

[**注释**]①《易》贵随时:《周易》易卦讲求的是变化,所以崇尚随时更易。②贸迁:演变,改易。 ③胶柱而调瑟,刻船而求剑:两个典故,都是讽刺循规蹈矩、不能因事制宜的人。

古者诸侯曰薨,卿大夫曰卒①。故《左氏传》称楚邓曼曰:"王薨于行,国之福也。"又郑子产曰:"文、襄之伯②,君薨,大夫吊。"即其证也。案夫子修《春秋》,实用斯义。而诸国皆卒,鲁独称薨者,此略外别内之旨也。马迁《史记》西伯③已下,与诸列国王侯,凡有薨者,同加卒称④,此岂略外别内邪?何贬薨而书卒也?

[**注释**]①诸侯曰薨,卿大夫曰卒:不同身份的人,对其死,有不同的称呼。《春秋公羊传·隐公三年》:"天子曰崩,诸侯曰薨,大夫曰卒,士曰不禄。" ②伯,即霸,诸侯国盟主。 ③西伯:周文王。 ④同加卒称:指《史记》各《世家》篇。如《史记·晋世家》:"靖侯卒,子厘侯司徒立。厘侯十四年,周宣王初立。十八年,厘侯卒,子献侯籍立。献侯十一年卒,子穆侯费王立。"晋侯死应书"薨",司马迁则都书曰"卒"。

盖著鲁史者,不谓其邦为鲁国;撰周书者,不呼其上曰周王。如《史记》者,事总古今,势无主客,故言及汉祖,多为汉王,斯亦未为累①也。班氏既分裂《史记》②,定名《汉书》，至于述高祖为公、王之时，皆不除沛、汉之字③。凡有异方降款者，以归汉为文。肇自班《书》，首为此失；迄于仲豫，仍踵厥非。积习相传，曾无先觉者矣。

[注释]①累：错误。　②分裂《史记》：指《汉书》断代为史，分《史记》的通史为断代。　③不除沛、汉之字：《汉书》在记高祖称帝之前的高祖事，初为沛公，后为汉王，不去掉沛、汉二字，刘知幾以为不妥。关于本节，浦起龙《史通通释》曰："此节指班、荀二史沛、汉误因之失。《魏志·武帝纪》，起事之时，直书太祖。至建安初，封武平侯，改书公。二十一年晋爵为王，遂书王。凡公、王之上，皆不安'魏'字。刘盖准此立论也。况班固身为汉臣，体更应尔。"

又《史记·陈涉世家》，称其子孙至今血食。《汉书》复有《涉传》，乃具载迁文。案迁之言今，实孝武之世也；固之言今，当孝明之世也。事出百年，语同一理。即如是，岂陈氏苗裔祚流东京①者乎？斯必不然。《汉书》又云："严君平既卒，蜀人至今称之。"皇甫谧全录斯语，载于《高士传》。夫孟坚、士安②，年代悬隔，至今之说，岂可同云？夫班之习马，其非既如彼；谧之承固，其失又如此。迷而不悟，奚其甚乎！

[注释]①东京：代指东汉。　②孟坚、士安：班固字孟坚，皇甫谧字士安。

何法盛《中兴书·刘隗录》，称其议狱事具《刑法志》，依检志内，了无其说。既而臧氏①《晋书》、梁朝《通史》②，于大连③之传，并有斯言，志亦无文，传仍虚述。此又不精之咎,同于玄晏④也。

[注释]①臧氏:臧荣绪。　②梁朝《通史》:南朝梁武帝时官修史书,《梁书·武帝本纪》载:"又造《通史》,躬制赞序,凡六百卷。"　③大连:刘陶字大连。　④玄晏,指皇甫谧。皇甫谧撰有《玄晏春秋》。

寻班、马之为列传,皆具编其人姓名,如行状尤相似者,则共归一称,若《刺客》、《日者》、《儒林》、《循吏》是也。范晔既移题目于传首,列姓名于卷中,而犹于列传之下,注为列女①、高隐②等目。苟姓名既书,题目又显,是则邓禹、寇恂③之首,当署为公辅者矣;岑彭、吴汉④之前,当标为将帅者矣。触类而长,实繁其徒,何止列女、孝子、高隐、独行而已。

[注释]①注为列女:此句说范晔在《烈女传》下又列"烈女"有重复之嫌,查《后汉书》,这实际上也不成为一个问题。范晔只是在《烈女传》开头部分写了一个简短的小序:"《诗》、《书》之言女德尚矣。若夫贤妃助国君之政,哲妇隆家人之道,高士弘清淳之风,贞女亮明白之节,则其徽美未殊也,而世典咸漏焉。故自中兴以后,综其成事,述为《列女篇》。"此并不为过。后世有人评论刘知幾过于吹毛求疵,此其例也。　②高隐:《后汉书》有《逸民传》而无《高隐传》,"高隐"可能是刘知幾为了避李世民讳而做的改动。　③邓禹、寇恂:邓禹,东汉明帝时任太傅,《后汉书》有传。寇恂,东汉初忠臣,《后汉书》本传曰:"恂经明行修,名重朝廷……时人归其长者,以为有宰相器。"　④岑彭、吴汉:岑彭,东汉初任廷尉行大将军事,《后汉书》有传。吴汉,东汉初任大司马,《后汉书》有传。

魏收著书,标榜①南国,桓、刘诸族②,咸曰《岛夷》。是则自江而东,尽为卉服之地③。至于《刘昶》、《沈文秀》

等传,叙其爵里,则不异诸华④。岂有君臣共国,父子同姓,阖闾、季札⑤,便致土风之殊;孙策、虞翻⑥,乃成夷夏之隔。求诸往例,所未闻也。

[注释]①标榜:标示列传篇目。 ②桓、刘诸族:桓玄,晋末权臣,曾自称皇帝。刘,即南朝宋开国皇帝刘裕。 ③卉服之地:《尚书·禹贡》篇分天下九州,扬州处淮河与东海之间,谓岛夷之地。当地人草服葛越,即穿用草织成的布,称卉服。 ④不异诸华:与中原华夏族无异。此句是说《魏书》的义例不纯,同是岛夷之地,对桓玄、刘裕称岛夷,而刘昶(宋文帝第九子)、沈秀文(世为宋臣)等则不加岛夷二字。 ⑤阖闾、季札:阖闾,春秋晚期吴国国王。季札,春秋时期吴王寿梦之幼子,曾有两次被拥立吴王的机会而不做。 ⑥孙策、虞翻:孙策,东吴政权的奠基人之一,吴主孙权之兄。虞翻,东吴重臣,曾任孙策功曹。

当晋宅江、淮,实膺正朔,嫉彼群雄,称为僭盗。故阮氏《七录》①,以田、范、裴、段②诸记,刘、石、苻、姚③等书,别创一名,题为"伪史"。及隋氏受命,海内为家,国靡爱憎,人无彼我,而世有撰《隋书·经籍志》者,其流别群书,还依阮《录》④。案国之有伪,其来尚矣。如杜宇作帝⑤,勾践称王,孙权建鼎峙之业,萧詧为附庸之主⑥,而扬雄撰《蜀纪》,子贡著《越绝》⑦,虞裁《江表传》⑧,蔡述《后梁史》⑨。考斯众作,咸是伪书,自可类聚相从,合成一部,何止取东晋一世十有六家⑩而已乎?

[注释]①阮氏《七录》:南朝梁武帝时人阮孝绪所编的目录学著作。②田、范、裴、段:田,田融,北朝后燕太傅长史,撰《赵书》记述石勒、石祗史事。范,范亨,北朝人,曾与崔浩共撰《国书》30卷,自撰《燕书》20卷。裴,裴景仁,南朝宋人,曾撰《秦记》10卷,叙述前秦苻坚家族建国始末。段,段龟龙,

南朝梁人,曾撰《凉记》10卷,记述后凉史事。　③刘、石、苻、姚:刘,刘渊,建立汉政权。石,石勒,建立后赵。苻,指前秦政权。姚,指后秦政权。阮孝绪的《七录》,站在南朝正统的立场上,将关于北朝史事的著述,都称为"伪书"。　④还依阮《录》:言隋朝是统一的王朝,而《隋书·经籍志》中,关于以上著述的著录,仍沿袭《七录》的做法。现在可以看到的情况,和刘知幾的说法有所不同。现在的《隋书·经籍志》关于以上著述,题名"霸史",《新唐书·艺文志》则将其题名"伪史"。　⑤杜宇作帝:事见《华阳国志·蜀志》。　⑥萧詧为附庸之主:萧詧(chá),南朝梁武帝孙,与梁元帝萧绎不和,乘侯景之乱梁王朝无暇西顾之机,在江陵自立称帝,并依附北朝西魏政权,称魏之藩属。　⑦子贡著《越绝》:《越绝书》作者不详,《隋书·经籍志》、两《唐书·艺文志》等著录为子贡所撰,不可信。　⑧虞裁《江表传》:《新唐书·艺文志》载:"虞溥《江表传》五卷。"　⑨蔡述《后梁史》:蔡允恭,隋唐之际人,曾撰《后梁春秋》10卷,两《唐书》有传。　⑩东晋一世十有六家:此段文字是刘知幾对《隋书·经籍志》的批评,而《隋书》没有"伪书"或"伪史"的分类,也不见有"一十六家"之著录,《隋书·经籍志》的霸史类著录二十七部,不知刘知幾有何所本。

夫王室将崩,霸图云构①,必有忠臣义士,捐生殉节。若乃韦、耿谋诛曹武②,钦、诞问罪马文③,而魏、晋史臣书之曰贼,此乃迫于当世,难以直言。至如荀济、元瑾兰摧于孝、靖之末④,王谦、尉迥玉折于宇文之季⑤,而李刊齐史⑥,颜述隋篇⑦,时无逼畏,事须矫枉,而皆仍旧不改,谓数君为叛逆。书事如此,褒贬何施?

[注释]①霸图云构:争霸局面形成。　②韦、耿谋诛曹武:建安二十三年,少府耿纪、丞相司直韦晃起兵谋杀曹操,失败被诛,事见《后汉书·献帝纪》。　③钦、诞问罪马文:魏扬州刺史文钦曾矫诏问罪司马懿,事见《三国志·魏书·毋丘俭传》。魏将诸葛诞,司马懿部将,后背叛,兵败自杀,《三国志·魏书》有传。　④荀济、元瑾、兰摧于孝、靖之末:关于此句,浦起龙《史通

通释》注曰:"延寿《齐文襄纪》:尚书祠部郎中元瑾与梁降人荀济及淮南王宣洪等谋害文襄,事发,伏诛。"但现今的《北齐书·文襄帝纪》则没有这段文字。 ⑤王谦、尉迥玉折于宇文之季:北周宇文阐即位,年八岁,杨坚以外戚身份总揽朝政,青州总管尉迟勤、相州总管尉迟迥、益州总管王谦等起兵讨伐杨坚。事见《周书·静帝纪》。 ⑥李刊齐史:李百药撰《北齐书》。 ⑦颜述隋篇:颜师古参撰《隋书》。《隋书》中提到王谦、尉迟迥等人的地方,都称为"贼"或"逆",站在隋朝的立场上来说话。

昔汉代有修奏记于其府者,遂盗葛龚所作而进之①,既具录他文,不知改易名姓,时人谓之曰:"作奏虽工,宜去葛龚。"及邯郸氏撰《笑林》②,载之以为口实。嗟乎!历观自古,此类尤多,其有宜去而不去者,岂直葛龚而已!何事于斯,独致解颐③之诮也。凡为史者,苟能识事详审,措辞精密,举一隅以三隅反,告诸往而知诸来④,斯庶几可以无大过矣。

[注释]①盗葛龚所作而进之:葛龚,东汉和帝时人,以善文记知名,《后汉书》有传。李贤的《后汉书》注中载:"龚善为文奏,或有请龚奏以干人者,龚为作。其人写之,忘自载其名,因并写龚名以进之。故时人为之语曰:'作奏虽工,宜去葛龚。'事见《语林》。"干人,求人办事。 ②邯郸氏撰《笑林》:《隋书·经籍志》载:"《笑林》三卷,后汉给事中邯郸淳撰。"已佚。 ③解颐:发笑。 ④告诸往而知诸来:语出《论语·学而》篇,意谓告诉以往而能推知未来,告诉这一些而能推知另一些。

邑里第十九

昔《五经》、诸子,广书人物,虽氏族可验,而邑里难详。逮太史公始革兹体,凡有列传,先述本居。至于国有弛张①,乡有并省②,随时而载,用明审实。案夏侯孝若撰《东方朔赞》③云:"朔字曼倩,平原厌次人。魏建安中,分厌次为乐陵郡,故又为郡人焉。"夫以身没之后,地名改易,犹复追书其事,以示后来。则知身生之前,故宜详录者矣。

[注释]①国有弛张:国家的版图、疆域不断会有所变化,扩张或缩减。②乡有并省:行政区划也不断变化。 ③夏侯孝若撰《东方朔赞》:夏侯湛,字孝若,西晋人,《隋书·经籍志》载有《夏侯湛集》10卷。

异哉！晋氏之有天下也。自洛阳荡覆①,衣冠南渡②,江左侨立州县,不存桑梓③。由是斗牛之野,郡有青、徐;吴、越之乡,州编冀、豫④。欲使南北不乱,淄、渑⑤可分,得乎？系虚名于本土者,虽百代无易。既而天长地久,文轨大同⑥。州郡则废置无恒,名目则古今各异。而作者为人立传,每云某所人也,其地皆取旧号,施之于今⑦。欲求实录,不亦难乎！

[注释]①洛阳荡覆:洛阳,西晋首都。荡覆,沦陷。 ②衣冠南渡:晋室南迁。衣冠,一般用作世族、豪强、官僚的代称。 ③江左侨立州县,不存桑梓:东晋政权为了安抚随朝廷南迁的世家大族,就以北方沦陷州郡的名义,在江南设置同名郡县安置他们。桑梓:故乡。 ④斗牛之野……州编冀、豫:斗,北斗星。牛,牵牛星。古代根据星宿的方位,划分地面州郡的分野。本来和斗牛之星相对应的是吴越之地,现在却凭空安置进去青州、徐州、冀州、豫州。 ⑤淄、渑:淄水和渑水,都在山东省境内。 ⑥文轨大同:文字和车辙都统一了,意谓大同或统一。 ⑦其地皆取旧号,施之于今:《史通》原注云:"近代史为王氏传,云'琅琊临沂人';为李氏传,曰'陇西成纪人'之类是也。"

非惟王、李二族久离本居,亦自当时无此郡县,皆是晋、魏已前旧名号。"

且人无定质①,因地而化。故生于荆者,言皆成楚;居于晋者,齿便从黄②。涉魏而东,已经七叶;历江而北,非唯一世。而犹以本国为是,此乡为非③。是则孔父里于昌平④,阴氏家于新野⑤,而系纂微子⑥,源承管仲⑦,乃为齐、宋之人,非关鲁、邓之士⑧。求诸自古,其义无闻。

[注释]①人无定质:人没有恒定不变的体质、气质和风俗习惯。 ②生于荆者……齿便从黄:生于荆州之地,便说楚国话。生活生长在晋的人,牙齿就容易黄,这都是地方风俗或水土的问题。 ③涉魏而东……此乡为非:此几句意谓,自魏晋以后,因割据纷争,南北士人经常相互迁徙,但人们仍然以原来的祖居之地为是,以现居地为非。 ④孔父里于昌平:孔子生于鲁昌平乡陬邑,是鲁国人。 ⑤阴氏家于新野:阴氏久居阴地,属于楚地南阳新野。 ⑥系纂微子:孔子原本是微子之后,宋国大夫孔父嘉之后为孔氏,孔子祖籍宋国。 ⑦源承管仲:阴氏的祖系上承春秋时期的管仲,祖籍为齐。 ⑧乃为齐、宋之人,非关鲁、邓之士:如果都追溯祖源,阴氏就只能是齐人,而非邓州(新野唐代属邓州)人士;孔子也只能是宋人,而非鲁国人士。而鲁地、新野却早已是他们的世代久居之地了。刘知幾认为史书这样记注人的邑里籍贯,是不符合从实原则的。

且自世重高门,人轻寒族,竞以姓望所出,邑里相矜。若仲远①之寻郑玄,先云汝南应劭;文举②之对曹操,自谓鲁国孔融是也。爰及近古,其言多伪。至于碑颂所勒,茅土定名③,虚引他邦,冒为己邑④。若乃称袁则饰之陈郡⑤,言杜则系之京邑⑥,姓卯金者咸曰彭城⑦,氏禾女者皆云钜鹿⑧。在诸史传,多与同风⑨。此乃寻流俗之常谈,忘著书之旧体矣。

[注释]①仲远:应劭字仲远。 ②文举:孔融字文举。 ③茅土定名:古代诸侯分封国土,确定国名。此谓某人事迹要刊于碑刻的时候,总要追溯祖籍。 ④虚引他邦,冒为己邑:冒认他邦名胜之地为自己的邑里祖籍。 ⑤称袁则饰之陈郡:袁姓都说是祖籍陈郡。周武王封舜后妫满于陈,并以国赐姓,陈国为陈姓之祖居。 ⑥言杜则系之京邑:杜姓都说是祖籍京邑。京邑指长安。 ⑦姓卯金者咸曰彭城:卯金即"刘",刘姓都说是祖籍彭城,彭城即徐州,汉高祖刘邦的家乡。 ⑧氏禾女者皆云钜鹿:禾女即"魏",魏姓都说是祖籍巨鹿。信陵君魏无忌的六世孙因在西汉时任巨鹿(今河北)太守,有功于朝廷受到封赏,其家族为朝野所敬仰,其居地巨鹿也就成为魏姓历史上最著名的大郡望。 ⑨多与同风:史书之记载人的邑里,也大多与碑刻勒石一样的风气。

又近世有班秩①不著者,始以州壤自标,若楚国龚遂②、渔阳赵壹③是也。至于名位既隆,则不从此列④,若萧何、邓禹、贾谊、董仲舒是也。观《周》、《隋》二史,每述王、庾诸事,高、杨数公,必云琅琊王褒,新野庾信,弘农杨素,渤海高颎,以此成言,岂曰省文,从而可知也。

[注释]①班秩:爵位,官阶,秩次。 ②楚国龚遂:龚遂,《汉书》本传载"山阳南平阳人",而非楚国人。 ③渔阳赵壹:赵壹,《后汉书》本传载"汉阳西县人,并非渔阳人。 ④名位既隆,则不从此列:一个人的官位声望已经很高的时候,就不再以"州壤自标"。

凡此诸失,皆由积习相传,寖以成俗,迷而不返。盖语曰:"难与虑始,可与乐成①。"夫以千载遵行,持为故事,而一朝纠正,必惊愚俗。此庄生所谓"安得忘言之人而与之言②",斯言已得之矣。庶知音君子,详其得失者焉。

[注释]①难与虑始,可与乐成:语出《商君书·更法》:"民不可与虑始,可与乐成。"不能和老百姓商量创新的事,只能在事后和他们一起乐享其成。②安得忘言之人而与之言:语出《庄子·外物》篇,意谓不能与善于健忘的人进行谈论。

言语第二十

盖枢机之发,荣辱之主①,言之不文,行之不远,则知饰词专对②,古之所重也。夫上古之世,人惟朴略,言语难晓,训释方通。是以寻理则事简而意深,考文则词艰而义释,若《尚书》载伊尹之训③,皋陶之谟④,《洛诰》⑤、《康诰》⑥、《牧誓》⑦、《泰誓》⑧是也。周监二代,郁郁乎文⑨。大夫、行人⑩,尤重词命,语微婉而多切⑪,言流靡而不淫⑫,若《春秋》载吕相绝秦⑬,子产献捷⑭,臧孙谏君纳鼎⑮,魏绛对戮杨干⑯是也。战国虎争,驰说云涌,人持弄丸之辩⑰,家挟飞钳之术⑱,剧谈者以谲诳为宗⑲,利口者以寓言为主⑳,若《史记》载苏秦合从,张仪连横㉑,范睢反间以相秦㉒,鲁连解纷而全赵㉓是也。

[注释]①枢机之发,荣辱之主:枢机即口舌,这里指言语。荣辱,贫贱尊卑。主,关键。说话是否得当,是影响人的荣辱的关键。 ②专对:善于应答。 ③伊尹之训:《尚书》有《伊训》篇,《书序》说:"成汤既没,太甲元年,伊尹作《伊训》。"伊尹要求太甲力戒巫风、淫风和乱风,避免十种过失,恪尽职守。 ④皋陶之谟:《尚书》有《皋尧谟》篇,是虞舜在位时与大臣讨论政务的会议记录。皋陶是尧舜时代主管刑罚的大臣,"谟"是谋划的意思。 ⑤《洛

诰》:《尚书》篇名。洛诰谈到营建洛邑的问题,故名。 ⑥《康诰》:《尚书》篇名。《书序》说:成王既伐管叔、蔡叔,以殷余民封康叔,作《康诰》。是篇即是周公告诫即将前往封地的卫康叔的训词。 ⑦《牧誓》:《尚书》篇名,是武王伐纣时的战前誓词。 ⑧《泰誓》:《尚书》篇名。《泰誓》分上、中、下三篇,上篇记述武王在孟津的誓词,中篇是武王行军至河朔时的誓词,下篇记述武王大巡六师时的训话。 ⑨周监二代,郁郁乎文:监,借鉴。郁郁,丰富,繁荣。周借鉴于夏、商二代,文辞发展到非常繁盛的程度。 ⑩行人:外交使臣。 ⑪语微婉而多切:语言委婉而切合事实。切,符合事实而不夸饰。 ⑫言流靡而不淫:说话流畅而不过分夸张。流靡,流利,流畅。淫,甚,过分。 ⑬吕相绝秦:《左传·成公十三年》载,晋厉公派大夫吕相向秦国宣布绝交,并大败秦军于麻隧。 ⑭子产献捷:《左传·襄公二十五年》载,郑国派大夫子展、子产率兵讨伐陈国,并获得大捷。子产献捷于晋,晋平公问陈有何过失,子产历数陈国之过。 ⑮臧孙谏君纳鼎:《左传·桓公二年》载,鲁、齐、陈、郑联合平定宋国的内乱之后,鲁桓公私取宋国珍藏的郜国大鼎,鲁大夫认为非礼,劝桓公将大鼎归还于宋。 ⑯魏绛对戮杨干:《左传·襄公三年》载,晋悼公弟杨干在曲梁乘车疾驰,扰乱了会盟时的秩序,执掌军法的魏绛诛杀其仆从,悼公怒,欲杀魏绛,绛呈书申诉。 ⑰弄丸之辩:弄丸,古代的一种技艺,两手上下抛接好多弹丸而不使落地,一般用以喻指娴熟巧妙,轻松不费力气。此处"弄丸之术",借喻巧言善辩,驰其巧辞,见《庄子·徐无鬼》篇。 ⑱家挟飞钳之术:《鬼谷子》有《飞钳》篇,已佚。《文心雕龙·论说》篇:"《飞钳》伏其精术。"赵吉甫先生注曰:"《飞钳》内容大抵是谈辩论的技术。" ⑲剧谈者以谲诳为宗:健谈的人主要是狡诈善辩。谲(jué)诳,狡诈,虚妄。 ⑳利口者以寓言为主:善于言谈的人往往假借事物来表达自己的思想。寓,寄托。 ㉑苏秦合从,张仪连横:苏秦、张仪合纵连横的故事,见《史记·苏秦列传》和《张仪列传》。 ㉒范雎反间以相秦:事见《史记·范雎蔡泽列传》。 ㉓鲁连解纷而全赵:鲁连,即鲁仲连。《史记·鲁仲连邹阳列传》载,赵孝成王时,秦王使白起破赵长平之军前后40余万,进而东围邯郸。赵王恐,诸侯之救兵莫敢击秦军。魏安厘王使将军晋鄙救赵,畏秦,止于荡阴不进。魏王使客将军新垣衍间入邯郸,劝说赵孝成王尊秦为帝以求和。鲁仲连赶到邯郸,批驳了新垣衍的主张,并使魏也放弃了尊秦为帝的想法。秦将得知之后,便退兵回国。

逮汉、魏已降,周、隋而往,世皆尚文,时无专对。运筹画策,自具于章表;献可替否①,总归于笔札。宰我、子贡之道②不行,苏秦、张仪之业遂废矣。假有忠言切谏,《答戏》、《解嘲》③,其可称者,若朱云折槛以抗愤④,张纲埋轮而献直⑤。秦宓之酬吴客⑥,王融之答虏使⑦,此之小辩,曾何足云。是以历选载言,布诸方册,自汉已下,无足观焉。

[注释]①献可替否:献可,建议可行之事。替否:建议废除不可行之事。②宰我、子贡之道:《论语·先进》讲孔子弟子所长者,"德行:颜渊、闵子骞、冉伯牛、仲弓。言语:宰我、子贡。政事:冉有、季路。文学:子游、子夏。"宰我、子贡是孔门弟子中以外交辞令见长的。 ③《答戏》、《解嘲》:班固作《答宾戏》,扬雄作《解嘲》,前文有注。 ④朱云折槛以抗愤:西汉故事。汉成帝时,朱云劾奏成帝之师安昌侯张禹,成帝大怒,治其死罪。御史拖云下殿,云抓住门槛不放,强辞以辩,结果折断门槛。辛庆忌冒死为云说情,叩头流血,情动成帝,朱云免死。后来要修复门槛的时候,成帝曰:"勿易!因而辑之,以旌直臣。"事见《汉书·杨胡朱梅云传》。 ⑤张纲埋轮而献直:《后汉书·张皓传》载:"汉安元年,选遣八使徇行风俗,皆耆儒知名,多历显位,唯纲年少,官次最微。余人受命之部,而纲独埋其车轮于洛阳都亭,曰:'豺狼当路,安问狐狸!'遂奏曰:'大将军冀,河南尹不疑……诚天威所不赦,大辟所宜加也。谨条其无君之心十五事,斯皆臣子所切齿者也。"书御,京师震竦。时,冀妹为皇后,内宠方盛,诸梁姻族满朝,帝虽知纲言直,终不忍用。" ⑥秦宓之酬吴客:蜀国秦宓应答吴国使臣张温的故事,事见《三国志·蜀书·秦宓传》,主要展示了宓之辩才。秦宓,《后汉书·董扶传》、《三国志》本传等都作秦密。
⑦王融之答虏使:南齐人王融应答北魏使臣的故事,主要展示其应辩之才,事

见《南齐书·王融传》。

　　寻夫战国已前，其言皆可讽咏，非但笔削所致，良由体质素美①。何以核诸？至如讨"鹑贲"、"鸲鹆"，童竖之谣②也；"山木"、"辅车"，时俗之谚③也；"皤腹弃甲"，城者之讴④也；"原田是谋"，舆人之诵⑤也。斯皆刍词鄙句⑥，犹能温润⑦若此，况乎束带立朝之士⑧，加以多闻博古之识者哉！则知时人出言，史官入记，虽有讨论润色，终不失其梗概者也。

　　[注释]①体质素美：言谈内容本身的质朴之美。　②"鹑贲"、"鸲鹆"，童竖之谣：鹑贲，《左传·僖公五年》所载童谣。鸲鹆（qú yù），《左传·昭公二十五年》所载童谣。竖，童仆。　③"山木"、"辅车"，时俗之谚：《左传·隐公十一年》周谚曰："山有木，工则度之；宾有礼，主则择之。"《左传·僖公五年》："谚所谓'辅车相依，唇亡齿寒'者，其虞、虢之谓也。"　④"皤腹弃甲"，城者之讴：《左传·宣公二年》：宋国筑城，大夫华元去巡视，筑城者讴曰："睅其目，皤其腹，弃甲而复。于思于思，弃甲复来。"歌者是丑化统治者圆睁两眼，大腹便便，而只会败仗归来。　⑤"原田是谋"，舆人之诵：事见《左传·僖公二十八年》。晋侯担心军心动摇，而听众人之谋。舆人，即众人。　⑥刍词鄙句：山夫野老之语。刍，樵夫。　⑦温润：温和柔润。　⑧束带立朝之士：身居高位的朝廷官员。语出《论语·公冶长》篇："子曰：'赤也，束带立于朝，可使与宾客言也，不知其仁也。'"

　　夫《三传》①之说，既不习于《尚书》；两汉之词，又多违于《战策》②。足以验氓俗③之递改，知岁时之不同。而后来作者，通无远识，记其当世口语，罕能从实而书，方复追效昔人，示其稽古④。是以好丘明者，则偏摸《左传》；

爱子长者，则全学史公。用使周、秦言辞见于魏、晋之代，楚、汉应对行乎宋、齐之日。而伪修混沌⑤，失彼天然，今古以之不纯，真伪由其相乱。故裴少期讥孙盛录曹公平素之语，而全作夫差亡灭之词⑥。虽言似《春秋》而事殊乖越者矣。

[注释]①《三传》：《春秋》三传，即《左传》、《公羊传》、《穀梁传》。②《战策》：《战国策》。 ③氓俗：民俗。 ④示其稽古：以显示自己具有古史知识的渊博。 ⑤伪修混沌：关于此句的解释，浦起龙的《史通通释》认为语出《庄子·天地》篇，子贡南游于楚，过汉阴，见一丈人抱瓮取水而不使用桔槔汲水，劝他用桔槔，为圃者忿然作色而笑曰："吾闻之吾师，有机械者必有机事，有机事者必有机心……吾非不知，羞而不为也。"子贡反于鲁，以告孔子。孔子曰："彼假修浑沌氏之术者也；识其一，不知其二；治其内，而不治其外。"赵吉甫先生的《史通新校注》也承袭了浦起龙的说法。其实，用《天地》篇中的孔子"彼假修浑沌氏之术者"一语来解释"伪修混沌"是不确切的，与下句的"失彼天然"也是不匹配的。"伪修混沌"一语应该是出自《庄子·应帝王》篇的浑沌故事："南海之帝为儵，北海之帝为忽，中央之帝为浑沌。儵与忽时相与遇于浑沌之地，浑沌待之甚善。儵与忽谋报浑沌之德，曰：'人皆有七窍以视听食息，此独无有，尝试凿之。'日凿一窍，七日而浑沌死。"浑沌没有七窍是他的天然之性，而儵与忽的好心修饰，则造成了浑沌"失彼天然"而死亡。所谓"伪"即是与自然相对的人为的做作与修饰。 ⑥裴少期讥孙盛录曹公平素之语，而全作夫差亡灭之词：裴松之讥讽孙盛之事，见《三国志·魏书·武帝纪》注。《左传·哀公二十年》载吴王夫差语曰："勾践将生忧寡人，寡人死之不得矣！"孙盛《魏氏春秋》记述曹操的话，也袭用吴王夫差之语，裴松之曰："魏武方以天下励志而用夫差分死之言，尤非其类。"

然自咸、洛①不守，龟鼎②南迁，江左为礼乐之乡，金陵实图书之府，故其俗犹能语存规检③，言喜风流，颠沛造次④,不忘经籍。而史臣修饰,无所费功。

[注释]①咸、洛:咸阳,洛阳。 ②龟鼎:古代帝王以龟、鼎二物为传国之宝。所以,龟鼎也用来比喻帝位。 ③语存规检:语言保存着规范、严谨的风格。 ④颠沛造次:语出《论语·里仁》篇:"君子无终食之间违仁,造次必于是,颠沛必于是。"造次,仓猝。颠沛,流离失所。

其于中国①则不然。何者?于斯时也,先王桑梓,翦为蛮貊,被发左衽②,充牣神州。其中辩若驹支③,学如郯子④,有时而遇,不可多得。而彦鸾修伪国诸史⑤,收、弘撰《魏》、《周》二书,必讳彼夷音,变成华语⑥,等杨由之听雀⑦,如介葛之闻牛⑧,斯亦可矣。而于其间,则有妄益文彩,虚加风物,援引《诗》、《书》,宪章《史》、《汉》。遂使沮渠、乞伏⑨,儒雅比于元封⑩,拓跋、宇文⑪,德音同于正始⑫。华而失实,过莫大焉。

[注释]①中国:中原之地,此处指北朝。 ②被发左衽:语出《论语·宪问》篇:"微管仲,吾其被发左衽矣!"被发,古代西北少数民族妇女散发遮脸。左衽,左臂穿入袖中而右臂袒露于外。此句意谓,中原原为先王之桑梓,现在则变成了蛮夷之地。 ③辩若驹支:春秋时期姜戎族酋长驹支对辩晋大夫范宣子事,见《左传·襄公十四年》。 ④学如郯子:郯子,春秋时期郯国国君,郯子朝鲁,答鲁大夫叔孙昭子问。《左传·昭公十七年》:叔孙昭子问郯国高祖少皞为什么用鸟名作官名,郯子答曰:"我高祖少皞挚之立也,凤鸟适至,故纪于鸟,为鸟师而鸟名……"仲尼闻之,见于郯子而学之。既而告人曰:"吾闻之:'天子失官,学在四夷',犹信。" ⑤彦鸾修伪国诸史:崔鸿字彦鸾,撰《十六国春秋》。 ⑥必讳彼夷音,变成华语:崔鸿和魏收等所撰史著,回避蛮夷语言风格,而用华夏语记之,刘知幾认为有失其真。 ⑦杨由之听雀:后汉人杨由之听雀声而知道吉凶,预测当地不久将有小规模战事,果验。事见《后汉书》本传。 ⑧介葛之闻牛:春秋时介葛卢问牛鸣而知要生产小牛,事见《左

传·僖公二十九年》)。 ⑨沮渠、乞伏:沮渠,北朝北凉国族姓,其先世为匈奴左沮渠,以官为姓。乞伏,鲜卑族部落名。 ⑩元封:汉武帝年号。此句意谓,把少数族人写得像大汉一样儒雅。 ⑪拓跋、宇文:拓跋,北魏拓跋族政权。宇文:鲜卑族宇文氏所建北周政权。 ⑫德音同于正始:德音,帝王诏令。正始,魏齐王年号。

唯王、宋著书①,叙元、高②时事,抗词正笔,务存直道,方言世语,由此毕彰。而今之学者,皆尤③二子以言多滓秽,语伤浅俗。夫本质如此,而推过史臣,犹鉴者见嫫姆多媸,而归罪于明镜④也。

[注释]①王、宋著书:王劭著《齐志》,宋孝王著《关东风俗传》。 ②元、高:西魏君主元氏,北齐君主高氏。 ③尤:责怪。 ④见嫫姆多媸,而归罪于明镜:看见人的丑相而归罪于镜子。嫫姆,丑人。媸,丑陋的相貌。

又世之议者,咸以北朝众作,《周史》为工。盖赏其记言之体,多同于古故①也。夫以枉饰虚言,都捐实事,便号以良直,师其模楷,是则董狐、南史,举目可求,班固、华峤,比肩②皆是者矣。

[注释]①同于古故:同于古代或以往的作品而已。 ②比肩:肩头相互挨接,谓其同类人物众多。

近有敦煌张太素①、中山郎余令②,并称述者,自负史才。郎著《孝德传》,张著《隋后略》。凡所撰今语③,皆依仿旧辞。若选言可以效古而书,其难类者,则忽而不取,料其所弃,可胜纪哉?

[注释]①敦煌张太素:唐高宗时官东台舍人,曾参与撰修《后魏书》、《北齐书》、《隋书》等,自撰《隋后略》10卷。 ②中山郎余令:唐初官著作佐郎,《新唐书·艺文志》:"郎余令《孝子后传》三十卷。" ③今语:今人语言。

盖江芊骂商臣①曰:"呼!役夫,宜君王废汝而立职。"汉王怒郦生②曰:"竖儒,几败乃公事。"单固谓杨康③曰:"老奴,汝死自其分。"乐广叹卫玠④曰:"谁家生得宁馨儿!"斯并当时侜嫚之词,流俗鄙俚之说。必播以唇吻,传诸讽诵,而世人皆以为上之二言不失清雅,而下之两句殊为鲁朴者,何哉?盖楚、汉世隔,事已成古,魏、晋年近,言犹类今。已古者即谓其文,犹今者乃惊其质⑤。夫天地长久,风俗无恒,后之视今,亦犹今之视昔。而作者皆怯书今语,勇效昔言,不其惑乎!苟记言则约附《五经》,载语则依凭《三史》,是春秋之俗,战国之风,亘两仪⑥而并存,经千载其如一,奚以今来古往,质文之屡变者哉⑦?

[注释]①江芊骂商臣:江芊,应为"江芈(mǐ)",事见《左传·文公元年》。 ②汉王怒郦生:事见《史记·留侯世家》。 ③单固谓杨康:事见《三国志·魏书·王凌传》裴松之注印《魏略》。 ④乐广叹卫玠:事见《晋书·王衍传》。 ⑤已古者即谓其文,犹今者乃惊其质:用古语者有文采,用今语者谓粗野。 ⑥两仪:天地。 ⑦奚以今来古往,质文之屡变者哉:如何验证古往今来、质与文的不断变化呢?刘知幾意谓,质与文是不断变化的,如果人们总以往古为文,以现今为质,一味地习于往古,历史的变化就看不到了。

盖善为政者,不择人而理①,故俗无精粗,咸被其化;工为史者,不选事而书,故言无美恶,尽传于后。若事皆不谬,言必近真,庶几②可与古人同居,何止得其糟粕而已。

[**注释**]①不择人而理:不选择治理对象。　②庶几:将近,差不多。

浮词第二十一

夫人枢机之发,亹亹①不穷,必有徐音②足句,为其始末。是以伊、惟、夫、盖,发语之端也;焉、哉、矣、兮,断句之助也。去之则言语不足,加之则章句获全。而史之叙事,亦有时类此。故将述晋灵公厚敛雕墙③,则且以不君为称;欲云司马安四至九卿④,而先以巧宦标目。所谓说事之端也。又书重耳伐原示信⑤,而续以一战而霸,文之教也⑥;载匈奴为偶人象郅都⑦,令驰射莫能中,则云其见惮如此。所谓论事之助也。

[**注释**]①亹亹(wěi):勤奋不倦的样子。　②徐音:徐音,旧本作"余音",浦起龙《史通通释》曰:"音在语前,故当言徐,旧作'余音',误。"浦径改为"徐音"。　③晋灵公厚敛雕墙:《左传·宣公二年》:"晋灵公不君,厚敛以雕墙。"晋灵公不遵守为君之道,大量搜刮财物,以绘饰宫室墙壁。　④司马安四至九卿:《史记·汲黯传》"黯姑姊子司马安亦少与黯为太子洗马。安文深巧善宦,官四至九卿,以河南太守卒。"　⑤重耳伐原示信:晋文公重耳伐原示信事,见《左传·僖公二十五年》:夏四月,周王把阳樊、温、原、攒茅之田赐予晋侯,到冬季,晋文公去占领原地。他命令携带三天的粮食。三天到了,原人不肯投降,晋文公命令撤离。侦查情况的人从城里出来报告说:原人准备投降了。于是,有军官说那就不要撤退了。晋文公说:信用是国家的宝贝,得到原而失去了信用,那我们失去的就太多了。军队后退了30里之后,原人投降了。　⑥一战而霸,文之教也:晋文公听从大夫狐偃的劝告,对人民实行教化而后用,最后战胜了楚国,一战而成就了霸业。事见《左传·僖公二十七年》。　⑦匈奴为偶人象郅都:《史记·酷吏传》载:郅都,孝景帝时人,为雁

门太守,匈奴人惧怕之,做成貌像郅都的木偶做靶的,令兵将射之,兵将畏惧郅都而射不中。

昔尼父裁经,义在褒贬,明如日月,持用不刊。而史传所书,贵乎博录而已。至于本事之外,时寄抑扬,此乃得失禀于①片言,是非由于一句,谈何容易,可不慎欤!但近代作者,溺于烦富,则有发言失中②,加字不惬③,遂令后之览者,难以取信。盖《史记》世家有云:赵鞅诸子,无恤最贤④。夫贤者当以仁恕为先,礼让居本。至如伪会邻国,进计行戕,俾同气女兄,摩笄引决⑤,此则诈而安忍⑥,贪而无亲,鲸鲵是俦⑦,犬豕不若,焉得谓之贤哉!又《汉书》云:萧何知韩信贤。案贤者处世,夷险若一⑧,不陨获于贫贱⑨,不充诎于富贵⑩。《易传》曰:知进退存亡者,其唯圣人乎!如淮阴初在厮微⑪,堕业无行⑫,后居荣贵,满盈速祸;躬为逆上,名隶恶徒⑬。周身之防靡闻,知足之情安在?美其善将,呼为才略则可矣,必以贤为目,不其谬乎?又云:严延年⑭精悍敏捷,虽子贡、冉有通于政事,不能绝也。夫以编名《酷吏》,列号"屠伯",而辄比孔门达者,岂其伦哉!且以春秋至汉,多历年所,必言貌取人,耳目不接,又焉知其才术相类,锱铢无爽,而云不能绝乎?

[注释]①禀于:缘于。 ②发言失中:发语词使用不确切。 ③加字不惬:语后结语使用不妥当。 ④赵鞅诸子,无恤最贤:无恤,赵鞅子,鞅以为太子,是为襄子,被司马迁评价为赵鞅诸子中之最贤者。以下数语,都是驳斥司马迁对襄子的评价。 ⑤同气女兄,摩笄引决:襄子逼迫其姐姐自杀事,见《史记·赵世家》:"襄子姊前为代王夫人。简子既葬,未除服,北登夏屋,请代王。使厨人操铜枓以食代王及从者,行斟,阴令宰人各以枓击杀代王及从

官,遂兴兵平代地。其姊闻之,泣而呼天,摩笄自杀。代人怜之,所死地名之为摩笄之山。"摩笄(jī),簪子。 ⑥安忍:安于残忍。 ⑦鲸鲵是俦(chóu):和鲸鲵同类。 ⑧夷险若一:夷,平坦。险,危机,险境。若一,都一样。 ⑨不陨获于贫贱:贫贱之时也不显得潦倒困穷。陨获:穷困潦倒的样子。 ⑩不充诎于富贵:富贵时也不狂喜而失态。充诎,狂喜而失态。 ⑪仄微:贫贱。 ⑫堕业无行:不事产业,没有善行。 ⑬名隶恶徒:列于罪犯之列。 ⑭严延年:西汉宣帝时期人,事见《汉书·酷吏传》:"延年为人短小精悍,敏捷于事,虽子贡、冉有通艺于政事,不能绝也。吏忠尽节者,厚遇之如骨肉,皆亲乡之,出身不顾,以是治下无隐情。然疾恶泰甚,中伤者多,尤巧为狱文,善史书,所欲诛杀,奏成于手,中主簿亲近史不得闻知。奏可论死,奄忽如神。冬月,传属县囚,会论府上,流血数里,河南号曰'屠伯'。令行禁止,郡中正清。"刘知幾认为,像严延年这样的酷吏、"屠伯",是不能与孔门弟子相提并论的。

　　盖古之记事也,或先经张本,或后传终言①,分布虽疏,错综逾密②。今之记事也则不然。或隔卷异篇,遽相矛盾;或连行接句,顿成乖角③。是以《齐史》之论魏收,良直邪曲,三说各异④;《周书》之评太祖,宽仁好杀,二理不同⑤。非惟言无准的,固亦事成首鼠⑥者矣。夫人有一言,而史辞再三,良以好发芜音,不求谠⑦理,而言之反覆,观者惑焉。

　　[注释]①或先经张本,或后传终言:张本和终言,都是解说经传记事的方法。张本是预先替后事写下的伏笔,终言是解说结束时的总结。 ②分布虽疏,错综逾密:从形式上看,记事虽然分散,但前后史事的联系则很紧密。 ③顿成乖角:立即形成矛盾。 ④三说各异:对魏收的评价,三个地方各不相同。《史通》原注:"李百药《齐书序》论魏收云:若使子孙有灵,窃恐未挹高论。至《收传论》又云:足以入相如之室,游尼父之门。但志存实录,好抵阴

私。于《尔朱畅传》又云:收受畅财贿,故为荣传多减其恶。是三说各异。"
⑤二理不同:《史通》原注:"令狐德棻《周书·元伟传》称文帝不害诸元,则云:'太祖天纵宽仁,性罕猜忌。'于《本纪论》又云:'渚宫制胜,阖城孥戮;茹茹归命,尽种诛夷。虽事出权道,而用乖于德教。'是谓二理不同。" ⑥事成首鼠:瞻前顾后,头尾不能相顾。 ⑦谠:正直,公允。

亦有开国承家,美恶昭露,皎如星汉,非靡沮所移①,而轻事尘点②,曲加粉饰。求诸近史,此类尤多。如《魏书》称登国以鸟名官③,则云"好尚淳朴,远师少皞";述道武结婚蕃落④,则曰"招携荒服,追慕汉高"。自余所说,多类如此。案魏氏始兴边朔,少识典、坟⑤;作俪蛮夷,抑惟秦、晋⑥。而鸟官创置,岂关郯子之言⑦?髦头而偶⑧,奚假奉春之策⑨?奢言无限,何其厚颜!又《周史》称元行恭⑩因齐灭得回,庾信赠其诗曰:"虢亡垂棘反,齐平宝鼎归。"陈周弘正⑪来聘,在馆赠韦敻诗曰:"德星犹未动,真车讵肯来?"其为信、弘正所重如此。夫文以害意,自古而然,拟非其伦,由来尚矣。必以庾、周所作,皆为实录,则其所褒贬,非止一人,咸宜取其指归,何止采其四句而已?若乃题目⑫不定,首尾相违,则百药、德棻是也;心挟爱憎,词多出没⑬,则魏收、牛弘是也。斯皆鉴裁非远,智识不周⑭,而轻弄笔端,肆情高下⑮。故弥缝虽洽,而厥迹更彰⑯,取惑无知,见嗤有识。

[注释]①非靡沮所移:不是浮言游词所可以抹杀的。沮,阻止;败坏。②尘点:抹黑,贬低。 ③登国以鸟名官:道武帝以鸟名作官名。登国,北魏道武帝拓跋珪年号。《魏书·官氏志》载:"帝欲法古纯质,每于制定官号,多不依周汉旧名,或取诸身,或取诸物,或以民事,皆拟远古云鸟之义。诸曹走

使谓之凫鸭,取飞之迅疾;以伺察者为候官,谓之白鹭,取其延颈远望。自余之官,义皆类此。" ④道武结婚蕃落:北魏道武帝与蛮夷部族结亲。 ⑤少识典、坟:很少知道古代典籍。典、坟,《三坟》、《五典》。 ⑥作俪蛮夷,抑惟秦、晋:和蛮夷通婚,也就是一般的秦晋之好。春秋时期,秦晋两国国君几代都互相通婚,后用"秦晋"代指两姓联姻。作俪,通婚。 ⑦郯子之言:郯子答鲁大夫叔孙昭子问,述说郯国高祖少皞为什么用鸟名作官名,见《左传·昭公十七年》。 ⑧髦头而偶:髦(máo)头,胡星名,此处作少数民族的代称。偶,婚配,联婚。 ⑨奚假奉春之策:何须借奉春之策来说事?奉春之策,西汉高祖时娄敬之建言,娄敬号"奉春君"。见《汉书·刘敬传》:敬曰:"陛下诚能以适长公主妻单于,厚奉遗之,彼知汉女送厚,蛮夷必慕,以为阏氏,生子必为太子,代单于。何者?贪汉重币。陛下以岁时汉所余彼所鲜数问遗,使辩士风喻以礼节。冒顿在,固为子婿;死,外孙为单于。岂曾闻孙敢与大父亢礼哉?可毋战以渐臣也。" ⑩元行恭:元伟,《周书》有传。庾信赠诗也见《周书·元伟传》:"自邺还也,庾信赠其诗曰:'虢亡垂棘反,齐平宝鼎归。'其为辞人所重如此。" ⑪周弘正:南朝陈国尚书,受命出使周,邀请与韦敻相见,并赠以诗,见《周书·韦敻传》:"陈遣其尚书周弘正来聘,素闻敻名,请与相见……弘正仍赠诗曰:'德星犹未动,真车讵肯来。'其为时所钦挹如此。"德星,誉韦敻操行高洁。 ⑫题目:品评人物或史事所使用的概括性词汇。 ⑬词多出没:言辞显明与隐晦。 ⑭鉴裁非远,智识不周:考察裁决不高明,才智见识不周密。 ⑮肆情高下:随意褒贬。 ⑯厥迹更彰:其拙劣做法则更加彰明。

夫词寡①者出一言而已周,才芜②者资数句而方洽③。案《左传》称绛父论甲子④,隐言于赵孟;班《书》述楚老哭龚生⑤,莫识其名氏。苟举斯一事,则触类可知。至嵇康、皇甫谧撰《高士记》,各为二叟立传,全采左、班之录,而其传论云:"二叟隐德容身,不求名利,避远乱害,安于贱役。"夫探揣古意,而广足新言,此犹子建之咏三良⑥,

延年之歌秋妇⑦。至于临穴泪下⑧,闺中长叹⑨,虽语多本传,而事无异说。盖凫胫虽短,续之则悲⑩;史文虽约,增之反累。加减前哲,岂容易哉!

[注释]①词寡:语言简练。 ②才芜:文字拉杂。 ③浃:透彻。 ④绛父论甲子:事见《左传·襄公三十年》:春秋时晋国绛县一老人,孤贫无以为生,便参加修筑杞城以糊口。有人问他的年纪,则推算他已经七十三岁了,于是,当权的赵孟便任命他为掌管晋侯衣物的复陶,并赐以耕地。这样的记事方法,表面上是记绛父,实际上却彰显了赵孟之德。 ⑤楚老哭龚生:见《汉书·两龚传》:龚胜,楚人,王莽篡汉,邀请龚胜入朝做官,胜闭口绝食而死。时"有老父来吊,哭甚哀,既而曰:'嗟乎!熏以香自烧,膏以明自销。龚生竟夭天年,非吾徒也。'遂趋而出,莫知其谁。" ⑥子建之咏三良:子建,曹植字子建。《曹子建集》卷四有《三良诗》。三良,春秋时秦国大夫子车氏的三位贤臣奄息、仲行、针虎。秦穆公死,杀此三人陪葬,国人哀之。见《左传·文公六年》。 ⑦延年之歌秋妇:颜延之字延年,南朝刘宋时著名诗人,有《秋胡诗》。秋妇,秋胡子之妻,胡子新婚五日离家做官,五年后乃还,路见其妻以为旁人而悦之,妻见其有淫佚之心,德行不义,便投河而死,详见刘向《列女传·节义传》。 ⑧临穴泪下:曹子建《三良诗》有"揽涕登君墓,临穴仰天叹"句。 ⑨闺中长叹:延年《秋胡诗》有"岁暮临空房"句。 ⑩凫胫虽短,续之则悲:语出《庄子·骈拇》篇:"凫胫虽短,续之则忧;鹤胫虽长,断之则悲。"凫(fú),野鸭。

昔夫子断唐、虞以下迄于周,翦截浮词,撮其机要。故帝王之道,坦然明白。嗟乎!自去圣日远,史籍逾多,得失是非,孰能刊定?假有才堪厘革,而以人废言,此绕朝①所谓"勿谓秦无人,吾谋适不用"者也。

[注释]①绕朝:春秋时秦国大夫,事见《左传·文公十三年》。

叙事第二十二

夫史之称美者,以叙事为先。至若书功过,记善恶,文而不丽,质而非野①,使人味其滋旨,怀其德音,三复忘疲,百遍无斁②,自非作者曰圣,其孰能与于此乎?昔圣人之述作③也,上自《尧典》,下终获麟,是为属词比事之言,疏通知远④之旨。子夏曰:"《书》之论事也,昭昭然若日月之代明。"扬雄有云:"说事者莫辨乎《书》,说理者莫辨乎《春秋》。"然则意指深奥,诰训成义,微显阐幽,婉而成章,虽殊途异辙,亦各有差焉。谅以师范亿载,规模万古,为述者之冠冕,实后来之龟镜⑤。既而马迁《史记》,班固《汉书》,继圣而作,抑其次也。故世之学者,皆先曰《五经》,次云《三史》,经史之目,于此分焉。

[**注释**]①文而不丽,质而非野:有文采而不华丽,质朴而不粗野。②百遍无斁:阅读百遍也不厌烦。斁(yì),厌烦,讨厌。 ③圣人之述作:指孔子作《春秋》。 ④疏通知远:剖析以往而知未来。疏通,剖析阐释。⑤龟镜:龟鉴,借鉴。

尝试言之曰:经犹日也,史犹星也。夫杲日流景,则列星寝耀①;桑榆既夕,而辰象粲然②。故《史》、《汉》之文,当乎《尚书》、《春秋》之世也,则其言浅俗,涉乎委巷,垂翅不举③,戢鳞无闻④。逮于战国已降,去圣弥远,然后能露其锋颖,倜傥不羁⑤。故知人才有殊,相去若是,校其优劣,讵可同年?自汉已降,几将千载,作者相继,非复一家,求其善者,盖亦几矣⑥。夫班、马执简,既《五经》之罪人;而《晋》、《宋》杀青,又《三史》之不若。譬夫王霸有别,粹驳相悬⑦,才难不其甚乎!

[注释]①杲日流景,则列星寝耀:当明亮的太阳闪耀光芒,则晨星就把亮光隐藏。杲(gǎo),明亮。景,日光。 ②桑榆既夕,而辰象粲然:傍晚的夜色降临,众星则闪烁出光芒。《淮南子·天文训》:"日西垂,景(影)在树端,谓之桑榆。"桑榆,喻指傍晚时光。 ③垂翅不举:以鸟为喻,说明在《尚书》《春秋》的时代,像《史记》《汉书》这样的史学著作是不能展翅高飞、有所表现的。垂,收敛。举,张开。 ④懘龠无闻:懘(chì),音乐不和谐。龠,古代一种像箫一样的乐器。 ⑤倜傥不羁:放荡不羁。倜傥,即倜傥洒脱,不拘束。 ⑥盖亦几矣:大概已经很少了。几,很少。 ⑦王霸有别,粹驳相悬:以古者王霸之道喻史书精粗之别。《荀子·王霸》篇曰:"故与积礼义之君子为之则王,与端诚信全之士为之则霸,与权谋倾覆之人为之则亡……故曰:'粹而王,驳而霸,无一焉而亡。'"淬,纯美。驳,不纯。

然则人之著述,虽同自一手,其间则有善恶不均,精粗非类。若《史记》之《苏》、《张》、《蔡泽》等传,是其美者。至于《三》、《五本纪》,《日者》、《太仓公》、《龟策传》,固无所取焉。又《汉书》之帝纪,《陈》、《项》诸篇,是其最也。至于《淮南王》、《司马相如》、《东方朔传》,又安足道哉!岂绘事以丹素成妍①,帝京以山水为助。故言媸者其史亦拙,事美者其书亦工。必时乏异闻,世无奇事,英雄不作,贤俊不生,区区碌碌,抑惟恒理,而责史臣显其良直之体,申其微婉之才,盖亦难矣。故扬子有云:"虞、夏之书,浑浑尔②;商书,灏灏尔③;周书,噩噩尔④;下周者,其书憔悴乎⑤?"观丘明之记事也,当桓、文作霸,晋、楚更盟,则能饰彼词句，成其文雅。及王室大坏，事益纵横，则《春秋》美辞，几乎翳⑥矣。观子长之叙事也，自周已往，言所不该，其文阔略，无复体统。洎秦、汉已下，条贯有伦，则焕炳可观，有足称者。至若荀悦《汉纪》，其才尽于十帝⑦；陈寿《魏书》，其美穷于三祖⑧。触类而长，他皆若斯。

[**注释**]①绘事以丹素成妍：绘画以白底红色呈其艳丽。绘事，绘画。丹，红色。素，白底。　②虞、夏之书，浑浑尔：虞、夏之书指《尚书》中的《尧典》、《皋陶谟》等篇。浑浑，盛大丰满之状。　③商书，灏灏尔：商书，指《尚书》中的《汤誓》、《盘庚》、《高宗肜日》等篇。灏灏，广阔、宏阔之状。　④周书，噩噩尔：周书，指《尚书》中的《西伯戡黎》、《牧誓》等篇。噩噩，严肃切直。⑤下周者，其书憔悴：下周者，指《尚书》中《文侯之命》、《秦誓》等篇。憔悴，萎靡疲倦之状。此数句，语出汉扬雄《法言·问神》："虞夏之书浑浑尔，商书灏灏尔，周书噩噩尔。"　⑥翳（yì）：遮蔽。　⑦十帝：指西汉从高祖到哀帝。⑧三祖：指太祖曹操，世祖曹丕，烈祖曹睿。

夫识宝者稀，知音盖寡。近有裴子野《宋略》，王劭《齐志》，此二家者，并长于叙事，无愧古人。而世人议者皆雷同，誉裴而共诋王氏。夫江左事雅，裴笔所以专工；中原迹秽，王文由其屡鄙①。且几原务饰虚辞②，君懋志存实录③，此美恶所以为异也。设使丘明重出，子长再生，记言于贺六浑④之朝，书事于士尼干（侯尼于⑤）之代，将恐辍毫栖牍⑥，无所施其德音。而作者安可以今方古，一概而论得失？

[**注释**]①屡鄙：质朴。　②几原务饰虚辞：裴子野注重文辞的浮华。几原，裴子野字几原。　③君懋志存实录：王劭重在求实。王劭字君懋。④贺六浑：指代高洋所建立的北齐政权。高洋父高欢字贺六浑。　⑤侯尼

于:同样指代北齐。《北史》:"显祖文宣皇帝讳洋,字子进,神武第二子,文襄之母弟也。武明太后初孕帝,每夜有赤光照室,太后私怪之。及产,命之曰侯尼于。鲜卑言有相子也。" ⑥辍毫栖牍:停止写作。辍,停止。毫,笔。栖,停留,停止。牍,简牍。

夫叙事之体,其流甚多,非复片言所能觇缕①,今辄区分类聚,定为三篇,列之于下。

[注释]①觇(luó)缕:依次详细陈说。

夫国史之美者,以叙事为工,而叙事之工者,以简要为主。简之时义大矣哉!历观自古,作者权舆①,《尚书》发踪②,所载务于寡事;《春秋》变体,其言贵于省文。斯盖浇淳殊致③,前后异迹。然则文约而事丰④,此述作之尤美者也。始自两汉,迄乎三国,国史之文,日伤烦富。逮晋已降,流宕逾远。寻其冗句,摘其烦词,一行之间,必谬增数字;尺纸之内,恒虚费数行。未聚蚊成雷⑤,群轻折轴⑥,况于章句不节,言词莫限,载之兼两⑦,曷足道哉?

[注释]①权舆:起始,或曰萌芽。权,舆,浦起龙《史通通释》注引《广韵》:"造衡自权始,造车自舆始。" ②《尚书》发踪:《尚书》是其发端。 ③浇淳殊致:浇,薄,少,引申为质朴。淳,厚,复杂。致,风格,状况。 ④文约而事丰:文字少而记事丰满。 ⑤聚蚊成雷:聚集众多微弱的声音,可以汇成巨大的声音。语出《汉书·景十三王传》:"夫众煦漂山,聚蚊成雷,朋党执虎,十夫桡椎。" ⑥群轻折轴:聚集众多分量轻的物件也会压断车轴。语出《战国策·魏策一》:"臣闻积羽沉舟,群轻折轴,众口铄金,故愿大王之熟计之也。" ⑦兼两:即车辆。语出《后汉书·吴佑传》:"此书若成,载之兼两。"

盖叙事之体，其别有四：有直纪其才行者，有唯书其事迹者，有因言语而可知者，有假赞论而自见者。至如《古文尚书》称帝尧之德，标以"允恭克让①"；《春秋左传》言子太叔之状，目以"美秀而文"。所称如此，更无他说，所谓直纪其才行者。又如《左氏》载申生为骊姬所谮，自缢而亡；班史称纪信为项籍所围，代君而死。此则不言其节操，而忠孝自彰，所谓唯书其事迹者。又如《尚书》称武王之罪纣也，其誓曰："焚炙忠良，刳剔孕妇②。"《左传》纪随会之论楚也，其词曰："筚辂蓝缕③，以启山林。"此则才行事迹，莫不阙如，而言有关涉，事便显露，所谓因言语而可知者。又如《史记·卫青传》后，太史公曰：苏建尝责大将军不荐贤待士。《汉书·孝文纪》末，其赞曰："吴王诈病不朝，赐以几杖。"此则传之与纪，并所不书，而史臣发言，别出其事，所谓假赞论而自见④者。然则才行、事迹、言语、赞论，凡此四者，皆不相须⑤。若兼而毕书，则其费尤广。但自古经史，通多此类。能获免者，盖十无一二。

[注释]①允恭克让：能够恭谨谦让。允，能够。恭，恭谨。克，能够。让，谦让，谦虚。　②焚炙忠良，刳剔孕妇：此言是指斥殷纣王的暴行。焚炙忠良，指设置炮烙之刑。刳剔，剖开，剥出。　③筚辂蓝缕：辂(lù)，大车。驾着柴车，穿着破旧的衣服去开辟山林，以喻创业的艰苦。语出《左传·昭公十二年》："昔我先王熊绎，辟在荆山，筚路蓝缕，以处草莽。跋涉山林，以事天子。"《左传·宣公十二年》："筚路蓝缕，以启山林。"　④假赞论而自见：此言像"吴王诈病不朝，赐以几杖"、"苏建尝责大将军不荐贤待士"之事，并没有在传或纪中出现，只是借文后的论赞显示出来。　⑤相须：齐备。

又叙事之省，其流有二焉：一曰省句，二曰省字。如

《左传》宋华耦来盟，称其先人得罪于宋，鲁人以为敏①。夫以钝者称敏，则明贤达所嗤，此为省句也。《春秋经》曰："陨石于宋五②。"夫闻之陨，视之石，数之五。加以一字太详，减其一字太略，求诸折中，简要合理，此为省字也。其有反于是者，若《公羊》（当作《穀梁》）称郤克眇，季孙行父秃，孙良夫跛，齐使跛者逆③跛者，秃者逆秃者，眇者逆眇者。盖宜除"跛者"已下句，但云"各以其类逆"。必事加再述，则于文殊费，此为烦句也。《汉书·张苍传》云："年老，口中无齿。"④盖于此一句之内去"年"及"口中"可矣。夫此六文成句，而三字妄加，此为烦字也。然则省句为易，省字为难，洞识此心，始可言史矣。苟句尽余剩，字皆重复，史之烦芜，职由于此。

[注释]①鲁人以为敏：事见《左传·文公十五年》："三月，宋华耦来盟……公与之宴，辞曰：'君之先臣督，得罪于宋殇公，名在诸侯之策。臣承其祀，其敢辱君，请承命于亚旅。'鲁人以为敏。"宋华耦无故暴露先祖之过失，是不敏，是愚钝、愚蠢，而"鲁人以为敏"，是将话反说。　②陨石于宋五：《春秋·僖公十六年》："陨石于宋五。"《公羊传》："春王正月戊申朔，陨石于宋五……曷为先言陨而后言石？陨石记闻，闻其磌然，视之则石，察之则五。"杜预注曰："闻其陨，视之石，数之五，各随其闻见先后而记之。"　③逆：迎接，接见。　④年老，口中无齿：今本《汉书·张苍传》："苍免相后，口中无齿，食乳，女子为乳母。"无"年老"二字，不知刘知幾所据何本。

盖饵①巨鱼者，垂其千钧，而得之在于一筌②；捕高鸟者，张其万罝③，而获之由于一目④。夫叙事者，或虚益散辞，广加闲说，必取其所要，不过一言一句耳。苟能同夫猎者、渔者，既执而罝钓必收，其所留者唯一筌一目而已，则庶几骈枝⑤尽去,而尘垢都捐⑥,华逝而实存,滓去而渖在⑦矣。嗟乎!能损之又损,而玄之又玄,轮扁所不能语斤⑧,伊挚所不能言鼎⑨也。

[注释]①饵:钓饵。 ②筌:用竹子或草编成的捕鱼器具。 ③罝:捉兔子的网。泛指捕野兽的网。 ④目:原指网上的孔眼,此指网。 ⑤骈枝:即骈拇枝指。骈拇,指脚的大拇指跟二拇指相连;枝指,指手的大拇指或小拇指旁边多长出来的一个手指。骈拇枝指比喻多余的或不必要的事物。 ⑥捐:清除。 ⑦滓去而渖在:渣滓去掉了,汁水还留着。渖,汁。 ⑧轮扁所不能语斤:造轮工匠扁也不能告诉人斫轮的技术。语出《庄子·天道》篇:"斫轮,徐则甘而不固,疾则苦而不入。不徐不疾,得之于手而应于心,口不能言,有数存焉于其间。"扁,人名。语斤,口授,讲述。 ⑨伊挚所不能言鼎:《吕氏春秋·本味》篇:伊尹对曰:"……鼎中之变,精妙微纤,口弗能言,志不能喻,若射御之微,阴阳之化,四时之数。"伊挚,伊尹名挚。此两句为刘知幾袭用《文心雕龙·深思》篇原句:"至精而后阐其妙,至变而后通其数,伊挚不能言鼎,轮扁不能语斤,其微矣乎!"

夫饰言者为文,编文者为句,句积而章立,章积而篇成。篇目既分,而一家之言备矣。古者行人出境,以词令为宗;大夫应对,以言文①为主。况乎列以章句,刊之竹帛,安可不励精雕饰,传诸讽诵者哉?自圣贤述作,是曰经典,句皆韶、夏②,言尽琳琅③,秩秩德音④,洋洋盈耳⑤。譬夫游沧海者,徒惊其浩旷;登太山者,但嗟其峻极。必摘以尤最,不知何者为先。然章句之言,有显有晦。显也者,繁词缛说,理尽于篇中;晦也者,省字约文,事溢于句外。然则晦之将⑥显,优劣不同,较⑦可知矣。夫能略小存大,举重明轻,一言而巨细咸该⑧,片语而洪纤靡漏,此皆用晦之道也。

[注释]①言文：语言有文采。　②韶、夏：《韶》，传说中虞舜时代的乐曲名。夏，《大夏》，大禹时乐舞。《左传·襄公二十九年》载："见舞《大夏》者，曰：'美哉！勤而不德，非禹其谁能修之？'"　③琳琅：美玉。此处指美妙之言辞。　④秩秩德音：秩，卷帙。德音，正音。　⑤洋洋盈耳：盈耳，充满耳内。意谓丰富。　⑥将：当"与"讲。　⑦较：相较，比较。　⑧咸该：全部包括。该，包括，包举。

昔古文义，务却①浮词。《虞书》云："帝乃殂落，百姓如丧考妣②。"《夏书》云："启呱呱而泣③，予不子。"《周书》称"前徒倒戈"，"血流漂杵"。《虞书》云："四罪而天下咸服。"此皆文如阔略，而语实周赡④。故览之者初疑其易，而为之者方觉其难，固非雕虫小技所能斥苦⑤其说也。既而丘明受经，师范尼父。夫经以数字包义，而传以一句成言⑥，虽繁约有殊，而隐晦无异⑦。故其纲纪而言邦俗也，则有士会为政，晋国之盗奔秦⑧；邢迁如归，卫国忘亡⑨。其款曲而言人事也，则有犀革裹之，比及宋，手足皆见⑩；三军之士，皆如挟纩⑪。斯皆言近而旨远，辞浅而义深，虽发语已殚⑫，而含义未尽。使夫读者望表而知里，扪毛而辨骨，睹一事于句中，反三隅于字外。晦之时义，不亦大哉！洎班、马二史，虽多谢⑬《五经》，必求其所长，亦时值斯语⑭。至若高祖亡萧何，如失左右手；汉兵败绩，睢水为之不流；董生乘马，三年不知牝牡⑮；翟公之门，可张雀罗⑯，则其例也。

[注释]①却：除去，删除。　②考妣：子女称呼亡父为考，亡母为妣。此

句是赞扬尧的德业和人民对他的爱戴。 ③呱呱而泣：婴儿的大声啼哭。赞扬大禹勤劳治水，公而忘私。启，大禹之子。 ④文如阔略，而语实周赡：文字如此简略，而语义却很丰富。周赡：丰富，完整，翔实。 ⑤斥苦：作文叙事或详或略，或肆放或紧凑。 ⑥传以一句成言：《春秋》以一字寓褒贬，而《左传》则以成句来完成。 ⑦隐晦无异：在"用晦"方面，《左传》与《春秋》是相同的。所谓用晦，就是"言近而旨远，词浅而义深"，古人讲究用晦。《左传·成公十四年》："《春秋》之称，微而显，志而晦，婉而成章，尽而不污，惩恶而劝善。非圣人谁能修之？" ⑧士会为政，晋国之盗奔秦：士会，春秋时期晋国大夫，施政严整，盗贼不容。《左传·宣公十六年》："戊申，以黻冕命士会将中军，且为大傅。于是晋国之盗逃奔于秦。" ⑨邢迁如归，卫国忘亡：一度灭亡的邢国和卫国，复国后社会安定如常，已经没有了亡国的困苦情景。齐国迁邢、封卫之事，见《左传》僖公元年、二年。 ⑩犀革裹之，比及宋，手足皆见：言陈国归还宋国逃犯南宫长万，将南用牛皮捆裹起来，等到了宋国，南拼命挣扎，而使牛皮破裂，手脚都露了出来。刘知幾赞《左传》之记事"辞浅而义深"，"手足皆见"四字，即将南的挣扎之状尽悉刻画。事见《左传·庄公十二年》。 ⑪三军之士，皆如挟纩：三军将士都像是穿上了棉衣，寒冷顿消。此句言楚庄公慰劳三军，激发了士气。事见《左传·宣公十二年》。 ⑫发语已殚：话已说完。殚，尽、完。 ⑬多谢：逊色于。 ⑭时值斯语：不断遇到这样的句子。 ⑮董生乘马，三年不知牝牡：董仲舒勤学三年不窥园的故事。浦起龙《史通通释》曰："王《训诂》：董仲舒勤学，三年不窥园，乘马不知牝牡。按：《史记》、《汉书》止有'不窥园'一句。" ⑯翟公之门，可张雀罗：形容宾客稀少，十分冷落。《汉书·郑当时传》："下邽翟公为廷尉，宾客亦填门，及废，门外可设爵罗。后复为廷尉，客欲往，翟公大署其门，曰：'一死一生，乃知交情；一贫一富，乃知交态；一贵一贱，交情乃见。'"

　　自兹已降，史道陵夷①，作者芜音累句，云蒸泉涌②。其为文也，大抵编字不只，捶句皆双，修短取均③，奇偶相配。故应以一言蔽之者，辄足为二言；应以三句成文者，必分为四句。弥漫重沓,不知所裁。是以处道受责于少期④,子昇取讥于君懋⑤,非不幸也。

[**注释**]①史道陵夷:史学传统衰微。陵夷,山岭变为平地,衰微之意。②云蒸泉涌:意谓层出不穷。 ③修短取均:文句的长短都要人为地使其均衡对称。 ④处道受责于少期:处道,曹魏时人王沈字处道,他所参与撰修的《魏书》曾受到裴松之的批评,裴松之字少期。 ⑤子昇取讥于君懋:温子昇所撰《永安故事》被王劭讥讽。王劭字君懋。

盖作者言虽简略,理皆要害,故能疏而不遗,俭而无阙。譬如用奇兵者,持一当百,能全克敌之功也。若才乏俊颖,思多昏滞,费词既甚,叙事才周,亦犹售铁钱者,以两当一①,方成贸迁之价也。然则《史》、《汉》已前,省要如彼;《国》、《晋》②已降,烦碎如此。必定其妍媸,甄其善恶。夫读古史者,明其章句,皆可咏歌;观近史者,悦其绪言,直求事意而已。是则一贵一贱,不言可知,无假榷扬③,而其理自见矣。

[**注释**]①售铁钱者,以两当一:"两当一"谓钱之贬值。此处喻指文章的费词过繁。 ②《国》、《晋》:《三国志》、《晋书》。 ③无假榷扬:无需借助于商讨而张扬。

昔文章既作,比兴①由生。鸟兽以媲贤愚,草木以方男女②,诗人骚客,言之备矣。洎乎中代,其体稍殊,或拟人必以其伦③,或述事多比于古。当汉氏之临天下也,君实称帝,理异殷、周;子乃封王,名非鲁、卫。而作者犹谓帝家为王室,公辅为王臣。盘石加建侯之言④,带河申俾侯之誓⑤。而史臣撰录,亦同彼文章,假托古词,翻易今语。润色之滥,萌于此矣。

[注释]①比兴:中国古典诗歌创作传统的两种表现手法。比,以彼物比此物。兴,先言他物,以引起所咏之辞。 ②鸟兽以媲贤愚,草木以方男女:方,比拟。王逸《楚辞章句离骚经序》:"屈原既执履忠贞,而被谗邪,忧心烦乱,不知所愬,乃作《离骚经》,依诗取兴,引类譬谕,故善鸟、香草,以配忠贞;恶禽、臭物,以比谗佞;灵修、美人,比媲于君;宓妃、佚女,以譬贤臣;虬、龙、鸾、凤,以托君子;飘风、云霓,以为小人。其辞温而雅,其义皎而郎。" ③拟人必以其伦:比喻人则引同类的例子。伦,同类。 ④盘石加建侯之言:封侯时用语加"盘石"二字。如:《史记·文帝纪》:"高帝封王子弟,地犬牙相制,此所谓盘石之宗也,天下服其强。" ⑤带河申俾侯之誓:功臣封侯,则用"带河"之词。如《史记·功臣表序》:"太史公曰:古者人臣功有五品:以德立宗庙定社稷曰勋,以言曰劳,用力曰功,明其等曰伐,积日曰阅。封爵之誓曰:'使河如带,泰山若厉。国以永宁,爰及苗裔。'始未尝不欲固其根本,而枝叶稍陵夷衰微也。"

降及近古,弥见其甚。至如诸子短书,杂家小说,论逆臣则呼为问鼎①,称巨寇则目以长鲸。邦国初基②,皆云草昧;帝王兆迹,必号龙飞③。斯并理兼讽谕,言非指斥,异乎游、夏措词④,南、董显书之义⑤也。如魏收《代史》⑥,吴均《齐录》⑦,或牢笼一世⑧,或苞举一家⑨,自可申不刊之格言,弘至公之正说。而收称刘氏纳贡,则曰"来献百牢"⑩;均叙元日临轩,必云"朝会万国"⑪。夫以吴征鲁赋⑫,禹计涂山⑬,持彼往事,用为今说,置于文章⑭则可,施于简册⑮则否矣。

[注释]①问鼎:觊觎政权。 ②邦国初基:创建国家。基,奠基。

③帝王兆迹,必号龙飞:帝王发迹之时,必号曰"龙飞"。如《后汉书·臧洪传》:"昔高祖取彭越于巨野,光武创基兆于绿林,卒能龙飞受命,中兴帝业。" ④异乎游、夏措词:不同于子游、子夏的辞令。 ⑤南、董显书之义:南史氏、董狐直书史事。 ⑥《代史》:指《魏书》。 ⑦《齐录》:指《齐春秋》。 ⑧牢笼一世:包括一朝的史事。 ⑨苞举一家:贯通一代的史事。一家,一代王朝,如汉代的刘姓王朝,唐代的李姓王朝。 ⑩称刘氏纳贡,则曰"来献百牢":指北魏太武帝太平真君十一年,南朝宋文帝来朝事。《魏书·世祖纪》记此事,仿照《左传》的记事方法,称刘宋的来朝为"来献百牢"。古代以牛羊豕一组为一牢。 ⑪均叙元日临轩,必云"朝会万国":言吴均的《齐春秋》记帝王元旦接受群臣朝见之事。轩,殿堂檐下的平台。古代帝王每年元旦这一天,要在平台接受群臣百官的朝见,此之谓"临轩"。而吴均在记述临轩之事时,则云"朝会万国"。 ⑫吴征鲁赋:《左传·哀公七年》:"吴来征百牢。"《魏书》以"吴征鲁赋"事来附会刘宋的朝魏。 ⑬禹计涂山:《左传·哀公七年》:"禹合诸侯于涂山,执玉帛者万国。"吴均之"朝会万国"即由此来。 ⑭文章:非史籍性的一般文章。 ⑮简册:特指史书。

　　亦有方以类聚,譬诸昔人。如王隐称诸葛亮挑战,冀获曹咎之利①;崔鸿称慕容冲见幸,为有龙阳之姿②。其事相符,言之谠矣。而卢思道称邢邵丧子不恸,自东门吴已来,未之有也③;李百药称王琳雅得人心,虽李将军恂恂善诱,无以加也④。斯则虚引古事,妄足庸音⑤,苟矜其学,必辨而非当者矣。

　　[**注释**]①王隐称诸葛亮挑战,冀获曹咎之利:王隐《晋书》已佚,无可详考。曹咎之利,事见《史记·项羽本纪》。楚汉相争之时,项羽命令大司马曹咎坚守成皋不出战,汉军用侮辱性语言挑战,激怒曹咎,曹咎遂渡汜水迎战,半渡被击,兵败自杀。王隐写诸葛亮挑战,谓其想获得像汉军击败曹咎这样的结果。 ②崔鸿称慕容冲见幸,为有龙阳之姿:崔鸿的《十六国春秋》写慕容冲被苻坚宠幸事,引龙阳之姿典故来做比附。龙阳之姿见《战国策·魏策

四》。龙阳君是魏王的男宠,"为王拂枕席",后世以"龙阳"作为男宠的代称。 ③卢思道……未之有也:卢思道,北朝人,著有《知幾传》一卷,写有《北齐兴亡论》、《后周兴亡论》等史论。邢劭丧子不痛事,见于《北齐书·邢劭传》:"养孤子恕,慈受特深。在兖州,有都信云恕疾,便忧之,废寝食,颜色贬损。及卒,人士为之伤心,痛悼虽甚,竟不再哭,宾客吊慰,抆泪而已。其高情达识,开遣滞累,东吴以还,所未有也。"东门吴事,见于《战国策·秦策三》:"梁人有东门吴者,其子死而不忧。其相室曰:'公之爱子也,天下无有,今子死不忧,何也?'东门吴曰:'吾尝无子,无子之时不忧,今子死,乃即与无子时同也。臣奚忧焉!'" ④李百药称王琳……无以加也:李百药《北齐书·王琳传》:王琳遇难,"当时田夫野老,知与不知,莫不为之歔欷流泣。观其诚信感物,虽李将军之恂恂善诱,殆无以加焉。"李将军,汉飞将军李广。 ⑤妄足庸音:引一些虚妄故事来填充史书。语出陆机《文赋》:"放庸音以足曲。"

昔《礼记·檀弓》,工言物始①。夫自我作故,首创新仪②,前史所刊,后来取证。是以汉初立楬,子长(当作"孟坚")所书③;鲁始为髽,丘明是记④。河桥可作,元凯取验于毛《诗》⑤;男子有笄,伯支远征于《内则》⑥。即其事也。案裴景仁《秦记》称苻坚方食,抚盘而诟⑦;王劭《齐志》述洛干感恩⑧,脱帽而谢。及彦鸾撰以新史⑨,重规⑩删其旧录,乃易"抚盘"以"推案"⑪,变"脱帽"为"免冠"⑫。夫近世通无案食,胡俗不施冠冕,直以事不类古,改从雅言,欲令学者何以考时俗之不同,察古今之有异?

[注释]①《礼记·檀弓》,工言物始:《礼记》谈到礼的变化都用一个"始"字,谓其源头。刘知幾认为,《礼记·檀弓》始言事物的开始问题,其实,《礼记》谈"始"的地方很多,不只是《檀弓》篇,如《礼记》首篇《曲礼》即曰:"始服衣若干尺矣。" ②自我作故,首创新仪:从我开始,创立新的典礼制度。自我作故,谓由我创新,不循旧法。新仪,泛指一切典礼制度。 ③汉初立

槽,子长(当作"孟坚")所书:《汉书·高祖纪》:八年冬,"十一月,令士卒从军死者为槽,归其县,县给衣衾棺葬具,祠以少牢,长吏视葬。"槽(huì),粗陋的小棺材。 ④鲁始为髽,丘明是记:《左传·襄公四年》:"冬十月,邾人、莒人伐鄫。臧纥救鄫,侵邾,败于狐骀。国人逆丧者皆髽。鲁于是乎始髽。"髽(zhuā),用麻绳与头发结成髻,以志哀。 ⑤河桥可作,元凯取验于毛《诗》:晋人杜预主张在洛阳北黄河孟津渡口建立河桥,人们多不赞成,杜预就引《诗经·大明》"文定厥祥,亲迎于渭。造舟为梁,不显其光"为据。造舟为梁,即编排船舶为浮桥,是桥之始。杜预字元凯。 ⑥男子有笄,伯支远征于《内则》:北朝人刘芳引《礼记·内则》篇"子事父母,鸡初鸣,咸盥漱,栉,縰,笄,总,拂髦,冠,緌缨,端,韠,绅,搢笏"一语,证明古代男子发饰亦有笄。笄,簪子。 ⑦裴景仁《秦记》称苻坚方食,抚盘而诉:前秦苻坚讨伐姚苌,断其水路,但天助姚苌,降下大雨。苻坚饭前抚盘大骂"天无其心"。裴景仁,南朝宋人,所著《秦记》已佚,有辑佚本一卷。 ⑧王劭《齐志》述洛干感恩,脱帽而谢:北齐万俟普子洛,字受洛干,感谢高祖事。《北齐书·万俟普传》记此事:"高祖以其父普尊老,特崇礼之,尝亲扶上马。洛免冠稽首曰:'愿出死力以报深恩。'""免冠稽首"四字,在王劭《齐志》中应是"脱帽而谢",可惜《齐志》已佚。 ⑨彦鸾撰以新史:指崔鸿所撰《十六国春秋》,崔鸿字彦鸾。 ⑩重规删其旧录:指李百药作《北齐书》,李百药字重规。 ⑪仍易"抚盘"以"推案":改"抚盘"为"推案"是复古的做法。魏晋以后通用盘而不用案盛食物。 ⑫变"脱帽"为"免冠":此也是复古。本来冠饰是汉族成年男子的发饰,万俟普是匈奴族之后裔。

又自杂种称制,充牣神州,事异诸华,言多丑俗。至如翼犍,道武原讳①;黑獭,周文本名②。而伯起革以他语,德棻阙而不载③。盖厖降、蒯聩,字之媸也④;重耳、黑臀,名之鄙也⑤。旧皆列以《三史》,传诸《五经》,未闻后进谈讲,别加刊定。况齐丘之牸,彰于载谶⑥;河边之狗,著于谣咏⑦。明如日月,难为盖藏,此而不书,何以示后?亦有氏姓本复,减省从单,或去"万纽"而留"于"⑧,或止存"狄"而除"厙"⑨。求诸自古,罕闻兹例。

[注释]①翼犍,道武原讳:"道武"有误。根据《魏书》帝纪,翼犍是北魏高祖昭成帝的原名。翼犍即什翼犍,北魏前身代的君主,是北魏道武帝拓跋珪的祖父,后追谥为"高祖昭成帝"。犍,阉割过的公牛。 ②黑獭,周文本名:北周文帝宇文泰字黑獭。 ③伯起革以他语,德棻阙而不载:魏收的《魏书》和令狐德棻的《周书》,则为翼犍和黑獭改变称呼,或缺而不载。伯起,魏收字。德棻,唐初史学家令狐德棻,撰《周书》。 ④厖降、蒯聩,字之媿也:厖(páng)降,尧时八恺之一。《说文解字》:"厖,犬多毛者。"蒯聩:春秋时期卫庄公名。蒯聩,字义是"聋子"。 ⑤重耳、黑臀,名之鄙也:重耳,晋文公名。黑臀,晋成公名。重耳、黑臀,这样的名字用字粗俗。 ⑥齐丘之犊,彰于载谶:原注曰:"杜台卿《齐记》载谶云:'首牛入西谷,逆犊上齐丘'也。"以"犊"字入谶语。 ⑦河边之狗,著于谣咏:原注曰:"王劭《齐志》载谣云:'獾獾头团圞,河中狗子破尔苑。'"以"狗子"入歌谣。 ⑧去"万纽"而留"于":姓"万纽于"而省为"于"。 ⑨止存"狄"而除"厙(shè)":姓"狄厙"而省为"狄"。

昔夫子有云:"文胜质则史①。"故知史之为务,必藉于文。自《五经》已降,《三史》而往,以文叙事,可得言焉。而今之所作,有异于是。其立言也,或虚加练饰,轻事雕彩;或体兼赋颂,词类俳优②。文非文,史非史,譬夫乌孙造室,杂以汉仪③,而刻鹄不成,反类于鹜④者也。

[注释]①文胜质则史:语出《论语·雍也》:"子曰:'质胜文则野,文胜质则史。文质彬彬,然后君子。'"孔子的原意,"史"与"野"相对,野是粗野,史是虚浮。此处刘知幾改变了孔子原意,把"史"当作了史书、史学之"史"。 ②俳优:古时艺人。 ③乌孙造室,杂以汉仪:乌孙,应是"龟兹",刘知幾原文即讹,赵吕甫《史通新校注》据陈汉章《史通补释》之考证,直接将刘氏原文改为"龟兹造室"。龟兹(qiū cí),汉代时西域小国,龟兹王造公室,仿照汉王朝

的仪式,受到胡人讥讽。《汉书·西域传》载:"治宫室,作徼道周卫,出入传呼,撞钟鼓,如汉家仪。外国胡人皆曰:'驴非驴,马非马,若龟兹王,所谓骡也。'" ④刻鹄不成,反类于鹜:天鹅没有画成,倒像是野鸡。鹄,天鹅。鹜(wù),野鸡。

品藻第二十三

盖闻方以类聚,物以群分,薰莸①不同器,枭鸾②不比翼。若乃商臣、冒顿③,南蛮、北狄,万里之殊也;伊尹、霍光④,殷年汉日,千载之隔也。而世之称悖逆则云商、冒,论忠顺则曰伊、霍者,何哉?盖厥迹相符,则虽隔越为偶⑤,奚必差肩接武⑥,方称连类者乎?

[注释]①薰莸:薰,香草。莸,臭草。 ②枭鸾:枭,一种凶猛的鸟。鸾,传说中凤凰一类的鸟。 ③商臣、冒顿:商臣,楚称王太子。冒顿(mò dú),西汉时匈奴单于。 ④伊尹、霍光:伊尹,商代名臣。霍光,西汉名臣,受武帝托辅佐昭帝,后又参与立宣帝事。 ⑤偶,同类。 ⑥差肩接武:肩挨肩,足接足。

史氏自迁、固作传,始以品汇相从。然其中或以年世迫促,或以人物寡鲜,求其具体必同,不可多得。是以韩非、老子,共在一篇①;董卓、袁绍,无闻二录②。岂非韩、老俱称述者,书有子名;袁、董并曰英雄,生当汉末。用此为断,粗得其伦③。亦有厥类众夥,宜为流别,而不能定其同科,申其异品,用使兰艾相杂④,朱紫不分⑤,是谁之过欤?盖史官之责也。

[注释] ①韩非、老子,共在一篇:《史记》有《老子韩非列传》。 ②董卓、袁绍,无闻二录:今本《后汉书》董卓与袁绍并不同传,"无闻二录"未知何义。 ③粗得其伦:大体符合分类的要求。 ④兰艾相杂:兰指兰芷,艾指萧艾,语出《楚辞·离骚》:"兰芷变而不芳兮,荃蕙化而为茅。何昔日之芳草兮,今直为此萧艾也?" ⑤朱紫不分:语出《楚辞·九思怨》:"朱紫兮杂乱,曾莫兮别诸。"

案班《书·古今人表》,仰包亿载,旁贯百家,分之以三科,定之以九等。其言甚高,其义甚惬。及至篇中所列,奚不类于其叙哉①!若孔门达者,颜称殆庶②,至于他子,难为等衰③。今乃先伯牛而后曾参④,进仲弓而退冉有⑤,求诸折中,厥理无闻。又楚王过邓,三甥请杀之,邓侯不许,卒亡邓国⑥。今定邓侯入下愚之上,夫宁人负我,为善获戾⑦,持此致尤,将何劝善?如谓小不忍,乱大谋⑧,失于用权,故加其罪。是则三甥见几而作⑨,决在未萌,自当高立标格,置诸云汉⑩,何得止与邓侯邻伍,列在中庸下流⑪而已哉?又其叙晋文之臣佐也,舟之侨⑫为上,阳处父⑬次之,士会⑭为下。其述燕丹之宾客也,高渐离⑮居首,荆轲⑯亚之,秦舞阳⑰居末。斯并是非瞀乱,善恶纷拏⑱,或珍瓴甋而贱璠玙⑲,或策驽骀而舍骐骥⑳。以兹为监,欲谁欺乎?

[注释] ①奚不类于其叙哉:批评班固《汉书·古今人表》对人物的分类列等,没有遵循他在《古今人表叙》中提出的标准。 ②颜称殆庶:颜渊称为达者还可以。殆、庶同义,都是大概、差不多的意思。 ③难为等衰:很难达到同等级别。 ④先伯牛而后曾参:班固将伯牛列在第二等,曾参列在第三等。伯牛,冉伯牛,和曾参都是孔子弟子。 ⑤进仲弓而退冉有:仲弓二等,

冉有三等。冉雍字仲弓,冉求字子有。 ⑥楚王过邓……卒亡邓国:事见《左传·庄公六年》。楚文王伐申,取道邓国。邓侯的三个外甥建议邓侯趁此机会杀掉楚子,不然必受其害。邓侯不肯。第二年,楚子伐邓。庄公十六年楚灭邓国。 ⑦为善获戾:做善事反遭祸害。 ⑧小不忍,乱大谋:语出《论语·卫灵公》:"子曰:巧言乱德,小不忍则乱大谋。"小事不忍让,便会败坏大事。 ⑨见几而作:相机行事。几,同机,机会。 ⑩置诸云汉:放到上等位置。云汉,喻上等。 ⑪中庸下流:中人和下愚的等次。 ⑫舟之侨:晋国大夫,城濮之战中违令渡河先归,被诛。班固《古今人表》列第三等。 ⑬阳处父:晋国大夫,为人刚直,后被杀害,《古今人表》列第四等。 ⑭士会:晋国大夫,施政严整,有"士会为政,晋国之盗奔秦"之誉,《古今人表》列第五等。 ⑮高渐离:燕人,善击筑。荆轲刺秦王失败后,他变易姓名骗得秦王赏识,谋杀秦王未遂,被杀。列《古今人表》第四等。 ⑯荆轲:卫人,后归燕,刺秦王未遂,被杀。列第五等。 ⑰秦舞阳:《史记·匈奴列传》载:"其后燕有贤将秦开,为质于胡,胡甚信之。归而袭破走东胡,东胡却千余里。与荆轲刺秦王秦舞阳者,开之孙也。"随荆轲刺杀秦王失败被杀。列第六等。刘知幾讲到的这些人物的等次,和今本《汉书·古今人表》中的情况多有不符,可见他看到的是不同的版本。 ⑱是非瞀乱,善恶纷拏:是非混乱,善恶莫辨。瞀(mào),愚蠢,昏庸。拏(ná),纷乱,混乱。 ⑲珍瓴甋而贱璠玙:珍视陶筒而无视宝玉。瓴甋(líng dì),陶筒,放置屋角用以流水。璠玙,春秋时鲁国宝玉。 ⑳策驽骀而舍骐骥:舍千里马而驾劣马。驽、骀都是指劣马。骐骥,良马,也可谓千里马。

又江充、息夫躬谗谄惑上①,使祸延储后,毒及忠良。论其奸凶,过于石显②远矣。而固叙之,不列佞幸③。杨王孙④裸葬悖礼,狂狷之徒,考其一生,更无他事,而与朱云同列,冠之传首,不其秽欤?

[**注释**]①江充、息夫躬谗谄惑上:江充,汉武帝时人,制造巫蛊之祸,冤杀太子,后被夷灭三族。息夫躬,西汉晚期人,诬杀东平王刘云,受到哀帝宠

信,后被弹劾,畏罪自杀。 ②石显:汉元帝时期权臣。他趁元帝病代理朝政之机,残害了萧望之、张猛、周堪、刘更生等大批重臣,危害甚烈。成帝即位后失宠,入《汉书·佞幸传》。 ③不列佞幸:像江充、息夫躬这样的佞臣,班固则没有把他们列入《佞幸传》。 ④杨王孙:《汉书·杨胡朱梅云传》:"杨王孙者,孝武时人也。学黄老之术,家业千金,厚自奉养生,亡所不致。及病且终,先令其子,曰:'吾欲裸葬,以反吾真,必亡易吾意。死则为布囊盛尸,入地七尺,既下,从足引脱其囊,以身亲土。'"

若乃旁求别录,侧窥杂传,诸如此谬,其累实多。案刘向《列女传》载鲁之秋胡妻者,寻其始末,了无才行可称,直以怨怼①厥夫,投川而死。轻生同于古冶②,殉节异于曹娥③,此乃凶险之顽人,强梁之悍妇,辄与贞烈为伍,有乖其实者焉。又嵇康《高士传》,其所载者广矣,而颜回、蘧瑗④,独不见书。盖以二子虽乐道遗荣,安贫守志,而拘忌名教,未免流俗也。正如董仲舒、扬子云,亦钻仰四科⑤,驰驱六籍⑥,渐⑦孔门之教义,服鲁国之儒风,与此何殊,而并可甄录。夫回、瑗可弃,而扬、董获升,可谓识二五而不知十者也。

[注释]①怼(duì):怨恨。 ②古冶:春秋时期,公孙接、田开疆、古冶子事景公,以勇力搏虎闻名。三人,自恃力勇,傲慢无礼。齐景公用晏婴计,以两个桃子赏给此三人,令他们各自计功分之。三人各述功劳后,公孙接、田开疆自觉不如古冶,退还二桃并自杀。古冶子见状,自觉羞愧,说:"二子死之,冶独生之,不仁;耻人以言,而夸其声,不义;恨乎所行,不死,无勇。虽然,二子同桃而节,冶专桃而宜。"遂自杀。事见《晏子春秋》卷二。 ③殉节异于曹娥:《后汉书·烈女传》载,曹娥父以巫觋为业,由于迎神江边,溺水而亡。曹娥年14,沿江嚎哭,17天不止,最后投江而死。刘知幾认为,秋胡之妻者尚无法与曹娥相比。 ④蘧瑗:春秋时期卫国大夫,孔子曾赞扬他是真正的君

子,见《论语·卫灵公》。　⑤四科:德行,言语,文学,政事。　⑥六籍:即六经:《诗》、《书》、《易》、《礼》、《乐》、《春秋》。　⑦渐:熏陶,接受。

　　爰及近代,史臣所书,求其乖失,亦往往而有。借如阳瓒①效节边城,捐躯死敌,当有宋之代,抑刘、卜之徒②欤?而沈氏竟不别加标榜,唯寄编于《索虏》篇内。纪僧珍③砥节砺行,终始无瑕,而萧氏乃与群小混书,都以恩幸为目。王頍④文章不足,武艺居多,躬诣戚藩,首阶逆乱。撰隋史者如不能与枭感并列,即宜附出《杨谅传》中,辄与词人共编,吉士为伍。凡斯纂录,岂其类乎?

　　[注释]①阳瓒:南朝刘宋时人,宋武帝永初三年,北魏攻打滑台城,城坏,守将王景度逃亡,司马阳瓒坚守奋战,战死。沈约《宋书》没有为阳瓒单独立传,而是将其事叙述在《索虏传》中。　②刘、卜之徒:原注:"刘谓刘康祖,卜谓卜天与。"　③纪僧珍:《南齐书》及《南史》作"僧真"。南朝齐人,为齐高帝萧道成亲幸。萧道成屯守新亭时,萧惠朗率兵冲入东门,被纪僧真击退,事见《南齐书·恩幸传》。　④王頍(kuǐ):隋初任著作郎,国子博士。仁寿四年,参与杨谅叛乱,累献奇策而不被所用。杨谅失败后,王頍欲逃亡突厥,行至山中路绝自杀。《隋书》将王頍列入《文学传》中。

　　子曰:"以貌取人,失之子羽①;以言取人,失之宰我②。"光武则受误于庞萌③,曹公则见欺于张邈④。事列在方书,惟善与恶,昭然可见。不假许、郭之深鉴⑤,裴、王之妙察⑥,而作者存诸简牍,不能使善恶区分,故曰谁之过欤?史官之责也。夫能申藻镜⑦,别流品,使小人君子臭味得朋⑧,上智中庸等差有叙,则惩恶劝善,永肃将来,激浊扬清,郁为不朽者矣。

[注释]①子羽:澹台灭明字子羽,孔子弟子,相貌丑陋,而言行端正。②宰我:宰予字子我,孔子弟子,利口辩辞,曾和孔子有三年丧之辩,对父母死后守丧三年之礼提出质疑。 ③庞萌:东汉人,深受光武帝信任,被光武赞为"可以托六尺之孤,寄百里之命"之人,但后来却成为叛将。 ④张邈:汉末人,与曹操、袁绍友善。曾批评袁绍的骄傲自大,绍命曹操杀邈,操不从。后操约邈举兵,而邈却投靠了吕布。 ⑤许、郭之深鉴:许劭、郭泰,都以善品评人物而著名。曹操曾请求许劭对他品评,劭曰:"君清平之奸贼,乱世之英雄。" ⑥裴、王之妙察:裴楷、王戎,都是西晋时见识卓越之人。王戎是竹林七贤之一,裴楷则与之齐名。其时吏部郎官缺人,晋武帝司马炎问钟会何人堪任,钟会曰:"裴楷清通,王戎简要,皆其选也。" ⑦藻镜:装饰华美的镜子。⑧臭味得朋:同类的人编排在一起。

直书第二十四

夫人禀五常①,士兼百行②,邪正有别,曲直不同。若邪曲者,人之所贱,而小人之道也;正直者,人之所贵,而君子之德也。然世多趋邪而弃正,不践君子之迹,而行由小人者,何哉?语曰:"直如弦,死道边;曲如钩,反封侯③。"故宁顺从以保吉,不违忤以受害也。况史之为务,申以劝诫,树之风声。其有贼臣逆子,淫君乱主,苟直书其事,不掩其瑕,则秽迹彰于一朝,恶名被于千载。言之若是,吁可畏乎!

[注释]①五常:仁、义、礼、智、信。 ②百行:多种优良品行。 ③直如弦,死道边;曲如钩,反封侯:东汉时洛阳童谣,讽刺当时政治黑暗,正直骨鲠之臣,遭排挤打击;谄媚邪曲的小人,则升官封侯。

夫为于可为之时则从，为于不可为之时则凶。如董狐之书法不隐，赵盾之为法受屈①，彼我无忤，行之不疑，然后能成其良直，擅名今古。至若齐史之书崔弑②，马迁之述汉非③，韦昭仗正于吴朝④，崔浩犯讳于魏国⑤，或身膏斧钺⑥，取笑当时；或书填坑窖，无闻后代。夫世事如此，而责史臣不能申其强项⑦之风，励其匪躬⑧之节，盖亦难矣。是以张俨发愤⑨，私存《嘿记》之文；孙盛不平⑩，窃撰辽东之本。以兹避祸，幸获两全。足以验世途之多隘，知实录之难遇耳。

[注释]①赵盾之为法受屈：春秋时，晋国大夫赵盾为了逃避晋灵公的迫害而出逃，尚未逃出国境，听到了晋灵公被诛杀的消息，又重返国都。晋太史董狐在朝堂上写道："赵盾弑其君。"赵盾不服，董狐说，你是正卿，出逃但没有出境，返回后又不惩办凶手，不是你是谁？赵盾只得忍受。 ②齐史之书崔弑：齐大夫崔杼杀齐庄公，齐太史书"崔杼弑其君"，崔杼杀之。太史弟又书"崔杼弑其君"，崔杼则罢。南史氏以为太史尽死，又冒死执简以往，听说已经如实而书，乃还。 ③马迁之述汉非：司马迁著《史记》对当朝之事，于伪善丑恶之处无所回避。 ④韦昭仗正于吴朝：韦昭，三国吴人，《三国志》载其事时，为避晋文帝司马昭讳而将其更名为"曜"。曾奉命参与编撰《吴书》。时孙皓为帝，要求韦昭把其父孙和写入帝纪，韦昭执以孙和不登帝位不宜入本纪，皓"遂诛曜，徙其家零陵"。事见《三国志·吴书·韦曜传》。 ⑤崔浩犯讳于魏国：魏太武帝时，崔浩受诏撰写国史。崔本着实录的原则，采用魏国早期史料，直书了拓跋氏一些不愿为人所知的早期历史，并上了他人的圈套，将所撰国史刻于石碑，立于大路通衢之旁，引起往来行人的议论，由此惹恼了鲜卑贵族，被魏太武帝诛杀，同族、姻亲并被连坐灭族。事见《北史》本传。 ⑥身膏斧钺：喻身被诛杀。 ⑦强项：谓刚正不为威武所屈。 ⑧匪躬：忠心耿耿，不顾自身。 ⑨张俨发愤：张俨《嘿记》三卷，保存了诸葛亮《后出师表》。 ⑩孙盛不平：孙盛，东晋史学家，有董狐遗风，所著《晋阳秋》"词直理

正,咸称良史"。孙盛曾为东晋征西大将军桓温帐下参军,对桓温第三次北伐前燕时在枋头的败绩,如实记载于《晋阳秋》中。桓温得知此事大怒,以杀身灭族相威胁。孙盛诸子闻讯大惧,皆哭泣跪拜于地,请父亲删改。孙盛拒不屈服于桓温淫威,坚持秉笔直书。

然则历考前史,征诸直词,虽古人糟粕,真伪相乱,而披沙拣金,有时获宝。案金行①在历,史氏尤多。当宣、景开基②之始,曹、马搆纷之际,或列营渭曲,见屈武侯③,或发仗云台,取伤成济④。陈寿、王隐咸杜口而无言,陆机、虞预各栖毫而靡述。至习凿齿,乃申以死葛走达之说⑤,抽戈犯跸之言⑥。历代厚诬,一朝如雪。考斯人之书事,盖近古之遗直欤?次有宋孝王《风俗传》、王劭《齐志》,其叙述当时,亦务在审实。案于时河朔王公,箕裘未陨⑦;邺城将相,薪构仍存⑧。而二子书其所讳,曾无惮色。刚亦不吐,其斯人欤?

[注释]①金行:指晋朝。　②宣、景开基:宣王司马懿,景王司马师,晋国帝业的奠基者。　③见屈武侯:诸葛亮率军北伐,病死军中,秘不发丧。蜀军整军后撤,司马懿怀疑亮还活着,急忙撤退。这则"死诸葛走生仲达"故事,谓司马懿屈于武侯。事见《三国志·蜀书·诸葛亮传》裴松之注引《汉晋春秋》。武侯,即诸葛亮。　④取伤成济:魏高贵乡公出兵讨伐司马昭而被太子舍人成济刺死之事。事见《三国志·魏书·高贵乡公纪》裴松之注引《汉晋春秋》曰:"帝见威权日去,不胜其忿。乃召侍中王沈、尚书王经、散骑常侍王业,谓曰:'司马昭之心,路人所知也。吾不能坐受废辱,今日当与卿等自出讨之。'……帝遂帅僮仆数百,鼓噪而出。文王弟屯骑校尉伷入,遇帝于东止车门,左右呵之,伷众奔走。中护军贾充又逆帝战于南阙下,帝自用剑。众欲退,太子舍人成济问充曰:'事急矣。当云何?'充曰:'畜养汝等,正谓今日。今日之事,无所问也。'济即前刺帝,刃出于背。"　⑤死葛走达之说:见注③。

⑥抽戈犯跸之言：见注④。犯跸，帝王出行时开路清道，实行戒严，谓之跸。犯跸，即危害君王。　⑦河朔王公，箕裘未陨：河朔指北魏。箕裘，喻指家业，勋业。陨，败落。　⑧邺城将相，薪构仍存：北齐王朝的基业尚在。邺城将相指北齐王朝。薪构，建筑房屋。

盖烈士徇名，壮夫重气，宁为兰摧玉折，不作瓦砾长存。若南、董之仗气直书，不避强御；韦、崔之肆情奋笔，无所阿容。虽周身之防有所不足，而遗芳余烈，人到于今称之。与夫王沈《魏书》①，假回邪以窃位，董统《燕史》②，持诌媚以偷荣，贯三光而洞九泉③，曾未足喻其高下也。

[注释]①王沈《魏书》：王沈，魏晋时人，与荀𫖮、阮籍共撰《魏书》，多为时讳。　②董统《燕史》：董统，北朝人，后燕建兴元年，受诏撰著《后燕书》。③贯三光而洞九泉：三光，日、月、星。洞，深入。

曲笔第二十五

肇有人伦，是称家国。父父子子，君君臣臣，亲疏既辨，等差有别。盖"子为父隐，直在其中"，《论语》之顺①也；略外别内，掩恶扬善，《春秋》之义也。自兹已降，率由旧章。史氏有事涉君亲，必言多隐讳，虽直道不足，而名教存焉。其有舞词弄札，饰非文过，若王隐、虞预毁辱相凌②，子野、休文释纷相谢③。用舍由乎臆说，威福行乎笔端，斯乃作者之丑行，人伦所同疾也。亦有事每凭虚，词多乌有：或假人之美，藉为私惠；或诬人之恶，持报己仇。若王沈《魏录》滥述贬甄之诏④，陆机《晋史》虚张拒葛之锋⑤,班固受金而始书⑥,陈寿借米而方传⑦。此又记言之奸贼,载笔之凶人,虽肆诸市朝⑧,投畀⑨豺虎可也。

[注释]①《论语》之顺:《论语·子路》:"孔子曰:'吾党之直者异于是,父为子隐,子为父隐。直在其中矣。'"虽说是"隐",但在儒家看来,父子相隐,是合乎情理的,所以谓"顺"。 ②王隐、虞预毁辱相凌:晋元帝时王隐受诏撰写晋史,著作郎虞预也正在私撰《晋书》。虞预生长在东南,对中原的情况比较生疏,经常访问王隐并借阅剽窃隐的书稿。后来虞预对王隐有所不满,并对隐多所诽谤,使得王隐被免职还乡。事见《晋书·王隐传》。 ③子野、休文释纷相谢:裴子野和沈约的一段纠葛,见《南史·裴子野传》。初,沈约撰《宋书》,写到裴松之事说"松之已后无闻"。后来裴松之的曾孙子野撰《宋略》,在叙述沈约之父沈璞之死时,则说璞不从义师而被戮,恶语相还。沈约得知后,立即登门谢罪,并要求双方停止纠纷。 ④王沈《魏录》滥述贬甄之诏:浦起龙《史通通释》注曰:"《晋书·王沈传》:高贵乡公将攻文帝,召沈告之。沈驰白帝,不忠于主,甚为众论所非。按:沈所撰《魏书》已逸,述甄事无考。郭《评》:沈不忠于魏,故甄后之贬,滥述其事,彰曹丑也。"甄,甄城侯曹植。 ⑤陆机《晋史》虚张拒葛之锋:陆机《晋史》已佚,如何"虚张拒葛"已不可考。葛,指诸葛亮。 ⑥班固受金而始书:此事不可考知。《文心雕龙·史传》篇已曰:"及班固述汉……赞序弘丽,儒雅彬彬,信有遗味。至于宗经矩圣之典,端绪丰赡之功,遗亲攘美之罪,征贿鬻笔之愆,公理辨之究矣。"公理即仲长统。这是个早已解决的问题,受金、鬻笔说不能成立。而刘知幾仍袭此说,不知何据。 ⑦陈寿借米而方传:此事不可考。唐初此说流传,令德狐棻撰《周书·柳虬传》,仍保留了"班生受金,陈寿求米"的说法。 ⑧肆诸市朝:陈尸于街头。语出《论语·宪问》。 ⑨投畀:给予。

然则史之不直,代有其书,苟其事已彰,则今无所取。其有往贤之所未察,来者之所不知,今略广异闻,用标先觉。案《后汉书·更始传》①称其懦弱也,其初即位,南面立,朝群臣,羞愧流汗,刮席不敢视。夫以圣公身在微贱,已能结客报仇,避难绿林,名为豪杰。安有贵为人主,而反至于斯者乎?将作者曲笔阿时,独成光武之美;谀言媚主,用雪伯升之怨②也。且中兴之史,出自东观,或明皇所定,或马后攽刊③,而炎祚灵长④,简书莫改,遂使他姓追撰,空传伪录者矣。陈氏《国志·刘后主传》云:"蜀无史职,故灾祥靡闻。"案黄气见于秭归⑤,群鸟堕于江水⑥,成都言有景星出⑦,益州言无宰相气⑧,若史官不置,此事从何而书?盖由父辱受髡⑨,故加兹谤议者也。

[注释]①更始:更始帝刘玄,刘秀族兄。赤眉军拥立刘盆子为帝后,玄被绞死。 ②雪伯升之怨:刘演字伯升,光武帝刘秀的长兄,和刘玄、刘秀共同举事。刘玄即位更始帝后,以刘演为大司徒。后刘演攻破宛城,刘秀攻破王导、王邑部,刘秀、刘演威名大震。昆阳战后,刘演、刘玄争权激烈,玄遂伺机杀害刘演,见《后汉书》刘演本传。刘知幾认为《后汉书》对更始的丑化,是雪刘演之怨。 ③马后攽刊:刊,删改。指明帝马皇后删去兄长参医药事。马皇后是东汉伏波将军马援的小女,她曾亲撰《显宗起居注》,删去其兄马防参医药事。《后汉书·皇后纪》载:"自撰《显宗起居注》,削去兄防参医药事。帝请曰:'黄门舅旦夕供养且一年,既无褒异,又不录勤劳,无乃过乎?'太后曰:'吾不欲令后世闻先帝数亲后宫之家,故不著也。'" ④炎祚灵长:谓汉王朝统治时间长久。按五行理论,汉是火德,故称汉为炎汉。祚,国祚,国统。 ⑤黄气见于秭归:《三国志·蜀书·先帝传》:"黄气见自秭归十余里中,广数十丈。后十余日,陆议大破先主军于猇亭。"秭归,地名,在湖北。 ⑥群鸟堕于江水:《三国志·蜀书·后主传》裴松之注引《汉晋春秋》曰":冬十月,江阳至江州有鸟从江南飞渡江北,不能达,堕水死者以千数。" ⑦成都言有景星出:《三国志·蜀书·后主传》:"景耀元年,姜维还成都。史官言景星见,于是大赦,改年。" ⑧益州言无宰相气:《三国志·蜀书·费祎传》:"后十四年夏,还成都,成都望气者云都邑无宰相位,故冬复北屯汉寿。" ⑨父辱受髡:陈寿父为马谡参军,诸葛亮挥泪斩马谡,陈寿父也遭髡刑。陈寿《三国志》中

某些地方对诸葛亮评价不高，如《三国志·蜀书·诸葛亮传》说："当此之时，亮之素志，进欲龙骧虎视，苞括四海；退欲跨陵边疆，震荡宇内。又自以为无身之日，则未有能蹈涉中原、抗衡上国者，是以用兵不戢，屡耀其武。然亮才，于治戎为长，奇谋为短，理民之干，优于将略。而所与对敌，或值人杰，加众寡不侔，攻守异体，故虽连年动众，未能有克。昔萧何荐韩信，管仲举王子城父，皆忖己之长，未能兼有故也。亮之器能政理，抑亦管、萧之亚匹也，而时之名将无城父、韩信，故使功业陵迟，大义不及邪？盖天命有归，不可以智力争也。"这些评论，后人有以为是陈寿因为"父辱受髡"而报复。此处寿云"蜀无史职，故灾祥靡闻"，也被刘知幾扯到这个问题上来了。

　　古者诸侯并争，胜负无恒，而他善必称，己恶不讳。逮乎近古，无闻至公，国自称为我长，家相谓为彼短。而魏收以元氏出于边裔，见侮诸华，遂高自标举，比桑干于姬、汉之国①；曲加排抑，同建邺于蛮貊之邦②。夫以敌国相仇，交兵结怨，载诸移檄，用可致诬，列诸缃素③，难为妄说。苟未达此义，安可言于史邪？夫史之曲笔诬书，不过一二，语其罪负，为失已多。而魏收杂以寓言，殆将过半，固以仓颉已降，罕见其流，而李氏《齐书》④称为实录者，何也？盖以重规亡考未达⑤，伯起以公辅相加⑥，字出大名⑦，事同元叹⑧，既无德不报，故虚美相酬。然必谓昭公知礼⑨，吾不信也。语曰："明其为贼，敌乃可服⑩。"如王劭之抗词不挠⑪，可以方驾古人⑫。而魏收持论激扬，称其有惭正直。夫不彰其罪，而轻肆其诛⑬，此所谓兵起无名，难为制胜者。寻此论之作，盖由君懋⑭书法不隐，取咎当时。或有假手史臣，以复私门之耻，不然，何恶直丑正，盗憎主人之甚乎！

［注释］①比桑干于姬、汉之国：桑干河，即河北省永定河，是古鲜卑族拓跋部建国地区，这里用作北魏的代称。姬，指周王朝，周族是姬姓。　②同建邺于蛮貊之邦：建邺，指在南京建都的东晋及宋、齐、梁、陈诸国，将这些国家都看做是蛮夷之邦。　③列诸缃素：载于史书。缃素，淡黄色的缯素，古人用以包括书卷，故代指史书。　④李氏《齐书》：李百药的《北齐书》。　⑤以重规亡考未达：李百药父亲李德林尚未显贵的时候。重规，李百药字。亡考，亡父。未达，尚未显贵之时。　⑥伯起以公辅相加：魏收字伯起。魏收对少年成名的李德林十分赏识、器重，判断德林必至公辅，就以"公辅"为德林之字。⑦字出大名：李德林字公辅，"公辅"之字预言了德林的发展，后历任给事中、中书侍郎，曾和颜之推同判文林馆事。　⑧事同元叹：此事就像前代顾雍的成名一样。顾雍字符叹，汉末人。时蔡邕避居于吴，顾雍从邕学琴技书法，蔡邕欣赏顾雍的才气，说："卿必成名，今以吾名与卿。"后顾雍果然成名。⑨昭公知礼：典故，事见《论语•述而》："陈司败问：'昭公知礼乎？'孔子曰：'知礼。'孔子退，揖巫马期而进之，曰：'吾闻君子不党，君子亦党乎？君取于吴为同姓，谓之吴孟子。君而知礼，孰不知礼？'巫马期以告。子曰：'丘也幸，苟有过，人必知之。'"⑩明其为贼，敌乃可服：《汉书•高祖纪》载：新城三老董公遮说汉王曰："臣闻'顺德者昌，逆德者亡'，'兵出无名，事故不成'。故曰：'明其为贼，敌乃可服。'项羽为无道，放杀其主，天下之贼也。夫仁不以勇，义不以力，三军之众为之素服，以告之诸侯，为此东伐，四海之内莫不仰德。此三王之举也。"⑪王劭之抗词不挠：谓王劭之《齐书》能坚持直书原则，不屈服于权贵的迫害。　⑫方驾古人：可以比拟古代的刚直不阿之人。⑬不彰其罪，而轻肆其诛：不指出其实际罪过，而随意笔诛。　⑭君懋：王劭字君懋。

　　盖霜雪交下，始见贞松之操；国家丧乱，方验忠臣之节。若汉末之董承、耿纪①，晋初之诸葛、毋丘②，齐兴而有刘秉、袁粲③，周灭而有王谦、尉迥④，斯皆破家殉国，视死犹生。而历代诸史，皆书之曰逆，将何以激扬名教，以劝事君者乎！古之书事也,令贼臣逆子惧;今之书事也,使忠臣义士羞⑤。若使南、董有灵,必切齿于九泉之下矣。

[注释]①董承、耿纪:董承,东汉末车骑将军,献帝曾密诏董承和刘备等诛讨曹操,泄密后被曹操处死。事见《三国志·魏书·武帝纪》。耿纪,东汉末曾任丞相掾,侍中,受少府。建安二十三年正月,与太医令吉本、司直韦晃举兵诛讨曹操,失败被杀。事见《三国志·魏书·武帝纪》裴注引《三辅决录》。 ②诸葛、毋丘:诸葛,即诸葛诞,司马懿部将,后背叛,兵败自杀,《三国志·魏书》有传。毋丘:毋丘俭,曹魏大将,魏高贵乡公二年,起兵讨伐司马氏,兵败被杀。 ③刘秉、袁粲:刘秉,东晋简文帝时将军,齐王司马冏专权,因与大将黄回等密谋讨之,事败被杀。袁粲,与刘秉一同起兵讨伐齐王冏,事败被杀。 ④王谦、尉迥:此二人《因习》篇有注。 ⑤使忠臣义士羞:刘知幾认为,如上数人,董承、耿纪之讨伐曹操,是忠于汉朝;诸葛诞、毋丘俭之讨伐司马氏,是忠于曹魏;刘秉、袁粲之讨伐司马冏,是忠于宋朝,王谦、尉迟迥之讨伐杨坚,是忠于周室,而将其目为叛逆,则违背了纲常伦理,也不符合史著劝善惩恶的史法义例。

自梁、陈已降,隋、周而往,诸史皆贞观年中群公所撰,近古易悉,情伪①可求。至如朝廷贵臣,必父祖有传,考其行事,皆子孙所为,而访彼流俗,询诸故老,事有不同,言多爽实②。昔秦人不死,验苻生之厚诬③;蜀老犹存,知葛亮之多枉④。斯则自古所叹,岂独于今哉!

[注释]①情伪:事情的真假虚实。 ②爽实:不实。爽,违背。 ③秦人不死,验苻生之厚诬:秦人不死,浦起龙《史通通释》曰不详。关于苻生,《洛阳伽蓝记》卷二载,隐士王逸曰:"自永嘉以来,二百余年,建国称王者十有六君,皆游其都邑,目见其事。国灭之后,观其史书,皆非实录。莫不推过于人,引善自向。苻生虽好勇嗜酒,亦仁而不煞。观其治典,未为凶暴,及详其史,天下之恶皆归焉。苻坚自是贤主,贼君取位,妄书生恶。凡诸史官,皆

是类也。"④蜀老犹存，知葛亮之多枉：浦起龙《史通通释》曰："未详。按，《困学纪闻》云：'蜀老犹存，知亮之多枉，武侯事迹湮没多矣。然则蜀老事，王氏亦未有所考也。"

盖史之为用也，记功司过，彰善瘅恶，得失一朝，荣辱千载。苟违斯法，岂曰能官。但古来唯闻以直笔见诛，不闻以曲词获罪。是以隐侯①《宋书》多妄，萧武知而勿尤②；伯起《魏史》不平，齐宣览而无谴③。故令史臣得爱憎由己，高下在心，进不惮于公宪，退无愧于私室，欲求实录，不亦难乎？呜呼！此亦有国家者所宜惩革也。

[注释]①隐侯：沈约字隐侯。 ②萧武知而勿尤：南齐武帝对沈约的不实记载知道而不加予治罪。事见《南史·王智深传》："武帝使太子家令沈约撰《宋书》……约又多载孝武、明帝诸褒黩事，上遣左右语约曰：'孝武事迹不容顿尔。我昔经事宋明帝，卿可思讳恶之义。'于是多所省除。" ③伯起《魏史》不平，齐宣览而无谴：魏收的《魏书》记事不够公允，而齐文宣帝高洋也不多加谴责。事见《北史·魏收传》。

鉴识第二十六

夫人识有通塞，神有晦明①，毁誉以之不同，爱憎由其各异。盖三王之受谤也，值鲁连而获申②；五霸之擅名也，逢孔宣而见诋③。斯则物有恒准，而鉴无定识，欲求铨核得中④，其唯千载一遇乎！况史传为文，渊浩广博，学者苟不能探赜索隐⑤，致远钩深⑥，乌足以辩其利害，明其善恶。

[注释]①神有晦明:神,神智。晦,昏聩。明,聪颖,睿智。　②三王之受谤也,值鲁连而获申:语出《文选》卷四十二曹植《与杨祖德书》:"昔田巴毁五帝,罪三王,訾五霸于稷下,一旦而服千人。鲁连一说,使终身杜口。"鲁连,战国时著名辩士。　③五霸之擅名也,逢孔宣而见诋:春秋五霸,先诈力而后仁谊,受到孔子及其弟子的抨击。五霸,即齐桓公、晋文公、宋襄公、秦穆公、吴王夫差。孔宣,即孔子。　④铨核得中:铨,衡量,选择。核(hé),考察,考核。中,恰当,适中。　⑤探赜索隐:探索深奥的道理,搜索隐秘的事迹。赜(zé),深奥。　⑥致远钩深:进行深入的探索。致,达到。钩,探求。

　　观《左氏》之书,为传之最①,而时经汉、魏,竟不列于学官②,儒者皆折此一家,而盛推二传③。夫以丘明躬为鲁史,受经仲尼,语世则并生④,论才则同耻⑤。彼二家者,师孔氏之弟子,预达者之门人⑥,才识本殊,年代又隔,安得持彼传说,比兹亲受者乎!加以二传理有乖僻,言多鄙野,方诸《左氏》,不可同年。故知《膏肓》、《墨守》⑦,乃腐儒之妄述;卖饼、太官⑧,诚智士之明鉴也。

[注释]①为传之最:《春秋》三传之最。　②不列于学官:《左传》到唐代才被列入经学。　③盛推二传:儒家学人主要看重《公羊传》和《穀梁传》。　④语世则并生:《左传》作者左丘明,论年代和孔子是同时人。　⑤论才则同耻:论才学,或从思想倾向上说,左丘明和孔子有共识。同耻,语出《论语·公冶长》:"子曰:'巧言,令色,足恭,左丘明耻之,丘亦耻之。匿怨而友其人,左丘明耻之,丘亦耻之。'"　⑥师孔氏之弟子,预达者之门人:《公羊传》、《穀梁传》的作者都是孔子弟子之弟子,或门人之弟子,没有像左丘明那样亲受孔子之学。　⑦《膏肓》、《墨守》:指东汉今文经学家何休所撰《公羊墨守》、《公羊膏肓》篇。　⑧卖饼、太官:三国时人钟繇好《左传》而不好《公羊》,他把《左传》叫为太官厨,《公羊》叫为大饼家。太官即大官,秦汉时设立有掌膳食的大官令丞。

逮《史》、《汉》继作，踵武相承。王充著书，既甲班而乙马①；张辅持论，又劣固而优迁②。然此二书，虽互有修短，递闻得失，而大抵同风，可为连类。张晏云：迁殁后，亡《龟策》、《日者传》，褚先生补其所缺，言词鄙陋，非迁本意③。案迁所撰《五帝本纪》、七十列传，称虞舜见陷，遂匿空而出④；宣尼既殂，门人推奉有若⑤。其言之鄙，又甚于兹，安得独罪褚生，而全宗马氏也？刘轨思商榷汉史⑥，雅重班才，惟讥其本纪不列少帝⑦，而辄编高后⑧。案弘非刘氏，而窃养汉宫⑨。时天下无主，吕宗称制，故借其岁月，寄以编年⑩。而野鸡行事，自具《外戚》⑪。譬夫成为孺子⑫，史刊摄政之年⑬；厉亡流彘，历纪共和之日⑭。而周、召二公，各世家有传。班氏式遵曩例⑮，殊合事宜，岂谓虽浚发于巧心，反受嗤于拙目也。

[注释]①王充著书，既甲班而乙马：王充，东汉思想家，著《论衡》。刘知幾认为王充推尊班固而贬低司马迁。　②张辅持论，又劣固而优迁：张辅推尊司马迁而贬低班固。张辅西晋时人，他曾畅论马班之优劣，见《晋书》本传。③张晏云……非迁本意：语出《史记·太史公自序》裴骃《集解》引张晏曰："迁没之后，亡《景纪》、《武纪》、《礼书》、《乐书》、《律书》、《汉兴已来将相年表》、《日者列传》、《三王世家》、《龟策列传》、《傅靳蒯列传》。元成之间，褚先生补缺作《武帝纪》、《三王世家》、《龟策》、《日者列传》，言辞鄙陋，非迁本意也。"　④虞舜见陷，遂匿空而出：虞舜困厄之时的故事，见《史记·五帝本纪》："瞽叟尚复欲杀之，使舜上涂廪，瞽叟从下纵火焚廪。舜乃以两笠自扞而下，去，得不死。后瞽叟又使舜穿井，舜穿井为匿空旁出。舜既入深，瞽叟与象共下土实井，舜从匿空出，去。"刘知幾认为司马迁的这些记述有粗鄙之嫌。⑤门人推奉有若：《史记·仲尼弟子列传》："孔子既没，弟子思慕，有若状似孔子，弟子相与共立为师，师之如夫子时也。"　⑥刘轨思商榷汉史：刘轨思，

北齐人,《北齐书·儒林列传》:"刘轨思,渤海人也。说《诗》甚精……天统中任国子博士。"传中没有刊载他商榷汉史的文字。 ⑦少帝:惠帝后宫美人所生,惠帝死后,被吕后幽禁。 ⑧辄编高后:《汉书》立《高后本纪》。 ⑨弘非刘氏,而窃养汉宫:吕后幽禁少帝之后,立衡山王刘弘为皇帝。《汉书·高后本纪》载:"四年夏,少帝自知非皇后子,出怨言,皇太后幽之永巷……五月丙辰,立恒山王弘为皇帝。" ⑩吕宗称制……寄以编年:吕宗称制,指惠帝死后,吕后专权的局面。《汉书·高后本纪》:"惠帝崩……太后临朝称制,大赦天下。乃立兄子吕台、产、禄、台子通四人为王,封诸吕六人为列侯。" ⑪野鸡行事,自具《外戚》:野鸡指吕后。吕后名吕雉,故曰野鸡。刘知幾认为,按《汉书》体例,高后应入《外戚传》而不该立"本纪"。 ⑫孺子:古代指天子、诸侯、世卿的继承人。此处指西周成王,年少即位。 ⑬史刊摄政之年:谓成王年少周公摄政之年。《史记·周本纪》载:"成王少,周初定天下,周公恐诸侯畔周,公乃摄行政当国。" ⑭厉亡流彘,历纪共和之日:见《史记·周本纪》:"三年,乃相与畔,袭厉王。厉王出奔于彘……召公、周公二相行政,号曰'共和'。共和十四年,厉王死于彘。" ⑮式遵曩例:式,效法。遵,遵循。曩(nǎng),从前的,过去的。

刘祥撰《宋书·序录》①,历说诸家晋史,其略云:"法盛《中兴》,荒庄少气,王隐、徐广,沦溺罕华②。"夫史之叙事也,当辩而不华,质而不俚,其文直,其事核,若斯而已可也③。必令同文举之含异④,等公干之有逸⑤,如子云之含章⑥,类长卿之飞藻⑦,此乃绮扬绣合⑧,雕章缛彩,欲称实录,其可得乎?以此诋诃,知其妄施弹射⑨矣。

[注释]①刘祥撰《宋书·序录》:刘祥,南朝齐人,曾撰《宋书》讥斥萧道成篡位称帝,并有《连珠》十五首讥讽朝政,被捕下狱,《南齐书》、《南史》有传。所撰《宋书》已佚,其评论诸晋史的具体情况已无可考知。 ②罕华:"罕",不可通,何焯本、赵吉甫本皆作"空华"。空华,内容空疏而文辞浮华。 ③夫史之叙事……若斯而已可也:此句是袭用《汉书·司马迁传》之赞语:

"然自刘向、扬雄博极群书,皆称迁有良史之材,服其善序事理,辨而不华,质而不俚,其文直,其事核,不虚美,不隐恶,故谓之实录。"④同文举之含异:孔融字文举,东汉末人,性刚直,直言敢谏。因反对曹操施政,为操所杀。孔融为文辞藻华丽,以气盛见长。《后汉书》有传。含异,有异气,有叛逆之气。《文心雕龙·风骨》篇评之"孔氏卓卓,信含异气,笔墨之性,殆不可胜。"⑤等公干之有逸:刘桢字公干,东汉末人,曾任曹操丞相掾属,性格孤傲倔强。曹丕《与吴质书》曾评论"公干有逸气"。逸气,超脱奔放之气势。⑥如子云之含章:扬雄字子云。含章,指有才华。⑦类长卿之飞藻:司马相如字长卿。飞藻,飞动华丽的文辞。⑧绮扬绣合:华美绚烂与飞动活泼的精美融洽。⑨弹射:批评,攻击。

夫人废兴,时也,穷达,命也。而书之为用,亦复如是。盖《尚书》古文,《六经》之冠冕也,《春秋左氏》,《三传》之雄霸也。而自秦至晋,年逾五百,其书隐没,不行于世。既而梅氏写献①,杜侯训释②,然后见重一时,擅名千古。若乃《老经》撰于周日③,《庄子》成于楚年④,遭文、景而始传⑤,值嵇、阮而方贵⑥。若斯流者,可胜纪哉!故曰"废兴,时也,穷达,命也。"适使时无识宝,世缺知音,若《论衡》之未遇伯喈⑦,《太玄》之不逢平子⑧,逝将烟烬火灭,泥沉雨绝,安有殁而不朽,扬名于后世者乎!

[注释]①梅氏写献:梅赜,东晋人,自称得《古文尚书》孔壁旧本,遂表呈献。《古文尚书》由此而彰显于世,唐初贞观年间诏令儒臣撰写《五经正义》,《尚书》即以此为底本。②杜侯训释:杜侯即杜预,训释《左传》,指所撰《春秋左氏经传集解》。③《老经》:即《老子》,或曰《道德经》。④《庄子》成于楚年:庄子战国宋人,楚威王曾重金迎聘他,他婉言谢绝。何言"成于楚年",不详。⑤遭文、景而始传:西汉文帝、景帝时期行黄老道家之术无为而治,老学开始传播。⑥值嵇、阮而方贵:嵇康、阮籍魏晋玄学的代表人物。

嵇康撰《养生论》，阮籍撰《达庄论》。老庄之学在魏晋玄学时期得到充分张扬。　⑦伯喈：蔡邕字伯喈。　⑧《太玄》之不逢平子：张衡撰《太玄注》。张衡字平子。《太玄》，西汉扬雄所著。

探赜第二十七

古之述者，岂徒然哉①！或以取舍难明，或以是非相乱。由是《书》编典诰，宣父辨其流②；《诗》列风雅，卜商通其义③。夫前哲所作，后来是观，苟失其指归④，则难以传授。而或有妄生穿凿，轻究本源，是乖作者之深旨，误生人之后学，其为谬也，不亦甚乎！

[注释]①徒然：白白地，没有宗旨。　②宣父辨其流：宣父，孔子。《史记·孔子世家》："孔子之时，周室微而礼乐废，诗书缺。追迹三代之礼，序书传，上纪唐虞之际，下至秦缪，编次其事。"编次其事即辨其流，区分各篇的时代和先后次序。　③卜商通其义：卜商即子夏，通其义指子夏撰《诗大序》以诠释诗义。　④指归：宗旨。

昔夫子之刊鲁史，学者以为感麟而作①。案子思②有言：吾祖厄于陈、蔡，始作《春秋》。夫以彼聿修③，传诸诒厥④，欲求实录，难为爽误⑤。是则义包微婉，因攟摭而创词⑥；时逢西狩，乃泣麟而绝笔。传者徒知其一，而未知其二，以为自反袂拭面，称吾道穷，然后追论五始⑦，定名三叛⑧。此岂非独学无友，孤陋寡闻之所致耶？

[注释]①感麟而作：传统史家多认为孔子作《春秋》是因为西狩获麟有感而作。《史记·孔子世家》载："鲁哀公十四年春，狩大野。叔孙氏车子钼

商获兽,以为不祥。仲尼视之,曰:'麟也。'取之。曰:'河不出图,雒不出书,吾已矣夫!'颜渊死,孔子曰:'天丧予!'及西狩见麟,曰:'吾道穷矣!'"唐陆德明《经典释文叙录》言之更确:"孔子应聘不遇,自卫而归西狩获麟,伤其虚应。乃与鲁君子左丘明观书于太史氏,因鲁史记而作《春秋》。" ②子思:孔子孙,名伋。 ③以彼事修:以此发扬先人的德业。 ④传诸诒厥:传至于子孙。诒厥,子孙后裔的代称。 ⑤爽误:失误。 ⑥攫莓而创词:事见《吕氏春秋·审分览·任数》篇:孔子周游列国期间,被困于陈、蔡两国之间,七天没有饭吃,白天也躺着睡觉。后来颜回讨来一点米去烧饭,快要熟了,孔子看见颜回抓取锅里的饭吃,假装没有看见。饭做好了,端上来请孔子吃,孔子说:今天我梦见先君,把饭弄干净了然后献饭祭祀。颜回回答说,不行,刚才煤灰掉到锅里,扔掉食物不吉利,我就抓出来吃了。孔子听此言,知道是错怪了颜回,感叹说:所相信的是自己的眼睛,可眼睛看到的仍不可相信;所依靠的是内心,可内心仍旧不能够依靠。了解人不容易呀! ⑦五始:《汉书·王褒传》颜师古注:"元者,气之始;春者,四时之始;王者,受命之始;正月者,正教之始;公即位者,一国之始,是为五始。" ⑧三叛:三个叛逆者。春秋时期的三叛,一般是指襄公二十一年,邾庶其以漆闾丘来奔;昭公五年,莒牟夷以牟娄及防兹来奔;昭公三十一年,邾黑肱以滥来奔。三叛就指邾国的庶其、黑肱和莒国的牟夷。三叛另有一说,指西周初期作乱叛周的管叔、蔡叔和武庚。此处以春秋三叛为宜。

　　孙盛称《左氏春秋》书吴、楚则略,荀悦《汉纪》述匈奴则简,盖所以贱夷狄而贵诸夏也。案春秋之时,诸国错峙,关梁不通,史官所书,罕能周悉。异乎炎汉之世,四海一家,马迁乘传求自古遗文①,而州郡上计,皆先集太史②,若斯之备也。况彼吴、楚者,僻居南裔,地隔江山,去彼鲁邦,尤为迂阔,丘明所录,安能备诸?且必以蛮夷而固略也,若驹支预于晋会③,长狄埋于鲁门④,葛卢之辨牛鸣⑤,郯子之知鸟职⑥,斯皆边隅小国,人品最微⑦,犹复收其琐事,见于方册。安有主盟上国,势迫宗周,争长诸华,威陵强晋,而可遗之者哉?又荀氏著书⑧,抄撮班史,其取事也,中外一概,夷夏皆均,非是独简胡乡,而偏详汉室。盛既疑丘明之摈吴、楚,遂诬仲豫⑨之抑匈奴,可谓强奏庸音,持为足曲⑩者也。

[**注释**]①求自古遗文:言司马迁著《史记》网罗天下旧闻。《汉书·司马迁传》:"周道既废,秦拨去古文,焚灭《诗》、《书》,故明堂、石室、金匮、玉版图籍散乱。汉兴……百年之间,天下遗文古事靡不毕集。太史公仍父子相继纂其职。"②州郡上计,皆先集太史:汉代有上计制度,各郡国每年派遣官吏向中央政府报告其政务,上计材料先报太史公。《汉书·司马迁传》如淳注引《汉仪注》曰:"太史公,武帝置,位在丞相上,天下计书先上太史公,副上丞相。"③驹支预于晋会:《左传·襄公十四年》载,晋与诸国会盟,"将执戎子驹支",俘获姜戎族酋长,并宣布其罪名。④长狄埋于鲁门:见《左传·文公十一年》:"冬十月甲午,败狄于咸,获长狄侨如。富父终甥舂其喉,以戈杀之,埋其首于子驹之门,以命宣伯。"⑤葛卢之辨牛鸣:《言语》篇已注。⑥郯子之知鸟职:《书志》篇已注。⑦人品最微:人品,指人种、族类。微,落后。⑧荀氏著书:指荀悦《汉纪》。⑨仲豫:荀悦字仲豫。⑩强奏庸音,持为足曲:拼凑一些平凡的乐曲,勉强凑成一曲。庸音,平凡的乐曲。

  盖明月之珠不能无瑕,夜光之璧不能无颣①,故作者著书,或有病累。而后生不能诋诃②其过,又更文饰其非,遂推而广之,强为其说者,盖亦多矣。如葛洪有云:"司马迁发愤作《史记》百三十篇,伯夷居列传之首,以为善而无报也;项羽列于本纪,以为居高位者非关有德也。"案史之于书也,有其事则记,无其事则阙。寻迁之驰骛今古,上下数千载,春秋已往,得其遗事者,盖唯首阳之二子而已。然适使夷、齐生于秦代,死于汉日,而乃升之传首,庸谓③有情。今者考其先后,随而编次,斯则理之恒也,乌可怪乎?必谓子长以善而无报,推为传首,若伍子胥、大夫种④、孟轲、墨翟、贾谊、屈原之徒,或行仁而不遇,或尽忠而受戮,何不求其品类,简在一科,而乃异其篇目,各分为卷。又迁之纰缪,其流甚多。夫陈胜之为世家,既云无据;项羽之称本纪,何必有凭。必谓遭彼腐刑,怨刺孝武,故书违凡例,志存激切。若先黄、老而后《六经》,进奸雄而退处士⑤,此之乖刺⑥,复何为乎?

[注释]①颣(lèi):缺点,毛病。 ②诋诃:诋毁,呵责,指责。 ③庸谓:或许可以说是。 ④大夫种:春秋晚期越国大夫文种。辅佐越王勾践战败吴国之后,被勾践猜忌,自杀。 ⑤先黄、老而后《六经》,进奸雄而退处士:此是班固在《汉书·司马迁传赞》中对迁的批评。固曰:"其是非颇缪于圣人,论大道而先黄、老而后六经,序游侠则退处士而进奸雄,述货殖则崇势利而羞贱贫,此其所蔽也。" ⑥乖刺:违背,乖谬。

隋内史李德林著论,称陈寿蜀人,其撰《国志》,党蜀而抑魏。刊之国史,以为格言。案曹公之创王业也,贼杀母后①,幽逼主上,罪百田常②,祸千王莽。文帝临戎不武③,为国好奢,忍害贤良,疏忌骨肉④。而寿评皆依违其事,无所措言⑤。刘主⑥地居汉宗,仗顺而起,夷险不挠,终始无瑕。方诸帝王,可比少康、光武⑦;譬以侯伯,宜辈秦缪、楚庄⑧。而寿评抑其所长,攻其所短⑨。是则以魏为正朔之国,典午攸承⑩;蜀乃僭伪之君,中朝所嫉。故曲称曹美,而虚说刘非,安有背曹而向刘,疏魏而亲蜀也?夫无其文而有其说,不亦凭虚亡是者耶?

[注释]①贼杀母后:建安十九年十一月,曹操遣华歆率兵入宫杀汉献帝后伏氏、后父伏完及其宗族数百人。事见《三国志·魏书·武帝纪》裴注引《曹瞒传》。②罪百田常:田常,春秋时期齐国大夫,齐简公时为相,专横朝政,诛杀公族,骄奢淫逸,为恶昭彰。罪百田常,意谓曹操之罪过,远甚于田常。③文帝临戎不武:文帝指魏文帝曹丕,曹操次子。临戎,领导作战。不武,缺乏作战指挥才能。④疏忌骨肉:曹丕迫害弟弟曹植事。⑤无所措言:陈寿对于曹丕没有批评的文字。《三国志·魏书·文帝纪》评曰:"文帝天资文藻,下笔成章,博闻强识,才艺兼该;若加之旷大之度,励以公平之诚,迈志存道,克广德心,则古之贤主,何远之有哉!"⑥刘主:蜀主刘备。⑦少康、光武:少康,夏朝帝王。光武,东汉光武帝刘秀。少康和光武,在历史上都被称作是"中兴之主"。⑧秦缪、楚庄:秦穆公和楚庄王。⑨寿评抑其所长,攻其所短:陈寿对刘备的评论,抑长击短。《三国志·蜀书·先主传评》:"先主之弘毅宽厚,知人待士,盖有高祖之风,英雄之器焉。及其举国托孤于诸葛亮,而心神无贰,诚君臣之至公,古今之盛轨也。机权干略,不逮魏武,是以基宇亦狭。然折而不挠,终不为下者,抑揆彼之量必不容己,非唯竞利,且以避害云尔。"⑩典午攸承:典午指晋王朝。攸,所。承,继承,承接。

习凿齿之撰《汉晋春秋》,以魏为伪国者,此盖定邪正之途,明顺逆之理耳。而檀道鸾称其当桓氏执政,故撰此书,欲以绝彼瞻乌,防兹逐鹿①。历观古之学士,为文以讽其上者多矣。若齐冏失德,《豪士》于焉作赋②;贾后无道,《女史》由其献箴③。斯皆短什小篇,可率尔而就也。安有变三国之体统,改五行之正朔,勒成一史,传诸千载,而藉以权济物议④,取诚当时。岂非劳而无功,博而非要,与夫班彪《王命》⑤,一何异乎?求之人情,理不当尔。

[注释]①檀道鸾……防兹逐鹿:檀道鸾认为,习凿齿之撰《汉晋春秋》,

是借此指斥桓温觊觎帝位的狼子野心。《世说新语》卷三注引檀道鸾《续晋阳秋》曰:"习凿齿以忤旨左迁户曹参军衡阳太守,在郡著《汉晋春秋》斥温觊觎之心。""绝彼瞻乌"与"防兹逐鹿"两句同义,都是防止争夺政权之义。瞻乌,语出东汉郭泰之口。《后汉书·郭泰传》载,党锢之祸中,党人领袖陈蕃等被杀后,郭泰痛哭道:"人之云亡,邦国殄瘁。瞻乌爰止,不知于谁之屋耳。"逐鹿,语出蒯通之口。《史记·淮阴侯列传》载,蒯通劝说韩信:"秦之纲绝而维弛,山东大扰,异姓并起,英俊乌集。秦失其鹿,天下共逐之,于是高材疾足者先得焉。" ②齐冏失德,《豪士》于焉作赋:晋惠帝时,大司马齐王冏专擅朝政,沉湎酒色,后被诛杀。时人陆机不满于齐王冏而作《豪士赋》以刺之。③贾后无道,《女史》由其献箴:晋惠帝贾后,荒淫放恣,干涉朝政,太子少傅张华作《女史箴》以刺之。 ④藉以权济物议:借以提供一种评论。藉,同借。权,暂且。济,提供。物议,评论。 ⑤班彪《王命》:《汉书·叙传》载,班彪对隗嚣割据陇西不满,劝导隗嚣放弃割据,嚣不听,彪"既感嚣言,又愍狂狡之不息,乃著《王命论》以救时难。"但隗嚣对之并不理睬。

自二京板荡,五胡称制,崔鸿鸠诸伪史,聚成《春秋》①,其所列者,十有六家而已。魏收云:鸿世仕江左,故不录司马、刘、萧之书,又恐识者尤之,未敢出行于外。案于时中原乏主,海内横流,遂彼东南,更为正朔。适使素王②再出,南史重生,终不能别有异同,忤非其议。安得以伪书无录,而犹罪归彦鸾③者乎?且必以崔氏祖宦吴朝,故情私南国,必如是,则其先徙居广固,委质慕容④,何得书彼南燕,而与群胡并列!爱憎之道,岂若是邪?且观鸿书之纪纲,皆以晋为主,亦犹班《书》之载吴、项⑤,必系汉年,陈《志》之述孙、刘,皆宗魏世。何止独遗其事,不取其书而已哉!但伯起躬为《魏史》,传列《岛夷》,不欲使中国著书,推崇江表,所以辄假言崔志,用纾魏羞⑥。且东晋之书,宋、齐之史,考其所载,几三百篇,而伪邦坟籍,仅盈百卷。若使收矫鸿之失⑦,南北混书,斯则四分有三,事归江外。非唯肥瘠⑧非类,众寡不均;兼以东南国史⑨,皆须纪传区别。兹又体统不纯,难为编次者矣。收之矫妄,其可尽言乎!

[注释]①鸠诸伪史,聚成《春秋》:北魏史家崔鸿搜集十六国官私修撰的史书,聚而成篇,撰成《十六国春秋》。 ②素王:有帝王之尊而无王者之实的人,指孔子。 ③彦鸾:崔鸿字彦鸾。 ④其先徙居广固,委质慕容:崔鸿祖父崔旷曾随从南燕慕容德渡河居住青州,南燕灭亡后改仕南朝刘宋。 ⑤吴、项:秦汉之际的吴广、项籍。 ⑥用纾魏羞:纾,解除。羞,耻辱。 ⑦矫鸿之失:矫正崔鸿之缺失。 ⑧肥瘠:多寡之义。 ⑨东南国史:指东晋、南朝的官修史书。

于是考众家之异说,参作者之本意,或出自胸怀,枉申探赜;或妄加向背①,辄有异同。而流俗腐儒,后来末学,习其狂狷②,成其诖误③,自谓见所未见,闻所未闻,铭诸舌端,以为口实。唯智者不惑④,无所疑焉。

[注释]①向背:褒贬;拥护和反对。 ②狂狷:指志向高远的人和拘谨自守的人。《论语·子路》:"狂者进取,狷者有所不为也。" ③诖(guà)误:牵连。 ④智者不惑:聪明的人不迷惑。语出《论语·子罕》篇"子曰:'知者不惑,仁者不忧,勇者不惧。'"

摸拟第二十八

夫述者相效,自古而然。故列御寇①之言理也,则凭李叟②；扬子云之草《玄》也，全师孔公③。符朗④则比迹于庄周，范晔则参踪于贾谊⑤。况史臣注记，其言浩博，若不仰范前哲，何以贻厥后来⑥？盖摹拟之体，厥途有二：一曰貌同而心异，二曰貌异而心同。

[注释]①列御寇：春秋战国时期思想家，有著作《列子》传世。《汉书·艺文志》把《列子》归入"道家者流"，并载其书曰："《列子》八篇。名圄寇，先庄子，庄子称之。" ②李叟：指老聃。 ③孔公：孔子。 ④符朗：前秦苻坚从兄子，著有《苻子》20卷，已佚。 ⑤范晔则参踪于贾谊：范晔自称其《后汉书》有贾谊《过秦论》之文气。据《宋书·范晔传》，他在《与诸甥侄书》中说："吾杂传论，皆有精意深旨，既有裁味，故约其词句。至于《循吏》以下及《六夷》诸序论，笔势纵放，实天下之奇作。其中合者，往往不减《过秦》篇。尝共比方班氏所作，非但不愧之而已。"参踪，追随模仿。 ⑥贻厥后来：遗留给后人。

何以言之？盖古者列国命官，卿与大夫为别。必于国史所记，则卿亦呼为大夫，此《春秋》之例也。当秦有天下，地广殷、周，变诸侯为帝王，目宰辅为丞相。而谯周撰《古史考》①，思欲摈抑马《记》②，师仿孔《经》③。其书李斯之弃市也，乃云"秦杀其大夫李斯"。夫以诸侯之大夫名天子之丞相，以此而拟《春秋》，所谓貌同而心异也。

[注释]①谯周撰《古史考》：谯周，三国时人，著有《古史考》25卷，广搜古籍以补充《史记》所载先秦史事之缺失，已佚。 ②摈抑马《记》：贬抑、排斥《史记》。 ③孔《经》：即《春秋》。

当春秋之世，列国甚多，每书他邦，皆显其号，至于鲁国，直云我而已。如金行握纪①，海内大同，君靡客主之殊，臣无彼此之异。而干宝撰《晋纪》，至天子之葬，必云

"葬我某皇帝"。且无二君，何我之有？以此而拟《春秋》，又所谓貌同而心异也。

[注释]①金行握纪：晋朝具有天下。金行，五行家以晋朝属金德。纪，皇统。

狄灭二国①，君死城屠；齐桓行霸，兴亡继绝②。《左传》云："邢迁如归，卫国忘亡。"言上下安堵③，不失旧物④也。如孙皓暴虐，人不聊生，晋师是讨，后予相怨。而干宝《晋纪》云："吴国既灭，江外忘亡。"岂江外安典午之善政，同归命之未灭乎⑤？以此而拟《左氏》，又所谓貌同而心异也。

[注释]①狄灭二国：春秋时期狄人灭亡邢国和卫国。见《左传·闵公元年》。　②齐桓行霸，兴亡继绝：齐桓公成就霸业之后，恢复了被狄人灭亡的邢国和卫国。见《左传·僖公元年》和《左传·闵公二年》。　③安堵：安居乐业。　④不失旧物：没有失去原来的器物、财货，或曰没有改变原来的生活环境。　⑤安典午之善政，同归命之未灭乎：难道晋平东吴是司马氏之善政，是拯救吴帝孙皓之不灭？意谓晋灭东吴，本质上不同于齐桓公的拯救邢、卫，存亡继绝，是意义相反的两码事。归命，指吴帝孙皓。西晋灭吴后，迁孙皓于许昌，赐号"归命侯"。

春秋诸国，皆用夏正。鲁以行天子礼乐，故独用周家正朔。至如书"元年春王正月"者，年则鲁君之年，月则周王之月。如曹、马受命，躬为帝王，非是以诸侯守藩①，行天子班历。而孙盛《魏》、《晋》二《阳秋》②，每书年首，必云"某年春帝正月"。夫年既编帝纪，而月又列帝名。以此而拟《春秋》，又所谓貌同而心异也。

[注释]①非是以诸侯守藩：言曹氏之建魏，司马氏之建晋，都是帝王之尊，并不同于西周春秋时期的诸侯之国。 ②孙盛《魏》、《晋》二《阳秋》：孙盛所撰《晋阳秋》32卷，《魏氏春秋》20卷。

五始所作，是曰《春秋》；《三传》并兴，各释经义。如《公羊传》屡云："何以书？记某事也。"此则先引经语，而继以释辞，势使之然，非史体也。如吴均《齐春秋》，每书灾变，亦曰："何以书？记异也。"夫事无他议，言从己出，辄自问而自答者，岂是叙事之理者邪？以此而拟《公羊》，又所谓貌同而心异也。

且《史》、《汉》每于列传首书人名字，至传内有呼字处，则于传首不详。如《汉书·李陵传》称陇西任立政，"陵字立政曰：'少公，归易耳。'"夫上不言立政之字，而辄言"字立政曰少公"者，此省文，从可知也。至令狐德棻《周书》于《伊娄穆传》首云"伊娄穆字奴干①"，既而续云太祖"字之曰：'奴干作仪同面向我也。'"夫上书其字，而下复曰字，岂是事从简易，文去重复者邪？以此而拟《汉书》，又所谓貌同而心异也。

[注释]①伊娄穆字奴干：北周武臣，深得太祖宇文泰赏识。《周书》本传记："累迁帅都督、平东将军、中散大夫，历中书舍人、尚书驾部郎中、抚军将军、大都督、通直散骑常侍。尝入白事，太祖望见悦之，字之曰：'奴干作仪同面见我矣。'"从传文看，字"奴干"的第二次出现，是追溯字之来源，非是重复。刘知幾下文的批评，似乎有点过于苛刻。

昔《家语》有云："苍梧人娶妻而美，以让其兄。虽为让,非让道也①。"又扬子《法言》曰:士有姓孔字仲尼,其文是也,其质非也②。如向之诸子,所拟古作,其殆苍梧之让,姓孔字仲尼者欤?盖语曰:世异则事异,事异则备异③。必以先王之道持今世之人,此韩子所以著《五蠹》之篇,称宋人有守株之说也。世之述者,锐志于奇④,喜编次古文,撰叙今事,而巍然自谓《五经》再生,《三史》重出,多见其无识者矣。

[注释]①虽为让,非让道也:虽然是礼让,但不符合礼让之道。 ②其文是也,其质非也:虽文字简朴,却不符合质之本义。 ③世异则事异,事异则备异:语出《韩非子·五蠹》篇:"故曰:世异则事异";"事异则备变"。时代不同了,事情也就不同;情况不同了,应对的措施也要作出改变。 ④锐志于奇:刻意追求新奇。

惟夫明识之士则不然。何则?其所拟者非如图画之写真,镕铸之象物,以此而似也。其所以为似者,取其道术相会①,义理玄同②,若斯而已。亦犹孔父贱为匹夫,栖皇放逐③,而能祖述尧、舜,宪章文、武④,亦何必居九五之位⑤,处南面之尊⑥,然后谓之连类者哉!

[注释]①道术相会:道术,政治学术思想。会,符合。 ②义理:贯穿于学说中的思想,哲理。 ③栖皇放逐:描述孔子周游列国时期的生活状态。栖皇,忙忙碌碌,奔波不定的样子。 ④祖述尧、舜,宪章文、武:遵循发扬尧舜、文武之精神。语出《礼记·中庸》。 ⑤九五之位:帝王王位。《周易·干卦》:"九五,飞龙在天,利见大人。"后世因以"九五"代表帝王。 ⑥南面之尊:帝王之尊。古代帝王面向南而坐,故称君主为"南面"。

盖《左氏》为书,叙事之最。自晋已降,景慕者多,有类效颦①,弥益其丑②。然求诸偶中,亦可言焉。盖君父见害,臣子所耻,义当略说,不忍斥言。故《左传》叙桓公在齐遇害③,而云"彭生乘公④,公薨于车"。如干宝《晋纪》叙愍帝殁于平阳⑤,而云:"晋人见者多哭,贼惧,帝崩。"以此而拟《左氏》,所谓貌异而心同也。

[注释]①效颦:典故,东施效颦。美女西施病了,皱着眉头,按着心口,同村的丑女看见了,觉得姿态很美,也学她的样子,结果却更丑得可怕,见《庄子·天运》篇。东施效颦喻指盲目模仿,效果很坏。 ②弥益其丑:更加丑陋。弥,更加。益,增加。 ③桓公在齐遇害:鲁桓公十八年春,桓公到齐国去会见齐侯,其妻文姜随行。文姜与齐侯通奸,把桓公说齐侯的坏话转告于齐侯。四月,齐侯宴请桓公,让公子彭生为桓公驾车,桓公死于车中。事见《左传·桓公十八年》。 ④彭生乘公:彭生为桓公驾车。乘,御,驾车。 ⑤愍帝殁于平阳:晋愍帝被匈奴族刘聪弑于平阳事,见《晋书·愍帝纪》。

夫当时所记或未尽,则先举其始,后详其末,前后相会,隔越取同。若《左氏》成七年,郑获楚锺仪以献晋,至九年,晋归锺仪于楚以求平,其类是也。至裴子野《宋略》①叙索虏临江②,太子劭使力士排徐湛、江湛僵仆③,于是始与劭有隙。其后三年,有江湛为元凶④所杀事。以此而拟《左氏》,亦所谓貌异而心同也。

[注释]①裴子野《宋略》:此书已佚,刘知幾所论无所考知。 ②索虏临江:北魏大军迫近江边。南朝蔑称北朝政权为索虏。 ③太子劭使力士排徐湛、江湛僵仆:太子邵,宋文帝太子刘劭。排,推。僵仆,倒地。此事据《南史·江湛传》载,魏太武帝率军至瓜步,遣使求通婚,宋文帝召集大臣商议,多数人赞成,独有江湛发对,太子刘劭怒,使力士班剑推排江湛,几乎倒地。由此江湛与太子产生矛盾。 ④元凶:指太子刘劭。

凡列姓名，罕兼其字。苟前后互举，则观者自知。如《左传》上言羊斟，则下曰叔牂①，前称子产，则次见国侨②，其类是也。至裴子野《宋略》亦然。何者？上书桓玄，则下云敬道③；后叙殷铁，则先著景仁④。以此而拟《左氏》，又所谓貌异而心同也。

[注释]①叔牂：羊斟，字叔牂。 ②侨：子产，姓公孙，名侨，字子产。③敬道：桓玄字敬道。 ④景仁：殷铁字景仁。

《左氏》与《论语》，有叙人酬对①，苟非烦词积句，但是往复唯诺而已②，则连续而说，去其"对曰"、"问曰"③等字。如裴子野《宋略》云：李孝伯问张畅，"卿何姓？"曰"姓张。""张长史乎？"以此而拟《左氏》、《论语》，又所谓貌异而心同也。

[注释]①酬对：对话，答问。 ②唯诺而已：记述人物对话，如果对话不很复杂，只使用"唯"、"诺"等应答声单词表述。如《左传·襄公三年》："辞曰：'妾不才，幸而有子，将不信，敢征兰乎。'公曰：'诺。'生穆公，名之曰兰。"③去其"对曰"、"问曰"：连续性的问答，人物关系简单，则省去"对曰"、"问曰"等。

善人君子，功业不书，见于应对，附彰其美①。如《左传》称楚武王欲伐随，熊率且比②曰："季梁③在，何益！"至萧方等《三十国春秋》说朝廷闻慕容儁死④，曰："中原可图矣！"桓温曰："慕容恪⑤在，其忧方大！"以此而拟《左氏》，又所谓貌异而心同也。

[注释]①见于应对，附彰其美：应对，相互问答。附彰其美，不直接叙述

一个人的功业,而是人物对话中暗含对人的评价。　②熊率且比:楚国大夫。
③季梁:随国大夫,贤臣。　④朝廷闻慕容儁死:朝廷,此处指东晋朝廷。慕
容儁,十六国时期前燕皇帝。　⑤慕容恪:前燕将领,前燕王慕容皝第四子。
智勇兼备,善于用兵。屡从父、兄征战,临机多奇策,累建战功。历任辅国将
军、大司马、录尚书事、太宰等职。

　　夫将叙其事,必预张其本,弥缝混说,无取睊①言。如
《左传》称叔辄闻日蚀而哭②,昭子曰:子叔其将死乎? 秋
八月,叔辄卒。至王劭《齐志》称张伯德梦山上挂丝,占者
曰:"其为幽州乎③?"秋七月,拜为幽州刺史。以此而拟
《左氏》,又所谓貌异而心同也。

　　[注释]①睊(juàn):浦起龙《史通通释》注曰:睊"与'眷'通,回顾之
义。"　②叔辄闻日蚀而哭:事见《左传·昭公二十一年》:"秋七月壬午朔,日
有食之……叔辄哭日食。昭子曰:'子叔将死,非所哭也'。八月,叔辄卒。"
③其为幽州乎:王劭《齐志》已佚,此语仍可见于唐人李百药所撰《北齐
书·张亮传》:"武定初,拜太中大夫。薛琡尝梦亮于山上持丝,以告亮,且占
之曰:'山上丝,幽字也。君其为幽州乎?'数月,亮出为幽州刺史。"

　　盖文虽缺略,理甚昭著,此丘明之体也。至如叙晋败
于邲,先济者赏,而云:"上(浦云当作"中")军、下军争舟,
舟中之指可掬①。"夫不言攀舟乱,以刃断指,而但曰"舟
指可掬",则读者自睹其事矣。至王劭《齐志》述高季式破
敌于韩陵②,追奔逐北,而云"夜半方归,槊③血满袖"。夫
不言奋槊深入,击刺甚多,而但称"槊血满袖",则闻者亦
知其义矣。以此而拟《左氏》,又所谓貌异而心同也。

　　[注释]①舟中之指可掬:舟中的指头可以用双手捧起。　②高季式破

敌于韩陵:北魏孝武帝永熙元年,尔朱兆率军会于邺城,高欢乃于韩陵(山名,今河南安阳县北)形成圆阵,大败尔朱兆。"高季式以七骑追奔,度野马岗,与兆遇。高昂望之不见,哭曰:'丧吾弟矣!'夜久,季式还,血满袖。"见《北齐书·神武纪》。 ③槊(shuò):兵器,一种杆比较长的矛。

　　大抵作者,自魏已前,多效《三史》,从晋已降,喜学《五经》。夫史才文浅而易摸①,经文义深而难拟,既难易有别,故得失亦殊。盖貌异而心同者,摸拟之上也;貌同而心异者,摸拟之下也。然人皆好貌同而心异,不尚貌异而心同者,何哉?盖鉴识不明,嗜爱多僻,悦夫似史而憎夫真史,此子张所以致讥于鲁侯,有叶公好龙之喻也。袁山松②云:"书之为难也有五:烦而不整,一难也;俗而不典,二难也;书不实录,三难也;赏罚不中,四难也;文不胜质,五难也。"夫拟古而不类,此乃难之极者,何为独阙其目③乎?呜呼!自子长以还,似皆未睹斯义。后来明达,其鉴之哉!

　　[注释]①摸:同"模",模仿,模拟。 ②袁山松:东晋人,《晋书》本传曰:"山松少有才名,博学有文章,著《后汉书》百篇。衿情秀远,善音乐。旧歌有《行路难》曲,辞颇疏质,山松好之,乃文其辞句,婉其节制,每因酣醉纵歌之。听者莫不流涕。初,羊昙善唱乐,桓伊能挽歌,及山松《行路难》继之,时人谓之'三绝'……山松历显位,为吴郡太守。孙恩作乱,山松守沪渎,城陷被害。"袁山松为书之"五难"是不是他撰著《后汉书》的心得,无从考知。 ③独阙其目:刘知幾认为,五难之中应列入"拟古而不类",此是著史之难中之难。

书事第二十九

昔荀悦有云:"立典①有五志焉:一曰达道义,二曰彰法式,三曰通古今,四曰著功勋,五曰表贤能。"干宝之释五志也,"体国经野②之言则书之,用兵征伐之权则书之,忠臣烈士孝子贞妇之节则书之,文诰专对之辞则书之,才力技艺殊异则书之。"于是采二家之所议,征五志之所取,盖记言之所网罗,书事之所总括,粗得于兹矣。然必谓故无遗恨,犹恐未尽者乎?今更广以三科,用增前目:一曰叙沿革,二曰明罪恶,三曰旌怪异。何者?礼仪用舍③,节文升降④则书之;君臣邪僻,国家丧乱则书之;幽明感应,祸福萌兆则书之。于是以此三科,参诸五志,则史氏所载,庶几无阙。求诸笔削,何莫由斯?

[**注释**]①立典:撰著史书。 ②体国经野:体国,规划建国方略。经野,划分全国行政区域。 ③礼仪用舍:礼仪制度的制定或废弃,调整或改变。 ④节文升降:礼仪条文的变化。节,朴质。文,繁华。

但自古作者,鲜能无病。苟书而不法①,则何以示后?盖班固之讥司马迁也,"论大道则先黄、老而后《六经》,序游侠则退处士而进奸雄,述货殖则崇势利而羞贱贫。此其所蔽也。"又傅玄②之贬班固也,"论国体则饰主阙而折忠臣③,叙世教则贵取容而贱直节④,述时务则谨辞章而略事实⑤。此其所失也。"寻班、马二史,咸擅一家,而各自弹射,递相疮痏⑥。夫虽自卜者审,而自见为难,可谓笑他人之未工,忘已事之已拙。上智犹其若此,而况庸庸者哉!苟目前哲之指踪,校从来之所失,若王沈、孙盛之伍,伯起、德棻之流,论王业则党悖逆而诬忠义,叙国家则抑正顺而褒篡夺,述风俗则矜夷狄而陋华夏。此其大较也。必伸以纠摘⑦,穷其负累⑧,虽擢发而数⑨,庸可尽邪!子曰:"于予何诛⑩?"于此数家见之矣。

[注释]①书而不法:书,记载。不法,不合法度。谓写史而不遵循著史之原则,即不符合前文所讲的五志三科。 ②傅玄:魏晋时期人,著有《傅子》120卷,已佚。《晋书》有传。 ③饰主阙而折忠臣:饰主阙,粉饰朝廷。折忠臣,贬抑忠臣。 ④贵取容而贱直节:看重卑躬阿谀幸进之臣,而贱视正直不阿之节。 ⑤谨辞章而略事实:叙事只重视文辞的华丽而忽略其具体内容。 ⑥递相疣痏:彼此揭露其缺点毛病。疣痏(yòu),即疮疤、瘢痕。 ⑦伸以纠摘:陈述其缺点。 ⑧穷其负累:穷尽他的失误或败笔。穷,追寻,探索。负,失败。累,瑕疵。 ⑨擢发而数:拔掉他的头发以数数。意谓不能尽数。 ⑩于予何诛:已经不值得去责备他。语出《论语·公冶长》:"宰予昼寝。子曰:'朽木不可雕也,粪土之墙,不可杇也;于予与何诛?'"

抑又闻之,怪力乱神,宣尼不语;而事鬼求福,墨生①所信。故圣人于其间,若存若亡而已。若吞燕卵而商生②,启龙漦而周灭③,厉坏门以祸晋④,鬼谋社而亡曹⑤,江使返璧于秦皇⑥,圯桥授书于汉相⑦,此则事关军国,理涉兴亡,有而书之,以彰灵验,可也。而王隐、何法盛之徒所撰晋史,乃专访州闾细事,委巷琐言,聚而编之,目为鬼神传录⑧,其事非要,其言不经。异乎《三史》之所书,《五经》之所载也。

[注释]①墨生:即墨子。 ②吞燕卵而商生:传说殷的先人契,是其母

简狄吞燕卵而生。《史记·殷本纪》:"殷契,母曰简狄,有娀氏之女,为帝喾次妃。三人行浴,见玄鸟堕其卵,简狄取吞之,因孕生契。" ③启龙漦而周灭:相传夏代末年,褒人之神化为二龙,并把龙的唾液收藏起来,殷、周两代都没有打开。周厉王时打开来看,龙液流于庭,童妾沾染而孕,待生下来后弃之。后被人抱走逃亡褒国,是为后来之褒姒。周朝之灭亡自此始矣。见《国语·郑语》。龙漦(tāi),龙的唾液。 ④厉坏门以祸晋:春秋时期晋景公梦见恶鬼而身亡的故事,见《左传·成公十年》。 ⑤鬼谋社而亡曹:春秋故事,有曹国人夜里梦见一群君子站在曹国国社墙边商议灭亡曹国的事情,后来验证成真。见《左传·哀公七年》。 ⑥江使返璧于秦皇:见《汉书·五行志》:"史记秦始皇帝三十六年,郑客从关东来,至华阴,望见素车白马从华山上下,知其非人,道住止而待之。遂至,持璧与客曰:'为我遗镐池君。'因言'今年祖龙死'。忽不见,郑客奉璧,即始皇二十八年过江所湛璧也。与周子晁同应。是岁,石陨于东郡,民或刻其石曰:'始皇死而地分'……是岁始皇死,后三年而秦灭。" ⑦圯桥授书于汉相:汉丞相张良早年受书的故事。见《史记·留侯世家》。 ⑧《鬼神》传录:何法盛《晋中兴书》有《鬼神录》。

范晔博采众书,裁成汉典,观其所取,颇有奇工。至于《方术》篇及诸蛮夷传,乃录王乔、左慈、廪君①、槃瓠②,言唯迂诞,事多诡越。可谓美玉之瑕,白圭之玷。惜哉!无是可也。又自魏、晋已降,著述多门,《语林》、《笑林》、《世说》、《俗说》,皆喜载调谑小辩③,嗤鄙异闻④,虽为有识所讥,颇为无知所说⑤。而斯风一扇,国史多同。至如王思狂躁,起驱蝇而践笔⑥,毕卓沈湎,左持螯而右杯⑦,刘邕榜吏以膳痂⑧,龄石戏舅而伤赘⑨,其事芜秽,其辞猥杂。而历代正史,持为雅言。苟使读之者为之解颐⑩,闻之者为之抚掌⑪,固异乎记功书过,彰善瘅恶者也。

[注释]①廪君:浦起龙《史通通释》曰:"《后汉·南蛮传》:巴郡、南郡蛮

本有五姓,未有君长。乃共令各乘土船,约能浮者,当以为君。余姓悉沉,唯务相独浮,因共立之,是为廪君。廪君死,魂魄世为白虎。" ②槃瓠(hù):《断限》篇浦起龙《史通通释》注曰:"《后汉·南蛮传》:昔高辛氏有犬戎之寇,募能得犬戎之将吴将军头者,妻以少女。时有蓄狗,名曰槃瓠,下令之后,槃瓠遂衔人头造阙下,乃吴将军头首也。帝不得已,以女配槃瓠。槃瓠负而走入南山,止石室中,生子六男六女,因自相夫妻。其后滋蔓,号曰蛮夷,今长沙武陵蛮是也。" ③调谑小辩:调谑,嘲弄。小辩,卖弄小聪明的言谈。 ④噬鄙异闻:低级庸俗的逸闻怪事。鄙,庸俗。 ⑤所说:说同"悦"。 ⑥王思狂躁,起驱蝇而践笔:王思,三国时人,性情狂躁,驱蝇而践笔之事见于《三国志·魏书·梁习传》裴注引《魏略·苛吏传》:"思又性急,尝执笔作书,蝇集笔端,驱去复来,如是再三。思恚怒,自起逐蝇不能得,还取笔掷地,蹋坏之。" ⑦毕卓沈湎,左持螯(áo)而右杯:毕卓,晋人,嗜酒成命,曾因盗饮邻居新酿酒而被缚。左持螯而右杯,是他所冀望的饮酒的一种境界,见《晋书》本传:"卓尝谓人曰:'得酒满数百斛船,四时甘味置两头,右手持酒杯,左手持蟹螯,拍浮酒船中,便足了一生矣。'" ⑧刘邕榜吏以膳痂:南朝宋人刘邕,嗜食疮痂,袭父位为南康郡公,南康国吏二百许人,不问有罪无罪,轮替着鞭笞,以下吏创伤滋生的疮痂为膳食。事见《宋书》本传。 ⑨龄石戏舅而伤赘:事见《南史》朱龄石本传:"舅淮南蒋氏才劣,龄石使舅卧听事,剪纸方寸帖着舅枕,以刀子县掷之,相去八九尺,百掷百中。舅畏龄石,终不敢动。舅头有大瘤,龄石伺眠密割之,即死。" ⑩解颐:开怀大笑。 ⑪抚掌:鼓掌。

　　大抵近代史笔,叙事为烦。榷而论之,其尤甚者有四。夫祥瑞者,所以发挥盛德,幽赞明王。至如凤皇来仪①,嘉禾入献②,秦得若雉③,鲁获如麕④。求诸《尚书》、《春秋》,上下数千载,其可得言者,盖不过一二而已。爰及近古则不然。凡祥瑞之出,非关理乱,盖主上所惑,臣下相欺,故德弥少而瑞弥多,政逾劣而祥逾盛⑤。是以桓、灵受祉⑥,比文、景而为丰;刘、石应符⑦,比曹、马而益倍⑧。

而史官征其谬说，录彼邪言，真伪莫分，是非无别。其烦一也。

[注释]①凤皇来仪：《尚书·益稷》："箫韶九成，凤皇来仪。"韶乐演奏了九遍，凤凰就飞舞而来。祥瑞之兆。　②嘉禾入献：《论衡·奇怪》篇："光武皇帝产于于阳宫，凤皇集于地，嘉禾生于屋。圣人之生，齐鸟吉物之为瑞应。必以奇吉之物见而子生，谓之物之子，是则光武皇帝嘉禾之精，凤皇之气欤？"《论衡·讲瑞》："嘉禾生于禾中，与禾中异穗，谓之嘉禾。"　③秦得若雉：事见《汉书·郊祀志》："（秦）文公获若石云，于陈仓北阪城祠之。其神或岁不至，或岁数。来也常以夜，光辉若流星，从东方来，集于祠城，若雄雉，其声殷殷云，野鸡夜鸣。以一牢祠之，名曰陈宝。"　④鲁获如麇(qún)：鲁哀公十四年，西狩获麟。麒麟，人不识，谓有麇而角者。事见《公羊传·哀公十四年》。　⑤德弥少而瑞弥多，政逾劣而祥逾盛：德愈衰而祥瑞愈多，政绩越差而祥气越盛。揭露所谓祥瑞，是统治者为掩盖其腐败政治而制造出来的。　⑥桓、灵受祉：东汉桓帝、灵帝接受的福祉。祉，福。　⑦刘、石应符：刘渊、石勒所应验的符瑞。刘，指前汉匈奴族刘渊政权。石，指后赵羯族所建立的政权。　⑧曹、马：曹魏和西晋司马氏政权。

当春秋之时，诸侯力争，各擅雄伯，自相君臣。《经》书某使来聘，某君来朝者，盖明和好所通，盛德所及。此皆国之大事，不可阙如。而自《史》、《汉》已还，相承继作。至于呼韩入侍①，肃慎来庭②，如此之流，书之可也。若乃藩王岳牧③，朝会京师，必也书之本纪，则异乎《春秋》之义。夫臣谒其君，子觐其父，抑惟恒理，非复异闻。载之简策，一何辞费？其烦二也。

[注释]①呼韩入侍：西汉宣帝甘露三年，匈奴族呼韩邪单于朝汉称臣。事见《汉书·宣帝纪》。　②肃慎来庭：肃慎，女真族之先民。来庭，来朝贺。春秋史事，见《史记·孔子世家》。　③藩王岳牧：皇帝所分封的藩王和各州

郡的封疆大吏。岳牧,泛指诸侯或封疆大吏。

若乃百职迁除,千官黜免,其可以书名本纪者,盖惟槐鼎①而已。故西京撰史②,唯编丞相、大夫;东观著书③,止列司徒、太尉。而近世自三公以下,一命④已上,苟沾厚禄,莫不备书。且一人之身,兼预数职,或加其号而阙其位,或无其实而有其名。赞唱为之口劳⑤,题署由其力倦。具之史牒,夫何足观?其烦三也。

[注释]①槐鼎:朝中三公类的重臣。古代于朝廷阶下种植槐树三棵,三公朝会时面对三槐,后世遂以三槐指代三公。汉代有"鼎三足,三公象"之说,也以鼎喻指重臣。 ②西京著史:西汉史官著史。 ③东观著书:东汉史官著史。 ④一命:经皇帝正式策命的官吏。 ⑤赞唱为之口劳:古代任命官吏,要宣唱于朝堂。由于官员加号太多,嘴都唱累了。此是夸张之辞。

夫人之有传也,盖唯书其邑里而已。其有开国承家,世禄不坠①,积仁累德,良弓无改②,项籍之先世为楚将③,石建之后廉谨相承④,此则其事尤异,略书于传可也。其失之者,则有父官令长,子秩丞郎,声不著于一乡,行无闻于十室,而乃叙其名位,一二无遗。此实家谍,非关国史。其烦四也。

[注释]①开国承家,世禄不坠:祖上有世袭的勋禄传延下来,且承续不断。 ②积仁累德,良弓无改:祖上世代积功建业,或世代传授精良之技术,有累世功名。良弓,制弓之巧匠。 ③项籍之先,世为楚将:项籍,即西楚霸王项羽。《史记·项羽本纪》曰:"项氏世世为楚将,封于项,故姓项氏。" ④石建之后廉谨相承:石建,汉初万石君之子。其后人都继承了万石君的廉谨家风。事见《史记·万石张叔列传》。

于是考兹四事,以观今古,足验积习忘返,流宕不归,乖作者之规模①,违哲人之准的也。孔子曰:"吾党之小子狂简②,斐然成章,不知所以裁之。"其斯之谓矣。

[注释]①乖作者之规模:有违著书之体例、规范。规模是规则或体例,非数量之义。 ②吾党之小子狂简:我的那些学生们,志向高远而做事粗疏。

亦有言或可记,功或可书,而纪阙其文,传亡其事者。何则?始自太上,迄于中古,其间文籍,可得言焉。夫以仲尼之圣也,访诸郯子,始闻少皞之官;叔向之贤也,询彼国侨,载辨黄熊之祟①。或八元才子,因行父而获传②;或五羖大夫,假赵良而见识③。则知当时正史,流俗所行,若三坟、五典、八索、九丘之书,虞、夏、商、周春秋、梼杌之记,其所缺略者多矣。

[注释]①载辨黄熊之祟:"熊",浦本作"能",不通,据《左传》改之。此事见于《左传·昭公七年》:"郑子产聘于晋。晋侯疾,韩宣子逆客,私焉,曰:'寡君寝疾,于今三月矣,并走群望,有加而无瘳。今梦黄熊入于寝门,其何厉鬼也?'对曰:'以君之明,子为大政,其何厉之有?昔尧殛鲧于羽山,其神化为黄熊,以入于羽渊,实为夏郊,三代祀之。晋为盟主,其或者未之祀也乎?'韩子祀夏郊,晋侯有间,赐子产莒之二方鼎。"此辨黄熊非厉鬼事,是韩宣子问于子产,非叔向之问,刘知幾或有误记。 ②八元才子,因行父而获传:据《左传·文公十八年》记,颛顼高阳氏的才子八人人称"八恺",帝喾高辛氏的才子八人人称"八元",他们都是因其父而载诸史册。 ③五羖大夫,假赵良而见识:五羖大夫,秦缪公时之贤相。《史记·商君列传》载,商鞅与赵良言谈,商鞅问赵良:"子观我治秦也,孰与五羖大夫贤?"赵良盛赞五羖大夫之贤德。《史记》没有为五羖大夫立传,而是假借赵良之口而托出,将五羖大夫之贤德

留载于史册。

　　既而汲冢①所述,方《五经》而有残②,马迁所书,比《三传》而多别,裴松补陈寿之阙,谢绰拾沈约之遗③,斯又言满五车,事逾三箧者矣。夫记事之体,欲简而且详,疏而不漏。若烦则尽取,省则多捐,此乃忘折中之宜,失均平之理。惟夫博雅君子,知其利害者焉。

　　[**注释**]①汲冢:指《汲冢竹书》。　②方《五经》而有残:"残",赵吉甫先生作"殊",皆通,仍从浦起龙本。汲冢书是出土竹简,文字、内容都多有残缺。③谢绰拾沈约之遗:《隋书·经籍志》:"《宋拾遗》十卷,梁少府卿谢绰撰。"

人物第三十

　　夫人之生也,有贤不肖焉。若乃其恶可以诫世,其善可以示后,而死之日名无得而闻焉,是谁之过欤?盖史官之责也。

　　观夫文籍肇创,史有《尚书》,知远疏通,网罗历代。至如有虞进贤,时宗元凯①;夏氏中微,国传寒浞②;殷之亡也,是生飞廉、恶来③;周之兴也,实有散宜、闳夭④。若斯人者,或为恶纵暴,其罪滔天;或累仁积德,其名盖世。虽时淳俗质,言约义简,此而不载,阙孰甚焉。

　　[**注释**]①时宗元凯:当时人们推崇颛顼高阳氏的八个儿子,称为"八恺";帝喾高辛氏的八个儿子,称为"八元"。　②国传寒浞:夏代少康之前后羿代夏时期,寒浞为相,他"行媚于内而施略于外",通过各种手段骗取后羿的信任,最终篡夺了后羿的政权。事见《左传·襄公四年》。　③飞廉、恶来:殷

纣王的两个恶臣。《史记·殷本纪》："纣又用恶来。恶来善毁谗，诸侯以此益疏。"《荀子·成相》："世之灾，妒贤能，飞廉知政任恶来。卑其志意，大其园囿高其台。" ④散宜、闳夭：周文王时的两位贤臣。

洎夫子修《春秋》，记二百年行事，《三传》并作，史道勃兴。若秦之由余、百里奚①，越之范蠡、大夫种②，鲁之曹沫、公仪休③，齐之宁戚、田穰苴④，斯并命代大才，挺生杰出。或陈力就列，功冠一时；或杀身成仁，声闻四海。苟师其德业，可以治国字人⑤；慕其风范，可以激贪励俗。此而不书，无乃太简。

[注释]①秦之由余、百里奚：由余，其先人是晋国人，后闻秦穆公贤，并通过考察秦国，遂归秦。《史记·秦本纪》载："秦用由余谋伐戎王，益国十二，开地千里，遂霸西戎。"百里奚，即五羖大夫，前文有注。 ②越之范蠡、大夫种：范蠡，春秋时期越国上将军，越王勾践用其计灭吴，后离越去齐，经商三致千金，改号陶朱公。事见《史记·越王勾践世家》。大夫种，前文有注。③鲁之曹沫、公仪休：曹沫，即曹刿，沫、刿古时通用。《左传·庄公十年》记有"曹刿论战"事。公仪休，春秋时期鲁国人，《史记·循吏列传》载："公仪休者，鲁博士也。以高弟为鲁相。奉法循理，无所变更，百官自正。使食禄者不得与下民争利，受大者不得取小。" ④齐之宁戚、田穰苴：宁戚，春秋时期辅佐齐桓公成就霸业的重要人物。田穰苴，司马穰苴，齐景公时人，晏婴曾评价他"文能附众，武能威敌"，深得治军之道，见《史记·司马穰苴列传》。⑤治国字人：治国牧民。字人：抚治百姓。

又子长著《史记》也，驰骛穷古今，上下数千载。至如皋陶、伊尹、傅说、仲山甫①之流，并列经诰，名存子史②，功烈尤显，事迹居多。盍各采而编之，以为列传之始，而断以夷、齐居首，何龌龊③之甚乎？既而孟坚勒成《汉书》，牢笼一代,至于人伦大事,亦云备矣。其间若薄昭、杨仆、颜驷、史岑④之徒,其事所以见遗者,盖略小而存大耳。夫虽逐麋之犬,不复顾兔⑤,而鸡肋是弃,能无惜乎?当三国异朝,两晋殊宅,若元则、仲景⑥,时才重于许、洛⑦;何桢、许询⑧,文雅高于扬、豫⑨。而陈寿《国志》、王隐《晋史》,广列诸传,而遗此不编。此亦网漏吞舟,过为迂阔者。

[**注释**]①皋陶、伊尹、傅说、仲山甫:皋陶,舜禹时代的名臣。相传皋陶是东夷少昊之后,东夷族首领。舜时被任为掌管刑法的官。禹继位后按禅让制举荐皋陶为继承人,但皋陶先于禹而亡,未继位。伊尹,曾辅佐商汤灭亡夏,商汤之后又辅佐三代商王,世称贤相。傅说,殷高宗武丁的贤相。仲山甫,周王朝卿士,辅佐周宣王实现中兴大业。 ②子史:诸子百家的著作。 ③齷齪:狭窄,浅陋。此句是批评司马迁将伯夷、叔齐这样没有任何历史业绩的人置于列传之首,而对于功业彪炳的皋陶、伊尹等人而不书。 ④薄昭、杨仆、颜驷、史岑:薄昭,西汉吕后弟,文帝时封轵侯,事见《汉书·外戚传》。杨仆,汉武帝时人,勇敢善斗,曾任楼船将军,事见《汉书·酷吏传》。颜驷,西汉人,曾仕文、景、武三朝,武帝时擢任会稽都尉。史岑:两汉有两个史岑,一在王莽末年,字子孝;一在王莽之后百余年,字孝山。浦起龙认为刘知幾所言为前者。 ⑤逐麋之犬,不复顾兔:《淮南子·说林训》:"逐鹿者不顾兔。"《汉书·外戚传上》:"逐麋之狗,当顾兔耶?"麋(mí),麋鹿。 ⑥元则、仲景:桓范字元则,曹魏时人,曹爽谋士。仲景,东汉人,举孝廉,官至长沙太守;也是古代大医学家,有《伤寒论》22篇传世。 ⑦许、洛:许昌,洛阳。 ⑧何桢、许询:何桢,西晋人,官至光禄大夫,曾创作《许都赋》,颇受好评。许询,东晋人,年少聪颖,号为神童,善文章,能清谈,为世所重。 ⑨扬、豫:扬州,豫州。

观东汉一代,贤明妇人,如秦嘉妻徐氏①,动合礼仪,言成规矩,毁形不嫁,哀恸伤生,此则才德兼美者也。董祀妻蔡氏②,载诞胡子,受辱虏廷,文词有余,节概不足,此则言行相乖者也。至蔚宗《后汉》,传标《列女》,徐淑不齿,而蔡琰见书。欲使彤管③所载,将安准的?

[注释]①秦嘉妻徐氏:西汉桓帝时人,时为上计吏,奉使洛阳,其妻徐淑病住娘家,不及别而上路。其后几年不见,秦嘉病死他乡,徐淑兄弟逼淑改嫁,淑誓死不从,毁容守节。 ②董祀妻蔡氏:指东汉末年著名才女蔡文姬。蔡邕女,博学多才,献帝兴平中为胡兵所虏,为左贤王妻,陷南匈奴12年。后来曹操用重金将其赎回,嫁于屯田都尉董祀。蔡文姬有《胡笳十八拍》诗传世,其事见《后汉书·列女传》。 ③彤管:喻指女史。彤,朱红色。管,笔杆。古代女史执彤管笔以记宫内政令和后妃的活动。

裴幾原①删略宋史,时称简要。至如张祎②阴受君命,戕贼零陵③,乃守道不移,饮鸩而绝。虽古之钽麑④义烈,何以加诸?鲍昭⑤文宗学府,驰名海内,方于汉代褒、朔之流⑥。事皆阙如,何以申其褒奖?

[注释]①裴幾原:裴子野字幾原。 ②张祎:东晋人,晋恭帝司马德为琅琊王时张祎为郎中令。恭帝即位后,刘裕欲篡夺帝位,想假借张祎之手杀害恭帝,封毒酒交付张祎,令他伺机鸩杀恭帝。张祎遂自斟毒酒而死。事见《晋书·忠义传》。 ③零陵:指晋恭帝。刘裕建宋,废恭帝为零陵王。 ④钽麑(zū ní):春秋时期晋国人。晋灵公不守君道,赵宣子劝而不听,并派钽麑刺杀赵宣子。钽麑晨往,看到赵宣子恭敬的样子,不忍加害,又不能违背国君的命令,最后自杀触槐而死。事见《左传·宣公二年》。 ⑤鲍昭:应为"鲍照",唐人避武后讳曌而作"鲍昭"。南朝刘宋时人,曾任临海王前军参军,世称鲍参军。擅长诗歌,与谢灵运、颜延之并称为"元嘉三大家"。《宋书》有传。 ⑥褒、朔之流:指西汉的王褒和东方朔。

夫天下善人少而恶人多,其书名竹帛者,盖唯记善而已。故太史公有云:"自获麟以来,四百余年,明主贤君、忠臣死义之士,废而不载,余甚惧焉。"即其义也。至如四凶列于《尚书》①,三叛见于《春秋》②,西汉之纪江充、石显③,东京之载梁冀④、董卓,此皆干纪乱常,存灭兴亡所系。既有关时政,故不可阙书。

[注释]①四凶列于《尚书》:《尚书·尧典》所记的四凶是:浑敦(驩兜)、穷奇(共工)、梼杌(鲧)、饕餮(三苗)。 ②三叛见于《春秋》:《左传·襄公二十一年》:"邾庶其以漆、闾丘来奔。"《左传·昭公五年》:"莒牟夷以牟娄及防、兹来奔。"《左传·昭公三十一年》:"冬,黑肱以滥来奔。"所记这三次"来奔",庶其、牟夷、黑肱三人,都是背叛他们自己的国家而投降鲁国,称"三叛"。 ③江充、石显:见《品藻》篇注。 ④梁冀:东汉外戚,顺帝梁皇后兄,凶残跋扈,不可一世,见《后汉书》本传。

但近史所刊,有异于是。至如不才之子,群小之徒,或阴情丑行,或素餐尸禄①,其恶不足以曝扬②,其罪不足以惩戒,莫不搜其鄙事,聚而为录,不其秽乎?抑又闻之,十室之邑,必有忠信,而斗筲之才③,何足算也。若《汉》传之有傅宽、靳歙④,《蜀志》之有许慈⑤,《宋书》之虞丘进⑥,《魏史》之王宪⑦,若斯数子者,或才非拔萃,或行不逸群,徒以片善取知,微功见识,阙之不足为少,书之唯益其累。而史臣皆责其谱状,征其爵里,课虚成有⑧,裁为列传,不亦烦乎?

[注释]①素餐尸禄:白领朝廷俸禄,空占官职而不做事。 ②曝扬:揭露,暴露。 ③斗筲之才:斗、筲都是容量很小的容器。此处喻指器量狭小、才气不足的人。 ④傅宽、靳歙:《汉书》有《樊郦滕灌傅靳周传》,傅宽、靳歙与樊哙、郦商、夏侯婴、灌婴、周继等同传。他们都是在楚汉战争中有功于汉王的人,汉初都封侯拜将。刘知幾认为傅宽、靳歙功劳平平,不足以入传。

⑤许慈：蜀汉博士，与胡潜典掌旧文，论事常各抒己见，互不相让，乃至于相互殴打。事迹平平，见《三国志·蜀书》本传。　⑥虞丘进：东晋人，曾从谢玄北伐苻秦，封关内侯。刘宋时做浔阳太守。　⑦王宪：北魏时人，做过并州刺史，事迹平平。　⑧课虚成有：勉强拼凑一些空洞的记载，而连缀成篇。

语曰："君子于其所不知，盖阙如也。"故贤良可记，而简牍无闻，斯乃察所不该①，理无足咎。至若愚智毕载，妍媸靡择，此则燕石妄珍②，齐竽混吹③者矣。夫名刊史册，自古攸难；事列《春秋》，哲人所重。笔削之士，其慎之哉！

[**注释**]①察所不该：考察不周密。该，周密。　②燕石妄珍：古代一个愚人得到一块燕石，秘而藏之，以为珍宝。后来一位客人来观，发现是一块普通的燕石而已。主人大怒，更加珍贵地保藏。刘知幾此处是讥讽那些见识拙劣、不辨真伪的史官。　③齐竽混吹：即《韩非子·内储说》中那个滥竽充数的故事。

核才第三十一

夫史才之难，其难甚矣。《晋令》①云："国史之任，委之著作，每著作郎初至，必撰名臣传一人。"斯盖察其所由②，苟非其才，则不可叨居史任。历观古之作者，若蔡邕③、刘峻④、徐陵⑤、刘炫⑥之徒，各自谓长于著书，达于史体，然观侏儒⑦一节，而他事可知。案伯喈于朔方上书，谓宜广班氏《天文志》。夫《天文》之于《汉史》，实附赘之尤甚者也。必欲申以掎摭⑧，但当锄而去之，安可仍其过失，而益其芜累？亦奚异观河倾之患，而不遏以堤防，方欲疏而导之,用速怀襄之害⑨。述史如此,将非练达⑩者欤? 孝标持论谈理,诚为绝伦。而《自叙》一篇,过为烦碎;《山栖》⑪一志,直论文章。谅难以偶迹迁、固,比肩陈、范者也。孝穆在齐,有志梁史,及还江左,书竟不成⑫。嗟乎!以徐公文体,而施诸史传,亦犹灞上儿戏,异乎真将军,幸而量力不为,可谓自卜者审矣⑬。光伯以洪儒硕学,而迍邅⑭不遇。观其锐情自叙,欲以垂示将来,而言皆浅俗,理无要害。岂所谓"诵《诗》三百,虽多,亦奚以为⑮"者乎!

[注释]①《晋令》:晋人贾充撰,《隋书·经籍志》有著录,已佚。 ②察其所由:观察著作郎的修史能力。 ③蔡邕:字伯喈,东汉晚期人,精于辞章,曾撰《后汉记》10卷。董卓被诛后受到牵连,下狱死。 ④刘峻:字孝标,南朝梁人,曾撰《自序》。 ⑤徐陵:字孝穆,南朝梁陈时期人,《南史·徐陵传》载:"自陈创业,文檄军书及受禅诏策,皆陵所制,为一代文宗……文、宣之时,国家有大手笔,必命陵草之。其文颇变旧体,缉裁巧密,多有新意。每一文出,好事者已传写成诵,遂传于周、齐,家有其本。" ⑥刘炫:字光伯,隋朝人,任殿内将军,伪造《连山易》、《鲁史记》等书被人告发,免官。著作甚多,但已亡佚。 ⑦侏儒:斗拱上的短柱,此处是局部或一端的意思。 ⑧掎摭(jǐ zhí):摘取,选择。 ⑨怀襄之害:怀襄,怀山襄陵,谓洪水汹涌奔腾溢上山陵。 ⑩练达:高超,卓越。 ⑪《山栖》:刘峻文,《南史·刘峻传》云:"游东阳紫岩山,筑室居焉。为《山栖志》,其文甚美。" ⑫书竟不成:此句中孝穆即徐陵,刘知幾说他有志梁史,书竟不成,但在《陈书》和《南史》本传中都看不到相关信息。 ⑬自卜者审矣:自我估量很明白,意谓自知自明。 ⑭迍邅(zhūn zhàn):遭遇困难。 ⑮诵《诗》三百,虽多亦奚以为:孔子语,见《论语·子路》篇:"诵《诗》三百,授之以政,不达;使于四方,不能专对;虽多,亦奚以为?"

昔尼父有言:"文胜质则史①。"盖史者当时之文也,然朴散淳销,时移世异,文之与史,较然异辙。故以张衡之文,而不闲于史②;以陈寿之史,而不习于文。其有赋述《两都》③,诗裁《八咏》④,而能编次汉册⑤,勒成宋典⑥。若斯人者,其流⑦几何?

[注释]①文胜质则史:文采多于朴实就未免虚浮。语出《论语·雍也》:"质胜文则野,文胜质则史。文质彬彬,然后君子。"质谓朴实,文即文采,史解为虚浮、浮华,其义非史学之"史"。文质之辨是传统著述思想中的一个重要命题。　②不闲于史:不习于修史。张衡一生确有修史之宏愿,但终未达成。见《后汉书·张衡列传》。　③《两都》:班固《两都赋》。　④《八咏》:沈约任东阳太守时所作诗八首。　⑤汉册:指班固《汉书》。　⑥宋典:指沈约《宋书》。　⑦流:流传。

是以略观近代,有齿迹文章①而兼修史传。其为式也②,罗含、谢客③宛为歌颂之文,萧绎、江淹④直成铭赞之序,温子昇⑤尤工复语,卢思道⑥雅好丽词,江总⑦猖獗以沈迷,庾信⑧轻薄而流宕。此其大较也。然向之数子所撰者,盖不过偏记杂说,小卷短书而已,犹且乖滥踳驳⑨,一至于斯。而况责之以刊勒一家,弥纶一代,使其始末圆备,表里无咎,盖亦难矣。

[注释]①齿迹文章:参与到文章创作的行列中。　②其为式也:能作为典型或代表的。　③罗含、谢客:罗含,晋人,文采异常,《隋书·经籍志》著录有《罗含集》3卷。《晋书》有传。谢客,即谢灵运。　④萧绎、江淹:萧绎,即梁元帝,博通经籍,能文章,工书画,《隋书·经籍志》著录有《梁元帝集》52卷。江淹,历仕宋、齐、梁三朝,以能文名世,《隋书·经籍志》著录有《江淹集》9卷,后集10卷。《梁书》、《南史》有传。　⑤温子昇:北魏人,以诗文擅名,与当时的邢劭、魏收齐名,人称"北地三才"。《隋书·经籍志》著录有《温

子升集》39卷。　⑥卢思道：北齐人，才学兼著，工五言诗，《隋书·经籍志》著录有《卢思道集》30卷。《隋书》有传。　⑦江总：历仕南朝梁、陈及隋三朝，以诗才名世，《隋书·经籍志》著录有文集30卷，今有《江令君集》传世。《陈书》、《南史》有传。　⑧庾信：北朝西魏、北周人，文坛宗师，前文有注。⑨乖滥踳驳：乖离、杂乱、谬误。

但自世重文藻，词宗丽淫，于是沮诵失路①，灵均当轴②。每西省虚职③，东观伫才，凡所拜授，必推文士。遂使握管怀铅④，多无铨综⑤之识；连章累牍，罕逢微婉之言。而举俗共以为能，当时莫之敢侮。假令其间有术同彪、峤⑥，才若班、荀⑦，怀独见之明，负不刊之业，而皆取窘于流俗，见嗤于朋党⑧。遂乃哺糟歠醨⑨，俯同妄作⑩，披褐怀玉⑪，无由自陈。此管仲所谓"用君子而以小人参之，害霸之道⑫"者也。

[注释]①沮诵失路：意谓古代的质朴文风中断。沮诵，相传为黄帝时史官。　②灵均当轴：喻指辞章家主持修史大事。灵均，屈原字。当轴，执掌国政。　③西省虚职：负责史馆的机构职务空缺。西省，中书省，史馆的上级机构。　④握管怀铅：意谓执笔写史。　⑤铨综：选择、综合、整理史事。⑥彪、峤：司马彪，华峤。　⑦班、荀：班固，荀悦。　⑧取窘于流俗，见嗤于朋党：遭受世俗浅见的压抑，蒙受同辈友朋的嗤笑。　⑨哺糟歠醨（chuò lí）：吃酒糟，喝薄酒，喻指某些史家为顾全自身利益而迁就世俗所好。　⑩俯同妄作：放弃原则，违心地跟着世俗走，随意对待著史大业。俯，降低。　⑪披褐怀玉：身披粗布，怀抱宝玉。比喻某些史家身怀高才卓识，而在表面上又不得不去迎合世俗的风气。　⑫害霸之道：语出《说苑·尊贤》篇："桓公曰：'何如而害霸？'管仲对曰：'不知贤，害霸；知而不用，害霸；用而不任，害霸；任而不信，害霸；信而复使小人参之，害霸。'"害霸，危害霸业。

昔傅玄有云："观孟坚《汉书》,实命代奇作。及与陈宗、尹敏、杜抚、马严①撰中兴纪传②,其文曾不足观。岂拘于时乎？不然,何不类之甚者也？是后刘珍、朱穆、卢植、杨彪③之徒,又继而成之。岂亦各拘于时,而不得自尽④乎？何其益陋也？"嗟乎！拘时之患,其来尚矣。斯则自古所叹,岂独当今者哉！

[注释]①陈宗、尹敏、杜抚、马严：此四人都是班固同时代人,并和班固一起参与撰述《东观汉记》。《后汉书》中四人各有本传。　②中兴纪传：即《东观汉记》。　③刘珍、朱穆、卢植、杨彪：刘珍,《后汉书·文苑传》："刘珍字秋孙……邓太后诏,使与校书刘騊駼、马融及《五经》博士,校定东观《五经》、诸子传记、百家艺术,整齐脱误,是正文字。"朱穆,《后汉书》本传载："穆素刚,不得意……禄仕数十年,蔬食布衣,家无余财。公卿共表穆立节忠清,虔恭机密,守死善道,宜蒙旌宠。策诏褒述,追赠益州太守。所著论、策、奏、教、书、诗、记、嘲,凡二十篇。"卢植,《后汉书》本传载："与谏议大夫马日磾、议郎蔡邕、杨彪、韩说等并在东观,校中书《五经》记传,补续《汉记》。帝以非急务,转为侍中,迁尚书。"杨彪,汉末人,《后汉书》本传不见参与著述事。　④自尽：充分发挥自己的才能。

序传第三十二

盖作者自叙,其流出于中古乎？案屈原《离骚经》,其首章上陈氏族,下列祖考；先述厥生,次显名字。自叙发迹,实基于此。降及司马相如,始以自叙为传。然其所叙者,但记自少及长,立身行事而已。逮于祖先所出,则蔑尔无闻。至马迁,又征三闾之故事①,放文园之近作②,模楷二家,勒成一卷。于是扬雄遵其旧辙,班固酌其余波,自叙之篇,实烦于代。虽属辞有异,而兹体无易。

[注释]①马迁又征三闾之故事:言司马迁的《史记·太史公自序》是依照屈原写家族史的做法,"上陈氏族,下列祖考",追溯家族的历史。三闾,指屈原。三闾是楚国三大王族屈、景、昭的合称。屈原曾任三闾大夫,后世遂以三闾作为屈原的代称。 ②放文园之近作:模仿司马相如写自己早年经历的做法。文园,指司马相如。司马相如曾做孝文园令,后世遂以文园为司马相如的代称。

寻马迁《史记》,上自轩辕,下穷汉武,疆宇修阔,道路绵长。故其自叙,始于氏出重黎,终于身为太史。虽上下驰骋,终不越《史记》之年。班固《汉书》,止叙西京二百年事耳。其自叙①也,则远征令尹,起楚文王之世;近录《宾戏》,当汉明帝之朝。苞括所及,逾于本书远矣。而后来叙传,非止一家,竞学孟坚,从风而靡。施于家谍,犹或可通,列于国史,多见其失者矣。

[注释]①班固《汉书》……自叙:此段文字主要是批评班固自叙的断限,有违其整个著作的体例。全书的记事仅为有汉一代,而其自叙则追溯久远,上溯到春秋时期楚国的名相令尹子文。

然自叙之为义也,苟能隐己之短,称其所长,斯言不谬,即为实录。而相如自序,乃记其客游临邛,窃妻卓氏①,以《春秋》所讳,持为美谈。虽事或非虚,而理无可取。载之于传,不其愧乎!又王充《论衡》之《自纪》也,述其父祖不肖②,为州闾所鄙,而己答以瞽顽舜神③,鲧恶禹圣④。夫自叙而言家世,固当以扬名显亲为主,苟无其人,阙之可也。至若盛矜于己⑤,而厚辱其先,此何异证父攘羊⑥,学子名母⑦?必责以名教,实三千之罪人⑧也。

[注释]①客游临邛,窃妻卓氏:司马相如和卓文君私奔之事。司马相如之《自序》无可考知,但《汉书·司马相如传》载有此事:"卓王孙有女文君新寡,好音,故相如缪与令相重而以琴心挑之。相如时从车骑,雍容闲雅,甚都。及饮卓氏,弄琴,文君窃从户窥,心说而好之,恐不得当也。既罢,相如乃令侍人重赐文君侍者通殷勤。文君夜亡奔相如,相如与驰归成都。" ②述其父祖不肖:王充《论衡·自纪》篇尽数祖辈"横道伤杀"、"勇势凌人"的不光彩历史。 ③瞽顽舜神:瞽是舜的父亲。《尚书·尧典》中谈到舜的父亲,用了一个"顽"字,顽即凶恶。《史记·五帝本纪》中记载,瞽几次谋害于舜,舜都神奇般地逃过了灾难。 ④鲧恶禹圣:鲧即禹父,因治水失败而被处死。"瞽顽舜神,鲧恶禹圣"也是王充在《论衡·自纪》中所言,以此来论证像他这样没有好的父辈,也可以成就事业和人格。 ⑤盛矜于己:大肆夸耀自己。 ⑥证父攘羊:语出《论语·子路》:"叶公语孔子曰:'吾党有直躬者,其父攘羊,而子证之。'孔子曰:'吾党之直者异于是,父为子隐,子为父隐。直在其中矣。'"父亲盗羊,儿子作证,不符合孔子的伦理原则。 ⑦学子名母:典故。《战国策·魏策》记,宋国有个游学的人,学习三年回到家里,对母亲直呼其名。母曰:"你不叫母亲而叫我的名字,这是为什么?"子曰:"我所谓贤者,无过于尧舜禹,尧舜尚且直呼。我所谓大者,无过于天地,天地也直呼其名。而母亲您贤不及尧舜,大不过天地,所以也直呼其名。" ⑧三千之罪人:刑法不能饶恕之人。《孝经》曰:"五刑之属三千。"三千为刑法之总称或代称。

夫自媒自炫,士女之丑行。然则人莫我知①,君子不耻。案孔氏《论语》有云:"十室之邑,必有忠信","不如某之好学也。"又曰:"吾每自省吾身,为人谋而不忠乎?与朋友交而不信乎?"又曰:"文王既没,文不在兹乎②?"又曰:"吾之先友尝从事于斯矣。"则圣达之立言也,时亦扬露己才,或托讽以见其情,或选辞以显其迹,终不盱衡自伐③,攘袂④公言。且命诸门人"各言尔志"⑤,由也不让,见嗤无礼。历观扬雄已降,其自叙也,始以夸尚为宗。至魏文帝⑥、傅玄⑦、梅陶⑧、葛洪⑨之徒,则又逾于此者矣。何则？身兼片善,行有微能,皆剖析具言,一二必载。岂所谓宪章前圣,谦以自牧⑩者欤？

[注释]①人莫我知:人们不知道我的情况。 ②文王既没,文不在兹乎:文王死了,而文王的思想、道德不都体现在我的身上了吗？ ③盱衡自伐:盱衡,扬眉张目。伐,夸耀。 ④攘袂:挽起袖子,很高傲的样子。 ⑤命诸门人"各言尔志":指《论语·先进》篇孔子和弟子子路、曾皙、冉有、公西华等人关于理想问题的一段对话。 ⑥魏文帝:魏文帝的《自序》,见曹丕《典论·自序》。 ⑦傅玄:傅玄的《自叙》已佚。 ⑧梅陶:晋人,其《自序》已佚。 ⑨葛洪:葛洪《自序》即《抱朴子·自叙》。 ⑩宪章前圣,谦以自牧:效法前贤,鞭策自己。

又近古人伦,喜称阀阅①。其荜门寒族②,百代无闻,而骈角挺生③,一朝暴贵,无不追述本系,妄承先哲④。至若仪父、振铎⑤,并为曹氏之初；淳维、李陵⑥,俱称拓拔之始。河内马祖,迁、彪之说不同⑦；吴兴沈先,约、烱之言有异⑧。斯皆不因真律,无假宁楹⑨,直据经史,自成矛盾。则知扬姓之寓西蜀⑩,班门之雄朔野⑪,或胄纂伯侨⑫,或家传熊绎⑬,恐自我作故⑭,失之弥远者矣。盖谄祭非鬼,神所不歆⑮；致敬他亲,人斯悖德⑯。凡为叙传,宜详此理。不知则阙,亦何伤乎？

[注释]①喜称阀阅:喜欢夸耀自己的门第。伐,积功。阅,经历。②荜门寒族:贫寒之家。荜门,用荆棘编制的门。寒族,没有勋爵的庶族。③骍角挺生:骍角,语出《论语·雍也》篇:"子谓仲弓曰:'犁牛之子骍且角。虽欲勿用,山川其舍诸?'"意思是,耕牛的牛犊长着赤色的毛和整齐的双角,虽然不想用它做祭品,山川之神难道会舍弃它吗?按礼,耕牛是没有资格做祭品的,但它"骍且角",还是具有了做祭品的条件。 ④妄承先哲:出身寒族而一朝暴富的人,妄自托附前代圣贤族系。 ⑤仪父、振铎:仪父,颛顼帝之后。振铎,文王之子,武王之弟。 ⑥淳维、李陵:淳维(浦起龙注当为"始均"),是匈奴远祖,与拓跋无涉。李陵,称李陵为拓跋之始族,见《宋书·索虏传》:"索头虏姓托跋氏,其先汉将李陵后也。" ⑦河内马祖,迁、彪之说不同:司马迁称司马氏远承"河内马祖",《史记·太史公自序》中谈迁之远祖有云:"自司马氏去周适晋,分散,或在卫,或在赵,或在秦。其在卫者,相中山。在赵者,以传剑论显,蒯聩其后也……蒯聩玄孙卬为武信君将而徇朝歌。诸侯之相王,王卬于殷。汉之伐楚,卬归汉,以其地为河内郡。"而司马彪之说已无从考之。 ⑧吴兴沈先,约、炯之言有异:吴兴,三国时期东吴有吴兴郡。约、炯,沈约、沈炯。沈约说见《宋书·自序》,沈炯说无考。 ⑨不因真律,无假宁楹:真律,有人认为是"殷律"之讹,有人认为是"直律"之讹,无考。宁楹,是孔子梦坐于两楹之间的故事。《礼记·檀弓上》孔子说:夏后氏把棺柩殡放在堂的东阶之上,那是主人的位置。殷人把棺柩殡放在两楹之间的地方,即夹在宾位与主位之间。周人把棺柩殡放在西阶之上,那就如同宾客了。而我是殷人,我昨夜梦见坐在两楹之间的地方被祭奠。现在圣明的君主不再出现,而天下有谁能尊我在两楹之间的位置上呢?这大概是预兆我将要死了。此后孔子病卧了七天而死。 ⑩扬姓之寓西蜀:《汉书·扬雄传》:"扬雄字子云,蜀郡成都人也。其先出自有周伯侨者,以支庶初食采于晋之扬,因氏焉,不知伯侨周何别也。扬在河、汾之间,周衰而扬氏或称侯,号曰扬侯。会晋六卿争权,韩、魏、赵兴而范中行、知伯弊。当是时,逼扬侯,扬侯逃于楚巫山,因家焉。" ⑪班门之雄朔野:语出班固《幽通赋》:"雄朔野以飏声。" ⑫胄繁伯侨:见注⑩。 ⑬家传熊绎:熊绎,楚国宗族的远祖。班固的祖先与楚国宗族同姓,故曰家传熊绎。 ⑭自我作故:自己开创体例。 ⑮诡祭非

鬼,神所不歆:不是自己的祖先而祭之,被祭的鬼神是不享用的。鬼,祖先,非自己的祖先而祭之,为谄祭。 ⑯致敬他亲,人斯悖德:《孝经》曰:"不爱其亲而爱他人者,谓之悖德;不敬其亲而敬他人者,谓之悖礼。"刘知幾借以批评那些追述先世而妄攀他姓,以他人祖宗为祖宗的欺世盗名之人。

烦省第三十三

昔荀卿有云:远略近详。则知史之详略不均,其为辨者久矣。及干令昇①《史议》,历诋诸家,而独归美《左传》,云:"丘明能以三十卷之约,括囊二百四十年之事,靡有孑遗。斯盖立言之高标,著作之良模也。"又张世伟著《班马优劣论》②,云:"迁叙三千年事,五十万言,固叙二百四十年事,八十万言。是班不如马也。"然则自古论史之烦省者,咸以左氏为得,史公为次,孟坚为甚。自魏、晋已还,年祚转促,而为其国史亦不减班《书》。此则后来逾烦,其失弥甚者矣。

[注释]①干令昇:即干宝。 ②张世伟著《班马优劣论》:张辅字世伟。《班马优劣论》见于《晋书》本传:"迁之著述,辞约而事举,叙三千年事唯五十万言;班固叙二百年事乃八十万言,烦省不同,不如迁一也。良史述事,善足以奖劝,恶足以监诫,人道之常。中流小事,亦无取焉,而班皆书之,不如二也。毁贬晁错,伤忠臣之道,不如三也。迁既造创,固又因循,难易益不同矣。又迁为苏秦、张仪、范睢、蔡泽作传,逞辞流离,亦足以明其大才。故述辩士则辞藻华靡,叙实录则隐核名检,此所以迁称良史也。"

余以为近史芜累,诚则有诸①,亦犹古今不同,势使之然也。辄求其本意,略而论之。何者?当春秋之时,诸侯力争,各闭境相拒,关梁不通。其有吉凶大事,见知于他国者,或因假道而方闻,或以通盟而始赴。苟异于是,则无得而称。鲁史所书,实用此道。至如秦、燕之据有西北②,楚、越之大启东南③,地僻界于诸戎,人罕通于上国④。故载其行事,多有阙如。且其书自宣、成⑤以前,三纪而成一卷⑥,至昭、襄⑦已下,数年而占一篇。是知国阻隔者,记载不详,年浅近者,撰录多备。此丘明随闻见而成传,何有故为简约者哉!

[注释]①诚则有诸:确有这种情况。 ②秦、燕之据有西北:秦国地处西方,燕国地处北方。 ③楚、越之大启东南:楚国和越国开发了东南。 ④上国:指周王朝。 ⑤宣、成:鲁宣公,在位18年(前608~前591年);鲁成公,在位18年(前590~前573年)。 ⑥三纪而成一卷:12年为一纪,三纪36年的历史写成一卷。 ⑦昭、襄:鲁昭公,在位32年(前541~前510年);鲁襄公,在位31年(前572~前542年)。

及汉氏之有天下也,普天率土,无思不服①。会计之吏,岁奏于阙廷;轺轩之使②,月驰于郡国。作者居府于京兆③,征事于四方,用使夷夏必闻,远近无隔。故汉氏之史,所以倍增于《春秋》也。

[注释]①无思不服:无人不服从。 ②轺轩之使:中央王朝派往各州郡的钦差。轺轩,古代使臣乘坐的一种轻车,也用作使臣的代称。 ③京兆:汉代京畿的行政区域,京都所在地。此处意谓京都。

降及东京,作者弥众。至如名邦大都,地富才良①,高门甲族,代多髦俊②。邑老乡贤,竞为别录;家牒宗谱,各成私传。于是笔削所采,闻见益多。此中兴之史③,所以又广于《前汉》也。

[注释]①才良:人才优秀。 ②髦俊:才德优异之士。 ③中兴之史:指《后汉书》。

夫英贤所出,何国而无?书之则与日月长悬,不书则与烟尘永灭。是以谢承尤悉江左①,京洛事缺于三吴②;陈寿偏委蜀中③,巴、梁④语详于二国。如宋、齐受命⑤,梁、陈握纪⑥,或地比《禹贡》一州⑦,或年方秦氏二世⑧。夫地之偏小,年之窘迫,适使作者采访易洽,巨细无遗,耆旧可询,隐讳咸露。此小国之史,所以不减于大邦也。

[注释]①谢承尤悉江左:谢承,三国吴人,孙权谢夫人之弟,博学洽闻,尤熟悉东汉史事及本郡掌故,撰《后汉书》143卷,已佚。 ②京洛事缺于三吴:所记京都洛阳之事远逊于三吴史事。三吴,会稽、吴兴、丹阳三郡。 ③陈寿偏委蜀中:此言费解。陈寿的《三国志》于蜀国史事篇幅最小,何言"偏委蜀中"?注家多有质疑。 ④巴、梁:代指蜀国。 ⑤宋、齐受命:南朝宋、齐二朝受天命而建国。 ⑥握纪:掌握统治大权。 ⑦地比《禹贡》一州:宋、齐、梁、陈四朝所统治的地区,实际上仅是天下之一隅,《尚书·禹贡》九州之一州而已。 ⑧年方秦氏二世:统治的时间也不过像秦二世那样短暂。

夫论史之烦省者,但当要其事有妄载,苦于榛芜,言有阙书,伤于简略,斯则可矣。必量世事之厚薄①,限篇第以多少,理则不然。且必谓丘明为省也,若介葛辨牺于牛鸣②,叔孙志梦于天压③,楚人教晋以拔旆④,城者讴华以弃甲⑤。此而毕书,岂得谓之省邪?且必谓《汉书》为烦也,若武帝乞浆于柏父⑥,陈平献计于天山⑦,长沙戏舞以请地⑧,杨仆怙宠而移关⑨。此而不录,岂得谓之烦邪?由斯而言,则史之烦省不中⑩,从可知矣。

[注释]①量世事之厚薄:衡量年代的长短。 ②介葛辨牺于牛鸣:介葛卢听到牛鸣,就根据牛鸣叫的声音而判断出这头牛已生过了三头小牛,见《左传·僖公二十九年》。 ③叔孙志梦于天压:《左传·昭公四年》载,鲁国叔孙氏穆子梦见天要塌下来,一个长相怪状的人帮他支撑,后来找到一个和他梦中长相相同名叫竖牛的人,加以重用,最后穆子竟被竖牛控制,死在竖牛手中。《左传》用了很大篇幅来叙述此事,甚无为。 ④楚人教晋以拔旆:《左传·宣公十二年》载,晋、楚邲之战,晋军大败。败逃途中,晋军的战车陷在泥坑里不能前进,楚国人教他们抽掉车前的横木。战车出坑后行不多远,马又盘旋不走,楚国人又教他们拔掉大旗,扔掉车轭,这样才逃了出去。晋军回过头来对楚军说:"我们不像你们大国有丰富的逃跑经验啊!"旆(pèi),旌旗。 ⑤城者讴华以弃甲:《左传·宣公二年》载,宋国筑城,大夫华元去工地视察,华元是刚打了败仗,被俘后被宋国重金赎取回来,因而到工地后受到劳工的奚落。刘知幾认为,《左传》记载此类事情没有任何意义,可谓记事之"烦"。 ⑥武帝乞浆于柏父:浦起龙《史通通释》注说:《汉武故事》载,武帝微行,夜宿柏古地方的旅舍,向主人翁讨酒,翁欲害之,被翁妇老妪相救。此事《汉书》中没有记载。 ⑦陈平献计于天山:《汉书·高帝纪》:"上从晋阳连战,乘胜逐北,至楼烦,会大寒,士卒堕指者什二三。遂至平城,为匈奴所围七日,用陈平秘计得出。"刘邦被困平城,用陈平计脱身。此大事,所记仅"用陈平秘计得出"七字而已。 ⑧长沙戏舞以请地:《汉书·景十三王传》载:长沙定王发"以其母微无宠,故王卑湿贫国。"这也是一桩大事。根据应劭的注可知此事详情:景帝后二年,诸王都向景帝祝寿,载歌载舞,唯定王"张袖小举手",表现很朴拙。景帝怪而问之,定王曰,臣国小地狭,不足回旋。景帝就把武陵、零陵、桂阳三郡赐给他,大大扩充了其王国领地。 ⑨杨仆怙宠而移关:《汉书·孝武帝纪》:"三年冬,徙函谷关于新安。以故关为弘农县。"移关大事,所记过于简略。根据应劭注可知此事:楼船将军杨仆数有大功,耻为关外民,

上书请徙移东关。武帝则准其请,徙关至新安,离弘农三百里。 ⑩史之烦省不中:关于史之烦省的评论多不中的。

又古今有殊,浇淳①不等。帝尧则天称大,《书》惟一篇;周武观兵孟津,言成三誓②;伏羲止画八卦,文王加以《系辞》③。俱为大圣,行事若一,其丰俭不类,悬隔如斯。必以古方今,持彼喻此,如蚩尤、黄帝交战阪泉④,施于春秋则城濮、鄢陵之事⑤也。有穷篡夏⑥,少康中兴,施于两汉,则王莽、光武之事⑦也。夫差既灭,句践霸世,施于东晋,则桓玄、宋祖之事⑧也。张仪、马错为秦开蜀⑨,施于三国,则邓艾、锺会之事⑩也。而往之所载,其简如彼;后之所书,其审如此。若使同后来于往世,限一概以成书,将恐学者必诟其疏遗,尤其率略者矣。而议者苟嗤沈、萧之所记⑪,事倍于孙、习⑫;华、谢之所编⑬,语烦于班、马⑭,不亦谬乎! 故曰论史之烦省者,但当求其事有妄载,言有阙书,斯则可矣。必量世事之厚薄,限篇第以多少,理则不然,其斯之谓也。

[注释]①浇淳:浇,刻薄。淳,醇厚,朴实。此处言古今史事的复杂程度不同。　②三誓:即《尚书·泰誓》上、中、下三篇。　③文王加以《系辞》:《汉书·艺文志》云,伏羲作八卦,"文王以诸侯顺命而行道,天人之占可得而效,于是重《易》六爻,作上下篇。孔氏为之《彖》、《象》、《系辞》、《文言》、《序卦》之属十篇。故曰《易》道深矣,人更三圣,世历三古。"刘知幾此处说《系辞》为文王所作,不知所据者何。近代以来,学界多认为《汉书·艺文志》关于"易传"为孔子所作的说法不可靠,托名而已。　④蚩尤、黄帝交战阪泉:见《史记·五帝本纪》。　⑤城濮、鄢陵之事:春秋时期晋、楚间的两次著名战役。城濮之战在僖公二十八年,鄢陵之战在成公十六年。　⑥有穷篡夏:后

羿代夏。相传后羿是有穷国国君。 ⑦王莽、光武之事：以王莽篡汉，类比有穷篡夏；以光武中兴类比夏代的少康中兴。 ⑧桓玄、宋祖之事：以桓玄类比吴王夫差，以刘裕类比越王勾践。 ⑨张仪、马错为秦开蜀：《华阳国志》载，秦惠文王初元九年（前329年），派张仪、司马错伐蜀，灭之。 ⑩邓艾、锺会之事：曹魏时，在司马懿的主持下，邓艾、钟会伐蜀，攻克成都，蜀主刘禅投降。 ⑪沈、萧之所记：沈约《宋书》和萧子显《南齐书》。 ⑫孙、习：孙盛《晋阳秋》和习凿齿《汉晋春秋》。 ⑬华、谢之所编：华峤《后汉书》和谢沈《后汉书》。 ⑭班、马：班固和司马迁。

杂述第三十四

在昔三坟、五典、春秋、梼杌，即上代帝王之书，中古诸侯之记。行诸历代，以为格言。其余外传，则神农尝药，厥有《本草》①；夏禹敷土，实著《山经》②；《世本》辨姓③，著自周室；《家语》载言，传诸孔氏④。是知偏记小说，自成一家。而能与正史参行，其所由来尚矣。

[注释]①神农尝药，厥有《本草》：神农氏，又称炎帝。传说神农尝百草，而有《神农本草》。《神农本草》三卷，南朝齐人梁孝绪的《七录》有著录，著者不详。 ②夏禹敷土，实著《山经》：敷土，陈述地方风物。刘秀《上山海经表》说："禹别九州岛，任土作贡，而益等类物善恶，著《山海经》。"实际上，关于《山海经》的作者，学界还没有可靠的说法。 ③《世本》辨姓：《世本》有《姓氏篇》，故曰"辨姓"。 ④《家语》载言，传诸孔氏：《家语》即《孔子家语》。传诸孔氏，《孔子家语》在汉代被孔子后裔孔安国重新编纂写定，并通过家传的方式保存下来，到三国时期通过王肃而公布于世。

爰及近古，斯道渐烦。史氏流别，殊途并骛。权而为论,其流有十焉:一曰偏纪,二曰小录,三曰逸事,四曰琐言,五曰郡书,六曰家史,七曰别传,八曰杂记,九曰地理书,十曰都邑簿。夫皇王受命,有始有卒,作者著述,详略难均。有权记当时,不终一代,若陆贾《楚汉春秋》、乐资《山阳载记》①、王韶《晋安陆纪》②、姚最《梁昭后略》③,此之谓偏纪者也。普天率土,人物弘多,求其行事,罕能周悉,则有独举所知,编为短部,若戴逵《竹林名士》④、王粲《汉末英雄》⑤、萧世诚《怀旧志》⑥、卢子行《知己传》⑦。此之谓小录者也。国史之任,记事记言,视听不该,必有遗逸。于是好奇之士,补其所亡,若和峤《汲冢纪年》⑧、葛洪《西京杂记》⑨、顾协《琐语》⑩、谢绰《拾遗》⑪。此之谓逸事者也。街谈巷议,时有可观,小说卮言⑫,犹贤于已。故好事君子,无所弃诸,若刘义庆《世说》、裴荣期《语林》⑬、孔思尚《语录》⑭、阳玠松《谈薮》⑮。此之谓琐言者也。汝、颍奇士,江、汉英灵,人物所生,载光郡国。故乡人学者,编而记之,若圈称《陈留耆旧》⑯、周斐《汝南先贤》⑰、陈寿《益部耆旧》⑱、虞预《会稽典录》⑲。此之谓郡书者也。高门华胄⑳,奕世载德㉑,才子承家,思显父母。由是纪其先烈,贻厥后来,若扬雄《家谍》㉒、殷敬《世传》㉓、《孙氏谱记》㉔、《陆宗系历》㉕。此之谓家史者也。贤士贞女,类聚区分,虽百行殊途,而同归于善。则有取其所好,各为之录,若刘向《列女》、梁鸿《逸民》㉖、赵采《忠臣》㉗、徐广《孝子》㉘。此之谓别传者也。阴阳为炭,造化为工,流形赋象,于何不育㉙。求其怪物,有广异闻,若祖台《志怪》㉚、干宝《搜神》㉛、刘义庆《幽明》㉜、刘敬叔《异苑》㉝。此之谓杂记者也。九州土宇，万国山川，物产殊宜，风化异俗，如各志其本国，足以明此一方，若盛弘之《荆州记》㉞、常璩《华阳国志》㉟、辛氏《三秦》㊱、罗含《湘中》㊲。此之谓地理书者也。帝王桑梓，列圣遗尘，经始之制，不恒厥所。苟能书其轨则㊳，可以龟镜将来，若潘岳《关中》㊴、陆机《洛阳》㊵、《三辅黄图》㊶、《建康宫殿》㊷。此之谓都邑簿者也。

[**注释**]①乐资《山阳载记》：《隋书·经籍志》："《山阳公载记》十卷，乐资撰。"曹丕称帝，贬汉献帝刘协为山阳公。　②王韶《晋安陆纪》：应是《晋安帝纪》，浦起龙注曰："陆"当作"帝"。王韶，即王韶之，南朝时人，《宋书》有传。其父王伟之东晋时人，留意时政，举凡当代诏命表奏无不录存。王伟之死后，韶之继承父业，撰写《晋安帝阳秋》，即《晋安帝纪》。　③姚最《梁昭后略》：《隋书·经籍志》："《梁后略》十卷，姚勖撰。"《新唐书·艺文志二》著录有"姚最《梁昭后略》十卷"。　④戴逵《竹林名士》：《晋书·隐逸传》："戴逵，字安道，谯国人也。少博学，好谈论，善属文，能鼓琴，工书画，其余巧艺靡不毕综。"《隋书·经籍志》："《竹林七贤论》二卷，晋太子中庶子戴逵撰。"　⑤王粲《汉末英雄》：王粲，汉魏之际人，曾做曹操丞相掾。《隋书·经籍志》："《汉末英雄记》八卷，王粲撰，残缺。梁有十卷。"　⑥萧世诚《怀旧志》：梁元帝萧绎字世诚，《隋书·经籍志》："《怀旧志》九卷，梁元帝撰。"　⑦卢子行《知己传》：卢思道字子行，前已有注。《隋书·经籍志》："《知己传》一卷，卢思道撰。"　⑧和峤《汲冢纪年》：《晋书·和峤传》："和峤，字长舆，汝南西平人也……峤少有风格，慕舅夏侯玄之为人，厚自崇重。有盛名于世，朝野许其能整风俗，理人伦。"《汲冢纪年》是古竹书，非峤所撰，《纪年》出土后，初由和峤用隶书写定。　⑨葛洪《西京杂记》：此书所记，多属西汉政治、典章、文艺、文物或宫廷琐事，而作者不详，有刘歆著、葛洪著、吴均著等几种说法。　⑩顾协《琐语》：顾协，南朝梁人。《南史·顾协传》："协博极群书，于文字及禽兽草木尤称精详，撰《异姓苑》五卷，《琐语》十卷，文集十卷，并行于世。"　⑪谢绰《拾遗》：《隋书·经籍志》："《宋拾遗》十卷，梁少府卿谢绰撰。"

⑫卮言：自然随意之言，或为支离破碎之言。　⑬裴荣期《语林》：《隋书·经籍志》："《语林》十卷，东晋处士裴启撰。"裴启字荣期。　⑭孔思尚《语录》：《新唐书·艺文二》："孔思尚《宋齐语录》十卷。"　⑮阳玠松《谈薮》：浦起龙《史通通释》注曰："阳玠松《谈薮》，《书录解题》：北齐秘书省正字北平阳玠松撰，事综南北八朝，隋开皇中所述。"　⑯圈称《陈留耆旧》：《隋书·经籍志》："《陈留耆旧传》二卷，汉议郎圈称撰。"　⑰周斐《汝南先贤》：《隋书·经籍志》："《汝南先贤传》五卷，魏周斐撰。"　⑱陈寿《益部耆旧》：《隋书·经籍志》："《益部耆旧传》十四卷，陈长寿撰。"　⑲虞预《会稽典录》：《隋书·经籍志》："《会稽典录》二十四卷，虞豫撰。"　⑳高门华胄：世族大家之后裔。胄，后裔。　㉑奕世载德：世世代代都有崇高的道德风范。奕世，累世。载，充满。　㉒扬雄《家谍》：扬雄《家谍》已佚，《隋书·经籍志》已不见著录。　㉓殷敬《世传》：《新唐书·艺文二》："《殷氏家传》三卷，殷敬。"　㉔《孙氏谱记》：《新唐书·艺文二》："《孙氏谱记》十五卷。"唐代该书的作者已经无考。　㉕《陆宗系历》：《新唐书·艺文二》："《吴郡陆氏宗系谱》一卷，陆景献。"　㉖梁鸿《逸民》：《隋书·经籍志》著录有《逸民传》七卷，张显撰，非梁鸿。新旧《唐书》的《艺文志》、《经籍志》都不见著录有《逸民传》。关于梁鸿，《后汉书·逸民传》载："梁鸿字伯鸾，扶风平陵人也……仰慕前世高士，而为四皓以来二十四人作颂。"所谓"四皓以来二十四人"即是逸民，梁鸿为之作"颂"，或许就是此处之《逸民》。　㉗赵采《忠臣》：《隋书·经籍志》、新旧《唐书》的《艺文志》、《经籍志》所著录之《忠臣传》为梁元帝萧绎所撰，无赵采所著。　㉘徐广《孝子》：《新唐书·艺文二》："徐广《孝子传》三卷。"　㉙阴阳为炭……于何不育：宇宙好似一座大熔炉，以阴阳为炭火，造化来冶炼，万物都是被造化冶炼出来的，并都处在自然而然的变化之中。　㉚祖台《志怪》：祖台之，晋人。《新唐书·艺文三》："祖台之《志怪》四卷。"　㉛干宝《搜神》：《晋书·干宝传》："宝兄尝病气绝，积日不冷，后遂悟，云见天地间鬼神事，如梦觉，不自知死。宝以此遂撰集古今神祇灵异人物变化。名为《搜神记》，凡三十卷。"　㉜刘义庆《幽明》：《隋书·经籍志》："《幽明录》二十卷，刘义庆撰。"　㉝刘敬叔《异苑》：《隋书·经籍志》："《异苑》十卷，宋给事刘敬叔撰。"　㉞盛弘之《荆州记》：《隋书·经籍志》："《荆州记》三卷，宋临川王侍

郎盛弘之撰。" ㉟常璩《华阳国志》:《隋书·经籍志》:"《华阳国志》十二卷,常璩撰。"今有传世本。 ㊱辛氏《三秦》:《隋书·经籍志》、新旧《唐书》的《艺文志》、《经籍志》都不见著录。 ㊲罗含《湘中》:《晋书·文苑传》:"罗含,字君章,桂阳耒阳人也……累迁散骑常侍、侍中,仍转廷尉、长沙相……初,含在官舍,有一白雀栖集堂宇,及致仕还家,阶庭忽兰菊丛生,以为德行之感焉。年七十七卒,所著文章行于世。"但所撰《湘中》不见著录。 ㊳轨则:规划和建设。 ㊴潘岳《关中》:《新唐书·艺文二》:"潘岳《关中记》一卷。" ㊵陆机《洛阳》:《新唐书·艺文二》:"陆机《洛阳记》一卷。" ㊶《三辅黄图》:《新唐书·艺文二》:"《三辅黄图》一卷。"作者不详。 ㊷《建康宫殿》:《隋书·经籍志》、新旧《唐书》的《艺文志》、《经籍志》都不见著录。

  大抵偏纪小录之书,皆记即日当时之事,求诸国史,最为实录。然皆言多鄙朴,事罕圆备,终不能成其不刊①,永播来叶②,徒为后生作者削稿之资焉。逸事者,皆前史所遗,后人所记,求诸异说,为益实多。及妄者为之,则苟载传闻,而无铨择。由是真伪不别,是非相乱。如郭子横之《洞冥》③,王子年之《拾遗》④,全构虚辞,用惊愚俗。此其为弊之甚者也。琐言者,多载当时辨对,流俗嘲谑,俾夫枢机者藉为舌端⑤,谈话者将为口实⑥。及蔽者为之,则有诋评相戏⑦,施诸祖宗,亵狎⑧鄙言,出自床笫⑨,莫不升之纪录,用为雅言,固以无益风规,有伤名教者矣。郡书者,矜其乡贤,美其邦族,施于本国,颇得流行,置于他方,罕闻爱异。其有如常璩之详审,刘昺⑩之该博,而能传诸不朽,见美来裔者,盖无几焉。家史者,事惟三族,言止一门,正可行于室家,难以播于邦国。且箕裘⑪不堕,则其录犹存；苟薪构⑫已亡，则斯文亦丧者矣。别传者，不出胸臆，非由机杼⑬，徒以博采前史，聚而成书。其有足以新言加之别说者，盖不过十一而已。如寡闻末学之流，则深所嘉尚；至于探幽索隐之士⑭，则无所取材。杂记者，若论神仙之道，则服食炼气，可以益寿延年；语魑魅⑮之途，则福善祸淫，可以惩恶劝善，斯则可矣。及谬者为之，则苟谈怪异，务述妖邪，求诸弘益，其义无取。地理书者，若朱赣所采⑯，浃于九州⑰；阚骃所书⑱，殚于四国⑲。斯则言皆雅正，事无偏党者矣。其有异于此者，则人自以为乐土，家自以为名都，竞美所居，谈过其实。又城池旧迹，山水得名，皆传诸委巷，用为故实，鄙哉！都邑簿者，如宫阙、陵庙、街廛⑳、郭邑，辨其规模，明其制度，斯则可矣。及愚者为之，则烦而且滥，博而无限，论榱栋㉑则尺寸皆书，记草木则根株必数，务求详审，持此为能。遂使学者观之，瞀乱而难纪也。于是考兹十品，征彼百家，则史之杂名，其流尽于此矣。至于其间得失纷糅，善恶相兼，既难为觇缕㉒，故粗陈梗概。且同自郐，无足讥焉㉓。

[注释]①不刊：不能改变。刊，删削，修改。 ②永播来叶：世代流传。叶，世代。 ③郭子横之《洞冥》：郭子横，名宪字子横，两汉之际人。《隋书·经籍志》："《汉武洞冥记》一卷，郭氏撰。"《新唐书·艺文三》："郭宪《汉武帝别国洞冥记》四卷。"《旧唐书·经籍志上》："《汉别国洞冥记》四卷，郭宪撰。"三者应是一书。 ④王子年之《拾遗》：王嘉，字子年，晋人。《晋书·艺术传》载，"王嘉著《拾遗录》十卷，其记事多诡怪，今行于世。" ⑤枢机者藉为舌端：枢机，言谈，辩论。舌端，言谈论辩的资料。 ⑥口实：谈资，谈话论辩的依据。 ⑦诋评相戏：诋评，攻击或揭发别人的短处。相戏，相互嘲弄。 ⑧亵狎：轻慢侮辱之意。亵，亵渎。狎，亲近而不庄重。 ⑨床笫：床头私语。

⑩刘昺:《魏书·刘昺传》:"刘昺,字延明,敦煌人也……昺后隐居酒泉,不应州郡之命,弟子受业者五百余人……昺以三史文繁,著《略记》百三十篇、八十四卷,《凉书》十卷,《敦煌实录》二十卷,《方言》三卷,《靖恭堂铭》一卷,注《周易》、《韩子》、《人物志》、《黄石公三略》,并行于世。"刘昺之该博,即指他删削《史记》前后《汉书》为《略记》事。　⑪箕裘:喻祖上之事业。语出《礼记·学记》:"良冶之子,必学为裘。良弓之子,必学为箕。"　⑫薪构:建筑房屋,此喻祖上的基业。　⑬机杼:文章的构思或布局。　⑭探幽索隐之士:谓隐士。　⑮魑魅(chī mèi):传说中山林里能害人的妖怪。　⑯朱赣所采:朱赣,西汉成帝时人。朱赣所采,指《汉书·地理志》所载之事:"成帝时刘向略言其地分,丞相张禹使属颍川朱赣条其风俗,犹未宣究,故辑而论之,终其本末著于篇。"　⑰浃于九州:全国各地的风俗都记述得很齐全。浃,齐备。　⑱阚骃所书:阚骃(kàn yīn),十六国时期北凉人,著有《十三洲志》10卷,记述东汉各州史事。　⑲殚于四国:殚,竭尽,详尽之意。四国,意谓四方,概指全国。　⑳街廛:街道住区。廛(chán),城邑内的住宅。　㉑榱(cuī)栋:房屋的椽子和栋梁。　㉒枧(luó)缕:叙述详尽而有条理。　㉓且同自郐,无足讥焉:郐,春秋时期国名。《左传·襄公二十九年》:"自郐以下,无讥焉。"吴公子季札访问鲁国,鲁国宴请他,使乐工演奏各国民谣,季札都各加批评。及至听到《郐风》以下,季札就不再评议了。刘知幾袭用此例,意谓对上述十品史著杂流之得失,就不值得详细评论了。

又案子之将史,本为二说。然如《吕氏》、《淮南》、《玄晏》①、《抱朴》,凡此诸子,多以叙事为宗,举而论之,抑亦史之杂也,但以名目有异,不复编于此科。

[**注释**]①《玄晏》:魏晋之际人皇甫谧所撰《玄晏春秋》,已佚。

盖语曰:"众星之明,不如一月之光。"历观自古,作者著述多矣。虽复门千户万,波委云集。而言皆琐碎,事必丛残。固难以接光尘于《五传》①，并辉烈于《三史》②。古人以比玉屑满箧③，良有旨哉！然则刍荛之言④，明王必择；葑菲之体⑤，诗人不弃。故学者有博闻旧事，多识其物，若不窥别录，不讨异书，专治周、孔之章句，直守迁、固之纪传，亦何能自致于此乎？且夫子有云⑥："多闻，择其善者而从之，""知之次也。"苟如是，则书有非圣，言多不经，学者博闻，盖在择之而已。

[注释]①《五传》：指传述《春秋》的左氏、公羊、穀梁、邹氏、夹氏五家。《汉书·艺文志》："邹氏无师，夹氏未有书。"后世仅传三传。　②《三史》：前三史，《史记》、《汉书》、《后汉书》。　③玉屑满箧：满箧的碎玉称不上宝贝。《论衡·书解》篇有"蕞残满车，不成为道；玉屑满箧，不成为宝"之语。④刍荛之言：打柴人的话，喻指凡人百姓之言。　⑤葑（fēng）菲之体：蔓菜之茎。蔓菜的茎可以吃，不能因为其根恶就连它的茎叶一起抛弃。此处喻指杂史虽然平凡琐屑，里面也有可以择用的资料。　⑥夫子有云：孔子下边的两句话，见于《论语·述而》："子曰：'盖有不知而作之者，我无是也。多闻，择其善者而从之；多见而识之；知之次也。'"听取各种意见，选择其中好的而学习；多看各种事情而牢记心中；这样的知，是仅次于生而知之的。

辨职第三十五

夫设官分职，仔绩课能①，欲使上无虚授，下无虚受，其难矣哉！昔汉文帝幸诸将营②，而目周亚夫为真将军。嗟乎！必于史职求真，斯乃特为难遇者矣。

[注释]①仔绩课能：累积功劳，考核绩效。仔，累积。课，考核。　②汉文帝幸诸将营：事见《史记·绛侯周勃世家》："上自劳军。至霸上及棘门军，

直驰入,将以下骑送迎。已而之细柳军,军士吏被甲,锐兵刃,彀弓弩,持满。天子先驱至,不得入。先驱曰:'天子且至!'军门都尉曰:'将军令曰"军中闻将军令,不闻天子之诏"。'居无何,上至,又不得入。于是上乃使使持节诏将军:'吾欲入劳军。'亚夫乃传言开壁门。壁门士吏谓从属车骑曰:'将军约,军中不得驱驰。'于是天子乃按辔徐行。至营,将军亚夫持兵揖曰:'介胄之士不拜,请以军礼见。'天子为动,改容式车。使人称谢:'皇帝敬劳将军。'成礼而去。既出军门,群臣皆惊。文帝曰:'嗟乎,此真将军矣!'"

史之为务,厥途有三焉。何则?彰善贬恶,不避强御,若晋之董狐,齐之南史,此其上也。编次勒成,郁为不朽,若鲁之丘明,汉之子长,此其次也。高才博学,名重一时,若周之史佚①,楚之倚相②,此其下也。苟三者并阙,复何为者哉?

[**注释**]①周之史佚:周文王太史。《左传·僖公十五年》:"且史佚有言曰:'无始祸,无怙乱,无重怒。'"《左传·成公四年》:"史佚之《志》有之,曰:'非我族类,其心必异。'" ②楚之倚相:楚国史官。《左传·昭公十二年》:"左史倚相趋过。王曰:'是良史也,子善视之。是能读《三坟》、《五典》、《八索》、《九丘》。'"

昔鲁叟之修《春秋》也,不藉三桓①之势;汉臣之著《史记》也,无假七贵②之权。而近古每有撰述,必以大臣居首③。案《晋起居注》载康帝④诏,盛称著述任重,理藉亲贤,遂以武陵王领秘书监⑤。寻武陵才非河献⑥,识异淮南⑦,而辄以彼藩翰⑧,董斯邦籍,求诸称职,无闻焉尔。既而齐撰礼书⑨,和士开总知⑩;唐修《本草》,徐世勣监统⑪。夫使辟阳、长信⑫,指挥马、郑⑬之前,周勃、张飞⑭,

弹压桐、雷⑮之右,斯亦怪矣。

[注释]①三桓:春秋时期鲁国三大贵族:孟孙氏、季孙氏、叔孙氏。三家专擅国政时,正值孔子修《春秋》。 ②七贵:可能刘知幾之时盛行汉代"七贵"的说法,此说不通行于后世。据《文选·西征赋》李善注,七贵谓吕、霍、上官、赵、丁、傅、王等七家。 ③以大臣居首:指宰相以监修名义兼领史局。 ④康帝:东晋康帝司马岳。 ⑤武陵王领秘书监:武陵王,司马晞,不学无术但通武艺,康帝即位后任命司马晞领秘书监,掌修书事。 ⑥才非河献:没有河献之才。河献,指西汉河间献王刘德。《汉书·景十三王传》载:"河间献王德以孝景前二年立,修学好古,实事求是。从民得善书,必为好写与之,留其真,加金帛赐以招之……献王所得书皆古文先秦旧书,《周官》、《尚书》、《礼》、《礼记》、《孟子》、《老子》之属,皆经传说记,七十子之徒所论。其学举六艺,立《毛氏诗》、《左氏春秋》博士。修礼乐,被服儒术,造次必于儒者。山东诸儒多从而游。" ⑦识异淮南:没有淮南王之学识。淮南,即淮南王刘安。《汉书·淮南衡山济北王传》载:"淮南王安为人好书,鼓琴,不喜弋猎狗马驰骋,亦欲以行阴德拊循百姓,流名誉。招致宾客方术之士数千人,作为《内书》二十一篇,《外书》甚众,又有《中篇》八卷,言神仙黄白之术,亦二十余万言。时武帝方好艺文,以安属为诸父,辩博善为文辞,甚尊重之。" ⑧藩翰:守护或主持史书的编撰。藩,守护主持之意。翰,笔,喻指著作者。 ⑨齐撰礼书:北齐后主高纬即位后,任命魏收监修五礼事,见《魏书·魏收传》。 ⑩和士开总知:和士开,《北齐书·恩幸传》:"士开禀性庸鄙,不窥书传,发言吐论,惟以诏媚自资。"总知,统管。 ⑪唐修《本草》,徐世勣监统:唐代修《本草》,令根本不懂医道的武臣徐世勣做监修。 ⑫辟阳、长信:辟阳,西汉审食其,得幸于吕后,封辟阳侯。长信,秦朝秦太后的宠幸嫪毐,曾受封长信侯。此处以审食其、嫪毐影射和士开。 ⑬马、郑:马融和郑玄,都是东汉的经学大师。 ⑭周勃、张飞:周勃,追随刘邦打天下,武功显赫。后又参与铲除诸吕以定刘家天下,文帝即位,以周勃为右丞相。但不好文学,不学无术。张飞,西蜀将军,鲁莽之人。 ⑮弹压桐、雷:弹压,控制,支配。桐、雷:相传是黄帝时期的主医药之臣。

大抵监史为难,斯乃尤之尤者。若使直若南史,才若马迁,精勤不懈若扬子云,谙识故事若应仲远①,兼斯具美,督彼群才,使夫载言记事,藉为模楷,搦管操觚②,归其仪的③,斯则可矣。但今之从政则不然,凡居斯职者,必恩幸贵臣,凡庸贱品,饱食安步,坐啸画诺④,若斯而已矣。夫人既不知善之为善,则亦不知恶之为恶。故凡所引进,皆非其才,或以势利见升,或以干祈取擢⑤。遂使当官效用,江左以不落为谣⑥;拜职辨名,洛中以不闲为说⑦。言之可为大噱⑧,可为长叹也。

[**注释**]①应仲远:即应劭。　②搦管操觚:执笔操简。搦(nuò),拿。管,笔。操,持,拿。觚(gū),木简。　③仪的:准则。　④坐啸画诺:典故,讽刺主事之官不做事而敷衍时日。典出《后汉书·党锢传序》:"汝南太守宗资任功曹范滂,南阳太守成瑨亦委功曹岑晊,二郡又为谣曰:'汝南太守范孟博,南阳宗资主画诺。南阳太守岑公孝,弘农成瑨但坐啸。'"汝南、南阳两郡太守都不做事,他的属吏功曹则成了真正的太守,代替他们处理政务。而太守自己坐啸、画诺而已。坐啸,闲坐无聊,吹吹口哨。画诺,签名,圈阅。⑤干祈取擢:通过拍马行贿而获得擢升。干祈,营求。　⑥江左以不落为谣:江左,东晋及宋、齐、梁、陈诸朝。"不落",浦起龙《史通通释》此句为"不乐",不通。据《隋书·经籍志》改"不乐"为"不落"。江左有歌谣讽刺那些尸位素餐之辈,那些世族官僚子弟,不学无术,但只要还能登车不跌落地上,就可以靠世袭特权当官,可以授任著作郎。《隋书·经籍志》曰:"自史官废绝久矣,汉氏颇循其旧,班、马因之。魏、晋已来,其道逾替。南、董之位,以禄贵游,政、骏之司,罕因才授。故梁世谚曰:'上车不落则著作,体中何如则秘书。'于是尸素之俦,盱衡延阁之上,立言之士,挥翰蓬茨之下。"　⑦洛中以不闲为说:在近都之地,竟以著作郎为闲职。《晋书·阎缵传》载:"国子祭酒邹湛以缵才堪佐著作,荐于秘书监华峤。峤曰:'此职闲廪重,贵势多争之,不暇求其才。'遂不能用。"著作郎之职竟不需要求其才能,有才"遂不能用"。　⑧大

噱:大笑。

  曾试论之,世之从仕者,若使之为将也,而才无韬略;使之为吏也,而术靡循良①;使之属文也,而匪闲于辞赋;使之讲学也,而不习于经典。斯则负乘致寇②,悔吝旋及③。虽五尺童儿,犹知调笑者矣。唯夫修史者则不然。或当官卒岁,竟无刊述,而人莫之省也;或辄不自揆④,轻弄笔端,而人莫之见也。由斯而言,彼史曹者,崇扃峻宇⑤,深附九重⑥,虽地处禁中,而人同方外。可以养拙,可以藏愚,绣衣直指⑦所不能绳,强项申威所不能及。斯固素餐之窟宅⑧,尸禄之渊薮也。凡有国有家者,何事于斯职哉!

  [**注释**]①术靡循良:论其术没有循吏之才。循良,循吏,良吏,指谨守法律规章、重视社会教化、理民有术的官员。　②负乘致寇:背着贵重财物而骑着马,便会招来强盗。　③悔吝旋及:很快就会后悔。旋及,立刻到来。④辄不自揆:总是自不量力。揆(kuí),揣度。　⑤崇扃峻宇:高大巍峨的建筑。扃(jiōng),门户。宇,房屋。　⑥深附九重:九重,指皇宫禁城。　⑦绣衣直指:指古代执掌检查、弹劾之职的御史。《汉书·百官公卿表》:"侍御史有绣衣直指,出讨奸猾,治大狱,武帝所制,不常置。"　⑧素餐:没有才德而空领俸禄。餐,指俸禄。下句"尸禄"与"素餐"同义。

  昔子贡欲去告朔之饩羊①,子曰:"尔爱其羊,我爱其礼。"又语云:"虽无老成人,尚有典刑②。"观历代之置史臣,有同嬉戏,而竟不废其职者,盖存夫爱礼,吝彼典刑者乎!

  [**注释**]①去告朔之饩羊:去,免除。古代天子每年秋冬之际颁发来年的

历书给诸侯,诸侯置之于宗庙,并按照历书规定每月初一杀羊祭庙,以示当月听政之始。这一礼仪叫做"告朔"。饩(xì)羊,祭神用的活羊。 ②虽无老成人,尚有典刑:语出《后汉书·孔融传》。孔融与蔡邕是老朋友,蔡邕去世后,有一位与邕长相相似的人常来陪孔融喝酒,孔融叹曰:"虽无老成人,且有典刑。"虽然没有了蔡邕那样的练达老成,但也算是有个原来的样子。典刑,常规。此句喻指,虽然史官者多是尸位素餐,但历代的史职仍相沿不废。

　　昔丘明之修传也,以避时难;子长之立记也,藏于名山①;班固之成书也,出自家庭②;陈寿之草志也,创于私室③。然则古来贤俊,立言垂后,何必身居廨宇④,迹参僚属,而后成其事乎?是以深识之士,知其若斯,退居清静,杜门不出,成其一家,独断⑤而已。岂与夫冠猴献状⑥,评议其得失者哉!

　　[**注释**]①藏于名山:司马迁把自己的修史著述称作是名山事业。司马迁《报任安书》云:"仆诚已著此书,藏之名山,传之其人,通邑大都,则仆偿前辱之责,虽万被戮,岂有悔哉!" ②出自家庭:班固著《汉书》是出于继承父业的原因。《后汉书·班彪列传》:"父彪卒,归乡里。固以彪所续前史未详,乃潜精研思,欲就其业。" ③私室:私家。与官修史书相对而言。 ④廨宇:官府的房屋,代指官衙。 ⑤独断:独自决断,专断。著述应为独断之学。 ⑥冠猴献状:讥讽某些史官不惜作践自己以逢迎谄附权贵的丑态。《汉书·盖宽饶传》:清平恩侯的新宅落成,丞相、御史、将军等皆去贺喜。席间,长信少府长袖起舞,并与沐猴和狗相斗以娱主人。盖宽饶则劾奏长信少府"以列卿而沐猴舞,失礼不敬"。"冠猴献状"即由此而来。

自叙第三十六

　　予幼奉庭训,早游文学。年在纨绮①,便受《古文尚书》。每苦其辞艰琐,难为讽读。虽屡逢捶挞,而其业不成。尝闻家君为诸兄讲《春秋左氏传》②,每废《书》而听。逮讲毕,即为诸兄说之。因窃叹曰:"若使书皆如此,吾不复怠③矣。"先君奇其意,于是始授以《左氏》,期年④而讲诵都毕。于时年甫十有二矣。所讲虽未能深解,而大义略举。父兄欲令博观义疏,精此一经。辞以获麟已后⑤,未见其事,乞且观余部,以广异闻。次又读《史》、《汉》、《三国志》。既欲知古今沿革,历数相承,于是触类而观⑥,不假师训⑦。自汉中兴已降,迄乎皇家实录,年十有七,而窥览略周。其所读书,多因假赁⑧,虽部帙残缺,篇第有遗,至于叙事之纪纲,立言之梗概,亦粗知之矣。

[注释]①年在纨绮:儿童时代。纨绮是贵族或大家子弟的服饰,后以纨绮作为少年儿童的代称。　②家君为诸兄讲《春秋左氏传》:家君,刘知幾父亲刘藏器,《旧唐书·文苑传》:"胤之从父兄子藏器,亦有词学,官至宋州司马。藏器子知柔,开元初,为工部尚书。知柔弟知幾,避玄宗名改子玄。"诸兄,刘知幾弟兄六人。　③怠:荒废。　④期年:满一年,周年。　⑤获麟已后:鲁哀公十四年"西狩获麟",《春秋》记事止于此年。《左传》记事止于鲁哀公二十七年,刘知幾言其大概。　⑥触类而观:分类阅读。　⑦不假师训:不借助于老师的讲解。　⑧假赁:租赁,转借。此处是借阅之意。

但于时将求仕进,兼习揣摩①,至于专心诸史,我则未暇。泊年登弱冠②,射策登朝③,于是思有余闲,获遂本愿。旅游京洛,颇积岁年,公私借书,恣情披阅。至如一代之史,分为数家,其间杂记小书,又竞为异说,莫不钻研穿凿,尽其利害。加以自小观书,喜谈名理,其所悟者,皆得之襟腑④,非由染习。故始在总角⑤,读班、谢两《汉》,便怪《前书》不应有《古今人表》，《后书》宜为更始立纪。当时闻者，共责以为童子何知，而敢轻议前哲。于是赧然自失⑥，无辞以对。其后见《张衡》、《范晔集》，果以二史为非⑦。其有暗合于古人者，盖不可胜纪。始知流俗之士，难与之言。凡有异同，蓄诸方寸。

[注释]①揣摩：应考之前揣测主考官的爱好，犹如今日高考之猜题、压题。 ②弱冠：古代男子二十岁行冠礼，表示成年，称为弱冠。 ③射策登朝：科举中第，升任官职。古代考选官吏，先密书试题于简策，应考者随拣简策作答，叫做"射策"。登朝，擢任官职。刘知幾20岁中进士，授获嘉县主簿。④襟腑：心胸，意谓深思熟虑。 ⑤总角：古人不到弱冠之年只束发成两髻，叫做总角。 ⑥赧然自失：赧，因羞愧而脸红。自失，自己失去了常态。⑦果以二史为非：《论衡》和《后汉书》也对班固和谢承的《汉书》提出了与自己相同的异议。

及年以过立，言悟日多，常恨时无同好，可与言者。维东海徐坚，晚与之遇，相得甚欢，虽古者伯牙之识钟期①，管仲之知鲍叔②，不是过也③。复有永城朱敬则、沛国刘允济、义兴薛谦光、河南元行冲、陈留吴兢、寿春裴怀古，亦以言议见许，道术相知。所有榷扬④，得尽怀抱。每云："德不孤，必有邻，四海之内，知我者不过数子而已矣。"

[注释]①伯牙之识钟期：伯牙善鼓琴，钟子期善听琴，一对知音。见《列子·汤问》篇："伯牙鼓琴，志在登高山。钟子期曰：'善哉！峨峨兮若泰山！'志在流水，钟子期曰：'善哉！洋洋兮若江河！'伯牙所念，钟期必得之。伯牙游于泰山之阴，卒逢暴雨，止于岩下；心悲，用援琴而鼓之。初为霖雨之操，更造崩山之音。曲每奏，钟子期辄穷其趣。伯牙乃舍琴而叹曰：'善哉，善哉！子之听夫！志想象犹吾心也。吾于何逃声哉？'" ②管仲之知鲍叔：管仲由

于鲍叔牙的推荐辅佐齐桓公成就了霸业,二人为莫逆之交。《列子·力命》篇:"管仲尝叹曰:'吾少穷困时,尝与鲍叔贾,分财多自与;鲍叔不以我为贪,知我贫也。吾尝为鲍叔谋事而大穷困,鲍叔不以我为愚,知时有利不利也。吾尝三仕,三见逐于君,鲍叔不以我为不肖,知我不遭时也。吾尝三战三北,鲍叔不以我为怯,知我有老母也。公子纠败,召忽死之,吾幽囚受辱;鲍叔不以我为无耻,知我不羞小节而耻名不显于天下也。生我者父母,知我者鲍叔也!'" ③不是过:不为过。 ④榷扬:商榷,评论。

  昔仲尼以睿圣明哲,天纵多能①,睹史籍之繁文,惧览者之不一,删《诗》为三百篇,约史记②以修《春秋》,赞《易》道以黜八索③,述《职方》以除九丘④,讨论坟、典⑤,断自唐、虞,以迄于周。其文不刊,为后王法。自兹厥后,史籍逾多,苟非命世大才,孰能刊正其失?嗟予小子,敢当此任!其于史传也,尝欲自班、马已降,讫于姚、李、令狐、颜、孔诸书⑥,莫不因其旧义,普加厘革⑦。但以无夫子之名,而辄行夫子之事,将恐致惊末俗⑧,取咎时人,徒有其劳,而莫之见赏。所以每握管叹息,迟回⑨者久之。非欲之而不能,实能之而不敢也。

[注释]①天纵多能:天纵,天所放纵而不加限制。语出《论语·子罕》:"太宰问于子贡曰:'夫子圣者与?何其多能也?'子贡曰:'固天纵之将圣,又多能也。'" ②史记:泛指春秋时期各国的史书。 ③赞《易》道以黜八索:助成《易》道而贬黜八索。相传八索是讲述八卦的书籍。 ④述《职方》以除九丘:讲述《职方》而除去九丘。《职方》即《周官》。相传九丘是讲述九州的书籍。 ⑤坟、典:传说中上古时代的书籍,此处和《诗》、《春秋》、《易》、《周官》相提并论,疑指《尚书》。 ⑥姚、李、令狐、颜、孔诸书:姚思廉、李百药、令狐德棻、颜师古、孔颖达,唐初修史的主要撰著人。 ⑦普加厘革:普遍加以掇酌修改。 ⑧末俗:不足重视的世俗之见。 ⑨迟回:徘徊,迟疑不定。

既朝廷有知意者，遂以载笔见推。由是三为史臣，再入东观①。每惟皇家受命，多历年所，史官所编，粗惟纪录。至于纪传及志，则皆未有其书。长安中，会奉诏预修唐史。及今上即位②，又敕撰《则天大圣皇后实录》。凡所著述，尝欲行其旧议③。而当时同作诸士及监修贵臣，每与其凿枘相违④，龃龉难入⑤。故其所载削，皆与俗浮沈⑥。虽自谓依违苟从，然犹大为史官所嫉。嗟乎！虽任当其职，而吾道不行；见用于时，而美志不遂。郁怏孤愤，无以寄怀。必寝而不言，嘿而无述⑦，又恐没世之后，谁知予者。故退而私撰《史通》，以见其志。

[**注释**]①三为史臣，再入东观：刘知几原注曰："则天朝为著作佐郎，转左史。今上初即位，又除著作。长安中，以本官监修国史。会迁中书舍人，暂罢其任。神龙元年，又以本官监修国史，迄今不之改。今之史馆，即古之东观也。" ②今上即位：唐中宗李显即位。 ③欲行其旧议：想实践自己以前形成的史学主张。 ④凿枘相违："圆凿而方枘"，矛盾不和。 ⑤龃龉(jǔ yǔ)难入：矛盾而不能配合。 ⑥与俗浮沈：随世俗的庸俗浅见而转移。 ⑦嘿而无述：默而不述。嘿同默。

昔汉世刘安著书，号曰《淮南子》。其书牢笼天地，博极古今，上自太公①，下至商鞅。其错综经纬，自谓兼于数家，无遗力矣。然自《淮南》已后，作者无绝。必商榷而言，则其流又众。盖仲尼既殁，微言不行②；史公著书，是非多谬③。由是百家诸子，诡说异辞，务为小辨，破彼大道，故扬雄《法言》生焉④。儒者之书，博而寡要⑤，得其糟粕，失其菁华。而流俗鄙夫，贵远贱近，传兹牴牾，自相欺惑,故王充《论衡》生焉⑥。民者,冥也,冥然罔知,率彼愚蒙,墙面而视⑦。或讹音鄙句,莫究本源,或守株胶柱⑧,动多拘忌,故应劭《风俗通》⑨生焉。五常异禀⑩,百行殊执,能有兼偏,知有长短。苟随才而任使,则片善不遗,必求备而后用,则举世莫可,故刘劭《人物志》⑪生焉。夫开国承家,立身立事,一文一武,或出或处,虽贤愚壤隔,善恶区分,苟时无品藻,则理难铨综⑫,故陆景《典语》⑬生焉。词人属文,其体非一,譬甘辛殊味,丹素异彩,后来祖述,识昧圆通,家有诋诃,人相掎摭⑭,故刘勰《文心》⑮生焉。

[注释]①太公:姜太公吕尚,殷周之际人,事见《史记·齐世家》。②仲尼既殁,微言不行:孔子去世之后,深奥精妙之言就断绝了。语出《汉书·艺文志》:"昔仲尼没而微言绝,七十子丧而大义乖。故《春秋》分为五,《诗》分为四,《易》有数家之传。"③史公著书,是非多谬:指班固对《史记》的非议,见《汉书·司马迁传》,前文有注引。④扬雄《法言》生焉:扬雄的《法言》就是为改变是非谬于经传的思想混乱局面而作的。《汉书·扬雄传》曰:"雄见诸子各以其知舛驰,大氐诋訾圣人,即为怪迂。析辩诡辞,以挠世事,虽小辩,终破大道而或众,使溺于所闻而不自知其非也。及太史公记六国,历楚、汉,讫麟止,不与圣人同,是非颇谬于经。故人时有问雄者,常用法应之,撰以为十三卷,象《论语》,号曰《法言》。"⑤儒者之书,博而寡要:指司马谈《论六家要旨》对儒家的批评。见《史记·太史公自序》:"儒者博而寡要,劳而少功,是以其事难尽从。"⑥王充《论衡》生焉:王充东汉思想家,《论衡·自纪》中说:"又伤伪书俗文多不实诚,故为《论衡》之书。"⑦墙面而视:面墙而立,无所视见。⑧守株胶柱:讽刺循规蹈矩、固执拘泥的两个典故,守株待兔和胶柱鼓瑟,前已有注。⑨应劭《风俗通》:应劭,东汉末年人,曾任袁绍军谋校尉,所撰《风俗通》原32卷,今存10卷。该书以儒家理论论考古代历书、风俗礼仪、时人流品、音律器乐、山河薮泽、怪异传闻等,反映了比较广阔的社会内容。⑩五常异禀:人生来所禀赋的五常之性是不同

的。古代对五常的解释不同,大抵有两种说法:一说是父义、母慈、兄友、弟恭、子孝,一说是仁、义、礼、智、信。异禀,不同的先天禀赋。　⑪刘劭《人物志》:刘劭汉魏之际人,博洽经史,工于辞章,《三国志·魏书》有传。其《人物志》评议人的才智高下优劣,今有传本。　⑫铨综:综合衡量,选择。　⑬陆景《典语》:陆景,三国时期东吴名将,但洁身好学,著述颇丰,《三国志·吴书》有传。其《典语》是关于人物品评的著作。　⑭掎摭:指摘。　⑮刘勰《文心》:刘勰,南朝梁人。所撰《文心雕龙》是我国古代文学批评史上体系最完整、结构最严谨的文学理论巨著。

若《史通》之为书也,盖伤当时载笔之士,其义不纯。思欲辨其指归,殚其体统。夫其书虽以史为主,而余波所及,上穷王道,下掞①人伦,总括万殊,包吞千有。自《法言》已降,迄于《文心》而往,固以纳诸胸中,曾不懘芥②者矣。夫其为义也,有与夺焉,有褒贬焉,有鉴诫焉,有讽刺焉。其为贯穿者深矣,其为网罗者密矣,其所商略者远矣,其所发明者多矣。盖谈经者恶闻服、杜之嗤③,论史者憎言班、马之失。而此书多讥往哲,喜述前非。获罪于时,固其宜矣。犹冀④知音君子,时有观焉。尼父有云:"罪我者《春秋》,知我者《春秋》⑤。"抑斯之谓也。

[注释]①掞:阐扬,发扬。　②懘(dì)芥:思想上的疙瘩。　③服、杜之嗤:服虔,东汉著名经学家。杜预,魏晋时期经学家。两人都治《左氏春秋》,享有盛名。《唐书·远行冲传》载当时谚语:"宁道孔圣误,讳闻郑、服非。"　④冀:希望。　⑤罪我者《春秋》,知我者《春秋》:语出《孟子·滕文公下》。孔子说,将来使世人了解我的就是《春秋》了,而世人责怪我的恐怕也是《春秋》。

昔梁征士刘孝标作《叙传》,其自比于冯敬通①者有三。而予辄不自揆,亦窃比于扬子云者有四焉。何者?扬雄尝好雕虫小技②,老而悔其少作。余幼喜诗赋,而壮都不为,耻以文士得名,期以述者自命。其似一也。扬雄草《玄》,累年不就,当时闻者,莫不哂其徒劳。余撰《史通》,亦屡移寒暑。悠悠尘俗,共以为愚。其似二也。扬雄撰《法言》,时人竞尤其妄,故作《解嘲》以讽之③。余著《史通》,见者亦互言其短,故作《释蒙》④以拒之。其似三也。扬雄少为范逡、刘歆所重⑤,及闻其撰《太玄经》,则嘲以恐盖酱瓿⑥。然刘、范之重雄者,盖贵其文彩若《长扬》、《羽猎》之流耳。如《太玄》深奥,理难探赜。既绝窥逾,故加讥诮。余初好文笔,颇获誉于当时。晚谈史传,遂减价于知己。其似四也。夫才唯下劣,而迹类先贤⑦。是用铭之于心,持以自慰。

[注释]①刘孝标……比于冯敬:刘孝标,即刘峻。冯敬,冯衍字敬通,两汉之际人。刘孝标自比冯敬通事,见于《梁书·文学传》:"峻又尝为《自序》,其略曰:'余自比冯敬通,而有同之者三,异之者四。何则?敬通雄才冠世,志刚金石;余虽不及之,而节亮慷慨,此一同也。敬通值中兴明君,而终不试用;余逢命世英主,亦摈斥当年,此二同也。敬通有忌妻,至于身操井臼;余有悍室,亦令家道轗轲,此三同也……'"②雕虫小技:扬雄《法言·吾子》:"或问吾子少而好赋,曰:然。童子雕虫篆刻。俄而曰:壮夫不为也。"扬雄自言的雕虫小技,指篆刻、辞赋一类才艺。 ③作《解嘲》以讽之:《汉书·扬雄传》载:"哀帝时,丁、傅、董贤用事,诸附离之者或起家至二千石。时,雄方草《太玄》,有以自守,泊如也。或嘲雄以玄尚白,而雄解之,号曰《解嘲》。" ④作《释蒙》:刘知幾此篇已佚,无可考知。 ⑤为范逡、刘歆所重:逡,《汉书》作"逵"。见《汉书·扬雄传》赞:扬雄"用心于内,不求于外,于时人皆曶之;唯刘歆及范逡敬焉。" ⑥恐盖酱瓿(bù):讥其书可以拿去盖瓦罐。见《汉书·

扬雄传》赞:"时有好事者载酒肴从游学,而巨鹿侯芭常从雄居,受其《太玄》、《法言》焉。刘歆亦尝观之,谓雄曰:'空自苦!今学者有禄利,然尚不能明《易》,又如《玄》何?吾恐后人用覆酱瓿也。'雄笑而不应。" ⑦迹类先贤:事迹类似于前贤。

抑犹有遗恨,惧不似扬雄者有一焉。何者?雄之《玄经》始成,虽为当时所贱,而桓谭以为数百年外,其书必传①。其后张衡、陆绩②果以为绝伦参圣③。夫以《史通》方诸《太玄》,今之君山,即徐、朱④等数君是也。后来张、陆,则未之知⑤耳。嗟乎!倘使平子不出,公纪不生⑥,将恐此书与粪土同捐,烟烬俱灭。后之识者,无得而观。此予所以抚卷涟洏⑦,泪尽而继之以血也⑧。

[注释]①其书必传:桓谭评价雄之书必能传世,见《汉书·扬雄传》赞:"大司空王邑、纳言严尤闻雄死,谓桓谭曰:'子常称扬雄书,岂能传于后世乎?'谭曰:'必传。顾君与谭不及见也。凡人贱近而贵远,亲见扬子云禄位容貌不能动人,故轻其书。昔老聃著虚无之言两篇,薄仁义,非礼学,然后世好之者尚以为过于《五经》,自汉文、景之君及司马迁皆有是言。今诊子之书文义至深,而论不诡于圣人,若使遭遇时君,更阅贤知,为所称善,则必度越诸子矣。'" ②陆绩:三国时吴人,孙权辟为奏曹掾,后出为郁林太守,有著述。③参圣:参入圣人之列。 ④今之君山,即徐、朱:徐坚、朱敬则就是当今的桓谭。桓谭字君山。 ⑤后来张、陆,则未之知:后世的张衡、陆绩则会是谁呢? ⑥倘使平子不出,公纪不生:倘若张衡和陆绩都不再出现。张衡字平子,陆绩字公纪。 ⑦涟洏(ér):泪流不断的样子。 ⑧泪尽而继之以血也:此句是袭用《说苑·权谋》中语:"下蔡威公闭门而哭,三日三夜,泣尽而继以血。"谓悲伤之至。

体统(亡)　　纰缪(亡)　　弛张(亡)

外　　篇

史官建置第一

夫人寓形天地①，其生也若蜉蝣②之在世，如白驹之过隙③，犹且耻当年而功不立，疾没世而名不闻。上起帝王，下穷匹庶，近则朝廷之士，远则山林之客，谅其于功也名也，莫不汲汲焉孜孜焉④。夫如是者何哉？皆以图不朽之事也。何者而称不朽乎？盖书名竹帛而已。向使世无竹帛，时阙史官，虽尧、舜之与桀、纣，伊、周之与莽、卓，夷、惠之与跖、蹻⑤，商、冒之与曾、闵⑥，但一从物化⑦。坟土未干，则善恶不分，妍媸永灭者矣。苟史官不绝，竹帛长存，则其人已亡，杳成空寂，而其事如在，皎同星汉。用使后之学者，坐披囊箧⑧，而神交万古，不出户庭，而穷览千载，见贤而思齐，见不贤而内自省。若乃《春秋》成而逆子惧，南史至而贼臣书，其记事载言也则如彼，其劝善惩恶也又如此。由斯而言，则史之为用，其利甚博，乃生人之急务，为国家之要道。有国有家者，其可缺之哉！故备陈其事,编之于后。

[注释]①寓形天地:人的身体寄生于天地之间。寓,寄生。 ②蜉蝣(yóu):一种生存期极短的昆虫,有"蜉蝣朝生而暮死"的说法。 ③如白驹之过隙:像阳光掠过空隙,忽然而已。语出《庄子·知北游》:"人生天地之间,若白驹之过郤,忽然而已。" ④汲汲焉孜孜焉:汲汲,心情急迫的样子。孜孜,努力不懈的样子。 ⑤夷、惠之与跖、蹻:伯夷、柳下惠与盗跖、庄蹻。庄蹻(qiāo),春秋时期楚庄王的后裔。楚威王时他奉命率军向西南扩张,征服了云南地区,后来自称滇王。 ⑥商、冒之与曾、闵:商臣、冒顿与曾参、闵子骞。冒顿(mò dú),匈奴族单于。曾参与闵子骞都是孔子弟子,以德行名世。 ⑦一从物化:都要归于死亡。物化,死亡。 ⑧囊箧:盛书的袋子和匣子,此处泛指书籍。

盖史之建官,其来尚矣。昔轩辕氏①受命,仓颉、沮诵②实居其职。至于三代,其数渐繁。案《周官》、《礼记》,有太史、小史、内史、外史、左史、右史之名。太史掌国之六典③,小史掌邦国之志,内史掌书王命,外史掌书使乎四方,左史记言,右史记事④。《曲礼》曰:"史载笔,大事书之于策,小事简牍而已。"《大戴礼》曰:"太子既冠成人,免于保傅,则有司过⑤之史。"《韩诗外传》云:"据法守职而不敢为非者,太史令也。"斯则史官之作,肇自黄帝,备于周室,名目既多,职务咸异。至于诸侯列国,亦各有史官,求其位号,一同王者⑥。

[注释]①轩辕氏:即黄帝。 ②仓颉、沮诵:相传为黄帝时史官。《说文解字·序》说仓颉是文字的创造者。 ③六典:六种典制,也是周王朝的基本法规,包括治典、教典、礼典、政典、刑典、事典等。 ④左史记言,右史记事:左史记载天子的言论,右史记载天子的行动。见于《汉书·艺文志》:"古之

王者世有史官。君举必书,所以慎言行,昭法式也。左史记言,右史记事,事为《春秋》,言为《尚书》,帝王靡不同之。"但也有不同的说法,《礼记·玉藻》篇:"动辄左史书之,言则右史书之。"学界多采前说。　⑤司过:劝善规过。⑥求其位号,一同王者:诸侯国史官的职位和名号,和周王室的设置相同。

　　至如孔甲、尹逸,名重夏、殷,史佚、倚相,誉高周、楚,晋则伯黡司籍①,鲁则丘明受经,此并历代史臣之可得言者。降及战国,史氏无废。盖赵鞅②,晋之一大夫尔,有直臣书过,操简笔于门下。田文③,齐之一公子尔,每坐对宾客,侍史记于屏风。至若秦、赵二主渑池交会④,各命其御史书某年某月鼓瑟、鼓缶。此则《春秋》"君举必书"之义也。

　　[注释]①伯黡(yǎn)司籍:伯黡司掌晋国典籍,属史官,见于《左传·昭公十五年》籍谈曰:"且昔而高祖孙伯黡,司晋之典籍,以为大政,故曰籍氏。"②赵鞅:春秋时期晋国大夫赵简子。赵简子身为大夫而设史官,见《新序·杂事一》:"周舍事赵简子,立赵简子之门,三日三夜。简子使人出问之曰:'夫子将何以令我?'周舍曰:'愿为谔谔之臣,墨笔操牍,随君之后,司君之过而书之,日有记也,月有效也,岁有得也。'简子悦之。"　③田文:齐国孟尝君。《史记·孟尝君列传》载:"孟尝君待客坐语,而屏风后常有侍史,主记君所与客语。"刘知幾所说,即指此事。刘知幾以赵鞅与田文二例来说明史官设置的普遍性,稍嫌牵强。　④秦、赵二主渑池交会:战国时期,赵惠文王与秦昭王的盟会。此事见《史记·廉颇蔺相如列传》:"(赵)王许之,遂与秦王会渑池。秦王饮酒酣,曰:'寡人窃闻赵王好音,请奏瑟。'赵王鼓瑟。秦御史前书曰'某年月日,秦王与赵王会饮,令赵王鼓瑟'。蔺相如前曰:'赵王窃闻秦王善为秦声,请奏盆缻秦王,以相娱乐。'秦王怒,不许。于是相如前进缻,因跪请秦王。秦王不肯击缻。相如曰:'五步之内,相如请得以颈血溅大王矣!'左右欲刃相如,相如张目叱之,左右皆靡。于是秦王不怿,为一击缻。相如顾召赵

御史书曰'某年月日,秦王为赵王击缻'。"

然则官虽无阙,而书尚有遗,故史臣等差,莫辨其序。案《吕氏春秋》曰:"夏太史终古①见桀惑乱,载其图法出奔商。商太史向挚②见纣迷乱,载其图法出奔周。晋太史屠黍③见晋之乱,亦以其图法归周。"又《春秋》晋、齐太史书赵、崔之弑④;郑公孙黑强与于盟⑤,使太史书其名,且曰七子。昭二年,晋韩宣子来聘,观书于太史氏,见《易象》与《鲁春秋》,曰:"周礼尽在鲁矣。"然则诸史之任,太史其最优⑥乎?至秦有天下,太史令胡母敬作《博学章》⑦。此则自夏迄秦,斯职无改者矣。

[**注释**]①终古:夏桀时的太史。上古观念,凡国家将亡的时候,有道的人一定会提前离去。所以,终古见桀迷乱而又不可救药时,便出逃奔商。刘知幾所引这段话,见《吕氏春秋·先识览》。 ②向挚:殷纣王时的太史。《吕氏春秋》原文是"殷内史向挚"。 ③屠黍:晋太史,《说苑·权谋》记为"屠余"。 ④晋、齐太史书赵、崔之弑:此二事已见《直书》篇注。 ⑤公孙黑强:郑国太史。《左传·昭公元年》:"郑为游楚乱故,六月丁巳,郑伯及其大夫盟于公孙段氏,罕虎、公孙侨、公孙段、印段、游吉、驷带私盟于闺门之外,实薰隧。公孙黑强与于盟,使太史书其名,且曰七子。" ⑥太史其最优:太史是诸史官中最优秀、最重要的。 ⑦胡母敬作《博学章》:见《汉书·艺文志》:"《博学》七章,太史令胡母敬作。"

汉兴之世,武帝又置太史公,位在丞相上,以司马谈为之。汉法,天下计书先上太史,副上丞相。叙事如《春秋》。及谈卒,子迁嗣。迁卒,宣帝以其官为令,行太史公文书而已。寻自古太史之职,虽以著述为宗,而兼掌历象、日月、阴阳、管数①。司马迁既殁,后之续《史记》者,若褚先生②、刘向、冯商③、扬雄之徒,并以别职来知史务④。于是太史之署,非复记言之司。故张衡、单飏、王立、高堂隆⑤等,其当官见称,唯知占候而已⑥。

[注释]①管数:浦起龙《史通通释》注"管"曰:"窥天器。"管数疑为观测天象之器具。 ②褚先生:西汉元帝时人。曾师从经学大家王式,被征为博士。 ③冯商:西汉晚期人,师从五鹿充宗、刘向等,曾奉命续修《太史公书》十余篇。 ④以别职来知史务:非史官身份,而兼作修史的工作。 ⑤张衡、单飏、王立、高堂隆:张衡,安帝时曾任太史令。见《后汉书》本传。单飏,举孝廉,稍迁太史令。见《后汉书·方术传》。王立,不详。高堂隆,魏明帝时任职侍中,领太史令。见《三国志·魏书》本传。 ⑥当官见称,唯知占候:指张衡等人有太史令之职,但并不参与修史之事,所做的仅占候而已。

当王莽代汉,改置柱下五史①,秩如御史。听事,侍傍记迹言行,盖效古者动则左史书之,言则右史书之②,此其义也。

[注释]①柱下五史:居摄元年,王莽置柱下史五名,掌《起居注》。周代御史,朝会时站立在殿上柱间,故成为柱下史。王莽好古,又置之。 ②言则右史书之:此六字原本无,以浦起龙注文补之。

汉氏中兴,明帝以班固为兰台令史①,诏撰《光武本纪》及诸列传、载记。又杨子山②为郡上计吏,献所作《哀牢传》,为帝所异,征诣兰台。斯则兰台之职,盖当时著述之所也。自章、和已后,图籍盛于东观③。凡撰汉记,相继在乎其中,而都为著作④,竟无它称。

[注释]①兰台令史:《汉官仪》曰:"兰台令史,六人,秩百石,掌书劾

奏。"百石之秩太过卑微,令人生疑。《后汉书·班彪传》载:"(班固)召诣校书部,除兰台令史,与前睢阳令陈宗、长陵令尹敏、司隶从事孟异共成《世祖本纪》。"又知兰台令史为著述之职。　②杨子山:《后汉书》本传曰:"杨终字子山,蜀郡成都人也。年十三,为郡小吏,太守奇其才,遣诣京师受业,习《春秋》,显宗时,征诣兰台,拜校书郎。"献《哀牢传》事,是其为郡小吏时所为,不见于《后汉书》本传。　③章、和已后,图籍盛于东观:东汉明帝章帝以前,著述修史在兰台,章、和以后改在东观。　④都为著作:兰台、东观所做的事,都是后世所谓著作郎的工作。后世"著作郎"一职,代替了以前的太史令、兰台令史等。

　　当魏太和中,始置著作郎,职隶中书,其官即周之左史也。晋元康初,又职隶秘书①,著作郎一人,谓之大著作,专掌史任,又置佐著作郎八人。宋、齐已来,以"佐"名施于"作"下②。旧事,佐郎职知博采,正郎资以草传,如正、佐有失,则秘监职思其忧③。其有才堪撰述,学综文史,虽居他官,或兼领著作。亦有虽为秘书监,而仍领著作郎者。若中朝④之华峤、陈寿、陆机、束皙⑤,江左之王隐、虞预、干宝、孙盛,宋之徐爰⑥、苏宝生⑦,梁之沈约、裴子野,斯并史官之尤美,著作之妙选也。而齐、梁二代又置修史学士,陈氏因循,无所变革,若刘陟⑧、谢昊⑨、顾野王⑩、许善心⑪之类是也。

　　[注释]①职隶秘书:著作郎隶属于秘书省。　②以"佐"名施于"作"下:即谓著作佐郎。　③秘监职思其忧:如果正郎、佐郎有失误之处,则秘书监有分担或处理失误的责任。　④中朝:指曹魏、西晋,相对于东晋及其以后的南朝政权而言。　⑤束皙(xī):西晋人,曾任著作郎,后迁博士。因整理汲冢竹书有功而升任尚书郎。《晋书》本传曰:"皙才学博通,所著《三魏人士传》、《七代通记》、《晋书》《纪》、《志》,遇乱亡失。其《五经通论》、《发蒙记》、

《补亡诗》,文集数十篇,行于世云。" ⑥徐爰:字长玉,初为晋琅邪王大司马府中典军,累官游击将军,兼尚书左丞。明帝时除中散大夫。著有文集10卷,行于世。 ⑦苏宝生:南朝宋人,官至南台侍御史,江宁令。孝建初奉敕续撰何承天、裴松之等未完之国史。元嘉名臣诸传,皆其所撰。 ⑧刘陟:南朝梁陈时期人,梁武帝时曾与东宫学士杜伟之抄撰群书,著有《齐纪》10卷。 ⑨谢昊:南朝梁陈时期人,曾任梁中书郎,著有《梁皇帝实录》5卷、《梁书》49卷,已佚。 ⑩顾野王:梁陈时期人,梁时曾任太学博士,入陈,任撰史学士、大著作,掌国史,主修梁史。《陈书》本传曰:"野王少以笃学至性知名……其所撰著《玉篇》三十卷,《舆地志》三十卷,《符瑞图》十卷,《顾氏谱传》十卷,《分野枢要》一卷,《续洞冥纪》一卷,《玄象表》一卷,并行于世。又撰《通史要略》一百卷,《国史纪传》二百卷,未就而卒。有文集二十卷。" ⑪许善心:南朝陈时任撰史学士,隋文帝时任秘书丞,整理宫内图书。《隋书》本传载:"十七年,除秘书丞。于时秘藏图籍尚多淆乱,善心仿阮孝绪《七录》,更制《七林》,各为总叙,冠于篇首。又于部录之下,明作者之意,区分其类例焉。又奏追李文博、陆从典等学者十许人,正定经史错谬。""初,善心父撰著《梁史》,未就而殁。善心述成父志,修续家书",撰成《梁史》70卷。

　　至若偏隅僭国①,夷狄伪朝,求其史官,亦有可言者。案《蜀志》称王崇补东观,许盖掌礼仪②,又郤正为秘书郎③,广求益部书籍。斯则典校无阙,属辞有所矣。而陈寿评云"蜀不置史官"④者,得非厚诬诸葛乎?别有《曲笔》篇,言之详矣。吴归命侯时⑤,有左右二国史之职,薛莹⑥为其左,华核⑦为其右。又周处⑧自左国史迁东观令。以斯考察,则其班秩可知。伪汉嘉平初⑨,公师或以太中大夫领左国史,撰其国君臣纪传。前凉张骏⑩时,刘庆迁儒林郎、中常侍,在东苑撰其国书。蜀李与西凉二朝记事,委之门下。南凉主乌孤⑪初定霸基,欲造国纪,以其参军郭韶为国纪祭酒,使撰录时事。自余伪主,多置著作官,若前赵之和苞,后燕之董统是也。

[**注释**]①偏隅僭国:指蜀、吴以及十六国时期的一些非"正统"国家。②《蜀志》……许盖掌礼仪:此句无考,不知刘知幾所云何指。浦起龙《史通通释》注曰:"陈寿《蜀志》并松之《注》皆无考。而刘氏顾云'志'称,所称果何志邪?或谓寿又撰《蜀古志》,傥载之耶?然言古则不及三国时人明矣。惟常璩《华阳国志》有述作王崇,名见卷末,官为蜀守,而不言曾补东观。至掌仪许盖,仍亦绝无其人也。" ③郤正为秘书郎:《三国志·蜀书》本传曰:"郤正,字令先,河南偃师人也……正本名纂。少以父死母嫁,单茕只立,而安贫好学,博览坟籍。弱冠能属文,入为秘书吏,转为令史,迁郎,至令。性澹于荣利,而尤耽意文章,自司马、王、扬、班、傅、张、蔡之㑞遗文篇赋,及当世美书善论,益部有者,则钻凿推求,略皆寓目。" ④陈寿评云"蜀不置史官":详见《曲笔》篇注。 ⑤吴归命侯时:吴后主孙皓时期。孙皓降晋后被迁往洛阳,封归命侯。 ⑥薛莹:吴后主孙皓时历任选曹尚书,领太子少傅。后迁左国史。入晋以后,任散骑常侍,曾撰《后汉记》100卷。《三国志·吴书》有传。⑦华核:吴景帝孙休时以文学授秘书郎,升中书丞。孙皓即位,迁东观令,领右国史。《三国志·吴书》有传。 ⑧周处:《晋书》本传载:"周处,字子隐,义兴阳羡人也……仕吴为东观左丞……入洛,稍迁新平太守……除楚内史,未之官,征拜散骑常侍。""处著《默语》三十篇及《风土记》,并撰集《吴书》。"⑨伪汉嘉平初:伪汉指匈奴族刘渊所建的汉国。嘉平是刘渊儿子刘聪的年号。 ⑩前凉张骏:前凉政权文王张骏,公元前324~345年在位。 ⑪南凉主乌孤:秃发乌孤,鲜卑人,建南凉国,《晋书·载记》有《秃发乌孤传》。但所谓"郭韶为国纪祭酒"事,在该传中不见记载。

元魏初称制,即有史臣,杂取他官,不恒厥职。故如崔浩、高闾之徒,唯知著述①,而未列名号。其后始于秘书置著作局,正郎二人,佐郎四人。其佐三史②者,不过一二而已。普泰③以来,三史稍替,别置修史局,其职有六人。当代都④之时,史臣每上奉王言,下询国俗,兼取工于翻译者,来直史曹⑤。及洛京之末⑥,朝议又以为国史当专任代人,不宜归之汉士。于是以谷纂、山伟更主文籍⑦。凡经二十余年,其事阙而不载。斯盖犹秉夷礼,有互乡之风⑧者焉。

[注释]①唯知著述:仅主持修撰国史事宜。知,主持。 ②三史:未知何解。从文义看,应是著作局一类的机构,但查不到史料根据。 ③普泰:北魏闵帝托跋恭年号。闵帝在位仅一年,也称前废帝。 ④代都:北魏前期首都。 ⑤来直史曹:来史曹值班。 ⑥洛京之末:北魏晚期。 ⑦谷纂、山伟更主文籍:由谷纂、山伟来主持著述事。谷纂,《魏书》本传:"字灵绍,颇有学涉。解褐太学博士,领侍御史。稍迁著作郎、司州治中、黄门郎、散骑常侍,又为侍中,兼殿中尚书……纂前为著作,又监国史,不能有所缉缀。""不能有所缉缀",即没有编纂之能力。山伟,《魏书》本传曰:"山伟,字仲才,河南洛阳人也。其先代人……国史自邓渊、崔琛、崔浩、高允、李彪、崔光以还,诸人相继撰录。綦俊及伟等诣说上党王天穆及尔朱世隆,以为国书正应代人修缉,不宜委之余人,是以俊、伟等更主大籍。守旧而已,初无述著。故自崔鸿死后,迄终伟身,二十许载,时事荡然,万不记一,后人执笔,无所凭据。史之遗阙,伟之由也。"看来,主张代人修史而使之缺载的,即是山伟其人。 ⑧互乡之风:典故,出自《论语·述而》:"互乡难与言。"互乡这个地方的人难以与之交谈。互乡,乡名。

高齐及周,迄于隋氏,其史官以大臣统领者,谓之监修。国史自领,则近循魏代,远效江南,参杂其间,变通而已。唯周建六官,改著作之正郎为上士,佐郎为下士,名谥虽易,而班秩不殊。如魏收之擅名河朔①,柳虬之独步关右②,王劭、魏澹③展效于开皇之朝④,诸葛颖⑤、刘炫⑥宣功于大业之世⑦,亦各一时也。

[注释]①河朔:指北齐。 ②柳虬之独步关右:柳虬,西魏时人,《周书》本传载:西魏文帝大统十四年,"除秘书丞。秘书虽领著作,不参史事,自虬为丞,始令监掌焉。十六年,迁中书侍郎,修起居注,仍领丞事。"关右,指西魏、北周。 ③魏澹:隋文帝时任著作郎,受命撰《魏书》92卷,事见《隋书》本传。④开皇之朝:即隋文帝朝。 ⑤诸葛颖:隋炀帝时任著作郎,《隋书》、《北史》有传。 ⑥刘炫:《隋书》本传载:"除殿内将军。时牛弘奏请购求天下遗逸之书,炫遂伪造书百余卷,题为《连山易》、《鲁史记》等,录上送官,取赏而去。后有人讼之,经赦免死,坐除名,归于家,以教授为务……俄而释之,典校书史……炫性躁竞,颇俳谐,多自矜伐,好轻侮当世,为执政所丑,由是官途不遂。著《论语述议》十卷,《春秋攻昧》十卷,《五经正名》十二卷,《孝经述议》五卷,《春秋述议》四十卷,《尚书述议》二十卷,《毛诗述议》四十卷,《注诗序》一卷,《算术》一卷,并行于世。" ⑦大业之世:即隋文帝朝。

暨皇家之建国也,乃别置史馆①,通籍禁门②。西京则与鸾渚③为邻,东都则与凤池④相接。而馆宇华丽,酒馔丰厚,得厕其流者,实一时之美事。至咸亨⑤年,以职司多滥,高宗喟然而称曰:"朕甚懵焉。"乃命所司曲加推择,如有居其职而阙其才者,皆不得预于修撰⑥。由是史臣拜职,多取外司,著作一曹,殆成虚设。凡有笔削,毕归于余馆⑦。始自武德⑧,迄乎长寿⑨,其间若李仁实⑩以直辞见惮,敬播⑪以叙事推工,许敬宗⑫之矫妄,牛凤及⑬之狂惑,此其善恶尤著者也。

[注释]①别置史馆:唐初因袭隋制,史馆隶属于秘书省著作局,专修周、齐、梁、陈、隋五朝纪传体史。太宗贞观三年,移史馆于禁中。贞观二十三年,大明宫落成,别置史馆于门下省南,为专修国史机构,前此著作局所领国史的修撰任务遂告停废。 ②通籍禁门:意谓设置于内城的意思。 ③鸾渚:鸾台,武则天光宅元年改门下省名为鸾台。 ④凤池:凤阁,光宅元年改中书省

名为凤阁。　⑤咸亨:唐高宗李治年号。　⑥不得预于修撰:《史通》原注:"诏曰:'修撰国史,义存典实,自非操履忠正,识量该通,才学有闻,难堪斯任。如闻近日以来,但居此职,即知修撰,非唯编缉讹舛,亦恐泄漏史事。自今宜遣史司,精简堪修史人,灼然为众所推者,录名进内。自余虽居史职,不得辄闻见所修史籍及未行用国史等之事。'"　⑦毕归于余馆:将修史任务完全交给馆内其他官员兼领。　⑧武德:唐高宗年号。　⑨长寿:武则天年号。　⑩李仁实:唐初任左史,参修国史,直辞无隐,受到时论赞扬。　⑪敬播:贞观三年,受诏至秘书省协助颜师古、孔颖达等修撰《隋书》,书成,升著作佐郎兼修国史。与令狐德棻等同修《晋书》,义例由敬播拟定。高宗即位,升著作郎。两《唐书》有传。　⑫许敬宗:唐太宗时,除著作郎兼修国史,曾参修高祖、太宗《实录》。高宗时期,预谋废太子忠、王皇后,立武昭仪,贬逐韩瑗、褚遂良等,进中书令守侍中,一时威宠炽灼,显赫于朝,遂删改高祖、太宗《实录》,将私情、宿怨夹杂到《实录》之中,受到时论谴责。　⑬牛凤及:唐中宗时任中书门下侍郎兼修国史,曾主持修撰高祖武德初至高宗弘道元年间的《唐书》110卷。

又案《晋令》①,著作郎掌起居集注,撰录诸言行勋伐旧载史籍者。元魏置起居令史,每行幸宴会,则在御左右,记录帝言及宾客酬对。后别置修起居注二人,多以余官兼掌。至隋,以吏部散官②及校书、正字闲于述注者修之,纳言③兼领其事。炀帝以为古有内史、外史,今既有著作,宜立起居。遂置起居舍人二员,职隶中书省,如庾自直、崔祖浚、虞世南、蔡允恭等咸居其职,时谓得人。皇家因之,又加置起居郎二员,职与舍人同。每天子临轩,侍立于玉阶之下,郎居其左,舍人居其右。人主有命,则逼阶延首而听之,退而编录,以为起居注④。龙朔中,改名左史、右史。今上⑤即位,仍从国初之号焉。高祖、太宗时,有令狐德茱、吕才、萧钧、褚遂良、上官仪；高宗、则天时，有李安期、顾胤、高智周、张太素、凌季友。斯并当时得名，朝廷所属者也。夫起居注者，编次甲子之书⑥，至于策命、章奏、封拜、薨免，莫不随事记录，言惟详审，凡欲撰帝纪者，皆称之以成功。即今为载笔之别曹，立言之贰职。故略述其事，附于斯篇。

[注释]①《晋令》：贾充等撰，凡40卷。　②散官：隋代因袭北周旧制，以特进、左右光禄大夫、金紫光禄大夫、银青光禄大夫、朝议大夫、朝散大夫等，并为散官，授给文武官员之有勋绩者，以示荣宠。　③纳言：据《隋书·百官志》，隋代门下省置纳言二人，正三品。　④逼阶延首……以为起居注：唐代皇帝朝会时，居正殿，起居郎在左面，舍人在右面。皇帝有诏命，舍人与起居郎"附陛以听"。朝毕，则记录。　⑤今上：指中宗李显。　⑥编次甲子之书：依年月日顺序记事。

又案《诗·邶风·静女》之三章，君子取其彤管①。夫彤管者，女史记事规诲之所执也。古者人君，外朝则有国史，内朝则有女史，内之与外，其任皆同。故晋献惑乱②，骊姬夜泣，床笫之私，房中之事，不得掩焉。楚昭王宴游，蔡姬对以其愿，王顾谓史："书之，蔡姬许从孤死矣③。"夫宴私而有书事之册，盖受命者即女史之流乎？至汉武帝时，有《禁中起居注》；明德马皇后④撰《明帝起居注》。凡斯著述，似出宫中，求其职司，未闻位号。隋世王劭上疏，请依古法，复置女史之班，具录内仪，付于外省。文帝不许，遂不施行。

[注释]①彤管：古代宫内女史执用之笔，笔杆漆朱，故为彤管。　②晋

献惑乱:晋献公之妃骊姬谗言而害太子申生的故事,见《国语·晋语》:"优施教骊姬夜半而泣谓公曰:'吾闻申生甚好仁而强,甚宽惠而慈于民,皆有所行之。今谓君惑于我,必乱国,无乃以国故而行强于君。君未终命而不殁,君其若之何?盍杀我,无以一妾乱百姓。'……骊姬曰:'君盍老而授之政。彼得政而行其欲,得其所索,乃其释君……'公曰:'不可与政……尔勿忧,吾将图之。'" ③蔡姬许从孤死矣:事见刘向《列女传》:"昭王燕游,蔡姬在左,越姬参右。王亲乘驷以驰逐,遂登附社之台,以望云梦之囿。观士大夫逐者既骤,乃顾谓二姬曰:'乐乎?'蔡姬对曰:'乐。'王曰:'吾愿与子生若此,死又若此。'蔡姬曰:'昔弊邑寡君,固以其黎民之役,事君王之马足,故以婢子之身为苞苴玩好,今乃比于妃嫔,固愿生俱乐,死同时。'王顾谓史书之,蔡姬许从孤死矣。" ④明德马皇后:汉明帝皇后。《后汉书》本传曰:"明德马皇后讳某,伏波将军援之小女也……能诵《易》,好读《春秋》、《楚辞》,尤善《周官》、《董仲舒书》……自撰《显宗起居注》。"

大抵自古史官,其沿革废置如此。夫仲尼修《春秋》,公羊高作传。汉、魏之陆贾①、鱼豢②,晋、宋之张璠、范晔,虽身非史职,而私撰国书。若斯人者,有异于是,故不复详而录之。

[注释]①陆贾:汉初思想家,私撰国书指所撰《楚汉春秋》。 ②鱼豢:三国曹魏时期人,私撰《魏略》89卷,已佚,今有辑佚本。

夫为史之道,其流有二。何者?书事记言,出自当时之简①;勒成删定,归于后来之笔②。然则当时草创者,资乎博闻实录,若董狐、南史是也;后来经始者,贵乎俊识通才,若班固、陈寿是也。必论其事业,前后不同。然相须而成,其归一揆。

[注释]①当时之简:原始记录,原始材料。 ②后来之笔:后世之史家著述。

观夫周、秦已往,史官之取人,其详不可得而闻也。至于汉、魏已降,则可得而言。然多窃虚号,有声无实。案刘、曹二史①,皆当代所撰,能成其事者,盖唯刘珍、蔡邕、王沈、鱼豢之徒耳。而旧史载其同作,非止一家,如王逸、阮籍亦预其列②。且叔师研寻章句③,儒生之腐者也。嗣宗沈湎麴糵④,酒徒之狂者也。斯岂能错综⑤时事,裁成国典乎?

[注释]①刘、曹二史:刘史指《后汉书》,曹史指《三国志·魏书》。②王逸、阮籍亦预其列:王逸,《后汉书·文苑传》:"王逸字叔师,南郡宜城人也。元初中,举上计吏,为校书郎。顺帝时,为侍中。著《楚辞章句》行于世。其赋、诔、书、论及杂文,凡二十一篇。又作《汉诗》百二十三篇。"但没有他参与史学著述的记载。阮籍,曾任步兵校尉,世称阮步兵。崇奉老庄之学,与嵇康、刘伶等七人为友,常集于竹林之下肆意酣畅,世称竹林七贤。《晋书·王沈传》载:"与荀𫖮、阮籍共撰《魏书》,多为时讳,未若陈寿之实录也。"此为阮籍参与史事之证。 ③叔师研寻章句:指王逸主要是长于章句之学,非长于史。 ④嗣宗沈湎麴糵:此是讥阮籍不过酒徒而已。麴糵,酿酒的发酵物,代指酒。 ⑤错综:综合分析和撰述。

而近代趋竞之士,尤喜居于史职,至于措辞下笔者,十无一二①焉。既而书成缮写,则署名同献;爵赏既行,则攘袂争受。遂使是非无准,真伪相杂,生则厚诬当时,死则致惑来代。而书之谱传,借为美谈;载之碑碣,增其壮观。昔魏帝有言:"舜、禹之事,吾知之矣。"②此其效欤!

[注释]①措辞下笔者,十无一二:真正有真才实学,有能力从事修史的人很少。　②舜、禹之事,吾知之矣:《三国志·魏书·文帝纪》裴注引《魏春秋》:"帝升坛,礼毕,顾谓群臣曰:舜、禹之事,吾知之矣。"升坛祭祀即谓得知了帝王之道,是自欺欺人。刘知幾以此来讽刺那些徒居史职的欺世盗名之人。

古今正史第二

《易》曰:"上古结绳以理①,后世圣人易之以书契②。"儒者云③:伏羲氏"始画八卦,造书契,以代结绳之政,由是文籍生焉。"又曰:"伏羲、神农、黄帝之书谓之'三坟',言大道也;少昊、颛顼、高辛、唐、虞之书谓之'五典',言常道也。"《春秋传》载楚左史能读三坟、五典,《礼记》曰:"外史掌三皇、五帝之书。"由斯而言,则坟、典文义,三、五史策,至于春秋之时犹大行于世。爰及后古,其书不传,惟唐、虞已降,可得言者。然自尧而往,圣贤犹述,求其一二,仿佛存焉。而后来诸子,广造奇说,其语不经,其书非圣。故马迁有言④:"神农已前,吾不知矣。"班固亦曰⑤:"颛顼之事,未可明也。"斯则坟、典所记,无得而称者焉。

[注释]①结绳以理:用结绳的方法记事,用以管理。　②书契:文字。③儒者云:以下一段话,出自孔安国《尚书序》。　④马迁有言:司马迁的话,见《史记·货殖列传》。　⑤班固亦曰:班固的话,见《汉书·司马迁传赞》。

案尧、舜相承,已见坟、典;周监二代,各有书籍。至孔子讨论其义，删为《尚书》，始自唐尧，下终秦穆，其言百篇，而各为之序。属秦为不道，坑儒禁学，孔子之末孙曰惠①，壁藏其书。汉室龙兴，旁求儒雅，闻故秦博士伏胜能传其业，诏太常使掌故晁错受焉②。时伏生年且百岁，言不可晓，口授其书，才二十九篇。自是传其学者有欧阳氏、大小夏侯③。宣帝时，复有河内女子得《泰誓》一篇献之，与伏生所诵合三十篇，行之于世。其篇所载年月不与序相符会，又与《左传》、《国语》、《孟子》所引《泰誓》不同，故汉、魏诸儒，咸疑其缪。

[**注释**]①孔子之末孙曰惠：孔壁藏书之人，各种典籍说法不一。《东观汉记》、荀悦《汉纪》中说是孔鲋；《孔子家语》、《新唐书·宰相世系表》等书，说是孔子的六世孙子襄；《经典释文·叙录》、《隋书·经籍志》等书，说是孔惠。清初学者毛奇龄则推测可能是子襄之子孔忠，忠与惠相近而讹为"惠"。 ②秦博士伏胜……晁错受焉：汉初《尚书》传承的主要线索。《史记·晁错列传》："孝文帝时，天下无治《尚书》者，独闻济南伏生故秦博士，治《尚书》，年九十余，老不可征，乃诏太常使人往受之。太常遣错受《尚书》伏生所。" ③传其学者有欧阳氏、大小夏侯：根据《经典释文·叙录》所说，除了晁错之外，伏生又传济南张生、欧阳生。张生作《大传》，后被征为博士。张生又传授给夏侯始昌、夏侯胜、夏侯建等，夏侯胜、夏侯建在《尚书》传播史上贡献颇大，世称大小夏侯。欧阳生又传授给孔安国、儿宽等。此为汉代《尚书》传播的大体情况。

《古文尚书》者，即孔惠之所藏，科斗之文字也。鲁恭王坏孔子旧宅，始得之于壁中①。博士孔安国以校伏生所诵，增多二十五篇，更以隶古字写之，编为四十六卷②。司马迁屡访其事，故多有古说。安国又受诏为之训传③。值武帝末，巫蛊事④起，经籍道息，不获奏上，藏诸私家。刘向取校欧阳、大小夏侯三家经文，脱误甚众。至于后汉，孔氏之本遂绝。其有见于经典者，诸儒⑤皆谓之逸书。王肃亦注《今文尚书》⑥，而大与《古文》孔《传》相类，或肃私见其本而独秘之乎？

[注释]①得之于壁中：鲁恭王坏孔子旧宅事，见《汉书·楚元王传》："及鲁恭王坏孔子宅，欲以为官，而得古文于坏壁之中，《逸礼》有三十九篇，《书》十六篇。天汉之后，孔安国献之，遭巫蛊仓卒之难，未及施行。"又见《孔子家语·后序》："天汉后，鲁恭王坏夫子故宅，得壁中《诗》、《书》，悉以归子国。子国乃考论古今文字，撰众师之义，为《古文论语训》十一篇、《孝经传》二篇、《尚书传》五十八篇，皆所得壁中科斗本也。"子国，是孔安国的字。②编为四十六卷：孔安国将孔壁书与伏生所传的二十八篇合而校之，写为四十六卷。四十六卷，与注①中的五十八篇并不矛盾。汉代文献，写于简牍者称篇，写于绢帛者称卷，卷往往大于篇。 ③安国又受诏为之训传：见于孔安国的《尚书序》："承诏为五十九篇作传，于是遂研精覃思，博考经籍，采摭群言，以立训传。" ④巫蛊事：汉武帝太子刘据，因巫蛊被害事。见《汉书·武五子传》。 ⑤诸儒：《史通》原注曰："谓马融、郑玄、杜预也。" ⑥王肃亦注《今文尚书》：王肃注有《尚书传》11卷，见《经典释文·叙录》。又，《隋书·经籍志》载有王肃《尚书驳议》5卷，《尚书答问》3卷。

晋元帝时，豫章内史梅赜始以孔《传》奏上①，而缺《舜典》一篇，乃取肃之《尧典》，从"慎徽"以下分为《舜典》以续之。自是欧阳、大小夏侯家等学，马融、郑玄、王肃诸注废，而《古文》孔《传》独行，列于学官，永为世范。

[注释]①梅赜始以孔《传》奏上：梅赜所上《古文尚书》五十八篇，与孔壁古文完全吻合，并配有孔安国的传，称"孔传《古文尚书》"，轰动一时。但据后世考证，特别是清初学者阎若璩的《尚书古文疏证》一书的详细甄别，梅赜所上的《古文尚书》被判定为伪书。

齐建武中，吴兴人姚方兴采马、王之义以造孔《传·舜典》①，云于大航购得，诣阙以献。举朝集议，咸以为非②。及江陵板荡，其文入北，中原学者得而异之，隋学士刘炫遂取此一篇列诸本第。故今人所习《尚书·舜典》，元出于姚氏者焉。

[注释]①采马、王之义以造孔《传·舜典》：采马融、王肃的《尚书》注，伪造《舜典》一篇。　②举朝集议，咸以为非：《史通》原注曰："梁武帝时，博士议曰：孔叙称伏生误合五篇，盖文句相连，所以成合。《舜典》必有'曰若稽古'，伏生虽云昏耄，何容□□。由是遂不见用也。"可见，姚方兴所献《舜典》在当时即被判作伪书。

当周室微弱，诸侯力争，孔子应聘不遇，自卫而归。乃与鲁君子左丘明观书于太史氏①，因鲁史记而作《春秋》。上遵周公遗制，下明将来之法，自隐及哀十二公行事②。经成以授弟子，弟子退而异言。丘明恐失其真，故论本事而为传，明夫子不以空言说经也。《春秋》所贬当世君臣，其事实皆形于传，故隐其书而不宣，所以免时难也。

[注释]①观书于太史氏：事见《汉书·艺文志》："周室既微，载籍残缺，仲尼思存前圣之业……以鲁周公之国，礼文备物，史官有法，故与左丘明观其史记。"　②自隐及哀十二公行事：言《春秋》的记事范围，自鲁隐公元年至鲁哀公十四年，凡242年史事。

及末世，口说流行，故有《公羊》、《穀梁》、《邹》、《夹》之传。邹氏无师，夹氏有录无书，故不显于世。汉兴，董仲舒、公孙弘并治《公羊》①,其传习者有严、颜二家之学②。宣帝即位,闻卫太子私好《穀梁》,乃召名儒蔡千秋、萧望之等大议殿中,因置博士③。

[注释]①董仲舒、公孙弘并治《公羊》:董仲舒治《春秋公羊》学,见《汉书》本传:"董仲舒,广川人也。少治《春秋》,孝景时为博士。下帷讲诵,弟子传以久次相授业,或莫见其面。盖三年不窥园,其精如此。"《汉书·艺文志》著录有"《公羊董仲舒治狱》十六篇"。公孙弘,《汉书》本传:"公孙弘,……家贫,牧豕海上。年四十余,乃学《春秋》杂说。武帝初即位,招贤良文学士,是时,弘年六十,以贤良征为博士。"《汉书·儒林传》:"胡母生字子都,齐人也。治《公羊春秋》,为景帝博士。与董仲舒同业,仲舒著书称其德。年老,归教于齐,齐之言《春秋》者宗事之,公孙弘亦颇受焉。" ②严、颜二家之学:两汉公羊学的传承系统,见《隋书·经籍志》:"齐人胡母子都传《公羊春秋》,授东海嬴公。嬴公授东海孟卿,孟卿授鲁人眭孟,眭孟授东海严彭祖、鲁人颜安乐。故后汉《公羊》有严氏、颜氏之学,与谷梁三家并立。" ③宣帝……因置博士:此事见《汉书·儒林传》:"宣帝即位,闻卫太子好《穀梁春秋》,以问丞相韦贤、长信少府夏侯胜及侍中乐陵侯史高,皆鲁人也,言穀梁子本鲁学,公羊氏乃齐学也,宜兴《穀梁》。时千秋为郎,召见,与《公羊》家并说,上善《穀梁》说,擢千秋为谏大夫给事中……会千秋病死,征江公孙为博士。刘向以故谏大夫通达待诏,受《穀梁》,欲令助之。江博士复死,乃征周庆、丁姓待诏保宫,使卒授十人。自元康中始讲,至甘露元年,积十余岁,皆明习。乃召《五经》名儒太子太傅萧望之等大议殿中……望之等十一人各以经谊对,多从《穀梁》。由是《穀梁》之学大盛。"

平帝初,立《左氏》①。逮于后汉,儒者数廷毁之。会博士李封卒,遂不复补②。逮和帝元兴十一年③,郑兴父子④奏请重立于学官。至魏、晋,其书渐行,而二传亦废。今所用《左氏》本,即杜预所注者。

[注释]①立《左氏》：西汉平帝元始五年，立《左氏春秋》于学官，设立《左氏》博士。 ②遂不复补：这是实际上的废《左氏》博士。东汉光武帝建武四年，召集公卿大夫博士议立《左氏春秋》博士于云台，讨论辩难十余次，最后选立《左氏》博士四名，司隶从事李封为第一。待到后来李封死后，此缺不复续补。见《后汉书·儒林传》。 ③和帝元兴十一年：此处有误，和帝元兴仅一年，十一年无从谈起。 ④郑兴父子：郑兴，两汉之际人，《后汉书》本传曰："郑兴字少赣，河南开封人也。少学《公羊春秋》。晚善《左氏传》，遂积精深思，通达其旨，同学者皆师之。天凤中，将门人从刘歆讲正大义，歆美兴才，使撰条例、章句、传诂，及校《三统历》。"郑兴之子郑众，《后汉书》本传载："众字仲师。年十二，从父受《左氏春秋》，精力于学，明《三统历》，作《春秋难记条例》，兼通《易》、《诗》，知名于世……建初六年，代邓彪为大司农……在位以清正称。其后受诏作《春秋删》十九篇。八年，卒官。"郑众卒官于章帝建初八年，不可能在和帝时期奏请立《左氏》博士事。

又当春秋之世，诸侯国自有史。故孔子求众家史记，而得百二十国书。如楚之书，郑之志，鲁之春秋，魏之纪年，此其可得言者。左丘明既配经立传，又撰诸异同，号曰《外传国语》①，二十一篇。斯盖采书志等文，非唯鲁之史记而已。楚、汉之际，有好事者，录自古帝王、公侯、卿大夫之世，终乎秦末，号曰《世本》②，十五篇。春秋之后，七雄并争，秦并诸侯，则有《战国策》三十三篇。汉兴，太中大夫陆贾纪录时功，作《楚汉春秋》九篇。

[注释]①《外传国语》：这是两汉时期人们对《国语》一书性质的判断。当时人们多认为《国语》是左丘明为解《春秋》经而作，是一部解经的书。解经之作根据与经的关系，最切近者谓内传，稍疏远者称外传。《国语》称外传，首先是与其作者有关。司马迁说"左丘失明，厥有国语"，把《国语》与左丘明明确地联系起来。左丘明已作《左传》以解经，何以又作《国语》呢？这就需

要再附会出一些新的解释,于是,《国语》补充《左传》的说法便提了出来。如王充的《论衡》就说:"《左氏》传经,辞语尚略,故复选录《国语》之辞以实。"《左传》、《国语》都是左丘明所作,都是解《春秋》经之作,相对于《春秋》来说,《左传》更切近,称内传;《国语》又远一层,就只能是外传了。实际上,《国语》的作者未必是左丘明,撰述者的目的也未必是解经,它在性质和内容上都是一本独立的著作。　②《世本》:战国晚期成书的记载上至黄帝下迄战国末年历史的通史性著作,前文有注。刘知幾把它说成是秦汉之际的作品没有根据,而且也与他在《书志》篇中所说"周撰《世本》"相矛盾。

　　孝武之世,太史公司马谈欲错综古今,勒成一史,其意未就而卒。子迁乃述父遗志,采《左传》、《国语》,删《世本》、《战国策》,据楚、汉列国时事,上自黄帝,下讫麟止,作十二本纪、十表、八书、三十世家、七十列传,凡百三十篇,都谓之《史记》。厥协《六经》异传,整齐百家杂言,藏诸名山,副在京师,以俟后圣君子。至宣帝时,迁外孙杨恽①祖述其书,遂宣布焉。而十篇未成,有录而已。元、成之间,褚先生更补其缺,作《武帝纪》、《三王世家》、《龟策》、《日者》等传,辞多鄙陋,非迁本意也②。晋散骑常侍巴西谯周,以迁书周、秦已上或采家人诸子,不专据正经,于是作《古史考》二十五篇,皆凭旧典以纠其缪。今则与《史记》并行于代③焉。

　　[注释]①杨恽:《汉书》本传载:"恽,字子幼,以忠任为郎,补常侍骑,恽母,司马迁女也。恽始读外祖《太史公记》,颇为《春秋》。以材能称。"　②非迁本意也:这几句话出自《史记·太史公自序》裴骃《集解》引张晏曰,前文已有注明。　③并行于代:言谯周《古史考》与《史记》并行于世。

《史记》所书，年止汉武，太初已后，阙而不录。其后刘向、向子歆及诸好事者，若冯商、卫衡、扬雄、史岑、梁审、肆仁、晋冯、段肃、金丹、冯衍、韦融、萧奋、刘恂等相次撰续，迄于哀、平间，犹名《史记》。至建武中，司徒掾班彪以为其言鄙俗，不足以踵前史；又雄、歆褒美伪新，误后惑众①，不当垂之后代者也。于是采其旧事，旁贯异闻，作《后传》六十五篇。其子固以父所撰未尽一家，乃起元高皇②，终乎王莽，十有二世，二百三十年，综其行事，上下通洽，为《汉书》纪、表、志、传百篇。其事未毕，会有上书云固私改作《史记》者，有诏京兆收系，悉录家书封上。固弟超诣阙自陈，明帝引见，言固续父所作，不敢改易旧书，帝意乃解。即出固，征诣校书，受诏卒业。经二十余载，至章帝建初中乃成③。

[注释]①误后惑众：贻误后代，欺骗众人。 ②起元高皇：起始于高皇帝刘邦。元，初始。 ③至章帝建初中乃成：此段叙述班固《汉书》成书经过的文字，见于《后汉书·班彪传》："彪既才高而好述作，遂专心史籍之间。武帝时，司马迁著《史记》，自太初以后，阙而不录，后好事者颇或缀集时事，然多鄙俗，不足以踵继其书。彪乃继采前史遗事，傍贯异闻，作后传数十篇，因斟酌前史而讥正得失。""固以彪所续前史未详，乃潜精研思，欲就其业。既而有人上书显宗，告固私改作国史者，有诏下郡，收固系京兆狱，尽取其家书……固弟超恐固为郡所核考，不能自明，乃驰诣阙上书，得召见，具言固所著述意，而郡亦上其书。显宗甚奇之，召诣校书部，除兰台令史，与前睢阳令陈宗、长陵令尹敏、司隶从事孟异共成《世祖本纪》。迁为郎，典校秘书。固又撰功臣、平林、新市、公孙述事，作列传、载记二十八篇，奏之。帝乃复使终成前所著书。固以为汉绍尧运，以建帝业，至于六世，史臣乃追述功德，私作本纪，编于百王之末，厕于秦、项之列，太初以后，阙而不录，故探撰前记，缀集所闻，以为

《汉书》。起元高祖,终于孝平王莽之诛,十有二世,二百三十年,综其行事,傍贯《五经》,上下洽通,为《春秋》考纪、表、志、传凡百篇。固自永平中始受诏,潜精积思二十余年,至建初中乃成。当世甚重其书,学者莫不讽诵焉。"

固后坐窦氏事①,卒于洛阳狱,书颇散乱,莫能综理。其妹曹大家②博学能属文,奉诏校叙。又选高才郎马融等十人,从大家受读。其八表及《天文志》等,犹未克成,多是待诏东观马续③所作。而《古今人表》尤不类本书。始自汉末,迄乎陈世,为其注解者凡二十五家④,至于专门受业,遂与《五经》相亚。

[注释]①坐窦氏事:和帝永元四年,大将军窦宪等阴谋发动政变,被捕下狱,自杀。永元初,大将军窦宪出征匈奴,以固为中护军,与参议。待窦宪事发,固遂牵连免官,被洛阳令逮捕下狱,死于狱中。　②曹大家:班固之妹班昭。《后汉书·列女传》载:"扶风曹世叔妻者,同郡班彪之女也,名昭,字惠班,一名姬。博学高才。世叔早卒,有节行法度。兄固著《汉书》,其八表及《天文志》未及竟而卒,和帝诏昭就东观藏书阁踵而成之。帝数召入宫,令皇后诸贵人师事焉,号曰大家。"曹大家是宫中贵人送的雅号。　③马续:《后汉书·马援传》:"续字季则,七岁能通《论语》,十三明《尚书》,十六治《诗》,博观群籍,善《九章算术》。顺帝时,为护羌校尉,迁度辽将军,所在有威恩称。"《后汉书·列女传》记班昭事说:"时《汉书》始出,多未能通者,同郡马融伏于阁下,从昭受读,后又诏融兄续继昭成之。"马续续补《汉书》说即本于此。马续究竟续补了《汉书》的那些篇章,历史上说法不一,多数认为班昭续补了《八志》,马续仅补《天文志》,刘知幾所谓"多是待诏东观马续所作"不够确切。　④注解者凡二十五家:关于《汉书》注家,赵吉甫先生的《史通新校注》有详细考证。注家中,对后世影响最大的,主要有李斐、服虔、应劭、韦劭、晋灼等,他们的注也大都通过唐人颜师古的《汉书》注本而保留下来。

初,汉献帝以固书文繁难省,乃诏侍中荀悦依《左氏传》体删为《汉纪》三十篇,命秘书给纸笔。经五六年乃就①。其言简要,亦与纪传并行。

[**注释**]①经五六年乃就:《汉纪·自序》曰:"(建安)三年,诏给事中秘书监荀悦抄撰《汉书》,略举其要,假以不直,尚书给纸笔,虎贲给书吏……其五年书成乃奏。"按此说法,荀悦作《汉纪》前后三年而成,"五六年乃就"之说不确。

在汉中兴,明帝始诏班固与睢阳令陈宗、长陵令尹敏、司隶从事孟异作《世祖本纪》,并撰功臣及新市、平林、公孙述事,作列传、载记二十八篇。

自是以来,春秋考纪亦以焕炳①,而忠臣义士莫之撰勒。于是又诏史官谒者仆射刘珍②及谏议大夫李尤③杂作记,表,名臣、节士、儒林、外戚诸传,起自建武,讫乎永初。事业垂竟而珍、尤继卒。复命侍中伏无忌④与谏议大夫黄景⑤作诸王、王子、功臣、恩泽侯表,南单于、西羌传,地理志。

[**注释**]①春秋考纪亦以焕炳:春秋考纪,指帝纪。焕炳,彪炳。此句即指前文《世祖本纪》已完成,已彪炳于史册。 ②刘珍:安帝时任谒者仆射,奉诏与刘騊駼、马融等校订东观《五经》及诸子百家书,又参与编撰《东观汉记》,与刘騊駼作《建武以来名臣传》,累官至宗正、卫尉。其事见《后汉书·文苑传》。 ③李尤:安帝时任谏议大夫,与刘珍等共撰《东观汉记》,事见《后汉书·文苑传》。 ④伏无忌:事见《后汉书·伏湛传》:"顺帝时,为侍中屯骑校尉。永和元年,诏无忌与议郎黄景校定中书《五经》、诸子百家、艺术。元嘉中,桓帝复诏无忌与黄景、崔寔等共撰《汉记》。又自采集古今,删著

事要,号曰《伏侯注》。" ⑤黄景:行事不详,著史事见前注"伏无忌"条。

至元嘉元年,复令太中大夫边韶①、大军营司马崔寔②、议郎朱穆③、曹寿④杂作《孝穆》、《崇》二皇及《顺烈皇后传》,又增《外戚传》入安思等后,《儒林传》入崔篆诸人。寔、寿又与议郎延笃⑤杂作《百官表》,顺帝功臣《孙程》、《郭愿》及《郑众》、《蔡伦》等传。凡百十有四篇,号曰《汉记》。

[注释]①边韶:桓帝时征拜太中大夫,参与修撰《东观汉记》,事见《后汉书·文苑传》。 ②崔寔:由议郎迁大将军梁冀司马,与边韶等于东观参与著述事,事见《后汉书·崔骃传》。 ③朱穆:桓帝时任侍御史,《后汉书》本传载他"所著论、策、奏、教、书、诗、记、嘲,凡二十篇",但不载其著述东观事。④曹寿:字世叔,曹大家班昭的丈夫,《后汉书·列女传》记班昭事,即云"扶风曹世叔妻者"。 ⑤延笃:《后汉书》本传载:"延笃字叔坚,南阳犨人也。少从颍川唐溪典受《左氏传》,旬日能讽之,典深敬焉。又从马融受业,博通经传及百家之言,能著文章,有名京师……桓帝以博士征,拜议郎,与朱穆、边韶共著作东观。"

熹平中,光禄大夫马日䃅、议郎蔡邕、杨彪、卢植著作东观①,接续纪传之可成者,而邕别作《朝会》、《车服》二志。后坐事徙朔方②,上书求还,续成十志。会董卓作乱,大驾西迁③,史臣废弃,旧文散佚。及在许都,杨彪颇存注记。至于名贤君子,自永初已下阙续。

[注释]①马日䃅(dī)、蔡邕、杨彪、卢植著作东观:事见《三国志·魏书·袁术传》裴注引《三辅决录》注曰:"日䃅字翁叔,马融之族子。少传融业,以才学进。与杨彪、卢植、蔡邕等典校中书,历位九卿,遂登台辅。" ②后

坐事徙朔方：灵帝光和元年，蔡邕因上章言妖异时事，被宦官程璜诬陷逮捕，《后汉书》本传载："于是下邕，质于洛阳狱，劾以仇怨奉公，议害大臣，大不敬，弃市。事奏，中常侍吕强愍邕无罪，请之，帝亦更思其章，有诏减死一等，与家属髡钳徙朔方，不得以赦令除。" ③大驾西迁：指初平元年三月，董卓挟持汉献帝迁都长安事。《隋书·牛弘传》曰："及孝献移都，吏民扰乱，图书缣帛，皆取为帷囊。所收而西，裁七十余乘。属西京大乱，一时燔荡。"

魏黄初中，唯著《先贤表》，故《汉记》残缺，至晋无成。泰始中，秘书丞司马彪①始讨论众书，缀其所闻，起元光武，终于孝献，录世十二，编年二百，通综上下，旁引庶事，为纪、志、传凡八十篇，号曰《续汉书》。又散骑常侍华峤删定《东观记》为《汉后书》，帝纪十二、皇后纪二、典十、列传七十、谱三，总九十七篇。其十典竟不成而卒。自斯已往，作者相继，为编年者四族，创纪传者五家，推其所长，华氏居最。而遭晋室东徙，三惟一存。

[注释]①司马彪：《晋书》本传：司马彪，字绍统，高阳王睦之长子，少笃学不倦，然好色薄行，为父所责，故不得为嗣。彪悔恨而发愤学习，故得博览群籍，终成大器。传载："泰始中，为秘书郎，转丞。注《庄子》，作《九州春秋》。以为'先王立史官以书时事，载善恶以为沮劝，撮教世之要也。是以《春秋》不修，则仲尼理之；《关雎》既乱，则师挚修之。前哲岂好烦哉？盖不得已故也。汉氏中兴，讫于建安，忠臣义士亦以昭著，而时无良史，记述烦杂，谯周虽已删除，然犹未尽，安顺以下，亡缺者多。'彪乃讨论众书，缀其所闻，起于世祖，终于孝献，编年二百，录世十二，通综上下，旁贯庶事，为纪、志、传凡八十篇，号曰《续汉书》。"

至宋宣城太守范晔，乃广集学徒，穷览旧籍，删烦补略，作《后汉书》，凡十纪、十志、八十列传，合为百篇。会晔以罪被收,其十志亦未成而死①。先是,晋东阳太守袁宏②抄撮《汉氏后书》,依荀悦体,著《后汉纪》三十篇。世言汉中兴史者,唯范、袁二家而已。

[注释]①未成而死:元嘉二十二年(445年),因有人告发他与谋立大将军彭城王刘义康一案有牵连,以谋反罪被处以死刑。 ②袁宏:《晋书·文苑传》:"袁宏,字彦伯……有逸才,文章绝美。"《后汉纪·自序》述其编写《后汉纪》之经过:"予尝读《后汉书》,烦秽杂乱,睡而不能竟也。聊以暇日,撰集为《后汉纪》。其所掇会《汉纪》、《谢承书》、《司马彪书》、《华峤书》、《谢沈书》、《汉山阳公记》、《汉灵献起居注》、《汉名臣奏》,旁及诸郡耆旧先贤传凡数百卷。前史缺略,多不次叙,错谬同异,谁使正之?经营八年,疲而不能定,颇有传者。始见张璠所撰书,其言汉末之事差详,故复探而益之。"

魏史,黄初、太和①中始命尚书卫觊、缪袭②草创纪传,累载不成。又命侍中韦诞③、应璩④,秘书监王沈,大将军从事中郎阮籍,司徒右长史孙该⑤,司隶校尉傅玄等,复共撰定。其后王沈独就其业,勒成《魏书》四十四卷。其书多为时讳,殊非实录。

[注释]①黄初、太和:黄初,魏文帝年号。太和,魏明帝年号。 ②卫觊、缪袭:卫觊,少时以才学闻名,建安中,为曹操司空掾属,累迁至尚书,魏文帝时任侍中,掌著作,著有《魏官仪》。《三国志·魏书》有传。缪袭,有才学,勤于著述,官至尚书,著有《列女传赞》一卷,文集五卷,附传于《三国志·魏书·刘劭传》。 ③韦诞:太和中任武都太守,迁侍中中书监,官至光禄大夫,掌撰《魏书》五十卷。《三国志·魏书·刘劭传》裴注引《文章叙录》曰:"诞,字仲将,太仆端之子。有文才,善属辞章。建安中,为郡上计吏,特拜郎中,稍迁侍中中书监,以光禄大夫逊位,年七十五卒于家。" ④应璩:《三国志·魏书·王粲传》裴注引《文章叙录》曰:"璩,字休琏,博学好属文,善为书记。文、明帝世,历官散骑常侍。齐王即位,稍迁侍中、大将军长史……复为侍中,

典著作。" ⑤孙该:《三国志·魏书·刘劭传》裴注引《文章叙录》曰:"该,字公达。强志好学。年二十,上计掾,召为郎中。著《魏书》。迁博士司徒右长史,复还入著作。景元二年卒官。"

吴大帝之季年①,始命太史令丁孚、郎中项峻撰《吴书》。孚、峻俱非史才,其文不足纪录。至少帝②时,更敕韦曜、周昭、薛莹、梁广、华核③访求往事,相与记述。并作之中,曜、莹为首。当归命侯④时,昭、广先亡,曜、莹徙黜,史官久阙,书遂无闻。核表请召曜、莹续成前史,其后曜独终其书,定为五十五卷。

[注释]①吴大帝之季年:孙权末年。吴大帝即孙权。 ②少帝:即东吴末帝孙皓。 ③韦曜、周昭、薛莹、梁广、华核:《三国志·吴书·薛莹传》:"(薛莹被治罪,徙广州)右国史华核上疏曰:'……大皇帝末年,命太史令丁孚、郎中项峻始撰《吴书》。孚、峻俱非史才,其所撰作,不足纪录。至少帝时,更差韦曜、周昭、薛莹、梁广及臣五人,访求往事,所共撰立,备有本末。昭、广先亡,曜负恩蹈罪,莹出为将,复以过徙,其书遂委滞,迄今未撰奏。臣愚浅才劣,适可为莹等记注而已,若使撰合,必袭孚、峻之迹,惧坠大皇帝之元功,损当世之盛美。莹涉学既博,文章尤妙,同寮之中,莹为冠首。今者见吏,虽多经学,记述之才,如莹者少,是以楼楼,为国惜之。实欲使卒垂成之功,编于前史之末。奏上之后,退填沟壑,无所复恨。'皓遂召莹还,为左国史。"刘知幾此段文字,大概也本于此。 ④归命侯:孙皓降晋后,赐归命侯。

至晋受命,海内大同,著作陈寿乃集三国史,撰为《国志》,凡六十五篇。夏侯湛①时亦著《魏书》,见寿所作,便坏己草而罢。及寿卒,梁州大中正范頵表言《国志》②明乎得失,辞多劝诫,有益风化,愿垂采录。于是诏下河南尹,就家写其书。

[注释]①夏侯湛:《晋书》本传:"夏侯湛,字孝若,谯国谯人也。祖威,魏兖州刺史。父庄,淮南太守。湛幼有盛才,文章宏富。"夏侯湛坏己书事,见《晋书·陈寿传》:"(陈寿)撰魏吴蜀《三国志》,凡六十五篇。时人称其善叙事,有良史之才。夏侯湛时著《魏书》,见寿所作,便坏己书而罢。" ②范頵表言《国志》:《晋书·陈寿传》:梁州大中正、尚书郎范頵等上表曰:"昔汉武帝诏曰:'司马相如病甚,可遣悉取其书。'使者得其遗书,言封禅事,天子异焉。臣等案:故治书侍御史陈寿作《三国志》,辞多劝诫,明乎得失,有益风化,虽文艳不若相如,而质直过之,愿垂采录。"

先是,魏时京兆鱼豢私撰《魏略》,事止明帝。其后孙盛撰《魏氏春秋》,王隐撰《蜀记》,张勃撰《吴录》,异闻错出,其流最多。宋文帝以《国志》载事伤于简略,乃命中书郎裴松之兼采众书①,补注其阙。由是世言《三国志》者,以裴《注》为本焉。

[注释]①宋文帝……兼采众书:裴松之受诏撰《三国志注》事,见《宋书·裴松之传》:"上使注陈寿《三国志》,松之鸠集传记,增广异闻,既成奏上。上善之,曰:'此为不朽矣!'"裴松之注补正了《三国志》中哪些问题,他在《上三国志注表》中写得十分清楚:"臣前被诏,使采三国异同以注陈寿国志。寿书铨叙可观,事多审正。诚游览之苑囿,近世之嘉史。然失在于略,时有所脱漏。臣奉旨寻详,务在周悉。上搜旧闻,傍摭遗逸。按三国虽历年不远,而事关汉、晋。首尾所涉,出入百载。注记纷错,每多舛互。其寿所不载,事宜存录者,则罔不毕取以补其阙。或同说一事而辞有乖杂,或出事本异,疑不能判,并皆抄内以备异闻。若乃纰缪显然,言不附理,则随违矫正以惩其妄。其时事当否及寿之小失,颇以愚意有所论辩。"

晋史,洛京时,著作郎陆机始撰《三祖纪》①,佐著作郎束晳又撰十志。会中朝②丧乱,其书不存。先是,历阳令陈郡王铨有著述才,每私录晋事及功臣行状,未就而卒。子隐,博学多闻,受父遗业,西都事迹,多所详究。过江为著作郎,受诏撰晋史。为其同僚虞预所诉,坐事免官。家贫无资,书未遂就,乃依征西将军庾亮于武昌镇。亮给其纸笔,由是获成,凡为《晋书》八十九卷③。咸康六年,始诣阙奏上。隐虽好述作,而辞拙才钝。其书编次有序者,皆铨所修;章句混漫④者,必隐所作。时尚书郎领国史干宝亦撰《晋纪》,自宣迄愍七帝,五十三年,凡二十二卷。其书简略,直而能婉,甚为当时所称。

[注释]①陆机始撰《三祖纪》:陆机《三祖纪》参见《本纪》篇注。 ②中朝:西晋。 ③为《晋书》八十九卷:王铨、王隐父子撰《晋书》事,见《晋书·王隐传》:"王隐,字处叔,陈郡陈人也……太兴初,典章稍备,乃召隐及郭璞俱为著作郎,令撰晋史……时著作郎虞预私撰《晋书》,而生长东南,不知中朝事,数访于隐,并借隐所著书窃写之,所闻渐广。是后更疾隐,形于言色。预既豪族,交结权贵,共为朋党,以斥隐,竟以谤免,黜归于家。贫无资用,书遂不就,乃依征西将军庾亮于武昌。亮供其纸笔,书乃得成,诣阙上之。隐虽好著述,而文辞鄙拙,芜舛不伦。其书次第可观者,皆其父所撰;文体混漫义不可解者,隐之作也。"刘知幾所言,完全是照此复述。 ④章句混漫:文字杂乱,晦涩难懂。

晋江左史,自邓粲、孙盛、檀道鸾、王韶之①已下,相次继作。远则偏记两帝,近则唯叙八朝②。至宋湘东太守何法盛,始撰《晋中兴书》,勒成一家,首尾该备。齐隐士东莞臧荣绪③又集东、西二史,合成一书。

[注释]①邓粲、孙盛、檀道鸾、王韶之:邓粲撰《元明纪》,孙盛撰《晋阳秋》,檀道鸾撰《续晋阳秋》,王韶之撰《晋安帝春秋》,前文分别有注。 ②远

则偏记两帝,近则唯叙八朝:浦起龙《史通通释》注曰:"东晋凡十一帝,起元、明,尽安、恭。邓粲止撰《元》、《明纪》,是远两帝也。其后王韶之续至安帝之义熙,而恭帝不入纪,是近八朝也。" ③臧荣绪:撰《晋史》,前已有注。

皇家贞观中,有诏以前后晋史十有八家,制作虽多,未能尽善,乃敕史官更加纂录。采正典与杂说数十余部,兼引伪史十六国书,为纪十、志二十、列传七十、载记三十,并叙例、目录合为百三十二卷。自是言晋史者,皆弃其旧本,竞从新撰者焉。

宋史,元嘉中,著作郎何承天①草创纪传。自此以外,悉委奉朝请山谦之②补承天残缺。后又命裴松之续成国史③。松之寻卒,史佐孙冲之④表求别自创立,为一家之言。孝建初,又敕南台侍御史苏宝生⑤续造诸传,元嘉名臣皆其所撰。宝生被诛,大明六年,又命著作郎徐爰⑥踵成前作。爰因何、孙、山、苏所述,勒为一书,其《臧质》、《鲁爽》、《王僧达》诸传,又皆孝武自造,而序事多虚,难以取信。自永光已后,至禅让十余年中⑦,阙而不载。

[注释]①何承天:东晋末官至太学博士。入宋,累官尚书左丞,后任著作郎,预修国史,见《宋书》本传。《宋书·律历志》亦载:"元嘉中,东海何承天受诏纂《宋书》,其志十五篇,以续马彪《汉志》,其证引该博者,即而因之。" ②山谦之:《宋书·徐爰传》:"先是元嘉中,使著作郎何承天草创国史。世祖初,又使奉朝请山谦之、南台御史苏宝生踵成之。六年,又以爰领著作郎,使终其业。爰虽因前作,而专为一家之书。" ③命裴松之续成国史:《宋书·裴松之传》:"续何承天国史,未及撰述,(元嘉)二十八年,卒,时年八十。" ④孙冲之:《宋书》无传,其事见《宋书·臧质传》:"冲之,太原中都人,晋秘书

监盛曾孙也。官至右军将军,巴东太守。"未及言修撰国史事。孙冲之是否如刘知幾所说撰写宋史有异议。《隋书·经籍志》著录有"《宋书》六十五卷,齐冠军录事参军孙严撰",孙冲之或为孙严之误。　⑤苏宝生:苏宝生续造国史事,见注②。　⑥徐爰:见注②。徐爰所撰《宋书》凡65卷。　⑦禅让十余年中:指宋明帝到顺帝期间的十几年间。禅让,古代帝王主动把帝位让给有贤德的人。所谓禅让,是儒家的一种说法而已,实际的帝位转移无不充满着血腥之气,闪烁着刀光剑影。刘知幾讲的这十几年间,帝位四次转移,也是如此。

至齐著作郎沈约,更补缀所遗,制成新史。始自义熙肇号①,终乎昇明三年②,为纪十、志三十、列传六十,合百卷,名曰《宋书》。永明末,其书既行,河东裴子野更删为《宋略》二十卷。沈约见而叹曰:"吾所不逮③也。"由是世之言宋史者,以裴《略》为上,沈《书》次之。

[**注释**]①义熙肇号:义熙,东晋安帝司马德宗年号。肇,开始。实际上《宋书》记事是从东晋将军刘牢之请高祖刘裕参府军事开始的,时为晋安帝隆安三年,在义熙肇号前六年。　②昇明三年:昇明,宋顺帝年号,三年是其亡国之年。　③不逮:不及,达不到。

齐史,江淹①始受诏著述,以为史之所难,无出于志,故先著十志,以见其才。沈约复著《齐纪》二十篇。梁天监中,太尉录事萧子显启撰齐史,书成,表奏之,诏付秘阁。起昇明之年,尽永元之代②,为纪八、志十一、列传四十,合成五十九篇。

[**注释**]①江淹:《梁书·江淹传》载,在齐时,"建元初……参掌诏册,并典国史。寻迁中书侍郎。永明初,迁骁骑将军,掌国史……凡所著述百余篇,

自撰为前后集,并《齐史》十志,并行于世。" ②永元之代:泛指南朝齐的最后几年。东昏侯年号永元(499~500年),其后还有齐和帝中兴两年。

时奉朝请吴均①亦表请撰齐史,乞给起居注并群臣行状。有诏:"齐氏故事,布在流俗,闻见既多,可自搜访也。"均遂撰《齐春秋》三十篇。其书称梁帝为齐明佐命,帝恶其实,诏燔之。然其私本竟能与萧氏所撰并传于后。

[注释]①吴均:《南史》本传载:"吴均,字叔庠,吴兴故鄣人也。家世寒贱,至均好学有俊才,沈约尝见均文,颇相称赏……待诏著作,累迁奉朝请。先是,均将著史以自名,欲撰《齐书》,求借齐起居注及群臣行状,武帝不许,遂私撰《齐春秋》奏之。书称帝为齐明帝佐命,帝恶其实录,以其书不实,使中书舍人刘之遴诘问数十条,竟支离无对。敕付省焚之,坐免职。"

梁史,武帝时,沈约与给事中周兴嗣①、步兵校尉鲍行卿②、秘书监谢昊③相承撰录,已有百篇。值承圣沦没,并从焚荡④。庐江何之元、沛国刘璠以所闻见穷其始末,合撰《梁典》⑤三十篇,而纪传之书未有其作。陈祠部郎中姚察有志撰勒,施功未周。但既当朝务,兼知国史,至于陈亡,其书不就⑥。

[注释]①周兴嗣:《梁书·文学传》:"周兴嗣,字思纂,陈郡项人……除新安郡丞,秩满,复为员外散骑侍郎,佐撰国史……所撰《皇帝实录》、《皇德记》、《起居注》、《职仪》等百余卷,文集十卷。" ②鲍行卿:《南史·鲍泉传》:"鲍行卿,以博学大才称,位后军临川王录事,兼中书舍人,迁步兵校尉……有集二十卷。撰《皇室仪》十三卷、《乘舆龙飞记》二卷。" ③谢昊:曾任梁中书郎,著有《梁皇帝实录》5卷、《梁书》49卷。 ④承圣沦没,并从焚荡:承圣,梁元帝年号。承圣四年,北周来伐,元帝被困江陵。及城陷之时,元帝

焚古今图书14万卷。后元帝被掳，旋被杀。 ⑤庐江何之元……合撰《梁典》：《隋书·经籍志考证》云："刘璠卒于周武帝天和三年，其书未就，子休征为写定之。休征卒于周静帝大象二年。是其书成于大象之前，行于北朝，或未及江左。其父子皆终于周代，与南朝之何之元亦风马牛不相及。之元之书，始作于陈后主即位之岁。因始兴王叔陵行弑伏诛，之元为其官属，幸而得免，故屏绝人事，一意著书。其时周大象后三年，隋文帝开皇二年。刘璠《梁典》早已成书矣。实非合撰。""合撰"改为"各撰"可通。 ⑥姚察……其书不就：姚察撰梁史，确实多次撰述，但终未成就。《南史》本传曰："元帝于荆州即位，授察原乡令。后为佐著作，撰史"；"陈永定中，吏部尚书徐陵领大著作，复引为史佐"；"俄起为戎昭将军，知撰梁史。""陈亡，入隋，诏授秘书丞，别敕成梁、陈二史"；"所撰梁、陈史，虽未毕功，隋开皇中，文帝遣中书舍人虞世基索本，且进。临亡，戒子思廉撰续。"

陈史，初有吴郡顾野王、北地傅缚①各为撰史学士，其武、文二帝纪即顾、傅所修。太建初，中书郎陆琼②续撰诸篇，事伤烦杂，姚察就加删改，粗有条贯。及江东不守，持以入关。隋文帝尝索梁、陈事迹，察具以所成每篇续奏，而依违荏苒③，竟未绝笔。

[注释]①傅缚(zēng)：《南史》本传载，陈文帝时召为撰史学士，再迁骠骑安成王中记室，撰史如故。后主时迁秘书监，右卫将军，兼中书通事舍人，掌诏告，因被诬陷下狱，赐死狱中。传中未言及修成史书事。 ②陆琼：陈文帝时累迁尚书殿中郎，太建初，累官太子中庶子，领大著作撰国史。撰有《陈书》42卷。《陈书》、《南史》有传。 ③荏苒：时间渐渐过去，意谓拖延。

皇家贞观初，其子思廉①为著作郎，奉诏撰成二史。于是凭其旧稿，加以新录，弥历九载，方始毕功。定为《梁书》五十卷、《陈书》三十六卷，今并行世焉。

[注释]①思廉:《旧唐书·姚思廉传》:"姚思廉,字简之……思廉少受汉史于其父,能尽传家业,勤学寡欲,未尝言及家人产业。在陈为扬州主簿,入隋为汉王府参军,丁父忧解职。初,察在陈尝修梁、陈二史,未就,临终令思廉续成其志。丁继母忧,庐于墓侧,毁瘠加人。服阕,补河间郡司法书佐。思廉上表陈父遗言,有诏许其续成《梁》、《陈史》……贞观初,迁著作郎、弘文馆学士……三年,又受诏与秘书监魏徵同撰梁、陈二史。思廉又采谢昊等诸家梁史续成父书,并推究陈事,删益博综顾野王所修旧史,撰成《梁书》五十卷、《陈书》三十卷。魏徵虽裁其总论,其编次笔削,皆思廉之功也。"

十六国史,前赵刘聪①时,领左国史公师彧②撰《高祖本纪》及功臣传二十人,甚得良史之体。凌修谮其讪谤光帝,聪怒而诛之。刘曜时,平舆子和苞③撰《汉赵记》十篇,事止当年,不终曜灭。

[注释]①前赵刘聪:前赵,匈奴族人刘曜在刘聪死后所建立的政权,刘聪在位时的国号是汉,"前赵刘聪"之说不确切。 ②公师彧(yù):公师彧善相术,深受刘渊敬重。《晋书·载记》刘渊、刘聪两传,只记公师彧任太中大夫,而无领左国史的记载。 ③平舆子和苞:《晋书·载记·曜传》载,刘曜时,和苞与乔豫谏营建寿陵事,得曜赏识,封为平舆子。和苞撰《汉赵记》10卷,《隋书·经籍志》有著录。

后赵石勒①命其臣徐光、宗历、傅畅、郑愔等撰《上党国记》、《起居注》、《赵书》。其后又令王兰、陈宴、程阴、徐机等相次撰述。至石虎②,并令刊削,使勒功业不传。其后燕太傅长史田融、宋尚书库部郎郭仲产、北中郎参军王度追撰二石事,集为《邺都记》、《赵记》等书。

[注释]①后赵石勒:石勒,羯人,匈奴别部羌渠之胄,公元329年灭前

赵,自称大单于、赵王,定都襄国(今河北邢台),第二年改称皇帝,国号赵,史称"后赵"。共历七代帝王,享国32年。《晋书·载记·石勒下》载:"擢拜太学生五人为佐著作郎,录述时事。"这是关于他的《载记》中与撰史有关的唯一明确的记载。 ②石虎:石勒的侄子。石勒死后太子石弘即位,石虎为丞相,称魏王,独揽朝政大权,不久即废石弘而篡皇帝位。

前燕①有起居注,杜辅全录以为《燕纪》。后燕②建兴元年,董统受诏草创后书,著本纪并佐命功臣、王公列传,合三十卷。慕容垂称其叙事富赡,足成一家之言。但褒述过美,有惭董、史之直。其后申秀、范亨各取前后二燕合成一史。

[**注释**]①前燕:十六国时期,鲜卑贵族慕容皝所建立的国家,都邺城。共历三代帝王,享国34年。 ②后燕:十六国之一,鲜卑贵族慕容垂所建,都中山(今河北定县)。共历七代帝王,享国26年,是十六国后期中原地区最强盛的一个王国。

南燕①有赵郡王景晖,尝事德、超②,撰二主起居注。超亡,仕于冯氏③,官至中书令,仍撰《南燕录》④六卷。

[**注释**]①南燕:十六国之一。鲜卑贵族慕容德所建的国家,都广固(今山东益都),历二主,享国十三年。 ②德、超:南燕的两朝君主,慕容德、慕容超。 ③冯氏:北燕主冯跋。北燕是十六国之一,汉人冯跋所建,都龙城(今辽宁朝阳),历二主,凡28年。王景晖先事南燕二主,后又事北燕冯跋。 ④《南燕录》:《隋书·经籍志》著录有《南燕录》两种:"《南燕录》五卷,记慕容德事。伪燕尚书郎张诠撰。""《南燕录》六卷,记慕容德事。伪燕中书郎王景晖撰。"

蜀初号曰成，后改称汉①。李势②散骑常侍常璩撰《汉书》十卷。后入晋秘阁，改为《蜀李书》。璩又撰《华阳国志》，具载李氏兴灭。

[注释]①蜀初号曰成，后改称汉：史称"成汉"，十六国之一，巴賨贵族李雄所建的国家，都成都，历六主，享国44年。李雄初称帝，国号大成，后李寿即位，改国号为汉。　②李势：成汉末帝，在位凡四年，桓温北伐蜀汉，李势被迫投降，迁居建康，封归义侯。

前凉①张骏②十五年，命其西曹边浏集内外事，以付秀才索绥，作《凉国春秋》五十卷。又张重华③护军参军刘庆在东苑专修国史二十余年，著《凉记》④十二卷。建康太守索晖、从事中郎刘昺又各著《凉书》⑤。

[注释]①前凉：十六国之一，汉族张寔所建的国家，都姑臧。历八主，享国60年。　②张骏：前凉国君，在位23年。　③张重华：张骏次子，前凉国君，在位8年。　④《凉记》：《隋书·经籍志》著录《凉记》两种："《凉记》八卷，记张轨事。伪燕右仆射张谘撰"；"《凉记》十卷，记吕光事。伪凉著作佐郎段龟龙撰。"均非刘庆所作。　⑤《凉书》：《隋书·经籍志》著录《凉书》三种："《凉书》十卷，记张轨事。伪凉大将军从事中郎刘景撰。"（刘景即刘昺，避唐高祖李渊父讳而改）"《凉书》十卷，高道让撰。""《凉书》十卷，沮渠国史。"后者无名氏，不知是否索晖。

前秦①史官，初有赵渊、车敬、梁熙、韦谭相继著述。苻坚尝取而观之，见苟太后幸李威事，怒而焚灭其本。后著作郎董谊追录旧语，十不一存。及宋武帝入关，曾访秦国事，又命梁州刺史吉翰问诸仇池②，并无所获。先是，秦秘书郎赵整参撰国史，值秦灭，隐于商洛山，著书不辍，有冯翊、车频③助其经费。整卒,翰乃启频纂成其书④,以元嘉九年起,至二十八年方罢,定为三卷。而年月失次,首尾不伦。河东裴景仁又正其讹僻,删为《秦纪》十一篇。

[**注释**]①前秦:十六国之一,氐族人苻健所建的国家,都长安,历六主,享国44年。 ②仇池:氐人杨茂搜所建国,灭于北魏。 ③冯翊、车频:此二人情况不详。但根据下文推测,冯翊即宋元嘉年间任南秦州刺史的吉翰。吉翰冯翊池阳人,或以地望代其名。车频不详。 ④翰乃启频纂成其书:吉翰启发、引导车频完成前秦史书的撰写。

后秦①,扶风马僧虔、河东卫隆景并著《秦史》。及姚氏之灭,残缺者多。泓②从弟和都,仕魏为左民尚书,又追撰《秦纪》十卷。

[**注释**]①后秦:十六国之一,羌族人姚苌所建的国家,都长安,历三主,享国34年。 ②泓:姚泓,帝姚兴太子。

夏①天水赵思群、北地张渊,于真兴、承光之世,并受命著其国书。及统万之亡②,多见焚烧。

[**注释**]①夏:十六国之一,匈奴铁弗部赫连勃勃所建的国家,都统万(今内蒙古乌审旗白城子),历三主,享国25年。 ②统万之亡:即夏之亡,统万是夏的国都。

西凉①与西秦②,其史或当代所书,或他邦所录。段龟龙记吕氏③,宗钦记沮渠氏④,失名记秃发氏⑤,韩显宗记冯氏⑥。唯有三者⑦可知,自余不详谁作。

[**注释**]①西凉:十六国之一,汉族李暠所建的国家,都酒泉,历三主,享

国 22 年。　②西秦：十六国之一，陇西鲜卑族酋长乞伏国仁所建的国家，都苑川（今甘肃榆中东北），历四主，享国 47 年。　③吕氏：指后凉。后凉为氐人吕氏所建，历四主，享国 18 年。　④沮渠氏：指北凉。北凉为卢水胡沮渠氏所建，历二姓三传，享国 43 年。　⑤秃发氏：指南凉。南凉为鲜卑贵族秃发氏所建，历三主，享国 18 年。　⑥冯氏：指北燕，前文有注。　⑦三者：浦起龙注：本有四种，其一失名，故云三者。

　　魏世黄门侍郎崔鸿，乃考核众家，辨其同异，除烦补阙，错综纲纪，易其国书曰录，主纪曰传，都谓之《十六国春秋》①。鸿始以景明②之初求诸国逸史，逮正始③元年，鸠集稽备，而犹阙蜀事，不果成书。推求十有五年，始于江东购获，乃增其篇目，勒为一百二卷。鸿殁后，永安④中，其子缮写奏上⑤，请藏诸秘阁。由是伪史宣布，大行于时。

　　[注释]①《十六国春秋》：崔鸿撰著此书事，《魏书·崔光传》附《崔鸿传》有详细记载："鸿弱冠便有著述之志，见晋魏前史皆成一家，无所措意。以刘渊、石勒、慕容俊、苻健、慕容垂、姚苌、慕容德、赫连屈子、张轨、李雄、吕光、乞伏国仁、秃发乌孤、李暠、沮渠蒙逊、冯跋等，并因世故，跨僭一方，各有国书，未有统一，鸿乃撰为《十六国春秋》，勒成百卷，因其旧记，时有增损褒贬焉。鸿二世仕江左，故不录僭晋、刘、萧之书。又恐识者责之，未敢出行于外。世宗闻其撰录，遣散骑常侍赵邕诏鸿曰：'闻卿撰定诸史，甚有条贯，便可随成者送呈，朕当于机事之暇览之。'鸿以其书有与国初相涉，言多失体，且既未讫，迄不奏闻。"　②景明：北魏宣武帝拓跋恪年号，公元 500～503 年。③正始：北魏宣武帝拓跋恪年号，公元 504～508 年。　④永安：北魏孝庄帝拓跋子攸年号，公元 528～530 年。　⑤其子缮写奏上：《魏书·崔光传》附《崔子元传》载有鸿子子元的奏章，但其后子元因谋反之罪，不载其朝廷是否刊布《十六国春秋》事。

元魏史，道武①时，始令邓渊著国记，唯为十卷，而条例未成。暨乎明元②，废而不述。神䴥③二年，又诏集诸文士崔浩、浩弟览、高谠、邓颖、晁继、范亨、黄辅等撰国书，为三十卷。又特命浩总监史任，务从实录。复以中书郎高允、散骑侍郎张伟并参著作，续成前史书，叙述国事，无隐所恶，而刊石写之，以示行路④。浩坐此夷三族，同作死者百二十八人。自是遂废史官。至文成帝和平元年，始复其职，而以高允典著作，修国记。允年已九十，手目俱衰。时有校书郎刘模，长于缉缀，乃令执笔而口占授之。如是者五六岁。所成篇卷，模有力焉。

[注释]①道武：道武帝拓跋珪。　②明元：元明帝拓跋嗣。　③神䴥：太武帝拓跋焘年号，凡四年，公元428—431年。　④刊石写之，以示行路：崔浩国史事件由此引发。崔浩修国史，秉笔直书，尽述拓跋氏历史，详备而无所避讳，其中直书了拓跋氏一些不愿人知的早期历史。而石碑树立在通衢大路旁，引起往来行人议论。鲜卑贵族看后，无不愤怒，先后到太武帝前告状，指控崔浩有意暴扬国恶，使浩遭遇灭族之祸。见《北史》本传。

初，国记自邓、崔以下，皆相承作编年体。至孝文太和十一年，诏秘书丞李彪、著作郎崔光始分为纪传异科。宣武时，命邢峦追撰《孝文起居注》。既而崔光、王遵业补续，下讫孝明之世。温子昇复修《孝庄纪》，济阴王晖业撰《辨宗室录》。魏史官私所撰，尽于斯矣。

齐天保二年，敕秘书监魏收博采旧闻，勒成一史。又命刁柔、辛元植、房延祐、睦仲让、裴昂之、高孝干等助其编次。收所取史官,惧相凌忽,故刁、辛诸子并乏史才,唯以仿佛学流,凭附得进①。于是大征百家谱状,斟酌以成《魏书》。上自道武,下终孝靖②,纪、传与志凡百三十卷。收诣齐氏,于魏室多不平。既党北朝,又厚诬江左。性憎胜己,喜念旧恶,甲门盛德与之有怨者,莫不被以丑言,没其善事。迁怒所至,毁及高曾③。书成始奏,诏收于尚书省与诸家论讨。前后列诉者百有余人。时尚书令杨遵彦,一代贵臣,势倾朝野,收撰其家传甚美,是以深被党援④。诸讼史者皆获重罚,或有毙于狱中。群怨谤声不息。孝昭世⑤,敕收更加研审,然后宣布于外。武成⑥尝访诸群臣,犹云不实,又令治改,其所变易甚多。由是世薄其书,号为"秽史"。

[注释]①仿佛学流,凭附得进:言刁柔、辛元植等人,虽然以儒业见知,但并不懂编纂,是凭着对魏收的亲附、谄媚而求进。 ②孝靖:东魏孝静帝。 ③收诣齐氏……毁及高曾:此段文字讲魏收撰《魏书》不能做到秉笔直书。高曾,高祖、曾祖。 ④深被党援:权臣杨遵彦将魏收引为同党。 ⑤孝昭世:北齐孝昭皇帝,仅在位一年。 ⑥武成:北齐皇帝,在位四年。

至隋开皇,敕著作郎魏澹与颜之推、辛德源更撰《魏书》,矫正收失。澹以西魏①为真,东魏②为伪,故文、恭列纪,孝靖称传。合纪、传、论例,总九十二篇。炀帝以澹书犹未能善,又敕左仆射杨素别撰,学士潘徽、褚亮、欧阳询等佐之。会素薨而止。今世称魏史者,犹以收本为主焉。

[注释]①西魏:北朝之一,由北魏分裂出来的割据政权,都长安,历三帝,享国22年。 ②东魏:北朝之一,由北魏分裂出来的割据政权,都邺城,

仅历一代帝王,即孝静帝,享国 17 年。

高齐史,天统①初,太常少卿祖孝征述献武②起居,名曰《黄初传天录》。时中书侍郎陆元规常从文宣③征讨,著《皇帝实录》,唯记行师,不载它事。自武平④后,史官阳休之、杜台卿、祖崇儒、崔子发等相继注记。

[注释]①天统:北齐后主高纬年号,凡五年,公元 565~569 年。 ②献武:献武即文宣帝高洋之父高欢,东魏权臣,北齐政权的实际创建人。高洋称帝后,追尊为高祖,谥号"神武","献武"是其庙号。 ③文宣:北齐开国皇帝文宣帝高洋,在位 10 年,公元 550~559 年。 ④武平:后主高纬年号,凡六年,公元 570~575 年。

逮于齐灭,隋秘书监王劭、内史令李德林并少仕邺中①,多识故事。王乃凭述起居注,广以异闻,造编年书,号曰《齐志》,十有六卷②。李在齐预修国史,创纪传书二十七卷。至开皇初,奉诏续撰,增多齐史三十八篇,以上送官,藏之秘府。皇家贞观初,敕其子中书舍人百药仍其旧录③,杂采它书,演为五十卷。今之言齐史者,惟王、李二家云。

[注释]①少仕邺中:指王劭、李德林仕于北齐。北齐建都邺城。 ②十有六卷:《隋书·王劭传》载:"劭在著作将二十年,专典国史,撰《隋书》八十卷……初撰《齐志》为编年体,二十卷,复为《齐书》纪传一百卷,及《平贼记》三卷。"与刘知幾所说不同。 ③百药仍其旧录:李百药修《北齐书》,既是奉召修撰,也是继其父业。现在传世的《北齐书》即是李百药著本。

宇文周史,大统年有秘书丞柳虬兼领著作,直辞正色,事有可称①。至隋开皇中，秘书监牛弘追撰《周纪》十有八篇，略叙纪纲②，仍皆抵牾。皇家贞观初，敕秘书丞令狐德棻、秘书郎岑文本共加修缉，定为《周书》五十卷③。

[注释]①直辞正色，事有可称：指柳虬的修史主张。柳虬认为，史官秘修善恶，无法实现史书褒贬善恶的目的，修史应该于当朝公诸于朝廷，然后再付之于史阁，方能起到史的警戒作用。《周书》本传记载了柳虬上书的直切之言："虬以史官密书善恶，未足惩劝。乃上疏曰：'……密为记注，徒闻后世，无益当时，非所谓将顺其美，匡救其恶者也。且著述之人，密书其事，纵能直笔，人莫之知。何止物生横议，亦自异端互起。故班固致受金之名，陈寿有求米之论。著汉魏者，非一氏；造晋史者，至数家。后代纷纭，莫知准的。伏惟陛下则天稽古，劳心庶政。开诽谤之路，纳忠谠之言。诸史官记事者，请皆当朝显言其状，然后付之史阁。庶令是非明著，得失无隐。使闻善者日修，有过者知惧……'事遂施行。"　②纪纲：纪纲指重大史事。　③《周书》五十卷：令狐德棻主持修撰的《周书》50卷在北宋时已经有所散佚、残缺，后人以《北史》和唐人的某种史钞补上。今本《周书》虽然还是50卷，但已非原貌。《周书》虽然以"周"命名，而实际上是记述从公元534年东、西魏分裂到581年杨坚代周为止48年的西魏、北周史。

隋史，当开皇、仁寿时，王劭为书八十卷，以类相从，定其篇目。至于编年、纪传，并阙其体。炀帝世，惟有王胄等所修《大业起居注》。及江都之祸①，仍多散逸。皇家贞观初，敕中书侍郎颜师古、给事中孔颖达共撰成《隋书》五十五卷，与新撰《周书》并行于时。

[注释]①江都之祸：隋炀帝被杀事件。大业十三年，李渊攻占长安，立隋炀帝孙代王侑为恭帝，尊隋炀帝为太上皇。次年三月，"宇文化及杀太上皇于江都宫"，五月，李渊代隋称帝，建立唐朝。江都之祸是隋灭亡的象征性事件。

初，太宗以梁、陈及齐、周、隋氏并未有书，乃命学士分修。事具于上。仍使秘书监魏徵①总知其务，凡有赞论，徵多预焉。始以贞观三年创造，至十八年方就，合为《五代纪传》②，并目录凡二百五十二卷。书成，下于史阁。唯有十志，断为三十卷，寻拟续奏，未有其文。又诏左仆射于志宁、太史令李淳风、著作郎韦安仁、符玺郎李延寿同撰。其先撰史人，唯令狐德棻重预其事③。太宗崩后，刊勒始成。其篇第虽编入《隋书》，其实别行，俗呼为《五代史志》④。

[注释]①魏徵：唐贞观时名相，以敢于犯颜直谏著称。《旧唐书·魏徵传》载，魏徵死后，唐太宗曾对侍臣们说："夫以铜为镜，可以正衣冠；以古为镜，可以知兴替；以人为镜，可以明得失。朕常保此三镜，以防己过。今魏徵殂逝，遂亡一镜矣！"魏徵被委任总知撰述事，是其有深厚的家学渊源。徵祖父魏彦，在北魏时就曾欲删削各家《晋书》，成一家之言，未成。其父魏长贤，是史家魏收的族叔，博涉经史，北齐时为著作郎，曾欲承其父志改撰《晋书》，因故未遂。魏徵总知梁、陈、齐、周、隋五代史，主要是撰写了《隋书》，其他诸书仅属监修而已。其他参与撰修五代史书的还有令狐德棻、李百药、姚思廉等。 ②《五代纪传》：魏徵所总知的五代史，只有纪传部分，不含有志书内容。 ③唯令狐德棻重预其事：令狐德棻又参与五代史志的编写，初做监修，后来监修改为长孙无忌。 ④《五代史志》：即五代国史的志书部分，凡10志30卷。初成，目录附于《隋书》，而实际上单独刊行。大概在后来的五代十国时期，"十志"正式附于《隋书》之中，梁、陈、齐、周诸书无"志"。

惟大唐之受命也，义宁、武德间①，工部尚书温大雅首撰《创业起居注》三篇。自是司空房玄龄、给事中许敬宗、著作佐郎敬播相次立编年体,号为"实录"。迄乎三帝②,世有其书。

[注释]①义宁、武德间:隋唐之际。义宁,隋恭帝杨侑年号,凡二年。武德,唐高祖李渊年号,凡九年。　②三帝:指唐高祖李渊,太宗李世民,高宗李治。

贞观初,姚思廉始撰纪传,粗成三十卷。至显庆①元年,太尉长孙无忌与于志宁、令狐德棻、著作郎刘胤之、杨仁卿、起居郎顾胤等,因其旧作,缀以后事,复为五十卷。虽云繁杂,时有可观。龙朔②中,敬宗又以太子少师总统史任,更增前作,混成百卷。如《高宗本纪》及永徽③名臣、四夷等传,多是其所造。又起草十志,未半而终。敬宗所作纪传,或曲希时旨,或猥饰私憾,凡有毁誉,多非实录。必方诸魏伯起④,亦犹张衡之蔡邕⑤焉。其后左史李仁实续撰《于志宁》、《许敬宗》、《李义府》等传,载言记事,见推直笔。惜其短岁,功业未终。至长寿⑥中,春官侍郎牛凤及又断自武德,终于弘道⑦,撰为《唐书》百有十卷。凤及以喑聋不才,而辄议一代大典,凡所撰录,皆素责私家行状⑧,而世人叙事罕能自远。或言皆比兴,全类咏歌,或语多鄙朴,实同文案,而总入编次,了无厘革。其有出自胸臆,申其机杼,发言则嗤鄙怪诞,叙事则参差倒错。故阅其篇第,岂谓可观;披其章句,不识所以。既而悉收姚、许诸本,欲使其书独行。由是皇家旧事,残缺殆尽。

[注释]①显庆:唐高宗李治年号,凡五年,公元 656～660 年。　②龙朔:唐高宗年号,凡三年,公元 661～663 年。　③永徽:唐高宗年号,凡六年,

公元650~655年。　④方诸魏伯起：可比之于魏收。魏收字伯起，其《魏书》以曲笔名世。　⑤犹张衡之蔡邕：小故事，东汉张衡死的当月，蔡邕的母亲怀孕，而蔡邕与张衡的才貌相类，时人多以为蔡邕是张衡之后身。此处喻指许敬宗等所撰述，就其曲笔来说，就是魏收《魏书》的翻版。　⑥长寿：武则天年号，凡三年，公元692~694年。　⑦弘道：唐高宗年号，一年，公元683年。⑧皆素责私家行状：以平时搜寻的私家撰述或家传资料作为国史之素材。

长安①中，余与正谏大夫朱敬则、司封郎中徐坚、左拾遗吴兢奉诏更撰《唐书》，勒成八十卷，神龙②元年又与坚、兢等重修《则天实录》，编为三十卷，夫旧史之坏，其乱如绳，错综艰难，期月③方毕。虽言无可择，事多遗恨，庶将来削稿，犹有凭焉。

[注释]①长安：武则天年号，凡四年，公元701~704年。　②神龙：唐中宗李显年号，凡三年，公元705~707年。　③期月：满月，一整月。此处"期月"之说可能有误。据《唐会要》卷三十六所载，编撰《则天实录》始于神龙元年，第二年成书，似乎应是"期年方毕"。

大抵自古史臣撰录，其梗概如此。盖属词比事，以月系年，为史氏之根本，作生人之耳目者，略尽于斯矣。自余偏记小说，则不暇具而论之。

疑古第三

盖古之史氏，区分有二焉：一曰记言，二曰记事。而古人所学，以言为首。至若虞、夏之典①，商、周之诰②，仲虺、周任之言③，史佚、臧文之说④，凡有游谈、专对、献策、上书者,莫不引为端绪,归其的准。其于事也则不然。至若少昊之以鸟名官⑤;陶唐之御龙拜职⑥;夏氏之中衰也,其盗有后羿、寒浞;齐邦之始建也,其君有蒲姑、伯陵⑦。斯并开国承家,异闻奇事。而后世学者,罕传其说,唯夫博物君子⑧,或粗知其一隅。此则记事之史不行,而记言之书见重,断可知矣。

[注释]①虞、夏之典:指《尚书·尧典》,记载尧和舜的事迹、言论。②商、周之诰:指《尚书》中的《甘誓》、《汤誓》、《大诰》、《康诰》、《酒诰》等篇。③仲虺(huǐ)、周任之言:仲虺,商汤的左相,《尚书》有《仲虺之诰》。周任,周王朝太史,《左传·隐公六年》载:"周任有言曰:'为国家者,见恶如农夫之务去草焉,芟夷蕴崇之,绝其本根,勿使能殖,则善者信矣。'"《左传·昭公五年》载:"周任有言曰:'为政者不赏私劳,不罚私怨。'" ④史佚、臧文之说:史佚,周文王太史。《左传》中记载史佚之言多处,分别见《僖公十五年》:"无始祸,无怙乱,无重怒。"《文公十五年》:"兄弟致美。"《宣公十二年》:"史佚所谓毋怙乱者,谓是类也。"《成公四年》:"非我族类,其心必异。"《襄公十四年》:"因重而抚之。"《昭公元年》:"非羁何忌?"臧文,即臧文仲、臧孙辰,鲁国大夫,《左传》中载其事迹多处,其言见《庄公十一年》:"宋其兴乎。禹、汤罪己,其兴也悖焉;桀、纣罪人,其亡也忽焉。且列国有凶称孤,礼也。言惧而名礼,其庶乎。"《僖公二十年》:"以欲从人,则可;以人从欲,鲜济。" ⑤少昊之以鸟名官:事见《左传·昭公十七年》,《书志篇》有注。 ⑥陶唐之御龙拜职:事见《史记·夏本纪》:帝孔甲即位后,天降雌雄二龙,孔甲不能饲养。帝尧的后人有叫刘累的,从豢龙氏学习饲养龙的方法,以事孔甲。孔甲赐之姓,曰御龙氏。陶唐,尧即帝位后的称号,此处指尧之后人。 ⑦蒲姑、伯陵:都是齐国先君,参见《左传·昭公二十年》。 ⑧博物君子:知识广博、闻见博洽的人。

及左氏之为《传》也,虽义释本经,而语杂它事。遂使两汉儒者，嫉之若仇①。故二传大行，擅名于世。又孔门之著录也，《论语》专述言辞，《家语》兼陈事业。而自古学徒相授，唯称《论语》而已。由斯而谈，并古人轻事重言之明效也。然则上起唐尧，下终秦穆，其《书》所录，唯有百篇②。而《书》之所载，以言为主。至于废兴行事，万不记一。语其缺略，可胜道哉！故令后人有言，唐、虞以下帝王之事，未易明也。

[注释]①两汉儒者，嫉之若仇：言两汉儒者对《左传》的轻视。《左传》在西汉时属古文经，由于汉代经学家们的门户之见，长期未能立于官学，未取得设置博士的合法地位。西晋人杜预作《春秋经传集解》之后，该书地位逐渐改变，并最终超过《公羊》、《穀梁》两传。 ②其《书》所录，唯有百篇：古人认为完整的《尚书》是102篇，现在传世的《尚书》，保存有今文28篇，古文25篇。

案《论语》曰："君子成人之美，不成人之恶①。"又曰："成事不说，遂事不谏，既往不咎②。"又曰："民可使由之，不可使知之③。"夫圣人立教，其言若是。在于史籍，其义亦然。是以美者因其美而美之，虽有其恶，不加毁也；恶者因其恶而恶之，虽有其美，不加誉也。故孟子曰："尧、舜不胜其美，桀、纣不胜其恶④。"魏文帝曰："舜、禹之事，吾知之矣。"汉景帝曰⑤："言学者无言汤、武受命，不为愚。"斯并曩贤精鉴⑥，已有先觉。而拘于礼法，限以师训，虽口不能言，而心知其不可者，盖亦多矣。

[注释]①君子成人之美，不成人之恶：见《论语·颜渊》篇，意思是君子成全别人的好事，不促成别人的坏事。 ②成事不说……既往不咎：见《论

语·八佾》篇,意思是已经做了的事不用再解释,已经完成的事不再规劝,已经过去的不再追求。　③民可使由之,不可使知之:见《论语·泰伯》篇:意思是老百姓认为可行的就让他们干下去,老百姓认为不可行的,就告诉他们为什么要这样做。以往有人从愚民的角度去理解孔子的这句话,不妥。④尧、舜不胜其美,桀、纣不胜其恶:此语不见今本《孟子》,而出自应劭《风俗通义·正失》篇:"孟轲云:尧、舜不能胜其美,桀、纣不能胜其恶。传言失指,图景失形。"意思是一切都会在传延中改变或失真,尧、舜的形象无法像原本那样圣贤,桀、纣也无法像原本那样暴虐,传言会失去原来的意思,形象也不是原来的面貌。　⑤汉景帝曰:汉景帝此言见于《史记·儒林列传》。黄生和辕固生在景帝面前辩论汤武革命问题,黄生站在维护皇权的立场上,认为帝王无论如何无道,臣下都没有推翻他的权利;辕固生反驳说,如果是这样,那汉高祖推翻暴秦也不应该了吗?两个人都立足于皇权的合理性,都是在维护皇权的权威,只不过一个是先帝代表的皇权,一个是眼前这个景帝的皇权。这使得景帝也无法裁判,他不好以自己的皇权去对抗先帝的皇权。于是说:"食肉不食马肝,不为不知味;言学者无言汤武受命,不为愚。"　⑥曩贤精鉴:曩贤,先贤。精鉴,深刻观察。

　　又案鲁史之有《春秋》也,外为贤者,内为本国,事靡洪纤,动皆隐讳。斯乃周公之格言。然何必《春秋》,在于《六经》,亦皆如此。故观夫子之刊《书》也,夏桀让①汤,武王斩纣,其事甚著,而芟夷不存②。观夫子之定礼也,隐、闵非命③,恶、视不终④,而奋笔昌言⑤,云"鲁无篡弑⑥"。观夫子之删《诗》也,凡诸《国风》,皆有怨刺⑦,在于鲁国,独无其章⑧。观夫子之《论语》也,君娶于吴,是谓同姓,而司败发问,对以"知礼"⑨。斯验世人之饰智矜愚⑩,爱憎由己者多矣。加以古文载事,其词简约,推者难详,缺漏无补。遂令后来学者莫究其源,蒙然靡察⑪,有如聋瞽。今故讦其疑事⑫,以著于篇。凡有十条,列之于后。

[注释]①让:通"攘",驱除,排斥;或窃取,夺取。 ②观夫子之刊书……芟夷不存:《史通》原注曰:"此事出《周书》。案《周书》是孔子删《尚书》之余,以成其录也。"谓孔子删削《尚书》,删去了夏桀让汤、武王斩纣等类似于弑君之事的内容。芟夷,删削之义。 ③隐、闵非命:鲁隐公、鲁闵公被杀之事,分别见《左传·隐公十一年》和《左传·闵公二年》。 ④恶、视不终:恶,鲁文公太子。视,恶之弟,被鲁大夫襄仲所杀,不得终年。襄仲杀恶、视后立文公庶出之子接为国君,是为宣公,这是鲁国杀嫡立庶的非礼事件。见《左传·文公十八年》 ⑤奋笔昌言:奋笔直书。昌言,正当的言论。 ⑥鲁无篡弑:《春秋》、《左传》中都没有这句话,不知刘知幾从何谈起。 ⑦怨刺:怨,埋怨。刺,指责。 ⑧在于鲁国,独无其章:《诗经·国风》是表达怨刺的,而《国风》中却没有鲁国的诗章。 ⑨司败发问,对以"知礼":事见《论语·述而》篇:"陈司败问:'昭公知礼乎?'孔子曰:'知礼。'孔子退,揖巫马期而进之,曰:'吾闻君子不党,君子亦党乎? 君取于吴为同姓,谓之吴孟子。君而知礼,孰不知礼?'"陈司败问鲁昭公是否懂礼,孔子答懂礼。孔子走了以后,陈司败对孔子的一个学生说,我听说君子无所偏袒,而像孔子这样的君子也偏袒人吗?鲁昭公从吴国娶了位夫人,而吴和鲁是同姓国家,不便叫她吴姬,而称吴孟子。这样的鲁君还叫懂礼吗?此事说明孔夫子也有所偏袒。 ⑩饰智矜愚:夸饰智者,同情愚者。 ⑪蒙然靡察:蒙然,昏聩的样子。靡察,无所察觉。 ⑫讦其疑事:揭发那些令人可疑的事情。讦,揭发。

盖《虞书》之美放勋①也,云"克明俊德②。"而陆贾《新语》又曰:"尧、舜之人,比屋可封③。"盖因《尧典》成文而广造奇说也。案《春秋传》云:高阳、高辛④二氏各有才子八人,谓之"元"、"凯"。此十六族也,世济其美,不陨其名,以至于尧,尧不能举⑤。帝鸿氏、少昊氏、颛顼氏⑥各有不才子,谓之"浑沌"、"穷奇"、"梼杌"。此三族也,世济其凶,增其恶名,以至于尧,尧不能去⑦。缙云氏⑧亦有不才子,天下谓之"饕餮",以比三族,俱称"四凶⑨"。而尧亦不能去。斯则当尧之世,小人君子,比肩齐列,善恶无分,贤愚共贯。且《论语》有云:舜举咎繇,不仁者远⑩。是则当咎繇未举,不仁甚多,弥验尧时群小在位者矣。又安得谓之"克明俊德"、"比屋可封"者乎?其疑一也。

[注释]①《虞书》之美放勋:《尚书·尧典》褒美帝尧。《虞书》即《尧典》。放勋,尧的名字。　②克明俊德:能够明扬才智美德,提拔任用有才智的人。克,能够。明,明扬,显明。俊,大,才智超过常人。　③尧、舜之人,比屋可封:言尧舜时代,人才济济。语出陆贾《新语·无为》篇:"夫法令所以诛暴也,故曾、闵之孝,夷、齐之廉,此宁畏法教而为之者哉?故尧、舜之民,可比屋而封,桀、纣之民,可比屋而诛,何者?化使其然也。"　④高阳、高辛:高阳氏,帝颛顼,黄帝之孙。高辛氏,帝喾,黄帝曾孙。　⑤尧不能举:对于帝颛顼的八个儿子,名高才重的八恺;帝喾的八个儿子,德行淳厚的八元,尧都没有加以任用。　⑥帝鸿氏、少昊氏、颛顼氏:帝鸿氏,即黄帝。少昊氏,风姓、盈姓部落的祖先。颛顼氏即高阳氏。　⑦尧不能去:对于先帝那些不才子、恶名昭著的人,尧也没有惩罚或去除。　⑧缙云氏:黄帝的臣僚,姜姓,炎帝的后裔。　⑨俱称"四凶":饕餮和浑沌、穷奇、梼杌并称四凶。　⑩舜举咎繇,不仁者远:语出《论语·颜渊》篇:"舜有天下,选于众,举皋陶,不仁者远矣。汤有天下,选于众,举伊尹,不仁者远矣。"咎繇即皋陶,舜帝时贤臣。

《尧典·序》又云:"将逊于位,让于虞舜。"孔氏《注》①曰:"尧知子丹朱不肖,故有禅位之志。"案《汲冢琐语》②云:"舜放尧于平阳③。"而书云某地有城,以"囚尧"为号。识者凭斯异说,颇以禅授为疑。然则观此二书,已足为证者矣,而犹有所未睹也。何者?据《山海经》,谓放勋之子为帝丹朱,而列君于帝者,得非舜虽废尧,仍立尧子，俄又夺其帝者乎？观近古有奸雄奋发，自号勤王，或废父而立其子，或黜兄而奉其弟，始则示相推戴，终亦成其篡夺。求诸历代，往往而有。必以古方今，千载一揆。斯则尧之授舜，其事难明，谓之让国，徒虚语耳。其疑二也。

[**注释**]①孔氏《注》：《尚书》孔安国注。　②《汲冢琐语》：西晋武帝时，在汲郡出土的"古汲冢书"，《汲冢琐语》14篇是其中之一种。　③舜放尧于平阳：舜放逐、囚禁帝尧于平阳。这一说法和《尧典》所说截然相反，遂使古代帝王禅让说令人生疑。

《虞书·舜典》又云："五十载，陟方乃死①。"《注》②云："死苍梧之野，因葬焉。"案苍梧者，于楚则川号汨罗，在汉则邑称零、桂。地总百越，山连五岭。人风媒划③，地气歊瘴④。虽使百金之子⑤，犹惮经履其途；况以万乘之君，而堪巡幸其国？且舜必以精华既竭，形神告劳，舍兹宝位，如释重负。何得以垂殁⑥之年，更践不毛之地？兼复二妃不从，怨旷生离，万里无依，孤魂溘尽⑦，让王高蹈，岂其若是者乎？历观自古人君废逐，若夏桀放于南巢⑧，赵嘉迁于房陵⑨，周王流彘⑩，楚帝徙郴⑪，语其艰棘，未有如斯之甚者也。斯则陟方之死，其殆文命之志乎⑫？其疑三也。

[**注释**]①五十载，陟方乃死：舜帝在位50年，死于巡狩南方的途中。陟方，陟，登高，升高。方，道路。　②《注》：指孔安国注。　③媒（wǒ）划：浦注："谓文身。"　④地气歊瘴：瘴气颇盛。歊（xiāo），热气腾腾的样子。瘴，瘴气，热带潮湿地区山林中的湿热空气，是恶性疟疾等传染病的病源。　⑤百金之子：富庶殷实之家的孩子。　⑥垂殁：垂暮。　⑦孤魂溘尽：孤单的灵魂溘然而失。溘，忽然。此句是说舜帝之二妃。　⑧夏桀放于南巢：《国语·鲁

语》:"桀奔南巢。"《古本竹书纪年》:"汤遂灭夏,桀逃南巢氏。"南巢在今安徽巢湖东北。 ⑨赵嘉迁于房陵:嘉,浦注曰:当作"迁"。战国时赵王迁被秦所掳,迁于房陵。房陵即今房县。 ⑩周王流彘:周厉王奔彘事件,见《史记·周本纪》。 ⑪楚帝徙郴:项羽徙楚义帝(怀王)于长沙郴县,见《史记·项羽本纪》。 ⑫其殆文命之志乎:难道不是大禹的安排吗?文命是夏禹的名字,见《史记·夏本纪》:"夏禹,名曰文命。"

《汲冢书》云:"舜放尧于平阳,益为启所诛。"又曰:"太甲杀伊尹,文丁杀季历。"凡此数事,语异正经①。其书近出②,世人多不之信也。案舜之放尧,无事别说,足验其情,已于篇前言之详矣。夫唯益与伊尹见戮,并于正书犹无其证。推而论之,如启之诛益,仍可覆也③。何者?舜废尧而立丹朱,禹黜舜而立商均④,益手握机权,势同舜、禹,而欲因循故事,坐膺天禄。其事不成,自贻伊咎⑤。观夫近古篡夺,桓独不全,马仍反正⑥。若启之诛益,亦由晋之杀玄乎?若舜、禹相代,事业皆成,唯益覆车⑦,伏辜⑧夏后,亦犹桓效曹、马,而独致元兴之祸⑨者乎?其疑四也。

[注释]①语异正经:《汲冢书》所说,不同于传统史书或经书的说法。 ②其书近出:言《汲冢书》是新近出现的书,后出之书。 ③仍可覆也:仍然可以给予同样的阐发。覆,发覆,揭除蔽障。 ④禹黜舜而立商均:夏禹驱除舜而立舜的儿子商均。按照《史记·夏本纪》的记载,帝舜驾崩之后,禹主动避开商均而居于阳城,天下诸侯都离开商均而去阳城朝拜禹,禹于是即天子之位。 ⑤益手握机权……自贻伊咎:此句言,益的情况,就像尧时的舜和舜时的尧一样,是可以有天下的;而他最终不能即天子位,是咎由自取。 ⑥桓独不全,马仍反正:桓,东晋的桓玄。马,晋安帝司马德宗。《晋书·安帝纪》载:安帝司马德宗隆安二年,广州刺史桓玄起兵叛晋。元兴元年桓玄篡位,安帝

逃往江陵。三年五月,督护冯迁杀桓玄,安帝复位。 ⑦唯益覆车:只有益翻车,失败。 ⑧伏辜:伏罪受刑。 ⑨桓效曹、马,而独致元兴之祸:桓玄实际上是仿效曹魏代汉和司马氏代魏的故事,而却只有他遭致杀身之祸。元兴,晋安帝年号。

《汤誓·序》①云:"汤伐桀,战于鸣条。"又云:"汤放桀于南巢,唯有惭德。"而《周书·殷祝》篇称"桀让汤王位"云云。此则有异于《尚书》。如《周书》之所说,岂非汤既胜桀,力制夏人,使桀推让,归王于己。盖欲比迹尧、舜,袭其高名者乎?又案《墨子》②云:汤以天下让务光,而使人说曰:汤欲加恶名于汝。务光遂投清泠之泉而死。汤乃即位无疑。然则汤之饰让,伪迹甚多。考墨家所言,雅与《周书》相会。夫《书》③之作,本出《尚书》,孔父截翦浮词,裁成雅诰,去其鄙事,直云"惭德",岂非欲灭汤之过,增桀之恶者乎?其疑五也。

[注释]①《汤誓·序》:《汤誓》,《尚书》篇名,该篇内容是商汤在灭夏战争开始时发布的动员令。 ②《墨子》:今本《墨子》没有下边所引的这段话,而相同的文字见于《说林》上。这段文字揭示了商汤的卑鄙,既要坐天下,又不想背恶名。以天下虚让务光,又怕务光会信以为真,再让人去吓唬务光,将务光逼死。这和儒家经典中近乎圣人形象的商汤,形成了鲜明对照。 ③《书》:指《周书》,即今本《逸周书》。

夫《五经》立言,千载犹仰,而求其前后,理甚相乖。何者?称周之盛也,则云三分有二,商纣为独夫①;语殷之败也,又云纣有臣亿万人,其亡流血漂杵。斯则是非无准,向背不同者焉。又案武王为《泰誓》,数纣过失,亦犹近代之有吕相为晋绝秦②,陈琳为袁檄魏③,欲加之罪,能无辞乎?而后来诸子,承其伪说,竞列纣罪,有倍《五经》。故子贡曰:桀、纣之恶不至是,君子恶居下流。班生亦云:安有据妇人临朝!刘向又曰:世人有弑父害君,桀、纣不至是,而天下恶者必以桀、纣为先。此其自古言辛、癸之罪④,将非厚诬者乎?其疑六也。

[注释]①商纣为独夫:将商纣比作独夫,见于儒家的多种文献。《孟子·梁惠王下》:"贼仁者谓之'贼',贼义者谓之'残'。残贼之人,谓之'一夫'。闻诛一夫纣矣,未闻弑君也。"《荀子·议兵》篇:"汤、武之诛桀、纣也,拱挹指麾而强暴之国莫不趋使,诛桀、纣若诛独夫。故《泰誓》曰:'独夫纣。'此之谓也。" ②吕相为晋绝秦:晋厉公派卿士吕相去秦国断绝邦交,吕相赴秦后历数秦国背信弃义的事实,见《左传·成公十三年》。 ③陈琳为袁檄魏:陈琳,汉魏之际人,初为何进主簿,何进被害后依附袁绍。他替袁绍写讨伐曹操的檄文,把曹操的父祖辈都牵连进去。《三国志·魏书·王粲传》:"琳避难冀州,袁绍使典文章。袁氏败,琳归太祖。太祖谓曰:'卿昔为本初移书,但可罪状孤而已,恶恶止其身,何乃上及父祖邪?'琳谢罪,太祖爱其才而不咎。"本初,袁绍字本初。 ④辛、癸之罪:辛,殷纣王的名字。癸,夏桀的名字。

《微子之命》①篇《序》云:"杀武庚②"。案禄父即商纣之子也。属社稷倾覆,家国沦亡,父首枭悬,母躯分裂,永言怨耻,生人莫二。向使其俟服事周,而全躯保其妻子也,仰天俯地,何以为生?含齿戴发③,何以为貌?既而合谋二叔④,徇节三监,虽君亲之怨不除,而臣子之诚可见。考诸名教,生死无惭⑤。议者苟以其功业不成,便以顽人为目⑥。必如是,则有君若夏少康⑦,有臣若伍子胥⑧,向若陨仇雪怨,众败身灭,亦当隶迹丑徒⑨,编名逆党者邪?其疑七也。

[注释]①《微子之命》:《尚书》篇名。 ②杀武庚:周公镇压武庚叛乱之事。武王灭纣之后,封纣王之子武庚禄父于殷,并使其弟管叔鲜、蔡叔度相禄父治殷。武王死后,成王年幼,周公辅政,管叔鲜、蔡叔度怀疑周公篡政,合谋武庚叛周,被周公镇压。事见《史记·周本纪》。 ③含齿戴发:苟活于世。 ④合谋二叔:指武庚与管叔鲜、蔡叔度合谋。 ⑤考诸名教,生死无惭:刘知幾认为,武庚有亡国之恨,起来复国报仇,应该是合乎名教义理的。 ⑥以顽人为目:被看做是顽民。 ⑦有君若夏少康:夏代中叶少康复国事,前有注文。 ⑧有臣若伍子胥:伍子胥在楚国有杀父之仇,逃往吴国,并发誓要报仇,要覆灭楚国,后来果然借吴军灭亡了楚国,楚昭王逃到随国避难。事见《左传·定公四年》。 ⑨隶迹丑徒:归属于坏人、败类之列。

《论语》曰:大矣!周之德也。三分天下有其二,犹服事殷。案《尚书·序》云:西伯戡黎,殷始咎周①。夫姬氏爵乃诸侯,而辄行征伐,结怨王室,殊无愧畏。此则《春秋》荆蛮之灭诸姬,《论语》季氏之伐颛臾②也。又案某书曰:朱雀云云,文王受命称王云云。夫天无二日,地惟一人,有殷犹存,而王号遽立,此即《春秋》楚及吴、越僭号而陵天子也③。然则戡黎灭崇④,自同王者,服事之道,理不如斯⑤。亦犹近者魏司马文王害权臣,黜少帝,坐加九锡,行驾六马⑥。及其殁也,而荀勖犹谓之人臣以终⑦。盖姬之事殷,当比马之臣魏⑧,必称周德之大者,不亦虚为其说乎?其疑八也。

[注释]①西伯戡黎,殷始咎周:西伯,即周文王。黎,殷统治版图内的一个诸侯国。西伯征伐黎国,殷纣王由此怨恨于周。 ②季氏之伐颛臾:事见

《论语·季氏》篇。季氏是鲁国的大夫,颛臾是鲁国内的一个大夫的封地。季氏是没有权力去征伐颛臾的。　③文王受命……而陵天子也:此句言殷王在位的时期,文王称王就像春秋时期楚国、吴、越等国称王一样,是对周天子的僭越。　④戡黎灭崇:征伐黎国,灭掉崇国,周的这些作为,都证明他臣于殷的虚伪。　⑤服事之道,理不如斯:周作为殷的臣属,僭行王者之职,没有这样的道理。　⑥魏司马文王……行驾六马:此言周对殷的僭越,就像近世魏时司马昭对魏的僭越一样。司马昭黜少帝,坐加九锡,驾六马,礼同天子,完全违背了为臣之道。　⑦荀勖犹谓之人臣以终:荀勖,谄媚之臣。他为司马懿最终没能即皇帝位而遗憾。刘知幾此处可能记忆有误,《晋书·石苞传》载:"文帝崩,贾充、荀勖议葬礼未定。苞时奔丧,恸哭曰:'基业如此,而以人臣终乎!'"看来此话是石苞所言。　⑧姬之事殷,当比马之臣魏:周臣于殷,就像司马氏臣于魏一样。周是姬姓国。

　　《论语》曰:"太伯可谓至德也已。三以天下让,民无得而称焉①。"案《吕氏春秋》所载云云②,斯则太王钟爱厥孙,将立其父③。太伯年居长嫡,地实妨贤④。向若强颜苟视,怀疑不去,大则类卫伋之诛⑤,小则同楚建之逐⑥,虽欲勿让,君亲其立诸?且太王之殂,太伯来赴⑦,季历承考遗命⑧,推让厥昆⑨。太伯以形质已残,有辞获免⑩。原夫毁兹玉体,从彼被发者,本以外绝嫌疑,内释猜忌,譬雄鸡自断其尾,用获免于人牺⑪者焉。又案《春秋》,晋士芬见申生之将废⑫也,曰:为吴太伯,犹有令名。斯则太伯、申生,事如一体。直以出处有异,故成败不同。若夫子之论太伯也,必美其因病成妍⑬,转祸为福,斯则当矣。如云"可谓至德"者,无乃谬为其誉乎?其疑九也。

　　[注释]①太伯……民无得而称焉:见《论语·泰伯》篇。太伯,周文王伯

父,古公亶父之长子。　②《吕氏春秋》所载云云:下边所谓出自《吕氏春秋》的话,见于今本《吴越春秋·吴太伯传》:"古公三子,长曰太伯,次曰仲雍,雍一名吴仲,少曰季历。季历娶妻太任氏,生子昌。昌有圣瑞。古公知昌圣,欲传国以及昌,曰:'兴王业者,其在昌乎?'因更名曰季历。太伯、仲雍望风知指,曰:'历者,适也。'知古公欲以国及昌。古公病,二人托名采药于衡山,遂之荆蛮。断发文身,为夷狄之服,示不可用。古公卒,太伯、仲雍归,赴丧毕,还荆蛮。"　③太王钟爱厥孙,将立其父:太王因钟爱孙子而欲立孙之父。　④地实妨贤:太伯因为是长子,其地位妨碍弟弟季历继承王位。　⑤卫伋之诛:《史记·卫世家》载:卫宣公为太子伋娶妻齐女,却又霸占了齐女,生寿、朔二子。后来齐女与两个孩子合谋谗害伋,教唆宣公派伋出使齐国,而使人在边界上杀害了伋。刘知幾以此事来喻指太伯妨害季历,有可能会有像伋一样的后果。　⑥楚建之逐:《左传·昭公十九年》载:楚灵王替太子建娶妻秦女,派遣少师费无极去秦国迎亲,费无极却怂恿楚灵王自娶秦女,并将太子软禁。费无极接着又造谣说建将叛乱,灵王乃命人杀建,建逃往宋国。　⑦太伯来赴:古公亶父死,太伯归来奔丧。　⑧承考遗命:季历秉承父亲意志。　⑨推让厥昆:推让其兄弟。昆,兄弟。　⑩有辞获免:有理由获免。　⑪雄鸡自断其尾,用获免于人牺:雄鸡自残,断去尾巴,是为了逃避做人的祭品。《左传·昭公二十二年》载有此事。　⑫晋士蒍(wěi)见申生之将废:《左传·闵公元年》载,晋太子申生率军灭亡了耿、霍、魏诸国,回来后晋献公命人为太子修筑曲沃城。这时,大夫士蒍便劝太子离开晋国以保全生命。士蒍说,你身为太子,却要给你建城,给一个大夫的待遇,说明你不能再做晋侯了。不如趁早逃走,免得罪祸临头。　⑬因病成妍:因病而变得美丽,意谓因祸得福。

　　《尚书·金縢》篇云:"管、蔡流言,公将不利于孺子①。"《左传》云:"周公杀管叔而放蔡叔②,夫岂不爱,王室故也。"案《尚书·君奭》篇《序》云:"召公为保,周公为师,相成王,为左右。召公不说③。"斯则旦行不臣之礼④,挟震主之威⑤,迹居疑似⑥,坐招讪谤⑦。虽奭以亚圣⑧之德,负明允之才⑨,目睹其事,犹怀愤懑。况彼二叔⑩者,才处中人,地居下国,侧闻异议,能不怀猜?原其推戈反噬⑪,事由误我⑫。而周公自以不諴⑬,遽加显戮,与夫汉代之赦淮南⑭,宽阜陵⑮,一何远哉!斯则周公于友于⑯之义薄矣。而《书》之所述,用为美谈者,何哉?其疑十也。

[注释]①管、蔡流言,公将不利于孺子:武王死后,管叔、蔡叔和他们几个弟兄在国内散布谣言,说周公将做不利于年幼的成王的事情。 ②周公杀管叔而放蔡叔:周公杀管叔而流放蔡叔。《史记·周本纪》:"周公奉成王命,伐诛武庚、管叔,放蔡叔。" ③召公不说:此句言召公奭对周公的摄政表示不满。 ④旦行不臣之礼:周公旦做的事已经不是一个臣子作为。 ⑤挟震主之威:挟持使帝王震惊的威权。 ⑥迹居疑似:处在使人可疑的地位。 ⑦坐招讪谤:因此招来诽谤。坐,因此。 ⑧亚圣:仅次于圣人的人。 ⑨负明允之才:具有精明、诚实的素质。 ⑩二叔:即管叔鲜、蔡叔度。 ⑪推戈反噬:举戈作乱。噬,吞咬,此处作一般性的杀害讲。 ⑫事由误我:出于自己的误会。 ⑬不諴:不和睦。諴,浦注:当作"咸"。 ⑭汉代之赦淮南:西汉文帝时对淮南厉王刘长的处理。刘长是刘邦少子,骄傲自恃,后以谋反判死刑,文帝赦免其死罪,废为庶民。事见《汉书·淮南衡山济北王传》。 ⑮宽阜陵:汉光武帝之子淮阳王刘延,造作图谶祝诅上,死罪,明帝特加宽宥,徙为阜陵王。后来又有人告他谋反,章帝贬他为侯。后章帝巡游至九江,知道他已悔悟,又恢复了他的王位。见《后汉书·光武十王列传》。 ⑯友于:兄弟的代称。

大抵自《春秋》以前,《尚书》之世,其作者述事如此。今取其正经雅言①,理有难晓,诸子异说,义或可凭,参而会之,以相研核。如异于此,则无论焉。夫远古之书,与近古之史,非唯繁约不类,固亦向背皆殊②。何者?近古之史也，言唯详备，事罕甄择。使夫学者睹一邦之政，则善恶相参；观一主之才，而贤愚殆半。至于远古则不然。夫其所录也，略举纲维，务存褒讳③，寻其终始，隐没者多。尝试言之，向使汉、魏、晋、宋之君生于上代，尧、舜、禹、汤之主出于中叶，俾史官易地而书，各叙时事，校其得失，固未可量④。若乃轮扁⑤称其糟粕，孔氏述其传疑⑥，孟子曰⑦：尽信《书》，不如无《书》。《武成》之篇，吾取其二三简。推此而言，则远古之书，其妄甚矣。岂比夫王沈之不实，沈约之多诈，若斯而已矣。

[注释]①正经雅言：正经指儒家经典，雅言指正确的言论。 ②向背皆殊：向背，赞成与反对。殊，不同。 ③褒讳：褒贬与避讳。 ④固未可量：不可推测。 ⑤轮扁：造轮的工匠扁。扁，人名。 ⑥孔氏述其传疑：指《论语·为政》篇孔子语："多闻阙疑，慎言其余。" ⑦孟子曰：以下孟子的两句话，见《孟子·尽心下》："尽信《书》，则不如无《书》。吾于《武成》，取二三策而已矣。仁人无敌于天下，以至仁伐至不仁，而何其血之流杵也？"《武成》，《尚书》篇名。

惑经第四

昔孔宣父以大圣之德，应运而生，生人已来，未之有也。故使三千弟子、七十门人，钻仰不及①，请益无倦②。然则尺有所短，寸有所长，其间切磋酬对，颇亦互闻得失。何者？睹仲由之不悦，则矢天厌以自明③；答言偃之弦歌，则称戏言以释难④。斯则圣人设教，其理含弘⑤，或援誓以表心，或称非⑥以受屈。岂与夫庸儒末学，文过饰非，使夫问者缄辞杜口，怀疑不展⑦，若斯而已哉？嗟夫！古今世殊，师授路隔，恨不得亲膺洒扫⑧，陪五尺之童⑨；躬奉德音，抚四科之友⑩。而徒以研寻蠹简，穿凿遗文，菁华久谢，糟粕为偶。遂使理有未达，无由质疑。是用握卷踟蹰，挥毫悱愤⑪。傥梁木斯坏⑫，魂而有灵，敢效接舆之歌⑬，辄同林放之问⑭。但孔氏之立言行事，删《诗》赞《易》，其义既广，难以具论。今惟摭其史文，评之于后。

[注释]①钻仰不及：钻研、仰慕都无法达到。语出《论语·子罕》篇："颜渊喟然叹曰：'仰之弥高，钻之弥坚。瞻之在前，忽焉在后。夫子循循然善诱人，博我以文，约我以礼，欲罢不能。既竭吾才，如有所立卓尔，虽欲从之，末由也已。'"②请益无倦：请益，请给予增加。无倦，不要懈怠。请益无倦不是一个概念，是提示一个故事：子路向孔子请教如何为政，孔子说要先教化百姓，再役使百姓。子路请孔子再多讲一点，子曰不要懈怠。见《论语·子路》篇。③矢天厌以自明：通过发誓来表白自己。孔子去见以淫乱名世的卫灵公妻子南子，学生子路很不高兴，孔子就发誓说：如果我干了不正当的事，就让上天来谴责我吧！事见《论语·雍也》篇。④称戏言以释难：事见《论语·阳货》篇："子之武城，闻弦歌之声。夫子莞尔而笑，曰：'割鸡焉用牛刀？'子游对曰：'昔者偃也闻诸夫子曰：君子学道则爱人，小人学道则易使也。'子曰：'二三子！偃之言是也。前言戏之耳。'"孔子言"割鸡焉用牛刀"，是说武城这个小地方，还用得着通过音乐进行教化吗？这是一句戏言。⑤含弘：包罗宏富。⑥称非：自认有过失。⑦缄辞杜口，怀疑不展：闭口不言，疑问无法消除。不展，不能消除。⑧亲膺洒扫：喻指亲执弟子之礼，充当洒扫之役。《论语·子张》篇："子游曰：'子夏之门人小子，当洒扫应对进退，则可矣，抑末也。本之则无如之何？'"⑨五尺之童：学童，喻弟子门人。《汉书·董仲舒传》："是以仲尼之门，五尺之童，羞称五霸。"⑩抚四科之友：陪伴孔子的四科弟子。四科可以有两种解释，一是孔子教学四个方面的内容，即《论语·述而》所言："子以四教：文，行，忠，信。"二是指孔子弟子中出类拔萃的四方面人才，如《论语·先进》所言："德行：颜渊、闵子骞、冉伯

牛、仲弓。言语:宰我、子贡。政事:冉有、季路。文学:子游、子夏。" ⑪悱愤:悱,想说而不能明确说出来。愤,想求明白而不得。 ⑫梁木斯坏:栋梁摧折,喻伟人谢世。 ⑬接舆之歌:见《论语·微子》篇:"楚狂接舆歌而过孔子曰:'凤兮凤兮,何德之衰?往者不可谏,来者犹可追。已而已而!今之从政者殆而!'" ⑭林放之问:见《论语·八佾》篇:林放问礼之本。子曰:"大哉问!"孔子肯定林放所问意义重大。

何者?赵孟以无辞伐国,贬号为人①;杞伯以夷礼来朝,降爵称子②。虞班晋上,恶贪贿而先书③;楚长晋盟,讥无信而后列④。此则人伦臧否⑤,在我笔端,直道而行,夫何所让⑥?奚为齐、郑及楚,国有弑君,各以疾赴,遂皆书卒⑦?夫臣弑其君,子弑其父,凡在含识⑧,皆知耻惧。苟欺而可免,则谁不愿然?且官为正卿,反不讨贼⑨;地居冢嫡,药不亲尝⑩。遂皆被以恶名,播诸来叶⑪。必以彼三逆⑫,方兹二弑⑬,躬为枭獍,则漏网遗名⑭;迹涉瓜李,乃凝脂显录⑮。嫉恶之情,岂其若是?其所未谕一也。

[注释]①贬号为人:此句指《春秋》宣公二年的晋大夫赵孟率诸侯军队的伐郑事件。赵孟没有正当的理由而行征伐之事,《春秋》贬之。见《春秋》宣公二年:"夏,晋人、宋人、卫人、陈人侵郑。"杜预注曰:"晋赵盾与诸侯之师畏楚而还,失霸者之义,故贬称人。" ②降爵称子:《春秋·僖公二十七年》:"杞子来朝。"《左传》曰:"杞宣公来朝,用夷礼,故称子。"杞国是周的同姓诸侯国,侯爵,而却用夷礼,故称杞子,而不称杞侯,贬之。 ③恶贪贿而先书:春秋僖公二年,晋师借道于虞国,并邀请虞国一道伐虢,《春秋·僖公二年》记曰:"虞师、晋师灭下阳。"所以要把虞师写在晋师的前边,是厌恶虞国的贪贿。 ④讥无信而后列:讥讽楚国的无信而列在后面。襄公二十七年,晋、楚、蔡、卫、陈、郑、许、曹等诸侯国会盟,晋、楚争先歃血,最后晋同意由楚国先歃血。《春秋》在记载这件事的时候,则先书晋而后写楚:"夏,叔孙豹会晋赵武、楚

屈建、蔡公孙归生、卫石恶、陈孔奂、郑良霄、许人、曹人于宋。"所以这样,是孔子为了褒扬晋的信义。 ⑤臧否:褒贬,评价。 ⑥让:谴责。 ⑦遂皆书卒:对于齐、郑及楚三国的弑君事件,国君之死都书为"卒",这是不合乎《春秋》之义例的。《史通》原注曰:"襄七年郑子驷弑其君僖公;昭元年,楚公子围弑其君郑敖;哀公十年,齐人弑其君悼公。而《春秋》但书云:'郑伯髡顽卒,楚子麇卒,齐侯阳生卒。" ⑧凡在含识:只要是明白事理的人。 ⑨官为正卿,反不讨贼:春秋时期的所谓"赵盾弑其君"事件。赵盾本不弑君,他为了逃避晋灵公的迫害而出逃,尚未逃出国境,听到了晋灵公被诛杀的消息,又重返国都。结果,《春秋》则书曰:"晋赵盾弑其君夷皋。"理由是,赵盾是国之正卿,而没有及时缉拿弑君的凶手。见《左传·宣公二年》。 ⑩地居冢嫡,药不亲尝:昭公二十七年,许悼公病,饮太子止之药,卒。太子奔晋,《春秋》就把此事书成是"弑其君"。理由是太子止药没有亲尝,致君亡命。冢嫡,长子。 ⑪播诸来叶:传之于后世。 ⑫三逆:指上举齐、郑、楚三国的弑君事件。 ⑬方兹二弑:二弑指赵盾和许太子止。方,比较。 ⑭躬为枭獍,则漏网遗名:对于齐、郑、楚三国的弑君事件,《春秋》则只记其国君"卒",而不记其弑君之元凶。枭,鸟名,相传是食母之鸟。獍(jìng),兽名,食父之兽。此处喻指三国的弑君元凶。 ⑮迹涉瓜李,乃凝脂显录:像赵盾和许止,所谓"弑其君",则只是一种推测、怀疑,而《春秋》则大书特书。迹涉瓜李,意谓行迹引起怀疑。

又案齐乞野幕之戮①,事起阳生;楚比干溪之缢②,祸由观从。而《春秋》捐其首谋③,舍其亲弑④,亦何异鲁酒薄而邯郸围⑤,城门火而池鱼及。必如是,则邾之阍者私憾射姑,以其君卞急而好洁,可行欺以激怒,遂倾瓶水以沃庭,俾废垆而烂卒⑥。斯亦罪之大者,奚不书弑乎?其所未谕二也。

[注释]①齐乞野幕之戮:《左传·哀公六年》记,齐大夫陈乞、鲍牧等举兵攻入国君的宫室,国君被控制。陈僖子召公子阳生回国,立为悼公。悼公

派人把在位不到一年的幼君安孺子荼迁移到骀地,还没有到骀地,就将其杀死于野外的帐篷里。对于这件事,《春秋》却记曰:"齐阳生入于齐,齐陈乞弑其君荼。" ②楚比干溪之缢:《左传·昭公十三年》载,楚灵王游猎于干溪,诸大夫有怨于王者则怂恿越大夫常寿作乱。流亡在蔡国的观从奉蔡公之命召子干、子晳入楚,杀太子禄、公子罢敌,拥立公子比为王。观从率军干溪,楚灵王遂被人勒死。对于这件事,《春秋》则记曰:"楚公子比自晋归楚,弑其君虔于干溪。" ③《春秋》捐其首谋:《春秋》记事抛开了策划政变的首犯。 ④舍其亲弑:舍去了直接杀人的凶犯。 ⑤鲁酒薄而邯郸围:典故,见《庄子·胠箧》篇。楚宣王会盟诸侯,鲁君来迟,并且带来的酒薄,楚宣王想侮辱鲁君,鲁君不辞而别。宣王发怒,要攻打鲁国。梁国与赵国有隙,早就想攻打赵国,但惧怕楚国救赵而没有找到机会。现在楚国攻打鲁国,梁国就有了进攻赵国的机会。邯郸,赵之国都。 ⑥邾之闻者……废炉而烂卒:这一事件,载于《左传·定公三年》:邾庄公在门台上观看外廷,看门人用瓶子盛水洒在廷上。邾庄公见了大怒,看门人说:"夷射姑在这里小便。"邾庄公命令人把夷射姑抓起来。没有抓到,邾庄公更加愤怒,自己从床上跳下去,倒在炉子里的炭火上,被烫伤溃烂而死。邾庄公脾气急躁而有洁癖,所以发生了这样的事。

盖明镜之照物也,妍媸必露,不以毛嫱之面或有疵瑕①,而寝其鉴②也;虚空之传响③也,清浊必闻,不以绵驹之歌④时有误曲,而辍其应⑤也。夫史官执简,宜类于斯。苟爱而知其丑,憎而知其善,善恶必书,斯为实录。观夫子修《春秋》也,多为贤者讳。狄实灭卫⑥,因桓耻而不书;河阳召王,成文美而称狩⑦。斯则情兼向背,志怀彼我。苟书法其如是也,岂不使为人君者,靡惮宪章⑧,虽玷白圭,无惭良史也乎?其所未谕三也。

[注释]①毛嫱之面或有疵瑕:美人的面颊而有了瘢痕。毛嫱,古代美女,有说是越王美姬。 ②寝其鉴:照不着。寝,停止。 ③虚空之传响:空

气之传送声音。　④绵驹之歌：善歌者的美妙歌声。绵驹,齐国著名歌手。⑤辍其应：停止其回声。　⑥狄实灭卫：鲁闵公二年,狄人入侵并灭亡卫国。齐桓公没有尽到攘夷的责任,为贤者讳,《春秋》便将此事记作"狄入卫。"⑦成文美而称狩：僖公二十八年,晋侯召周天子到河阳参加诸侯国盟会,晋侯以臣召君违背礼法,《春秋》为晋侯讳,则记曰："天王狩于河阳。"狩,巡察,打猎。　⑧靡惮宪章：不惧怕法令制度。靡,不。惮,惧怕。宪章,法令制度。

哀八年及十三年,公再与吴盟,而皆不书。桓二年,公及戎盟则书之。戎实豺狼,非我族类①。夫非所讳而仍讳,谓当耻而无耻,求之折衷,未见其宜。其所未谕四也。

[注释]①戎实豺狼,非我族类：语出《左传·闵公元年》："管敬仲言于齐侯曰：'戎狄豺狼,不可厌也。诸夏亲昵,不可弃也。'"《左传·成公四年》："史佚之《志》有之,曰：'非我族类,其心必异。'"

诸国臣子,非卿不书,必以地来奔①,则虽贱亦志。斯岂非国之大事,不可限以常流②者耶？如阳虎盗入于讙,拥阳关而外叛③,《传》具其事,《经》独无闻,何哉？且弓玉中亡,犹获显记；城邑失守,反不沾书。略大存小,理乖惩劝。其所未谕五也。

[注释]①以地来奔：举其土地投降,以城邑或封地归并鲁国。　②常流：通例。　③阳虎盗入于讙,拥阳关而外叛：季氏家臣阳虎叛乱之事,见《左传·定公八年》。讙(huān),今山东宁阳县北。阳关,今山东泰安县东南。叛乱过程中,阳虎进入公宫拿了国君的宝玉、大弓。对于这件事,《春秋》仅记"盗窃宝玉大弓"六字。

案诸侯世嫡,嗣业居丧,既未成君,不避其讳。此《春秋》之例也。何为般、野之殁①,皆以名书;而恶、视之殂②,直云"子卒"。其所未谕六也。

[注释]①般、野之殁:般,即子般,鲁庄公之子。野,即子野,鲁襄公之子。两人都是死于在居丧期间,《春秋》书其名,庄公三十二年记"子般卒",襄公三十一年记"子野卒"。 ②恶、视之殂:恶、视都是鲁文公之子,未及立而被杀,《春秋》记曰"子卒",而不书名。体例不一。

凡在人伦不得其死者,邦君已上皆谓之弑,卿士以上通谓之杀。此又《春秋》之例也。案桓二年,书曰:"宋督弑其君与夷及其大夫孔父"。僖十年,又曰:"晋里克弑其君卓及其大夫荀息"。夫臣当为杀,而称及,与君弑同科。苟弑、杀不分,则君臣靡别者矣。其所未谕七也。

夫臣子所书,君父是党①,虽事乖正直,而理合名教。如鲁之隐、桓戕弑②,昭、哀放逐③,姜氏淫奔④,子般夭酷⑤。斯则邦之孔丑⑥,讳之可也。如公送晋葬⑦,公与吴盟⑧,为齐所止⑨,为邾所败⑩,盟而不至⑪,会而后期,并讳而不书,岂非烦碎之甚?且案汲冢竹书《晋春秋》及《纪年》之载事也,如重耳出奔⑫,惠公见获⑬,书其本国,皆无所隐。唯《鲁春秋》之记其国也,则不然。何者⑭?国家事无大小,苟涉嫌疑⑮,动⑯称耻讳,厚诬来世,奚独多乎!其所未谕八也。

[注释]①君父是党:偏袒本国国君。 ②鲁之隐、桓戕弑:隐公十一年,鲁大夫羽父杀害隐公,拥立弗湟子允,是为桓公。隐公被杀应书"弑",而《春秋》书曰"公薨"。桓公十八年,公与文姜去齐国,齐侯与文姜私通,齐侯使公

子彭生为桓公驾车,谋害桓公于车中,《春秋》也记曰"公薨于齐"。　③昭、哀放逐:昭公二十五年,昭公被大夫季氏击败,逃往齐国。《春秋》讳曰:"公孙于齐。"而不用逃或奔。哀公二十七年,哀公欲铲除三桓,而遭致失败,逃往邾国,《左传》记曰"因孙于邾"。此事在《春秋》记事下限以后,《春秋》不载,是刘知幾行文骈偶尔顺笔提到。　④姜氏淫奔:即文姜私通齐侯。　⑤子般夭酷:前文所注鲁庄公之子的夭折。夭,夭折。酷,被杀害。　⑥邦之孔丑:国家之奇耻大辱。孔丑,大丑事。　⑦公送晋葬:成公十八年,成公到晋国,被晋人强行留下,为晋侯送葬,是鲁国人的耻辱。《春秋》记曰:"晋侯獳卒,公如晋。"而讳言送葬事。　⑧公与吴盟:哀公八年,鲁公与吴国会盟,因吴为夷国,诸侯耻之而《春秋》不书。　⑨为齐所止:僖公十二年,僖公与齐侯、宋公、陈侯、卫侯、郑伯、许男、邢侯、曹伯等会盟于淮,僖公被齐侯扣留,第二年才释放回国。此事《春秋》记曰"公至自会",不言被执。　⑩为邾所败:僖公二十二年,鲁伐邾,却被邾人大败于升陉。邾人夺获僖公的甲胄,悬挂于城门。《春秋》记曰"及邾人战于升陉",而讳言败绩。　⑪盟而不至:文公十七年,参加诸侯会盟,后至而不书其国名,仅记曰"公会诸侯,晋大夫盟于扈"。　⑫重耳出奔:重耳出奔于蒲,前文有注。　⑬惠公见获:《左传·僖公十五年》:秦、齐两国护送公子夷吾回到晋国,夷吾即位为惠公。后来惠公背信弃义,得罪于秦。秦穆公伐晋,大败晋军,并俘虏了惠公。　⑭何者:为了什么。　⑮苟涉嫌疑:只要有涉及礼教名分的嫌疑。　⑯动:动辄。

　　案昭十二年,齐纳北燕伯于阳①。"伯于阳"者何②?公子阳生也③。子曰④:"我乃知之矣"。在侧者曰:"子苟知之,何以不革⑤?"曰:"如尔所不知何⑥?"夫如是⑦,夫子之修《春秋》,皆遵彼乖僻,习其讹谬,凡所编次,不加刊改者矣。何为其间则一褒一贬,时有弛张;或沿或革,曾无定体。其所未谕九也。

　　[注释]①齐纳北燕伯于阳:《春秋·昭公十二年》记曰:"十有二年春,齐高偃帅师纳北燕伯于阳。"此事原委,北燕燕简公多嬖宠臣,大夫比杀尽宠

臣,燕简公逃往齐国。后来齐国命大夫高偃护送简公回到燕国的阳地。这件事记为"齐高偃帅师纳北燕伯于阳"很不好理解。　②"伯于阳"者何:"伯于阳"如何理解?　③公子阳生也:这是《公羊传》的解释。他认为,"伯于阳"就是燕简公子阳生。何休的《公羊解诂》又注曰:"案《史记》,知'公'误为'伯','子'误为'于','阳'在'生'刊灭。"照此理解,"伯于阳"应改为"公子阳生"。但是修改之后的"齐高偃帅师纳北燕公子阳生"又如何理解呢?实际上,《春秋》原文大概只是错了一个字,即误"公"为"伯"而已。燕简公公爵而非伯爵。　④子曰:孔子曰。孔子说他知道这是个错误。　⑤子苟知之,何以不革:有人质疑孔子,既然知道,你的《春秋》为什么还这样写呢?　⑥如尔所不知何:孔子说,这是有意保存了前人的错误,以告诉后人不可强改前人之非,以养成主观臆测的毛病。当然,这都是《公羊传》的解释。　⑦夫如是:下边的话,是刘知幾对孔子的质疑。

又书事之法,其理宜明。使读者求一家之废兴,则前后相会;讨一人之出入,则始末可寻。如定六年,书"郑灭许,以许男斯归。"而哀元年,书"许男与楚围蔡。"夫许既灭矣,君执家亡,能重列诸侯,举兵围国者何哉?盖其间行事,必当有说。《经》既不书,《传》又阙载,缺略如此,寻绎难知。其所未谕十也。

案晋自鲁闵公已前,未通于上国①。至僖二年,灭下阳②已降,渐见于《春秋》。盖始命行人自达于鲁也,而《琐语》《春秋》载鲁国闵公时事,言之甚详。斯则闻事必书③,无假相赴④者也。盖当时国史,它皆仿此。至于夫子所修也则不然。凡书异国,皆取来告⑤。苟有所告,虽小必书;如无其告,虽大亦阙。故宋飞六鹢⑥,小事也,以有告而书之;晋灭三邦⑦,大事也,以无告而阙之。用使巨细不均,繁省失中,比夫诸国史记,奚事独为疏阔⑧?寻兹例之作也,盖因周礼旧法,鲁策成文⑨。夫子既撰不刊之书,为后王之则,岂可仍其过失,而不中规矩者乎⑩?其所未谕十一也。

[注释]①通于上国:通,友好往来。上国,指鲁国,是对本国的一种尊称。上,浦注:当作"宗"。 ②灭下阳:僖公二年,晋、虞两国讨伐虢国,夺占了虢国的下阳。事见《左传·僖公二年》。 ③闻事必书:指晋国国史《晋春秋》。 ④无假相赴:不需要有诸侯国的通告。赴,通告。 ⑤皆取来告:指鲁国国史的记事原则,外国事必有来告方书。 ⑥宋飞六鹢:《春秋·僖公二年》记:"十有六年春……六鹢退飞,过宋都。" ⑦晋灭三邦:《史通》原注:"谓灭耿、灭魏、灭霍也。"参见《左传·闵公元年》。 ⑧奚事独为疏阔:为何鲁国国史记事就如此粗略? ⑨鲁策成文:鲁国国史记事粗略的问题,是鲁国一些已形成的传统所决定的。 ⑩夫子既撰不刊……而不中规矩者乎:孔子既然要撰写能够久远传世的经典,并为后人提供写史的准则,怎么可以为传统的缺失所囿而不更加规范呢?

盖君子以博闻多识为工,良史以实录直书为贵。而《春秋》记它国之事,必凭来者之辞;而来者所言,多非其实。或兵败而不以败告,君弑而不以弑称,或宜以名而不以名,或应以氏而不以氏,或春崩而以夏闻,或秋葬而以冬赴。皆承其所说而书,遂使真伪莫分,是非相乱。其所未谕十二也。

凡所未谕,其类尤多,静言思之,莫究所以。岂"夫子之墙数仞,不得其门①"者欤?将"某也幸,苟有过,人必知之②"者欤?如其与夺③,请谢不敏。

[注释]①夫子之墙数仞,不得其门:语出《论语·子张》:"夫子之墙数仞,不得其门而入……得其门者或寡矣。"这是子贡言孔子之学高深。刘知幾意谓,以上诸多问题,难道是我们没有理解孔子的缘故吗? ②某也幸,苟有过,人必知之:语出《论语·述而》:"丘也幸,苟有过,人必知之。"是孔子在听到别人对他的批评时所说。 ③与夺:评论其是非曲直。

又世人以夫子固天攸纵,将圣多能,便谓所著《春秋》,善无不备。而审形者少,随声者多,相与雷同,莫之指实。权而为论,其虚美者有五焉。

案古者国有史官,具列时事,观汲坟出记①,皆与鲁史符同。至如周之东迁,其说稍备;隐、桓已上,难得而详。此之烦省,皆与《春秋》不别。又"获君曰止②","诛臣曰刺","杀其大夫曰杀","执我行人","郑弃其师","陨石于宋五"。诸如此句,多是古史全文。则知夫子之所修者,但因其成事,就加雕饰,仍旧而已,有何力哉③?加以史策有阙文,时月有失次,皆存而不正,无所用心,斯又不可殚说④矣。而太史公云:夫子"为《春秋》,笔则笔,削则削,游、夏之徒,不能赞一辞⑤。"其虚美一也。

[注释]①汲坟出记:汲冢所出竹书,《竹书纪年》或《汲冢琐语》。②获君曰止:俘虏了诸侯国国君,讳言"获",而言"止",这是传统的所谓春秋笔法。下边几句,都是讲在记事笔法问题上,汲冢书同于《春秋》,非《春秋》所独有。 ③有何力哉:能看出什么功力呢? ④殚说:尽说。 ⑤为《春秋》……不能赞一辞:见《史记·孔子世家》。

又案宋襄公执滕子而诬之以得罪①,楚灵王弑郑敖而赴之以疾亡②,《春秋》皆承告而书,曾无变革③。是则无辜者反加以罪,有罪者得隐其辜,求诸劝戒,其义安在?而左丘明论《春秋》之义云:"或求名而不得,或欲盖而名彰","善人劝焉,淫人惧焉"。其虚美二也。

[注释]①宋襄公执滕子而诬之以得罪:滕子,滕宣公名。《春秋·僖公十九年》载:"十有九年春王三月,宋人执滕子婴齐。"按《春秋》义例,凡君不道,诸侯讨伐,为"执",凡书"执",即是罪在被执之人。而根据《左传》的阐述,宋襄公执滕宣公的所谓"执",则罪在襄公,滕宣公是被诬为罪人。 ②楚灵王弑郏敖而赴之以疾亡:本是弑君而告之以"疾亡"。《左传·昭公元年》载:昭公元年冬十一月,楚公子围趁楚灵王有病将其绞死,葬于郏地,并赴诸侯国告知楚灵王因病而亡。对于此事,《春秋》则按楚的告知而书,不去明察事实的真相。 ③承告而书,曾无变革:《春秋》对各国的告书,不辨真假,一概照书。

又案《春秋》之所书,本以褒贬为主。故《国语》晋司马侯对其君悼公曰:"以其善行,以其恶戒,可谓德义矣。"公曰:"孰能?"对曰:"羊舌肸习于《春秋》。"至于董狐书法(浦注:疑当作"弑")而不隐,南史执简而累进,又宁殖出君①,而卒自忧名在策书。故知当时史臣各怀直笔,斯则有犯必死,书法无舍者矣。自夫子之修《春秋》也,盖他邦之篡贼其君者有三②,本国之弑逐其君者有七③,莫不缺而靡录,使其有逃名者。而孟子云:"孔子成《春秋》,乱臣贼子惧④。"无乃乌有之谈欤?其虚美三也。

[注释]①宁殖出君:见《左传·襄公二十年》:"卫宁惠子疾,召悼子曰:'吾得罪于君,悔而无及也。名藏在诸侯之策,曰:"孙林父、宁殖出其君。"君入则掩之。若能掩之,则吾子也。若不能,犹有鬼神,吾有馁而已,不来食

矣。'悼子许诺,惠子遂卒。"文中的宁惠子,即是宁殖。宁惠子要其儿子悼子帮助国君回国,已挽回他"出其君"的恶名。　②他邦之篡贼其君者有三:指前文所列齐、郑、楚三国的弑君事件。　③本国之弑逐其君者有七:《史通》原注:"隐、闵、般、恶、视五君被弑,昭、哀二主被逐也。"　④孔子成《春秋》,乱臣贼子惧:语出《孟子·滕文公下》,是对《春秋》警戒作用的溢美之词。

又案《春秋》之文,虽有成例①,或事同书异,理殊画一②。故太史公曰:"孔氏著《春秋》,隐、桓之间则彰,至定、哀之际则微,为其切当世之文,而罔褒讳之辞也。"斯则危行言逊,吐刚茹柔,推避以求全,依违以免祸③。而孟子云:"孔子曰:'知我者其惟《春秋》乎,罪我者其惟《春秋》乎'。"其虚美四也。

[注释]①成例:既定的记事义例。　②理殊画一:道理和体例不一致。③推避以求全,依违以免祸:逃避文祸以保全自身。推避,推脱躲闪。依违,唯唯否否,模棱两可的意思。

又案赵穿杀君而称宣子之弑①,江乙亡布而称令尹所盗②。此则春秋之世,有识之士莫不微婉其辞,隐晦其说。斯盖当时之恒事,习俗所常行。而班固云:"仲尼殁而微言绝③。"观微言之作,岂独宣父者邪?其虚美五矣。

[注释]①赵穿杀君而称宣子之弑:所谓"赵盾弑其君"事件,宣子即赵宣子赵盾。　②江乙亡布而称令尹所盗:参见刘向《列女传·楚江乙母传》:楚共王时,有人入王宫行窃,楚令尹则处罚郢大夫江乙。后来江乙母亲丢失了布,她便向楚王告发令尹偷布。楚王说此事令尹实在不知,江乙母亲则说,我儿子因王宫失盗被罢官,难道他知道谁是盗贼吗?请大王明察。　③仲尼殁而微言绝:语出《汉书·艺文志》。微言,精深微妙的言辞。

考兹众美,征其本源①,良由达者②相承,儒教传授,既欲神其事,故谈过其实。语曰:"众善之,必察焉③。"孟子曰④:"尧、舜不胜其美,桀、纣不胜其恶。"寻世之言《春秋》者,得非睹众善而不察,同尧、舜之多美者乎?

[注释]①征其本源:追溯其根源。 ②达者:有权威的人。 ③众善之,必察焉:语出《论语·卫灵公》:"子曰:'众恶之,必察焉;众好之,必察焉。'" ④孟子曰:孟子这段话不见于今本《孟子》,而见于《风俗通义》卷二:"孟轲云:'尧、舜不胜其美,桀、纣不胜其恶。'"

昔王充设论,有《问孔》之篇,虽《论语》群言,多见指摘,而《春秋》杂义,曾未发明。是用广彼旧疑,增其新觉,将来学者,幸为详之。

申左第五

古之人言《春秋》《三传》者多矣。战国之世,其事罕闻。当前汉专用《公羊》,宣皇已降,《穀梁》又立于学①。至成帝世,刘歆始重《左氏》,而竟不列学官②。大抵自古重两传而轻《左氏》者固非一家,美《左氏》而讥两传者亦非一族③。互相攻击,各用朋党,嗫嚅纷竞④,是非莫分。然则儒者之学,苟以专精为主,止于治章句、通训释,斯则可矣。至于论大体⑤,举宏纲,则言罕兼统,理无要害。故使今古疑滞莫得而申者焉。

[注释]①《穀梁》又立于学:西汉甘露三年,立《穀梁春秋》为官学。见《汉书·宣帝纪》:甘露三年三月,"诏诸儒讲《五经》同异,太子太傅萧望之等

平奏其议,上亲称制临决焉。乃立梁丘《易》、大小夏侯《尚书》、穀梁《春秋》博士。" ②竟不列学官:《汉书·儒林传》载,哀帝建平元年,刘歆以光禄大夫领五经身份,奏请建立《左氏春秋》于学官,受到诸博士的反对。刘歆移书责问诸博士,大司空师丹奏刘歆非毁先帝所立,哀帝则贬刘歆为河内太守,《左氏》竟不立。 ③亦非一族:亦不是一家。《左氏春秋》的传播源流,见《汉书·艺文志》。 ④哤聒纷竞:纷乱嘈杂的状况。哤(máng),纷乱之状。聒(guō),声音嘈杂。 ⑤大体:微言大义。

必扬榷①而论之,言传者固当以《左氏》为首。但自古学《左氏》者,谈之又不得其情。如贾逵撰《左氏长义》,称在秦者为刘氏②,乃汉室所宜推先。但取悦当时,殊无足采。又案桓谭《新论》曰:"《左氏传》于《经》,犹衣之表里。"而《东观汉记》陈元奏云:"光武兴立《左氏》,而桓谭、卫宏并共诋訾③,故中道而废。"班固《艺文志》云:丘明与孔子观鲁史记而作《春秋》,有所贬损,事形于《传》,惧罹时难,故隐其书。末世口说流行,遂有《公羊》、《穀梁》、《邹氏》、《夹氏》诸传。而于《固集》④复有难《左氏》九条三评等科。夫以一家之言,一人之说,而参差相背⑤,前后不同。斯又不足观也。

[注释]①扬榷:大体,概括。 ②贾逵撰《左氏长义》,称在秦者为刘氏:事见《后汉书·郑范陈贾张列传》:"肃宗立,降意儒术,特好《古文尚书》、《左氏传》。建初元年,诏逵入讲北宫白虎观、南宫云台。帝善逵说,使发出《左氏传》大义长于二传者。逵于是具条奏之曰:'臣谨摘出《左氏》三十七事尤著明者,斯皆君臣之正义,父子之纪纲……《左氏》义深于君父,《公羊》多任于权变,其相殊绝,固以甚远,而冤抑积久,莫肯分明……《五经》家皆无以证图谶明刘氏为尧后者,而《左氏》独有明文。《五经》家皆言颛顼代黄帝,而尧不得为火德。《左氏》以为少昊代黄帝,即图谶所谓帝宣也。'"贾逵极言《左氏》

可以证明刘氏为尧之后,以"取悦当时"。又,《隋书·经籍志》著录有贾逵《春秋左氏长经》20卷。　③訾訾(zǐ):诋毁。　④《固集》:《班固集》,今存有辑轶本。　⑤参差相背:彼此矛盾,指《班固集》中难《左氏》之九条、三评,与班固《汉书·艺文志》中所言相矛盾。

夫解难者以理为本,如理有所阙,欲令有识心伏①,不亦难乎?今聊次其所疑,列之于后。

[注释]①欲令有识心伏:想让有识之人心服。心伏,同心服。

盖《左氏》之义有三长,而二传之义有五短。案《春秋》昭二年:韩宣子来聘,观书于太史氏,见《鲁春秋》,曰:"周礼尽在鲁矣。吾乃今知周公之德与周之所以王也。"然《春秋》之作,始自姬旦①,成于仲尼。丘明之《传》,所有笔削及发凡例,皆得周典,传孔子教,故能成不刊之书,著将来之法。其长一也。又案哀三年,鲁司铎火②,南宫敬叔命周人出御书③,其时于鲁文籍最备。丘明既躬为太史,博总群书,至如梼杌、纪年之流,《郑书》、《晋志》之类,凡此诸籍,莫不毕睹。其《传》广包它国,每事皆详。其长二也。《论语》子曰:"左丘明耻之,某亦耻之。"夫以同圣之才,而膺授经之托,加以达者七十,弟子三千,远自四方,同在一国,于是上询夫子,下访其徒,凡所采摭,实广闻见。其长三也。

[注释]①姬旦:周文王。　②鲁司铎火:鲁国的宫殿起火。司铎,宫殿名。　③南宫敬叔命周人出御书:南宫敬叔,周人,孔子弟子,掌周王典籍。御书,呈献给君主的书。

如榖梁、公羊者，生于异国，长自后来，语地则与鲁产相违，论时则与宣尼不接。安得以传闻之说，与亲见者争先者乎？譬犹近世，汉之太史，晋之著作，撰成国典，时号正书。既而《先贤》、《耆旧》、《语林》、《世说》，竞造异端，强书它事。夫以传自委巷，而将册府抗衡；访诸古老，而与同时并列①。斯则难矣。彼二传之方《左氏》，亦奚异于此哉？其短一也。《左氏》述臧哀伯谏桓纳鼎，周内史美其谠言②；王子朝告于诸侯，闵马父嘉其辨说③。凡如此类，其数实多。斯盖当时发言，形于翰墨；立名不朽，播于他邦。而丘明仍其本语，就加编次。亦犹近代《史记》载乐毅、李斯之文④，《汉书》录晁错、贾生之笔⑤。寻其实也，岂是子长稿削，孟坚雌黄所构者哉？观二传所载，有异于此。其录人言也，语乃龃龉⑥，文皆琐碎。夫如是者何哉？盖彼得史官之简书，此传流俗之口说，故使隆促⑦各异，丰俭不同。其短二也。寻《左氏》载诸大夫词令、行人应答，其文典而美，其语博而奥，述远古则委曲如存⑧，征近代则循环可覆⑨。必料其功用厚薄，指意深浅，谅非经营草创，出自一时，琢磨润色，独成一手。斯盖当时国史已有成文，丘明但编而次之，配经称传而行也。如二传者，记言载事，失彼菁华；寻源讨本，取诸胸臆。夫自我作故，无所准绳，故理甚迂僻，言多鄙野，比诸《左氏》，不可同年。其短三也。案二传虽以释《经》为主，其缺漏不可殚论。如《经》云："楚子麇卒⑩"，而《左传》云：公子围所杀。及公、榖作《传》，重述《经》文，无所发明，依违而已。其短四也。《汉书》载成方遂诈称戾太子，至于阙下。隽不疑曰：

昔卫蒯聩得罪于先君,将入国,太子辄拒而不纳,《春秋》是之。遂命执以属吏⑪。霍光由是始重儒学。案隽生所引,乃《公羊》正文。如《论语》冉有曰:夫子为卫君乎?子贡曰:夫子不为也。何则?父子争国,枭獍为曹,礼法不容,名教同嫉⑫。而《公羊》释义,反以卫辄为贤⑬,是违夫子之教,失圣人之旨,奖进恶徒,疑误后学。其短五也。若以彼三长,校兹五短,胜负之理,断然可知。

[注释]①夫以传自委巷……而与同时并列:以采自闾巷之间的逸闻趣事而写史,是无法和史官依靠国家典藏文籍写出的正史相比的。 ②周内史美其谠言:周内史赞扬臧哀伯正直的谏言。谠(dǎng),正直的话。臧哀伯谏桓公纳鼎事及周内史评价,见《左传·桓公二年》:"夏四月,取郜大鼎于宋。戊申,纳于大庙。非礼也。臧哀伯谏曰:'君人者将昭德塞违,以临照百官,犹惧或失之。故昭令德以示子孙……今灭德立违,而置其赂器于大庙,以明示百官,百官象之,其又何诛焉?国家之败,由官邪也。官之失德,宠赂章也。郜鼎在庙,章孰甚焉?武王克商,迁九鼎于雒邑,义士犹或非之,而况将昭违乱之赂器于大庙,其若之何?'公不听。周内史闻之曰:'臧孙达其有后于鲁乎!君违不忘谏之以德。'" ③闵马父嘉其辨说:王子朝告于诸侯事,见于《左传·昭公二十六年》,王子朝讲了一大通王室的继位问题,理由充分地论证他应该继承周之王位。"闵马父闻子朝之辞,曰:'文辞以行礼也。子朝干景之命,远晋之大,以专其志,无礼甚矣,文辞何为?'"意思是说,文辞是用来实行礼的。子朝说了这么多,而无礼达到了极点,文辞又有什么作用? ④乐毅、李斯之文:《史记·乐毅列传》载乐毅的《报燕惠王书》,《李斯列传》载李斯的《谏逐客书》。 ⑤晁错、贾生之笔:《汉书·晁错传》载晁错《论贵粟疏》,《贾谊传》载贾谊《吊屈原赋》和《陈政事疏》。 ⑥龃龉:抵牾不合。 ⑦隆促:高下之义。 ⑧述远古则委曲如存:述上古之事,能够把史事原委叙述得清清楚楚。 ⑨循环可覆:循环,历史现象的再现。可覆,可以观察得见。 ⑩楚子麇卒:见《左传·昭公元年》。麇(qún),楚子之名。 ⑪诈称戾太子……遂命执以属吏:事见《汉书·隽不疑传》:"(昭帝)始元五年,有一

男子乘黄犊车,建黄旐,衣黄襜褕,着黄帽,诣北阙,自谓卫太子。公车以闻,诏使公卿、将军、中二千石杂识视。长安中吏民聚观者数万人。右将军勒兵阙下,以备非常。丞相、御史、中二千石至者并莫敢发言。京兆尹不疑后到,叱从吏收缚。或曰:'是非未可知,且安之。'不疑曰:'诸君何患于卫太子!昔蒯聩违命出奔,辄距而不纳,《春秋》是之。卫太子得罪先帝,亡不即死,今来自诣,此罪人也。'遂送诏狱。天子与大将军霍光闻而嘉之,曰:'公卿大臣当用经术明于大谊。'由是名声重于朝廷,在位者皆自以不及也。"这段文字中隽不疑所引《春秋》事,出自《公羊传》。 ⑫如《论语》……名教同嫉:此事见于《论语·述而》:"冉有曰:'夫子为卫君乎?'子贡曰:'诺,吾将问之。'入曰:'伯夷、叔齐何人也?'曰:'古之贤人也。'曰:'怨乎?'曰:'求仁而得仁,又何怨?'出,曰:'夫子不为也。'"子贡从孔子对待伯夷、叔齐的评价,判断孔子不会去帮助卫君。枭獍为曹,与枭獍一类的凶鸟作为同伙。枭,食母之鸟。獍(jìng),食父之兽。曹,类,群。 ⑬以卫辄为贤:卫庄公蒯聩出奔,太子卫辄不纳,子不容父,《公羊》反以为贤。

必执二传之文,唯取依《经》为主。而于内则为国隐恶,于外则承赴而书,求其本事①,大半失实,已于《疑经》②篇载之详矣。寻斯义之作也,盖是周礼之故事③,鲁国之遗文,夫子因而修之,亦存旧制而已。至于实录,付之丘明,用使善恶毕彰,真伪尽露。向使孔《经》独用,《左传》不作,则当代行事,安得而详者哉?盖语曰:仲尼修《春秋》,逆臣贼子惧。又曰:《春秋》之义也,欲盖而彰,求名而亡,善人劝焉,淫人惧焉。寻《左传》所录,无愧斯言。此则传之与经,其犹一体,废一不可,相须而成。如谓不然,则何者称为劝戒者哉?儒者苟讥左氏作传,多叙《经》外别事。如楚、郑与齐三国之贼弑,隐、桓、昭、哀四君之篡逐。其外则承告如彼,其内则隐讳如此。若无左氏立传,其事无由获知。然设使世人习《春秋》而唯取两传也，则当其时二百四十年行事茫然阙如，俾后来学者兀④成聋瞽者矣。

[注释]①求其本事:探求史事的本来面貌。 ②《疑经》:浦注当做《惑经》。 ③周礼之故事:周代传统的礼乐制度。 ④兀:茫然无知的样子。

且当秦、汉之世，《左氏》未行，遂使《五经》、杂史、百家诸子，其言河汉①，无所遵凭。故其记事也：当晋景行霸，公室方强，而云屠岸攻赵，有程婴、杵臼之事②；鲁侯御宋，得俊乘丘，而云庄公败绩，有马惊流矢之祸③；楚、晋相遇，唯在邲役，而云二国交战，置师于两棠④；子罕相国，宋睦于晋，而云晋将伐宋，觇哭于阳门⑤；鲁师灭项，晋止僖公，而云项实桓灭，《春秋》为贤者讳⑥；襄年再盟，君臣和叶，而云诸侯失政，大夫皆执国权，其记时也⑦：盖秦缪居春秋之始，而云其女为荆平夫人⑧；韩、魏处战国之时，而云其君陪楚庄葬马⑨；《列子》书论尼父，而云生在郑穆公之年⑩；扁鹊医疗虢公，而云时当赵简子之日⑪；栾书仕于周子，而云以晋文⑫如猎，犯颜直言；荀息死于奚齐，而云观晋灵作台⑬，累棋申诫。或以先为后，或以后为先，日月颠倒，上下翻覆。古来君子，曾无所疑。及《左传》既行，而其失自显。语其弘益，不亦多乎？而世之学者，犹未之悟。所谓忘我大德，日用而不知者焉。

[注释]①河汉:虚无缥缈之喻。 ②当晋景行霸……有程婴、杵臼之事:此句是对《史记·赵世家》所载程婴救孤事的辩驳。晋景公时晋国还是诸侯霸主，国力强盛，不可能发生像权臣屠岸贾擅自攻打赵氏而灭其家族的事

情。　③鲁侯御宋……有马惊流矢之祸:此句是对《礼记·檀弓》篇所载鲁宋战于乘丘鲁军大败事件的辩驳,根据《左传·庄公十年》所记,当时正是鲁军击溃宋国精锐部队之际,不可能同时发生马惊、御人死、鲁军大败的事情。④楚、晋相遇……置师于两棠:此句是对贾谊《新书》所讲楚庄王南与晋人战于两棠并大克晋人的辩驳,晋在北,楚在南,"乃南与晋人战于两棠"说甚谬。⑤子罕相国……觇哭于阳门:此句是对《礼记·檀弓》篇所讲晋宋修好之原因的辩驳。《檀弓》篇载:"阳门之介夫死,司城子罕入而哭之哀。晋人之觇宋者,反报于晋侯曰:'阳门之介夫死,而子罕哭之哀,而民说,殆不可伐也。'"晋国的侦探看到宋国民心和睦而放弃攻宋,是为腐儒之谬。根据《左传·襄公二十七年》的记载,晋宋修好是宋大夫向戌所进行的弭兵运动的结果。　⑥鲁师灭项……为贤者讳:此句是对《公羊传》所记僖公十七年灭项国事件的辩驳。根据《左传》所记,项国为鲁师所灭,而在《公羊传》中则成了被齐军所亡。　⑦襄年再盟……其记时也:此句是对《穀梁传》的批评。襄公三年晋、宋、卫、郑、莒、邾、齐等国会盟,陈成公派使与会请求入盟,以避免楚国的侵夺。根据《左传》所记,陈国之所以能与诸侯达成和议,是由于晋悼公继续作为盟主的缘故,而《穀梁传》则以为是各国大夫执政私盟的结果。　⑧云其女为荆平夫人:此句是对刘向《列女传》的批评。《列女传》载:"伯嬴者,秦穆公之女,楚平王之夫人,昭王之母也。当昭王时,楚与吴为伯莒之战。吴胜楚,遂入至郢。昭王亡,吴王阖闾尽妻其后宫。次至伯嬴,伯嬴持刃曰:'……妾闻,生而辱,不若死而荣。若使君王弃其仪表,则无以临国。妾有淫端,则无以生世。一举而两辱,妾以死守之,不敢承命。且凡所欲妾者,为乐也。近妾而死,何乐之有?如先杀妾,又何益于君王?'于是吴王惭,遂退舍。"根据《左传》,伯嬴是平王为太子建娶的秦女,此事上距秦穆公时代已逾百年,伯嬴不可能是秦穆公之女,刘知幾此例在于说明杂传记事错谬之甚。　⑨云其君陪楚庄葬马:此句是对《史记·滑稽列传》记事错谬的批评。该传记载:楚庄王的爱马死,令群臣吊丧,并想以大夫之礼葬之。楚国的乐人优孟站出来说,此马是王之所爱,以楚国堂堂大国,怎样做都可以,现在以大夫之礼葬之还不够隆重,请以人君之礼葬之,让齐国、赵国陪位于前,韩国、魏国翼卫其后。这样可以使天下人都知道大王贱人而贵马也。优孟的话惊醒了楚王。这段故事固然优美，但记事错乱矛盾，楚庄王时还没有韩、赵、魏三国。　⑩尼父……生在郑穆公之年：此句是对《列子·天瑞》篇所记孔子年代的批评。《列子》该篇说："孔子游于泰山，见荣启期行乎郕之野，鹿裘带索，鼓琴而歌。"列子，郑人，与郑穆公同时，而穆公卒于鲁宣公三年，其后55年才有孔子，列子何能预知孔子见荣启期之事？此事说明子书记事亦有抵牾不合史实之处。
⑪扁鹊医疗虢公，而云时当赵简子之日：此句是对《史记·扁鹊列传》的批评。该传记扁鹊为赵简子时人，过虢国，虢太子死，扁鹊到虢公门下，云云。而实际上虢国亡于僖公五年，赵简子为定公、哀公时人，前后相距百余年，《史记》反记虢国亡于哀公以后，错乱之甚。　⑫栾书仕于周子，而云以晋文：此句是批评刘向《新序》记事的时代错乱。该书《杂事》篇载："晋文公逐麋而失之，问农夫老古曰：'吾麋何在？'老古以足指曰：'如是往。'公曰：'寡人问子，子以足指，何也？'老古振衣而起曰：'一不意人君如此也，虎豹之居也，厌闲而近人，故得；鱼鳖之居也，厌深而之浅，故得；诸侯之居也，厌众而远游，故亡其国。诗云："维鹊有巢，维鸠居之。"君放不归，人将君之。'于是文公恐，归遇栾武子。栾武子曰：'猎得兽乎？而有悦色！'文公曰：'寡人逐麋而失之，得善言，故有悦色。'"栾武子为晋景公大夫，文公为景公的祖父，栾武子无缘得见文公。　⑬荀息死于奚齐，而云观晋灵作台：此句批评刘向《说苑》记事的时代错乱。该书记晋灵公造九层之台，孙息上书劝诫。孙息即荀息，晋献公时人，死于僖公九年，而晋灵公乃晋献公之曾孙，前后相距甚远。

　　然自丘明之后，迄于魏灭①，年将千祀，其书寝废。至晋太康年中，汲冢获书，全同《左氏》。故束晳云："若使此书出于汉世，刘歆不作五原太守矣②。"于是挚虞、束晳引其义以相明，王接、荀颢（浦注：疑当作"勖"）取其文以相证，杜预申以注释，干宝藉为师范。由是世称实录，不复言非，其书渐行，物无异议。故孔子曰：吾志在《春秋》，行在《孝经》。于是授《春秋》于丘明，授《孝经》于曾子。《史记》云：孔子西观周室，论史记旧闻，次《春秋》。七十子之徒口授其传旨,有刺讥褒讳之文,不可以书见也。鲁君子左丘明惧弟子人各异端,失其真意,故因孔氏史记,具论其语,成《左氏春秋》。夫学者苟能征此二说以考《三传》,亦足以定是非,明真伪者矣。何必观汲冢而后信者乎?从此而言,则《三传》之优劣见矣。

[**注释**]①魏灭:指曹魏。　②刘歆不作五原太守矣:刘歆因建议设《左传》于学官而被贬为五原太守。此句是说,如果汲冢书能在汉代出土,它即可证明《左传》的价值,刘歆也就不至于被贬而离开京师。

点烦①第六

夫史之烦文,已于《叙事》篇言之详矣。虽七(浦注:疑当作"六")卷成言,而三隅莫反。盖语曰:"百闻不如一见。"是以聚米为谷②,贼虏之虚实可知;画地成图③,山川之形势易悉。昔陶隐居《本草》,药有冷热味者,朱墨点其名;阮孝绪《七录》,书有文德殿者,丹笔写其字。由是区分有别,品类可知。今辄拟其事,钞自古史传文有烦者,皆以笔点其烦上。凡字经点者,尽宜去之。如其间有文句亏缺者,细书侧注于其右。或回易数字,或加足片言,俾分布得所,弥缝无阙。庶观者易悟,其失自彰。知我摭实而谈,非是苟诬前哲。

[**注释**]①点烦:烦即繁。本篇是刘知幾对史书文字的烦琐冗杂问题进行实证点评,是文字删繁就简之例证,不是思想性的分析或评论,所以,对于理解《史通》思想来说,本篇不提供参考,所以本篇文字除第一段的序文之外,

其他文字不作注释。　②聚米为谷：事见《后汉书·马援传》："（光武帝建武）八年，帝自西征嚣，至漆，诸将多以王师之重，不宜远入险阻，计定豫未决。会召援，夜至，帝大喜，引入，具以群议质之。援因说隗嚣将帅有土崩之势，兵进有必破之状。又于帝前聚米为山谷，指画形势，开示众军所从道径往来，分析曲折，昭然可晓。帝曰：'虏在吾目中矣。'明旦，遂进军至第一，嚣众大溃。"实际上，聚米为山谷犹今日之沙盘，做一个地理形势模型。刘知幾借以说明"点烦"篇是一个删繁就简的直观说明。　③画地成图：事见《汉书·张汤传》："初，安世长子千秋与霍光子禹俱为中郎将，将兵随度辽将军范明友击乌桓。还，谒大将军光，问千秋战斗方略，山川形势，千秋口对兵事，画地成图，无所忘失。光复问禹，禹不能记，曰：'皆有文书。'光由是贤千秋，以禹为不材，叹曰：'霍氏世衰，张氏兴矣！'"

　　《孔子家语》曰：鲁公索氏将祭而忘其牲。孔子闻之，曰："公索氏不及二年矣。"一年而亡。门人问曰："昔公索氏亡其祭牲，而夫子曰：'不及二年必亡。'今果如期而亡，夫子何以知然？"

　　右除二十四字。

　　《家语》曰：晋将伐宋，使觇之。宋阳门之介夫死，司城子罕哭之哀。觇者反，言于晋侯曰："宋阳门之介夫死，而城子罕哭之哀。民咸悦矣，宋殆未可伐也。"

　　右除二十一字，加三字。

　　《史记·五帝本纪》曰：诸侯之朝觐者，不之丹朱而之舜；百姓之狱讼者，不之丹朱而之舜；讴歌者，皆不讴歌丹朱而讴歌舜。

舜年二十以孝闻，三十而帝尧问可用者云云。

舜年二十以孝闻，年三十，尧举之。

右除二十九字，加七字。

《夏本纪》曰：禹之父曰鲧，鲧之父曰帝颛顼，颛顼之父曰昌意，昌意之父曰黄帝。禹者，黄帝之玄孙，而帝颛顼之孙也。禹之曾大父昌意及父鲧皆不得在帝位，为人臣。

右除五十七字，加五字。

《项羽本纪》曰：项籍者，下相人也，字羽。初起时，年二十四。其季父项梁，梁父即楚将项燕，为秦将王翦所杀者也。项氏世世楚将，封于项，故姓项氏。

右除三十二字，加二十四字，厘革其次序。

《吕后本纪》曰：吕太后者，高祖微时妃也。生孝惠帝、鲁元公主。及高祖为汉王，得定陶戚姬，爱幸，生赵隐王如意。高祖嫌孝惠为人仁弱，高祖以为不类我，常欲废太子，立戚姬子如意，如意类我。又戚姬幸，常独从上之关东，日夜啼泣，欲立其子如意，以代太子。吕后年长，常留守，希见上，益疏。如意立为赵王后，几代太子者数矣。赖大臣争之，及留侯策，太子得无废。

右除七十五字，加十字。

《宋世家》曰：初，元公之孙纠，景公杀之。景公卒，纠之公子特攻杀太子而自立，是为昭公。昭公者，父公孙纠，纠父公子禤秦,即元公少子也。景公杀昭公父纠,故昭公怨,杀太子而自立。

右除三十六字,加十三字。

《三王世家》曰:大司马臣去病昧死再拜,上疏皇帝陛下:"陛下过听,使臣去病待罪行间,宜专边塞之思虑。暴骸中野,无以报,乃敢惟他议以干用事者。诚见陛下忧劳天下,哀怜百姓以自忘,亏膳贬乐,损郎员。皇子赖天能胜衣趋拜,至今无位号、师傅官。陛下恭让不恤,群臣私望,不敢越职而言。臣窃不胜犬马之心,昧死愿陛下诏有司,因盛夏吉时,定皇子位。惟陛下幸察。臣去病昧死再拜以闻皇帝陛下。"三月乙亥,御史臣光守尚书令奏未央宫。制曰:"下御史。"六年三月戊申朔,乙亥,御史臣光、守尚书令、丞非下御史,书到,言:"丞相臣青翟、御史大夫臣汤、太常臣充、大行令臣息、太子少傅臣安行宗正事昧死上言:大司马臣去病上疏曰:'陛下过听,使臣去病待罪行间,宜专边塞之思虑,暴骸中野,无以报,乃敢惟他议以干用事者,诚见陛下忧劳天下,哀怜百姓以自忘,亏膳贬乐,损郎员。皇子赖天能胜衣趋拜,至今无号位、师傅官。陛下恭让不恤,群臣私望,不敢越职而言。臣窃不胜犬马之心,昧死愿陛下诏有司,因盛夏吉时,定皇子位。惟陛下幸察。'制曰:'下御史。'臣谨与中二千石、二千石臣贺等议曰:古者裂地立国,并建诸侯以承天子,所以尊宗庙、重社稷也。今臣去病上疏,不忘其职,因以宣恩,乃道天子卑让自贬以劳天下,虑皇子未有号位。臣青翟、臣汤等宜奉义尊职，愚戆不逮事。方今盛夏吉时，臣青翟、臣汤等昧死请立皇子臣闳、臣旦、臣胥为诸侯王。昧死请所立国名。"

右除一百八十四字，加一字。

已上有言语相重者，今略点废如此。但此一篇所记全宜削除，今辄具列于斯，藉为鉴戒者尔。凡为史者，国有诏诰，十分不当取其一焉。故汉元帝诏曰："盖闻安民之道，本由阴阳。间者，阴阳错谬，风雨不时。朕之不德，庶几群公有敢言朕之过者。今则不然，偷合苟从，未肯极言，朕甚悯焉。永惟蒸庶之饥寒，远离父母妻子，劳于非业之作，卫于不居之宫，恐非所以佐阴阳之道也。其罢甘泉、建章宫卫士，各令就农。百官各省费，条奏毋有所讳。有司勉之，毋犯四时之禁。丞相、御史举天下明阴阳灾异者各三人。"及荀悦撰《汉纪》，略其文曰："朕惟众庶之饥寒，远离父母妻子，劳于非业之作，卫于不居之宫。其罢甘泉、建章宫卫士，各令就农。丞相、御史举天下明阴阳灾异者各三人。"自余钞撮，他皆仿此。近则天朝诸撰史者，凡有制诰，一字不遗，唯去诏首称"门下"，诏尾去"主者施行"而已。时武承嗣监修国史，见之大怒，谓史官曰："公辈是何人？而敢辄减诏书！"自是史官写诏书，虽门下赞诏亦录。后予闻此说，每喔噱而已。必以《三王世家》相比，其烦碎则又甚于斯。是知史官之愚，其来尚矣。今之作者，何独笑武承嗣而已哉！

《魏公子传》曰：高祖始微少时，数闻公子贤。及即天子位,每过大梁,常祠公子。高祖十二年,从击黥布还,为公子置守冢五家,世世岁以四时奉祠公子。太史公曰:吾过大梁之墟,求问其所谓夷门,以征信陵君故事。说者云:当战国之时,夷门者,城之东门也。天下诸公子亦有喜士者矣,然而信陵君之接岩穴隐者,不耻下交。名冠诸侯,有以也。高祖每过之,奉祠不绝也。

右除十五字,加二十字。

《鲁仲连传》曰:仲连好奇伟倜傥之画,而不肯仕官任职,好持高节。游于赵。赵孝成王时,而秦王使白起破赵长平之军前后四十余万。秦遂东围邯郸。赵王恐,诸侯之救兵莫敢击秦军。魏安厘王使将军晋鄙救赵,畏秦,止于荡阴,不进。魏王使客将军新垣衍间入邯郸,因平原君谓赵王曰:"秦所为急围赵者,前与齐湣王争强为帝,已而复归帝号。今齐愍王已益弱,方今惟秦雄天下,此非必贪邯郸,其意欲复求为帝。赵诚发使尊秦昭王为帝,秦必喜,罢兵去。"平原君犹豫未有所决。此时鲁连适游赵,会秦围赵。闻魏将欲令赵尊秦为帝,乃见平原君曰:"事将奈何?"平原君曰:"胜也何敢言事!前亡四十万之众于外,今又内围邯郸而不能去。魏王使客将军新垣衍令赵帝秦,今其人在此,胜也何敢言事!"鲁连曰:"吾始以君为天下之贤公子也,吾乃今然后知君非天下之贤公子也。梁客新垣衍安在?吾请为君责而归之。"平原君曰:"胜请为绍介而见之于先生。"平原君遂见新垣衍曰:"东国有鲁连先生者,今其人在此,胜请为绍介,而交之于将军。"新垣衍曰:

"吾闻鲁连先生,齐之高士也。衍,人臣也,使事有职,吾不愿见鲁连先生。"平原君曰:"胜已泄之矣。"新垣衍许诺。鲁仲连见新垣衍而无言。新垣衍曰:"吾视居此围城之中者,皆有求平原君者也。今吾观先生之玉貌,非有所求于平原君者也,曷为居此重围之中而不去?"鲁连云云。

"梁未睹秦称帝之害故耳。使梁睹秦称帝之害,则必助赵矣。"新垣衍曰:"秦称帝之害奈何?"鲁连曰:云云。

"吾将使秦王烹醢梁王。"新垣衍怏然不悦曰:"嘻!亦太甚矣,先生之言也!先生又乌能使秦王烹醢梁王!"鲁连曰:"固也,吾将言之。"云云。

"今秦万乘之国也,梁亦万乘之国也。俱据万乘之国,交有称王之名,睹其一战而胜,欲从而帝之"云云。

于是新垣衍起,再拜谢曰:"始以先生为庸人,吾乃今日知先生为天下之士也。"云云。

适会魏公子无忌夺晋鄙军以求赵,击秦军,秦军遂引而去。于是平原君欲封鲁连,鲁连谢辞者三,终不肯受。平原君乃置酒,酒酣,起前,以千金为鲁连寿云云。

右除二百七十五字,加七字。

《屈原贾生传》曰:汉有贾生为长沙王太傅,过湘水,投书以吊屈原。贾生名谊,洛阳人也云云。

谪贾生为长沙王太傅,贾生既辞往,闻长沙卑湿,自以为寿不得长,又以谪去,意不自得。及渡湘水,为赋以吊屈原。其词曰云云。

贾生为长沙傅三年,有鸮飞入贾生舍,止于坐隅,楚人命鸮曰鵩。贾生既以谪居长沙,长沙卑湿,自恐寿不得长,伤悼之,乃为赋以自广。其词曰云云。

怀王骑,堕马而死,无后。贾生自伤为傅无状,哭泣岁余,亦死,时年三十三矣。

右除七十二字,加三字。

《扁鹊仓公传》曰:太仓公者,齐太仓长,临淄人也,姓淳于氏,名意。少而喜医方术。高后八年,更受师同郡元里公乘阳庆。庆年七十余,无子,使意尽去其故方,更悉以禁方与之,传黄帝、扁鹊之脉书,五色诊病,知人死生,决嫌疑,定可治,及药论甚精。受之三年,为人治病,决死生多验云云。

诏召问所为治病死生验者几何人?主名为谁?诏问故太仓长臣意方伎所长,及所能治病者,有其书无有?皆安受学?受学几何岁?尝有所验,何县里人也?何病?医药已,其病之状皆何如?具悉而对。臣意对曰:自意少时喜医药方,试之多不验者。至高皇后八年,得见师临淄元里公乘阳庆。庆年七十余,意得见事之。谓意曰:"尽去而方书,非是也。庆有古先道遗传黄帝、扁鹊之脉书,五色诊病,知人死生,决嫌疑,定可治,及药论书甚精。我家给富,心爱公,欲尽以我禁方书悉教公。"臣意即曰:"幸甚,非意之所敢望也。"臣意即避席再拜谒,受其脉书上下经、五色诊、奇咳术、揆度阴阳外变、药论、石神、接阴阳禁书,受读解验之,可一年。明岁即验之,有验,然尚未精也。要事之三年所,即尝以为人诊病,决死生,有验,精良。今庆已死十年。臣意年尽三年,三十九岁也。齐侍御史成自言病头痛,臣意诊其脉,告曰:"君之病恶,不可言也。"

右除二百九十五字。

《宋世家》初云"襄公嗣立",后仍谓为宋襄公,不去"宋襄"二字。《吴世家》云阖闾,《越世家》云勾践,每于其号上加"吴王"、"越王"字,句句未尝舍之。《孟尝君传》曰:"冯公形容状貌甚辨。"案形容、状貌同是一说,而敷演重出,分为四言。凡如此流,不可胜载。其《十二诸侯表》曰:"孔子次《春秋》","约其辞文,去其烦重"。又《屈原传》曰:"其文约,其辞微。"观子长此言,实有深鉴。及自撰《史记》,榛芜若此,岂所谓非言之难而行之难乎?

《汉书·龚遂传》曰:上遣使者征遂,议曹王生请从。功曹以为王生素嗜酒,亡节度,不可使。遂不听。从至京师,王生日饮酒,不视太守。会遂引入宫,王生醉,从后呼曰:"明府且止,愿有所白。"遂还问其故。王生曰:"天子即问君何以治渤海,君不可有所陈对,宜曰:'皆圣主之德,非小臣之力也。'"遂受其言。既至前,上果问以治状,遂对如王生。天子悦其有让,笑曰:"君安得长者之言而称之?"遂因前曰:"臣非知此,乃臣议曹教戒臣也"云云。上以议曹王生为水衡丞。

右除八十四字。

《新晋书·袁宏传》曰:袁宏有逸才,文章绝美,曾为

《咏史诗》,是其风情所寄。少孤贫,以运租自业。谢尚时镇牛渚,秋夜乘月,率尔与左右微服泛江。会宏在舫中讽其所作《咏史诗》,咏声既清会,词又藻丽,遂驻听久之,遣问焉。答云:"是袁临汝郎诵诗。"即其《咏史》之作也。尚倾率有胜致,即迎升舟,与之谈论,申旦不寐。自此名誉日茂云云。从桓温北伐,作《北征赋》,皆其文之高者。尝与王珣、伏滔同在温坐,温令滔读其《北征赋》,至"闻所传于相传,云获麟于此野;诞灵物以瑞德,奚受体于虞者!疚尼父之恸泣,似实恸而非假;岂一性之足伤,乃致伤于天下。"其本至此便改韵。珣云:"此赋方传千载,无容率尔。今于'天下'之后,移韵徙事,然于写送之致,似为未尽。"滔云:"得益写韵一句,或为小胜。"宏应声答曰:"感不绝于予心,愬流风而独写"云云。

谢安尝赏其机对辩速,后安为扬州刺史,宏自吏部郎出为东阳郡,乃祖道于冶亭,时贤皆集。谢安欲卒迫试之,临别,执其手,顾就左右取一扇而授之,曰:"聊以赠行。"宏应声答曰:"辄当奉扬仁风,慰彼黎庶。"观者无不叹服。时人叹其率而能要焉。

右除一百一十四字,加十九字。

《十六国春秋》曰:郭瑀有女始笄,妙选良偶,有心于刘昞。遂别设一席于座前,谓诸弟子曰:"吾有一女,年向成长,欲觅一快女婿。谁坐此席者,吾当婚焉。"昞遂奋衣来坐,神志湛然,曰:"向闻先生欲求快女婿,昞其人也。"

右除二十二字。

杂说上第七

《春秋》（二条）

案《春秋》之书弑也，称君①，君无道；称臣②，臣之罪。如齐之简公，未闻失德，陈恒构逆，罪莫大焉。而哀十四年，书"齐人弑其君壬于舒州③"。斯则贤君见抑，而贼臣是党④，求诸旧例，理独有违。但此是绝笔获麟之后，弟子追书其事⑤。岂由以索续组⑥，不类将圣之能者乎？何其乖剌之甚也。

[注释]①称君：直书君主的名字，表示君主已为国人所唾弃。 ②称臣：直书行弑者的名字，以垂示后世。 ③齐人弑其君壬于舒州：此句见《春秋·哀公十四年》。齐人，齐国大夫陈恒。壬，齐简公名。舒州，今山东滕县。齐简公非是无道之君，按照春秋笔法，此事应该记为"陈恒弑齐简公于舒州"。 ④贤君见抑，而贼臣是党：贤君被杀，不能直书其名而书其名，是对齐简公的贬抑。弑君之臣应书其名陈恒，却不书其名而记为"齐人"，这是对弑君的祸首起了袒护的作用。 ⑤弟子追书其事：孔子做《春秋》止于获麟，哀公十四年是获麟之后，所以"齐人弑其君壬于舒州"是孔子弟子的追记。 ⑥以索续组：比喻弟子续作的质量低劣。索，绳索。组，丝辫。

案《春秋左氏传》释《经》云：灭而不有其地曰入①，如入陈，入卫，入郑，入许，即其义也。至柏举之役，子常之败，庚辰吴入，独书以郢②。夫诸侯列爵，并建国都，惟取国名，不称都号。何为郢之见入，遗其楚名，比于他例，一何乖踳③！寻二传所载④，皆云入楚，岂《左氏》之本，独为谬欤？

[注释]①灭而不有其地曰入:根据春秋笔法,进攻、灭亡一个国家而不占有其领土,书作"入"。 ②独书以郢:指《春秋左氏传·定公四年》载吴国战败楚国事。经文曰:"冬十有一月庚午,蔡侯以吴子及楚人战于柏举,楚师败绩。楚囊瓦出奔郑。庚辰,吴入郢。"传文曰:"十一月庚午,二师陈于柏举。阖庐之弟夫概王……以其属五千,先击子常之卒。子常之卒奔,楚师乱,吴师大败之……吴从楚师,及清发,将击之……五战及郢……庚辰,吴入郢,以班处宫。"郢,楚国国都。按春秋笔法,此事应记作吴入楚,或吴入楚之郢都。 ③乖踳:乖舛,错误。 ④二传所载:关于此事,《公羊传》载:"庚辰,吴入楚。"《穀梁传》载:"庚辰,吴入楚。"

《左氏传》(二条)

《左氏》之叙事也,述行师则簿领盈视①,哤聒沸腾②,论备火③则区分在目④,修饰峻整⑤;言胜捷则收获都尽⑥,记奔败则披靡横前;申盟誓则慷慨有余,称谲诈则欺诬可见;谈恩惠则煦如春日,纪严切则凛若秋霜;叙兴邦则滋味无量,陈亡国则凄凉可悯。或腴辞润简牍,或美句入咏歌,跌宕而不群,纵横而自得。若斯才者,殆将工侔造化⑦,思涉鬼神,著述罕闻,古今卓绝。如二传之叙事也,榛芜溢句,疣赘满行,华多而少实,言拙而寡味。若必方于《左氏》也,非唯不可为鲁、卫之政⑧,差肩雁行⑨,亦有云泥路阻⑩,君臣礼隔⑪者矣。

[注释]①簿领盈视:旌旗浩荡。簿,卤簿,仪仗队。盈视,满眼所视。②哤聒(máng guō)沸腾:人吼马嘶、车轮轰鸣的沸腾景象。 ③备火:救火,扑灭火灾。 ④区分在目:区分,指挥有条不紊。在目,宛如亲眼之目睹。⑤修饰峻整:安排得严密不乱。 ⑥收获都尽:俘虏及战利品都记载得细密完整。获,俘虏。 ⑦工侔造化:巧妙精美宛如天工之造化。侔,相同。⑧鲁、卫之政:比喻很接近,相差不远。语出《论语·子路》:"鲁、卫之政,兄

弟也。"⑨差肩雁行:比喻质量相当。差肩,并肩。 ⑩云泥路阻:云泥,比喻地位高下悬殊。路阻,道路遥远。 ⑪君臣礼隔:君臣之间的名分,相隔悬殊。

《左传》称仲尼曰①:"鲍庄子之智不如葵,葵犹能卫其足。"夫有生而无识,有质而无性者,其唯草木乎?然自古设比兴,而以草木方人者,皆取其善恶薰莸,荣枯贞脆②而已。必言其含灵畜智,隐身违祸,则无其义也。寻葵之向日倾心,本不卫足,由人睹其形似,强为立名③。亦由今俗文士,谓鸟鸣为啼,花发为笑。花之与鸟,安有啼笑之情哉?必以人无喜怒,不知哀乐,便云其智不如花,花犹善笑,其智不如鸟,鸟犹善啼,可谓之谠言④者哉?如"鲍庄子之智不如葵,葵犹能卫其足",即其例也。而《左氏》录夫子一时戏言,以为千载笃论。成微婉之深累⑤,玷良直之高范⑥,不其惜乎!

[注释]①仲尼曰:仲尼的话见《左传·成公十七年》:齐大夫鲍牵受人陷害,被齐灵公砍去双脚,孔子评价说:"鲍庄子之知不如葵,葵犹能卫其足。"葵,葵菜,古人采食其叶。 ②善恶薰莸,荣枯贞脆:善恶香臭,荣枯坚脆。言草木之喻,多是喻指人的品质、性情,而非用指道义。 ③强为立名:此言孔子之以向日葵喻人的牵强。 ④谠言:正直之言。 ⑤深累:无法去掉的错误。 ⑥玷良直之高范:玷污了孔夫子这样崇高的典范。

《公羊传》(二条)

《公羊》云①:"许世子止弑其君。""曷为加弑?讥子道之不尽也。"其次因言乐正子春之视疾,以明许世子之得罪。寻子春孝道,义感神明,固以方驾曾、闵②,连踪丁、郭③。苟事亲不逮乐正，便以弑逆加名④，斯亦拟失其流，责非其罪。盖公羊、乐正，俱出孔父门人，思欲更相引重⑤，曲加谈述。所以乐正行事，无理辄书，致使编次不伦，比喻非类，言之可为嗤怪也。

[注释]①《公羊》云：《公羊传》中的这两句话，见于《昭公十九年》："冬，葬许悼公。贼未讨，何以书葬？不成于弑也。曷为不成于弑？止进药而药杀也。止进药而药杀，则曷为加弑焉尔？讥子道之不尽也。其讥子道之不尽奈何？曰：'乐正子春之视疾也，复加一饭则脱然愈，复损一饭则脱然愈，复加一衣则脱然愈，复损一衣则脱然愈。'止进药而药杀，是以君子加弑焉尔。"许悼公在喝了太子止进的药之后死去了，为了讥讽太子止没有亲自尝药而尽到人子之道，就说他杀死了自己的君父。人子之道应该像乐正子春那样对患病的父母细心入微。许世子止，许国太子止。　②曾、闵：曾参和闵子骞，孔子弟子中两个以孝名世的人。　③丁、郭：刘向《孝子传》中的两个著名孝子丁兰和郭巨。　④以弑逆加名：把弑君之罪硬加在他的头上。　⑤更相引重：互相推重。

语曰："彭蠡之滨，以鱼食犬①。"斯则地之所富，物不称珍。案齐密迩海隅，鳞介惟错②，故上客食肉，中客食鱼，斯即齐之旧俗也。然食鲂鲅鲤③，诗人所贵④，必施诸他国，是曰珍羞⑤。如《公羊传》云⑥：晋灵公使勇士杀赵盾，见其方食鱼飧。曰：子为晋国重卿而食鱼飧，是子之俭也。吾不忍杀子。盖公羊生自齐邦，不详晋物，以东土所贱，谓西州亦然。遂目彼嘉馔，呼为菲食⑦，著之实录，以为格言，非惟与《左氏》有乖，亦于物理全爽者矣。

[注释]①彭蠡之滨，以鱼食犬：生活在鄱阳湖旁边的人家，拿鱼做狗食，谓鱼之贱。　②鳞介惟错：海鲜很多，堆积交错。　③食鲂鲅鲤：鲂，鳊鱼。

鲙,银鱼。鲤,鲤鱼。 ④诗人所贵:食鱼为诗人所看重,源于《诗经·陈风·衡门》:"岂其食鱼,必河之鲂?岂其取妻,必齐之姜?岂其食鱼,必河之鲤?岂其取妻,必宋之子?" ⑤珍羞:珍美的食品。 ⑥《公羊传》云:下边所引之语,见于《公羊传·宣公六年》:"灵公望见赵盾,诉而再拜。赵盾逡巡北面再拜稽首,趋而出,灵公心怍焉,欲杀之。于是使勇士某者往杀之,勇士入其大门,则无人门焉者;入其闺,则无人闺焉者;上其堂,则无人焉。俯而窥其户,方食鱼飧。勇士曰:'嘻!子诚仁人也!吾入子之大门,则无人焉;入子之闺,则无人焉;上子之堂,则无人焉;是子之易也。子为晋国重卿而食鱼飧,是子之俭也。君将使我杀子,吾不忍杀子也。虽然,吾亦不可复见吾君矣。'遂刎颈而死。"晋灵公命勇士刺杀大夫赵盾,刺客见赵盾生活简朴,身为重卿仅吃一般的鱼餐,知道赵盾是君子,不忍加害,而又怕无法向晋灵公交代,遂自杀而死。 ⑦目彼嘉馔,呼为菲食:看到的是上等菜肴,而说成是下等饮食。

《汲冢纪年》(一条)

语曰:"传闻不如所见。"斯则史之所述,其谬已甚,况乃传写旧记,而违其本录者乎?至如虞、夏、商、周之《书》,《春秋》所记之说,可谓备矣。而《竹书纪年》出于晋代,学者始知后启杀益,太甲杀伊尹,文丁杀季历,共伯名和,郑桓公,厉王之子。则与经典所载,乖刺甚多①。又《孟子》曰:晋谓春秋为乘。寻《汲冢琐语》,即乘之流邪?其《晋春秋》篇云:"平公疾,梦朱罴窥屏。"《左氏》亦载斯事,而云"梦黄熊入门"。必欲舍传闻而取所见,则《左传》非而《晋》文实②矣。呜呼!向若二书不出,学者为古所惑,则代成聋瞽,无由觉悟也。

[注释]①乖刺甚多:违背者甚多。指晋代出土的《竹书纪年》所载以上史实,都与传统文献中的说法相矛盾。 ②《左传》非而《晋》文实:《左传》所载不如《晋春秋》所说之可信。原因在于,《左传》是鲁国人左丘明所作,鲁人

记晋国事只能是凭借传闻;而《晋春秋》是晋人记本国事,有亲见的成分,此所谓"传闻不如所见"。

《史记》(八条)

夫编年叙事,混杂难辨;纪传成体,区别异观。昔读《太史公书》,每怪其所采多是《周书》、《国语》、《世本》、《战国策》之流①。近见皇家所撰《晋史》,其所采亦多是短部小书,省功易阅者,若《语林》、《世说》、《搜神记》、《幽明录》之类是也。如曹、干两氏《纪》②,孙、檀二《阳秋》③,则皆不之取。故其中所载美事,遗略甚多。若以古方今,当然则知史公亦同其失矣。斯则迁之所录,甚为肤浅,而班氏称其勤④者,何哉?

[注释]①所采多是……《战国策》之流:此言《史记》取材对《左传》有所忽视。其实,在司马迁的时代,关于《春秋》只流行有《公羊传》和《穀梁传》,《左传》尚未被发现,非司马迁之过。 ②曹、干两氏《纪》:曹是曹嘉之,著有《晋纪》10卷,《隋书·经籍志》有著录。干即干宝,著有《晋纪》20卷。 ③孙、檀二《阳秋》:孙即孙盛,著有《晋阳秋》32卷。檀即檀道鸾,著有《续晋阳秋》20卷。 ④班氏称其勤:班固在《汉书·司马迁传赞》中说:"其涉猎者广博,贯穿经传,驰骋古今,上下数千载间,斯以勤矣。"

孟坚又云,刘向、扬雄博极群书,皆服其善叙事①。岂时无英秀②,易为雄霸者乎?不然,何虚誉之甚也。《史记·邓通传》云:"文帝崩,景帝立。"向若但云景帝立,不言文帝崩,斯亦可知矣,何用兼书其事乎?又《仓公传》称其"传黄帝、扁鹊之脉书。五色诊病,知人死生,决嫌疑,定可治。"诏召问其所长,对曰:"传黄帝、扁鹊之脉书。"以下他文,尽同上说。夫上既有其事,下又载其言,言事虽殊,委曲何别?案迁之所述,多有此类,而刘、扬服其善叙事也,何哉?

[注释]①皆服其善叙事:班固此语见《汉书·司马迁传赞》:"然自刘向、扬雄博极群书,皆称迁有良史之材,服其善序事理,辨而不华,质而不俚,其文直,其事核,不虚美,不隐恶,故谓之实录。" ②英秀:史才卓越的人。

太史公撰《孔子世家》,多采《论语》旧说,至《管晏列传》,则不取其本书。以为时俗所有,故不复更载也。案《论语》行于讲肆①,列于学官,重加编勒②,只觉烦费。如管、晏者,诸子杂家,经史外事,弃而不录,实杜异闻③。夫以可除而不除,宜取而不取,以斯著述,未睹厥义④。

[注释]①讲肆:私家教学之场所。 ②重加编勒:言《论语》流行已经很广,司马迁《史记·孔子世家》又大量采录《论语》中的材料,重复编辑,没有意义。 ③实杜异闻:杜绝了不同的说法,没有新意。 ④未睹厥义:看不出是什么用意。厥,其。

昔孔子力可翘关,不以力称①。何则?大圣之德,具美者众,不可以一介标末②,持为百行端首也。至如达者③七十,分以四科④。而太史公述《儒林》,则不取游、夏之文学;著《循吏》,则不言冉、季之政事;至于《货殖》为传,独以子贡居先⑤。掩恶扬善,既忘此义;成人之美,不其阙如⑥?

[注释]①孔子力可翘关,不以力称:语出《列子·说符》:"孔子之劲能招国门之关,而不肯以力闻。"招,翘,举起。孔子是大力士的说法并不可信。

②一介标末：一点小小的本领。一介，一种。标末，细小。 ③达者：学识通达的人。 ④四科：德行，言语，政事，文学。《论语·先进》："德行：颜渊、闵子骞、冉伯牛、仲弓。言语：宰我、子贡。政事：冉有、季路。文学：子游、子夏。" ⑤《货殖》为传，独以子贡居先：《史记·货殖列传》列举历史上的商人，首列范蠡，次列子贡。该传曰："子赣既学于仲尼，退而仕于卫，废著鬻财于曹、鲁之间，七十子之徒，赐最为饶益。原宪不厌糟糠，匿于穷巷。子贡结驷连骑，束帛之币以聘享诸侯，所至，国君无不分庭与之抗礼。夫使孔子名布扬于天下者，子贡先后之也。" ⑥成人之美，不其阙如：言司马迁的《史记》，在《儒林》、《循吏》等传，不列子游、子夏、冉有、季路这些可以光大孔门的优秀弟子，没有做到君子以成人之美。

司马迁《自序传》云：为太史七年，而遭李陵之祸，幽于缧绁①。乃喟然而叹曰：是予之罪也，身亏不用②矣。自叙如此，何其略哉！夫云"遭李陵之祸，幽于缧绁"者，乍似同陵陷没，以置于刑；又似为陵所间，获罪于国③。遂令读者难得而详。赖班固载其《与任安书》④，书中具述被刑所以。倘无此录，何以克明其事者乎？

[注释]①幽于缧绁：幽禁于狱中。缧绁(léi xiè)，拴罪犯的绳索，这里指监狱。 ②身亏不用：司马迁被处以腐刑，故称"身亏"。 ③夫云……获罪于国：此句是说司马迁"遭李陵之祸，幽于缧绁"一语语意模糊，容易使人理解成被李陵所陷害，被李陵所祸，造成误读。 ④《与任安书》：司马迁写给友人益州刺史任安的书信，迁的《太史公自序》中没有提及，班固的《汉书·司马迁传》收录了这封书信，揭开了"遭李陵之祸"的真实面貌。

《汉书》载子长《与任少卿书》，历说自古述作，皆因患而起①。末云："不韦迁蜀，世传《吕览》。"案吕氏之修撰②也，广招俊客，比迹春、陵③，共集异闻，拟书《荀》、

《孟》,思刊一字,购以千金④,则当时宣布,为日久矣。岂以迁蜀之后,方始传乎?且必以身既流移,书方见重,则又非关作者本因发愤著书之义也。而辄引以自喻,岂其伦乎?若要多举故事,成其博学,何不云虞卿穷愁,著书八篇⑤?而曰"不韦迁蜀,世传《吕览》",斯盖识有不该,思之未审耳。

[**注释**]①自古述作,皆因患而起:指司马迁《报任安书》中的一段话:"古者富贵而名摩灭,不可胜记,唯倜傥非常之人称焉。盖西伯拘而演《周易》;仲尼厄而作《春秋》;屈原放逐,乃赋《离骚》;左丘失明,厥有《国语》;孙子膑脚,《兵法》修列;不韦迁蜀,世传《吕览》;韩非囚秦,《说难》、《孤愤》。《诗》三百篇,大氐贤圣发愤之所为作也。" ②吕氏之修撰:吕不韦修撰《吕氏春秋》事,《史记·吕不韦列传》中言之甚详:"当是时,魏有信陵君,楚有春申君,赵有平原君,齐有孟尝君,皆下士喜宾客以相倾。吕不韦以秦之强,羞不如,亦招致士,厚遇之,至食客三千人。是时诸侯多辩士,如荀卿之徒,著书布天下。吕不韦乃使其客人人著所闻,集论以为八览、六论、十二纪,二十余万言。以为备天地万物古今之事,号曰《吕氏春秋》。布咸阳市门,悬千金其上,延诸侯游士宾客有能增损一字者予千金。" ③比迹春、陵:春即春申君,陵即信陵君,参见注②。 ④思刊一字,购以千金:能修改一字者,赏以千金,参见注②。 ⑤虞卿穷愁,著书八篇:虞卿著书之事见《史记·平原君虞卿列传》:"虞卿既以魏齐之故,不重万户侯卿相之印,与魏齐间行,卒去赵,困于梁。魏齐已死,不得意,乃著书,上采《春秋》,下观近世,曰《节义》、《称号》、《揣摩》、《政谋》,凡八篇。以刺讥国家得失,世传之曰《虞氏春秋》。"

昔《春秋》之时,齐有夙沙卫者,拒晋殿师,郭最称辱①;伐鲁行唁,臧坚抉死②。此阉官见鄙③,其事尤著者也。而太史公《与任少卿书》,论自古刑余之人为士君子所贱者,唯以弥子瑕为始④,何浅近之甚邪?但夙沙出《左氏传》，汉代其书不行，故子长不之见也。夫博考前古，而舍兹不载，至于乘传车，探禹穴⑤，亦何为者哉？

[注释]①齐有夙沙卫……郭最称辱：夙沙卫，春秋时期齐灵公宠幸的宦官。《左传·襄公十八年》载，冬十月，诸侯国伐齐，齐师逃遁，夙沙卫提出要做殿后，掩护军队撤退，大夫郭最说："子殿国师，齐之辱也。"表现了对宦官的极端蔑视。　②伐鲁行唁，臧坚抉死：《左传·襄公十七年》载，齐国俘获了臧纥的族人臧坚，齐灵公派夙沙卫去慰问他，并叫他不要死。臧坚说："感谢你君王的好意。君王赐我不死，却派一个受过刑的人来对我表示慰问！"臧坚认为齐灵公派夙沙卫慰问他是对他的莫大侮辱，便用一头尖的小木屑把伤口弄大而死。　③见鄙：被人鄙视。　④唯以弥子瑕为始：司马迁认为弥子瑕和卫灵公时的阉人雍渠是同一个人。《汉书·司马迁传》："刑余之人，无所比数，非一也，所从来远矣！昔卫灵公与雍渠载，孔子适陈；商鞅因景监见，赵良寒心；同子参乘，爰丝变色：自古而耻之。"夙沙卫要早于雍渠。　⑤乘传车，探禹穴：《史记·太史公自序》中，司马迁自言遍游天下，为著史做了很多准备："二十而南游江、淮，上会稽，探禹穴，窥九疑，浮于沅、湘；北涉汶、泗，讲业齐、鲁之都，观孔子之遗风，乡射邹、峄；厄困鄱、薛、彭城，过梁、楚以归。"刘知幾责问司马迁，既然如此，为什么对夙沙卫之例那样忽略呢？

《魏世家》太史公曰："说者皆曰魏以不用信陵君，故国削弱至于亡。余以为不然。天方令秦平海内，其业未成，魏虽得阿衡①之徒，曷益乎？"夫论成败者，固当以人事为主，必推命而言，则其理悖矣。盖晋之获也，由夷吾之愎谏②；秦之灭也，由胡亥之无道；周之季也，由幽王之惑褒姒；鲁之逐也，由稠父之违子家③。然则败晋于韩，狐突已志其兆④；亡秦者胡，始皇久铭其说⑤；檿弧箕服，彰于宣、厉之年⑥；征褰与襦，显自文、武之世⑦。恶名早著，天孽难逃。假使彼四君才若桓、文，德同汤、武，其若之何？苟推此理而言，则亡国之君，他皆仿此，安得于魏无讥者哉？

[**注释**]①阿衡：商代官名，伊尹曾任此职。后引申为国家辅弼之臣，宰相之职。　②晋之获也，由夷吾之愎谏：《左传·僖公十五年》载，九月，秦晋"战于韩原，晋戎马还泞而止。公号庆郑。庆郑曰：'愎谏违卜，固败是求，又何逃焉？'遂去之……秦获晋侯以归"。获，俘获。夷吾，晋惠公名。庆郑，晋大夫。愎谏，固执不接受臣下的进谏。晋惠公的马陷入泥泞中，呼叫大夫庆郑救他，庆郑说你那样拒绝纳谏，刚愎自用，如何逃避灾祸？　③鲁之逐也，由稠父之违子家：昭公二十五年，鲁昭公不听大夫子家子的劝告，执意要讨伐公族季氏，结果战败，逃往齐国。事见《左传·昭公二十五年》。稠父，鲁昭公。子家子，鲁大夫。　④败晋于韩，狐突已志其兆：狐突，晋国大夫。《左传·僖公十年》记，晋惠公改葬太子申生，申生托梦给大夫狐突，言其已经请求天帝把晋国交付给秦国，他要享用秦国的祭祀。后来，秦国果然大败晋国于韩地。⑤亡秦者胡，始皇久铭其说：事见《史记·秦始皇本纪》：始皇三十二年，"燕人卢生使入海还，以鬼神事，因奏录图书，曰'亡秦者胡也'。始皇乃使将军蒙恬发兵三十万人北击胡，略取河南地。"　⑥檿弧箕服，彰于宣、厉之年：檿（yǎn），山桑木。弧，弓。箕，箕草。服，箭袋。用桑条做的弓，用箕草做的箭袋。见《国语·郑语》："宣王之时有童谣曰：'檿弧箕服，实亡周国。'于是宣王闻之，有夫妇鬻是器者，王使执而戮之。"如果有卖檿弧箕服的女人出现，就是周亡国之时。后来，应验于周厉王之世。　⑦征褰与襦，显自文、武之世：武，有作"成"者，于"征褰与襦"，作"成"妥。事见《左传·召公二十五年》："'有鸲鹆来巢'，书所无也。师己曰：'异哉！吾闻文、成之世，童谣有之，曰：'鸲之鹆之，公出辱之。鸲鹆之羽，公在外野，往馈之马。鸲鹆跦跦，公在干侯，征褰与襦。鸲鹆之巢，远哉遥遥。稠父丧劳，宋父以骄。鸲鹆鸲鹆，往歌来哭。'童谣有是，今鸲鹆来巢，其将及乎？"征，求。褰（qiān），裤。襦，短袄。显自文公、成公时代的这句童谣，应验在了鲁昭公身上。

夫国之将亡也若斯，则其将兴也亦然。盖妫后之为公子也，其筮曰：八世莫之与京①。毕氏之为大夫也，其占曰:万名其后必大②。姬宗之在水浒也,鸑鷟鸣于岐山③;刘姓之在中阳也,蛟龙降于丰泽④。斯皆瑞表于先,而福居其后。向若四君德不半古⑤,才不逮人,终能坐登大宝,自致宸极矣乎?必如史公之议也,则亦当以其命有必至,理无可辞,不复嗟其智能,颂其神武者矣⑥。

[注释]①八世莫之与京:京,大。八世之后没有人能与之抗衡。妫后,有妫氏的后人,陈国之后。陈为舜后,姓妫。此事见《左传·庄公二十二年》:陈国公子完逃亡到齐国,齐桓公任命为卿。初,懿氏占卜替完娶妻,"其妻占之,曰:吉,是谓'凤皇于飞,和鸣锵锵,有妫之后,将育于姜。五世其昌,并于正卿。八世之后,莫之与京。'" ②万名其后必大:《左传·闵公元年》载,晋献公任毕万为大夫,赐给魏邑。大夫卜偃说:"毕万之后必大。万,盈数也;魏,大名也;以是始赏,天启之矣。天子曰兆民,诸侯曰万民。今名之大,以从盈数,其必有众。" ③鸑鷟鸣于岐山:姬宗,周之宗族。水浒,水边。鸑鷟(yuè zhuó),水鸟名,古代以为神鸟。《国语·周语》:"周之兴也,鸑鷟鸣于岐山。" ④刘姓之在中阳也,蛟龙降于丰泽:汉高祖刘邦,其母梦与蛟龙相媾而生。事见《史记·高祖本纪》:"高祖,沛丰邑中阳里人,姓刘氏,字季。父曰太公,母曰刘媪。其先刘媪尝息大泽之陂,梦与神遇。是时雷电晦冥,太公往视,则见蛟龙于其上。已而有身,遂产高祖。" ⑤不半古:不及古代贤人。⑥必如史公……颂其神武者矣:此句意谓,如果一定要像太史公所说的那样,古代伟人的成功都是由于符瑞先兆,那么就没有必要去赞扬他们的聪慧才智和谋略神勇了。

夫推命而论兴灭,委运而忘褒贬,以之垂诫,不其惑乎?自兹以后,作者著述,往往而然。如鱼豢《魏略议》、虞世南《帝王论》,或叙辽东公孙之败①,或述江左陈氏之亡②,其理并以命而言,可谓与子长同病者也。

[注释]①叙辽东公孙之败:《史通》原注:"鱼豢《魏略议》曰:当青龙、景

初之际,有彗星出于箕而上彻,是为扫除辽东而更置也。苟其如此,人不能违,则德教不设而淫滥首施,以取族灭,殆天意也。" ②述江左陈氏之亡:《史通》原注:"虞世南《帝王略论》曰:永定元年,有会稽人史溥为扬州从事,梦人著朱衣武冠,自天而下,手执金版,有文字。溥看之,有文曰:'陈氏五主,三十四年。'谅知冥数,不独人事。"

诸汉史(十条)

《汉书·孝成纪赞》曰:"成帝善修容仪,升车正立,不内顾,不疾言,不亲指①。临朝渊嘿②,尊严若神,可谓穆穆天子之容貌矣。"又《五行志》曰:"成帝好微行,选期门郎及私奴客十余人,皆白衣袒帻③,自称富平侯家。或乘小车,御者在茵上,或皆骑,出入远至旁县。故谷永谏曰:陛下昼夜在路,独与小人相随。乱服共坐,混淆无别。公卿百寮,不知陛下所在,积数年矣。"由斯而言,则成帝鱼服嫚游,乌集无度④,虽外饰威重,而内肆轻薄,人君之望,不其缺如。观孟坚《纪》、《志》所言⑤,前后自相矛盾者矣。

[注释]①不内顾,不疾言,不亲指:袭用《论语·乡党》中语:"车中不内顾,不疾言,不亲指。"在车中,不向内回顾,不很快地说话,不用手指指划划。②渊嘿:神态深沉的样子。嘿,同"默"。 ③袒帻:帻(zé),头巾。袒露头巾,即不戴帽子。 ④乌集无度:像乌鸦那样时合时散,没有限度。 ⑤《纪》、《志》所言:言《汉书》在《孝成纪赞》和《五行志》中的说法相矛盾,同一本书中说法不一。

观太史公之创表也,于帝王则叙其子孙,于公侯则纪其年月,列行萦纡①以相属,编字戢舂②而相排。虽燕、越万里,而于径寸之内犬牙可接;虽昭穆九代,而于方尺之中雁行有叙。使读者阅文便睹,举目可详,此其所以为快也。如班氏之《古今人表》者,唯以品藻贤愚,激扬善恶为务尔。既非国家递袭,禄位相承,而亦复界重行③,狭书细字,比于他表,殆非其类欤!盖人列古今,本殊表限④,必吝而不去,则宜以志名篇。始自上上,终于下下,并当明为标榜,显列科条,以种类为篇章,持优劣为次第。仍每于篇后云,右若干品,凡若干人。亦犹《地理志》肇述京华,末陈边塞,先列州郡,后言户口也。

[注释]①萦纡:回曲,形容表内线条迂回曲折。 ②戢舂(jí yì):众多之貌,形容表内文字众多。 ③复界重行(háng):表格的线条重叠。界、行,表格的线条。 ④本殊表限:言对人物的品评分类,不是表格所可以区分的,是表格体裁自身的局限。

自汉已降,作者多门,虽新书已行,而旧录仍在,必校其事,可得而言。案刘氏初兴,书唯陆贾①而已。子长述楚、汉之事,专据此书。譬夫行不由径,出不由户,未之闻也。然观迁之所载,往往与旧不同。如郦生之初谒沛公②,高祖之长歌鸿鹄③,非唯文句有别,遂乃事理皆殊。又韩王名信都,而辄去"都"留"信",用使称其名姓,全与淮阴④不别。班氏一准太史,曾无弛张,静言思之,深所未了。

[注释]①书唯陆贾:指陆贾的《楚汉春秋》。 ②郦生之初谒沛公:《史记·郦生陆贾列传》载此事曰:"沛公至高阳传舍,使人召郦生。郦生至,入谒,沛公方倨床使两女子洗足,而见郦生。郦生入,则长揖不拜,曰:'足下欲

助秦攻诸侯乎？且欲率诸侯破秦也？'沛公骂曰：'竖儒！夫天下同苦秦久矣，故诸侯相率而攻秦，何谓助秦攻诸侯乎？'郦生曰：'必聚徒合义兵诛无道秦，不宜倨见长者。'于是沛公辍洗，起摄衣，延郦生上坐，谢之。郦生因言六国从横时。" ③高祖之长歌鸿鹄：刘邦欲更立戚夫人所生子赵王如意为太子，太子刘盈便邀请到刘邦素所尊重的商山四皓为客，刘邦大惊，感到太子羽翼已经丰满，不可更换。戚夫人悲泣，刘邦命她跳楚舞，自唱楚歌云："鸿鹄高飞，一举千里。羽翮已就，横绝四海。横绝四海，当可奈何！虽有矰缴，尚安所施！"见《史记·留侯世家》。 ④淮阴：指淮阴侯韩信。

司马迁之《叙传》也，始自初生，及乎行历，事无巨细，莫不备陈，可谓审矣。而竟不书其字者，岂墨生所谓大忘者乎？而班固仍其本传，了无损益，此又韩子所以致守株之之说也。如固之为《迁传》也，其初宜云"迁字子长，冯翊阳夏人，其序曰"云云。至于事终，则言"其自叙如此"。著述之体，不当如是耶？

马卿为《自叙传》①，具在其集中。子长因录斯篇，即为列传，班氏仍旧，曾无改夺。寻固于《马》、《扬传》末，皆云迁、雄之自叙如此。至于《相如》篇下，独无此言。盖止凭太史之书，未见文园②之集，故使言无画一，其例不纯。

[注释]①马卿为《自叙传》：司马相如的《自叙传》，载于《相如集》，已佚。 ②文园：指司马相如，司马相如曾做孝文帝园令。

《汉书·东方朔传》委琐烦碎，不类诸篇。且不述其亡殁岁时及子孙继嗣，正与《司马相如》、《司马迁》、《扬雄传》相类。寻其传体，必曼倩之自叙也①。但班氏脱略，故世莫之知。

[注释]①曼倩之自叙也：东方朔字曼倩。刘知幾怀疑《汉书·东方朔传》也像《司马相如传》、《司马迁传》、《扬雄传》一样，是根据传主的自叙编写的。

苏子卿父建①行事甚寡，韦玄成父贤②德业稍多。《汉书》编苏氏之传，则先以苏建标名；列韦相之篇，则不以韦贤冠首，并其失③也。

[注释]①苏子卿父建：苏武字子卿。《汉书》关于苏氏父子，以父苏建为传名，与李广合传，苏武行事附苏建之后。但以写苏武为主，关于苏建仅写了百字左右。　②韦玄成父贤：韦玄成父韦贤，父子相继为汉宣帝、元帝时丞相。《汉书》为韦氏父子立传，以韦贤标名，并无差错。　③不以韦贤冠首，并其失：刘知幾批评班固不以韦贤冠首，而今本《汉书》非是，浦起龙《史通通释》注为之圆场："疑唐本《汉书》以玄成名篇。"

班固称项羽贼义帝，自取天亡①。又云：于公高门以待封②，严母扫地以待丧③。如固斯言，则深信夫天怨神怒，福善祸淫者矣。至于其赋《幽通》④也，复以天命久定，非人理所移，故善恶无征，报施多爽，斯则同理异说，前后自相矛盾⑤者焉。

[注释]①项羽贼义帝，自取天亡：《汉书·项籍传赞》评论项羽曰："羽背关怀楚，放逐义帝，而怨王侯畔己，难矣。自矜功伐，奋其私智而不师古，始霸王之国，欲以力征经营天下，五年卒亡其国，身死东城，尚不觉寤，不自责过失，乃引'天亡我，非用兵之罪'，岂不谬哉！"　②于公高门以待封：于公，汉宣帝、元帝时丞相于定国之父。《汉书·于定国传》载："始，定国父于公，其闾门坏，父老方共治之。于公谓曰：'少（稍）高大闾门，令容驷马高盖车。我

治狱多阴德,未尝有所冤,子孙必有兴者。'至定国为丞相,永(于定国之子)为御史大夫,封侯传世云。"闾门坏,定国父不让按原样维修,要高大其门,将来子孙封侯百官,可以容下驷马高车。　③严母扫地以待丧:严延年,汉宣帝时人,酷吏,号曰"屠伯"。《汉书·酷吏传》载:延年任河南太守,母亲从东海来和他一起过年。其母到洛阳后看到延年处决囚犯的奏报,大惊,遂停留都亭,不肯入延年府。延年到都亭拜见母亲,母亲严厉斥责其残酷,说:"我不意当老见壮子被刑戮也!行矣!去女东归,扫除墓地耳。"母亲认为他的残酷一定会招致灾祸。延年最后果然被人陷害,"坐怨望非谤政治不道弃市"。④《幽通》:班固青年时曾作《幽通赋》,表达自己要探讨吉凶性命的志向。见《汉书·叙传》。　⑤自相矛盾:言班固《幽通赋》所表达的吉凶性命由命定的思想,和他在《汉书》纪传中所表达的咎由自取的思想相互矛盾。

　　或问:张辅著《班马优劣论》云:迁叙三千年事,五十万言,固叙二百年事,八十万言,是固不如迁也。斯言为是乎?答曰:不然也。案《太史公书》上起黄帝,下尽宗周,年代虽存,事迹殊略。至于战国已下,始有可观。然迁虽叙三千年事,其间详备者,唯汉兴七十余载而已。其省也则如彼,其烦也则如此,求诸折中,未见其宜。班氏《汉书》全取《史记》,仍去其《日者》、《仓公》等传,以为其事烦芜,不足编次故也。若使马迁易地而处,撰成《汉书》,将恐多言费辞,有逾班氏,安得以此而定其优劣邪?

　　《汉书》断章①,事终新室②。如叔皮存殁,时入中兴③,而辄引与前书共编者,盖《序传》之恒例者耳。荀悦既删略班史,勒成《汉纪》,而彪《论王命》,列在末篇④。夫以规讽隗嚣,翼戴光武,忽以东都之事,擢居西汉之中⑤,必如是,则《宾戏》⑥、《幽通》,亦宜同载者矣。

[注释]①断章:断限。 ②新室:指王莽。 ③叔皮存殁,时人中兴:班固父班彪字叔皮,死于东汉明帝年间。中兴,指东汉王朝建立。 ④彪《论王命》,列在末篇:班彪所作《王命论》,著录于《汉纪》卷三十篇末。 ⑤东都之事,擢居西汉之中:将东汉的事情纳入关于西汉的历史书中。 ⑥《宾戏》:班固所作《答宾戏》,见《后汉书》本传。

杂说中第八

诸晋史(六条)

东晋之史,作者多门,何氏《中兴》①,实居其最。而为晋学者,曾未之知,倪湮灭不行,良可惜也。王、檀著书②,是晋史之尤劣者,方诸前代,其陆贾、褚先生③之比欤! 道鸾不揆浅才,好出奇语,所谓欲益反损,求妍更媸者矣。

[注释]①何氏《中兴》:何法盛之《晋中兴书》。 ②王、檀著书:王隐之《晋书》,檀道鸾之《续晋阳秋》。 ③褚先生:续补《史记》之褚少孙。

臧氏《晋书》①称苻坚之窃号也,虽疆宇狭于石虎②,至于人物则过之。案后石之时③,张据瓜、凉④,李专巴、蜀⑤,自辽而左,人属慕容⑥,涉汉而南,地归司马。逮于苻氏,则兼而有之⑦。《禹贡》九州,实得其八。而言地劣于赵,是何言欤? 夫识事未精,而轻为著述,此其不知量也。张勔抄撮晋史,不求异同,而备揭此言,不从沙汰,罪又甚矣。

[注释]①臧氏《晋书》：南朝臧荣绪所撰《晋书》110卷。　②石虎：后赵国君。　③后石之时：后赵石勒称前石，石虎称后石。　④张据瓜、凉：石虎之时，前凉张天锡据瓜州、凉州。　⑤李专巴、蜀：李雄的成汉政权占据巴蜀之地。　⑥自辽而左，人属慕容：辽左为前燕慕容氏的地盘。　⑦逮于苻氏，则兼而有之：到苻坚之时，瓜、凉二州，巴蜀之地以及辽左，都逐渐为前秦所兼并。此言苻坚"疆宇狭于石虎"之荒唐。

夫学未该博，鉴非详正，凡所修撰，多聚异闻，其为踳驳，难以觉悟。案应劭《风俗通》载楚有叶君祠，即叶公诸梁庙也。而俗云孝明帝时有河东王乔为叶令，尝飞凫入朝①。及干宝《搜神记》，乃隐应氏所通，而收流俗怪说。又刘敬昇《异苑》称晋武库失火，汉高祖斩蛇剑穿屋而飞，其言不经。致梁武帝令殷芸编诸《小说》②，及萧方等撰《三十国史》③，乃刊为正言。既而宋求汉事，旁取令升之书④，唐征晋语⑤，近凭方等之录。编简一定，胶漆不移⑥。故令俗之学者，说凫履登朝，则云《汉书》旧记。谈蛇剑穿屋，必曰晋典明文。遮彼虚词，成兹实录。语曰："三人成市虎⑦。"斯言其得之者乎！

[注释]①飞凫入朝："王乔凫履"见《采撰》篇注。　②殷芸编诸《小说》：梁武帝命群臣集撰《通史》，上至太初，下终齐室，凡620卷。之后，又命殷芸将编撰《通史》所未录用的"不经之说"，汇编成《小说》10卷。其事虽为不经之说，而来源都取自故书雅记，每条都注明出处，体例严谨。　③萧方等撰《三十国史》：萧方等所撰《三十国春秋》30卷，以晋事为主，附列刘渊以下29国史事，所不幸者是《小说》所录不经之说，也成为其正史之素材。　④令升之书：范晔的《后汉书》。　⑤唐征晋语：唐初撰《晋书》，萧方等的《三十国

春秋》则成为资料来源。 ⑥胶漆不移:好像被胶漆粘住而不能改动一样,喻指邪辟异说一旦参入正史,便成了不刊之言。 ⑦三人成市虎:喻谎言说得多了,便令人信以为真。语出《韩非子·内储说》:"庞恭与太子质于邯郸,谓魏王曰:'今一人言市有虎,王信之乎?'曰:'不信。''二人言市有虎,王信之乎?'曰:'不信。''三人言市有虎,王信之乎?'王曰:'寡人信之。'庞恭曰:'夫市之无虎也明矣,然而三人言而成虎。今邯郸之去魏也远于市,议臣者过于三人,愿王察之。'"

马迁持论,称尧世无许由①;应劭著录,云汉代无王乔,其言说矣。至士安撰《高士传》,具说箕山之迹②;令升作《搜神记》,深信叶县之灵。此并向声背实③,舍真从伪,知而故为,罪之甚者。近者,宋临川王义庆著《世说新语》,上叙两汉、三国及晋中朝、江左事。刘峻注释④,摘其瑕疵,伪迹昭然,理难文饰。而皇家撰《晋史》,多取此书⑤。遂采康王之妄言,违孝标之正说。以此书事,奚其厚颜!

[注释]①称尧世无许由:司马迁对许由的真实性持怀疑态度。《史记·伯夷列传》:"说者曰尧让天下于许由,许由不受,耻之,逃隐……太史公曰:余登箕山,其上盖有许由冢云。孔子序列古之仁圣贤人,如吴太伯、伯夷之伦详矣。余以所闻由、光义至高,其文辞不少概见,何哉?" ②箕山之迹:《高士传》说许由隐于箕山之下,并叙述其在箕山的行踪。 ③向声背实:偏信传闻而不顾事实真相。 ④刘峻注释:刘峻字孝标,其《世说新语注》广征博引,纠正了《世说新语》原书的许多错谬。 ⑤多取此书:唐初撰《晋书》,《世说新语》是其重要素材之一。

汉吕后以妇人称制①,事同王者。班氏次其年月,虽与诸帝同编;而记其事迹,实与后妃齐贯。皇家诸学士撰

《晋书》,首发凡例,而云班《汉》皇后除王②、吕之外,不为作传,并编叙行事,寄出《外戚》篇。所不载者,唯元后耳。安得辄引吕氏以为例乎?盖由读书不精,识事多阙,徒以本纪标目,以编高后之年,遂疑外戚裁篇,辄叙娥姁③之事。其为率略④,不亦甚邪!

[注释]①称制:执行帝王之权力。　②王:汉元帝王皇后。　③娥姁(xǔ):即吕后,《史记·外戚世家》:"吕娥姁为高祖正后。"　④率略:粗略,粗疏。

杨王孙布囊盛尸①,裸身而葬。伊籍对吴②,以"一拜一起,未足为劳"。求两贤立身,各有此一事而已。而《汉书》、《蜀志》,为其立传。前哲致讥,言之详矣。然杨能反经合义③,足矫奢葬之愆④。伊以敏辞辨对,可免"使乎"之辱。列诸篇第,犹有可取。近者皇家撰《晋书》,著《刘伶⑤》、《毕卓⑥传》。其叙事也,直载其嗜酒沈湎,悖礼乱德,若斯而已。为传如此,复何所取者哉?

[注释]①杨王孙布囊盛尸:杨王孙裸葬事,见《汉书·杨胡朱梅云传》,本书《论赞》篇有注。　②伊籍对吴:伊籍,汉末三国时期人,刘备使臣。对吴,应对吴主孙权的答问。《三国志·蜀书》本传载:"遣东使于吴,孙权闻其才辩,欲逆折以辞。籍适入拜,权曰:'劳事无道之君乎?'籍既对曰:'一拜一起,未足为劳。'籍之机捷,类皆如此,权甚异之。"　③反经合义:反经,指其裸葬违背葬礼。合义,符合通情达理的一般人的看法。　④愆:罪过,过失。　⑤刘伶:竹林七贤之一,实际上一酒徒而已。《晋书》中与阮籍、嵇康等同传,传曰:"刘伶,字伯伦,沛国人也。身长六尺,容貌甚陋。放情肆志,常以细宇宙齐万物为心。澹默少言,不妄交游,与阮籍、嵇康相遇,欣然神解,携手入林。初不以家产有无介意。常乘鹿车,携一壶酒,使人荷锸而随之,谓曰:'死

便埋我。'其遗形骸如此。"著有《酒德颂》一篇。 ⑥毕卓：《晋书》中与阮籍、嵇康、刘伶等同传，传曰："毕卓字茂世，新蔡铜阳人也。父谌，中书郎。卓少希放达，为胡毋辅之所知。太兴末，为吏部郎，常饮酒废职。比舍郎酿熟，卓因醉夜至其瓮间盗饮之，为掌酒者所缚，明旦视之，乃毕吏部也，遽释其缚。卓遂引主人宴于瓮侧，致醉而去。卓尝谓人曰：'得酒满数百斛船，四时甘味置两头，右手持酒杯，左手持蟹螯，拍浮酒船中，便足了一生矣。'"

《宋略》（一条）

裴幾原删略宋史，定为二十篇。芟烦撮要，实有其力。而所录文章，颇伤芜秽。如文帝《除徐傅官诏》①、颜延年《元后哀册文》②、颜峻《讨二凶檄》③、孝武《拟李夫人赋》④、裴松之《上注国志表》⑤、孔熙先《罪许曜词》⑥。凡此诸文，是尤不宜载者。

[注释]①文帝《除徐傅官诏》：文帝，宋文帝刘义隆。徐，徐羡之，刘宋武帝时累官至尚书令、司空。少帝刘义符即位，无道，被徐羡之废黜，文帝刘义隆即位，进其为司徒。徐羡之多次上表归政。傅，傅亮，博通经史，深受宋武帝重视。少帝废，傅亮率百官迎文帝。元嘉二年，与徐羡之一同上表归政。《宋书·文帝纪》载："二年春正月丙寅，司徒徐羡之、尚书令傅亮奉表归政，上始亲览。"《除徐傅官诏》当在此之后。 ②颜延年《元后哀册文》：《宋书·后妃传》载：宋文帝袁皇后，讳齐妫，陈郡阳夏人，左光禄大夫敬公湛之庶女。文帝宠幸潘淑妃之后，袁皇后被冷落，患恨成疾，于元嘉十七年病逝。文帝"甚相悼痛，诏前永嘉太守颜延之为哀策，文甚丽。" ③颜峻《讨二凶檄》：颜峻，颜延之长子。二凶，宋文帝皇太子刘劭和始兴王刘浚。二人谋反叛乱事，见《宋书·二凶传》。文帝第三子、武陵王刘骏，对颜峻极为赏识，任其为咨议参军领录事，出入卧内，断决军机，草发檄文。 ④孝武《拟李夫人赋》：宋孝武帝刘骏爱妃殷淑仪病死，刘骏哀痛之至，模仿汉武帝李夫人赋，亲撰哀悼赋一篇，见《宋书·孝武十四王传》。 ⑤裴松之《上注国志表》：裴松之《三国志注》是受命之作。宋文帝以陈寿《三国志》记事简略，乃令裴松之广

搜资料,精心考核,为之作注。　⑥孔熙先《罪许曜词》:孔熙先,孔默之之子。孔默之因罪当诛,受到彭城王刘义康庇护得免。后来刘义康因事被废黜,孔熙先为了报恩,便假托天意,制造刘义康当皇帝的舆论,并阴结皇宫宿卫许曜为内应,谋杀宋文帝。事发,凡所连及,全部被捕处死。孔熙先所撰《罪许曜词》沈约《宋书》并没有著录,裴幾原的《宋略》已佚,原貌已不可见。

何则?羡、亮威权震主①,负芒猜忌②,将欲取之,必先与之。既而罪名具列,刑书是正③,则先所降诏,本非实录④。而乃先后双载,坐令矛盾两伤。夫国之不造⑤,史有哀册⑥。自晋、宋已还,多载于起居注,词皆虚饰,义不足观。必以"略"言之,故宜去也。昔汉王数项⑦,袁公檄曹⑧,若不具录其文,难以暴扬其过。至于二凶为恶,不言可知,无俟檄数,始明罪状。必刊诸国史,岂益异同。孝武作赋悼亡,钟心内宠,情在儿女⑨,语非军国。松之所论者,其事甚末⑩,兼复文理非工⑪。熙先构逆怀奸,矫言欺众,且所为稿草,本未宣行。斯并同在编次,不加铨择,岂非芜滥者邪?

[注释]①羡、亮威权震主:徐羡之和傅亮两人威权过重,使君主受到威胁。　②负芒猜忌:皇帝时时提防,如芒在背。　③刑书是正:刑书,判刑的诏令。根据《宋书·傅亮传》,傅亮后来引起文帝嫉恨,"元嘉三年,太祖欲诛亮,先呼入见;省内密有报之者,亮辞以嫂病笃,求暂还家。遣信报徐羡之,因乘车出郭门,骑马奔兄迪墓。屯骑校尉郭泓收付廷尉,伏诛。"　④先所降诏,本非实录:指文帝《除徐傅官诏》。　⑤不造:不幸。　⑥哀册:皇帝死亡发布的公告。　⑦汉王数项:《史记·高祖本纪》载,项羽欲与汉王独身挑战。汉王数项羽曰:"始与项羽俱受命怀王,曰先入定关中者王之,项羽负约,王我于蜀汉,罪一。项羽矫杀卿子冠军而自尊,罪二……"刘邦连数项羽十大罪状。⑧袁公檄曹:袁绍讨伐曹操的檄文,载《三国志·魏书·袁绍传》裴松之注引

《魏氏春秋》。 ⑨情在儿女:儿女私情。 ⑩甚末:很微小。 ⑪文理非工:文章的构思技巧也非其所长。

向若除此数文,别存他说,则宋年美事,遗略盖寡。何乃应取而不取,宜除而不除乎?但近代国史,通多此累,有同自郐①,无足致讥。若裴氏者,众作之中,所可与言史者,故偏举其事,以申掎摭②云。

[注释]①自郐:是"自郐以下"的缩写。意谓其他不值一提的就更多了。 ②掎摭:被忽略的缺点。

后魏书(二条)

《宋书》载佛狸①之入寇也,其间胜负,盖皆实录焉。《魏史》②所书,则全出沈本③。如事有可耻者,则加减随意,依违饰言。至如刘氏献女请和④,太武以师婚不许⑤,此言尤可怪也。何者?江左皇族,水乡庶族,若司马、刘、萧、韩、王⑥,或出于亡命⑦,或起自俘囚⑧,一诣桑干⑨,皆成禁脔⑩。此皆《魏史》自述,非他国所传。然则北之重南,其礼如此。安有黄旗之主⑪,亲屈己以求婚,而白登之阵⑫,反怀疑而不纳。其言河汉⑬,不亦甚哉!观休文《宋典》⑭,诚曰不工,必比伯起《魏书》,更为良史。而收每云:"我视沈约,正如奴耳⑮。"此可谓饰嫫母⑯而夸西施,持鱼目而笑明月者也。

[注释]①佛狸:北魏太武帝拓跋焘字佛狸。 ②《魏史》:魏收之《魏书》。 ③沈本:沈约之《宋书》。 ④刘氏献女请和:《宋书·索虏传》载,拓跋焘亲率大军南征,迫近长江,驻于瓜步,令士兵砍蒹苇造筏,宣言将渡江,同

时又遣使向宋文帝献骆驼、名马,求和请婚,希望刘宋嫁女于拓跋焘。 ⑤太武以师婚不许:《魏书·岛夷刘氏传》载:世祖车驾登瓜步,伐苇登筏,以示渡江。宋文帝大惧,遣黄延年朝于行宫,献百牢,并请和进女于皇孙。世祖以在军中举行婚礼违礼为由,许和而不许婚,乃撤军而还。这同一件事,南北两书的记载迥然不同。 ⑥司马、刘、萧、韩、王:司马,司马楚之,司马懿弟馗的八世孙。刘裕篡夺东晋政权之后,大杀司马氏皇族,司马楚之亡匿于汝颍间,后降于北魏,与拓跋氏贵族河内公主结婚。事见《魏书·司马楚之传》。刘,宋文帝第九子业立,北逃入魏,与魏武邑、建兴诸公主婚,见《魏书·刘昶传》。萧,萧衍灭齐,诛杀齐宗室王侯,明帝萧鸾第六子萧宝夤北逃魏,后与魏南阳公主结婚,见《魏书·萧宝夤传》。韩,东晋安帝司马德宗西平府录事参军韩延之,与司马文思降魏,与魏淮南王女婚。事见《魏书·司马文思传》。王,王慧龙,东晋仆射王愉之孙,当刘裕微贱之时曾不礼于刘裕,及刘裕即位,尽杀王氏家人,王慧龙北逃降魏,与大臣崔恬女婚,见《魏书·王慧龙传》。 ⑦出于亡命:刘业立、萧宝夤、司马德宗、王慧龙四人即是。 ⑧起自俘囚:指司马楚之。 ⑨一诣桑干:这些人一到北魏。北魏鲜卑族拓跋部兴起于代郡桑干县的平城。 ⑩皆成禁脔:都成了贵族。禁脔(luán),喻指贵族,出于晋代故事。东晋元帝初到建业,生活紧张,每得到一只猪便是珍品,猪颈上一块肉更是鲜美,只有元帝得吃,宫中称作"禁脔"。后来,宋孝武帝欲以谢混为晋陵公主婿,未成婚,帝卒。袁山松又欲以混为婿,王珣告诫袁道:"卿莫近'禁脔'。"禁脔用作贵族的比拟词。见《晋书·谢安传》。 ⑪黄旗之主:古代谶纬迷信家以紫盖黄旗为帝王行踪所在的一种气象,此处用作帝王的代称。 ⑫白登之阵:典故。汉高祖初年,匈奴率军围困韩王信于马邑,并进略晋阳。刘邦亲率大军抗击,匈奴计诱汉军深入,刘邦追至平城白登山,陷入重围,被困七天七夜。后以白登之阵喻指军事困境。 ⑬河汉:虚无缥缈之喻。 ⑭休文《宋典》:指沈约的《宋书》。沈约字休文。 ⑮我视沈约,正如奴耳:《史通》原注:"出《关东风俗传》。" ⑯嫫母:丑妇。

近者沈约《晋书》,喜造奇说。称元帝牛金之子,以应"牛继马后"之征①。邺中学者王劭、宋孝王言之详矣。

而魏收深嫉南国,幸书其短②,著《司马睿传》,遂具录休文所言。又崔浩谄事狄君③,曲为邪说,称拓跋之祖,本李陵之胄④。当时众议抵斥,事遂不行。或有窃其书以渡江者,沈约撰《宋书·索虏传》,仍传伯渊所述。凡此诸妄,其流甚多,傥无迹可寻,则真伪难辨者矣。

[**注释**]①"牛继马后"之征:参见《采撰》篇"马睿出于牛金"注。 ②幸书其短:喜欢书写南朝的短处。 ③狄君:指北魏皇帝拓跋氏。 ④李陵之胄:西汉大将军李陵的后人。胄,古代称帝王或贵族的子孙。

北齐诸史(三条)

王劭国史,至于论战争,述纷扰,贾其余勇①,弥见所长。至如叙文宣逼孝靖以受魏禅②,二王杀杨、燕以废干明③,虽《左氏》载季氏逐昭公④,秦伯纳重耳⑤,栾盈起于曲沃⑥,楚灵败于干谿⑦,殆可连类也。又叙高祖破宇文于邙山⑧,周武自晋阳而平邺⑨,虽《左氏》书城濮之役⑩、鄢陵之战⑪、齐败于鞌⑫、吴师入郢⑬,亦不是过也。

[**注释**]①贾其余勇:竭尽自己的能力。贾,出卖。 ②文宣逼孝靖以受魏禅:齐文宣帝高洋胁迫东魏孝静帝逊位,而代魏受禅。 ③二王杀杨、燕以废干明:二王,浦起龙《史通通释》曰当作"常山"。《北齐书·孝昭帝纪》载,北齐废帝高殷干明元年正月,常山王高演矫诏杀尚书令杨愔、尚书右仆射燕子献等。八月,以太皇太后令废帝为济南王,立高演为帝,是为孝昭帝。 ④季氏逐昭公:见《左传·昭公二十五年》,前文《杂说上》"《魏世家》"条有注。 ⑤秦伯纳重耳:见《左传·僖公二十三年》。 ⑥栾盈起于曲沃:见《左传·襄公二十三年》。 ⑦楚灵败于干谿:见《左传·昭公十三年》。 ⑧高祖破宇文于邙山:东魏孝静帝武定元年北豫州刺史高慎在武牢西起兵叛乱,高欢大败高慎于北邙山。参见《北史·神武纪》。 ⑨周武自晋阳而平

邺:北周武帝宇文邕建德六年率兵攻邺,灭齐。参见《北史·周武帝纪》。
⑩城濮之役:晋、楚两国为争夺霸权在城濮进行的一次重要战争。此役晋获大胜,楚国战败北进受阻,中原各国离楚而归晋,晋文公由此成为霸主。见《左传·僖公二十八年》。 ⑪鄢陵之战:城濮之战后,晋、楚两国又一次争霸战争,仍以楚军的失利而告终。此役使晋国的霸主地位进一步巩固,晋军还创造了攻弱避坚的战术,成为古代战争史上的著名战例。见《左传·成公十六年》。 ⑫齐败于鞌:晋、齐鞌之战。成公二年,晋会鲁、卫之师伐齐,战于鞌,齐师大败,齐求和,归还以前所夺鲁、卫之田,晋、鲁、卫答应了齐的求和要求。见《左传·成公二年》。 ⑬吴师入郢:定公四年,吴楚柏举之战。吴王阖闾率师会蔡、唐之师伐楚,五战五捷,楚昭王出奔于随国,吴师进入楚都郢城。见《左传·定公四年》。

或问曰:王劭《齐志》多记当时鄙言,为是乎?为非乎?

对曰:古往今来,名目各异①,区分壤隔②,称谓不同。所以晋、楚方言,齐、鲁俗语,《六经》诸子,载之多矣。自汉已降,风俗屡迁,求诸史籍,差睹其事③。或君臣之目,施诸朋友④;或尊官之称,属诸君父。曲相崇敬,标以处士、王孙⑤;轻加侮辱,号以仆夫、舍长⑥。亦有荆楚训多为夥⑦,庐江目桥为圯⑧。南呼北人曰伧⑨,西谓东胡曰虏。渠、们、底、个,江左彼此之辞;乃、若、君、卿,中朝汝我之义。斯并因地而变,随时而革,布在方册,无假推寻。足以知氓俗⑩之有殊,验土风之不类。

[注释]①名目各异:事物的名称各不相同。 ②区分壤隔:分为不同的地域。 ③差睹其事:看一下风俗演变的大体情况。差,大致,大概。 ④君臣之目,施诸朋友:关于君臣的一些称呼,也用于朋友之间。 ⑤处士、王孙:处士,隐居不仕的人。王孙,王者的后裔。此句意谓,处士、王孙一类称呼,也

失去了它专有的含义,为一般人交往中相互标榜时使用。 ⑥仆夫、舍长:仆夫,役夫,贱吏。舍长,管理客馆的小官。引为贱称。 ⑦荆楚训多为夥:荆楚之地把"多"说成"夥"。 ⑧庐江目桥为圯:庐江,安徽合肥,属楚国东部。此地把桥叫做"圯"。如《史记·留侯世家》:"(张)良尝间从容步游下邳圯上。" ⑨南呼北人曰伧:"伧"是魏晋间骂人的粗话,原无地区界限,晋室南迁之后,北方五胡乱华,南方即称北方人为"伧"。 ⑩甿俗:民间风俗。甿,同"氓",人民。

然自二京失守,四夷称制,夷夏相杂,音句尤媸。而彦鸾、伯起,务存隐讳①;重规、德棻,志在文饰。遂使中国数百年内,其俗无得而言。盖语曰:"知古而不知今,谓之陆沈②。"又曰:"一物不知,君子所耻。"是则时无远近,事无巨细,必籍多闻以成博识。如今之所谓者,若中州名汉③,关右称羌④,易臣以奴⑤,呼母云姊⑥。主上有大家之号⑦,师人致儿郎之说。凡如此例,其流甚多。必寻其本源,莫详所出。阅诸《齐志》,则了然可知。由斯而言,劭之所录,其为弘益多矣。足以开后进之蒙蔽,广来者之耳目。微君懋,吾几面墙于近事矣⑧,而子奈何妄加讥诮者哉!

[注释]①务存隐讳:史家修史都尽量用雅言替换各族语言。 ②陆沈:意谓泥古而不合时宜。 ③中州名汉:中原籍人前边要加"汉"字。 ④关右称羌:关右人士则加"羌"字。关右,指潼关以西。 ⑤易臣以奴:改换臣属之臣,称"奴"。如南朝人士归降北魏为臣,则称"奴"。 ⑥呼母云姊:称母亲为"姊姊"。如《北齐书·文宣李后传》:"后有娠,太原王绍德至阁,不得见,愠曰:'儿岂不知耶,姊姊腹大,故不见儿。'" ⑦主上有大家之号:称皇上为"大家"。 ⑧微君懋,吾几面墙于近事矣:如果不是君懋,我们就像是面墙而立,关于近代的情况就什么也看不到了。王劭字君懋。

皇家修《五代史》，馆中坠稿①仍存，皆因彼旧事②，定为新史。观其朱墨所图③，铅黄所拂④，犹有可识者。或以实为虚，以非为是。其北齐国史，皆称诸帝庙号⑤，及李氏撰《齐书》，其庙号有犯时讳者，即称谥⑥焉。至如变世宗为文襄⑦，改世祖为武成。苟除兹"世"字，而不悟"襄"、"成"有别⑧。诸如此谬，不可胜纪。又其列传之叙事也，或以武定臣佐降在成朝⑨，或以河清事迹擢居襄代⑩。故时日不接而隔越相偶，使读者瞀乱而不测，惊骇而多疑。嗟乎！因斯而言，则自古著书，未能精说⑪。书成绝笔⑫，而遽捐旧章⑬。遂令玉石同烬，真伪难寻者，不其痛哉！

[注释]①坠稿：被抛弃的稿子。 ②旧事：指南北朝后期和隋代史家所撰修的当代史。 ③朱墨所图：用红笔涂抹的部分。图，同"涂"，涂改。④铅黄所拂：拂，抹掉，删去。 ⑤庙号：皇帝死后，在太庙奉祀时特起的名号。 ⑥谥：谥号，帝王、贵族、大臣等死后，根据其生前事迹所起的称号。⑦变世宗为文襄：世宗为庙号，文襄为谥号。齐世宗高澄，谥号文襄。 ⑧"襄"、"成"有别：唐修五代史，谓南朝的梁、陈和北朝的北齐、北周、隋，凡五朝，谥"襄"或"成"者非一人，所以襄和襄有别，成和成不同。 ⑨武定臣佐降在成朝：武定，东魏孝静帝年号。成朝，北齐武成帝高湛时期。东魏孝静帝时的臣佐错乱到了北齐高湛时期，以前错后。 ⑩河清事迹擢居襄代：河清，高湛帝年号。襄代，北齐文襄帝高洋时期，以后错前。 ⑪精说：精确。 ⑫绝笔：停笔，书稿完成。 ⑬遽捐旧章：遂变成后人修史可以依据的前人著作。

周书（一条）

今俗所行周史，是令狐德棻等所撰。其书文而不实，雅而无检①,真迹甚寡,客气尤烦。寻宇文初习华风②,事由苏绰③。至于军国词令,皆准《尚书》。太祖敕朝廷,他文悉准于此。盖史臣所记,皆禀其规④。柳虬之徒⑤,从风而靡。案绰文虽去彼淫丽,存兹典实⑥。而陷于矫枉过正之失,乖夫适俗随时之义⑦。苟记言若是,则其谬逾多。爰及牛弘,弥尚儒雅。即其旧事⑧,因而勒成。务累清言,罕逢佳句。而令狐不能别求他述⑨,用广异闻,唯凭本书,重加润色。遂使周氏一代之史,多非实录者焉。

[注释]①无检:没有法度或义例。　②宇文初习华风:指北周鲜卑宇文氏。　③苏绰:北周太祖宇文泰时,拜大行台左丞,参典机密。《周书》本传载:"自有晋之季,文章竞为浮华,遂成风俗。太祖欲革其弊,因魏帝祭庙,群臣毕至,乃命绰为大诰,奏行之……帝曰:'钦哉。'自是之后,文笔皆依此体。"　④皆禀其规:皆遵奉为规则、范例。　⑤柳虬之徒:西魏北周时人,《周书》本传载:"遍受《五经》,略通大义,兼博涉子史,雅好属文……(西魏大统)十四年,除秘书丞。秘书虽领著作,不参史事,自虬为丞,始令监掌焉。十六年,迁中书侍郎,修起居注,仍领丞事。时人论文体者,有古今之异。虬又以为时有今古,非文有今古,乃为《文质论》。"　⑥典实:指模拟《尚书》的文章风格。　⑦乖夫适俗随时之义:违背了文风应该适合时代而变化的道理。⑧旧事:以往的史书。　⑨他述:其他的途径或方法。

《隋书》(一条)

昔贾谊上书,晁错对策,皆有益军国,足贻劝戒。而编于汉史,读者犹恨其繁。如《隋书》《王劭》、《袁充》两传,唯录其诡辞妄说①,遂盈一篇。寻又申以讹诃,尤其诣惑②。夫载言示后者,贵于辞理可观。既以无益而书,岂若遗而不载。盖学者神识有限,而述者注记无涯。以有限之神识,观无涯之注记,必如是,则阅之心目,视听告劳;书之简编,缮写不给。呜呼!苟自古著述其皆若此也,则知李斯之设坑阱③,董卓之成帷盖④,虽其所行多滥,终亦有可取焉。

[注释]①录其诡辞妄说:王劭笃信阴阳谶纬,《隋书》本传载其《上变火表》、《言符命表》。袁充信奉道教,好谈阴阳占侯,隋文帝欲废太子杨勇,袁充便附会天象以赞成文帝之意,上书谬称文帝本命于阴阳律吕相合者六十余条,并上表谬称祥瑞,《隋书》本传详细著录袁充上书的虚妄之言。 ②寻又申以诋诃,尤其诘惑:指《隋书》既详载王劭、袁充的诡辞妄说,又来谴责他们的虚妄和诘惑。《隋书》王劭、袁充同卷,卷后史臣评论道:"(王劭)好诡怪之说,尚委巷之谈,文词鄙秽,体统繁杂。直愧南、董,才无迁、固,徒烦翰墨,不足观采。袁充少在江左,初以警悟见称,委质隋朝,更以玄象自命。并要求时幸,干进务入。劭经营符瑞,杂以妖讹,充变动星占,谬增晷影。厚诬天道,乱常侮众,刑兹勿舍,其在斯乎!且劭为河朔清流,充乃江南望族,干没荣利,得不以道,颓其家声,良可叹息。"诋诃,诋毁,呵责。尤,指责。 ③李斯之设坑阱:指李斯的《焚书议》。 ④董卓之成帷盖:董卓挟持汉献帝迁都长安而造成典籍散乱事。《后汉书·儒林传》载:"及董卓移都之际,吏民扰乱,自辟雍、东观、兰台、石室、宣明、鸿都诸藏典策文章,竞共剖散,其缣帛图书,大则连为帷盖,小乃制为縢囊。及王允所收而西者,裁七十余乘,道路艰远,复弃其半矣。后长安之乱,一时焚荡,莫不泯尽焉。"

案《隋史》讥王君懋撰齐、隋二史,叙录烦碎。至如刘臻还宅,访子方知①;王劭思书,为奴所侮②。此而毕载,为失更多。可谓尤而效之,罪又甚焉者矣。

[注释]①刘臻还宅,访子方知:刘臻,隋文帝时官至仪同三司,当时有个叫刘讷的人也在仪同做官,二人都称刘仪同,而且相交甚好。一天,刘臻去走访刘讷,问从者曰:"汝知刘仪同家乎?"从者不知道刘臻要去找刘讷,以为是

刘臻要回家,便把刘臻领会他的家中。刘臻到了自己家门口也没有察觉,还以为到了刘讷府宅,便大声叫道:"刘仪同可出乎!"这时候刘臻的儿子出来迎接,刘臻惊曰:"此汝亦来耶?"儿子说这就是咱家,刘臻左右看了良久,将从者呵斥一顿。见《隋书》本传。　②王劭思书,为奴所侮:王劭晚年,沉浸经史,精神恍惚。每次进餐,总要闭目凝思,盘中的肉食,多被其仆人偷吃,而劭不察觉,唯知肉少,要处罚厨师。厨师对他说明情况后,劭还像以往那样闭目凝思,当仆人再次下手的时候抓获了他,免去了对厨师的处罚。见《隋书》本传。

杂说下第九

诸史(六条)

夫盛服饰者,以珠翠为先;工缋事①者,以丹青为主。至若错综乖所,分布失宜,则彩绚虽多,巧妙不足者矣。观班氏《公孙弘传赞》,直言汉之得人②,盛于武、宣二代,至于平津善恶,寂蔑无睹。持论如是,其义靡闻。必矜其美辞,爱而不弃,则宜微有改易,列于《百官公卿表》后。庶寻文究理,颇相附会。以兹编录,不犹愈乎?又沈侯《谢灵运传论》,全说文体,备言音律,此正可为《翰林》之补亡,《流别》之总说③耳。如次诸史传,实为乖越。陆士衡有云:"离之则双美,合之则两伤④。"信矣哉!

[注释]①缋事:绘画之事。缋(huì),通"绘"。　②言汉之得人:《汉书·公孙弘卜式儿宽传赞》曰:"汉兴六十余载,海内艾安,府库充实,而四夷未宾,制度多阙。上方欲用文武,求之如弗及,始以蒲轮迎枚生,见主父而叹息。群士慕向,异人并出。卜式拔于刍牧,弘羊擢于贾竖,卫青奋于奴仆,日䃅出于降虏,斯亦曩时版筑饭牛之朋已。汉之得人,于兹为盛,儒雅则公孙弘、董仲舒、儿宽,笃行则石建、石庆,质直则汲黯、卜式,推贤则韩安国、郑当

时,定令则赵禹、张汤,文章则司马迁、相如,滑稽则东方朔、枚皋,应对则严助、朱买臣,历数则唐都、洛下闳,协律则李延年,运筹则桑弘羊,奉使则张骞、苏武,将率则卫青、霍去病,受遗则霍光、金日䃅,其余不可胜纪。是以兴造功业,制度遗文,后世莫及。孝宣承统,纂修洪业,亦讲论六艺,招选茂异,而萧望之、梁丘贺、夏侯胜、韦玄成、严彭祖、尹更始以儒术进,刘向、王褒以文章显,将相则张安世、赵充国、魏相、丙吉、于定国、杜延年,治民则黄霸、王成、龚遂、郑弘、召信臣、韩延寿、尹翁归、赵广汉、严延年、张敞之属,皆有功迹见述于世。参其名臣,亦其次也。" ③《翰林》之补亡,《流别》之总说:《史通》原注:"李充撰《翰林论》,挚虞撰《文章流别集》。"李充,东晋成帝时人,曾任大著作郎、中书郎等职,撰《翰林论》54卷,说明各种文体之起源,并按文体而褒贬古今,斟酌利病。关于挚虞之《文章流别集》,《晋书》本传曰:"虞撰《文章志》四卷,注解《三辅决录》,又撰古文章,类聚区分为三十卷,名曰《流别集》,各为之论,辞理惬当,为世所重。" ④离之则双美,合之则两伤:语出陆机《文赋》。

其有事可书而不书者,不应书而书者。至如班固叙事,微小必书,至高祖破项垓下,斩首八万,曾不涉言。李《齐》①于《后主纪》则书幸于侍中穆提婆第②,于《孝昭纪》则不言亲戎以伐奚③,于边疆小寇无不毕纪,如司马消难拥数州之地以叛④,曾不挂言。略大举小,其流非一。

[注释]①李《齐》:李百药《北齐书》。 ②幸于侍中穆提婆第:《北齐书·恩幸传》:"穆提婆,本姓骆,汉阳人也……天统初,奏引提婆入侍后主,朝夕左右,大被亲狎。嬉戏丑亵,无所不为。宠遇弥隆,官爵不知纪极,遂至录尚书事,封城阳王。"但没有后主幸其门第之记载。 ③亲戎以伐奚:今本《北齐书·孝昭纪》关于此事有所记载:"(皇建元年十一月)帝亲戎北讨库莫奚,出长城,虏奔遁,分兵致讨,大获牛马,括总入晋阳宫。"刘知幾所见《北齐书》和今本面貌有所不同。 ④司马消难拥数州之地以叛:司马消难曾任北周大将军,以所管九州岛八镇归降陈,陈任命为都督九州岛八镇车骑将军,见《周

书》本传，而不载于《北齐书》。

昔刘勰有云①："自卿、渊②已前，多役才而不课学；向、雄③已后，颇引书以助文。"然近史所载，亦多如是。故虽有王平所识④，仅通十字；霍光无学⑤，不知一经。而述其言语，必称典诰。良由才乏天然，故事资虚饰者矣。案《宋书》称武帝入关，以镇恶不伐，远方冯异⑥；于渭滨游览，追思太公⑦。夫以宋祖无学⑧，愚智所委，安能援引古事，以酬答群臣者乎？斯不然矣。更有甚于此者，睹周、齐二国，俱出阴山⑨，必言类互乡⑩，则宇文尤甚。而牛弘、王劭，并掌策书，其载齐言也，则浅俗如彼；其载周言也，则文雅若此。夫如是，何哉？非两邦有夷夏之殊，由二史有虚实之异故也。夫以记宇文之言，而动遵经典，多依《史》、《汉》，此何异庄子述鲋鱼之对而辩类苏、张⑪，贾生叙鵩鸟之辞而文同屈、宋⑫，施于寓言则可，求诸实录则否矣。世称近史编语，唯《周》多美辞。夫以博采古文而聚成今说，是则俗之所传有《鸡九锡》⑬、《酒孝经》、《房中志》⑭、《醉乡记》⑮，或师范《五经》，或规模《三史》，虽文皆雅正，而事悉虚无，岂可便谓南、董之才，宜居班、马之职也？

[注释]①刘勰有云：以下刘勰之语出自《文心雕龙·才略》篇。　②卿、渊：卿，长卿，司马相如字长卿。渊，王褒字子渊。　③向、雄：刘向，扬雄。　④王平所识：王平，蜀汉将军，有谋略，但不曾读书识字。《三国志·蜀书》本传载："平生长戎旅，手不能书，其所识不过十字，而口授作书，皆有意理。使人读史、汉诸纪传，听之，备知其大义，往往论说不失其指。"　⑤霍光无学：汉

武帝托孤之臣，历武帝、昭帝、宣帝三世，但不学无术。《汉书》本传赞曰："受襁褓之托，任汉室之寄，当庙堂，拥幼君，摧燕王，仆上官，因权制敌，以成其忠。处废置之际，临大节而不可夺，遂匡国家，安社稷。拥昭立宣，光为师保，虽周公、阿衡，何以加此！然光不学亡术，暗于大理，阴妻邪谋，立女为后，湛溺淫溢之欲，以增颠覆之祸，死才三年，宗族诛夷，哀哉！"　⑥远方冯异：宋武帝刘裕北伐，命镇恶为前锋，攻下长安。镇恶在灞上迎接武帝，武帝加以慰问，镇恶自谦曰："此明公之威，诸将之力，镇恶何功之有焉。"武帝道："卿欲学冯异耶？"见《宋书》本传。冯异，东汉光武时期人，好读书，通《左传》、《孙子兵法》。光武起兵，以功拜偏将军，封应侯。《后汉书》本传载："异为人谦退不伐，行与诸将相逢，辄引车避道。进止皆有表识，军中号为整齐。每所止舍，诸将并坐论功，异常独屏树下，军中号曰'大树将军'。"　⑦渭滨游览，追思太公：《南史·武帝纪》载："十二年，武帝北伐⋯⋯前至渭滨，帝复叹曰：'此地宁复有吕望邪？'鲜之曰：'昔叶公好龙而真龙见，燕昭市骨而骏足至。明公以旰食待士，岂患海内无人？'帝称善者久之。"宋武帝渴望有姜太公吕望那样的人才。　⑧宋祖无学：《南史·郑鲜之传》："帝少事戎旅，不经涉学，及为宰相，颇慕风流。时或谈论，人皆依违不敢难。"《宋书·裴松之传》："武帝曰：'裴昭明当罢郡，还遂无宅，我不读书，不知古人中谁可比之？'"　⑨周、齐二国，俱出阴山：北周皇族宇文氏、北齐皇族高氏，都是鲜卑贵族，其祖先皆散居阴山一带，今甘肃省北面。　⑩言类互乡："互乡"语出《论语·述而》："互乡难与言，童子见，门人惑。"互乡这个地方的人难以与之交谈。此处喻指语言不同。　⑪庄子述鲋鱼之对而辩类苏、张：《庄子》中记述庄周与鲋鱼的对话，而其对话却像苏秦、张仪这些纵横之士一样具有辩才。鲋鱼之对见《庄子·外物》篇。　⑫贾生叙鵩鸟之辞而文同屈、宋：贾谊《鵩鸟赋》中的鵩鸟之语，就像屈原、宋玉的辞赋一样。鵩鸟之语见《汉书·贾谊传》所录之《鵩鸟赋》："服乃太息，举首奋翼，口不能言，请对以意。"　⑬《鸡九锡》：南朝宋人袁淑所撰。　⑭《酒孝经》、《房中志》：唐代皇甫松所撰。　⑮《醉乡记》：唐代王绩所撰。

自梁室云季①，雕虫道长②。平头上尾③，尤忌于时；

对语俪辞④,盛行于俗。始自江外⑤,被于洛中。而史之载言,亦同于此。假有辨如郦叟⑥,吃若周昌⑦,子羽修饰而言⑧,仲由率尔而对⑨,莫不拘以文禁,一概而书,必求实录,多见其妄矣。

[注释]①梁室云季:梁朝晚期。《史通》原注:"谓太清已后。"太清,梁武帝年号。 ②雕虫道长:追求纤巧末季的风气滋长。 ③平头上尾:指沈约提出的"四声八病"声律理论,赵吉甫先生《史通新校注》言之甚详。 ④对语俪辞:对语,即对偶。俪辞,对偶之辞。 ⑤始自江外:始于南朝。 ⑥辨如郦叟:郦叟,郦食其,秦汉之际著名辩士。具体行事见《汉书》本传。 ⑦吃若周昌:吃,口吃。周昌,汉初高祖时任御史大夫,《史记·张丞相列传》载:"帝欲废太子,而立戚姬子如意为太子,大臣固争之,莫能得;上以留侯策即止。而周昌廷争之强,上问其说,昌为人吃,又盛怒,曰:'臣口不能言,然臣期期知其不可。陛下虽欲废太子,臣期期不奉诏。'上欣然而笑。既罢,吕后侧耳于东箱听,见周昌,为跪谢曰:'微君,太子几废。'" ⑧子羽修饰而言:语出《论语·宪问》:"子曰:'为命,裨谌草创之,世叔讨论之,行人子羽修饰之,东里子产润色之。'" ⑨仲由率尔而对:语出《论语·先进》:"子路率尔而对曰:……夫子哂之。"仲由字子路。率尔,急忙的样子。

夫晋、宋已前,帝王传授,始自锡命①,终于登极。其间笺疏款曲②,诏策频烦。虽事皆伪迹③,言并饰让④,犹能备其威仪,陈其文物⑤,俾礼容可识,朝野具瞻。逮于近古,我则不暇。至如梁武⑥之居江陵,齐宣⑦之在晋阳,或文出荆州,假称宣德之令⑧;或书成并部,虚云孝靖之敕⑨。凡此文诰,本不施行,必也载之起居,编之国史,岂所谓撮其机要,翦截浮辞者哉?但二萧⑩《陈》、《隋》诸史,通多此失,唯王劭所撰《齐志》,独无是焉。

[注释]①锡命:天子有所赐予的诏命。 ②款曲:委曲殷勤的情意。 ③事皆伪迹:实际上都是篡夺政权的行为。 ④言并饰让:以古之禅让之说来粉饰篡位的事实。 ⑤陈其文物:陈列各种举行禅让仪式必需的礼品。 ⑥梁武:梁武帝萧衍。 ⑦齐宣:北齐文宣帝高洋。 ⑧假称宣德之令:梁武帝夺南齐帝位,但仍伪造出齐禅位于梁的假象。《南史·梁武帝纪》载:"丙辰,齐帝下诏禅位……四月辛酉,宣德皇后令曰:'西诏至,帝宪章前代,敬禅神器于梁,明可临轩,遣使恭授玺绂,未亡人便归于别宫。'" ⑨虚云孝静之敕:北齐文宣帝高洋要篡西魏帝位,密令杨愔、魏收等撰写九锡、禅让等文,并云谓孝静之敕,制造禅让之假象。孝静,西魏孝静帝元善见。 ⑩二萧:指南朝之齐、梁两朝。

夫以暴易暴,古人以为嗤。如彦渊①之改魏收也,以非易非,弥见其失矣。而撰《隋史》者,称澹大矫收失者,何哉?且以澹著书方于君懋②,岂唯其间可容数人而已③,史臣美澹而讥劭者,岂所谓通鉴乎?语曰:"蝉翼为重,千钧为轻④。"其斯之谓矣!

[注释]①彦渊:魏澹字彦渊,隋文帝时任著作郎,受命撰《魏书》92卷。②澹著书方于君懋:魏澹的《魏书》比拟于王劭的《齐志》。 ③唯其间可容数人而已:此句袭用《世说新语》中语。《世说新语·排调》篇:"王丞相枕周伯仁膝,指其腹曰:'卿此中何所有?'答曰:'此中空洞无物,然容卿辈数百人。'" ④蝉翼为重,千钧为轻:语出《楚辞·卜居》,意谓轻重倒置,悖于常理。

别传(九条)

刘向《列女传》云:"夏姬再为夫人,三为王后①。"夫为夫人则难以验也,为王后则断可知矣。案其时诸国称王,唯楚而已。如巫臣谏庄将纳姬氏,不言曾入楚宫,则其为后当在周室。盖周德虽衰,犹称秉礼。岂可族称姬氏而妻厥同姓者乎?且鲁娶于吴,谓之孟子②。聚麀之诮,起自昭公③。未闻其先已有斯事,礼之所载,何其阙如!又以女子一身,而作嫔三代④,求诸人事,理必不然。寻夫春秋之后,国称王者有七⑤。盖由向误以夏姬之生,当夫战国之世,称三为王后者,谓历嫔七国诸王,校以年代,殊为乖剌。至于他篇,兹例甚众。故论楚也,则昭王与秦穆同时⑥;言齐也,则晏婴居宋景之后⑦。今粗举一二,其流可知。

[注释]①夏姬再为夫人,三为王后:夏姬,春秋时期郑穆公女,陈大夫御叔之妻。御叔早死,夏姬与陈灵公、大夫孔宁、仪行父通奸。夏姬儿子征舒杀灵公,孔宁、仪行父逃往楚国。楚出兵攻陈,杀戮征舒,占据陈都。楚庄王、大夫子反都欲娶夏姬,被申公巫臣谏止。庄王把夏姬许配给连尹襄老,襄老战亡,其子又和夏姬私通。后来巫臣娶夏姬逃奔晋国。分别见《左传》宣公十一年、成公二年、成公七年等处。再为夫人,指前嫁御叔,后嫁巫臣。三为王后,指先后私通陈灵公、郑灵公、楚庄王。 ②鲁娶于吴,谓之孟子:鲁国和吴国是同姓,以礼不婚。但鲁昭公娶吴国女子为妃,不便叫她吴姬,就称为吴孟子。见《论语·述而》篇。 ③聚麀之诮,起自昭公:讥鲁昭公同姓相婚。麀(yōu),雌鹿。 ④作嫔三代:指夏姬与楚庄王、襄老及其子通奸。嫔(pín),女子出嫁。 ⑤国称王者有七:指战国时期的七国称王。 ⑥平王与秦穆同时:秦穆公女为楚平王夫人。昭王,浦注"当云平王"。昭王与秦穆公相去甚远。 ⑦晏婴居宋景之后:晏婴是齐景公时期人,而宋景公远在齐景公之后。按《左传》的鲁纪年,晏婴是襄公、昭公时期人,而宋景公则与哀公同时。前后倒置。

观刘向对成帝,称武、宣行事,世传失实,事具《风俗通》①,其言可谓明鉴者矣。及自造《洪范》、《五行》,及

《新序》、《说苑》、《列女》、《神仙》诸传,而皆广陈虚事,多构伪辞。非其识不周而才不足,盖以世人多可欺故也。呜呼!后生可畏,何代无人,而辄轻忽若斯者哉!夫传闻失真,书事失实,盖事有不获已,人所不能免也。至于故为异说,以惑后来,则过之尤甚者矣!案苏秦答燕易王,称有妇人将杀夫,令妾进其药酒,妾佯僵而覆之②。又甘茂谓苏代云:贫人女与富人女会绩,曰:"无以买烛,而子之光有余,子可分我余光,无损子明③。"此并战国之时,游说之士,寓言设理,以相比兴。及向之著书也,乃用苏氏之说,为二妇人立传,定其邦国,加其姓氏,以彼乌有,持为指实,何其妄哉!又有甚于此者,至如伯奇化鸟,对吉甫以哀鸣④;宿瘤隐形,干齐王而作后⑤。此则不附于物理者矣。复有怀嬴失节⑥,目为贞女;刘安覆族,定以登仙。立言如是,岂顾丘明之有传,孟坚之有史哉!

[注释]①事具《风俗通》:《风俗通义·正失》篇云:"凡此十余事,皆俗人所妄传,言过其实,及附会,或以为前皆非是,如刘向言。" ②妾佯僵而覆之:《战国策·燕策》载,苏秦对燕王曾讲到一个故事,一个女人伙同奸夫用毒酒谋杀亲夫,让妾去送酒,妾知其有毒,便假装跌倒将酒泼洒。 ③无损子明:此事见《史记·甘茂传》。贫人女与富人女一同纺织,贫人女无钱买烛,请求富人女允许趁她的烛光。说这样既可以分我余光,又无损于你的照明。 ④伯奇化鸟,对吉甫以哀鸣:刘向《说苑》所载妄诞故事。尹吉甫听信后妻之谗言,杀孝子伯奇,后悟,很思念伯奇。他出门见一鸟鸣声凄婉,对鸟说:"你是伯奇吗?"鸟鸣愈切,尹吉甫曰:"你是伯奇吗?如果是就落在我的车上,不是就飞走吧。"鸟随着尹吉甫的声音而栖息于车篷之上。 ⑤宿瘤隐形,干齐王而作后:《列女传·齐宿瘤女》:"宿瘤女者,齐东郭采桑之女,闵王之后也。项有大瘤,故号曰宿瘤。初,闵王出游,至东郭,百姓尽观,宿瘤女采桑如故,

王怪之,召问曰:'寡人出游,车骑甚众,百姓无少长皆弃事来观,汝采桑道旁,曾不一视,何也?'对曰:'妾受父母教采桑,不受教观大王。'王曰:'此奇女也,惜哉宿瘤!'女曰:'婢妾之职,属之不二,予之不忘,中心谓何,宿瘤何伤?'王大悦之曰:'此贤女也。'……于是王遣归,使使者加金百镒,往聘迎之。" ⑥怀嬴失节:怀嬴,秦穆公女,初嫁晋怀公,怀公死后,改嫁晋文公重耳。见《左传·僖公二十三年》。

扬雄《法言》,好论司马迁而不及左丘明,常称《左氏传》唯有"品藻"二言而已,是其鉴物有所不明者也。且雄哂子长爱奇多杂①,又曰不依仲尼之笔,非书也,自序又云不读非圣之书。然其撰《甘泉赋》②,则云"鞭宓妃"云云,刘勰《文心》已讥之③矣。然则文章小道,无足致嗤。观其《蜀王本纪》,称杜魄化而为鹃④,荆尸变而为鳖⑤,其言如是,何其鄙哉! 所谓非言之难而行之难也。

[注释]①哂子长爱奇多杂:扬雄《法言君子论》:"仲尼多爱,爱义也。子长多爱,爱奇也。" ②《甘泉赋》:浦起龙认为应是《羽猎赋》。《羽猎赋》有"鞭洛水之宓妃,饷屈原与彭胥。" ③刘勰《文心》已讥之:《文心雕龙·夸饰》:"又子云《羽猎》,鞭宓妃以饷屈原;张衡《羽猎》,困玄冥于朔野,娈彼洛神,既非魍魉,惟此水师,亦非魑魅;而虚用滥形,不其疏乎? 此欲夸其威而饰其事,义睽剌也。"这种夸大声势的做法,实际上违背了事理。睽剌,乖违。 ④杜魄化而为鹃:《蜀王本纪》已佚,无可考知。在其他典籍中亦有此传说。杜宇死而化为子规(即杜鹃),蜀人闻杜鹃鸣,都说是望帝来了。 ⑤荆尸变而为鳖:有人认为《蜀王本纪》指称荆尸名鳖灵,而非荆尸变而为鳖,刘知幾是误读其文,评说无据。孰是孰非,今已无从考知。

夫十室之邑,必有忠信。欲求不朽,弘之在人。何者? 交阯远居南裔,越裳之俗也①;敦煌僻处西域,昆戎之乡②

也。求诸人物,自古阙载。盖由地居下国,路绝上京,史官注记,所不能及也。既而士燮③著录,刘昺④裁书,则磊落英才,粲然盈瞩者矣。向使两贤不出,二郡无记,彼边隅之君子,何以取闻于后世乎?是知著述之功,其力大矣,岂与夫诗赋小技校其优劣者哉?

[**注释**]①交阯远居南裔,越裳之俗也:汉代交阯郡,在今越南北圻。越裳是古越族的一支,其中心地区为汉九真郡,今越南的清华、义安至顺化等处。这里是说士燮的出生地。 ②昆戎之乡:昆戎,也称昆夷,古代西方戎族的一支,散居于今甘肃敦煌一带。这里是说刘昺的出生地。 ③士燮:东汉末曾任交阯太守,学问精博,著述颇富。 ④刘昺:北魏人,隐居酒泉,不应州郡之命,著《略记》84卷,《凉书》10卷,《敦煌实录》20卷。

    自战国以下,词人属文①,皆伪立②客主,假相酬答。至于屈原《离骚》辞,称遇渔父于江渚③;宋玉《高唐赋》,云梦神女于阳台④。夫言并文章,句结音韵。以兹叙事,足验凭虚。而司马迁、习凿齿之徒,皆采为逸事,编诸史籍,疑误后学,不其甚邪!必如是,则马卿游梁,枚乘谮其好色⑤;曹植至洛,宓妃睹于岩畔⑥。撰汉、魏史者,亦宜编为实录矣。

[**注释**]①词人属文:辞赋家写文章。 ②伪立:虚设,虚构。 ③遇渔父于江渚:见《楚辞·渔父》:"屈原既放,游于江潭,行吟泽畔。颜色憔悴,形容枯槁。渔父见而问之曰:'子非三闾大夫与?何故至于斯?'屈原曰:'举世皆浊我独清,众人皆醉我独醒,是以见放。'渔父曰:'圣人不凝滞于物,而能与世推移。世人皆浊,何不淈其泥而扬其波?众人皆醉,何不餔其糟而歠其醨?何故深思高举,自令放为?'屈原曰:'吾闻之,新沐者必弹冠,新浴者必振衣。安能以身之察察,受物之汶汶者乎?宁赴湘流,葬于江鱼之腹中,安能以皓皓

之白,而蒙世俗之尘埃乎?'渔父莞尔而笑,鼓枻而去。歌曰:'沧浪之水清兮,可以濯吾缨;沧浪之水浊兮,可以濯吾足。'遂去,不复与言。" ④梦神女于阳台:宋玉《高唐赋》写宋玉与楚襄王游于云梦之台,完全是诗人的想象。 ⑤枚乘潜其好色:见司马相如《美人赋》:"相如游梁,梁王悦之。邹阳潜之曰:'相如服色妖丽,游王后室,王察之乎?'王问相如:'子好色乎?'相如曰:'臣不好也。臣气服于内,心正于怀,信誓旦旦,秉志不回。"刘知幾把邹阳误为枚乘。 ⑥宓妃睹于岩畔:见曹植《洛神赋》:曹植至洛川,神思恍惚,目睹一丽人于岩之畔,御者对曰:"臣闻河洛之神,名曰宓妃,则君王之所见也,无乃是乎?"

嵇康撰《高士传》,取《庄子》、《楚辞》二渔父事①,合成一篇。夫以园吏之寓言,骚人之假说,而定为实录,斯已谬矣。况此二渔父者,较年则前后别时,论地则南北殊壤,而辄并之为一,岂非惑哉?苟如是,则苏代所言双擒蚌鹬②,伍胥所遇渡水芦中③,斯并渔父善事,亦可同归一录,何止揄袂缁帷之林,濯缨沧浪之水,若斯而已也。

[注释]①《庄子》、《楚辞》二渔父事:《楚辞》之渔父已见前引,《庄子》亦有《渔父》篇:"孔子游乎缁帷之林,休坐乎杏坛之上。弟子读书,孔子弦歌鼓琴。奏曲未半。有渔父者,下船而来,须眉交白,被发揄袂,行原以上,距陆而止,左手据膝,右手持颐以听。曲终而招子贡、子路二人俱对。" ②苏代所言双擒蚌鹬:鹬蚌相争的故事。《战国策·燕策》载,赵将伐燕,苏代为燕对赵王说:臣今日来时过易水,见蚌方出曝,鹬啄其肉,蚌合而箝其喙。鹬说,你今日不张开,明日不张开,即有死蚌。蚌说,今日不出,明日不出,就有死鹬。两者都不肯相舍,渔者并擒之。 ③伍胥所遇渡水芦中:见《吴越春秋·王僚使公子光传》载:伍子胥渡江,渔夫见他面有饥色,就去给他取食,子胥怕其有诈,便潜身芦苇荡中,渔夫来后不见子胥,连呼几遍"芦中人"方才出来。子胥吃了渔夫的饭后,要感谢渔夫,临别问其姓名,渔父曰:"今日凶凶,两贼相逢,吾所谓渡楚贼也。两贼相得,得形于默,何用姓字为?子为芦中人,吾为渔丈

人,富贵莫相忘也。"

庄周著书,以寓言为主;嵇康述《高士传》,多引其虚辞。至若神有混沌,编诸首录。苟以此为实,则其流甚多,至如蛙鳖竞长①,蚿蛇相邻②,鹖鸠笑而后言③,鲋鱼忿以作色④。向使康撰《幽明录》、《齐谐记》,并可引为真事矣。夫识理如此,何为而薄周、孔哉?

[注释]①蛙鳖竞长:见《庄子·秋水》篇。 ②蚿蛇相邻:见《庄子·秋水》篇。 ③鹖鸠笑而后言:见《庄子·逍遥游》。鹖鸠(xué jiū),斑鸠,也称鸣鸠。 ④鲋鱼忿以作色:见《庄子·外物》篇。此处所列,全是寓言故事。

杜元凯撰《列女记》①,博采经籍前史,显录古老明言,而事有可疑,犹阙而不载。斯岂非理存雅正,心嫉邪僻者乎?君子哉若人也②!长者哉若人也!

[注释]①杜元凯撰《列女记》:杜预字元凯,《晋书》本传载:"又撰《女记赞》。"《隋书·经籍志》载其所撰《女记》10卷。 ②君子哉若人也:这个人真是个君子。语出《论语·公冶长》。

《李陵集》有《与苏武书》,词采壮丽,音句流靡。观其文体,不类西汉人,殆后来所为,假称陵作也。迁《史》缺而不载,良有以焉。编于《李集》中,斯为谬矣。

杂识(十条)

夫自古学者,谈称多矣。精于《公羊》者,尤憎《左氏》;习于《太史》者,偏嫉孟坚。夫能以彼所长而攻此所短，持此之是而述彼之非，兼善者鲜矣。又观世之学者，或耽玩一经①，或专精一史。谈《春秋》者，则不知宗周既陨，而人有六雄；论《史》、《汉》者，则不悟刘氏云亡，而地分三国。亦犹武陵隐士②，灭迹桃源，当此晋年，犹谓暴秦之地也。假有学穷千载，书总五车，见良直而不觉其善，逢牴牾而不知其失，葛洪所谓藏书之箱箧，《五经》之主人③。而夫子有云：虽多亦安用为？其斯之谓也。

[注释] ①耽玩一经：乐于专攻一经。耽，乐于。玩，研究，攻读。 ②武陵隐士：陶渊明，武陵人。其《桃花源记》中曰："其中男女衣着悉如外人，见渔人乃大惊……自云先世避秦时乱，率妻子邑人来此绝境。问今是何世，乃不知有汉，无论魏、晋。" ③藏书之箱箧，五经之主人：读书而不知分辨是非善恶，不去考究其长短得失，只不过是徒作一盛书的器物而已。

夫邹好长缨①，齐珍紫服②，斯皆一时所尚，非百王不易之道也。至如汉代《公羊》，擅名《三传》，晋年《庄子》，高视《六经》。今并挂壁不行③，缀旒无绝④。岂与夫《春秋左氏》、《古文尚书》，虽暂废于一朝，终独高于千载。校其优劣，可同年而语哉？

[注释] ①邹好长缨：邹君好长缨，国人学之，见《韩非子·外储说左上》："邹君好服长缨，左右皆服长缨，缨甚贵。邹君患之，问左右，左右曰：'君好服，百姓亦多服，是以贵。'君因先自断其缨而出，国中皆不服长缨。" ②齐珍紫服：见《韩非子·外储说左上》："齐桓公好服紫，一国尽服紫。当是时也，五素不得一紫。桓公患之，谓管仲曰：'寡人好服紫，紫贵甚，一国百姓好服紫不已，寡人奈何？'管仲曰：'君欲止之，何不试勿衣紫也？'谓左右曰：'吾甚恶紫之臭。'于是左右适有衣紫而进者，公必曰：'少却，吾恶紫臭。'公曰：'诺。'于是日，郎中莫衣紫，其明日，国中莫衣紫；三日，境内莫衣紫也。" ③挂壁不

行:指《公羊》、《庄子》已不受重视。　④缀旒无绝:喻指《左传》、《六经》后世长盛不衰。旒(liú),古代帝王礼帽上悬挂的玉串。

夫书名竹帛,物情所竞①,虽圣人无私,而君子亦党。盖《易》之作也,本非记事之流,而孔子《系辞》,辄盛述颜子,称其"殆庶②"。虽言则无愧,事非虚美,亦由视予犹父,门人日亲,故非所要言,而曲垂编录者矣。既而扬雄寂寞,师心典诰,至于童乌稚子③,蜀汉诸贤④,《太玄》、《法言》,恣加褒赏,虽内举不避,而情有所偏者焉。夫以宣尼睿哲,子云参圣⑤,在于著述,不能忘私,则自中庸⑥以降,抑可知矣。如谢承《汉书》偏党吴、越,魏收《代史》⑦,盛夸胡塞,复焉足怪哉?

[注释]①书名竹帛,物情所竞:人们都想在简帛上书写自己的名字,这是人之常情。竞,乐于。　②称其"殆庶":孔子对颜渊的赞誉,见《易·系辞》下:子曰:"颜氏之子,其殆庶几乎?有不善未尝不知,知之未尝复行也。"殆,大概。庶几,接近,差不多。殆庶几乎,指道德接近完美。　③童乌稚子:扬雄赞誉自家孩子的事,见《法言·问神》篇:"育而不苗者,吾家之童乌乎?九龄而与我《玄》文。"　④蜀汉诸贤:《史通》原注:"谓严、李、郑、司马之徒。"严即严君平,李即李仲元,郑即郑子贞,司马谓司马相如。扬雄在《法言》中对他们都有偏爱性的评价。　⑤子云参圣:王充、陆绩等对扬雄的赞誉。参圣,参与圣人之列。　⑥中庸:中等才智的人。　⑦《代史》:即《魏书》。魏人拓跋氏起于代地,故称。

子曰:"汝为君子儒,无为小人儒①。"儒诚有之,史亦宜然。盖左丘明、司马迁,君子之史也;吴均、魏收,小人之史也。其薰莸②不类,何相去之远哉?

[注释]①汝为君子儒,无为小人儒:语出《论语·雍也》。要做品德优异的儒者,不做品德低劣的儒者。　②薰莸:薰(xūn),一种香草。莸(yóu),臭草。

"礼云礼云,玉帛云乎哉①?"史云史云,文饰云乎哉②?何则?史者固当以好善为主,嫉恶为次。若司马迁、班叔皮,史之好善者也;晋董狐、齐南史,史之嫉恶者也。必兼此二者,而重之以文饰,其唯左丘明乎!自兹已降,吾未之见也。

[注释]①礼云礼云,玉帛云乎哉:语出《论语·阳货》。孔子说,礼呀礼呀,难道仅仅说的是玉帛这些表示礼的器物吗?　②史云史云,文饰云哉:托孔子语,讲史书的性质,史书所以是史书,不是在于讲求行文的工美。

夫所谓直笔者,不掩恶,不虚美,书之有益于褒贬,不书无损于劝诫。但举其宏纲,存其大体而已。非谓丝毫必录,琐细无遗者也。如宋孝王、王劭之徒,其所记也,喜论人帷簿不修①,言貌鄙事②,评以为直③,吾无取焉。

[注释]①帷簿不修:女子不规矩之意。帷,室内帷帐。薄,帘子。帏薄,喻指女子。修,美好。　②言貌鄙事:有关言语、状貌方面的庸俗浅陋之事。③评以为直:把攻击、揭发别人的短处当做史家之直笔。

夫故立异端,喜造奇说,汉有刘向,晋有葛洪。近者沈约,又其甚也。后来君子,幸为详焉。

昔魏史称朱异有口才,挚虞有笔才。故知喉舌翰墨,其辞本异。而近世作者，撰彼口语，同诸笔文。斯皆以元瑜、孔璋之才①，而处丘明、子长之任。文之与史，何相乱之甚乎？

[注释]①元瑜、孔璋之才：元瑜，阮瑀字，汉魏文学家，建安七子之一。以文采见长，所作章表书记很出色，名作有《为曹公作书与孙权》。孔璋，陈琳字，汉魏文学家，建安七子之一，以口才见长。曾经为袁绍掌管过书记，后归附曹操。曹丕《与吴质书》评论二人："元瑜书记翩翩，致足乐也；孔璋表章殊健，微为繁富。"言阮瑀书面语言优美，陈琳口语繁富。

夫载笔立言，名流今古。如马迁《史记》，能成一家；扬雄《太玄》，可传千载。此则其事尤大，记之于传可也。至于近代则不然。其有雕虫末伎，短才小说，或为集不过数卷，或著书才至一篇，莫不一一列名，编诸传末。事同《七略》，巨细必书，斯亦烦之甚者。

子曰①："齐景公有马千驷，死之日，人无德而称焉。伯夷、叔齐饿于首阳之下，民到于今称之。"若汉代青翟、刘舍，位登丞相，而班史无录；姜诗、赵壹②，身止计吏③，而谢《书》④有传。即其例也。今之修史者则不然。其有才德阙如，而位宦通显，史臣载笔，必为立传。其所记也，止具其生前历官，殁后赠谥，若斯而已矣。虽其间伸以状迹，粗陈一二，么么恒事⑤，曾何足观。始自伯起《魏书》，迄乎皇家《五史》⑥，通多此体。流荡忘归，《史》、《汉》之风，忽焉不祀者矣。

[注释]①子曰：孔子此语，见《论语·季氏》篇。意谓在历史上留名的，是其才德行事，而非其地位显赫。　②姜诗、赵壹：姜诗，在《后汉书》中以其

妻见载,事在《列女传》:"永平三年,察孝廉……拜郎中。诗寻除江阳令,卒于官。所居治,乡人为立祀。"以孝名世。赵壹,《后汉书·文苑传》载:"赵壹字符叔……恃才倨傲,为乡党所摈……州郡争致礼命,十辟公府,并不就,终于家。初袁逢使善相者相壹,云'仕不过郡吏',竟如其言。著赋、颂、箴、诔、书、论及杂文十六篇。" ③计吏:州郡属吏,地方政府派赴中央王朝回报政绩的官吏。 ④谢《书》:谢灵运《后汉书》。 ⑤幺么恒事:细小琐碎的平常事务。 ⑥《五史》:唐初所撰梁、陈、北齐、北周、隋五代史事。

汉书五行志错误第十

班氏著志,牴牾者多。在于《五行》,芜累尤甚。今辄条其错缪,定为四科:一曰引书失宜,二曰叙事乖理,三曰释灾多滥,四曰古学不精。又于四科之中,疏为杂目,类聚区分,编之如后。

第一科

引书失宜者,其流有四:一曰史记、《左氏》,交错相并;二曰《春秋》、史记,杂乱难别;三曰屡举《春秋》,言无定体;四曰书名去取,所记不同。

其志叙言之不从①也,先称史记②周单襄公告鲁成公曰,晋将有乱。又称宣公六年郑公子曼满与王子伯廖语,欲为卿。案宣公六年,自《左传》所载也。夫上论单襄,则持史记以标首;下列曼满,则遗《左氏》而无言③。遂令读者疑此宣公,亦出史记;而不云鲁后④,莫定何邦。是非难悟,进退无准。此所谓史记、《左氏》交错相并也。

[注释]①不从:不一致。 ②史记:此处"史记"不是司马迁之《史记》,而是泛指春秋时期的各国史书。 ③无言:没有出处。 ④鲁后:鲁国国君。

《志》云:史记成公十六年,公会诸侯于周。案成公者,即鲁侯也。班氏凡说鲁之某公,皆以《春秋》为冠。何则?《春秋》者,鲁史之号。言《春秋》则知公是鲁君。今引史记居先①,成公在下,书非鲁史,而公舍鲁名②。胶柱不移③,守株何甚。此所谓《春秋》、史记杂乱难别也。

[注释]①居先:放置在前边。 ②公舍鲁名:指"公会诸侯于周"句的"公"字前边没有冠以"鲁成"二字。 ③胶柱不移:成语胶柱鼓瑟之意,比喻固执拘泥而不能变通。指班固《志》只照抄《史记》原文而未适当增减文字,而使句意明朗。

案班《书》为志,本以汉为主。在于汉时,直记其帝号谥耳。至于它代,则云某书、某国君,此其大例也。至如叙火不炎上,具《春秋》桓公十四年;次叙稼穑不成,直云严公①二十八年而已。夫以火、稼之间,别书汉、莽之事②。年代已隔,去鲁尤疏。洎乎改说异端,仍取《春秋》为始,而于严公之上,不复以《春秋》建名③。遂使汉帝、鲁公,同归一揆④。必为永例,理亦可容。在诸异科,事又不尔。求之画一,其例无恒。此所谓屡举《春秋》,言无定体也。

[注释]①严公:鲁庄公。汉避明帝讳,改庄为严。东汉明帝名刘庄。 ②火、稼之间,别书汉、莽之事:在春秋时期的桓公和庄公之间,穿插写入汉代和新莽时期的事情。 ③不复以《春秋》建名:不再以《春秋》标注书名。

④同归一揆:归为一类。

案本《志》叙汉已前事,多略其书名。至于服妖章①,初云晋献公使太子率师,佩以金玦②。续云郑子臧好为聚鹬之冠③。此二事之上,每加《左氏》为首。夫一言可悉,而再列其名。省则都捐④,繁则太甚。此所谓书名去取,所记不同也。

[注释]①服妖章:穿异装奇服。 ②佩以金玦(jué):见《左传·闵公二年》:"晋侯使太子申生伐东山皋落氏……太子帅师,公衣之偏衣,佩之金玦。" ③聚鹬之冠:见《左传·僖公二十四年》:"郑子华之弟子臧出奔宋,好聚鹬冠。郑伯闻而恶之,使盗诱之。八月,盗杀之于陈、宋之间。君子曰:'服之不衷,身之灾也。'" ④捐:抛弃。

第二科

叙事乖理者,其流有五:一曰徒发首端,不副征验①;二曰虚编古语,讨事不终②;三曰直引时谈,竟无它述③;四曰科条不整④,寻绎难知;五曰标举年号,详略无准。

[注释]①不副征验:前边记事有所预言,而后边没有验证的结果。 ②讨事不终:叙事有头无尾。 ③竟无它述:直接引述汉人对某件事的评论,而不说明议论的结果。 ④科条不整:条理不够清晰严密。

《志》曰:《左氏》昭公十五年,晋籍谈如周葬穆后。既除丧而燕①。叔向曰:王其不终乎!吾闻之,所乐必卒焉。今王一岁而有三年之丧②二焉,于是乎与丧宾燕,乐忧甚矣。礼,王之大经也。一动而失二礼,无大经矣,将安用之。案其后七年,王室终如羊舌所说,此即其效也,而班氏了不言之③。此所谓徒发首端,不副征验也。

[注释]①燕:《左传》原文作"宴"。　②三年之丧:大丧,父母之丧。③其后七年……班氏了不言之:关于羊舌氏的话,《左传·昭公二十二年》有所验证,而班固《五行志》则没有交代。

《志》云:《左氏》襄公二十九年,晋女齐语智伯曰:齐高子容、宋司徒皆将不免。子容专,司徒侈,皆亡家之主也。专者速及,侈则将以力毙。九月,高子出奔北燕①,所载至此,更无他说。案《左氏》昭公二十年,宋司徒奔陈②。而班氏采诸本传,直写片言③。阅彼全书,唯征半事。遂令学者疑丘明之说,有是有非;女齐之言,或得或失④。此所谓虚编古语,讨事不终也。

[注释]①高子出奔北燕:此事是对女齐之预言"齐高子容"的呼应。②宋司徒奔陈:对女齐之预言宋司徒的呼应。至此,女齐预言高子容、宋司徒为"亡家之主"已做到完整叙述。　③直写片言:班固关于女齐预言之事,只录了很少的文字。　④女齐之言,或得或失:班固所录,没有交代宋司徒的结局,使得读者怀疑女齐之预言以及《左传》之记事本身就有所失。

《志》云:成帝于鸿嘉、永始之载,好为微行,置私田于民间。谷永谏曰:诸侯梦得田,占为失国。而况王者蓄私田财物,为庶人之事乎。已下弗云成帝悛与不悛①,谷永言效与不效。谏词虽具,诸事阙如。此所谓直引时谈,竟无它述者也。

[注释]①弗云成帝意悛与不悛:不载成帝对他的置私田、好微行是否有

所悔改。有劝谏而无关于劝谏的效果交代,即"竟无它述"。

其述庶征之恒寒也,先云厘公①十年冬,大雨雹。随载刘向之占,次云《公羊经》曰"大雨雹",续书董生②之解。案《公羊》所说,与上奚殊③,而再列其辞,俱云"大雨雹"而已。又此科始言大雪与雹,继言殒霜杀草,起自春秋,讫乎汉代。其事既尽,乃重叙雹灾。分散相离,断绝无趣④。夫同是一类,而限成二条。首尾纷挐⑤,而章句错糅。此所谓科条不整,寻绎难知者也。

[注释]①厘公:鲁僖公。 ②董生:董仲舒。 ③奚殊:有什么不同? 奚,何,什么。殊,不同。 ④无趣:不紧凑。 ⑤纷挐:纷乱。

夫人君改元,肇自刘氏①。史官所录,须存凡例。案斯《志》之记异也,首列元封②年号,不详汉代何君;次言地节、河平,具述宣、成二帝③。武称元鼎,每岁皆书④;哀曰建平,同年必录⑤。此所谓标举年号,详略无准者也。

[注释]①人君改元,肇自刘氏:帝王改元之事,肇始于汉代。刘氏指西汉。 ②元封:汉武帝年号。 ③具述宣、成二帝:《史通》原注:"宣帝地节四年,成帝河平二年,其纪年号如此。" ④武称元鼎,每岁皆书:《史通》原注:"始云元鼎二年,又续云元鼎三年。案三年宜除元鼎之号也。" ⑤哀曰建平,同年必录:《史通》原注:"云哀帝建平三年。案续复云哀帝建平三年。案同是一年,宜云是岁而已,不当重言其年也。"

第三科

释灾多滥者,其流有八:一曰商榷前世①,全违故实;

二曰影响不接②,牵引相会;三曰敷演多端③,准的无主④;四曰轻持善政,用配妖祸⑤;五曰但伸解释,不显符应⑥;六曰考核虽谠,义理非精⑦;七曰妖祥可知,寝默无说⑧;八曰不循经典,自任胸怀。

[注释]①商榷前世:解说先秦时期的某些史事。 ②影响不接:大自然的征象与《五行志》所列举的史事不在同年。 ③敷演多端:援引几件史事附会一次灾害。 ④准的无主:没有确切的根据。 ⑤轻持善政,用配妖祸:随意用正确的政治措施来附会大自然的特殊现象。 ⑥但伸解释,不显符应:只空谈某一自然现象的吉凶,却举不出后来出现的反映。 ⑦考核虽谠,义理非精:考证虽然很客观、正直,但解说的道理却不精当。 ⑧寝默无说:沉默而不予说明。寝,停止。

《志》云:"史记周威烈王二十三年,九鼎震。""是岁,韩、魏、赵篡晋而分其地,威烈王命以为诸侯。天子不恤同姓,而爵其贼臣,天下不附矣。"案周当战国之世,微弱尤甚。故君疑窃斧①,台名逃债②。正比夫泗上诸侯③,附庸小国者耳。至如三晋跋扈,欲为诸侯,虽假王命,实由己出。譬夫近代莽称安汉,匪平帝之至诚④;卓号太师,岂献皇之本愿⑤。而作者苟责威烈以妄施爵赏,坐贻⑥妖孽,岂得谓"人之情伪尽知之矣"者乎!此所谓商榷前世,全违故实也。

[注释]①君疑窃斧:周王把自己的权威隐藏起来了。意谓此事的周王室已经没有了征伐、封赏的实际权力。斧,斧钺,帝王权威的象征。 ②台名逃债:周赧王既受诸侯凌逼,又无法偿还拖欠的债务,遂躲藏到台内,人称"逃债台"。言其时周王权力地位的衰微。 ③泗上诸侯:指鲁国。 ④莽称安汉,匪平帝之至诚:西汉平帝时,封王莽为安汉公,而这却不是平帝的真实心

愿。　⑤卓号太师,岂献皇之本愿:东汉末,董卓擅权,挟持汉献帝迁都长安,《后汉书·董卓列传》载:"卓讽朝廷使光禄勋宣璠持节拜卓为太师,位在诸侯王上。乃引还长安。百官迎路拜揖,卓遂僭拟车服,乘金华青盖,爪画两輢,时人号'竿摩车',言其服饰近天子也。"这一切都是卓用权势胁迫的结果。　⑥贻:招致,导引。

　　《志》云:昭公十六年九月,大雩。先是,昭母夫人归氏薨,昭不戚而大搜于比蒲①。又曰:定公十二年九月,大雩。先是,公自侵郑归而城中城,二大夫围郓②。案大搜于比蒲,昭之十一年。城中城、围郓,定之六年也。其二役去雩,皆非一载。夫以国家恒事,而坐延灾眚③,岁月既遥,而方闻响应。斯岂非乌有成说④,扣寂为辞⑤者哉!此所谓影响不接,牵引相会也。

　　[注释]①昭不戚而大搜于比蒲:鲁昭公母死不悲哀而进行大规模的田猎。戚,悲哀。搜,田猎。比蒲,鲁国地名。本句意谓,鲁昭公十六年的大雩由此招致。　②侵郑归而城中城,二大夫围郓:侵郑、修筑首都内城、围郓等做法,招致了定公十二年的大雩。　③坐延灾眚:坐,因而。延,招致。眚(sheng),祸害。　④乌有成说:没有既成事实。　⑤扣寂为辞:凭空编造的话。扣寂,凭空的意思。

　　《志》云:严公①七年秋,大水。董仲舒、刘向以为严母姜与兄齐侯淫,共杀桓公。严释父仇,复娶齐女,未入而先与之淫,一年再出会,于道逆乱,臣下贱之之应也②。又云:十一年秋,宋大水。董仲舒以为时鲁、宋比年有乘丘、鄑之战,百姓愁怨,阴气盛,故二国俱水。案此说有三失焉。何者?严公十年、十一年,公败宋师于乘丘及鄑。夫以制胜克敌,策勋命赏,可以欢荣降福,而反愁怨贻灾邪? 其失一也。且先是数年,严遭大水,校其时月,殊在战前。而云与宋交兵,故二国大水,其失二也。况于七年之内,已释水灾,始以齐女为辞,终以宋师为应。前后靡定,向背何依? 其失三也。夫以一灾示告,而三说竞兴③,此所谓敷演多端,准的无主也。

[注释]①严公:庄公。避东汉明帝讳,改庄为严。 ②臣下贱之之应也:言庄公为报其父桓公之仇,娶齐女未入而淫,遭到群臣的贱视,而招致大水之灾。 ③三说竞兴:一场灾情,引出三条解释,庄释父仇与两次战争。

其释"厥咎舒,厥罚恒燠①",以为其政弛慢,失在舒缓,故罚之以燠,冬而亡冰。寻其解《春秋》之无冰也,皆主内失黎庶②,外失诸侯,不事诛赏,不明善恶,蛮夷猾夏③,天子不能讨,大夫擅权,邦君不敢制。若斯而已矣。次至武帝元狩六年冬,亡冰,而云先是遣卫、霍二将军穷追单于,斩首十余万级归,而大行庆赏。上又闵悔④勤劳,遣使巡行天下,存赐鳏寡,假与乏困⑤,举遗逸独行君子诣行在所⑥。郡国有以为便宜者,上丞相、御史以闻。于是天下咸喜。案汉帝其武功文德也如彼,其先猛后宽也如此,岂是有懦弱凌迟之失,而无刑罚戡定之功哉! 何得苟以无冰示灾,便谓与昔人同罪。矛盾自己,始末相违,岂其甚邪? 此所谓轻持善政,用配妖祸也。

[注释]①厥咎舒,厥罚恒燠:厥,其,语气助词。咎,惩罚。舒,松懈,舒缓,废弛。燠,炎热。 ②内失黎庶:对内失去人民的拥护。 ③蛮夷猾夏:蛮夷侵扰华夏。猾,侵扰。 ④闵悔:怜悯,懊悔。 ⑤假与乏困:赈济生活

贫困的人。假,借。 ⑥举遗逸独行君子诣行在所:遗逸,未被选拔做官的才德之士。独行,操守独特的人。诣,到。行在所,皇帝所在的地方,指京师长安。

《志》云:孝昭元凤三年,太山有大石立。眭孟①以为当有庶人为天子者。京房《易传》②云:"太山之石颠而下③,圣人受命人君虏。"又曰:石立于山,同姓为天下雄。案此当是孝宣皇帝即位之祥也。夫宣帝出自闾阎④,坐登宸极⑤,所谓庶人受命者也。以曾孙血属,上纂皇统,所谓同姓雄者也。昌邑见废⑥,谪居远方,所谓人君虏者也。班《书》载此征祥,虽具有剖析,而求诸后应,曾不缕陈⑦。叙事之宜,岂其若是?苟文有所阙,则何以载言者哉?此所谓但申解释,不显符应也。

[注释]①眭孟:汉武帝、昭帝时期人。笃信董仲舒的阴阳五行学说,常以正宗神学解释自然界的奇异现象。元凤三年,泰山有大石自立,眭孟据《春秋经》意,认为是阴类平民的预兆,泰山是王者改姓换代的处所,预兆将有平民升为天子。后来,他又上书昭帝,让昭帝求索贤人,禅让帝位,以承顺天命,被执政者霍光谴责为"妖言惑众,大逆不道",处以死刑。眭孟被杀五年之后,宣帝即位,征其子为郎官。见《汉书》本传。 ②京房《易传》:京房,汉代易学大家名京房者有两人,一是著名《易》师杨何的学生,官太中大夫,曾出任齐郡太守,著名易家梁丘贺曾从之受业,事迹略见《汉书·儒林传·梁丘贺》。二是西汉东郡顿丘人,本姓李,推律自定谓京氏,是汉代今文《易》"京氏学"的开创者,师事韩延寿,治《易》精深,擅长用六十四卦分值四时气候,以解说阴阳灾异,占验吉凶。汉人为区别二人,将前者称为"前京房",将后者师从韩延寿的称为"后京房"。从学说思想上看,此处"京房《易传》"像是后京房,而从两人的生卒年上看,应是前京房。后京房生于昭帝元凤四年,宣帝即位时才四岁,不可能预言宣帝之征。 ③颠而下:扑倒并坠落。 ④宣帝出自闾

阍:宣帝出自平民。汉宣帝刘询,戾太子之孙,武帝之曾孙。戾太子遭巫蛊事被诛,子孙株连,时宣帝尚在襁褓之中,受廷尉监邴吉暗中保护免于受难,遂流落民间。 ⑤宸极:帝王之尊。宸,古代帝王住的地方,引申为王位、帝王的代称。 ⑥昌邑见废:昌邑王,西汉昭、宣二帝之间的一位废帝。昭帝驾崩,无嗣,昌邑王刘贺继位,但贺淫乱无道,不堪大任,遂被废。 ⑦曾不缕陈:班固对自己所载之征祥,没有交代后来的验证。文中"案此"以下文字,是刘知幾对班固《五行志》的补充,并非班固原有的征验。

《志》云:成帝建始三年,小女陈持弓年九岁,走入未央宫。又云:绥和二年,男子王褒入北司马门,上前殿。班《志》虽已有证据,言多疏阔。今聊演而申之①。案女子九岁者,九则阳数之极也。男子王褒者,王则巨君之姓也。入北司马门上前殿者,王莽始为大司马,至哀帝时就国,帝崩后,仍此官②,因以篡位。夫人入司马门而上殿,亦由从大司马而升极。灾祥示兆,其事甚明。忽而不书,为略何甚?此所谓解释虽说,义理非精也。

[**注释**]①聊演而申之:略作发挥而给予阐述。演,发挥。申,阐明。此句表明以下文字,是刘知幾对《五行志》的补充解释。 ②仍此官:复任大司马。

《志》云:哀帝建平四年,山阳女子田无啬怀妊,未生二月,儿啼腹中。及生,不举①,葬之陌上。三日,人过闻啼声。母掘土收养。寻本《志》虽述此妖灾,而了无解释。案人从胞到育,含灵受气,始末有成数,前后有定准。至于在孕甫尔,遽发啼声者,亦由物有基业未彰,而形象已兆,即王氏篡国之征。生而不举,葬而不死者,亦由物有期运②已定,非诛翦所平③,即王氏受命之应也。又案班云小女陈持弓者,陈即莽之所出;如女子田无啬者,田故莽之本宗④。事既同占,言无一概。岂非唯知其一,而不知其二者乎?此所谓妖祥可知,寝默无说也。

[注释]①不举:没有成活。 ②期运:定期的气数。 ③非诛翦所平:不是动用武力实行讨伐所可以平息的。 ④陈即莽所出……田故莽之本宗:陈姓是王姓之祖,田姓是王姓之同宗。《汉书·王莽传》载,王莽篡位后,始建国元年诏中追述王氏之族系曰:"自黄帝至于济南伯王,高祖世氏姓有五矣。黄帝二十五子,分赐厥姓十有二氏。虞帝之先,受姓曰姚,其在陶唐曰妫,在周曰陈,在齐曰田,在济南曰王……姚、妫、陈、田、王氏凡五姓者,皆黄、虞苗裔,予之同族也。"

当春秋之时,诸国贤俊多矣。如沙鹿其坏①,梁山云崩②,鹢退蜚于宋③都,龙交斗于郑水④。或伯宗、子产,具述其非妖⑤;或卜偃、史过,盛言其必应⑥。盖于时有识君子以为美谈。故左氏书之不刊,贻厥来裔⑦。既而古今路阻,闻见壤隔,至汉代儒者董仲舒、刘向之徒,始别构异闻,辅申它说⑧。以兹后学,陵彼先贤,盖今谚所谓"季与厥昆,争知嫂讳⑨"者也。而班《志》尚舍长用短,捐旧习新,苟出异同,自矜魁博,多见其无识者矣。此所谓不循经典,自任胸怀也。

[注释]①沙鹿其坏:沙鹿山出现山崩。见《左传·僖公十四年》。 ②梁山云崩:见《左传·成公五年》。 ③鹢退蜚于宋:鹢退飞过宋都。见《左传·僖公十六年》。 ④龙交斗于郑水:龙斗于郑城门之外的洧水,见《左传·昭公十九年》。 ⑤伯宗、子产,具述其非妖:伯宗,晋大夫。子产,郑大夫。他们不认为像梁山崩坏、龙斗等事像是妖怪神异之象。见《左传·成

公五年》载,梁山发生山崩,晋景公召见大夫伯宗商议如何应对,伯宗转达一位绛地人的话说,山因为有了腐朽的土壤才会崩塌,不必大惊小怪。但山川是国家的根本,发生了这样的事,国君认真祭祀山川之神就是了。《左传·昭公十九年》载,郑国发大水,有龙在时门外的洧渊中争斗。国人请求实行祭祀,攘除灾害。大夫子产不允许祭祀,说:我们争斗,龙不看我们;龙争斗,我们为什么要看他呢?洧渊水中本来就是它们居住的地方,你去祷告驱除它们,让它们到哪里去呢?子产不相信妖怪神异的东西,于是没有祭祀。

⑥卜偃、史过,盛言其必应:卜偃,晋大夫。史过,周内史叔兴。两人都认为像沙鹿崩、鹢退飞这些怪事,都与人事相关,会有征验。见《左传·僖公十四年》:"秋八月辛卯,沙鹿崩。晋卜偃曰:'期年将有大咎,几亡国。'"《左传·僖公十六年》:"十六年春……六鹢退飞过宋都,风也。周内史叔兴聘于宋,宋襄公问焉,曰:'是何祥也?吉凶焉在?'对曰:'今兹鲁多大丧,明年齐有乱,君将得诸侯而不终。'" ⑦贻厥来裔:流传给后人。 ⑧辅申它说:董仲舒、刘向等人,都对这些怪异现象进行发挥,以灾异附会人事,具见《五行志》。 ⑨季与厥昆,争知嫂讳:弟与兄争嫂。季,兄弟中排行第四或最小的。昆,哥哥。《史通》原注:"今谚曰:弟与兄争嫂,字以其名鄙,故稍文饰之。"用争知嫂的名字,来掩盖兄弟争嫂的丑行。

第四科

古学不精者,其流有三:一曰博引前书,网罗不尽;二曰兼采《左氏》,遗逸甚多;三曰屡举旧事,不知所出。

《志》云:庶征之恒风,刘向以为《春秋》无其应。刘歆以为厘十六年,《左氏传》释六鹢退飞①是也。案旧史称刘向学《穀梁》,歆学《左氏》。既祖习各异,而闻见不同,信矣。而周木斯拔②,郑车偾济③,风之为害,被于《尚书》、《春秋》。向则略而不言,歆则知而不传。又详言众怪,历叙群妖。述雨牦为灾,而不录赵毛生地④;书异鸟相育,而不载宋雀生鹯⑤。斯皆见小忘大,举轻略重。盖学有不同,识无通鉴故也。且当炎汉之代,厥异尤奇。若景帝承平,赤风如血⑥;于公在职,亢阳为旱⑦。惟纪与传,各具其详,在于《志》中,独无其说者,何哉?此所谓博引前书,网罗不尽也。

[**注释**]①六鹢退飞:即上文"鹢退蜚于宋者"。鹢(yì)、鹢同。 ②周木斯拔:周的大树被风拔起。见《尚书·金縢》:"秋,大熟,未获,天大雷电以风,禾尽偃,大木斯拔,邦人大恐。" ③郑车偾济:偾(fèn),毁坏、败坏。郑庄公的车子被大风吹倒在济水中。见《左传·隐公三年》:"庚戌,郑伯之车偾于济。" ④述雨牦为灾,而不录赵毛生地:述雨牦为灾,《汉书·五行志》:"天汉元年三月,天雨白毛;三年八月,天雨白牦。京房《易传》曰:'前乐后忧,厥妖天雨羽。'又曰:'邪人进,贤人逃,天雨毛。'"牦,硬而曲的毛。赵毛生地,见《风俗通义·六国》篇:"到王迁,信秦反间之言,杀其良将李牧而任赵括,遂为所灭。此童谣曰:'赵为号,秦为笑,以为不信,视地上生毛。'" ⑤书异鸟相育,而不载宋雀生鹯:异鸟相育,《五行志》:"成帝绥和二年三月,天水平襄有燕生爵,哺食至大,俱飞去。京房《易传》曰:'贼臣在国,厥咎燕生爵,诸侯销。'一曰,生非其类,子不嗣世。"爵,即雀,燕生雀,即异鸟相育。宋雀生鹯,鹯(zhān),鹞类。宋康王时有雀生鹯者,见贾谊《新书·春秋》:"宋康王时,有爵生鹯于城之陬,使史占之,曰:'小而生大,必伯于天下。'康王大喜。于是灭滕,伐诸侯,取淮之城,乃愈自信。" ⑥景帝承平,赤风如血:浦起龙《史通通释》注曰:"景当作武。"赤风如血事见于武帝年间。《汉书·武帝纪》:"建元四年夏,有风赤如血。" ⑦于公在职,亢阳为旱:于公,汉武帝时人于定国。亢阳为旱见《汉书·于定国传》:"于以为此妇养姑十余年,以孝闻,必不杀也。太守不听,于公争之,弗能得,乃抱其具狱,哭于府上,因辞疾去。太守竟论杀孝妇。郡中枯旱三年。后太守至,卜筮其故,于公曰:'孝妇不当死,前太守强断之,咎党在是乎?'于是太守杀牛自祭孝妇冢,因表其墓,天立大雨,岁孰。"

《左传》云：宋人逐瘈狗①，华臣出奔陈。又云：宋公子地有白马②，景公夺而朱其尾鬣。地弟辰以萧叛。班《志》书此二事，以为犬马之祸。案《左氏》所载，斯流实繁。如季氏之逆也，由斗鸡而傅介③；卫侯之败也，因养鹤以乘轩④。曹亡首于获雁⑤，郑弑萌于解鼋⑥。郤至夺豕而家灭⑦，华元杀羊而卒奔⑧。此亦白黑⑨之祥，羽毛之孽，何独舍而不论，唯征犬马而已。此所谓兼采《左氏》，遗逸甚多也。

　　[**注释**]①宋人逐瘈狗：瘈（yà）狗，疯狗。见《左传·襄公十七年》："十一月甲午，国人逐瘈狗，瘈狗入于华臣氏，国人从之。华臣惧，遂奔陈。"②宋公子地有白马：宋公子地有白马四，景公的宠信向魋想要，景公就取而朱其尾而与之。公子地怒，使其徒而夺之，以至于发展到背叛景公。见《左传·定公十年》。　③由斗鸡而傅介：季平子与郈昭伯两家相邻，发生鸡斗，而结下怨恨。事见《左传·昭公二十五年》。　④养鹤以乘轩：卫懿公好鹤，让鹤乘轩，享受大夫的待遇。后来狄人来侵，国人不去作战，说鹤有禄位，就让鹤去作战吧，最后终于导致亡国，见《左传·闵公二年》。　⑤曹亡首于获雁：曹伯阳好田弋，曹鄙人公孙强也好弋，获白燕，献给曹公，曹公让公孙强做司城听政。曹伯阳听信公孙强之言绝交晋国而侵犯宋国，导致宋人伐之，晋人不救，遂灭国。见《左传·哀公七年》。　⑥郑弑萌于解鼋（yuán）：郑灵公之子因不能分享鼋肉而导致谋反，最后杀死灵公。见《左传·宣公四年》。　⑦郤至夺豕而家灭：郤至献豕给晋厉公，被宦官孟张夺走，郤至怒而射杀孟张，激怒了晋厉公。晋厉公说郤至射杀宦官是对他本人的欺负，遂派人相机击杀了郤至及其家人。见《左传·成公十七年》。　⑧华元杀羊而卒奔：郑国受命于楚伐宋，将战，宋元帅华元杀羊犒赏兵士，驾车人羊斟没有吃着。战争开始之后，羊斟驾车驰入敌阵，造成宋师大败，华元逃归。见《左传·宣公二年》。　⑨白黑：指牲畜鸟雀的毛色。

案《太史公书》自《春秋》已前，所有国家灾眚，贤哲占候，皆出于《左氏》、《国语》者也。今班《志》所引，上自周之幽、厉，下终鲁之定、哀，而不云《国语》，唯称史记，岂非忘本徇末，逐近弃远者乎？此所谓屡举旧事，不知所出也。

所定多目，凡二十种。但其失既众，不可殚论。故每目之中，或时举一事。庶触类而长，他皆可知。又案斯志之作也，本欲明吉凶，释休咎，惩恶劝善，以戒将来。至如春秋已还，汉代而往，其间日蚀、地震、石陨、山崩、雨雹、雨鱼、大旱、大水、犬豕为祸，桃李冬花，多直叙其灾，而不言其应。此乃鲁史之《春秋》、《汉书》之帝纪耳，何用复编之于此志哉！昔班叔皮①云：司马迁叙相如则举其郡县，著其字。萧、曹、陈平之属，仲舒并时之人，不记其字，或县而不郡，盖有所未暇也。若孟坚此《志》，错缪殊多，岂亦刊削未周者邪？不然，何脱略之甚也。亦有穿凿成文，强生异义。如蜮之为惑②，麋之为迷③，陨五石者齐五子之征④，溃七山者汉七国之象⑤，叔服会葬⑥，郕伯来奔⑦，亢阳所以成妖⑧，郑易许田⑨，鲁谋莱国⑩，食苗所以为祸。诸如此比，其类弘多。徒有解释，无足观采。知音君子，幸为详焉。

[注释]①班叔皮：班彪字叔皮。　②如蜮之为惑：《史通通释》注曰："刘向以为蜮生南越。越地男女同川浴，乱气所生，故名之曰蜮。蜮，犹惑也。"蜮（yù），传说中一种能含沙射人致死的小虫。　③麋之为迷：见《五行志》："严公十七年，冬，多麋。刘歆以为毛虫之孽为灾。刘向以为麋色青，近

青祥也。麋之为言迷也,盖牝兽之淫者也。是时,严公将取齐之淫女,其象先见。" ④陨五石者齐五子之征:《五行志》:"厘公十六年'正月戊申朔,陨石于宋,五……'董仲舒、刘向以为,象宋襄公欲行伯道将自败之戒也。石,阴类;五,阳数;自上而陨,此阴而阳行,欲高反下也……正月,日在星纪,厌在玄枵。玄枵,齐分野也。石,山物;齐,大岳后。五石象齐桓卒而五公子作乱,故为明年齐有乱。" ⑤溃七山者汉七国之象:《五行志》:"文帝元年四月,齐楚地山二十九所同日俱大发水,溃出,刘向以为近水浸土也。天戒若曰,勿整齐楚之君,今失制度,将为乱。后十六年,帝庶兄齐悼惠王之孙文王则薨,无子,帝分齐地,立悼惠王庶子六人皆为王。贾谊、晁错谏,以为违古制,恐为乱。至景帝三年,齐、楚七国起兵百余万,汉皆破之。春秋四国同日灾,汉七国同日众山溃,咸被其害,不畏天威之明效也。" ⑥叔服会葬:《五行志》:"文公二年,'自十有二月不雨,至于秋七月'。文公即位,天子使叔服会葬。" ⑦郕伯来奔:《五行志》:"(文公)十三年,'自正月不雨,至于秋七月'。先是,曹伯、杞伯、滕子来朝,郕伯来奔,秦伯使遂来聘,季孙行父城诸及郓。二年之间,五国趋之,内城二邑。炕阳失众。" ⑧亢阳所以成妖:即注⑦中的"炕阳失众"。 ⑨郑易许田:《五行志》:"(文公)八年'九月,螟'。时郑伯以邴将易许田,有贪利心。京房《易传》曰:'臣安禄兹谓贪,厥灾虫,虫食根。德无常兹谓烦,虫食叶。不绌无德,虫食本。与东作争,兹谓不时,虫食节。蔽恶生孽,虫食心。'" ⑩鲁谋莱国:《五行志》:"宣公六年'八月,螽'。刘向以为,先是时宣伐莒向,后比再如齐,谋伐莱。"

五行志杂驳第十一

鲁文公二年,不雨。班氏以为自文即位,天子使叔服会葬①,毛伯赐命②,又会晋侯于戚③。上得天子,外得诸侯,沛然自大,故致亢阳之祸。案周之东迁,日以微弱。故郑取温麦④,射王中肩⑤。楚绝苞茅⑥,观兵问鼎⑦。事同列国,变《雅》为《风》⑧。如鲁者,方大邦不足,比小国有余。安有暂降衰周使臣,遽以骄矜自恃,坐招厥罚,亢阳为怪。求诸人事,理必不然。天高听卑,岂其若是也。

[注释]①叔服会葬:《左传·文公元年》:"元年春,王使内史叔服来会葬。"会葬,参加鲁僖公葬礼。 ②毛伯赐命:《左传·文公元年》:"夏四月丁巳,葬僖公。王使毛伯卫来锡公命。叔孙得臣如周拜。"周襄王派遣毛伯阳赐鲁文公以命圭,作为祥瑞的表示。 ③会晋侯于戚:《左传·文公元年》:"秋,晋侯疆戚田,故公孙敖会之。"晋襄公强取卫国戚邑田,鲁大夫公孙敖与鲁襄公会盟。 ④郑取温麦:郑国夺取周王室领地温地的小麦。见《左传·隐公三年》:"四月,郑祭足帅师取温之麦。秋,又取成周之禾。周、郑交恶。" ⑤射王中肩:鲁桓公五年,周桓王剥夺郑庄公参知周王朝政事的特权,郑庄公遂拒绝朝周。周桓王亲帅蔡、卫、陈诸国军队伐郑,结果周王朝的军队大败,郑大夫祝聘射中周王的肩膀。见《左传·桓公五年》。 ⑥楚绝苞茅:楚国拒绝向周王室缴纳贡物。苞茅,楚地特产。见《左传·僖公四年》载齐伐楚管仲之言。 ⑦观兵问鼎:《左传·宣公三年》:"楚子伐陆浑之戎,遂至于洛,观兵于周疆。定王使王孙满劳楚子。楚子问鼎之大小轻重焉。"显示楚国开始觊觎周天子的权力。以上四事,都在于反映周王朝权力的衰微。 ⑧事同列国,变《雅》为《风》:周王朝已经下降到一个诸侯国的地位,王室京畿之地的诗也已经不再有《雅》体诗的风格,而同于《国风》了。

《春秋》成公元年,无冰。班氏以为其时王札子杀召伯、毛伯①。案今《春秋经》札子杀毛、召,事在宣十五年。而此言成公时,未达其说。下去无冰,凡有三载②。

[注释]①王札子杀召伯、毛伯:见《左传·宣公十五年》:"王孙苏与召氏、毛氏争政,使王子捷杀召戴公及毛伯卫。"王札子即王子捷。召伯、毛伯,周大夫。 ②下去无冰,凡三载:王札子作乱在宣公十五年,"无冰"在成公元年,晚王札子作乱三年。

《春秋》昭公九年,陈火。董仲舒以为陈夏征舒弑君,楚严王托欲为陈讨贼①,陈国辟门而待之,因灭陈。陈之臣子毒恨尤甚,极阴生阳,故致火灾。案楚严王之入陈,乃宣十一年事也。始有蹊田之谤②,取愧叔时③;终有封国之恩,见贤尼父④。毒恨尤甚,其理未闻。又案陈前后为楚所灭者三,始宣十一年为楚严王所灭,次昭八年为楚灵王所灭,后哀十七年为楚惠王所灭。今董生误以陈次亡之役是楚始灭之时,遂妄有占候,虚辨物色。寻昭之上去于宣,鲁易四公⑤;严之下至于灵,楚经五代⑥。虽悬隔顿别,而混杂无分。嗟乎!下帷三年,诚则勤矣⑦。差之千里,何其阔哉!

[注释]①楚严王托欲为陈讨贼:楚严王,即楚庄王。《左传·宣公十一年》:"冬,楚子为陈夏氏乱故,伐陈。谓陈人无动,将讨于少西氏。遂入陈,杀夏征舒,辕诸栗门,因县陈。"楚以帮助陈讨伐少西氏为名,进入陈国,并灭亡之,将陈设为楚的一个县。 ②蹊田之谤:楚国有句话说:牵着牛践踏别人的田地,就把他的牛夺过来。此话非礼。践踏人田不对,而由此就把他的牛夺走也太过分了,处罚太重。借喻楚国帮助陈诛除乱臣,而结果却占领了陈国。见《左传·宣公十一年》 ③取愧叔时:申叔时,楚国大夫。他以蹊田之谤来劝导楚庄王,楚庄王感到惭愧,就放弃占领陈国的做法。见《左传·宣公十一年》 ④见贤尼父:尼父即孔子。孔子认为楚庄王的做法符合礼,给予肯定性评价。《春秋》记此事曰:"丁亥,楚子入陈。纳公孙宁、仪行父于陈。" ⑤鲁易四公:从昭公八年,上溯宣公十一年,鲁国已经换了四代国君。 ⑥楚经五代:从楚庄王到后来的楚灵王,楚国已经历了五代君主。 ⑦下帷三年,诚则勤矣:用董仲舒读书三年不窥园的故事,讽刺他。《汉书·董仲舒传》:"下帷讲诵,弟子传以久次相授业,或莫见其面。盖三年不窥园,其精如此。"

《春秋》桓公三年,日有蚀之,既①。京房《易传》以为后楚严始称王,兼地千里。案楚自武王僭号,邓盟是惧②,荆尸久传③。历文、成、缪三王,方至于严④。是则楚之为王已四世矣,何得言严始称之者哉?又鲁桓公薨后,历严、闵、厘、文、宣,凡五公而楚严始作霸,安有桓三年日蚀而已应之者邪?非唯叙事有违,亦自占候失中者矣。

[注释]①既:日全食。 ②邓盟是惧:楚国称王,蔡侯、郑伯会于邓国,商讨面对楚国威胁问题。见《左传·桓公二年》。 ③荆尸久传:楚武王新创一种新的阵法,用荆棘布置军阵。见《左传·庄公四年》。 ④方至于严:楚国经过文、成、缪三王才传到庄王。严即庄王。

《春秋》厘公①二十九年秋,大雨雹。刘向以为厘公末年公子遂专权自恣,至于弑君,阴胁阳之象见。厘公不悟,遂后二年杀公子赤,立宣公②。案遂之立宣杀子赤也,此乃文公末代③。辄谓僖公暮年,世寔④悬殊,言何倒错?

[注释]①厘公:即僖公。 ②杀公子赤,立宣公:见《左传·文公十八年》:"文公二妃敬嬴生宣公。敬嬴嬖而私事襄仲。宣公长而属诸襄仲,襄仲欲立之,叔仲不可。仲见于齐侯而请之。齐侯新立而欲亲鲁,许之。冬十月,仲杀恶及视而立宣公……夫人姜氏归于齐,大归也。将行,哭而过市曰:'天乎,仲为不道,杀适立庶。'市人皆哭,鲁人谓之哀姜。"恶,文公太子;视,文公子,恶之弟。 ③文公末代:鲁文公十八年。 ④寔(shí):同"实"。

《春秋》厘公十二年,日有蚀之。刘向以为是时莒灭杞。案厘十四年,诸侯城缘陵①。《公羊传》曰:"曷为城?杞灭之。孰灭之?盖徐、莒②也。"如中垒③所释,当以《公羊》为本耳。然则《公羊》所说,不如《左氏》之详。《左氏》襄公二十九年④,晋平公时,杞尚在云。

[**注释**]①城缘陵:城,修筑城墙。缘陵,杞国城邑名。 ②徐、莒:徐,徐方、徐夷,居住在淮河中下游一带的部族。莒,莒国,在今山东莒县一带。 ③中垒:刘向曾任中垒令,故称。 ④襄公二十九年:襄公二十九年比之厘十四年,晚八十余年,而杞尚在。

《春秋》文公元年,日有蚀之。刘向以为后晋灭江①。案本《经》书文四年,楚人灭江②。今云晋灭,其说无取。且江居南裔,与楚为邻;晋处北方,去江殊远。称晋所灭,其理难通。

[**注释**]①江:诸侯国名,在今河南息县一带。 ②楚人灭江:见《左传·文公四年》。

《左氏传》鲁襄公时,宋有生女子赤而毛,弃之堤下。宋平公母共姬之御见者见而收之,因名曰弃。长而美好,纳之平公,生子曰佐。后宋臣伊戾谗太子痤而杀之①。先是,大夫华元出奔晋②,华合比奔卫③。刘向以为时则有火灾赤眚之明④应也。案灾祥之作,将应后来;事迹之彰,用符前兆⑤。如华元奔晋,在成十五年,参诸弃堤,实难符会。又合比奔卫,在昭六年,而与元奔,俱云"先是"。惟前与后,事并相违者焉。

[**注释**]①宋臣伊戾谗太子痤而杀之:宋国宦官伊戾制造与楚国结盟假象以诬陷太子痤,痤自缢而死。见《左传·襄公二十六年》。 ②华元出奔晋:华元,宋大夫。奔晋事见《左传·成公十五年》。 ③华合比奔卫:华合比,宋大夫。奔卫事见《左传·昭公六年》。 ④火灾赤眚之明:刘向之言,见

《汉书·五行志》:"大夫华元出奔晋,华弱奔鲁,华臣奔陈,华合比奔卫。刘向以为时则火灾赤眚之明应也。"眚(shěng),灾异。　⑤用符前兆:符合先前的预兆。

　　《春秋》成公五年,梁山崩。七年,鼷鼠食郊牛角①。襄公十五年,日有蚀之。董仲舒、刘向皆以为自此前后,晋为鸡泽之会,诸侯盟,大夫又盟②。后为溴梁之会③,诸侯在而大夫独相与盟,君若缀旒④,不得举手。又襄公十六年五月,地震。刘向以为是岁三月,大夫盟于溴梁,而五月地震矣。又其二十八年春,无冰。班固以为天下异也。襄公时,天下诸侯之大夫皆执国权,君不能制,渐将日甚。案春秋诸国,权臣可得言者,如三桓、六卿、田氏而已⑤。如鸡泽之会、溴梁之盟,其臣岂有若向之所说者邪?然而《穀梁》谓大夫不臣⑥,诸侯失政。讥其无礼自擅,在兹一举而已。非是如"政由宁氏,祭则寡人⑦",相承世官,遂移国柄。若斯之失也,若董、刘之徒,不窥《左氏》,直凭二传,遂广为它说,多肆夸言。仍云"君若缀旒","臣将日甚",何其妄也?

　　[注释]①鼷鼠食郊牛角:鼷(xī)鼠,一种耗子。事见《左传·成公七年》经文:"七年春王正月,鼷鼠食郊牛角,改卜牛。鼷鼠又食其角,乃免牛。"②大夫又盟:《左传·襄公三年》经文:"六月,公会单子、晋侯、宋公、卫侯、郑伯、莒子、邾子、齐世子光。己未,同盟于鸡泽。陈侯使袁侨如会。戊寅,叔孙豹及诸侯之大夫及陈袁侨盟。"鸡泽,晋国城邑。　③溴梁之会:《左传·襄公十六年》:"三月,公会晋侯、宋公、卫侯、郑伯、曹伯、莒子、邾子、薛伯、杞伯、小邾子,于溴梁。戊寅,大夫盟。"溴(jú),水名。溴梁,溴水旁大堤。　④君若缀旒:比喻国君大权旁落,成为摆设。缀,连缀附属。旒,旗帜边缘上悬置的

飘带。　⑤三桓、六卿、田氏而已：三桓，春秋时鲁国的三家贵族：孟孙氏、叔孙氏、季孙氏。三家都是鲁桓公后裔，故称三桓。六卿，晋国权臣范氏、中行氏、智氏、韩、赵、魏。田氏，齐国权臣。　⑥《穀梁》谓大夫不臣：《穀梁传》解释"溴梁之会"一类的大夫盟会："溴梁之会，诸侯失正矣。诸侯会而曰大夫盟，政在大夫也。诸侯在而不曰诸侯之大夫，大夫不臣也。"　⑦政由宁氏，祭则寡人：国家大政归宁喜，国君只管祭祀的事情。相传是卫献公为了复国，许诺大夫宁喜的话。见《左传·襄公二十六年》。

　　《春秋》昭十七年六月，日有蚀之。董仲舒以为时宿在毕①，晋国象也。晋厉公诛四大夫②，失众心，以弑死。后莫敢复责大夫，六卿遂相与比周，专晋国。晋君还事之。案晋厉公所尸唯三郤耳，何得云诛四大夫者哉？又州满③既死，悼公嗣立，选六官者皆获其才，逐七人者尽当其罪④。以辱及扬干，将诛魏绛，览书后悟，引愆授职⑤。此则生杀在己，宠辱自由。故能申五利以和戎⑥，驰三驾以挫楚⑦。威行夷夏，霸复文、襄⑧。而云不复责大夫，何厚诬之甚也。自昭公已降，晋政多门⑨。如以君事臣，居下僭上者，此乃因昭之失，渐至陵夷⑩。匪由惩厉之弑，自取沦辱也。岂可辄持彼后事⑪，用诬先代者乎？

　　[注释]①宿在毕：宿，二十八宿。毕，二十八宿之一。　②晋厉公诛四大夫：晋厉公听信宠幸之臣的谗言，任凭他们除去三位郤氏大夫的事，见《左传·成公十七年》。《五行志》说诛四大夫，有误。　③州满：晋厉公名。　④尽当其罪：晋悼公所逐七人，都完全符合他们的罪过。　⑤引愆授职：晋悼公对待大夫魏绛的故事。晋悼公弟在曲梁乘车疾驰，扰乱了会盟的行列，执掌军法的魏绛遂诛杀其仆人，以示警戒。悼公怒，欲杀魏绛。绛呈书申述，悼公感悟，使魏绛佐新军。事见《左传·襄公三年》。　⑥申五利以和戎：《左传·襄公四年》："公曰：'然则莫如和戎乎？'对曰：'和戎有五利焉：戎狄荐

居,贵货易土,土可贾焉,一也。边鄙不耸,民狎其野,穑人成功,二也。戎狄事晋,四邻振动,诸侯威怀,三也。以德绥戎,师徒不勤,甲兵不顿,四也。鉴于后羿,而用德度,远至迩安,五也。君其图之!'公说,使魏绛盟诸戎,修民事,田以时。"文中"公"是晋悼公,对者是魏绛。 ⑦驰三驾以挫楚:鲁襄公十年,晋伐郑师与牛首;十一年四月,伐郑,盟于亳城;七月,伐郑,会于萧鱼。晋国的这三次兴师,楚国都不敢轻举妄动。这是晋悼公听魏绛之言,与民休息、富民强国的结果。见《左传·襄公九年》。 ⑧霸复文、襄:恢复了晋文公、晋襄公时期的霸权地位。 ⑨晋政多门:政出多门,晋昭公时晋国的国家权力被大夫分割。 ⑩陵夷:衰颓,微弱。 ⑪持彼后事:用后来晋昭公时期的情况,来说晋厉公时期的事情。

哀公十三年十一月,有星孛于东方。董仲舒、刘向以为周之十一月,夏九月,日在氐①。出东方者,轸、角、亢②也。或曰:角、亢,大国之象,为齐、晋也。其后田氏篡齐③,六卿分晋④。案星孛之后二年,《春秋》之《经》尽矣。又十一年,《左氏》之《传》尽矣。自《传》尽后八十二年,齐康公为田和所灭。又七年,晋静公为韩、魏、赵所灭。上去星孛之岁,皆出百余年。辰象所缠⑤,氛祲所指⑥,若相感应,何太疏阔者哉?且当《春秋》既终之后,《左传》未尽之前,其间卫弑君⑦,越灭吴⑧,鲁逊越⑨,贼臣逆子破家亡国多矣。此正得东方之象,大国之征,何故舍而不述,远求他代者⑩乎?又范与中行,早从殄灭。智入战国,继踵云亡。辄与三晋连名,总以六卿为目,殊为谬也⑪。寻斯失所起,可以意测。何者?二传所引,事终西狩获麟。《左氏》所书,语连赵襄灭智。汉代学者,唯读二传,不观《左氏》。故事有不周,言多脱略。且春秋之后,战国之时，史官阙书，年祀难记。而学者遂疑篡齐分晋，时与鲁史相邻。故轻引灾祥，用相符会。白圭之玷，何其甚欤？

[注释]①氐：天区名。　②轸、角、亢：轸，星宿名。角，星官名。亢，星名。　③田氏篡齐：即下文"齐康公为田和所灭"。此事发生在公元前386年，田和迁齐康公于海上，专政齐国，变姜姓齐国为田氏齐国，疆域、国都都没有改变。此是战国时期社会变革的一个标志性事件。　④六卿分晋：实为三家分晋。晋之六卿，一般指范氏、中行氏、智氏、韩、赵、魏六家贵族。　⑤辰象所缠：缠，日、月、五星（金、木、水、火、土）运行时，经过天空中的某一区域。　⑥氛祲所指：氛，古时迷信家所杜撰的预示吉凶之运气，亦特指一种凶气。祲，迷信家所说的一种妖气。　⑦卫弑君：事见《左传·哀公十七年》。⑧越灭吴：事见《左传·哀公二十二年》。　⑨鲁逊越：指鲁公欲借助越国力量而去除三桓之事，事见《左传·哀公二十七年》。　⑩远求他代者：此句是说，《五行志》对春秋晚期的史事不加采用，反而用后世战国的史事来附会春秋时期的星象。　⑪殊为谬也：说《五行志》将三家分晋误为六卿分晋，竟不知道在晋国被瓜分之时，范氏、中行氏、智氏三家早已不复存在。

《春秋》厘公三十三年十二月，陨霜不杀草①。成公五年，梁山崩。七年，鼷鼠食郊牛角。刘向以其后三家逐鲁昭公②，卒死于外之象。案干侯③之出，事由季氏。孟、叔二孙，本所不预。况昭子以纳君不遂，发愤而卒④。论其义烈，道贯幽明。定为忠臣，犹且无愧；编诸逆党，何乃厚诬？夫以罪由一家，而兼云二族。以此题目，何其滥欤？

[注释]①陨霜不杀草：严霜杀不死青草。　②三家逐鲁昭公：鲁昭公二十五年，昭公被季氏所逐。《五行志》载刘向说，昭公是被季平子、叔孙昭子、孟懿子三家所逐。　③干侯：晋国城邑名。　④发愤而卒：季平子驱逐鲁昭公，叔孙昭子随昭公到齐国，后被迫返回鲁国，因不愿被季平子所害而自杀。事见《左传·昭公二十五年》。

《左氏传》昭公十九年,龙斗于郑时门之外洧渊。刘向以为近龙孽也。郑小国摄乎晋、楚之间,重以强吴,郑当其冲,不能修德,将斗三国,以自危亡。是时,子产任政,内惠于民,外善辞令,以交三国,郑卒亡患①,此能以德销灾之道也。案昭之十九年,晋、楚连盟,干戈不作。吴虽强暴,未扰诸华。郑无外虞②,非子产之力也。又吴为远国,僻在江干③,必略中原,当以楚、宋为始。郑居河、颖④,地匪夷庚⑤,谓当要冲,殊为乖角⑥。求诸地理,不其爽⑦欤?

　　[注释]①郑卒亡患:郑国终于没有亡国之患。亡,没有。　②外虞:外患。　③江干:长江附近。　④郑居河、颖:郑国地处黄河、颖水一带。⑤夷庚:吴、晋两国间能通行车马的平坦大道。　⑥乖角:偏僻的角落。⑦爽:错误。

　　《春秋》昭公十五年六月,日有蚀之。董仲舒以为时宿在毕,晋国象也。又云:"日比①再蚀,其事在《春秋》后,故不载于《经》。"案自昭十五年,迄于获麟之岁,其间日蚀复有九焉。事列本《经》,披文立验,安得云再蚀而已,又在《春秋》之后也?且观班《志》编此九蚀,其八皆载董生所占②。复不得言董以事后《春秋》,故不存编录。再思其语,三覆所由,斯盖孟坚之误,非仲舒之罪也。

　　[注释]①比:接连。　②其八皆载董生所占:昭公以后出现的日蚀有九次,昭公十七年、二十一年、二十二年、二十四年、三十一年凡五次,定公五年、十二年、十五年凡三次,哀公十四年一次。这九次日蚀,董仲舒所占只有昭公、定公时的八次。

《春秋》昭公九年,陈火。刘向以为先是陈侯之弟招杀陈太子偃师①,楚因灭陈。《春秋》不与蛮夷灭中国,故复书陈火也。案楚县中国以为邑者多矣,如邑有宜见于《经》者,岂可不以楚为名者哉?盖当斯时,陈虽暂亡,寻复旧国,故仍取陈号,不假楚名。独不见郑裨灶之说②乎?裨灶之说斯灾也,曰:"五年,陈将复封。封五十二年而遂亡。"此其效也。自斯而后,若颛顼之墟③,宛丘④之地,如有应书于国史者,岂可复谓之陈乎。

[注释]①杀陈太子偃师:《左传·昭公八年》载,陈哀公元妃郑姬生太子偃师,二妃生公子留。二妃与留都受哀公宠爱。哀公病,委托司徒招特别照看二妃与留,招乃杀偃师而拥立留,楚国出兵灭陈。 ②郑裨灶之说:关于陈火之事,郑裨灶有一番说辞,见《左传·昭公九年》:"夏四月,陈灾。郑裨灶曰:'五年,陈将复封。封五十二年而遂亡。'子产问其故。对曰:'陈,水属也,火,水妃也,而楚所相也。今火出而火陈,逐楚而建陈也。妃以五成,故曰五年。岁五及鹑火,而后陈卒亡,楚克有之,天之道也,故曰五十二年。'" ③颛顼之墟:指陈国之城邑。陈国为颛顼后裔。 ④宛丘:丘阜名。陈国国都建于宛丘之侧。

暗惑第十二

夫人识有不烛,神有不明,则真伪莫分,邪正靡别。昔人有以发绕炙误其国君者①,有置毒于胙诬其太子者②。夫发经炎炭③,必致焚灼,毒味经时,无复杀害。而行之者伪成其事④,受之者信以为然。故使见咎一时,取怨千载。夫史传叙事,亦多如此。其有道理难凭,欺诬可见,如古来学者，莫觉其非，盖往往有焉。今聊举一二，加以驳难，列之于左。

[注释]①发绕炙误其国君者：《韩非子·内储说》中讲：文公发现家臣端上的烧肉上绕有头发，责备家臣，家臣聪明地解释这件事有人从中捣鬼，如果烧肉时就有头发参入，头发不可能经考炙而不断。文公追查此事，果然查出了造伪之人，乃诛之。 ②置毒于胙诬其太子者：事见《春秋榖梁传·僖公十年》载："骊姬以鸩为酒，药脯以毒。献公田来，骊姬曰：'世子已祠，故致福于君。'君将食，骊姬跪曰：'食自外来者，不可不试也。'覆酒于地而地贲。以脯与犬，犬死。骊姬下堂而啼呼，曰：'天乎天乎！国，子之国也，子何迟于为君？'"骊姬下毒于酒，等晋献公田猎回来，嫁祸于太子。 ③炎炭：炎，燃烧。 ④伪成其事：弄假成其事，以达到陷害人的目的。

《史记》本纪①曰：瞽叟②使舜穿井，为匿空旁出③。瞽叟与象共下土实井④。瞽叟、象喜，以舜为已死。象乃止舜宫⑤。

难曰：夫杳冥不测⑥，变化无恒，兵革所不能伤，网罗所不能制，若左慈易质为羊⑦，刘根窜形入壁⑧是也。时无可移，祸有必至，虽大圣所不能免，若姬伯拘于羑里⑨，孔父厄于陈、蔡是也。然俗之愚者，皆谓彼幻化，是为圣人。岂知圣人智周万物，才兼百行，若斯而已，与夫方内之士⑩有何异哉！如《史记》云重华⑪入于井中，匿空出去。此则其意以舜是左慈、刘根之类，非姬伯、孔父之徒。苟识事如斯，难以语夫圣道矣。且案太史公云：黄帝、尧、舜轶事，时时见于他说，余择其言尤雅者，著为本纪书首。若如向之所述，岂可谓之雅邪？

[注释]①《史记》本纪：指《史记·五帝本纪》。 ②瞽叟：舜的父亲。

③匿空旁出:躲藏在和井相连的空洞里。　④实井:填塞。句中的"象",是舜的弟弟。　⑤象乃止舜宫:象乃霸占了舜的居室。　⑥杳冥不测:昏暗而不能确知。　⑦左慈易质为羊:《后汉书·方术传》载,左慈能"幻化隐身"。曹操欲杀左慈,慈走入壁中,不知所在。后来曹操在阳城山头遇到左慈,急忙下令追捕,慈忽然走入羊群之中,化而为羊,人莫能辨。　⑧刘根窜形入壁:《后汉书·方术传》载,刘根隐居嵩山教授弟子,太守史祈以为妖妄,下令逮捕之。刘根自称可以召鬼,史祈便让他显示证明,刘根于是左顾长啸,顷刻,史祈之亡夫、祖、近亲皆现身,并皆被绑缚,向刘根求饶。史祈见状惊惧,悲哀,顿首流血,忽然刘根与诸鬼都不见了。　⑨姬伯拘于羑里:殷纣王囚禁周文王于羑里,事见《史记·周本纪》。羑里,在今河南汤阴县。　⑩方内之士:指寻常之人,普通人。　⑪重华:舜的名字。

又《史记·滑稽传》:孙叔敖为楚相,楚王以霸。病死,居数年,其子穷困负薪。优孟①即为孙叔敖衣冠,抵掌谈语②。岁余,象孙叔敖,楚王及左右不能别也。庄王置酒,优孟为寿,王大惊,以为孙叔敖复生,欲以为相。

难曰:盖语有之:"人心不同,有如其面。"故窊隆③异等,修短殊姿,皆禀之自然,得诸造化。非由仿效,俾有迁革④。如优孟之象孙叔敖也,衣冠谈说,容或乱真,眉目口鼻,如何取类?而楚王与其左右曾无疑惑者邪?昔陈焦既亡⑤,累年而活;秦谍从縋⑥,六日而苏。顾使竹帛显书,古今称怪。况叔敖之殁,时日已久。楚王必谓其复生也,先当诘其枯骸再肉所由⑦,阖棺重开所以⑧。岂有片言不接⑨,一见无疑,遽欲加以宠荣,复其禄位!此乃类梦中行事,岂人伦所为者哉!

[**注释**]①优孟:楚国乐人,善言辞,常以笑谈讽谏楚王。　②抵掌谈语:

鼓掌,谈话。 ③窊隆:窊(wā),低下;隆,高盛。 ④非由仿效,俾有迁革:不是用模仿可以使其改变的。 ⑤陈焦既亡:《三国志·吴书·景帝纪》载,永安四年,安吴民陈焦死,埋葬六天之后又复活,从坟墓中走出来。 ⑥秦谍从绁:《左传·宣公八年》载,晋国伐秦,俘获秦国一个间谍,杀之于绛市,六天后这个秦国间谍又复活。 ⑦诘其枯骸再肉所由:追问、调查其枯骨再生的缘由。 ⑧阖棺重开所以:为什么封闭的棺材会被打开。阖棺,封闭的棺材。 ⑨片言不接:一句话都未交谈,没有追问。

又《史记·田敬仲世家》曰:田常成子以大斗出贷,以小斗收。齐人歌之曰:"妪乎采芑①,归乎田成子②。"

难曰:夫人既从物故③,然后加以易名④。田常见存,而遽呼以谥,此之不实,明然可知。又案《左氏传》,石碏曰:"陈桓公⑤方有宠于王。"《论语》,陈司败问孔子:"昭公⑥知礼乎?"《史记》,家令说太上皇曰:"高祖⑦虽子,人主也。"诸如此说,其例皆同。然而事由过误,易为笔削。若《田氏世家》之论成子也,乃结以韵语,纂成歌词,欲加刊正,无可厘革。故独举其失,以为标冠云。

[注释]①妪乎采芑:妪,老妇。芑,芑菜。 ②归乎田成子:归于田成子。成子,田常之谥号。 ③物故:死亡。 ④易名:指谥号。 ⑤陈桓公:桓公是庙号。 ⑥昭公:鲁昭公名裯,昭公是庙号。 ⑦高祖:刘邦庙号。

又《史记·仲尼弟子列传》曰:孔子既殁,有若①状似孔子,弟子相与共立为师②,师之如夫子。他日,弟子进问曰:"昔夫子当行,使弟子持雨具,已而果雨。""商瞿年长无子,母为取室。孔子曰:'瞿年四十后,当有五丈夫子。'已而果然。敢问夫子何以知此?"有若默然无应。弟子起曰:"有子避,此非子之坐也!"

难曰:孔门弟子七十二人,柴愚参鲁③,宰言游学④,师、商可方⑤,回、赐非类⑥。此并圣人品藻,优劣已详,门徒商榷,臧否又定。如有若者,名不隶于四科,誉无偕于十喆⑦。逮尼父既殁,方取为师。以不答所问,始令避坐。同称达者,何见事之晚乎?且退老西河,取疑夫子,犹使丧明致罚,投杖谢愆⑧。何肯公然自欺,诈相策奉⑨?此乃童儿相戏,非复长老所为。观孟轲著书,首陈此说⑩;马迁裁史,仍习其言。得自委巷,曾无先觉,悲夫!

[注释]①有若:孔子弟子,相貌似孔子。 ②共立为师:孔子死后,弟子们思念孔子,以有若貌似孔子,就立有若为师,以填补因孔子去世而造成的心理空虚。 ③柴愚参鲁:《论语·先进》:"柴也愚,参也鲁。"柴,姓高字子羔,愚为智慧不足而忠厚有余。参,曾参,鲁是思虑迟钝而治学笃实。 ④宰言游学:宰为宰我,名予,字子我,鲁国人,以言语见长。游为子游,姓言,名偃,字子游,以文学见长。 ⑤师、商可方:师为子张,姓颛孙,名师,字子张。商,姓卜名商,字子夏。方,并列、相当之义。《论语·先进》中孔子对二人有所评价:"子贡问:'师与商也孰贤'"子曰:'师也过,商也不及。'曰:'然则师愈与?'子曰:'过犹不及。'" ⑥回、赐非类:回,姓颜名回字子渊。赐,姓端木名赐字子贡。两人不是同一类的人。以上所及,都是孔子弟子。 ⑦十喆:指孔子弟子中的颜渊、闵子骞、冉有、仲弓、宰我、子贡、子游、子夏、冉伯牛、季路。 ⑧投杖谢愆:出自《礼记·檀弓》:"子夏丧其子而丧其明。曾子吊之曰:'吾闻之也,朋友丧明则哭之。'曾子哭,子夏亦哭,曰:'天乎!予之无罪也。'曾子怒曰:'商,女何无罪也?吾与女事夫子于洙泗之间,退而老于西河之上,使西河之民,疑女于夫子,尔罪一也;丧尔亲,使民未有闻焉,尔罪二也;丧尔子,丧尔明,尔罪三也。而曰女何无罪与!'子夏投其杖而拜曰:'吾过矣!吾过矣!吾离群而索居,亦已久矣。'"愆,过错,罪过。 ⑨策奉:策,商量。奉,推尊。 ⑩孟轲著书,首陈此说:推有若为师之事首见于《孟子·滕文公

上》:"昔者孔子没,三年之外,门人治任将归,入揖于子贡,相向而哭,皆失声,然后归。子贡反,筑室于场,独居三年,然后归。他日,子夏、子张、子游以有若似圣人,欲以所事孔子事之,强曾子。曾子曰:'不可,江、汉以濯之,秋阳以暴之,皜皜乎不可尚已。'"

又《史记》、《汉书》皆曰:上自洛阳南宫,从复道望见诸将往往相与坐沙中语。上曰:"此何语?"留侯曰:"陛下所封皆故人亲爱,所诛皆平生雠忌。此属畏诛,故相聚谋反尔。"上乃忧曰:"为之奈何?"留侯曰:"上平生所憎,谁最甚者?"上曰:"雍齿。"留侯曰:"今先封雍齿,以示群臣。群臣见雍齿封,则人人自坚矣。"于是上置酒,封雍齿为侯①。

难曰:夫公家之事,知无不为,见无礼于君,如鹰鹯之逐鸟雀。案子房之少也,倾家结客②,为韩报雠。此则忠义素彰,名节甚著。其事汉也,何为属群小聚谋③,将犯其君,遂默然杜口,俟问方对?倘若高祖不问,竟欲无言者邪?且将而必诛④,罪在不测。如诸将屯聚,图为祸乱,密言台上,犹惧觉知;群议沙中,何无避忌?为国之道,必不如斯。然则张良虑反侧⑤不安,雍齿以嫌疑受爵,盖当时实有其事也。如复道之望、坐沙而语,是说者敷演,妄溢其端⑥耳。

[注释]①封雍齿为侯:事见《史记·留侯世家》。 ②倾家结客:倾尽家中所有财物以结交友好。 ③群小聚谋:小,小人,贬义词。此处群小指诸将。 ④将而必诛:将,意谓参加、参与、同谋。 ⑤反侧:阴谋叛乱。 ⑥妄溢其端:随意增加其情节。溢,增加。端,情节。

又《东观汉记》①曰：赤眉降后，积甲与熊耳山齐云云。

难曰：案盆子既亡，弃甲诚众。必与山比峻，则未之有也。昔《武成》云："前徒倒戈"，"血流漂杵②"。孔安国曰：盖言之甚也。如"积甲与熊耳山齐"者，抑亦"血流漂杵"之徒欤？

[注释]①《东观汉记》：指《东观汉记·刘盆子传》。　②血流漂杵：漂，染。杵，籐牌。渲染商兵伤亡之惨重。见《尚书·武成》篇。

又《东观汉记》曰：郭伋①为并州牧，行部到西河美稷，有童儿数百，各骑竹马，于道次迎拜。伋问："儿曹何自远来？"对曰："闻使君始到，喜，故奉迎。"伋辞谢之。事讫，诸儿送至郭外，问："使君何日当还？"伋使别驾②计日告之。既还，先期一日。伋为违信，止于野亭，须期乃入③。

难曰：盖此事不可信者三焉。案汉时方伯，仪比诸侯，其行也，前驱④竟野，后乘⑤塞路，鼓吹沸喧，旌旆填咽⑥。彼草莱稚子，龆龀童儿⑦，非唯羞赧不见，亦自惊惶失据。安能犯驺驾，凌襜帷，首触威严，自陈襟抱⑧？其不可信一也。又方伯案部，举州振肃。至于墨绶长吏，黄绶群官⑨，率彼吏人，颙然伫候⑩。兼复扫除逆旅，行李有程，严备供具，憩息有所。如弃而不就，居止无恒，必公私阙拟，客主俱窘。凡为良二千石，固当知人所苦，安得轻赴数童之期，坐失百城之望⑪？其不可信二也。夫以晋阳无竹，古今共知，假有传檄它方，盖亦事同大夏，访知商贾，不可多得。况在童孺，弥复⑫难求，群戏而乘，如何克办？其不可信三也。凡说此事,总有三科。推而论之,了无一实,异哉!

[注释]①郭伋:《后汉书》有传。曾做颍川太守,旋任并州牧。 ②别驾:州刺史佐吏,刺史出巡,别驾乘传车从行。 ③须期乃入:按期入境。刺史比预先约定的日期早到一日,停于野亭。 ④前驱:先行的属官。 ⑤后乘:随从的部属。 ⑥旄棨:旄,古代一种旗杆顶上用彩色羽毛做装饰的旗子。棨(qǐ),古代官吏出行时用来表明身份的东西,用木制成,形状像戟。此处意谓仪仗队。 ⑦龆龀童儿:正在换牙阶段的儿童。龆龀(tiáo chèn),也泛指童年。 ⑧自陈襟抱:自己陈说内心的打算。 ⑨墨绶长吏,黄绶群官:绶,官吏所佩的丝带。按颜色不同标识官吏品位的高低。 ⑩颙然伫候:很仰慕恭敬地伫立等候。颙(yóng)然,很仰慕的样子。 ⑪百城之望:百城,言其多,谓一州的全部属县。 ⑫弥复:又完全。

又《魏志注》:《语林》曰:匈奴遣使人来朝,太祖令崔琰在座①,而己握刀侍立。既而,使人问匈奴使者曰:"曹公何如?"对曰:"曹公美则美矣,而侍立者非人臣之相。"太祖乃追杀使者云云。

难曰:昔孟阳卧床,诈称齐后②;纪信乘舆,矫号汉王③。或主遘屯蒙④,或朝罹兵革。故权以取济⑤,事非获已。如崔琰本无此急,何得以臣代君者哉?且凡称人君,皆慎其举措,况魏武经纶霸业,南面受朝,而使臣居君座,君处臣位,将何以使万国具瞻,百寮金瞩⑥也!又汉代之于匈奴,其为绥抚勤矣。虽复赂以金帛,结以亲姻,犹恐虺毒不悛⑦,狼心易扰。如辄杀其使者,不显罪名,复何以怀四夷于外蕃,建五利⑧于中国?且曹公必以所为过失,惧招物议,故诛彼行人,将以杜滋谤口⑨,而言同纶綍⑩,声遍寰区,欲盖而彰,止益其辱。虽愚暗之主,犹所不为,况英略之君,岂其若是？夫刍荛鄙说,闾巷谰言⑪,凡如此书,通无击难⑫。而裴引《语林》斯事,编入《魏史·注》中,持彼虚词,乱兹实录。盖曹公多诈,好立诡谋,流俗相欺,遂为此说。故特申掎摭⑬,辩其疑误者焉。

[注释]①太祖令崔琰在座:太祖即曹操。崔琰,早年依附袁绍,曹操领冀州牧,任为别驾从事。魏时任尚书。为人甚有威重,朝士瞻望。在座,坐在曹操的座位上。　②孟阳卧床,诈称齐后:孟阳,齐襄公的一个小臣。齐襄公田猎于贝丘,夜里遭遇叛乱,孟阳代替齐襄公睡到襄公的床上,贼人入,杀孟阳于床。见《左传·庄公八年》。　③纪信乘纛,矫号汉王:纪信,刘邦部将。楚汉争夺成皋之战,刘邦被困于荥阳,纪信乘汉王的车,黄屋左纛,往见项羽,掩护刘邦率数十骑逃走。项羽知道受骗后,遂焚杀纪信。见《史记·高祖本纪》。纛(dào),古代军队里的大旗。　④主遘屯蒙:主遘,遭遇。屯蒙,《周易》卦名,主灾祸。　⑤权以取济:权宜之计。权,暂时,姑且。济,成事。　⑥百寮金瞩:百官瞩目。金,都。　⑦虺毒不悛:虺(huǐ),毒蛇。悛,改过。　⑧五利:魏绛对晋悼公所讲"和戎有五利",前文有注,见《左传襄公四年》。　⑨杜滋谤口:杜塞诽谤之口。　⑩言同纶綍:綍(fú)大绳。《礼记·缁衣》:"王言如纶,其出如綍。"后世称皇帝的诏敕为纶綍。　⑪谰言:骗人的话。　⑫通无击难:从未有受到批驳。　⑬掎摭:摘取。

又魏世诸小书,皆云文鸯①侍讲,殿瓦皆飞云云。

难曰:案《汉书》云:项王叱咤,慑伏千人②。然则呼声之极大者,不过使人披靡而已。寻文鸯武勇,远惭项籍,况侍君侧,固当屏气徐言,安能檐瓦皆飞,有逾武安鸣鼓③！且瓦既飘陨,则人必震惊,而魏帝与其群臣焉得岿然无害也？

[注释]①文鸯:魏高贵乡公时的文钦子。曹魏高贵乡公正元二年,曾夜

袭司马师军营。甘露二年降于司马昭。非正史的小书所言,侍讲、瓦飞云云,无考。　②项王叱咤,慑伏千人:《汉书·项籍传》:"汉骑围之数重……于是羽大呼驰下,汉军皆披靡。"　③武安鸣鼓:言秦伐韩军于武安时的秦军阵势。《史记·廉颇蔺相如列传》:"秦军军武安西,秦军鼓噪勒兵,武安屋瓦尽振。"

又《晋阳秋》曰:胡质①为荆州刺史,子威自京都省之,见父十余日,告归。质赐绢一匹,为路粮②。威曰:"大人清高,不审于何得此绢?"质曰:"是吾俸禄之余。"

难曰:古人谓方牧为二千石者,以其禄有二千石故也。名以定体③,贵实甚焉。设使廉如伯夷,介若黔敖④,苟居此职,终不患于贫馁⑤者。如胡威之别其父也,一缣之财,犹且发问,则千石之俸,其费安施⑥?料以牙筹⑦,推以食箸⑧,察其厚薄,知不然矣。或曰观诸史所载,兹流非一。必以多为证,则足可无疑。然人自有身安弊缊⑨,口甘粗粝⑩,而多藏镪帛⑪,无所散用者。故公孙弘位至三公,而卧布被,食脱粟饭。汲黯所谓齐人多诈⑫者是也。安知胡威之徒其俭亦皆如此,而史臣不详厥理,直谓清白当然,缪矣哉!

[注释]①胡质:曹魏时期人,曾做征东将军和荆州刺史。其子胡威,《晋书》有传。　②路粮:路途上吃的粮食。　③名以定体:官名表示其实际俸禄。　④介若黔敖:刘知幾这里的"黔敖"有误。《礼记·檀弓》篇载:"齐大饥,黔敖为食于路,以待饿者而食之。有饿者蒙袂辑屦贸贸然来。黔敖左奉食,右执饮,曰:'嗟来食。'扬其目而视之,曰:'予唯不食嗟来之食,以至于斯也。'从而谢焉,终不食而死。曾子闻之曰:'微与? 其嗟也可去,其谢也可食。'"黔敖是施舍之人,"介"者当是"饿者"。　⑤馁:饥饿。　⑥其费安施:其俸禄如何开销?　⑦料以牙筹:料,计算。牙筹,用象牙做成的筹码。

⑧推以食箸：推，计算。食箸，筷子。　⑨身安弊缊：不嫌弃穿着破旧的衣袍。弊缊，坏旧的丝棉，意指衣袍。　⑩粗粝：粗米。　⑪镪帛：镪，穿钱的绳索。　⑫汲黯所谓齐人多诈：齐人，指公孙弘。汲黯与公孙弘同朝做官，对公孙弘多有讥评。《汉书·公孙弘传》载："弘奏事，有所不可，不肯庭辩。常与主爵都尉汲黯请间，黯先发之，弘推其后，上常说，所言皆听，以此日益亲贵。尝与公卿约议，至上前，皆背其约以顺上指。汲黯庭诘弘曰：'齐人多诈而无情，始为与臣等建此议，今皆背之，不忠。'""汲黯曰：'弘位在三公，奉禄甚多，然为布被，此诈也。'上问弘，弘谢曰：'有之。夫九卿与臣善者无过黯，然今日庭诘弘，诚中弘之病。夫以三公为布被，诚饰诈欲以钓名。且臣闻管仲相齐，有三归，侈拟于君，桓公以霸，亦上僭于君。晏婴相景公，食不重肉，妾不衣丝，齐国亦治，亦下比于民。今臣弘位为御史大夫，为布被，自九卿以下至于小吏无差，诚如黯言。且无黯，陛下安闻此言？'上以为有让，愈益贤之。"

又《新晋书·阮籍传》①曰：籍至孝。母终，正与人围碁②。对者求止，籍留与决。既而饮酒二斗，举声一号③，吐血数升。及葬，食一蒸独④，饮二斗酒。然后临穴⑤，直言"穷矣"！举声一号，因复吐血数斗。毁瘠骨立，殆致灭性⑥。

难曰：夫人才虽下愚，识虽不肖，始亡天属⑦，必致其哀。但有苴经⑧未几，悲荒⑨遽辍，如谓本无戚容，则未之有也。况嗣宗当圣善将殁⑩，闵凶所钟⑪，合门惶恐，举族悲咤。居里巷者犹停舂相之音⑫，在邻伍者尚申匍匐之救⑬，而为其子者方对局求决，举杯酣畅。但当此际，曾无感恻，则心同木石，志如枭獍者，安有既临泉穴，始知摧恸者乎？求诸人情，事必不尔。又孝子之丧亲也，朝夕孺慕⑭，盐酪不尝，斯可至于瘠瘠⑮矣。如甘旨⑯在念，则筋肉内宽⑰；醉饱自得，则饥肤外博⑱。况乎溺情豚酒，不改平素,虽复时一呕恸,岂能柴毁骨立⑲乎?盖彼阮生者,不修名教,居丧过失,而说者遂言其无礼如彼。又以其志操本异,才识甚高,而谈者遂言其至性如此。惟毁及誉,皆无取焉。

[注释]①《新晋书》:即今本《晋书》,该书为唐初所撰,故称"新"。②围棋:即围棋。 ③号:放声大哭。 ④豚:小猪。 ⑤临穴:意谓埋葬。穴,坟墓填土前的坑道。 ⑥灭性:死亡之意。 ⑦天属:天然的亲属。⑧苴绖:苴绖,即丧服。苴,草鞋。绖,系在腰间的麻带。 ⑨荒:神智迷乱。⑩嗣宗当圣善将殁:阮籍在母亲将死之际。阮籍字嗣宗。圣善,母亲的代称。⑪闵凶所钟:哀痛之情汇集在一起。闵,哀痛。钟,汇集。 ⑫舂相之音:舂米者吟唱。《礼记·檀弓》:"邻有丧,舂不相。"相即歌唱。 ⑬匍匐之救:形容急忙奔丧之状。《诗经·谷风》:"凡民有丧,匍匐救之。" ⑭孺慕:小儿敬慕父母。 ⑮癯瘠:癯(qú)、瘠都是瘦的意思。 ⑯甘旨:美味饮食。⑰内宽:丰满的意思。 ⑱外博:肥胖的意思。 ⑲柴毁骨立:因过度悲伤而造成的极度消瘦。

又《新晋书·王祥传》曰:祥汉末遭乱,扶母携弟览,避地庐江,隐居三十余年,不应州郡之命。母终,徐州刺史吕虔檄为别驾,年垂耳顺①,览劝之,乃应召。于时,寇贼充斥,祥率励兵士,频讨破之。时人歌曰:"海、沂之康,实赖王祥。"年八十五,太始五年薨。

难曰:祥为徐州别驾,寇盗充斥,固是汉建安中徐州未清时事②耳。有魏受命凡四十五年,上去徐州寇贼充斥,下至晋太始五年,当六十年已上矣。祥于建安中年垂耳顺,更加六十载,至晋太始五年薨,则当年一百二十岁矣。而史云年八十五薨者,何也?如必以终时实年八十五,则为徐州别驾,止可年二十五六矣。又云其未从官已前,隐居三十余载者,但其初被檄时,止年二十五六,自此而往,安得复有三十余年乎?必谓祥为别驾在建安后,则徐州清晏③,何得云"于时,寇贼充斥,祥率励兵士,频讨破之"乎?求其前后,无一符会也。

[**注释**]①年垂耳顺:年已六十。语出《论语·为政》:"子曰:'吾十有五而志于学,三十而立,四十而不惑,五十而知天命,六十而耳顺,七十而从心所欲,不逾矩。'"耳顺,就是听到别人的言论能辨别真假是非,后世遂以耳顺作为六十岁的代称。 ②汉建安中徐州未清时事:刘知幾把"盗贼充斥"当作是汉建安中徐州未清时事,曲解了《晋书·王祥传》的意思。根据《三国志·魏书·吕虔传》载:"文帝即王位,加裨将军,封益寿亭侯,迁徐州刺史,加威虏将军。请琅邪王祥为别驾,民事一以委之,世多其能任贤。讨利城叛贼,斩获有功。"徐州之乱是建安年间事,与利城的"盗贼充斥"相距久矣。刘知幾下文对《晋书·王祥传》年代错乱的批评,都是出于这一误解。 ③清晏:太平之意。清,清静。晏,安宁。

凡所驳难,具列如右。盖精《五经》者,讨群儒之别义①;练②《三史》者,征诸子之异闻。加以探赜索隐,然后辨其纰缪。如向之诸史所载则不然,何者?其叙事也,唯记一途,直论一理③,而矛盾自显,表理相乖。非复抵牾,直成狂惑者尔!寻兹失所起,良由作者情多忽略,识惟愚滞。或采彼流言,不加铨择;或传诸缪说,即从编次。用使真伪混淆,是非参错。盖语曰:君子可欺不可罔。至如邪说害正,虚词损实,小人以为信尔,君子知其不然。又语曰:信书不如无书。盖为此也。夫书彼竹帛,事非容易,凡为国史,可不慎诸!

[注释]①讨群儒之别义：讨，搜集，参考。别义，即注释。 ②练：学习，攻读。 ③唯记一途，直论一理：意谓不广泛参考群书。

忤时第十三

孝和皇帝①时，韦、武弄权②，母媪预政③。士有附丽之者，起家而绾朱紫④，予以无所傅会⑤，取摈⑥当时。会天子还京师，朝廷愿从者众。予求番次⑦，在大驾后发日，因逗留不去，守司东都。杜门却扫⑧，凡经三载。或有谮予躬为史臣，不书国事而取乐丘园，私自著述者。由是驿召至京，令专执史笔。于时小人道长，纲纪日坏，仕于其间，忽忽不乐，遂与监修国史萧至忠等诸官书求退⑨，曰：

[注释]①孝和皇帝：唐中宗李显。 ②韦、武弄权：韦氏，中宗皇后。中宗被弑，温王李重茂即位，韦氏以皇太后临朝，垄断政务，滥封官爵，荒淫腐败。后临淄王起兵讨伐韦氏，攻入玄武门，韦氏被乱军所杀。武指武三思，武则天执政时跋扈于朝廷。 ③母媪预政：指武则天。媪，古代对老年妇女的尊称。 ④绾朱紫：绾，佩戴。朱紫，唐代官员三品以上服紫色官袍，五品以下服朱色官袍。后以朱紫代称官员。 ⑤傅会：依附，攀附。 ⑥取摈：被排斥，受压抑。 ⑦番次：分批的次序。 ⑧杜门却扫：闭门谢客，谢绝宾客来访。 ⑨求退：呈书萧至忠等，要求辞职。萧至忠靠逢迎武三思、安乐公主等而升任宰相，监修国史，责备刘知幾"著述无课"，修史没有计划，刘知幾请辞。

仆幼闻《诗》、《礼》，长涉艺文，至于史传之言，尤所耽悦①。寻夫左史、右史，是曰《春秋》、《尚书》；素王、素臣②，斯称微婉志晦。两京③、三国，班、谢、陈、习阐其谟④;中朝、江左,王、陆、干、孙纪其历⑤。刘、石僭号⑥,方策委于和、张⑦;宋、齐应篆,惇史归于萧、沈⑧。亦有汲冢古篆,禹穴残编。孟坚所亡,葛洪刊其《杂记》⑨;休文所缺,荀(浦注:当作"谢")绰裁其《拾遗》⑩。凡此诸家,其流盖广。莫不赜彼泉薮⑪,寻其枝叶,原始要终,备知之矣。

[注释]①耽悦:爱好。耽,沉溺其中。 ②素王、素臣:素王指孔子,素臣指左丘明。素王,有王者之德而无王者之实。 ③两京:指西汉、东汉。 ④班、谢、陈、习阐其谟:班固、谢承、陈寿、习凿齿。谟,计谋。 ⑤王、陆、干、孙纪其历:王隐、陆机、干宝、孙盛。纪其历,记述其史事。 ⑥刘、石僭号:前赵刘渊,后赵石勒。 ⑦方策委于和、张:方策,简策,修史的任务。和,和苞。张,不详。 ⑧惇史归于萧、沈:惇史,修史的任务。萧,萧子显。沈,沈约。 ⑨葛洪刊其《杂记》:葛洪撰《西京杂记》。葛洪自称家有刘歆《汉书》一百卷,他删去班固已经在《汉书》中采用的资料,将剩余的二万余字编为两卷,取名《西京杂记》。 ⑩休文所缺,谢绰裁其《拾遗》:沈约字休文。谢绰撰《宋拾遗》十卷。 ⑪赜彼泉薮:探索其渊源流别。赜,探讨。薮,湖泊。泉薮,即渊薮,讳"渊"而作"泉"。

若乃刘峻作传,自述长于论才①;范晔为书②,盛言矜其赞体。斯又当仁不让,庶几③前哲者焉。然自策名仕伍,待罪朝列,三为史臣,再入东观,竟不能勒成国典,贻彼后来者,何哉?静言思之,其不可有五故也。

[注释]①刘峻作传,自述长于论才:见《梁书·刘峻传》:"峻又尝为《自序》,其略曰:'余自比冯敬通,而有同之者三,异之者四。何则?敬通雄才冠世,志刚金石;余虽不及之,而节亮慷慨,此一同也。敬通值中兴明君,而终不试用;余逢命世英主,亦摈斥当年,此二同也。敬通有忌妻,至于身操井臼;余

有悍室,亦令家道辘轳,此三同也。敬通当更始之世,手握兵符,跃马食肉;余自少迄长,戚戚无欢,此一异也。敬通有一子仲文,官成名立;余祸同伯道,永无血胤,此二异也。敬通膂力方刚,老而益壮;余有犬马之疾,溘死无时,此三异也。敬通虽芝残蕙焚,终填沟壑,而为名贤所慕,其风流郁烈芬芳,久而弥盛;余声尘寂漠,世不吾知,魂魄一去,将同秋草,此四异也。所以自力为叙,遗之好事云.'" ②范晔为书:范晔对自己赞体的评价,见其《狱中与诸甥侄书》,载《宋书·范晔传》:"详观古今著述及评论,殆少可意者。班氏最有高名,既任情无例,不可甲乙辨。后赞于理近无所得,唯志可推耳。博赡不可及之,整理未必愧也。吾杂传论,皆有精意深旨,既有裁味,故约其词句。至于《循吏》以下及《六夷》诸序论,笔势纵放,实天下之奇作。其中合者,往往不减《过秦》篇。尝共比方班氏所作,非但不愧之而已。" ③庶几:差不多。

何者？古之国史,皆出自一家,如鲁、汉之丘明、子长,晋、齐之董狐、南史,咸能立言不朽,藏诸名山。未闻藉以众功,方云绝笔。唯后汉东观,大集群儒,著述无主,条章靡立。由是伯度讥其不实①,公理以为可焚②,张、蔡二子纠之于当代③,傅、范两家④嗤之于后叶。今者史司取士,有倍东京。人自以为荀、袁⑤,家自称为政、骏⑥。每欲记一事,载一言,皆阁笔相视,含毫不断。故头白可期,而汗青无日。其不可一也。

[注释]①伯度讥其不实:东汉李法字伯度,桓帝时曾任侍中,他曾屡次上书指责史官记事缺乏实录的史才,褒贬任情,必将谓后世所讥笑。 ②公理以为可焚:东汉仲长统字公理。他曾撰文述志,说"寄愁天上,埋忧地下,叛散《五经》,灭弃《风》、《雅》,百家杂碎,请用从火。"《后汉书》有传。 ③张、蔡二子纠之于当代:张即张衡。《后汉书》本传载:"又条上司马迁、班固所叙与典籍不合者十余事。又以为王莽本传但应载篡事而已,至于编年月,纪灾祥,宜为元后本纪。又更始居位,人无异望。光武初为其将,然后即真,宜以

更始之号建于光武之初。"蔡即蔡邕。蔡邕对《汉书》不满,曾想予以补撰。他上书自陈:"科条诸志,臣欲删定者一,所当接续者四,《前志》所无臣欲著者五,及经典群书所宜捃摭,本奏诏书所当依据,分别首目,并书章左,惟陛下留神省察。"见《后汉书·蔡邕传》注引《邕别传》。　④傅、范两家:傅玄,范晔。　⑤荀、袁:荀悦,袁宏。　⑥政、骏:刘向,刘歆。刘向字子政,刘歆字子骏。

前汉郡国计书,先上太史,副上丞相。后汉公卿所撰,始集公府,乃上兰台。由是史官所修,载事为博。爰自近古,此道不行。史官编录,唯自询采,而左、右二史,阙注起居①,衣冠百家②,罕通行状。求风俗于州郡,视听不该③;讨沿革于台阁,簿籍难见④。虽使尼父再出,犹且成于管窥;况仆限以中才,安能遂其博物⑤!其不可二也。

[注释]①阙注起居:起居舍人、起居郎等不参与著述。　②衣冠百家:世族门阀之家。　③视听不该:观察不能完备。　④簿籍难见:档案文书难以窥见。　⑤博物:内容丰富完备。

昔董狐之书法也,以示于朝;南史之书弑也,执简以往。而近代史局,皆通籍禁门①,深居九重,欲人不见。寻其义者,盖由杜彼颜面,防诸请谒②故也。然今馆中作者,多士如林,皆愿长喙③,无闻齰舌④。傥有五始⑤初成,一字加贬,言未绝口而朝野具知,笔未栖毫而搢绅咸诵。夫孙盛实录,取嫉权门⑥;王劭直书,见仇贵族⑦。人之情也,能无畏乎?其不可三也。

[注释]①通籍禁门:史馆设置于皇家宫殿区域之内。　②防诸请谒:杜绝情面、拉关系。　③长喙:闭口不谈的意思。　④齰(zé)舌:咬着舌头,不

说话的意思。　⑤五始：原指春秋笔法，此处代指史书。　⑥孙盛实录，取嫌权门：孙盛曾为东晋征西大将军桓温帐下参军，对桓温第三次北伐前燕时在枋头的败绩，如实记载于《晋阳秋》中。桓温得知此事大怒，以杀身灭族相威胁。孙盛拒不屈服于桓温淫威，坚持秉笔直书。　⑦王劭直书，见仇贵族：浦起龙《史通通释》注曰："《困学纪闻》：《文粹》云：王劭直书，见仇贵族。宋王韶之为晋史，叙王珣货殖，王廞作乱。珣子弘、廞子华皆贵，劭之惧为所陷，深附结徐、傅等。当从《文粹》。按：《旧唐书》亦作王劭。然观《史通》于《叙事》、《曲笔》等篇及《杂说》中北齐、隋史等节，累累言王劭直书犯时忌，从本文作'劭'亦合。"

古者刊定一史，纂成一家，体统各殊，指归咸别。夫《尚书》之教也，以疏通知远为主；《春秋》之义也，以惩恶劝善为先。《史记》则退处士而进奸雄，《汉书》则抑忠臣而饰主阙。斯并曩时得失之列，良史是非之准，作者言之详矣。顷史官注记，多取禀监修，杨令公则云"必须直词"，宗尚书则云"宜多隐恶"。十羊九牧，其令难行；一国三公，适从何在？其不可四也。

窃以史置监修，虽古无式，寻其名号，可得而言。夫言监者，盖总领之义耳。如创纪编年，则年有断限；草传叙事，则事有丰约。或可略而不略，或应书而不书，此刊削之务也。属词比事，劳逸宜均，挥铅奋墨，勤惰须等。某袠①某篇，付之此职；某传某志，归之彼官。此铨配之理也。斯并宜明立科条，审定区域。傥人思自勉，则书可立成。今监之者既不指授②，修之者又无遵奉，用使争学苟且，务相推避，坐变炎凉③，徒延岁月。其不可五也。

[注释]①袠(zhì)：同帙，书画外面包着的布套。　②不指授：不作出规

定。　③坐变炎凉:虚耗岁月。炎凉,季节的变化,热冷更迭。

　　凡此不可,其流实多,一言以蔽,三隅自反。而时谈物议,安得笑仆编次无闻者哉!比者伏见明公,每汲汲于劝诱①,勤勤于课责,或云"坟籍事重,努力用心。"或云"岁序已淹,何时辍手②?"切以纲维不举③,而督课徒勤,虽威以刺骨之刑④,勋以悬金之赏,终不可得也。语曰:"陈力就列,不能者止⑤。"所以比者布怀知己⑥,历抵群公⑦,屡辞载笔之官,愿罢记言之职者,正为此尔。

　　[注释]①汲汲于劝诱:汲汲,心情急切的样子。劝诱,劝勉,诱导。②岁序已淹,何时辍手:时间已过去很多,什么时候完成史稿。　③纲维不举:不制订修史的工作制度。　④威以刺骨之刑:以残酷的刑罚来威胁。⑤陈力就列,不能者止:语出《论语·季氏》。意思是尽自己才力去担任职务,如果不行就辞职。　⑥布怀知己:坦诚地与知己交谈。　⑦历抵群公:多次触犯各位监修大人。

　　抑又有所未谕,聊复一二言之。比奉高命,令隶名修史①,而其职非一。如张尚书、崔、岑二吏部、郑太常②等,既迫以吏道,不可拘之史任。以仆曹③务多闲,勒令专知下笔。夫以惟寂惟寞,乃使记事记言。苟如其例,则柳常侍、刘秘监、徐礼部④等,并门可张罗⑤,府无堆案⑥,何事置之度外,而使各无羁束乎!

　　[注释]①隶名修史:名义上归于修史之官。　②张尚书、崔、岑二吏部、郑太常:张尚书,张锡,唐中宗时任工部尚书监修国史,两《唐书》有传。崔,崔湜,曾任校检吏部侍郎,韦后临朝时,以吏部侍郎同中书门下三品,两《唐书》有传。岑,岑羲,中宗时迁秘书少监,进吏部侍郎。郑太常,郑愔,事迹附两

《唐书·崔湜传》。　③仆曹：仆，下级官吏的谦称。曹，机构，此处指史馆。④柳常侍、刘秘监、徐礼部：柳常侍，柳冲，曾任左散骑常侍监修国史。刘秘监，事迹不详。徐礼部，徐洪，中宗时任太常少卿，以修《武则天实录》。后任修史馆学士，工部侍郎。　⑤门可张罗：门可罗雀，意谓门庭冷落。　⑥堆案：堆放书籍的几案。

必谓诸贤载削①非其所长，以仆枪枪铰铰②，故推为首最。就如斯理，亦有其说。何者？仆少小从仕，早蹑通班③。当皇上初临万邦④，未亲庶务，而以守兹介直，不附奸回⑤，遂使官若土牛，弃同刍狗⑥。逮銮舆西幸，百寮毕从，自惟官曹务简，求以留后。居台常谓朝廷不知，国家于我已矣。岂谓一旦忽承恩旨，州司⑦临门，使者结辙⑧。既而驱驷马入函关，排千门⑨谒天子。引贾生于宣室，虽叹其才⑩；召季布于河东，反增其愧⑪。明公既位居端揆⑫，望重台衡⑬，飞沈属其顾盼⑭，荣辱由其俯仰。曾不上祈宸极⑮，申之以宠光；佥议搢绅，縻我以好爵⑯。其相见也，直云"史笔阙书，为日已久；石渠扫第⑰，思子为劳。"今之仰追，唯此而已。

[注释]①载削：指修史。　②枪枪铰铰（jiǎo）：铁中铮铮，庸中佼佼，意谓众人之中较为优秀者。　③早蹑通班：很早就进入了朝廷的官员行列。④皇上初临万邦：皇上指中宗。初临万邦指中宗复位。　⑤守兹介直，不附奸回：坚守节操，性格耿直，不附庸奸诈小人。　⑥官若土牛，弃同刍狗：形容官员冗滥。土牛，泥塑的牛。刍狗，古代祭祀时用草扎成的狗。《老子》第五章："天地不仁，以万物为刍狗；圣人不仁，以百姓为刍狗。"　⑦州司：州官，刺史。　⑧结辙：车辆不绝于道路。　⑨排千门：进入宫门。排，打开，进入。千门，宫门。　⑩引贾生于宣室，虽叹其才：汉贾谊故事。《汉书·贾谊传》

载:文帝征召贾谊,坐于未央宫前殿的正室,问其鬼神之本。贾谊道其所以然,至夜半。文帝说:我很久不见贾生了,自以为胜过他,看来还是不及他呀! ⑪召季布于河东,反增其愧:《史记·季布列传》载:季布为河东太守,文帝闻其贤,把他召回朝廷,想让他做御史大夫,又听说他纵酒任性,难于亲近,在京城逗留了一个月,什么话也没说就让他回去。季布对文帝说:"臣无功窃宠,待罪河东。陛下无故召臣,此人必有以臣欺陛下者;今臣至,无所受事,罢去,此人必有以毁臣者。夫陛下以一人之誉而召臣,一人之毁而去臣,臣恐天下有识闻之有以窥陛下也。"文帝感到惭愧,默然良久曰:"河东吾股肱郡,故特召君耳。" ⑫端揆:指宰相。意谓宰相位居百官之首。 ⑬台衡:指宰相。 ⑭飞沈属其顾盼:沈同沉,飞沉,指官位的升降。属,取决于。顾盼,重视与否。 ⑮宸极:皇帝的代称。 ⑯好爵:优厚的差事。 ⑰石渠扫第:石渠,西汉宣帝时群儒讲经的处所。此指史馆。扫第,洒扫房舍,服役、就职之意。

抑明公足下独不闻刘炫蜀王之说①乎?昔刘炫仕隋,为蜀王侍读。尚书牛弘尝问之曰:"君王遇子,其礼如何?"曰:"相期②高于周、孔,见待下于奴仆。"弘不悟其言,请问其义。炫曰:"吾王每有所疑,必先见访,是相期高于周、孔。酒食左右皆餍③,而我余沥④不沾,是见待下于奴仆也。"仆亦窃不自揆,轻敢方于鄙宗⑤。何者?求史才则千里降追⑥,语宦途⑦则十年不进。意者得非相期高于班、马,见待下于兵卒乎!

[**注释**]①刘炫蜀王之说:刘炫,《隋书》有传,关于事蜀王记曰:"太子勇闻而召之,既至京师,敕令事蜀王秀,迁延不往。蜀王大怒,枷送益州。既而配为帐内,每使执杖为门卫。俄而释之,典校书史。"但做蜀王侍读事不详。 ②相期:抱有的期望。 ③餍(yàn):满足。 ④余沥:喝剩下的酒。 ⑤鄙宗:指刘炫。 ⑥降追:下诏追求。 ⑦宦途:做官的经历。

又人之品藻，贵识其性。明公视仆于名利何如哉？当其坐啸洛城①，非隐非吏，惟以守愚自得②，宁以充诎撄心③。但今者黾勉从事，挛拘就役④，朝廷厚用其才，竟不薄加其礼。求诸隗始⑤，其义安施？傥使士有澹雅⑥若严君平⑦，清廉如段干木⑧，与仆易地而处，亦将弹铗告劳⑨，积薪为恨⑩。况仆未能免俗，能不蒂芥⑪于心者乎？

[注释]①坐啸洛城：安坐啸吟，无所事事。指留守东都的那段时间。②守愚自得：以愚拙自安。　③充诎撄心：充诎，欢喜失节之貌。撄，扰乱。④挛拘就役：勉强从事于著述。　⑤隗始：典故。《战国策·燕策》："昭王曰：'寡人将谁朝而可？'郭隗先生曰：'臣闻古之君人有以千金求千里马者，三年不能得。'涓人言于君曰：'请求之。'君遣之。三月得千里马，马已死。买其首五百金，反以报君。君大怒曰：'所求者生马，安事死马而捐五百金？'涓人对曰：'死马且买之五百金，况生马乎？天下必以王为能市马，马今至矣。'于是不能期年，千里之马至者三。今王诚欲致士，先从隗始。隗且见事，况贤于隗者乎？岂远千里哉？于是昭王为隗筑宫而师之。乐毅自魏往，邹衍自齐往，剧辛自赵往，士争凑燕。"　⑥澹雅：安静，高雅。　⑦严君平：西汉隐士，曾著有《老子指归》十多万言。　⑧段干木：战国时人，孔门后学，师于子夏。《后汉书·桥玄传》："昔段干木逾墙而避文侯之命，泄柳闭门不纳穆公之请。贵必有所屈，贱亦有所申矣。"　⑨弹铗告劳：冯谖事孟尝君的故事，见《战国策·齐策》："齐人有冯谖者，贫乏不能自存，使人属孟尝君……左右以君贱之也，食以草具。居有顷，倚柱弹其剑，歌曰：'长铗归来乎！食无鱼。'左右以告。孟尝君曰：'食之，比门下之客。'居有顷，复弹其铗，歌曰：'长铗归来乎！出无车。'左右皆笑之，以告。孟尝君曰：'为之驾，比门下之车客。'于是，乘其车，揭其剑……后有顷，复弹其剑铗，歌曰：'长铗归来乎！无以为家。'左右皆恶之，以为贪而不知足。孟尝君问：'冯公有亲乎？'对曰：'有老母。'孟尝君使人给其食用，无使乏。于是，冯谖不复歌。"后来，冯谖果然为孟尝君建立了功业。　⑩积薪为恨：西汉故事。汉武帝时，汲黯已官至九卿，后进的官吏如公孙弘、张汤等待遇都比汲黯优厚，黯心不悦，对武帝说："陛下用

群臣如积薪,后来居上。"　⑪蒂芥:内心想不通的疙瘩。

　　当今朝号得人,国称多士。蓬山之下,良直差肩;芸阁①之中,英奇接武。仆既功亏刻鹄②,笔未获麟,徒殚太官之膳③,虚索长安之米④。乞已本职,还其旧居,多谢简书,请避贤路。唯明公足下,哀而许之。

　　[注释]①芸阁:喻指史馆。　②刻鹄:刻鹄不成反类鸭,意谓积功但未见成效。　③太官之膳:指史官的膳食。　④虚索长安之米:意谓虚领俸禄。语出《汉书·东方朔传》:"臣言可用,幸异甚礼。不可用,罢之,无令但索长安米。"

　　至忠得书大惭,无以酬答,又惜其才,不许解史任。而宗楚客、崔湜、郑愔等,皆恶闻其短,共仇嫉之①。俄而萧、宗②等相次伏诛,然后获免于难。

　　[注释]①共仇嫉之:宗楚客、崔湜、郑愔等人,对刘知幾之嫉恨。《唐会要》卷六十四载:"至忠惜其才,不许解史职。宗楚客嫉其正直,谓诸史官曰:此人作书如此,欲置我于何地也?"宗楚客,武则天外甥,曾任兵部尚书,与萧至忠等监修国史。　②萧、宗:萧至忠,宗楚客。

参考文献

司马迁:《史记》,中华书局1982年版。
班固:《汉书》,中华书局1962年版。
范晔:《后汉书》,中华书局1965年版。
陈寿:《三国志》,中华书局1982年版。
房玄龄:《晋书》,中华书局1974年版。
李延寿:《南史》,中华书局1975年版。
李延寿:《北史》,中华书局1974年版。
魏收:《魏书》,中华书局1974年版。
沈约:《宋书》,中华书局1974年版。
萧子显:《南齐书》,中华书局1972年版。
姚思廉:《梁书》,中华书局1973年版。
姚思廉:《陈书》,中华书局1972年版。
令狐德棻:《周书》,中华书局1971年版。
李百药:《北齐书》,中华书局1972年版。
魏徵:《隋书》,中华书局1973年版。
刘昫:《旧唐书》,中华书局1975年版。
欧阳修、宋祁:《新唐书》,中华书局1975年版。

荀悦:《前汉纪》,中华书局2002年版。
袁宏:《后汉纪》,中华书局2002年版。
司马光:《资治通鉴》,中华书局1956年版。
王溥:《唐会要》,文渊阁四库全书本。
姚铉:《唐文粹》,文渊阁四库全书本。
杜佑:《通典》,中华书局1988年版。
郑樵:《通志》,文渊阁四库全书本。
胡应麟:《少室山房笔丛正集》,文渊阁四库全书本。

李民、王健:《尚书译注》,上海古籍出版社2004年版。
程俊英:《诗经译注》,上海古籍出版社2004年版。
李梦生:《左传译注》,上海古籍出版社2004年版。
承载:《春秋穀梁传译注》,上海古籍出版社2004年版。
王维堤、唐书文:《春秋公羊传译注》,上海古籍出版社2004年版。
杨天宇:《礼记译注》,上海古籍出版社2004年版。
金良年:《论语译注》,上海古籍出版社2004年版。
金良年:《孟子译注》,上海古籍出版社2004年版。
何宁:《淮南子集释》,中华书局1998年版。
黄晖:《论衡校释》,中华书局1990年版。

浦起龙:《史通通释》,上海古籍出版社1978年版。
郭孔延:《史通评释》,上海古籍出版社2006年版。
王惟俭:《史通训故》,上海古籍出版社2006年版。
黄叔琳:《史通训故补》,上海古籍出版社2006年版。
章学诚著,叶瑛校:《文史通义校注》,中华书局1985年版。
赵吉甫:《史通新校注》,重庆出版社1990年版。
程千帆:《史通笺记》,中华书局1980年版。

吕思勉:《史通评》,《史学四种》本,上海人民出版社 1981 年版。

傅振伦:《刘知幾年谱》,商务印书馆 1956 年版。

许冠三:《刘知幾实录史学》,香港中文大学出版社 1983 年版。

许凌云:《刘知幾评传》,南京大学出版社 1994 年版。

许凌云:《司马迁评传》,广西教育出版社 1994 年版。

瞿林东:《中国史学史纲》,北京出版社 1999 年版。

仓修良主编:《中国史学名著评介》(第一卷),山东教育出版社 2006 年版。

乔治忠:《中国官方史学与私家史学》,北京图书馆出版社 2008 年版。

肖黎主编:《中国史学家评传》(上),中州古籍出版社 1985 年版。

吴泽主编:《中国史学史论集》(二),上海人民出版社 1980 年版。

白寿彝主编,瞿林东著:《中国史学史》(第三卷),上海人民出版社 2006 年版。

曾凡英:《史家龟鉴——〈史通〉与中国文化》,河南大学出版社 2000 年版。

近期国学读物要目

国学新读本

诗经　梁锡锋　注说
论语　臧知非　注说
尚书　姜建设　注说
国语　曹建国　张玖青　注说
孔子家语　杨朝明　注说
山海经　郑慧生　注说
墨子　苏凤捷　程梅花　注说
孟子　何晓明　周春健　注说
庄子　曹础基　注说
荀子　杨朝明　注说
韩非子　赵沛　注说
孙子兵法　赵国华　注说
楚辞　李中华　邹福清　注说
潜夫论　王健　注说
文心雕龙　戚良德　注说
商君书　徐莹　注说
战国策　张彦修　注说
淮南子　杨有礼　注说
老子　曹峰　注说
礼记　杨天宇　注说
吕氏春秋　张福祥　注说
世说新语　赵成林　陈艳　注说
史通　李振宏　注说
春秋繁露　曾振宇　注说

百年河大国学旧著新刊

河洛方言诠诂　王广庆　著
三统历表　邵瑞彭　著
中国戏剧概论　卢前　著
晚明思想史论　嵇文甫　著
论语新探　赵纪彬　著

天问研究　孙作云　著
汉魏六朝文学史　李嘉言　著
金艺文志　金登科记考　万曼　著
唐集叙录　万曼　著
中国文学史新编　张长弓　著
汉碑集释　高文　著
袁中郎研究　任访秋　著
东夷杂考　李白凤　著
宋会要辑稿考校　王云海　著
长江集新校　李嘉言　著
高适岑参选集　高文　王刘纯　选著
花间集注　华锺彦　著
庆湖遗老诗集校注　王梦隐　著
曾瑞散曲集校注　李春祥　著
辛弃疾选集　佟培基　选著

于安澜书画学四种

画论丛刊
画史丛书
画品丛书
书学名著选

元典文化丛书

中华第一经——《周易》与中国文化　宋会群　苗雪兰　著
教化百科——《诗经》与中国文化　孙克强　张小平　著
经国治民之典——《周礼》与中国文化　郝铁川　著
哲人的智慧——《老子》与中国文化　高秀昌　龚力　著
圣人箴言录——《论语》与中国文化　李振宏　著
武学圣典——《孙子兵法》与中国文化　龚留柱　著
亚圣思辨录——《孟子》与中国文化　何晓明　著
逍遥之祖——《庄子》与中国文化　白本松　王利锁　著
外王之学——《荀子》与中国文化　张曙光　著
中国帝王术——《韩非子》与中国文化　王宏斌　著
史家绝唱——《史记》与中国文化　邓鸿光　著
诸经总龟——《春秋》与中国文化　涂文学　周德钧　著
管理宝典——《管子》与中国文化　袁闯　著
纵横家书——《战国策》与中国文化　张彦修　著
人仙之间——《抱朴子》与中国文化　徐仪明　冷天吉　著

医学圣典——《黄帝内经》与中国文化　王庆宪　梁晓珍　著
礼乐渊薮——《礼记》与中国文化　黄宛峰　著
词章之祖——《楚辞》与中国文化　李中华　著
星学宝典——《历书天官书》与中国文化　郑慧生　著
天人衡中——《春秋繁露》与中国文化　曾振宇　范学辉　著
王政全书——《吕氏春秋》与中国文化　张富祥　著
神话之源——《山海经》与中国文化　高有鹏　孟芳　著
新道鸿烈——《淮南子》与中国文化　杨有礼　著
史家龟鉴——《史通》与中国文化　曾凡英　著
政事纲纪——《尚书》与中国文化　姜建设　著
春秋弦歌——《左传》与中国文化　龚留柱　著
平民理想——《墨子》与中国文化　苏凤捷　程梅花　著
人伦本原——《孝经》与中国文化　臧知非　著
法典之王——《唐律疏议》与中国文化　徐永康　吉霁光　郑取　著
文论巨典——《文心雕龙》与中国文化　戚良德　著

宋代研究丛书

北宋诗学　张海鸥　著
宋代东京研究　周宝珠　著
宋代地域经济　程民生　著
宋代监察制度　贾玉英　著
宋代官员选任和管理制度　苗书梅　著
宋代地域文化　程民生　著
宋代文学通论　王水照　主编
宋代司法制度　王云海　主编
宋代教育　苗春德　主编
清明上河图与清明上河学　周宝珠　著
宋代文化史　姚瀛艇　主编
黄庭坚与宋代文化　杨庆存　著
宋代交通管理制度研究　曹家齐　著
岳飞和南宋前期政治与军事研究　王曾瑜　著
成圣之道——北宋二程修养工夫论之研究　温伟耀　著
宋代绘画研究　邓乔彬　著

汉语史专书语法研究丛书

《三朝北盟会编》语法研究　刁晏斌　著
《荀子》虚词研究　黄珊　著
《晏子春秋》词类研究　姚振武　著

《聊斋俚曲》语法研究　冯春田　著
《孟子》词类研究　崔立斌　著
《朱子语类辑略》语法研究　吴福祥　著
敦煌变文 12 种语法研究　吴福祥　著
《吕氏春秋》句法研究　殷国光　著
《尚书》语法论稿　钱宗武　著
《左传》语法研究　何乐士　著
《元典章·刑部》语法研究　李崇兴　祖生利　著
汉语语法史断代专书比较研究　何乐士　著

图书在版编目（CIP）数据

史通／李振宏注说．—开封：河南大学出版社，2011.5
（2015.1 重印）
（国学新读本）
ISBN 978-7-5649-0452-4

Ⅰ.①史… Ⅱ.①李… Ⅲ.①史学理论－中国－唐代②史通－注释 Ⅳ.①K092.42

中国版本图书馆 CIP 数据核字（2011）第 090550 号

责任编辑	刘小敏
责任校对	张　静
封面设计	马　龙

出　　版	河南大学出版社
	地址：河南省开封市明伦街 85 号　邮编：475001
	电话：0371－22825003（营销部）　网址：www.hupress.com
排　　版	河南新华印刷集团有限公司
印　　刷	开封智圣印务有限公司
版　　次	2011 年 10 月第 1 版　印　次　2015 年 1 月第 4 次印刷
开　　本	650mm×960mm　1/16　印　张　33.25
字　　数	417 千字　印　数　3001－4000 册
定　　价	60.00 元

（本书如有印装质量问题，请与河南大学出版社营销部联系调换）